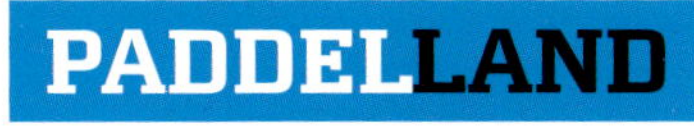

Horst Teigeler

Paddelland

Die 50 schönsten Kanutouren auf Flüssen, Seen & Grachten

Niederlande

Impressum

1. Auflage 2022

©2022 **THOMAS KETTLER VERLAG**
Von-Hutten-Str. 15
D-22761 Hamburg
Tel. +49 (40) 39 10 99 10
www.thomas-kettler-verlag.de
www.kanu-buch.de

Text: Horst Teigeler
Fotos: Horst Teigeler, weitere Bildnachweise siehe unten

Titelfoto oben: *Magere Brug über die Amstel, die berühmteste Amsterdamer Brücke.*
Titelfoto unten: *Ortsdurchfahrt Buurdaard / Birdaard.*
Schmutztitel (Seite 3): *Delft mit dem schiefen Turm Oude Jan der Oude Kerk.*

Lektorat & Textergänzung: Thomas Kettler
Karten: Heide & David Schwinn, StepMap
Satz & Layout: Kia Kahawa, Carola Hillmann
Druck & Gesamtherstellung: The art of printing / KOPA

Weitere Bildnachweise (o. = oben, u. = unten, m. = mitte, li. = links, re. = rechts):
Philippe Boerave: Seite 13 o. li., 16, 18, 20 o., 21, 25, 27 u., 28, 101, 103, 107 o., 108 o., 113, 114, 116 o., 117 o., 117 u., 118 o., 118 m., 118 u., 155 u., 175 u., 176, 177, 180 u., 217, 218, 220, 221,
Brigitte Harms-Teigeler: Seite 163 o., 163 u., 165 u.; Onno Teigeler: 146 u.
Thomas Kettler: Seite 19 u., 22, 23 o.; Frank Reger: Seite 40 o., 191, 237, 250.
Limburg Marketing, Petra Lenssen Photography: 199 o., 199 u., 200.

Bildnachweise Wikimedia Commons (o. = oben, u. = unten, m. = mitte, li. = links, re. = rechts):
Seite 12 o.: GraphyArchy; Seite 12 u.: WolfgangS; Seite 13 o. re.: Nemracc; Seite 13 u. li. und re.: Takeaway; Seite 14: Jeffrey Pardoen/Archangel12; Seite 19 o.: Voventurestm; Seite 20 u.: H.P.Burger; Seite 23 u. li.: Kklerks; Seite 34 o.: Gerardus; Seite 37 o.: Dack9; Seite 37 u.: By arch; Seite 46 o., 48 u.: Hardscarf; Seite 46 u., 50 u., 67 o.: Uberprutser; Seite 47 o., 55 o., 249 u.: Gouwenaar; Seite 51: Dominicus Johannes Bergsma; Seite 54 u., 60, 89, 225 o.: Michielverbeek; Seite 61: Jean Housen; Seite 65 o.: Bayke de Vries; Seite 70: Agnes Monkelbaan; Seite 81: Door IIVQ / Tijmen Stam; Seite 85: Vmenkov; Seite 87 o.: Txllxt TxllxT; Seite 88: Sjaak Kempe; Seite 95 u.: Plaats; Seite 108 u.: Bruno Rijsman; Seite 109 u.: Taks; Seite 111 o.: S Sepp; Seite 112 u.: Peter Trimming; Seite 130 u., 134: Diliff; Seite 142: Vincent van Zeijst; Seite 152 u., 153: Erik Zachte; Seite 165 o.: FrDr; Seite 175 o., 184 o.: Johan Bakker; Seite 178 o.: Paul van de Velde; Seite 184 u.: Guido Gerding; Seite 195: Arne Hückelheim; Seite 203: Alupus; Seite 227 u.: Marco Roepers; Seite 231: Ben Bender; Seite 232: Koos van den beukel; Seite 240 o. re.: Famduling (Heribert Duling); Seite 246 o.: Www.sportstatistieken.nl on nl.wikipedia.

Die Deutsche Nationalbibliothek verzeichnet diese Publikation in der Deutschen Nationalbibliografie; detaillierte bibliografische Daten sind im Internet über *http://dnb.d-nb.de* abrufbar.

ISBN 978-3-934014-96-1

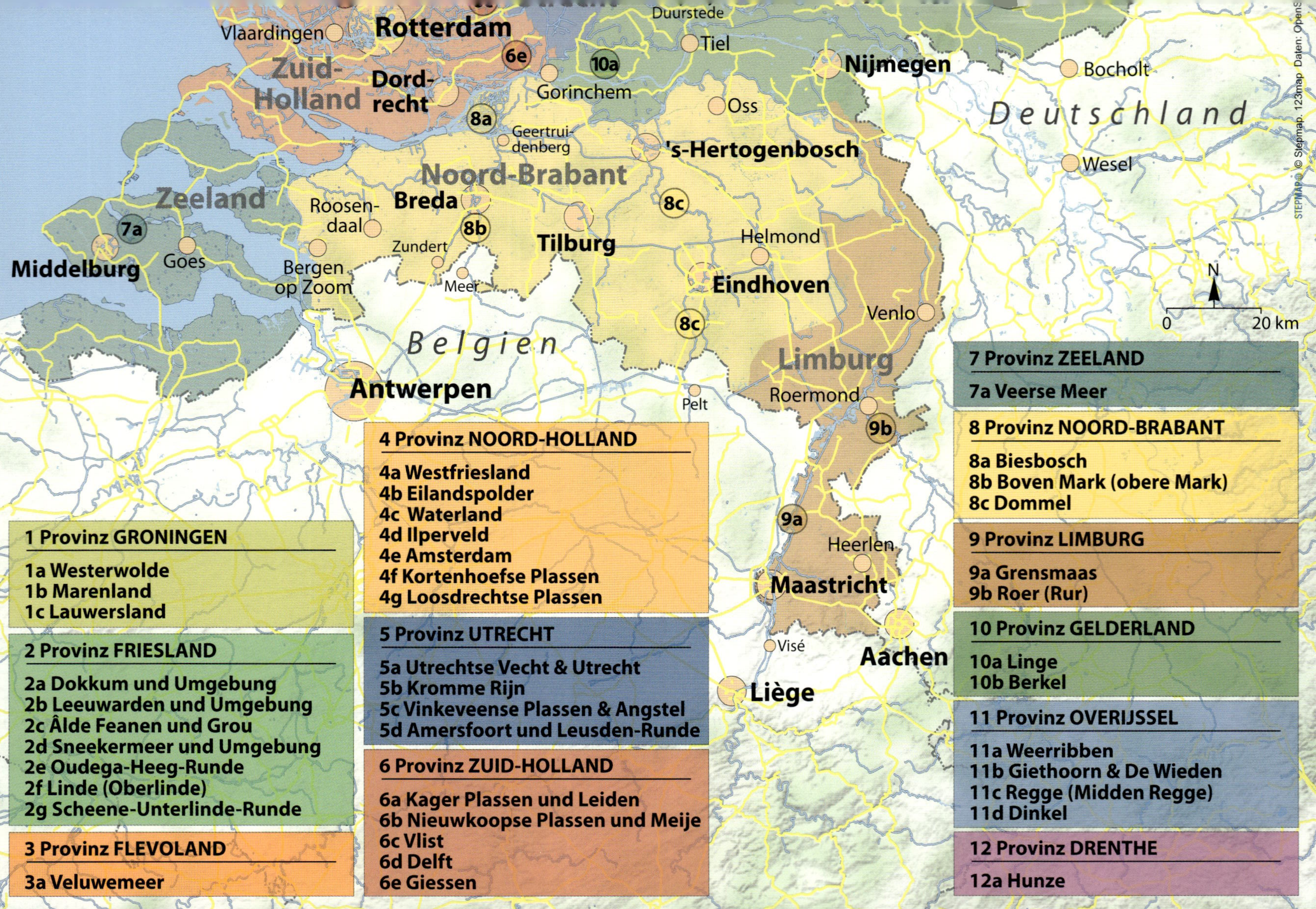
Vlaardingen
Rotterdam
Duurstede
Tiel
Nijmegen
Bocholt
Zuid-
Holland
Dord-
recht
6e
10a
Gorinchem
Oss
Deutschland
8a
Geertrui-
denberg
's-Hertogenbosch
Wesel
Noord-Brabant
Zeeland
Roosen-
daal
Breda
8c
7a
8b
Tilburg
Helmond
Middelburg
Goes
Zundert
Bergen
op Zoom
Meer
Eindhoven
Venlo
N
0
20 km
8c
Belgien
Limburg
Antwerpen
Pelt
Roermond
9b
9a
Heerlen
Maastricht
Visé
Aachen
Liège
STEPMAP © Stepmap, 123map Daten: Opens
1 Provinz GRONINGEN
1a Westerwolde
1b Marenland
1c Lauwersland
2 Provinz FRIESLAND
2a Dokkum und Umgebung
2b Leeuwarden und Umgebung
2c Âlde Feanen und Grou
2d Sneekermeer und Umgebung
2e Oudega-Heeg-Runde
2f Linde (Oberlinde)
2g Scheene-Unterlinde-Runde
3 Provinz FLEVOLAND
3a Veluwemeer
4 Provinz NOORD-HOLLAND
4a Westfriesland
4b Eilandspolder
4c Waterland
4d Ilperveld
4e Amsterdam
4f Kortenhoefse Plassen
4g Loosdrechtse Plassen
5 Provinz UTRECHT
5a Utrechtse Vecht & Utrecht
5b Kromme Rijn
5c Vinkeveense Plassen & Angstel
5d Amersfoort und Leusden-Runde
6 Provinz ZUID-HOLLAND
6a Kager Plassen und Leiden
6b Nieuwkoopse Plassen und Meije
6c Vlist
6d Delft
6e Giessen
7 Provinz ZEELAND
7a Veerse Meer
8 Provinz NOORD-BRABANT
8a Biesbosch
8b Boven Mark (obere Mark)
8c Dommel
9 Provinz LIMBURG
9a Grensmaas
9b Roer (Rur)
10 Provinz GELDERLAND
10a Linge
10b Berkel
11 Provinz OVERIJSSEL
11a Weerribben
11b Giethoorn & De Wieden
11c Regge (Midden Regge)
11d Dinkel
12 Provinz DRENTHE
12a Hunze

PADDELLAND

Paddelland Niederlande

Die 50 schönsten Kanutouren auf Flüssen, Seen & Grachten

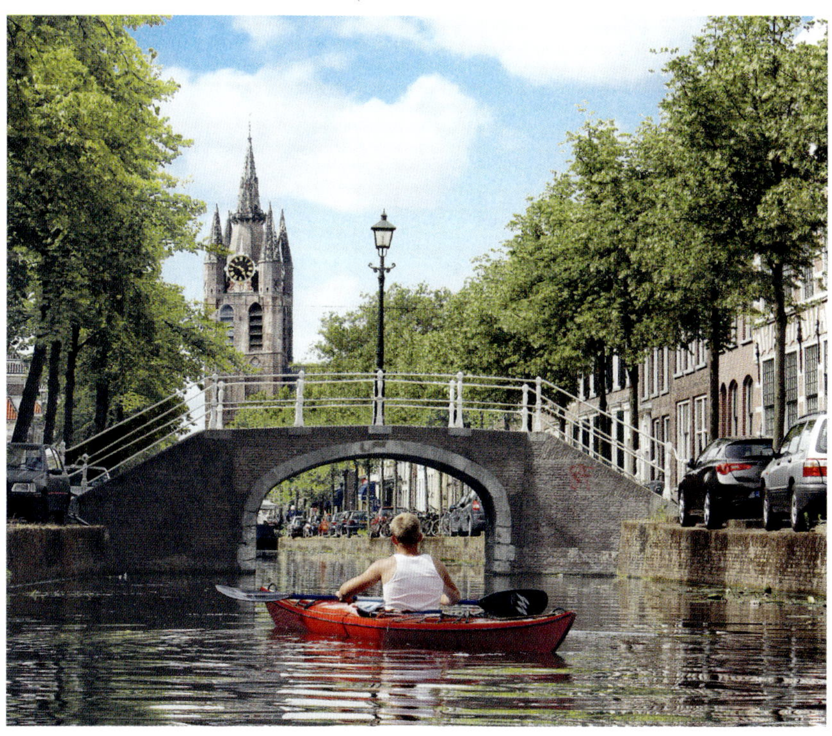

Thomas Kettler Verlag

Paddelland Niederlande

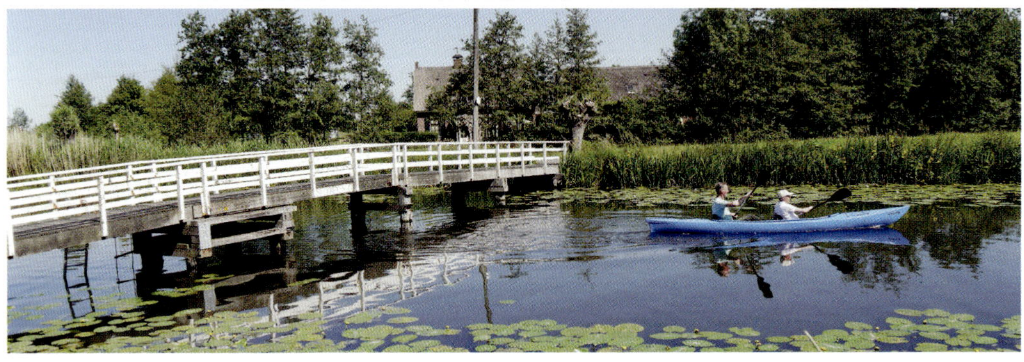

Die Touren

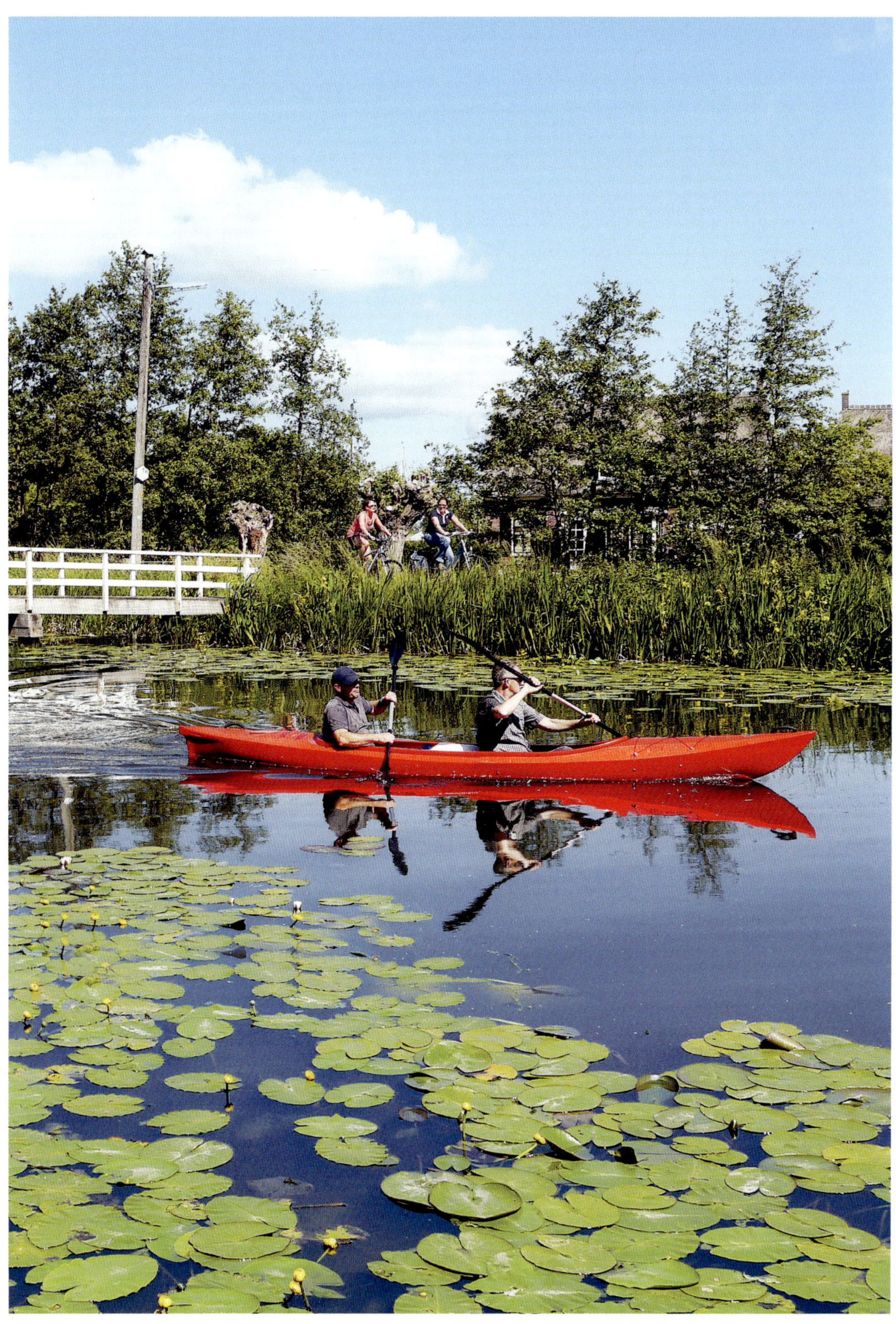

Vorwort

So hat alles angefangen . . .

An einem verheißungsvollen Frühlingsmorgen schiebe ich mein voll beladenes Kajak an der Knock, der Südwestecke Ostfrieslands, ins Wasser der Ems, um über den Strom nach dem niederländischen Termunterzijl zu paddeln. Von dort aus fahre ich in einem weiten Zickzack-Kurs durch die atemberaubend weiten Marschgebiete der Provinz Groningen, wo der Himmel die Erde berührt. Weiter geht es durch den Norden Frieslands mit seinen hübschen alten Städtchen und den Dörfern auf Warften, die von vergangenen Sturmfluten künden. Spätestens am Ijsselmeer hat mich die Begeisterung gepackt. Immer wieder fahre ich in den nächsten Jahren in die Niederlande, um die nächste Paddeltour dort zu beginnen, wo ich die letzte Etappe beendet habe.

Ich verbringe eine traumhaft schöne Sommerwoche auf den wunderbaren friesischen Seen im Südwesten der Provinz. Danach widme ich mich den Gewässern der ehemaligen Moorgebiete im Nordwesten Overijssels. An ruhigen Abenden, wenn die anderen Wasserfahrer in ihre Nachtlager zurückgekehrt sind, kann man sich dort auf verwunschenen Wasserläufen allein mit Moorgeistern und Irrlichtern wähnen und am nächsten Morgen mit viel Glück einen der seltenen Purpurreiher sehen. Ich folge den eher nüchternen Flevo-Randmeeren, quasi der Südküste der früheren Zuiderzee, nach Westen, um die Paddelreviere von Utrecht zu erkunden. Beispielsweise den Fluss Vecht, der für die prächtigen Herrenhäuser und Schlösser an seinen Ufern berühmt ist, und die zahlreichen Seen, auf deren Inseln sich prima rasten und baden lässt.

In Nordholland begeistern mich das herrliche Naturgebiet Waterland und die aus Hunderten von Inseln bestehenden Veenweidengebiete, in deren Gewirr von Wasserläufen man sich auch mit guter Karte verfahren kann. Von der schönen Altstadt von Alkmaar aus paddle ich an den Rand der Nordseedünen. Bei einer Tour sitze ich eine Weile in einem Café am historischen Hafen der Ijsselmeer-Stadt Enkhuizen und sehe dem sommerlichen Treiben zu. Es liegt über den Packhäusern noch immer ein Hauch von Goldenem Zeitalter, als die Schiffe der Vereinigten Ostindischen Compagnie, der damals mächtigsten Handelsgesellschaft der Welt, hier anlegten. Amsterdam ist ein Muss für genießende Paddler. Die Fahrt über die Grachten dieser einzigartigen Stadt darf man sich auf keinen Fall entgehen lassen. Von dort geht es auf die schöne südholländische Seenplatte, durch riesige Tulpenfelder, auf manch idyllischen Wasserlauf in tief liegenden Poldern mit Hunderten von Windmühlen und auf die Grachten der historischen Städte Leiden, Delft und Gouda.

Im Süden der Niederlande treffe ich zunächst auf den eigentümlichen Naturraum des Biesboschs, einem der größten Süßwasserwattgebiete Europas, und auf einige nette Bäche. Die Dommel beispielsweise schlängelt sich durch schöne Wald- und Heidegebiete, ehe sie nahe der sehenswerten Stadt ´s-Hertogenbosch in die Maas mündet. Nach einem Abstecher zum Veerse Meer in der westlich angrenzenden Delta-Provinz Zeeland starte ich in Maastricht zu einer Tour auf eben dieser Maas. Der Fluss überrascht mit sehr unterschiedlichen Abschnitten und vielen ehemaligen Festungsstädten. Er leitet mich in das Rivierengebiet, die Region der großen Rheinmündungsarme. Auf der Linge, die sich zwischen Lek und Waal einladend an alten Orten vorbeiwindet, geht es zurück nach Osten.

Auch in der „hinteren Ecke" des Landes, im Achterhoek, erfreuen mehrere kleinere Flüsse meine Paddlerseele. Die letzte Etappe führt mich von Meppel quer durch die Provinz Drenthe und auf der

Westerwoldse Aa zum Dollart. In Nieuw Statenzijl setze ich das Kajak in die Meeresbucht. Das Watt glänzt wunderbar in der Morgensonne. Einige Seehunde beäugen mich auf meiner Fahrt zur Ems und weiter nach Emden.

Da es weitere schöne Gewässer zu entdecken gibt und viele Wasserwege und Seen mich immer wieder locken, fahre ich nach wie vor jedes Jahr in die Niederlande. Mittlerweile bin ich dort über 5.000 Kilometer gepaddelt. Ich habe zuletzt Tagestouren, meist als Rundkurse, und die entsprechende Infrastruktur – Campingplätze, Kanuvermietungen, Parkmöglichkeiten usw. – recherchiert. Aus alledem ist dieses Buch entstanden. Es beschreibt den Reichtum und die Vielfalt an Paddelrevieren und berichtet von den unterschiedlichen Landschaften, bezaubernden Dörfern, historischen Städten und von den Menschen.

Ich hoffe, Sie werden genauso begeistert sein
von diesem kleinen, aber faszinierenden Land!

Horst Teigeler
und der Thomas Kettler Verlag

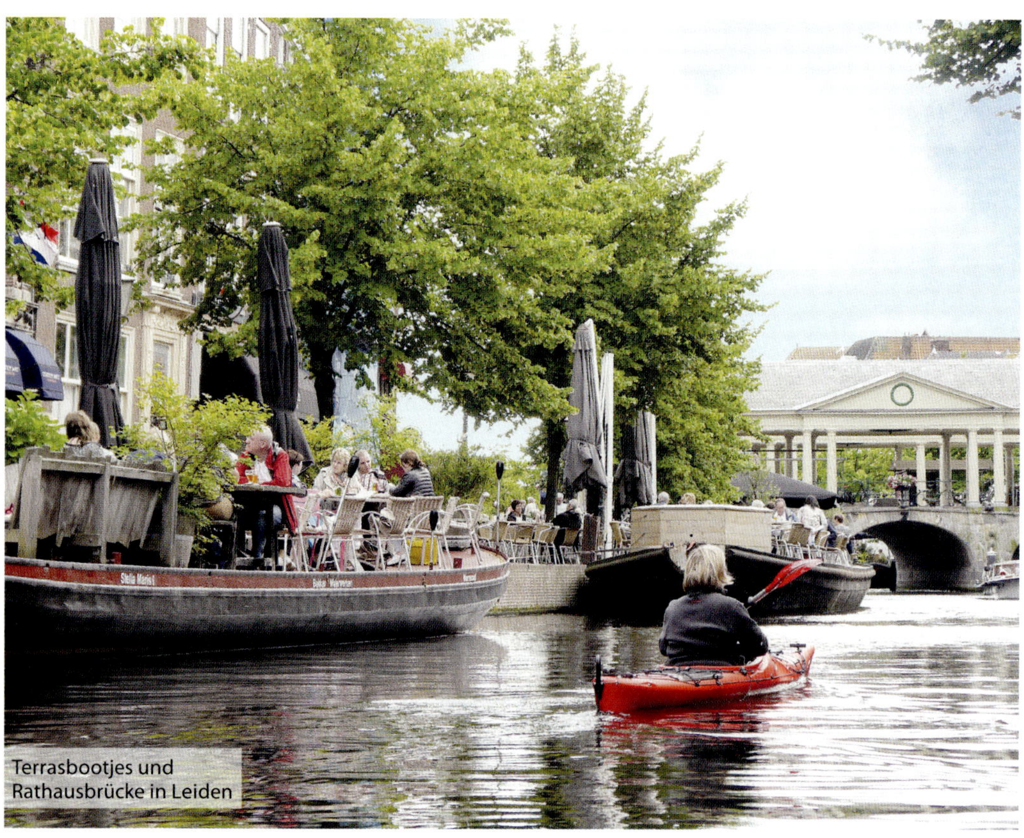

Terrasbootjes und
Rathausbrücke in Leiden

Die Niederlande

Wo die Menschen bellen – die Niederlande im Überblick

Die Niederlande sind ziemlich flach. Überall Windmühlen, Kanäle, Radfahrer, Käse, Matjes und Tulpen. Alles bekannt.

Aber wussten Sie, dass hier die durchschnittlich längsten Menschen der Welt leben?

Rekordverdächtig ist auch die **Bevölkerungsdichte** – auf einer Fläche, die etwa der Größe Niedersachsens, Dänemarks oder der Schweiz entspricht, leben fast 17 Millionen Menschen.

Die Einwohner verteilen sich keineswegs gleichmäßig über die 12 Provinzen. In Drenthe leben nur 172 Menschen pro Quadratkilometer. In Süd-Holland sind es 1.163 Einwohner pro qkm.

Einwohnerdichte im Vergleich

Niederlande	**41.543 km²**	**17,6 Mio. Einw.**
Niedersachsen	**47.710 km²**	**8,0 Mio. Einw.**
Schweiz	**41.285 km²**	**8,6 Mio. Einw.**
Dänemark	**42.921 km²**	**5,8 Mio. Einw.**

Beeindruckend ist auch das Verhältnis von Wasser und Land: von den 42.000 km² Gesamtfläche entfallen **9.000 km²** auf **Gewässer über 6 Meter Breite**.

Von der Landfläche liegen 24 % tiefer als der Meeresspiegel. Den mit 6,74 m unter Normal-Null tiefsten Punkt findet man nordöstlich von Rotterdam.

„Das schönste Naherholungsgebiet der Welt" nannte eine Aachener Zeitung die Niederlande einst. Tatsächlich ist die **landschaftliche Vielfalt** groß. Es gibt die **Nordseeinseln**, die eigentümliche amphibische Welt der Watten, die weiten, baumarmen und dünn besiedelten Marschen hinter den Seedeichen, wo die alten Dörfer und große einzelne Höfe auf Warften stehen.

Gleich nebenan liegt das **Ijsselmeer** mit seinen hübschen alten Hafenstädtchen und den etwas sterilen Poldern der jungen Provinz Flevoland.

Die westliche **Nordseeküste** lockt mit weiten Stränden und dem größten geschlossenen Dünengürtel Europas. Im Süden werden sie von den breiten Meeresarmen des gemeinsamen Deltas von Rhein, Maas und Schelde unterbrochen.

In verschiedenen Landesteilen trifft man auf **Seenplatten**, anderswo auf abgetorfte oder erhaltene **Moore** und wunderbare **Feuchtgebiete**. Der Osten und Süden ist durch wellige, sandige Gebiete eiszeitlichen Ursprungs oder Flugsandflächen geprägt, mit Wäldern, Wiesen, flachen Flusstälern und Heide. Das größte **Heidegebiet**, die **Veluwe**, liegt in der Mitte des Landes. Sie erinnert an die Lüneburger Heide. Südlich davon erstreckt sich das **Rivierenland**, das Land der großen Rheinarme und der Maas. Der „Obstgarten" der Niederlande ist hier zu finden, die **Waarden** (alte Flusspolder) und das einzigartige **Binnendelta Biesbosch**. Dies ist nur eines von vielen Naturschutzgebieten, in denen die Erhaltung gefährdeter Tier- und Pflanzenarten und die Erholungswünsche der Menschen auf eine recht unkomplizierte Weise miteinander in Einklang gebracht werden.

Mindestens genauso schön wie die Landschaften sind die **historischen Städte und Dörfer**. Der Reichtum an herrlichen, jahrhundertealten Wohn-, Geschäfts- und Lagerhäusern ist faszinierend. Dazu Grachten, Brücken, Türme, Stadttore, Kirchen, Festungen, ehemalige Klöster und Mühlen. Auf den Plätzen locken die Straßencafés. Auch wenn das Wetter etwa dem Norddeutschlands entspricht, gibt es diese „Terrasjes“ überall in großer Zahl.

Freunde **moderner Architektur** kommen ebenso auf ihre Kosten. In vielen Städten stehen außergewöhnliche Gebäude. Berühmt dafür ist vor allem Rotterdam. Auffällig ist, wie kreativ viele Fabrikhallen und Gewerbegebäude gestaltet sind.

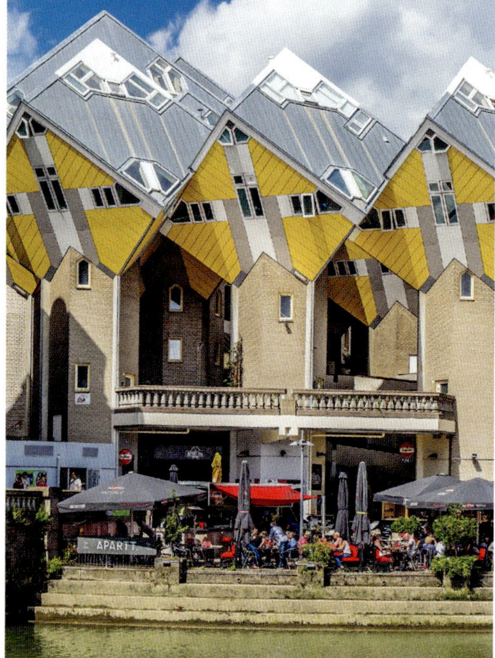

Wer will, kann seine Urlaubswochen damit verbringen Gemäldesammlungen und Ausstellungen aller Art anzusehen oder Konzerte, Theatervorstellungen, Märkte und Messen zu besuchen. Nicht nur in der Ausnahmestadt Amsterdam ist das **kulturelle Angebot** groß. Hinzu kommen während der Saison eine Vielzahl mehr oder weniger origineller Veranstaltungen in den Tourismusorten, wo auch den Bedürfnissen der Kleinen viel Aufmerksamkeit geschenkt wird. Die Niederlande sind ein **kinderfreundliches** Land.

Selbstverständlich gibt es aber auch Schattenseiten. Beispielsweise ist die **Umweltverschmutzung** in den industriellen Zentren gravierend. Der Boden unter den Tulpenfeldern soll mittlerweile 30 Meter tief verseucht sein, mit entsprechenden Folgen für das Grundwasser.

Die **Verstädterung** in den Kernprovinzen Utrecht, Noord- und Zuid Holland führt zu den typischen Problemen: unwirtliche Trabantenstädte, Verkehrsinfarkte, Kriminalität.

Nicht nur in dieser Beziehung **ähneln sich die Niederlande und Deutschland**. Das Autofahren, Einkaufen, Übernachten in Hotels oder auf Campingplätzen, . . . Vieles funktioniert im Alltagsleben fast gleich und macht das Reisen für Deutsche leicht.

Im Detail ist jedoch manches ganz anders. **Unähnlichkeiten:** Auf Autobahnen kann es passieren, dass man vor einer hochgeklappten Brücke auf die Durchfahrt von Schiffen warten muss. Wer am Strand Burgen baut, disqualifiziert sich. Seinen Wohlstand allzu deutlich zu zeigen, gilt als unschicklich. Unbekannte werden viel schneller geduzt als in Deutschland. Die Weihnachtsbescherung gibt es am 5. Dezember an Sinterklaas *(Sankt Nikolaus)*. Dann kommt Santa Klaas mit seinem Gehilfen, dem Swarten Piet *(Schwarzer Peter)* nicht selten auf dem Fahrrad.

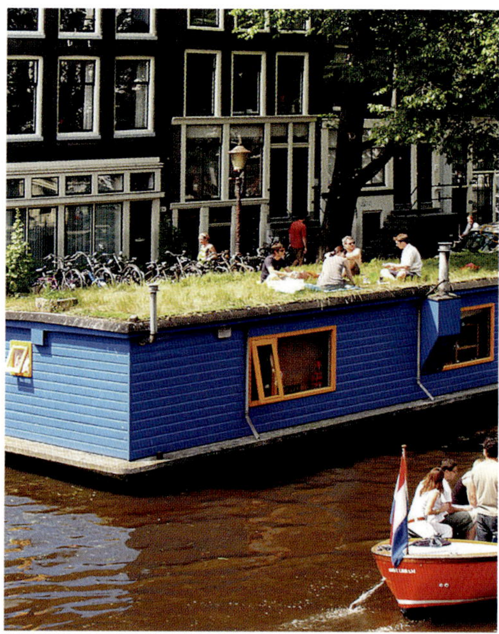

Das **Fiets** (*Fahrrad*) ist im Übrigen auch für höher gestellte Personen in Anzug und Krawatte ein selbstverständliches Fortbewegungsmittel.

Niederländer konsumieren noch mehr **Kaffee** als Deutsche. Es heißt, sie vertrocknen, wenn sie eine halbe Stunde keine Tasse getrunken haben. Daher kann es auch nicht überraschen, dass sie die höchste Kaffeeautomatendichte der Welt haben.

Das Essen

Die Hauptmahlzeit nimmt man in der Regel abends ein. Tagsüber isst man **Brootjes** (*belegte Brote*), **Patat** (*Pommes frites*), **Frikandel Special** (*eine frittierte Wurst aus Hackfleisch mit Soße*) und andere Snacks.

Den meisten Niederländern schmeckt übrigens das niederländische, pappige Weißbrot tatsächlich besser, als festeres, gehaltvolles, wie in Deutschland üblich. Es hat immerhin den Vorteil, dass man es bei Platzmangel im Kajak auf den Bruchteil seiner eigentlichen Größe zusammendrücken kann.

Der niederländischen Küche eilt nicht gerade ein weltumspannender Ruf voraus. Aber etwas mehr als **Pannekoeken** (*Pfannkuchen*) in jeder denkbaren Form und **Appeltart met slagroom** (*Apfelkuchen mit Schlagsahne*) als Einheitsgebäck in allen Cafés gibt es schon. Die in Stil, Preis und Qualität sehr unterschiedlichen Restaurants bieten meist eine breite Palette an Fisch- und Fleischgerichten (weniger Gemüse), die allerdings

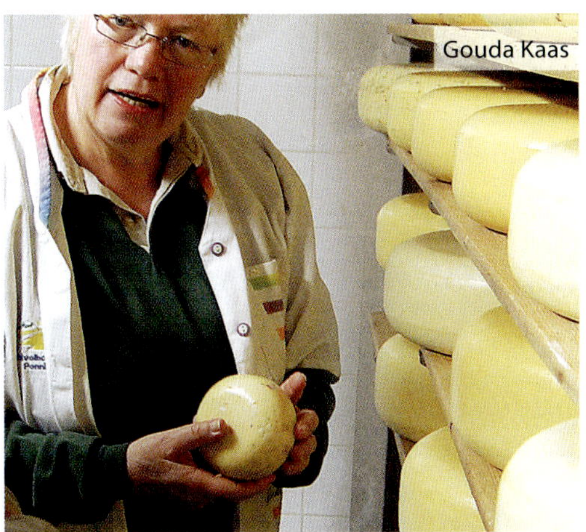

Gouda Kaas

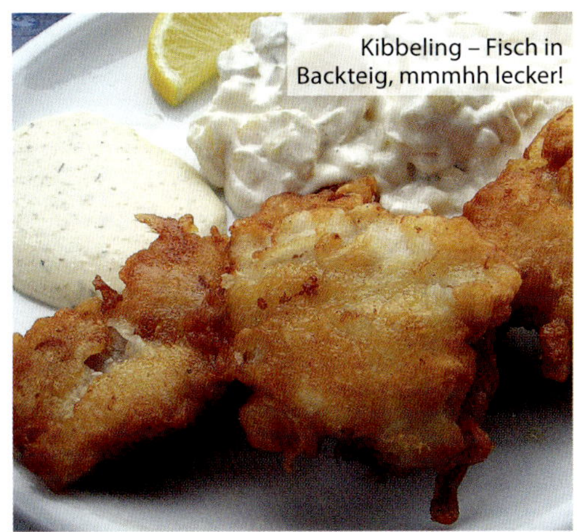

Kibbeling – Fisch in Backteig, mmmhh lecker!

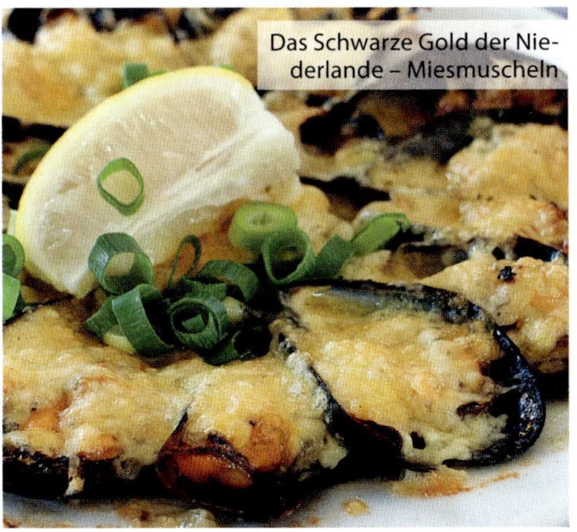

Das Schwarze Gold der Niederlande – Miesmuscheln

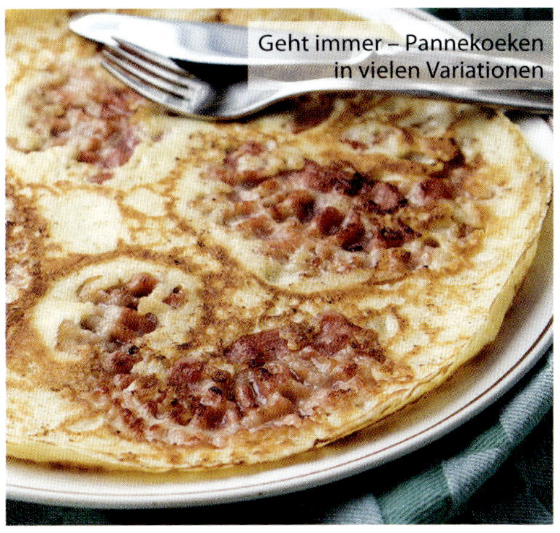

Geht immer – Pannekoeken in vielen Variationen

eher als international, denn als landestypisch zu bezeichnen sind. Die Einwanderer aus Indonesien, Surinam und anderen ehemaligen Kolonien bereichern das Angebot an interessanten Gerichten ebenso wie die „Gastarbeiter", vor allem Türken und Marokkaner.

Das Verhältnis zu den Deutschen

Man sollte meinen, das Nebeneinander so vieler Volksgruppen auf engem Raum führe zu großen Spannungen. Die Konflikte nehmen in den letzten Jahren tatsächlich zu. Dagegen hat sich das schwierige Verhältnis zu den Deutschen, die viele Niederländer jahrzehntelang als wenig aufgeschlossen und überheblich empfanden, deutlich entspannt. Die Erinnerung an die Grausamkeiten der deutschen Soldaten während der Besetzung des Landes im Zweiten Weltkrieg ist aber bis heute präsent. So ist der **„Tag der Befreiung" (5. Mai)** offizieller **Feiertag**. Gleichzeitig ist Deutschland der wichtigste Handelspartner der Niederlande und das beliebteste Urlaubsziel.

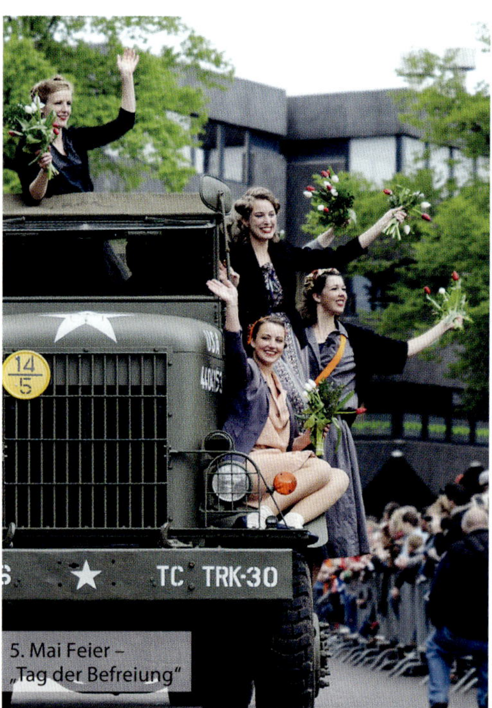

5. Mai Feier – „Tag der Befreiung"

Das Verhältnis zu den Deutschen ist heute zwar weitgehend unproblematisch (außer beim Fußball, wo auf beiden Seiten regelmäßig massenhaft der Verstand aussetzt). Aber wenn deutsche Touristen sich großspurig, laut und aufdringlich verhalten, sind viele Vorbehalte wieder wachgerufen. Wer sich hingegen wie ein Gast benimmt, wer Interesse an Land und Leuten zeigt, dem begegnet man herzlich und freundlich.

Sprache

Als unfreundlichen Akt empfinden die Niederländer, ihre Sprache den deutschen Dialekten zuzuordnen. Niederländisch ist trotz vieler Gemeinsamkeiten mit dem Hoch- und noch stärker mit dem Niederdeutschen eine eigenständige Sprache. Zusammen mit dem Friesischen, Englischen und Niederdeutschen zählt sie zur nordseegermanischen Sprachgruppe.

Deutsch und Niederländisch sind also verwandte Sprachen. Aber Vorsicht: Manche Ähnlichkeit kann zu Fehlern führen. **„Nuttige Tips"** sind keine Ratschläge für das horizontale Gewerbe, sondern *„nützliche Hinweise"*. Wenn jemand sagt, **„dat klopt"**, dann brauchen Sie nicht zur Tür gehen. *„Das stimmt"* heißt vielmehr die Übersetzung. Wenn Sie **„trakteren"** sollen, dann verstehen Sie das bitte nicht als Aufforderung zum Traktor fahren oder gar dazu, jemanden schlecht zu behandeln. Im Gegenteil: Sie sollen *„einen ausgeben"*. Ein Auto, das **„verkocht"** wurde, müssen Sie keineswegs im Suppentopf suchen. Es ist lediglich *„verkauft"* worden. Und wenn jemand Sie **„knap"** nennt, meint er nicht Ihre Körpergröße oder Ihre finanziellen Möglichkeiten. Er findet Sie *„hübsch"*. Es braucht Sie auch nicht zu irritieren, wenn Niederländer **„bellen"**. Sie *„klingeln"* lediglich an der Tür oder *„telefonieren"*.

Die sprachlichen und kulturellen Unterschiede und Gemeinsamkeiten werden hervorragend in dem Buch ***„Frau Antje und Herr Mustermann. Niederlande für Deutsche"*** von Dik Linthout (nur noch antiquarisch) erläutert. Bei den vergnüglichen Büchern ***„Auf Heineken könn wir uns eineken"*** von Kerstin Schweighöfer (Pieper Verlag) und ***„Mordsgouda"*** von Annette Birschel (nur noch antiquarisch) werden die Eigenarten der Niederländer liebevoll in den Mittelpunkt gestellt. Katja Frehland hat sich in ihrem ***„Fettnäpfchenführer Niederlande"*** (conbook-verlag) auf die Themen konzentriert, bei denen es für Deutsche leicht peinlich werden kann.

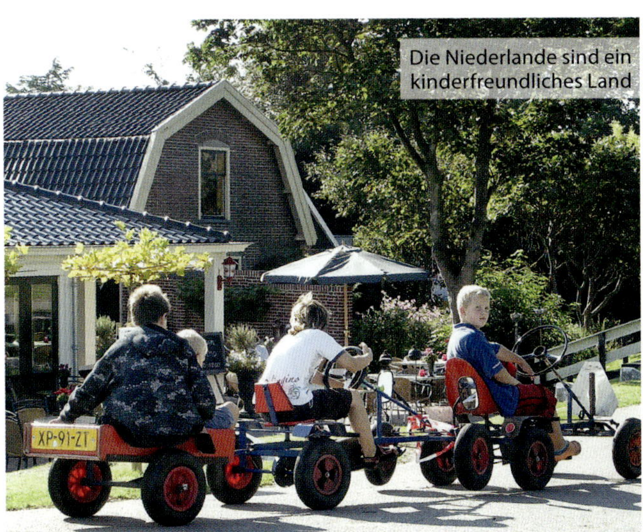

Die Niederlande sind ein kinderfreundliches Land

Einfache Texte, wie sie in Prospekten, auf Schautafeln und Schildern oder in den Handreichungen der Kanuvermieter zu finden sind, lassen sich mit wenig Aufwand und einem Wörterbuch meist leicht entschlüsseln. Wer des Plattdeutschen mächtig ist, hat dabei deutliche Vorteile. Eine Unterhaltsame Einführung in die niederländische Sprache findet man in dem Buch ***„Oh, dieses Niederländisch"*** aus der Reihe Fremdsprech (Conrad Stein Verlag).

Zur Entschlüsselung kanuspezifischer Informationen ist dem folgenden Kapitel eine kleine Wörterliste beigefügt: siehe **„Niederländisch für Paddler"** Seite 26.

Auf jeden Fall ist das Niederländische eine wunderbare Sprache. Es gibt viele herrliche Ausdrücke. So ist ein **„tussendortje"** wörtlich ein *„Zwischendurchlein"*, ein kleines Häppchen zwischen den Mahlzeiten bzw. ein kleiner Imbiss. Eine **„schutting"** (*Schüttung*) ist das, was an Wasser und Booten bei einer Schleusung durch die Tore geht. Ein **„Praatpaal"** (*Sprechpfahl*) ist eine Notrufsäule. Auch die Aussprache ist ein Genuss, vor allem die des rauhen, kehligen ch und g. Meine Tochter Edda überkam, als sie noch ein kleines Kind war, das Mitleid bei der Vorstellung, man müsse so sprechen, wenn man Halsschmerzen habe.

Holland oder Niederlande – etwas Geschichte

Deutsche bezeichnen das Nachbarland meist als Holland, obwohl nur die beiden Provinzen um Amsterdam und Rotterdam so heißen. Das nehmen die Niederländer normalerweise nicht übel. Ich habe sogar den Eindruck, sie nennen ihr Land oft selber so. Zumindest in der Tourismuswerbung wird meist das eingängigere Holland gerne benutzt.

Unbeliebt macht man sich allerdings, wenn man die Bewohner außerhalb der Provinzen Nord- und Südholland Holländer nennt. Das ist wohl so, als würde man Schotten zu Engländern machen, Franken zu Bayern oder Ostfriesen zu Oldenburgern. Solche und andere Feinheiten lassen sich nur vor dem geschichtlichen Hintergrund verstehen.

Als die Römer ihr Reich bis in die heutigen Niederlande ausdehnten, wurde der Rhein Grenze. Jenseits des Flusses lebten Friesen (an der Küste), Drenther und andere Stämme, diesseits unter anderem Bataver und Belger. Nach dem Zusammenbruch des Römischen Reiches und der Völkerwanderung hatten die Friesen ihr Siedlungsgebiet bis an die Weser ausgedehnt. Der Osten wurde sächsisch, der Süden fränkisch. In der Folge entstanden diverse weltliche und kirchliche Territorien wie

Flandern, Brabant, Holland, Seeland, Geldern und das Bistum Utrecht. Sie wurden im 14. und 15. Jahrhundert durch die Herzöge von Burgund weitgehend vereint. Im 16. Jahrhundert erbten die Habsburger die Oberhoheit.

In einem 80jährigen Befreiungskrieg erkämpften die nördlichen Provinzen (d.h. ohne das heutige Flandern) die staatliche Unabhängigkeit vom spanischen Zweig der Habsburger. Die Niederlande entwickelten sich nach dem Sieg im 17. Jahrhundert zur führenden Weltmacht und Handelsnation. In diesem „goldenen Jahrhundert“ entstanden viele der kulturellen Schätze z.B. in der Malerei und im Städtebau, die wir heute noch bewundern können.

Im Internet lassen sich zu jedem Thema und zu allen Gegenden umfangreiche Informationen finden.

Fremdenverkehrsbüros

Für Informationen vor Ort sind die Fremdenverkehrsbüros die besten Anlaufstellen. Sie heißen meistens **VVV** *(gesprochen Fee Fee Fee)* = **Vereniging voor Vreemdelingenverkeer** und sind an dem blauen Zeichen mit den drei V zu erkennen. Dort ist man bei der Suche nach Unterkünften oder Ausflugszielen behilflich. Zumindest die größeren Filialen halten eine Fülle von Karten, Prospekten und anderem Infomaterial vor, teilweise auch zum Kanufahren. Früher fand man die VVV meist in besonders schönen historischen Häusern in der Ortsmitte, heute meist immer noch im Stadtzentrum, oder auch in Bahnhofsnähe. Mittlerweile ist das Netz leider deutlich ausgedünnt. www.holland.com >Praktische Informationen >Fremdenverkehrsbüros (VVV)

„Papa, kijk, één kano!“

Infos zum Kanufahren in den Niederlanden

Wassersport, Reviere im Überblick, Befahrungsregelungen, Strömung, Wetter, Kanu & Ausrüstung, Zelt- & Übernachtungsmöglichkeiten, Informationsquellen, Naturschutz u.a.

„Wenn Gott das Wasser schuf, dann schufen die Holländer das Land“, heißt es.

Bei diesem Zusammenspiel entstand in den Niederlanden eine Fülle von **Wassersportgebieten**, die in Europa ihresgleichen suchen. Auch Kanuten finden hier zahlreiche, ganz unterschiedliche und interessante Reviere. In den meisten Gegenden bilden Bäche, Flüsse, Kanäle und Seen ein dichtes Netz von Gewässern mit unzähligen Fahrtenmöglichkeiten. Kurze Tagestouren sind hier ebenso möglich wie ein mehrwöchiger Törn. Fast überall ist es unproblematisch, Rundkurse zu paddeln.

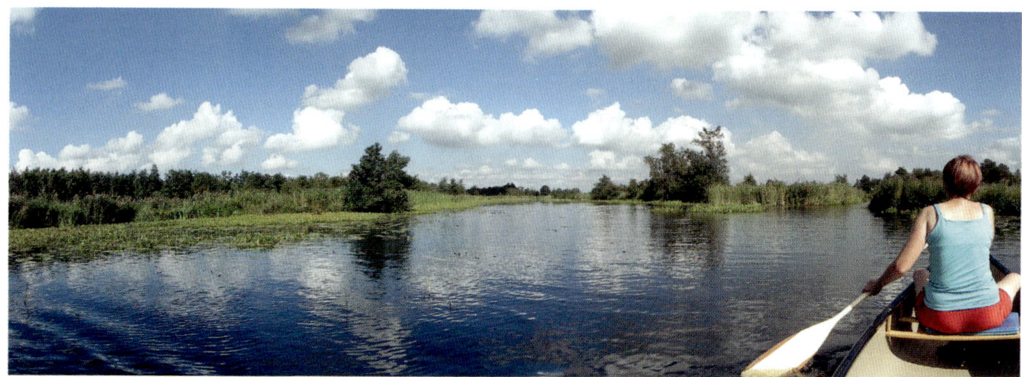

Reviere im Überblick

Im Norden kann man sich an der Weite in den dünn besiedelten Marschen berauschen. Gewaltige Wolkengebirge treiben zuweilen über den Himmel, während man durch endlose grüne Wiesen und Weiden paddelt, vorbei an Dörfern auf Warften, mit mittelalterlichen Kirchen in ihrer Mitte. Das Groninger Marenland, die eingedeichte Meeresbucht Lauwersmeer und das friesische Terpenland sind hier die ersten Kanuziele.

Das bekannteste Revier Frieslands ist die herrliche Seenplatte im Südwesten der Provinz, auf der sich im Sommer Tausende von Segel- und Motoryachten tummeln, in der aber gerade auch Paddlern ruhigere Gefilde zugänglich sind.

Das angrenzende Overijssel bezeichnet sich selbst als DIE Kanuprovinz der Niederlande. Gemeint sind dabei vor allem die Seen und zahllosen Wasserläufe in den abgegrabenen und wieder verwilderten Mooren im Nordwesten, die Weerribben und die Wieden, die zusammen einen etwa 90 km^2 großen Nationalpark bilden.

Die wunderbaren nordholländischen Veenweidengebiete und das Waterland, die Utrechter und die meisten südholländischen Plassen (Seen) sowie die Âlde Feanen in Friesland sind ebenfalls durch Torfabbau entstanden.

Jedes Gebiet hat seinen ganz eigenen Charakter und alle locken mit einer ungeheuren Zahl an Paddelrouten auf engstem Raum. Das gilt auch für das einzigartige Naturgebiet Biesbosch, ein Binnendelta und Süßwasserwatt zwischen den Mündungsarmen von Rhein und Maas.

In vielen Gegenden gibt es schöne Bäche und Flüsse. Beispiele sind die Dommel und ihre Nebenflüsse, die sich durch die Wald- und Heidelandschaft Noord-Brabants schlängeln, die fast naturbelassene Dinkel im deutsch-niederländischen Grenzraum bei Nordhorn

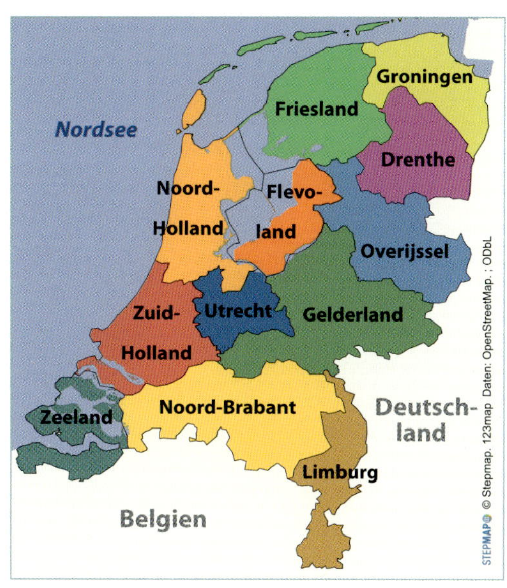

und der hübsche Kromme Rijn in Utrecht. Die Verlängerung dieses Wasserlaufs, die breitere Utrechtse Vecht, zählt wegen der vielen Herrenhäuser und Schlösser an ihren Ufern zu den am meisten besuchten Wasserwegen überhaupt. Die Regge in Overijssel ist wegen der welligen Wald- und Wiesenlandschaft bei Urlaubern sehr beliebt. Auch die Linge in Gelderland zählt zu den besonders reizvollen Paddelgewässern.

Die großen Flüsse finde ich nicht so einladend, ausgenommen die Maas. Sie fließt an Maastricht und an vielen ehemaligen Festungsstädtchen vorbei, die alle einen Besuch wert sind. Zudem stehen auf dem Limburger Abschnitt etliche große Baggerseen mit dem Strom in Verbindung. Sie sind ideal zum Baden und Zelten.

Die Kanäle im engeren Sinne sind – von einigen alten Moorkanälen abgesehen – meist weniger ansprechend. Sie stellen aber gute Verbindungen zwischen den angesprochenen Kanurevieren her.

Höchst lohnend sind auf jeden Fall die Grachten in den alten Städten mit ihren wunderbaren Giebelhäusern, mittelalterlichen Stadttoren, Kirchen und Brücken. Durch manche der historischen Ortskerne paddelt man höchstens einen Kilometer, so in den friesischen Städtchen Sloten und Hindeloopen. Andere wie Groningen, Sneek und Zwolle lassen sich auf dem Singel, dem ehemaligen Festungsgraben, umrunden. Wieder andere sind selbst kleine Kanureviere. Dazu zählen Alkmaar, Delft, Leiden, Utrecht und natürlich Amsterdam.

Außer auf der Maas und den drei Rheinarmen Waal / Merwede, Nederrijn / Lek und (Gelderse) Ijssel gibt es nur auf wenigen Wasserläufen eine nennenswerte Strömung. Auf den unteren Abschnitten von Maas, Lek, Merwede und Hollandse Ijssel kann einem das Wasser auch flussabwärts entgegenfließen. Hier ist eine geringe Gezeitenströmung zu bemerken.

Ansonsten gibt es Ebbe und Flut nur auf den offen gebliebenen Deltaarmen, der Nordsee und dem Wattenmeer. Dies sind jedoch zusammen mit Ijsselmeer die Großgewässer der Niederlande, die in diesem Buch nur am Rande berücksichtigt werden.

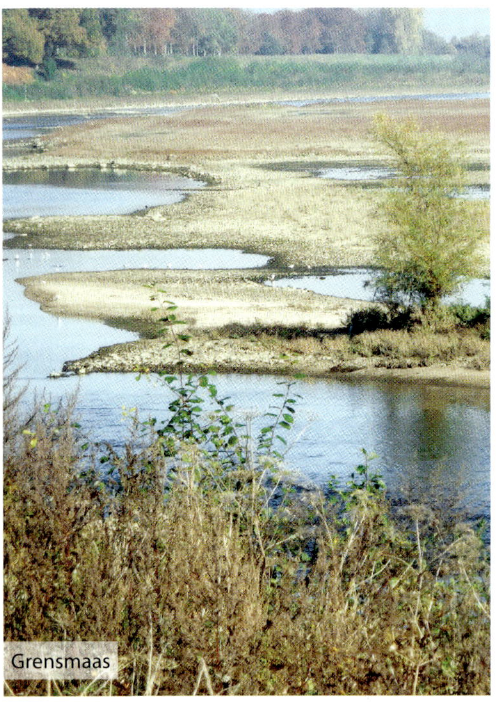
Grensmaas

Seekajakfahren lernen & Kanu-Kurse

Wer noch nicht zu den Seekajakfahrern gehört und erste Erfahrungen sammeln möchte, kann dies bei mehreren kommerziellen Kanuzentren tun, z.B. beim Zeekanocentrum auf Texel und bei Kanoa Outdoor-Sport am Veerse Meer in Zeeland oder bei den Kanuverbänden.

Alle drei **niederländischen Kanuverbände** machen interessante praktische Angebote für Anfänger und Fortgeschrittene in allen Kanu-Disziplinen. Sie unterscheiden sich lediglich durch ihre Schwerpunkte.

» Der **„Toeristischer Kano Bond Nederland" (TKBN)** hat seinen Schwerpunkt beim Wasserwandern. Jährlich bietet er rund 50 Touren an. Die wichtigste Veröffentlichung ist ein umfassender **Campingführer**. Er führt 500 Plätze auf, die direkt am Wasser liegen oder mit dem Kanu vom Wasser aus zu erreichen sind. *Der Führer ist beim TKBN zu bestellen:* www.tkbn.nl

» Die Vereine, die dem **„Nederlandse Kano Bond" (NKB)** angeschlossenen sind, betreiben meist Wettkampfsport. Dennoch bietet auch der NKB für Wasserwanderer Informationen, z.B. eine Liste der NKB-Vereine, die Platz für Zelte haben. Eine Unterabteilung, die **„Commissie Zeekayakvaren"** widmet sich speziell den Großgewässern.

» Die **„Stichting Peddelpraat"** ist das Gegenstück zur deutschen „Salzwasserunion". Sie ist spezialisiert auf Großgewässer und das Seekajakfahren, bietet aber auch einfache Wandertouren und Wildwasserfahrten an.

» Die **„Stichting Watersport met Gehandicapten (SWG)"** ist kein Kanuverband. Die Stiftung macht im Bereich Wassersport (nicht nur Kanufahren) Angebote für Menschen mit Behinderung.

Befahrungsregelungen

Auf relativ wenigen Gewässern ist der Bootsverkehr ganz verboten, auf anderen nur zu bestimmten Zeiten. Einige Häfen, wie die von Amsterdam, Rotterdam, Delfzijl und mehrere Schifffahrtskanäle (z.B. Amsterdam-Rijnkanaal), sind für Kanuten gesperrt. Umgekehrt dürfen auf etlichen – nicht selten besonders attraktiven – Gewässern allein Boote ohne Motor fahren. Auf solche Bestimmungen wird in den Provinz-Übersichten und „Ergänzenden Informationen" am Anschluss an die jeweilige Tourenbeschreibung hingewiesen.

Einsetzstellen

Bei den „Ergänzenden Angaben" wird auch auf Stellen mit niedrigen Stegen oder zumindest geeigneten Ufern und nahen Parkmöglichkeiten hingewiesen, an denen man mit dem Kanu gut ins Wasser kommt. Solche Punkte sind bei vielen Routen rar gesät. Damit man sie sicher findet, stehen neben den Straßennamen und anderen örtlichen Kennzeichnungen Koordinaten, die man in die meisten Navigationsgeräte eingeben kann. Es gibt die Möglichkeit, Koordinaten in Grad, Minuten und Sekunden oder als dezimale Zahl anzugeben. In diesem Buch finden Sie die letztgenannte Variante.

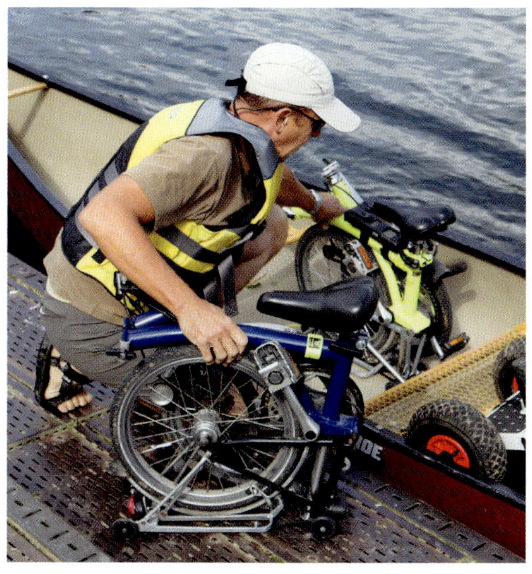

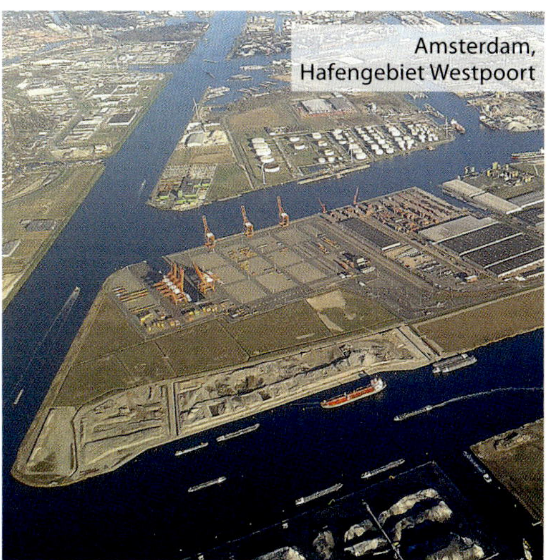

Amsterdam, Hafengebiet Westpoort

Auto nachholen / zurück zum Pkw

Wer ein Auto am Endpunkt der Tour deponieren kann – machbar am besten mit einem zweiten Pkw (Zweierteam oder Gruppe) – ist fein raus. Oder man kehrt nach der Tour mit einem zuvor am Endpunkt deponierten Fahrrad zur Einsetzstelle zurück, wo das Auto wartet. Etwas umständlich und ökologisch sinnvoll ist das natürlich auch nicht.

Besser ist es, zuvor die Verbindung mit den in den Niederlanden guten **Öffentlichen Verkehrsmitteln** zu checken. Dabei hilft ein Blick auf die Internetseite der niederländischen Eisenbahn (Nederlandse Spoor = NS, www.ns.nl). Deren Bahnnetz ist sehr gut ausgebaut. Die Züge verkehren mindestens im Stundentakt zwischen fast allen Städten.

Bei längeren Touren und bei manchen kürzeren, kann die Bahn daher für das Nachholen der Autos sehr hilfreich sein. Ich nutze sie immer wieder. Für Busse gilt Entsprechendes. Nur sind hier die örtlichen Gegebenheiten sehr unterschiedlich. Das macht die Nutzung etwas schwieriger.

Tipp: Im Canadier kann neben dem Gepäck sogar ein Faltrad mit auf Tour genommen werden. Somit hat man am Ende der Tagesetappe nebenbei die Möglichkeit die Gegend zu erkunden.

Andere Wassersportler

Viele Gewässer teilt man sich im Sommer mit Menschen die auf Motor- und Segelyachten, Ruderbooten, „Surfplanken“, Gummitieren und sonstigen Gefährten unterwegs sind. In einigen Revieren kann es zu regelrechtem Gedränge kommen, wenn die Faktoren Ferienzeit, Wochenende und sonniges Wetter aufeinander treffen. An gewöhnlichen Wochentagen sind deutlich weniger Freizeitkapitäne unterwegs. Kanuten werden in der Regel freundlich und keineswegs von oben herab behandelt. Bei Begegnungen auf den Wasserläufen grüßt man sich. Viele Motorbootfahrer gehen vom Gas, um hohe Wellen zu vermeiden

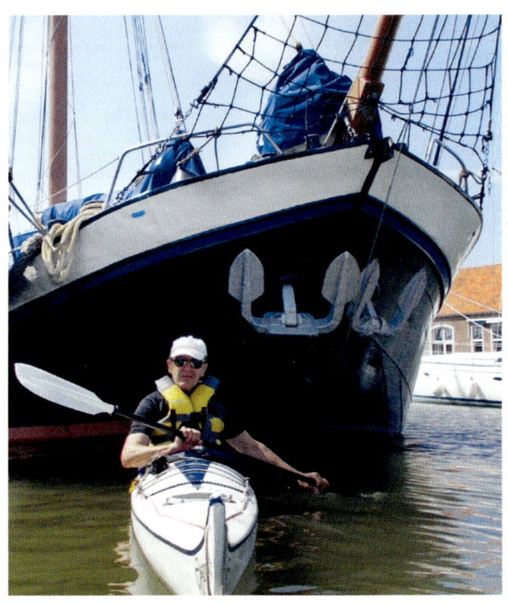

Schleusen

Ich fühle mich oft wie in einer großen Wassersportler-Familie. Das ist besonders in den Schleusen zu spüren, wo sich während des Wartens oft nette Gespräche von Bord zu Bord ergeben. Auch mit den umstehenden Zuschauern kommt man leicht ins Gespräch. Und Zuschauer gibt es immer, denn das „sluisje kijken“, das Schleusen-Gucken, ist niederländischer Volkssport. Viele Cafés haben daher ihre Tische direkt neben den Anlagen aufgestellt. Wenn kleine Kinder die Paddler entdecken, ist oft der begeisterte Ruf zu hören: ***„Papa, kijk, een kano!“*** (Papa, guck mal, ein Kanu). Die Schleusenmeister verhalten sich Kanuten gegenüber in der Regel sehr hilfsbereit. Einzelne Kanus werden meistens wie selbstverständlich und überwiegend kostenlos geschleust, selbst wenn kein anderes Schiff in der Nähe ist. Da kaum ein Paddler ein Funkgerät an Bord hat, muss man dann allerdings durch lautes Rufen auf sich aufmerksam machen. Das Mitschleusen mit Yachten oder mit der Berufsfahrt ist kein Problem. Das Frachtschiff muss man allerdings zuerst in die Schleuse einfahren lassen. Ein Teil der Schleusen sind kostenpflichtig. Daher sollte man ein paar Euro griffbereit haben.

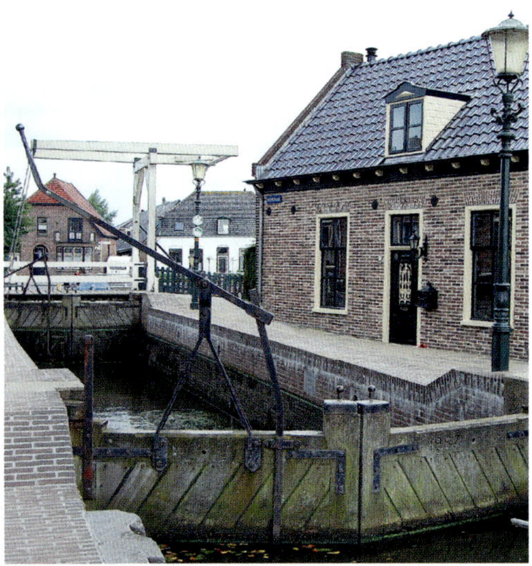

Berufsschifffahrt

Bei Begegnungen mit anderen Schiffen darf bei aller Freundlichkeit die Aufmerksamkeit nicht nachlassen. Man kann nicht immer davon ausgehen, dass die Steuerleute die kleinen Kanus von ihren Führerständen aus sehen. Das gilt besonders für die Binnenschiffe. Sie haben einen großen toten Winkel und können bei ihrem gewöhnlich recht hohen Tempo nicht bremsen oder ausweichen. Da heißt es, Abstand halten!

Wellen der Binnenschiffe sind langgezogen und deshalb unproblematisch. Von den Yachten gehen jedoch kurze, steile Wellen aus, die leicht über den Süllrand schwappen können. Auf den Seen und größeren Flüssen kann sich bereits bei mittelstarken Winden ein recht hoher Wellengang aufbauen. Kajakfahrer sollten daher stets eine Spritzdecke dabeihaben.

Wind

In den baumarmen, flachen Gegenden in Meeresnähe ist der Wind eine wichtige Einflussgröße. Wer kann, sollte seine Fahrtrichtung nach dem Wind wählen. Die weniger windanfälligen Kajaks sind gegenüber Canadiern im Vorteil. Wenn der Wind entgegen seinen üblichen Gepflogenheiten doch einmal von hinten weht, kann ein Segel oder ein Regenschirm nützlich sein, zumal die meisten Wasserläufe nicht sehr stark gewunden sind.

Klima

Die Niederlande haben Seeklima. Längere Schönwetterperioden kommen vor. Wahrscheinlicher ist jedoch ein häufiger Wetterwechsel. Morgens kann es ganz anders aussehen als abends. Regenkleidung sollte ebenso wenig fehlen wie die Badehose. Im Winter liegt die Durchschnittstemperatur knapp über Null. Das Paddeln bleibt also, bis auf kurze Frostperioden auch in der kälteren Jahreszeit möglich.

Baden kann man fast überall, aber die Wasserqualität ist in vielen Gewässern wegen des geringen Wasseraustauschs eher mäßig.

Kleidung – Verlags-Hinweis

Sicherlich wird auf Tour keine teure High-Tech-Kleidung benötigt, aber eine gute **Paddel- / Regenjacke und -hose** muss im Gepäck sein. Ansonsten sollte nach dem „Zwiebelprinzip" verfahren werden – mehrere leichte Kleidungsstücke übereinanderziehen. **Fleecepullis** mit ihrer hervorragenden Isolationseigenschaft, dem geringen Gewicht und der Tatsache, dass sie im nassen Zustand noch wärmen, aber auch schnell trocknen, sind ideal. Als **Unterwäsche** eignet sich besonders Merinowolle oder Skiunterwäsche aus Kunstfaser. Eine **lange Hose** aus einem Synthetic-Baumwollgemisch ist sicher besser als eine Jeans. Als **Schuhe** eignen sich leichte Schnür-, Sport- oder spezielle Paddlerschuhe. Für kleine und große Ausflüge kommen auch

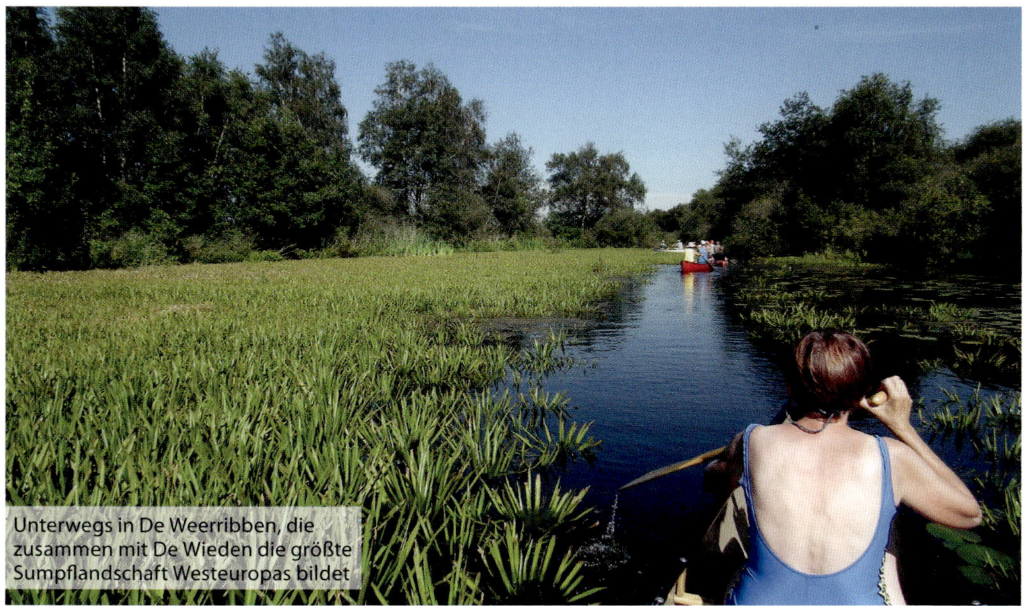

Unterwegs in De Weerribben, die zusammen mit De Wieden die größte Sumpflandschaft Westeuropas bildet

Wanderschuhe mit ins Boot. **Badebekleidung** in der warmen Jahreszeit ist genauso selbstverständlich, wie eine wärmende **Mütze** und evtl. **Handschuhe**, bzw. Paddelpfötchen aus Neopren für Kajaker im kühlen Herbst.

Kanu & Ausrüstung – Verlags-Hinweis

Der mit dem Stechpaddel angetriebene und offene **Canadier** eignet sich für die meisten im Buch beschriebenen Touren. Er bietet mehreren Personen mit viel Gepäck Platz und das Beladen, bzw. Ein- und Aussteigen, sind einfach. Auch bieten sich im Sitzen mit angewinkelten oder gestreckten Beinen oder auch kniend variantenreiche Sitzpositionen, die ein ermüdungsfreieres Paddeln ermöglichen. Die größere Kippstabilität wird vom Anfänger als angenehm empfunden. Sein Nachteil liegt eindeutig in der größeren Windanfälligkeit. Diese und der Schutz vor Spritzwasser und Regen, kann aber durch eine Persenning (Abdeckung mit verschließbaren Sitzöffnungen) vermindert werden.

Auf den größeren Seen und Flüssen kann das **Kajak** die bessere Wahl sein. Es ist bis auf eine kleine Sitzluke geschlossen, wird mit einem Doppelpaddel gefahren und ermöglicht etwas höhere Geschwindigkeiten. Sein Nachteil liegt jedoch in der beschränkten Zuladung, dem umständlicheren Ein- und Aussteigen und der vorgegebenen Sitzposition.

Eine Schwimmweste sollte in beiden Kanutypen immer getragen werden.

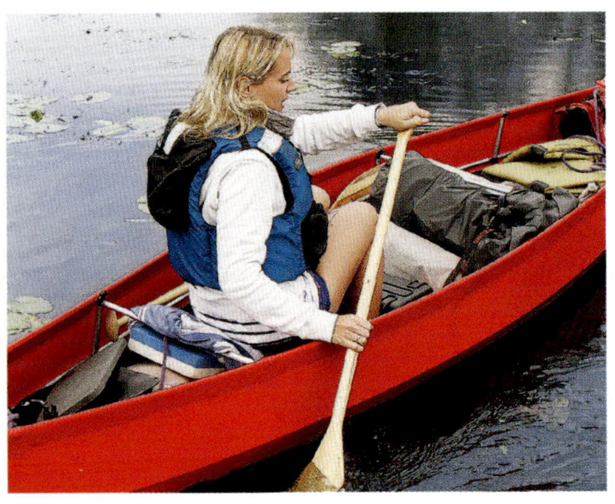

Zum hilfreichen Kanu-Zubehör gehören:

- Paddel- oder einfache Radhandschuhe, sie schützen empfindliche Hände vor Blasen.
- Bootswagen für längere Landtransporte.
- Leinen zum Festmachen, Halten und Treideln des Kanus.
- Spanngurte zum Sichern der Säcke und Tonnen.
- Schwamm zum Säubern und „Entwässern“ des Kanus.
- Kette und Schloss zum Sichern des Kanus am Ufer.

Transportiert wird das Kanu auf dem Dachgepäckträger mit dem Kiel nach oben, geschützt mit Rohrisolierung aus Schaumstoff. Mit robusten Spanngurten mit Klemmschnallen wird das Ganze am Dachgepäckträger befestigt und zur Sicherheit nochmal vorne und hinten zu den Abschleppösen abgespannt. Noch besser geeignet sind im Fachhandel erhältliche spezielle Kanutransportbügel, die auf die Dachgepäckträger montiert werden. Ovalbügel oder senkrechte Stützen sind für den Transport von Einerkajaks, flache, konkave Träger für den von Zweierkajaks oder Canadiern gedacht. Kanus, die nach hinten weiter als einen Meter über die Rückstrahler des Fahrzeugs hinausreichen, müssen mit einer roten Fahne gekennzeichnet werden.

Wer draußen übernachten möchte, benötigt eine komplette **Campingausrüstung**. Zur Grundausstattung gehören Zelt, Iso-/Therma-rest-Matte und Schlafsack. Eine Taschen- oder besser Stirnlampe leistet wertvolle Dienste, nicht nur, wenn im Dunklen das Zelt aufgebaut werden muss.

Will man nicht auf seinen morgendlichen Kaffee oder die Spaghetti am Abend verzichten, muss ein **Campingkocher** mit. Als **Küchenausstattung** empfiehlt sich ein Kochset, bestehend aus 2 oder 3 verschieden großen, ineinandergestellten Kochtöpfen mit zwei verschieden großen Deckeln, die gleichzeitig als Pfannen dienen (und evtl. einem Wasserkessel).

Weitere **Küchenutensilien**: Feuerzeug, Teller, Müslischüsseln, Besteck, Thermoskanne, Thermobecher, Alufolie, kleines Schälmesser, Schneidebrettchen, Geschirrtuch, Spülmittel & Spülschwamm, eine kleine Faltschüssel und einen Wassersack.

Weitere wichtige **Ausrüstungsgegenstände** sind Toilettenpapier, Waschzeug, Sonnenbrille, Kopfbedeckung, Sonnen- & Insektenschutz, Taschenmesser, Taschenlampe, Fernglas, Schreibutensilien, wasserdicht verpacktes Handy, wasserdichte Kartentasche (sicher auf dem Bootsdeck festgebunden), kleiner Rucksack für den Landgang.

Abgerundet wird die Ausrüstungspalette durch ein **Erste-Hilfe-Set**, das in einem kleinen separaten Packsack leicht zu erreichen (z.B. hinter dem Sitz) untergebracht wird. Zur Minimalausstattung gehören Heftpflaster, Dreiecktuch, Mullbinden, Kompressen und Desinfektionslösung.

Die Ausrüstung findet Platz in **wasserdichten Weithals-Tonnen** und **wasserdichten Packsäcken**, die durch ein „Roll-/Steckverschluss-System" auch wasserdicht verschlossen werden. **TIPP:** Mit einem langen Spanngurt könne alle Packsäcke/Tonnen miteinander verbunden und am Canadier befestigt werden.

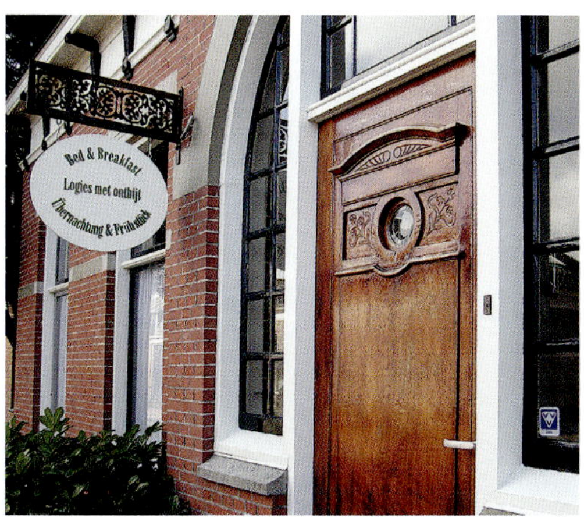

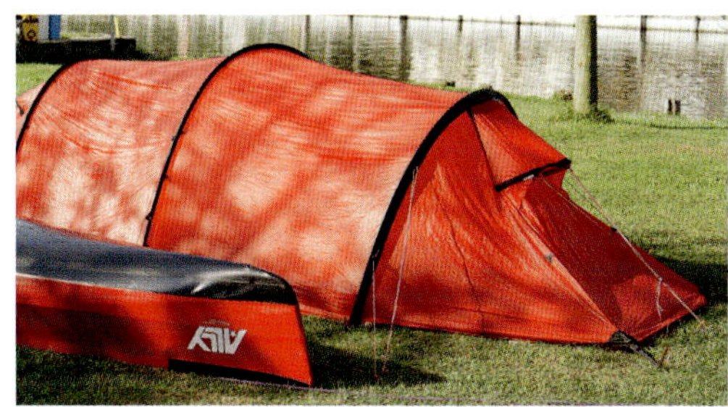

Zelten & Übernachten

Beim Kanufahren ist das Zelten die ideale Übernachtungsvariante. Die Zahl der **Campingplätze** ist enorm. Viele liegen günstig an Gewässern. Neben den „offiziellen" Plätzen gibt es sehr viele einfache, kleinere (und billigere) Plätze bei Bauernhöfen, auch Mini-Campings genannt. Hier herrscht oft eine familiäre Atmosphäre. Meist sind sie nicht auf den Land- oder Wasserkarten verzeichnet. Man findet sie in speziellen Campingführern (bei den VVV zu erhalten) oder im Internet (z.B. unter www.minicampinggids.nl oder www.vekabo.de) oder im unter „Kanuverbände" erwähnten Heft mit den 500 Plätzen am Wasser. Auch bei etlichen Kanuvereinen kann man sein Zelt aufschlagen. Darüber hinaus lohnt es sich, bei größeren Kanuvermietern, Yacht- und Ruderclubs zu fragen.

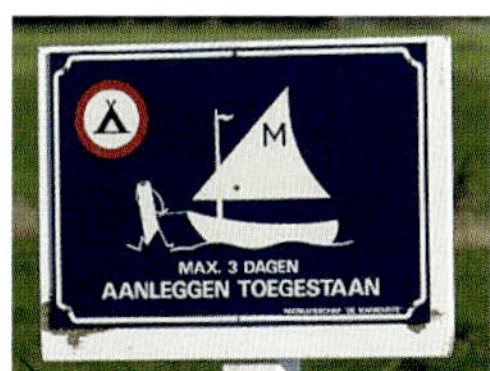

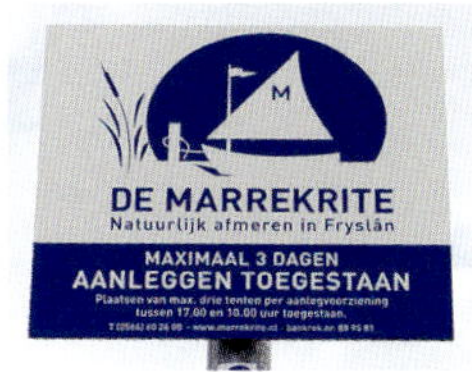

Wildes Zelten ist wie in Deutschland verboten. In einigen Provinzen gibt es freie Stellen am Ufer oder auf Inseln, wo das Zelten für 1-3 Nächte erlaubt ist. So z.B. die **Marrekrite-Plätze** in Friesland.

Wer mehr Übernachtungskomfort sucht, schläft im **Hotel**, in der **Jugendherberge** (heißen heute Stayokay Hostel), im **Ferienhaus /-Wohnung**, **Bed & Breakfast (B&B), Ecolodge** oder in den mehr oder weniger komfortablen **Hütten / Mobilheimen** der

Campingplätze. Im ganzen Land gibt es jede Menge **Ferienparks** verschiedener Größe und Ausstattung. Dort findet man Ferienhäuser, Bungalows, Chalets und auch Campingplätze mit Schwimmbädern und Spielplätzen.

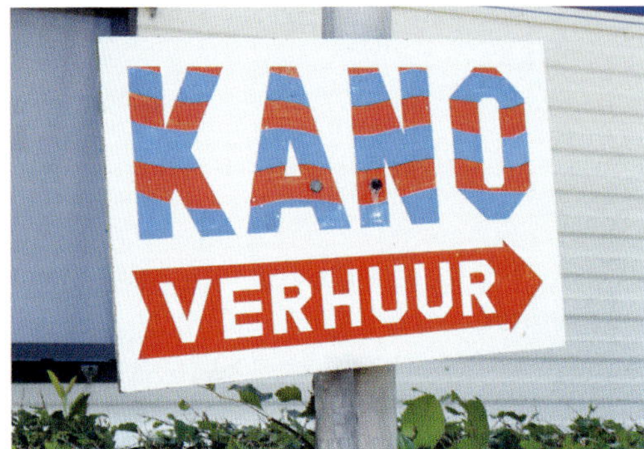

Kanuvermietungen

Einige Kanuvermieter bieten auch geführte Touren und andere Outdoor-Aktivitäten an. Einfache Kanuvermietungen (kanoverhuur) gibt es an jedem halbwegs interessanten Gewässer. Insgesamt dürften es in den Niederlanden weit über 300 sein. Der Service reicht von der bloßen Vermietung über An- und Abtransport bis hin zum qualifizierten Paddelunterricht oder großem Betriebsausflug mit Speis und Trank. Wer also kein eigenes Boot besitzt oder seins nicht mehr aufs Autodach bekommt, weil dort schon fünf Fahrräder mitfahren, braucht nicht auf eine Kanutour zu verzichten. Im Internet gibt es mehrere Listen, z.B. www.kanoverhuur-nederland.nl kano-verhuur.startkabel.nl

Infomaterial

Bei vielen VVV-Niederlassungen sind Beschreibungen von Kanurouten und entsprechende Karten für wenig Geld erhältlich. Solche Veröffentlichungen unterliegen häufigen Veränderungen, so dass selbst wirklich gut gemachtes Material in der folgenden Saison schon nicht mehr erhältlich ist oder stattdessen aber ganz andere Informationen vorhanden sind. Daher liste ich in den „Ergänzenden Angaben“ nur in Ausnahmefällen Faltblätter, Karten u. ä. auf.

Das Internet ist auch eine hervorragende Informationsquelle rund ums Paddeln in den Niederlanden. Es unterliegt allerdings noch viel stärker Veränderungen als das Gedruckte, so dass Informationen von heute schon morgen nicht mehr vorhanden, woanders zu finden oder überholt sind. Ich gebe daher nur sehr zurückhaltend Webseiten an. Man kommt in der Regel auf informative Seiten, wenn man den Namen des Gewässers oder des Ortes und das Stichwort „kano“ eingibt. Die meisten Seiten gibt es allerdings nur auf Niederländisch.

Naturschutzverbände

Es gibt in den Niederlanden mehrere Naturschutzverbände. Der bekannteste ist die Staatsbosbeheer, die staatliche Forstverwaltung SBB.

Die Naturschutzverbände kennzeichnen in manchen von ihnen unterhaltenen Naturgebieten Kanurouten, geben entsprechende Karten heraus und vermieten dort Kanus. Man startet nicht selten an Besucherzentren, in denen man sich vor oder nach der Fahrt über Fauna und Flora informieren kann.

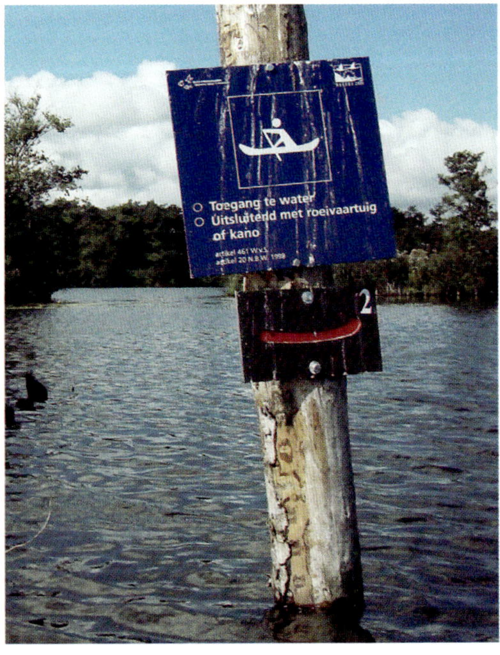

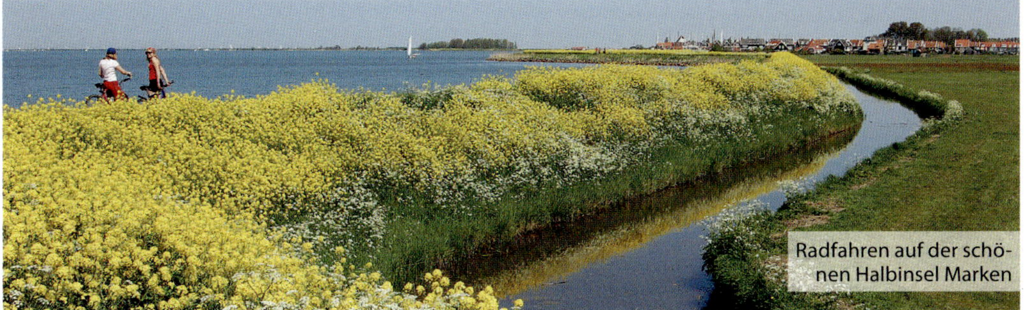

Radfahren auf der schönen Halbinsel Marken

Naturgerechtes Verhalten

Kanufahren verträgt sich gut mit sensibler Natur, wenn man sich angemessen verhält. An dieser Stelle soll kurz an die wichtigsten Verhaltensweisen erinnert werden.

» Anfahrten mit dem PKW sind kaum zu vermeiden. Wenn es geht, nur mit einem Auto anreisen. Wenigstens zum Nachholen des Wagens nach der Tour öffentliche Verkehrsmittel oder ein Fahrrad nutzen.

» Parken in freier Natur kann zu einem Problem werden. Wo keine Parkplätze zur Verfügung stehen, sollte man seinen PKW mit Bedacht platzieren.

» Kleine Flüsse nicht in größeren Gruppen befahren. Keinen Lärm machen. Beides verschreckt die Tiere nachhaltig.

» Bei ungenügendem Wasserstand NICHT paddeln oder längere Strecken durchs Wasser watend treideln. Viele Fischarten legen ihre Eier am Grund ab. Bootsrümpfe, Paddel und Füße können die Brut zerstören, auch im Winter. Deshalb auch nicht auf Kies, Sand- und Schlammbänke fahren. Seichte Buchten u.ä. meiden. Das Watt nur an erlaubten Stellen betreten (z.B. am Rand der Fahrwasser).

» Ähnliches gilt für Zonen mit dichtem Pflanzenbewuchs. Auf keinen Fall in Röhrichtbestände, Schilf oder andere stark bewachsene, unübersichtliche Uferzonen hineinfahren. Sie sind für viele gefährdete Tiere und Pflanzen Zufluchts- und Lebensraum.

» Letzteres trifft auch auf die Ufer selbst und die Ufergehölze zu. Am besten Abstand halten. Bei schmaleren Flüssen möglichst in der Mitte paddeln.

» Wo vorhanden, an vorgesehenen Stellen an Land gehen oder wo sichtbar kein Schaden angerichtet werden kann. An trittfesten Ufern aussteigen. Rastplätze mit Bedacht auswählen.

» Wegen der Fluchtdistanz von Tieren (z.B. Vogelansammlungen) Abstand halten. Nur aus der Ferne beobachten (Fernglas!) oder fotografieren.

» Kleine Seen (unter 10 ha) meiden bzw. auf dem kürzesten Wege überqueren.

» Besonders umsichtig sollte man sich in Naturschutzgebieten und in Feuchtgebieten von internationaler Bedeutung verhalten, da sie Lebensraum oder Rastplatz seltener und stark gefährdeter Pflanzen- und Tierarten sind. Sich vor dem Start über die Bestimmungen informieren und danach richten.

» Wasser und Rastplätze nicht verunreinigen. Möglichst wenig Einwegpackungen mitnehmen. Eine Mülltüte gehört unbedingt zur Ausrüstung. Raucher sollten eine verschließbare Blechdose für ihre Kippen mitnehmen.

Niederländisch für Paddler

Manche Informationen gibt es in deutscher oder englischer Sprache, die meisten jedoch nur in Niederländisch. Da die Texte in der Regel einfach sind und man ungefähr weiß, um was es geht, sind die Inhalte mit Hilfe eines Wörterbuches oder Übersetzungstools auch ohne größere Sprachkenntnisse einigermaßen zu ergründen. Die folgende Liste kann bei der Übersetzung kanuspezifischer Aussagen helfen.

Aa .... (fließendes) Wasser
Abwandlungen: A, Ae, E, Ee, Ie, Ij, Y, Die (= d'ie)

aanmeren, afmeren .... anlegen, festmachen

bochtig .... kurvig

Brug .... Brücke

Camping .... Campingplatz

Delf .... gegrabener Wasserlauf
Abwandlungen: Delve, Dilve, Dulf, Deel, dieselbe Bedeutung haben Gracht, Graaf, Grecht, Grift, Grebbe

Diep .... Tief
gängige Bezeichnung von ursprünglich natürlichen, später verbreiterten und vertieften und auch ganz neu gegrabenen Wasserläufen in Marschgebieten

Draaikolken .... Walze
(hinter einem Wehr), evtl. mit Zusatz „levensgevaarlijk“ = lebensgefährlich

Gemaal .... Schöpfwerk, Pumpwerk

Havenmeester .... Hafenmeister
(an den man sich mit seinen Anliegen wenden muss)

Instapplaats .... Einsetzstelle
Uitstapplaats = Aussetzstelle

Kampeerterrein .... Zeltplatz, Camping

Kano .... Kanu
meist als Oberbegriff für Kajak oder Kayak = Kajak und Canadier = Canadese Kano verstanden

Kanoën .... Kanu fahren

Kanoërs .... Kanuten

Kanovaarders .... Kanufahrer

Kanoverhuur .... Kanuvermietung

Kanokar, -karretje .... Bootswagen

Klûnplaats, klûnen .... Friesisch für Umtragestelle, umtragen

kwetsbaar .... verletzlich
(Begründung für Betretungsverbote auf Schildern)

Let op! .... Pass auf! Sei vorsichtig!
(oft auch Pas op!)

Meer .... (Binnen-)See

Ophaalbrug .... Klapp-/Zugbrücke
in Groningen heißen diese Klap

Overdraagplaats .... Umtragestelle

Pagaai .... Stechpaddel

Peddel(n) .... Paddel(n)

Pont(veer) .... Fähre,
Voetveer für Fußgänger und Radfahrer

Recreatievaart .... Freizeitschifffahrt

Rivier .... Fluss

roeien .... rudern
Roeivereniging = Ruderverein (manchmal mit Zeltmöglichkeit)

Sloot, Fries. Sleat .... Graben
eigentlich Graben, es kann sich auch um einen breiten Kanal handeln

Sluis .... Schleuse
(Schutsluis = normale Schleuse, Keersluis = Siel)

Sluiswachter .... Schleusenwärter

schutten .... schleusen

Spatzeil .... Spritzdecke

Steiger .... (Anlege-)Steg
Passantensteiger = Steg für Besucher, manchmal auch Kanosteiger

Stuw .... Wehr, (Stau)Stufe
selten auch Kanostuw (s.u.)

Tille, Til oder Bat .... feste Brücke
hauptsächlich in Groningen und Nordholland

Tocht .... Tour

Trailerhelling .... Slipanlage
Bootsrampe, wo kleine Motorboote auf Anhängern zu Wasser gelassen werden, oft gut nutzbar zum Ein- und Aussetzen von Kanus

varen ... fahren
nur Wasserfahrzeuge (aller Art) und Ballons „varen“, Autos, Räder usw. „rijden“.

(Vaar-)Geul ... (Fahr-)Rinne

Vaart ... befahrbarer Wasserlauf
meist ein Kanal. Friesisch „Feart“

Vliet ... Fließ
ursprünglich für natürliche, später für gegrabene Wasserläufe gebräuchlich

Watersportfanaat ... Wassersportfanatiker

Windkracht ... Windstärke
(in der Regel in Beaufort (= 1 – 12) angegeben)

Zee ... Meer
z.B. Noordzee, Waddenzee (= Wattenmeer)

zwemmen ... schwimmen

Zwemvest ... Schwimmweste

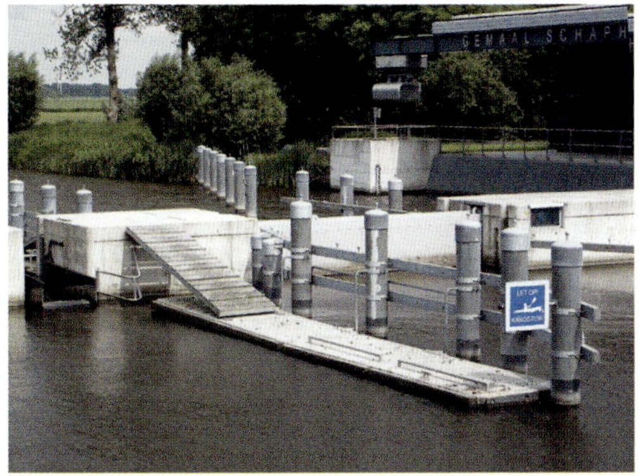

Gastronomie dient als allgemeiner Begriff – vom einfachen Kiosk mit Sitzmöglichkeit bis hin zum großen Restaurant.

Ein **Rastplatz** meint immer einen „richtigen“ Platz mit Tisch und Bänken, während alle anderen **Pausenplätze** lediglich Rastmöglichkeiten sind, wo es vielleicht noch nicht mal eine Bank gibt.

Mit **Stufe** ist ein kleines, in der Regel fahrbares Hindernis gemeint, während ein **Wehr** ein richtiges Bauwerk ist, meist nicht fahrbar.

Allgemeine Hinweise zu den Karten & Touren in diesem Buch

Die **Karten** in diesem Buch zu jeder Tour dienen der Übersicht sowie der Planung und sind kein Ersatz für topografische Karten. Sie finden in den Karten Symbole für Übernachtungsmöglichkeiten in Wassernähe, Gastronomie, Parkplätze, Kanuvermieter, Sehenswürdigkeiten, u.v.m. Das mag bei einigen Touren erschöpfend sein, bei anderen Touren konnten wir nur eine Auswahl abbilden.

Eine große **Übersichtskarte** von den Niederlanden befindet sich vorne und hinten im Buchdeckel.

Ein-/Aussetzstellen: Alle Einsetzstellen können auch als Aussetzstelle genutzt werden.

Campingplatz meint sowohl die offiziellen als auch die Bauern- / Minicampingplätze.

Parkplatz: Damit sind immer offizielle Parkplätze gemeint. Alles andere wird Parkmöglichkeit (z.B. am Straßenrand) genannt.

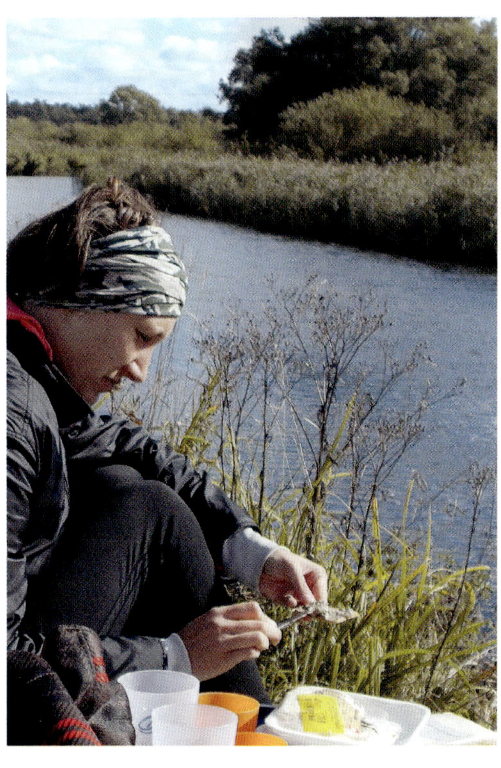

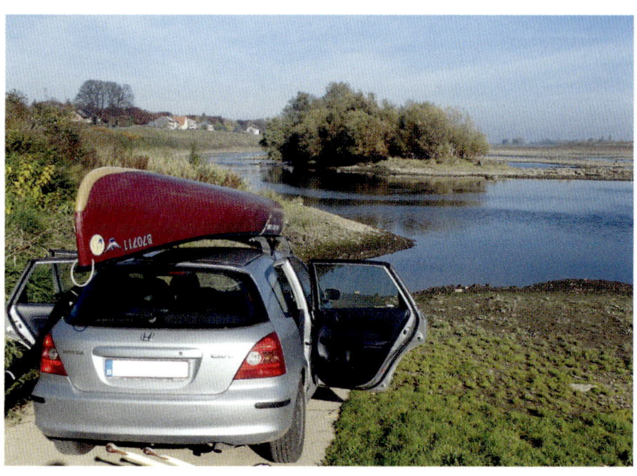

Bei den **Schleusen** gibt es 4 Varianten:

- Umtragen nötig
- Selbstbedienung (SB)
- Bootsrutsche
- Mitschleusen (prinzipiell) möglich, aber nicht zu allen Zeiten

Die genaue **Erklärung der Symbole** finden Sie hinten im Buch.

Koordinaten: Bei den ergänzenden Infos zu jeder Tour sind häufig GPS-Koordinaten für die Ein- und Aussetzstellen genannt, z.B. Brücke Renneborgweg an der Ruiten Aa im Osten der Provinz Groningen *(53.005706, 7.136135)*. Wer die Zahlen in sein Navigationsgerät oder Google eingibt, findet diese Stellen auch dann, wenn keine eindeutigen anderen Angaben möglich sind. Man kann sie in Grad, Minuten und Sekunden angeben. Ich habe mich für die aus meiner Sicht einfachere Dezimaldarstellung entschieden.

Die **Kanureviere/Touren** sind der jeweiligen **Provinz** zugeordnet, unter anderem, weil in jeder Provinz andere Informationsquellen vorhanden sind und teilweise auch spezielle Befahrungsregelungen gelten. Das Ordnungssystem nach Provinzen ist in den Niederlanden für alle möglichen Dinge üblich.

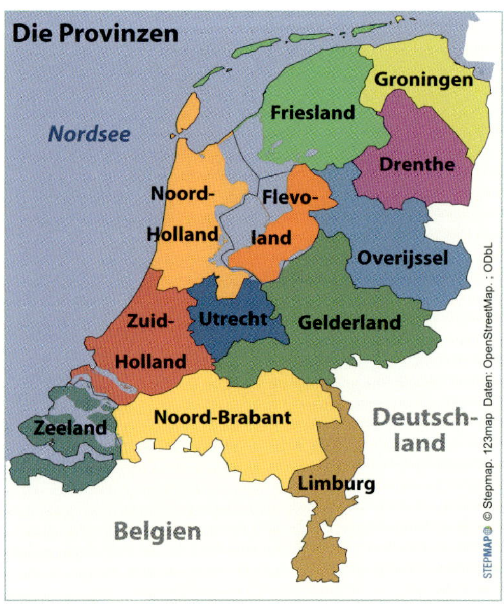

Wir starten unsere Tourenbeschreibungen im Norden in der Provinz Groningen. Es geht entgegen dem Uhrzeigersinn einmal rund.

Noch ein letzter wichtiger Hinweis

Alle in diesem Buch erläuterten Informationen unterliegen Veränderungen.

Ich habe es in den Jahren erlebt, dass sich vieles verbessert hat – Stege nun das Anlegen erleichtern, wo ich noch im Jahr zuvor mühselig vom rutschigen Ufer aus ins Boot geklettert bin, dass ich auf Schleusen traf, die bei der letzten Tour noch nicht vorhanden waren, dass aufgrund von Renaturierungsmaßnahmen aus 20 km Fließstrecke 26 km geworden waren, dass ein Wehr zu einer Schwallstrecke umgestaltet worden ist und vieles mehr. Umgekehrt war das VVV (Tourist-Info) leider geschlossen worden, war ein Gewässer gesperrt, ein Campingplatz oder Hinweisschilder verschwunden, nützliche Broschüren eingestampft worden.

Es hat sich viel gewandelt seit dem Aufbruch zu meiner ersten Tour und es wird so weitergehen. Deshalb rechnen Sie bitte immer damit, dass Dinge und Verhältnisse vor Ort anders sind, als ich sie in diesem Buch schildere.

Veel plezier! (Viel Vergnügen!)

Paddelland Niederlande

Die Touren

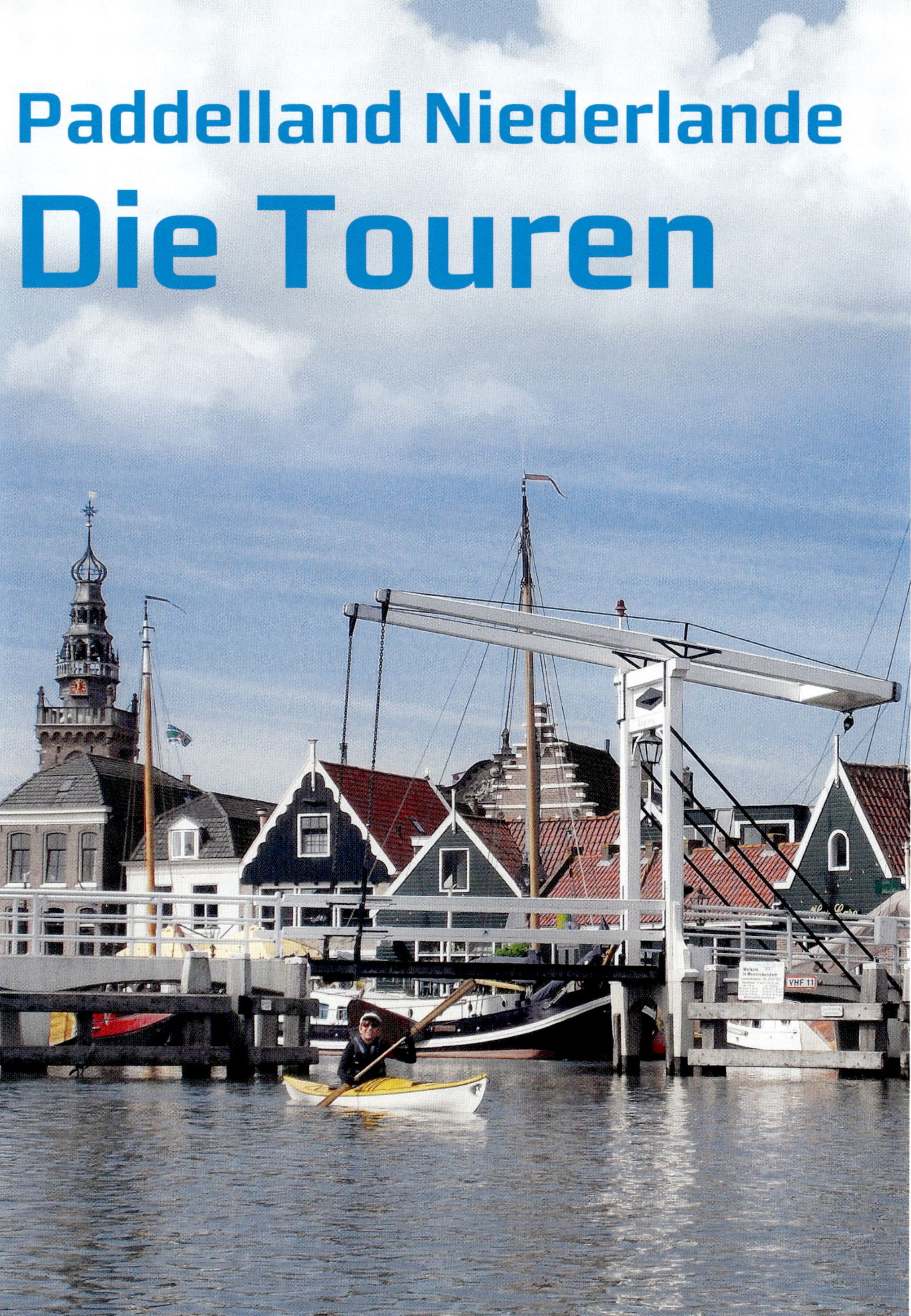

1 – Die Provinz Groningen

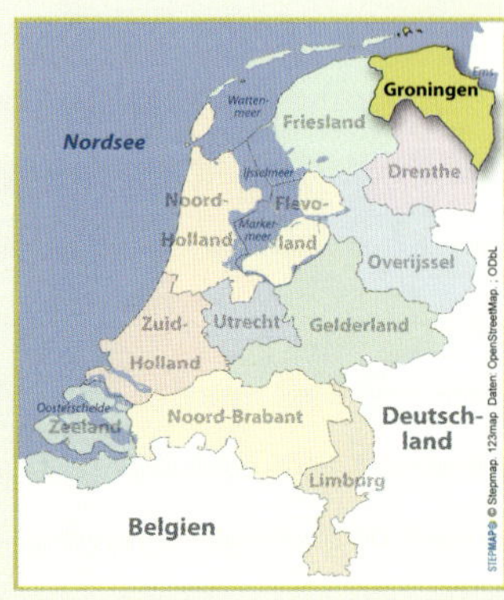

Nirgendwo in den Niederlanden kann der Blick so ungehindert in die Weite schweifen wie in den Marschen im Norden der Provinz Groningen. Die großen Bauernhöfe, die mittelalterlichen, trutzigen Kirchen mit ihren hohen Türmen und einzigartigen historischen Orgeln und einzelne Burgen zeugen vom früheren Wohlstand in diesem nüchternen und zugleich großartigen Land.

Dagegen wirken die Marschen im Osten und die ehemaligen Moorgebiete im Südosten bis heute eher ein bisschen langweilig.

Beherrschend ist die gleichnamige Provinzhauptstadt in der Mitte. Groningen ist im Mittelalter durch den Überseehandel so mächtig geworden, dass der Rest nur noch Ommeland (Umland) war. In unseren Tagen ist es eine quirlige, studentisch geprägte Großstadt mit einer gelungenen Verbindung von Alt und Neu.

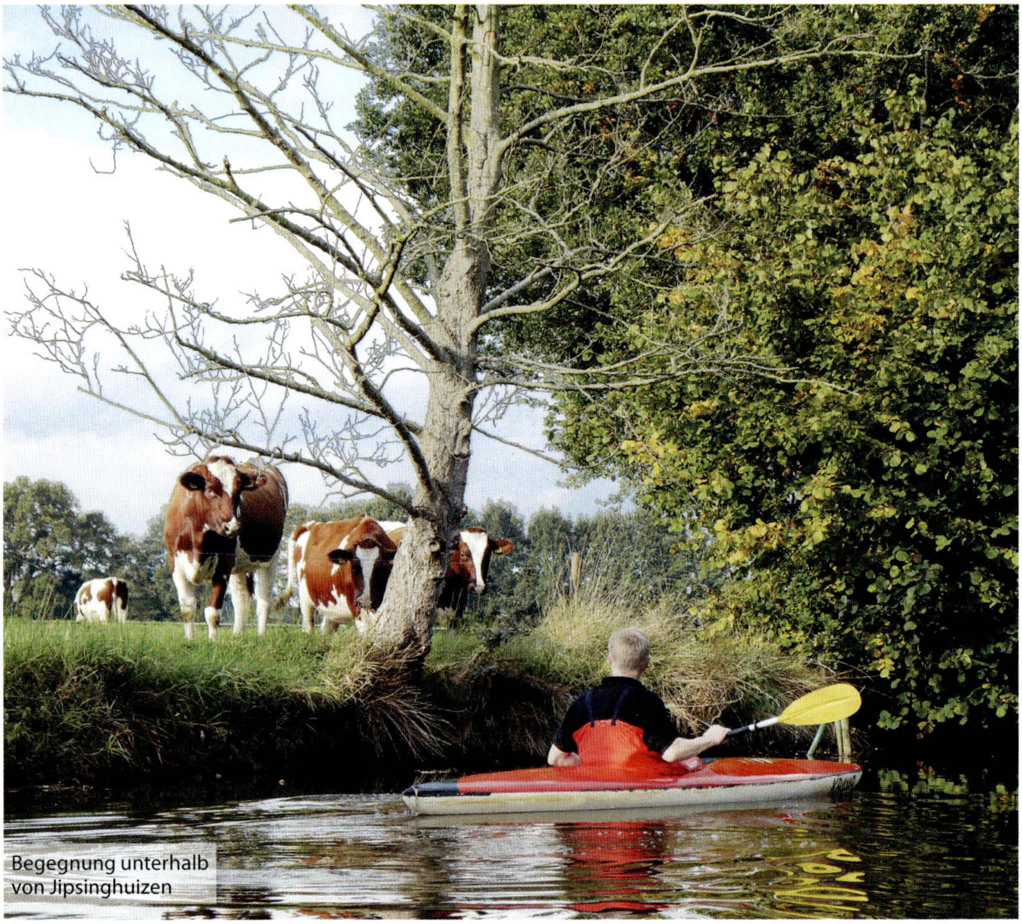

Begegnung unterhalb von Jipsinghuizen

Infos zur Provinz Groningen

Die Paddelreviere

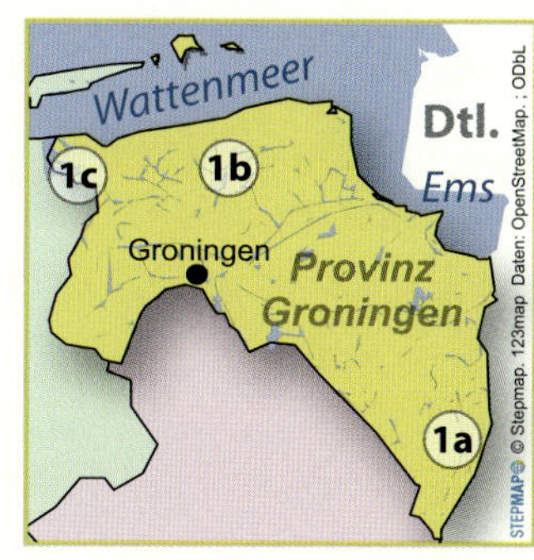

Die 850 km fahrbaren Wasserläufe sind alle miteinander verbunden. Besonders dicht und abwechslungsreich ist das Gewässernetz in der **nordwestlichen Marsch** zwischen Eemskanaal und Lauwers. Dieses **„Marenland"** (1b) weist einige attraktive Paddelgewässer auf, aber auch ein paar, die man entgegen der Tourismuswerbung besser meiden sollte. Das anschließende **Lauwersland** (1c) (das sich Groningen und Friesland teilen) mit der ehemaligen Meeresbucht Lauwersmeer ist ein facettenreiches Kanurevier.

Weniger erbaulich sind die (Fehn-)Kanäle im Osten und Südosten der Provinz. Doch auch in dieser Gegend, in der Gemeinde **Westerwolde**, finden sich mit der **Westerwoldse Aa** (auch **Westerwoldsche Aa**) und ihrem Quellbach **Ruiten Aa** (1a) zwei hübsche Wasserläufe mit kleinen Wäldern, schmalen Heideflächen und einigen alten Eschdörfern am Ufer.

Ansonsten gibt es überall in der Provinz Gewässer, auf denen sich mit Freude paddeln lässt, beispielsweise eine 4 km-Runde um die **Altstadt von Groningen** mit vier ganz unterschiedlichen Abschnitten. Außerdem Teile des **Damsterdieps**, das **Paterswoldsemeer**, das **Leekstermeer** und das **Schildmeer**. Oder die sogenannte **Blauwestad** bei Winschoten, wo in den letzten Jahren ein See mit einem attraktiven Wohnviertel und vielen Freizeiteinrichtungen inkl. Kanuinfrastruktur geschaffen wurde. Da die lohnenden Strecken aber immer nur kurz sind, werden sie in diesem Buch nicht berücksichtigt.

Die beiden großen, modernen Wasserstraßen für die Berufsschifffahrt, den **Van Starkenborghkanaal / Winschoterdiep** und den **Eemskanaal**, sollten Kanuten nicht befahren, auch weil die Befahrung langweilig ist.

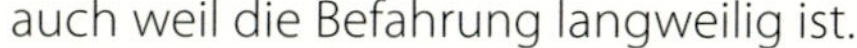

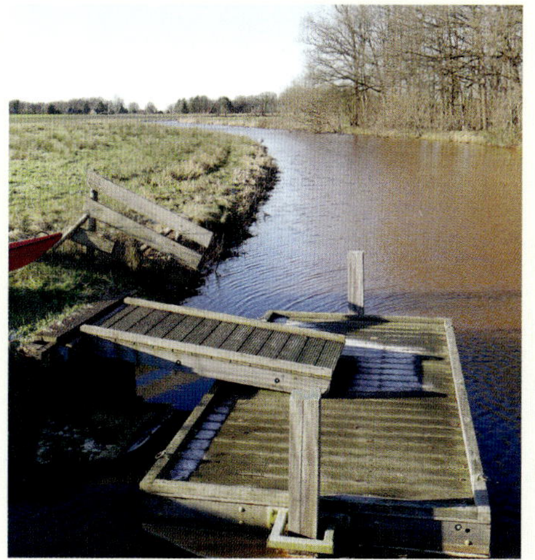

Die Provinz ist für Wasserwanderer gut erschlossen. Viele Einrichtungen wie ***Trailerhellings (Slipanlagen / Rampen)*** und ***Schleusen*** kann man auch als Kanute benutzen. ***Kanuvermieter*** und ***Campingplätze*** sind zahlreich, besonders im Marenland. In einigen Dörfern sind für Paddler ***Anlegestege*** installiert worden. Dasselbe trifft auf die ***Umtragestellen*** und ***Rastplätze*** zu. Leider wird die Pflege dieser Einrichtungen in den letzten Jahren vernachlässigt. Ähnliches gilt für die ***Wegweiser***, die es früher an jeder Gewässerkreuzung gab. Sie sind fast alle verschwunden. Auch das gute Infomaterial wurde zuletzt nicht mehr aufgelegt.

Bestimmungen / Befahrungsregelungen

Der Zeehavenkanaal (praktisch der Hafen) in Delfzijl darf nicht befahren werden.

Es sind bei keinem Gewässer spezielle Genehmigungen nötig.

Bleibt zu erwähnen, dass nirgendwo die Befahrung kostenpflichtig ist.

Tour 1a – Westerwolde

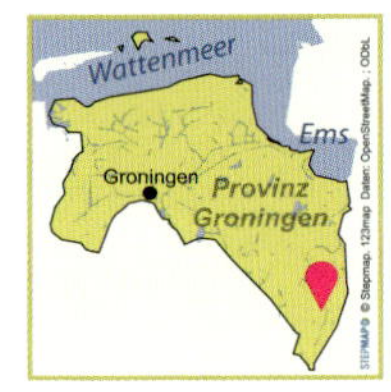

Vor Jahrhunderten gab es im Südosten der Provinz Groningen nichts als Moor. Es war ein riesiger, verkehrsfeindlicher, unbewohnter Landstrich – mit einer Ausnahme: die Dörfer von Westerwolde, die sich wie Perlen an einer Kette an der Aa und ihren beiden Quellbächen, Ruiten Aa und Mussel Aa, aufreihten. Eine langgezogene Oase in einer sumpfigen Wüste. Die Wasserläufe waren die einzigen Verkehrsadern und ihr Ausfluss in den damals viel größeren Dollart der alleinige Zugang.

Die Moore sind längst abgetorft. An ihre Stelle sind tischebene, rechteckige Agrarflächen getreten, durchzogen von schnurgeraden Straßen und ebenso geraden Kanälen. Das Flusstal hat jedoch etwas von dem alten Zauber bewahrt. Man trifft auf kleinteilige Naturschutzgebiete mit Wald und Heide und Wiesen, die von Wallhecken eingefasst sind. In den Dörfern steht manch von hohen Eichen beschattetes Bauernhaus. Früher war das Flusssystem in zwei Teile zerschnitten. Nach umfangreichen Renaturierungen ist in den letzten Jahren wieder ein durchgehender Gewässerlauf hergestellt worden.

Ruiten Aa und Westerwoldse Aa von Ter Wisch bis Wedderveer**, 31 km**

Bereits in **Ter Apel**, das für sein Kloster bekannt ist, hat man die ***Ruiten Aa*** wieder zu einem ansprechenden Bach umgestaltet. Fahrbar wird sie aber erst nördlich des Dorfes. Zwischen Ter Apel und Ter Wisch gibt es die erste offizielle ***Einsetzstelle mit Kanusteg*** und 300 m entferntem ***Parkplatz***. Von der Schönheit des schmalen Flusstals ist hier allerdings nichts zu sehen.

Aber ein paar Kilometer weiter, ab der N 976-Brücke zwischen **Ter Wisch** und **Laude** *(52.920170, 7.112148)*, wird sie zu einem schönen Paddelgewässer. Dort beginnt ein kurzer renaturierter Abschnitt mit ***vielen engen Kurven***. Der anschließende etwas geradere Verlauf ist fast noch schöner, weil er wunderbar von Sträuchern und alten Bäumen eingefasst wird. Es geht an dem ***„Naturgrasgebiet" Poststruiken*** entlang. Bei einer der ersten Brücken ist rechts einer von diesen wunderbaren alten, von hohen Eichen umgebenen Höfen zu sehen, wie sie früher überall in den Eschdörfern (eine Esch ist eine meist hofnahe, höher gelegene Ackerfläche) dieser Gegend standen.

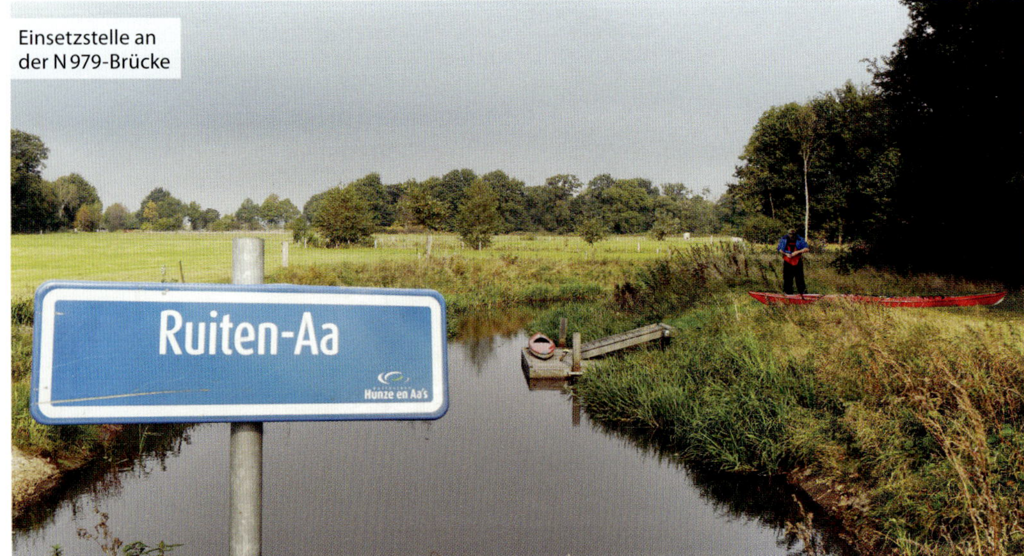

Einsetzstelle an der N 979-Brücke

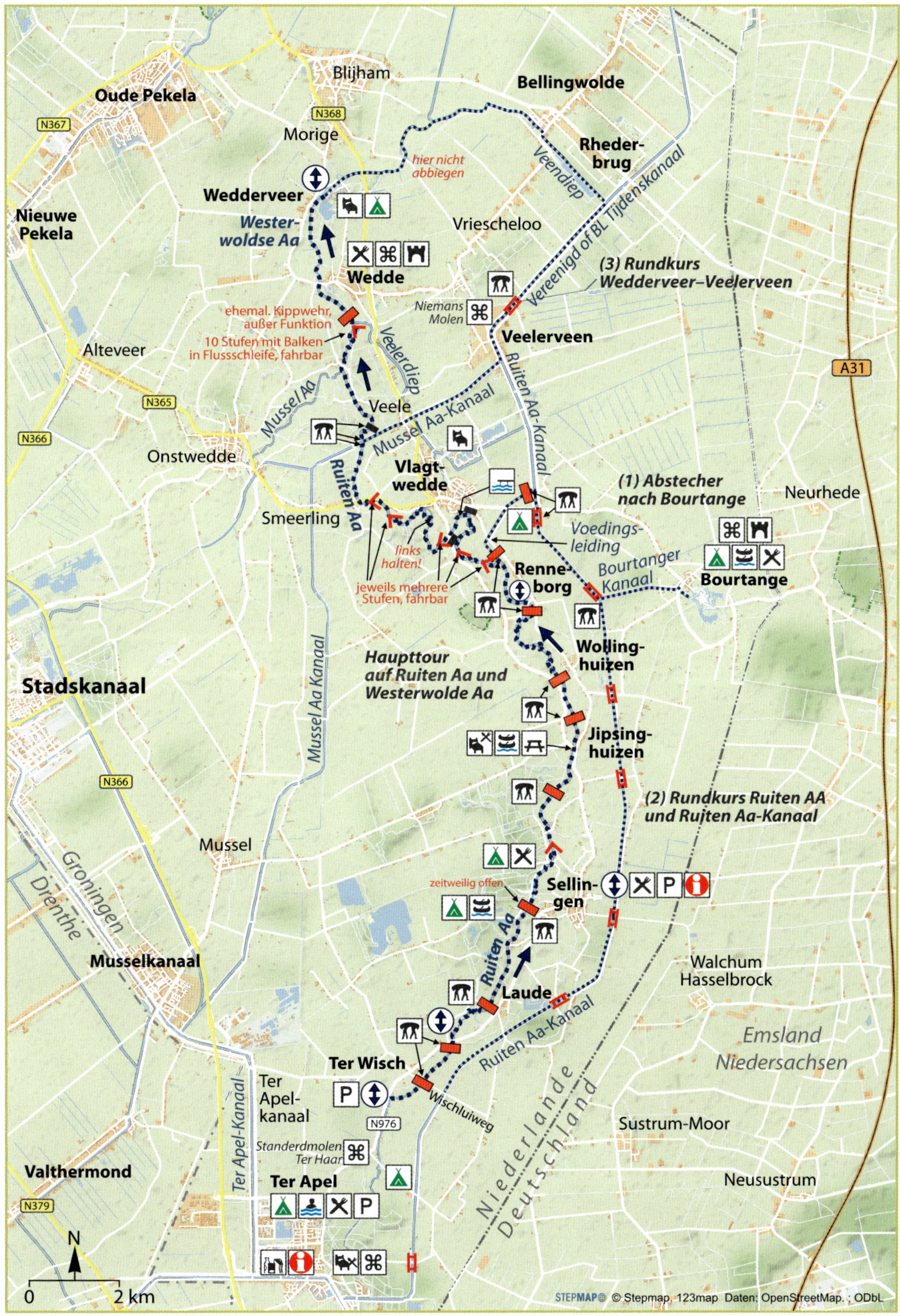
Blijham
Bellingwolde
Oude Pekela
Morige
Rheder-
brug
hier nicht
abbiegen
Veendiep
Wedderveer
Nieuwe
Pekela
Wester-
woldse Aa
Vriescheloo
Wedde
Vereenigd of BL Tijdenskanaal
(3) Rundkurs
Wedderveer–Veelerveen
ehemal. Kippwehr,
außer Funktion
10 Stufen mit Balken
in Flussschleife, fahrbar
Niemans
Molen
Veelerveen
Alteveer
Veelerdiep
Ruiten Aa-Kanaal
A31
Mussel Aa
Veele
Mussel Aa-Kanaal
Onstwedde
Vlagt-
wedde
(1) Abstecher
nach Bourtange
Neurhede
Ruiten Aa
Smeerling
Voedings-
leiding
links
halten!
Renne-
borg
Bourtanger
Kanaal
Bourtange
jeweils mehrere
Stufen, fahrbar
Wolling-
huizen
Haupttour
auf Ruiten Aa und
Westerwolde Aa
Stadskanaal
Mussel Aa Kanaal
Jipsing-
huizen
(2) Rundkurs Ruiten AA
und Ruiten Aa-Kanaal
Mussel
Groningen
Drenthe
zeitweilig offen
Sellin-
gen
Ruiten Aa
Musselkanaal
Walchum
Hasselbrock
Laude
Emsland
Niedersachsen
Ruiten Aa-Kanaal
Ter Wisch
Ter
Apel-
kanaal
Wischluiweg
Niederlande
Deutschland
Sustrum-Moor
Ter Apel-Kanaal
Standerdmolen
Ter Haar
Valthermond
Ter Apel
Neusustrum
N
0
2 km
N367
N368
N365
N366
N379
N976
STEPMAP © Stepmap, 123map Daten: OpenStreetMap. ; ODbL

Am Ortsrand von **Sellingen**, neben dem dortigen *Freibad*, ist am Waldrand das ***Informationszentrum de Noordmee*** der staatlichen Forstverwaltung SBB inklusive netter ***Teestube*** versteckt. Gleich unterhalb beginnt der zweite renaturierte Abschnitt. Die Verwilderung ist hier viel älter als auf dem oberen Abschnitt. Die Natur hatte entsprechend länger Zeit, um sich das Terrain zurückzuerobern. Das ist ihr gut gelungen. Es ist ein Gedicht, durch die teils engen Kurven zu manövrieren, manchmal unter tief hängenden Ästen durchzufahren, dann wieder an sumpfigen Wiesen oder Ufern mit Binsen entlangzugleiten.

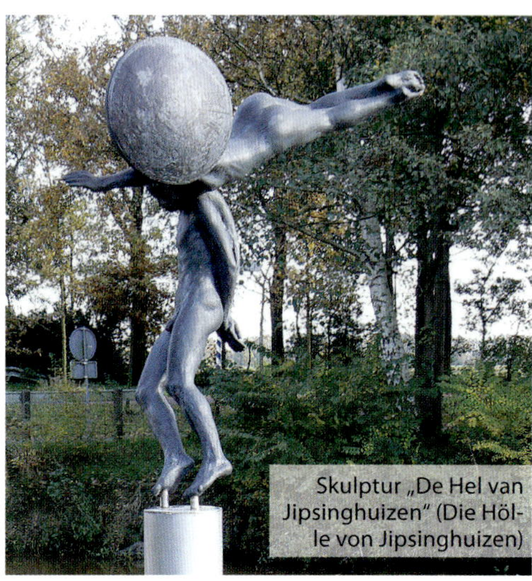
Skulptur „De Hel van Jipsinghuizen" (Die Hölle von Jipsinghuizen)

Kurz vor **Jipsinghuizen** wird der Bach wieder so, wie er seit seiner Begradigung 1957 überall ausgesehen hat. Im Ort selbst, gleich an der zentralen Brücke mit ***Picknickplatz***, steht ein auffälliges ***Denkmal***, das an die Männer und Frauen erinnert, die hier in den 1930er Jahren als Arbeitsdiensteinsatz die Sumpfgebiete urbar gemacht haben. Vorher gilt es ein ***Wehr zu umtragen.*** Die Stelle eignet sich hervorragend für ein zweites Frühstück, mit Blick auf den Fluss und die herrliche Landschaft.

Unterhalb des ***zweiten Wehres,*** hinter Jipsinghuizen, ist die ***Ruiten Aa*** erneut in ein naturnahes Gewässer mit vielen Kurven, kleinen Nebenseen, Bruchwald und sumpfigen Ufern verwandelt worden. Seit meiner ersten Tour hier vor über zehn Jahren, wo die Renaturierung noch recht frisch war, ist der Fluss wunderbar eingewachsen und genauso schön geworden, wie unterhalb von Sellingen.

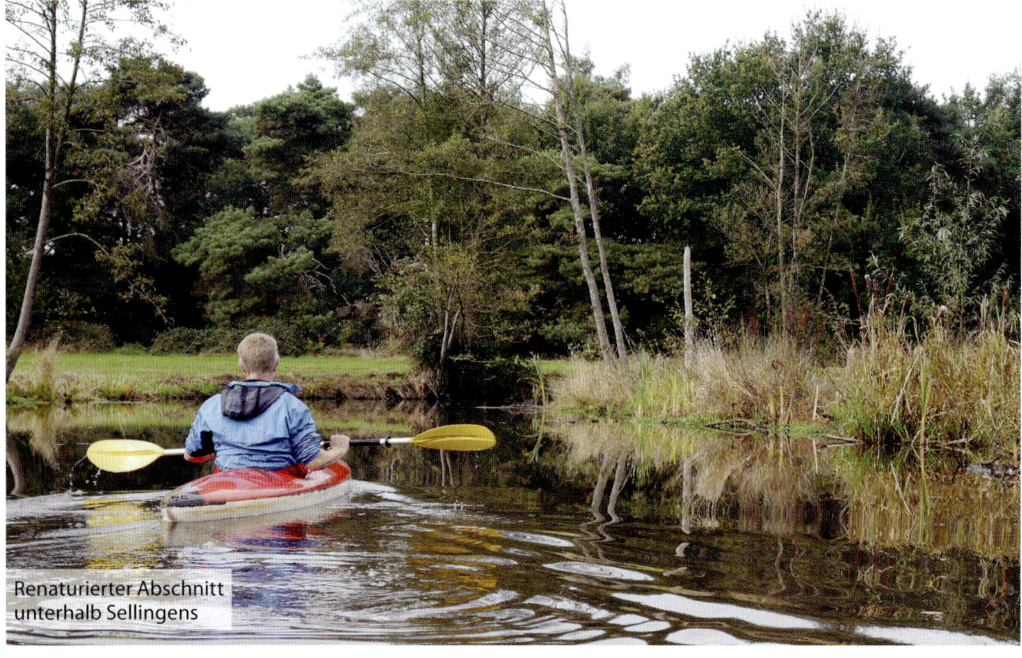
Renaturierter Abschnitt unterhalb Sellingens

Der schöne Abschnitt endet beim ***Wehr*** von **Renneborg**. An den Stegen neben der folgenden Straßenbrücke *(53.005715, 7.136292)* endete früher diese Tour, denn ein bis zwei Kilometer weiter geht der Bach in einen kurzen Kanal über, der das Wasser zum Ruiten Aa-Kanal leitet. Seit einigen Jahren wird jedoch ein kleines Stück unterhalb der erwähnten Brücke ein Teil des Wassers über einen Ableiter (***Umtragestelle***) in den neuen alten, auch für Kanus gut befahrbaren Lauf, abgeführt. Wunderbar kurvt die ***Ruiten Aa*** auf **Vlagtwedde** zu und daran entlang. Einmal muss eine niedrige ***Wiesenbrücke umtragen*** werden. Statt mehrerer Wehre gibt es ***fünf mal jeweils eine Folge von kleinen hölzernen Stufen,*** die, bis auf eine, alle einen Durchlass in der Mitte haben, so dass man sie ***problemlos fahren*** kann.

Unterhalb von Vlagtwedde schlängelt sich die Aa sehr hübsch an einem Waldrand entlang. Danach geht es auf **Smeerling** zu, das für seine alten Bauernhöfe bekannt ist.

Unterhalb dieses Dorfes wird die ***Ruiten Aa*** etwas breiter. Sie fließt durch ein ausgeprägtes Tal bis **Ter Wüpping**. Der kleine Ort gilt als original erhaltenes Eschdorf, auch wenn die einzelnen Bauernhäuser nicht gerade eine Augenweide sind. Die ***Ruiten Aa*** wird hier unter dem ***Mussel Aa-Kanaal*** durchgeleitet (Düker). Das bedeutet ***doppeltes Umtragen***, einmal von der Aa in den Kanal und am anderen Ufer vom Kanal wieder in die Aa.

Dann paddelt man zunächst an herrlich verwilderten Ufern vorbei, an Baumgruppen und einigen hübschen alten Bauernhäusern. An einer Stelle liegt seit Jahren ein Baum im Wasser, über den man vom niedrigen Ufer aus leicht das Boot ziehen kann. Hin und wieder ist das Wasser stark verkrautet. Unterhalb der Einmündungen des übrig gebliebenen untersten ***Mussel Aa-Astes*** und des unscheinbaren ***Veelerdieps*** gewinnt der Wasserlauf an Breite.

Er heißt nun ***Westerwoldse Aa*** (auch ***Westerwoldsche Aa***). Der folgende Abschnitt bis unterhalb von **Wessinghuizen** ist ebenfalls renaturiert worden. Dabei haben in einer Flussschlaufe etwa ***zehn kleine Stufen aus dicken Balken*** mit gut fahrbaren Durchlässen in der Mitte (wie bei Vlagtwedde) die Funktion des nachfolgenden alten Kippwehres übernommen. Die unteren Balkenstufen sind, abhängig vom Wasserstand, evtl. nur knapp überspült.
Also Vorsicht bei der Annäherung! Der letzte Balken befindet sich bei einem Pegel, der mitten im Fluss steht. Gut 150 m weiter am ehemaligen Kippwehr kann man gut rasten.

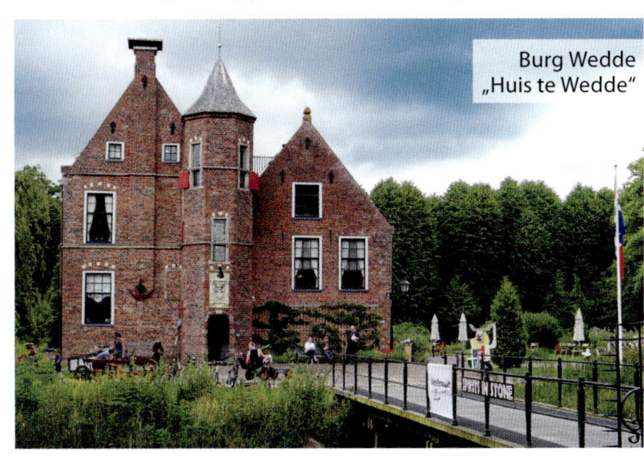
Burg Wedde „Huis te Wedde"

Es folgt der Ort **Wedde**. Wenn man an dem Dorf entlang paddelt, kann man sich kaum vorstellen, dass das Flüsschen im 16. Jahrhundert ein Stück weiter ins Meer mündete. Damals hatte der Dollart seine größte Ausdehnung und das noch erhaltene „Huis te Wedde" bewachte den Zugang zur Landschaft Westerwolde. Die *Burg Wedde* ist hinter hohen Bäumen versteckt und daher trotz der Nähe vom Wasser aus nicht zu sehen. Man kann aber mit Kanu hingelangen, wenn man direkt vor der Straßenbrücke in einen tief eingeschnittenen ***Seitenkanal*** abbiegt und sich nach 100 m rechts hält. Dort findet man einen Steg. Die kleine Anlage ist wunderschön. Hier werden heute ein ***Café,*** ein *Museum* *(Fr-So 11-17)* sowie ein *Kinderhotel* betrieben (www.burchtwedde.nl).

Wenige Kilometer später folgt an dem zunehmend breiten Fluss der Ort **Wedderveer**. Im *Dorfhafen* kann man die Fahrt gut beenden *(53.086141, 7.070377)*.

Ergänzende Informationen zur Tour Westerwolde

Fahrtenmöglichkeiten

Man könnte in die Ruiten Aa bereits nördlich von Ter Apel einsetzen, dort wo die Aa von der N976 nach Osten wegschwenkt *(GPS 52.908819, 7.092177)*. Von dort bis zur Einsetzstelle unserer Tour sind es 2 wenig erbauliche Kilometer (trotz leichter Renaturierung am linken Ufer), auf denen zudem zwei Wehre umgetragen werden müssen.

Der beschriebene Abschnitt der oberen Ruiten Aa zwischen der N976-Brücke und der Brücke Renneborgweg *(GPS 53.005706, 7.136135)* ist 14 km lang, das mittlere Teilstück von dort bis zum Düker Mussel Aa-Kanaal ist 10 km und der Unterlauf bzw. die obere Westerwoldse Aa vom Düker bis zum Hafen von Wedderveer ist 7 km lang.

Einsetzstellen, Umtragen (Hindernisse)

Zwischen erster Einsetzstelle (Parkplatz 300 m nördlich) unterhalb von Ter Apel und der N976-Brücke zwei unfahrbare Wehre und die unfahrbare Straßen-Brücke der N976 gleich unterhalb des zweiten Wehres. Danach folgen Wehre bei der Straßen-Brücke Poststruikenweg (unfahrbar), beim Informationszentrum de Noordmee in Sellingen (bei meiner letzten Tour offen, auch als Einsetzstelle nutzbar, Parken daneben beim Schwimmbad).

Innerhalb des nächsten renaturierten Abschnitts unterhalb von Sellingen eine Stufe (fahrbar), bis vor und nach Jipsinghuizen zusammen drei unfahrbare Wehre und kurz vor der Renneborgweg-Brücke ein unfahrbares Wehr, am Abzweig des neuen renaturierten Abschnitts ein unfahrbares Wehr, bis zum Mussel Aa-Kanaal-Düker 5 Folgen mehrerer niedriger, fahrbarer Stufen, am Düker 2x umtragen, danach noch eine Folge mehrerer niedriger fahrbarer Stufen. Bei allen Wehren gibt es Stege zum Aus- und Einsetzen. Alle Wehre sind leicht zu umtragen.

Befahrbarkeit, Schwierigkeiten

Alle Wasserläufe sind praktisch stehende Gewässer und problemlos in beide Richtungen auch von Anfängern zu befahren. Die hölzernen Stufen können mit etwas Anlauf und Geschick auch aufwärts gefahren werden. Keine besonderen Schwierigkeiten außer vielleicht die teils engen Kurven. Keine besonderen Bestimmungen.

Campingplätze (häufig auch mit Hüttenvermietung), Hotels, Ferienhäuser

(www.westerwolde.groningen.nl).

Camping Moekesgat in **Ter Apel** an einem Badesee (www.moekesgat.nl/camping).

Camping Roelage nordöstl. von **Ter Apel** am Ruiten Aa-Kanaal (www.roelage.nl).

Camping De Barkhoorn (www.barkhoorn.nl) mit *Kanuvermietung* (s. unten) in **Sellingen** nahe Freibad, 500 m von der Ruiten Aa.

Camping DeBronzen Eik, etwas weiter flussabwärts in **Sellingen** (Minicamping, nicht direkt am Fluss, www.debronzeneik.nl).

Camping Wedderbergen (auch Ferienhäuser, www.wedderbergen.nl) in **Wedderveer.**

Camping ´t Plathuis in **Bourtange** am Dorfhafen (www.plathuis.nl).

Ferienhäuser im *Ferienpark Emslandermeer* bei **Vlagtwedde** (vom Ruiten Aa-Kanaal zu erreichen) oder im *Villapark Weddermeer* in **Wedde** (siehe unten).

Hotels u.a. in **Ter Apel** (neben dem Kloster), **Sellingen**, **Jipsinghuizen**.

Kanuvermietung (alle auch Fahrräder)

„Peddel en Pedal" mit 3 Stationen (s. unten) (www.peddelenpedaalwesterwolde.nl).

Camping De Barkhoorn in **Sellingen** (www.barkhoorn.nl).

Hotel de Waalehof in **Jipsinghuizen** (www.hoteldewaalehof.nl).

Villapark Weddermeer in **Wedde** (www.villapark-weddermeer.nl/de).

Karte für die Tour: *„Westerwolde" (Bourtange / Sellingen)* 1:33.000, ANWB Media Inside Sales (über Amazon oder www.dezwerver.nl).

Video-Tipp: *Auf You Tube gibt es ein nettes Video über eine Befahrung der Ruiten Aa mit Canadiern. Die Fahrt fand allerdings im Winter statt, so dass die Schönheit des Gewässers nicht richtig zur Geltung kommt.: www.youtube.com/watch?v=qwmcYs49Au8.*

Weitere Routen und Abstecher in Westerwolde

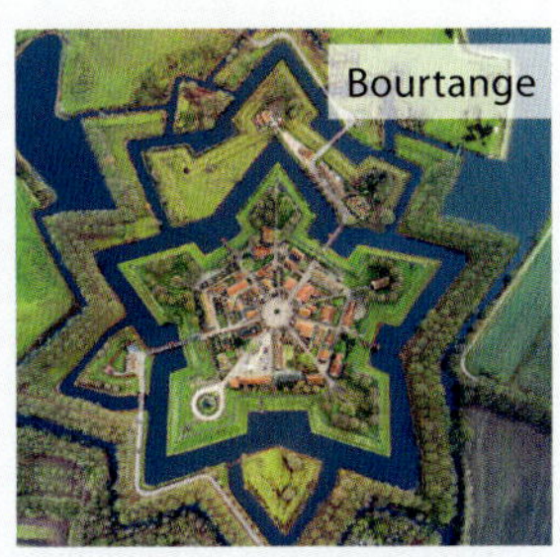
Bourtange

(1) Abstecher nach Bourtange, 7 km

Nördlich von **Renneborg** kann man auf dem ***Voedingsleiding***, einem kanalisierten Arm der Ruiten Aa, zum ***Ruiten Aa-Kanaal*** paddeln (***Wehr*** an der Mündung). Diesem Richtung Süden (***2 Schleusen umtragen***) zum ***Bourtanger Kanaal*** folgen. Hier abbiegen und zur sehenswerten, restaurierten Festungsanlage **Vesting Bourtange** (www.bourtange.nl) paddeln (*Campingplatz* am Dorfhafen). Man kann um die Festung herumpaddeln: Dazu am Ende des Bourtanger Kanaals rechts abbiegen, bei der nächsten Möglichkeit links. Damit ist man auf dem inneren ***Festungsgraben***. Auf Höhe der Mühle gibt es einen Steg, bei dem man aussetzen kann, um das Innere des Festungsdorfes *(Foto unten)* zu besichtigen. Mehrere *Gasthäuser*.

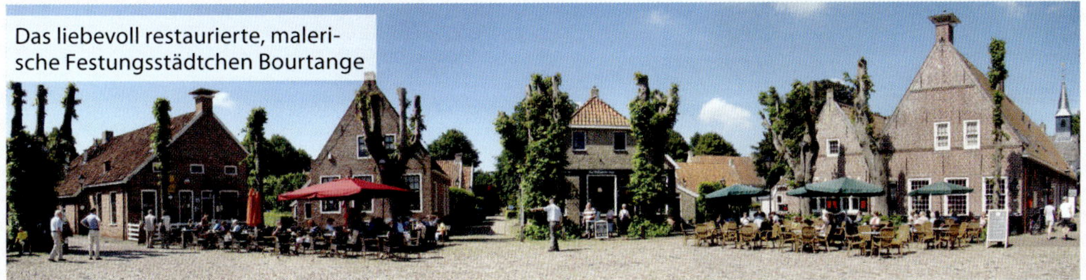
Das liebevoll restaurierte, malerische Festungsstädtchen Bourtange

(2) Fast-Rundkurs über Ruiten Aa und Ruiten Aa-Kanaal, 34 km

Wenn man wie bei **(1)** auf dem ***Ruiten Aa-Kanaal*** südwärts paddelt, jedoch nicht nach Bourtange abbiegt, sondern weiter Richtung Süden bis zum ***Wischluiweg*** *(52.909868, 7.109511)* fährt, erreicht man 1 km entfernt die Einsetzstelle zur ***Ruiten Aa*** (Haupttour) bei **Ter Wisch**. 15 km Kanal, 6 Schleusen. Der Kanal ist leider nicht so besonders attraktiv.

(3) Rundkurs über Westerwoldse Aa, Veendiep, Vereenigd of B.L. Tijdenskanaal, Mussel Aa-Kanaal, Ruiten Aa und Westerwoldse Aa, 22 km

Gute Einsetzstelle ist der Hafen in **Wedderveer**. Hinter Wedderveer weitet sich die Landschaft. Es geht hinaus in die nahezu baumlose Marsch. Die Aa legt sich – zunächst niedrige – Deiche zu. Ehe der Fluss zu einem breiten unattraktiven Kanal mit einer mehreren Kilometer langen Geraden wird, biegt man an einer ausgeschilderten Kreuzung (nicht vorher!) in das ***Veendiep*** ab. Es leitet die Wasserwanderer nach **Bellingwolde** und weiter nach **Rhederbrug**. Von dort fährt man auf den leider eher langweiligen Kanälen (daher Tour nur teilweise empfehlenswert) ***Vereenigd of B.L. Tijdenskanaal*** und ***Mussel Aa-Kanaal*** bei **Veelerveen** zum Düker bei **Veele** und auf der schönen ***Ruiten Aa*** und ***Westerwoldse Aa*** nach **Wedderveer** zurück. Auf der Kanalstrecke muss eine Schleuse umtragen werden.

Tour 1b – Drei Runden im Marenland, 21, 16 und 12 km

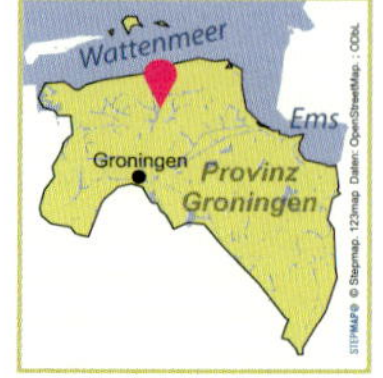

Die Wasserläufe waren von Anfang an von zentraler Bedeutung für die Marsch. Ohne sie würde das Land im Regenwasser versinken. Bis Mitte des letzten Jahrhunderts waren sie vor allem in den nasseren sechs bis acht Monaten des Jahres, in denen die weichen, zähen Kleiböden weitgehend unpassierbar wurden, die einzigen zuverlässigen Verkehrswege. Die Maare (ursprünglich die Fortsetzungen der Wattrinnen in das Land hinein) und die Auen (die aus dem höher gelegenen Hinterland herabströmenden Bäche, auch A, Aa, E, Ee, Ae usw. genannt) wurden deshalb früh begradigt und vertieft. Einige nannte man deshalb fortan „Tief" (niederl. Diep). Ganz neue Verbindungen wurden gegraben.

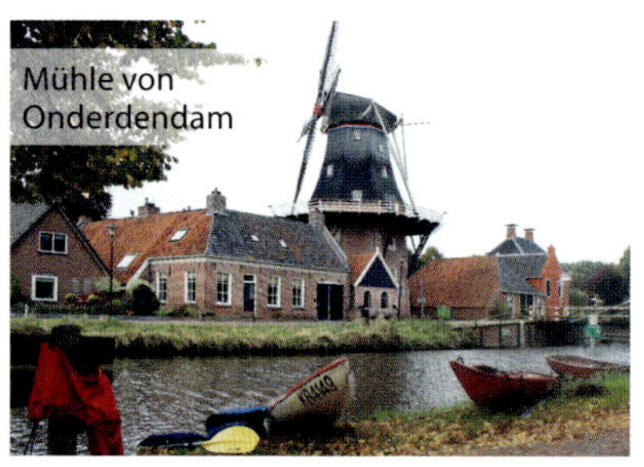
Mühle von Onderdendam

Das Gewässernetz im Nordwesten der Provinz Groningen, dem Marenland, ist besonders dicht und vielfältig. Das Gebiet zwischen Eemskanaal und Lauwersmeer ist daher ein beliebtes Paddelrevier, mit entsprechender Infrastruktur. Breite und schmale, gerade und gewundene Wasserläufe wechseln sich ab. Streckenweise sind sie tief eingeschnitten. Gleich darauf erlauben niedrige Ufer einen weiten Blick über die grüne Unendlichkeit der Marsch. An sonnigen Sommertagen kann man sich an der Weite der Landschaft berauschen, besonders wenn ein sanfter Wind gewaltige Wolkengebirge über den Himmel schiebt. An grauen Herbsttagen, wenn Himmel und Erde kaum noch zu unterscheiden sind, würde ich depressionsanfälligen Personen dagegen eher von einer Tour abraten.

Im Marenland sind etliche längere und kürzere Rundkurse und zahlreiche sackgassenartige Abstecher möglich. 3 Runden, die miteinander verbunden werden können, werden hier vorgestellt.

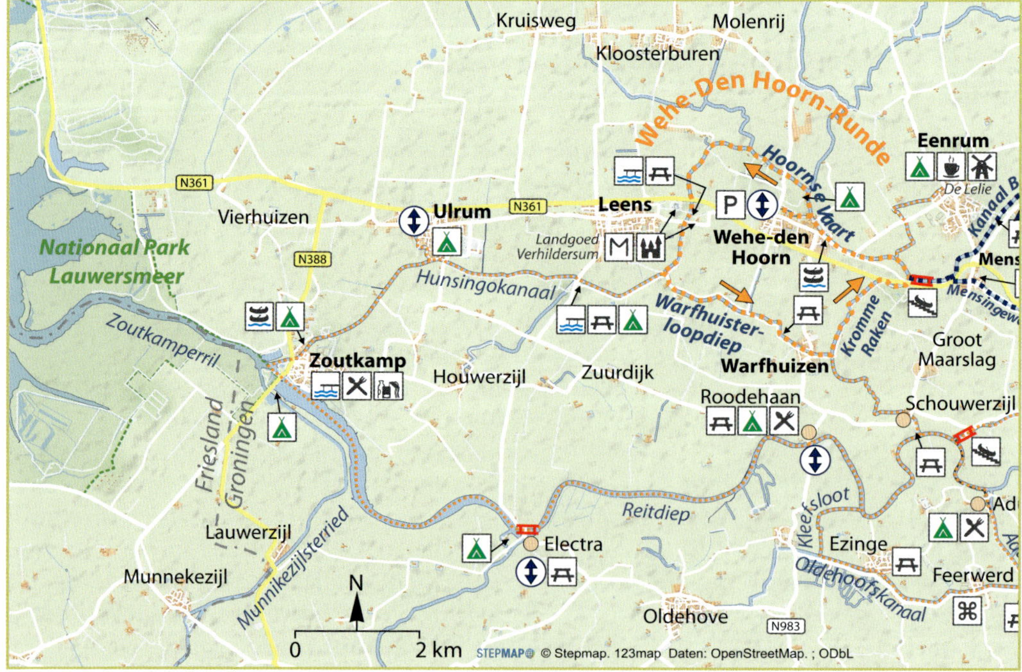

Winsum-Runde (blaue Route), **21 km**

In **Winsum**, laut früherer Eigenwerbung „Kanudorf schlechthin", starten wir zu einer 21 km langen Fahrt durch die Mitte der Region. Nach einem Rundgang im netten Ortskern setzen wir beim ***Kanuzentrum „Marenland"*** (mit ***Campingplatz***) ein. Der Eigentümer legt Wert darauf, dass man vorher um Erlaubnis fragt! Es geht zunächst auf dem breiten ***Winsumerdiep*** an einigen historischen Gebäuden vorbei und dann ostwärts in grünes Wiesenland hinein.

Die parallele Straße ist zum Glück nur wenig befahren. Nach 5,5 km ist die Hauptbrücke von **Onderdendam** erreicht. Dort erinnert das ***Denkmal einer Treidlerin*** daran, wie mühselig die Frachtschiffe damals gezogen wurden. Der etwas gemeine Spruch darauf lautet übersetzt: „Wer seine Frau lieb hat, hält sie sich vor Augen, sagt der Schipper, und legt ihr die Leine um." In der Mitte des Dorfes am Abzweig des ***Boterdieps*** mit Kirche, Mühle, einigen schönen Häusern und zwei stilvollen alten Brücken lohnt eine erste Pause. Das niedrige Ufer schräg gegenüber der Mühle eignet sich gut zum Aussetzen. Der Name des Kanals, der schon früh eine wichtige Verbindung von Groningen nach Uithuizen war, verweist auf die landwirtschaftlichen Produkte, die einst in die Stadt transportiert wurden – Boter (Butter).

Wir paddeln 300 m zurück und biegen dann in das ***Warffumermaar*** ein. Am Ortsausgang passieren wir erst rechts den ***Yachthafen Onderdendam*** (mit ***Campingplatz***) und dann links ein hübsches ***Bed & Breakfast***. Auf Höhe einer ***Windmühle*** am linken Ufer könnte man rechts anlegen, um unmittelbar vor einem Bauernhof über eine kleine grüne Brücke den Wassergraben zu überqueren. Nach wenigen Schritten kommt man zu einem ***historischen Begräbnisplatz*** mit alten Grabsteinen – schon 1970 zum archäologischen Nationaldenkmal erklärt.

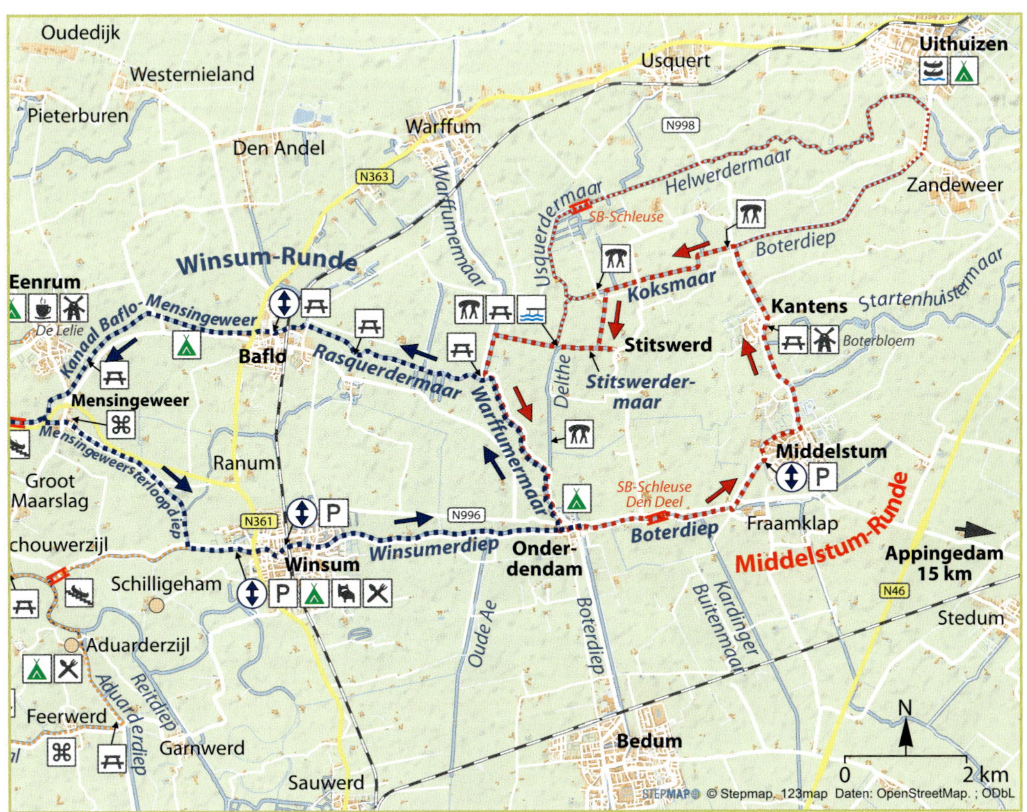

An der Mündung des ***Rasquerdermaars*** gibt es einen *Rastplatz* und ein paar Kilometer weiter bei einer Baumgruppe noch einen. Wenig weiter ist das sehenswerte Dorf **Baflo**, mit der romanischen *St. Laurentiuskirche* aus dem 13. Jahrhundert, erreicht. Bei der *Picknickbank* neben der *Slipanlage (Trailerhelling)* machen wir ein Päuschen.

Als Alternative bietet sich einige Kilometer weiter der *Rastplatz* bei einem Wäldchen auf der Höhe von **Eenrum** an. Ein Stück dahinter trifft man auf das ***Mensingeweerster Loopdiep***. Rechts herum geht es zur modernen ***Schleuse „Abelstoksluis"***, über die man eine ***Verbindung zur Wehe-Den Hoorn-Runde*** herstellen kann. Dort ist neben der eigentlichen Schleuse eine spezielle Durchfahrt für Kanuten geschaffen worden, eine ***„Kanostuw" (Kanustufe)***: Man fährt auf eine Art schwarze Kunststoffwanne auf und zieht sich dann mitsamt Boot vorwärts. Dabei drückt man die Wanne hinunter, so dass man problemlos weiter fahren kann. Der Höhenunterschied zwischen den Wasserständen vor und hinter dem Bauwerk beträgt ca. 15 Zentimeter.

Kanostuw neben der Abelstoksluis

Nach der Besichtigung dieser genial einfachen Konstruktion drehen wir um. Durch das namensgebende ***Mensingeweer*** paddeln wir tief eingeschnitten zum ***Winsumerdiep*** und darauf zum Ausgangspunkt in **Winsum** zurück.

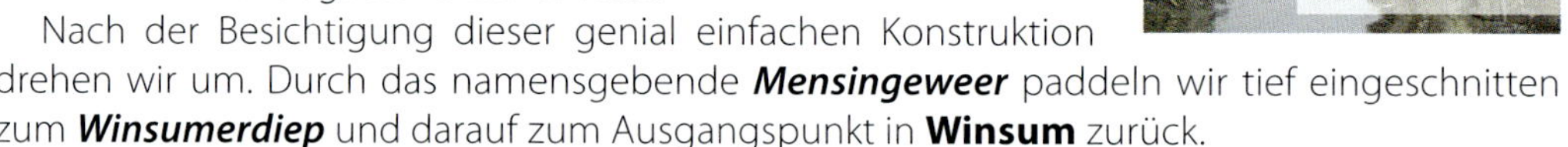

Middelstum-Runde (rote Route), 16 km

Startplatz für diesen Rundkurs ist das hübsche Dorf **Middelstum**. Bei einer *Slipanlage (Trailerhelling)* am Ortseingang setze ich ein. In einem Bogen geht es auf dem ***Boterdiep*** zunächst am Ortsrand entlang bis zu einer Ecke mit Brücke, alten Häusern und Mühle. Der *Rastplatz* dort hat leider einen etwas hohen Steg. Wem der Sinn nach einem Päuschen steht, sollte sich bis **Kantens** gedulden, denn dort befindet sich direkt am Wasser ein *Picknickplatz* mit Kanusteg neben der schönen *Mühle „Boterbloem"* (Butterblume), die besichtigt werden kann.

Möglicher Abstecher: Nördlich dieses Dorfes wendet sich das ***Boterdiep*** nach Osten. Bei meiner ersten Tour in dieser Gegend paddelte ich darauf nach **Uithuizen**. Den örtlichen *Campingplatz „Maarlandshoeve"* fand ich erst nach längerer Suche, weil er noch gar nicht eröffnet war. Trotzdem wurde ich freundlich aufgenommen. Ich bekam ein windgeschütztes Fleckchen für mein Zelt angeboten. Duschen durfte ich im Badezimmer der Familie, weil sich die sanitären Anlagen erst in der Planungsphase befanden. Dann wurde ich von Koos und Gretje sogar noch zum Tee ins Wohnzimmer eingeladen und zum ersten offiziellen Gast erklärt.

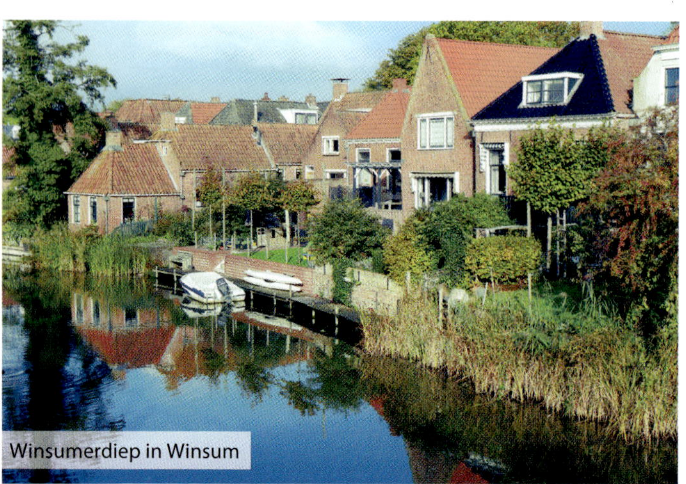
Winsumerdiep in Winsum

Weil ich die Wasserläufe bei Uithuizen schon kenne, biege ich an der T-Kreuzung nach links auf die ***Koksmaar*** ab. Schon gleich muss ich einen ***kleinen Damm umtragen*** und fahre auf dem zunächst nicht besonders gefälligen, breiten Entwässerungsgraben ***Koksmaar*** weiter, der kurz darauf erst nach links dann einmal nach rechts knickt. Nach gut zwei Kilometern biege kurz vor einem zweiten Damm (und ein paar Häusern) nach links ab und gelange so zur ***Stitswerdermaar*** und darauf ostwärts zum stilvollen Warftdorf **Stitswerd**. Nach kurzer Besichtigung drehe ich um und paddle auf der ***Stitswerdermaar*** bis zu einer 90°-Kurve. Südwärts heißt der Wasserweg jetzt ***Delthe***. Man sollte aber auf ihm nicht nach Onderdendam fahren, denn beim Mündungs-Schöpfwerk der Delthe kommt man wegen der steilen Ufer schwer aus dem Boot, sondern hier an der 90°-Kurve über einen niedrigen Damm ***in das Usquerdermaar umsetzen***. Auf dem Damm befindet sich ein leider stark verwilderter *Picknickplatz*. Die ***Umtragestelle*** ist an einem *Kanusteg* zu erkennen.

Das ***Usquerdermaar*** endet nach 1 km auf der ***Warffumermaar***. Darauf geht's, sich immer links haltend, nach **Onderdendam**. Diesen Abschnitt fährt man auch auf der Winsum-Runde. Auf halbem Weg von Onderdendam nach Fraamklap bremsen ***Schöpfwerk und Schleuse „Den Deel"*** die Reise. *Das Schleusen funktioniert per Selbstbedienung: Auf einer Metallschiene steht auch auf Deutsch: „Hier drücken". Ich suche nach einem Schalter, bis ich begreife, die ganze Schiene ist der Knopf. Es dauert ein paar Minuten, ehe sich das Tor soweit gehoben hat, dass auch kleinere Yachten passieren können. Man soll warten, bis das rote Licht erloschen ist. Nach dem Einfahren drückt man auf eine baugleiche Schiene links. Das Tor senkt sich wieder. Danach passiert nichts. Ich sehe bereits meine düstere Vorahnung bestätigt, nach der ich nun in der Falle sitze. Aber dann entdecke ich auf der anderen Seite noch eine Schiene. Als ich darauf drücke, öffnet sich das zweite Schleusentor.* Wenn man ganz dicht heranfährt und sich genau auf die Stelle konzentriert, wo Wasseroberfläche und Tor sich treffen, kann man den Eindruck haben, dass nicht das Tor sich hebt, sondern dass das Wasser absackt. Ein irritierender Effekt!

In **Fraamklap**, benannt nach einer Klappbrücke, folge ich dem ***Boterdiep*** nach Norden und erreiche kurz darauf wieder **Middelstum**. Der Kirchturm ist bereits von weitem zu sehen.

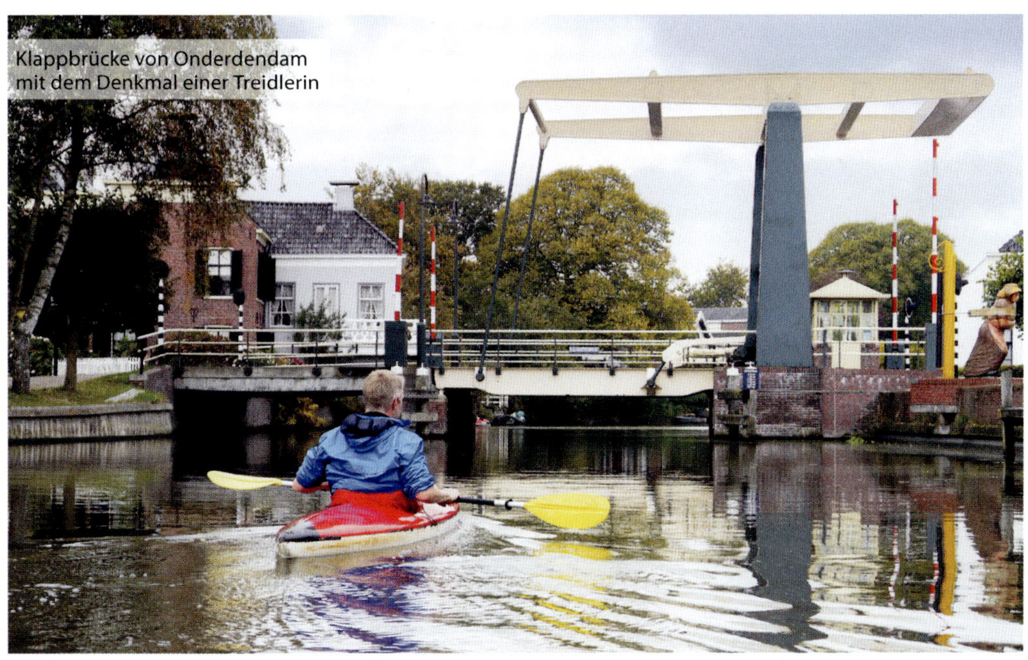

Klappbrücke von Onderdendam mit dem Denkmal einer Treidlerin

Wehe-Den Hoorn-Runde (orange Route), **12 km**

Am früheren ***Dorfhafen*** in der Havenstraat von **Wehe-Den Hoorn** beginne ich meine Nachmittagsrunde auf der ***Hoornse Vaart***. Der heute vereinte Ort bestand einst aus dem protestantischen Warftdorf **Wehe** und dem katholischen **Den Hoorn**, das auf einer Ecke (Hoorn) des Deichs an der Hunze lag. Die Hunze, der Vorläufer des Reitdieps, mündete damals etwas weiter nördlich bei Pieterburen ins Meer.

Ich begegne auf den nächsten Kilometern vielen Paddlern. Drei junge Leute haben die Abzweigung zur Kanuvermietung in Molenrij verpasst und wissen nicht, wo sie sich befinden. Drei Mädchen sind mit ihrem Canadier gekentert. Eine Familie kämpft mit dem mäßigen Gegenwind. Den ***Picknickplatz*** von **Leens** habe ich dagegen für mich allein. Hier gibt es den ***Museumsbauernhof*** als typisch Groninger Arbeiterhaus *(Mai-Okt Di-So 13-17)* und das 1398 zum ersten Mal urkundlich erwähnte ***Landgoed Verhildersum*** *(Apr-Okt Di-So 10.30-17, Regionalmarkt „Deelnemers Streekmarkt" jeden 3. Sa im Monat 10-16, www.verhildersum.nl)* zu besichtigen. Der Museumsbauernhof mit mehreren historischen Gebäuden vermittelt einen guten Eindruck vom Leben und Arbeiten über die Jahrhunderte. Für Kinder spannend, der 500 m entfernte ***DoeZoo Insektenwereld*** *(Di-So 10-17, www.doezoo.nl)*.

Einen Kilometer weiter biege ich in das ***Warfhuister Loopdiep*** ab und kehre über den namensgebenden Ort **Warfhuizen** (sehr sympathisches ***B & B „Theaterherberg", Wallfahrtskirche*** „Einsiedelei Unserer lieben Frau vom verschlossenen Garten", die jüngste der niederländischen Einsiedeleien) und den ***Kromme Raken*** zum Ausgangspunkt zurück.

Kurz vor dem Zielort habe ich bei einer früheren Tour einen Abstecher nach **Eenrum** gemacht. Der zwei Kilometer lange Stichkanal ***Eenrumermaar*** ist zwar nicht attraktiv, der Ort aber ein lohnendes Ziel. Beim ***Dorfhafen*** gibt es das empfehlenswerte ***„Grandcafé de Pool"*** und direkt dahinter die ***älteste Mühle Groningens „De Lelie"*** (die Lilie) von 1862 inkl. ***Senfmuseum*** und nettem ***Gartencafé*** sowie gleich um die Ecke den hübschen Ortskern mit dem 48 Meter hohen Kirchturm im Hintergrund, der früher als Seezeichen diente.

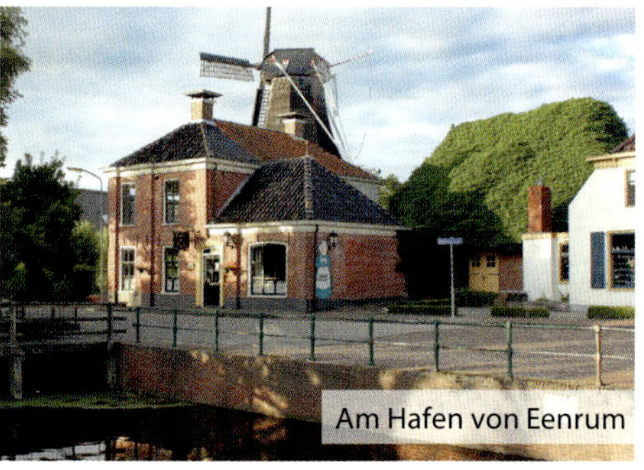
Am Hafen von Eenrum

Ergänzende Informationen zu den Marenland-Runden

Fahrtenmöglichkeiten

Die Winsum- & Middelstum-Runde sind, wenn man sie zu einer verbindet, 35 km lang. Alle Runden lassen sich problemlos erweitern, aber nicht abkürzen.

Einsetzstellen

Für die Winsum-Runde gibt es günstige Einsetzstellen in Winsum bei der Kanuvermietung Marenland Recreatie (Winsumerdiep 6, *GPS 53.332074, 6.510506*, vorher fragen!) und bei der ehemaligen Werft (Straße De Werf *(GPS 53.333108, 6.518860)*, Bootsrampe (Trailerhelling), kein niedriger Steg, beide mit Parkplatz) sowie in Baflo am Hafen (Havenweg *GPS 53.364899, 6.518843*, Trailerhelling, mittelhohe feste Uferkante).

Die erwähnte Einsetzstelle für die Middelstum-Runde befindet sich in Middelstum im Ploegersweg (*GPS 53.345262, 6.635950*, Trailerhelling, kein niedriger Steg).

Einsetzstelle in Wehe-Den Hoorn in der Havenstraat (*GPS 53.361897, 6.418110)* hinter dem Parkplatz.

Befahrbarkeit, Schwierigkeiten

Alle Wasserläufe sind problemlos auch für Anfänger befahrbar und, weil strömungslos, sogar in beide Richtungen.
Langsamer Motorbootverkehr ist möglich.

Bestimmungen, Umtragestellen

Keine besonderen Bestimmungen.

Bei der Winsumer Runde und bei der Wehe-Den Hoorn-Runde keine Umtragung.

Bei der Middelstumer-Runde müssen zwei Dämme bewältigt werden, bei denen man die Kanus über das Gras ziehen kann (Stege vorhanden) sowie eine Selbstbedienungs-Schleuse muss passiert werden.

Campingplätze mit Kanuvermietung

Camping Marenland (www.marenland.nl) in **Winsum**, *Camping Maarlandhoeve* in **Uithuizen** (www.campingmaarlandhoeve.nl).

Weitere Campingplätze

Camping de Maar in **Baflo** (www.campingdemaar.nl).

Camping NTKC 't Aagt **Eenrum** (-w.kampeerclub.nl/terrein/kampeerterrein-t-aagt).

In **Warffum:** *Camp Zuiderhorn* (www.campingzuiderhorn.nl) und *Camping De Breede* (www.campingdebreede.nl).

Das *Landgoed Wilgenheerd* in **Wehe-Den Hoorn** bietet Naturcamping, Glamping-Zelt, Gästezimmer (www.wilgenheerd.nl).

Camping Leenstertillen nahe **Leens** am Hunsingokanaal (www.leenstertillen.com).

Camping- & WoMo-Platz am Yachthafen in **Onderdendam** (https://jachthavenonderdendamsro-marina.business.site).

Hütten, Pods, Lodges, allerdings nicht immer am Wasser (www.trekkershutten.nl).

Weitere Routen und Abstecher im Marenland

(1) Als **Erweiterung der Middelstum-Runde** kann man auf dem ***Boterdiep*** bis **Uithuizen** paddeln und von dort über das ***Helwerdermaar*** bis zum ***Usquerdermaar***. Nur teilweise attraktiv. Eine Selbstbedienungsschleuse.

(2) Ähnliches gilt für die **Wasserläufe zwischen Middelstum und Appingedam:** Alle sind nur auf kurzen Teilstrecken lohnend. Allerdings ist das unter Denkmalschutz stehende mittelalterliche Stadtzentrum von **Appingedam** mit seinen „hängenden Küchen" sehr sehenswert.

(3) Als **Erweiterung der Wehe-Den Hoorn-Runde** kann man einen 2 km-Abstecher auf dem ***Kromme Raken*** bis zu dessen Mündung in das ***Reitdiep*** bei **Schouwerzijl** machen. Der Wasserlauf ist nett. Der Zielort hat mit seinen wenigen Häusern einen gewissen Charme. Wenn man von dort auf dem ***Reitdiep*** aufwärts (östlich) paddelt, gelangt man nach knapp 2 km nach **Aduarderzijl**. Auf dem ***Aduarderdiep*** kann man zum rechts abgehenden ***Oldehoofskanaal*** gelangen und darauf nach **Ezinge**. Der Wasserweg ist öde, aber das alte Warftdorf (*Museum Wierdenland* mit Exponaten zur Siedlungsgeschichte und *Café*, www.wierdenland.nl) ist ein lohnendes Ziel. Die ***Kirche*** mit den uralten Grabsteinen daneben, liegt am Ende der Warft mit Blick auf die menschenleere Reitdiep-Niederung. Man kann sich dort problemlos am Ende der Welt wähnen. Über den ***Kleefsloot*** kehrt man zum ***Reitdiep*** und darauf nach **Schouwerzijl** zurück. Länge der Gesamtrunde: **10 km.**

Von **Schouwerzijl** kann man 15 km auf dem breiten ***Reitdiep*** bis **Zoutkamp** paddeln und auf ***Hunsingokanaal*** und ***Warfhuisterloopdiep*** zurückkehren **(12 km).** Da es auf dem Reitdiep wenig zu sehen gibt, wird das Paddeln auf Dauer etwas langweilig. Der frühere Nordseehafen **Zoutkamp** ist jedoch ein lohnendes Ziel.

Tour 1 c – Lauwersland, 25 und 16 km

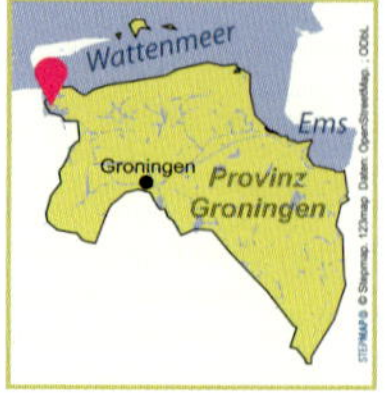

1969 wurde, wie bei der Zuiderzee 37 Jahre zuvor, die offene Bucht Lauwerszee durch einen Damm von der Nordsee abgetrennt. Mit der Abdeichung ging eine Verkleinerung der Wasserfläche einher, da man mehrere Priele abschnitt und höher gelegene Wattflächen aufspülte. Im Laufe der Jahre entstand ein reich gegliedertes Binnengewässer mit Inseln und Buchten – das Lauwersmeer.

Fast alle Ufer, Inseln und Seitenbuchten wurden zum Ausgleich für die verloren gegangenen Wattflächen aus Naturschutzgründen gesperrt. Eine Tonnenreihe markiert die Grenze. Die Tierwelt hat sich diesen Raum erobert (wenn auch nicht dieselbe wie vorher). Für viele Vogelarten ist das Gebiet ein unschätzbar wertvolles Refugium. Das Anlanden ist daher nur an wenigen Stellen erlaubt.

Aber auch der Tourismus kommt nicht zu kurz. Zehntausende von Gästen kommen jedes Jahr. Auf dem See selbst und der Gegend drum herum, dem Lauwersland, sind mehrere Kanutouren möglich, so dass man sich hier problemlos eine ganze Woche tummeln kann. 2 Rundkurse stellen wir vor.

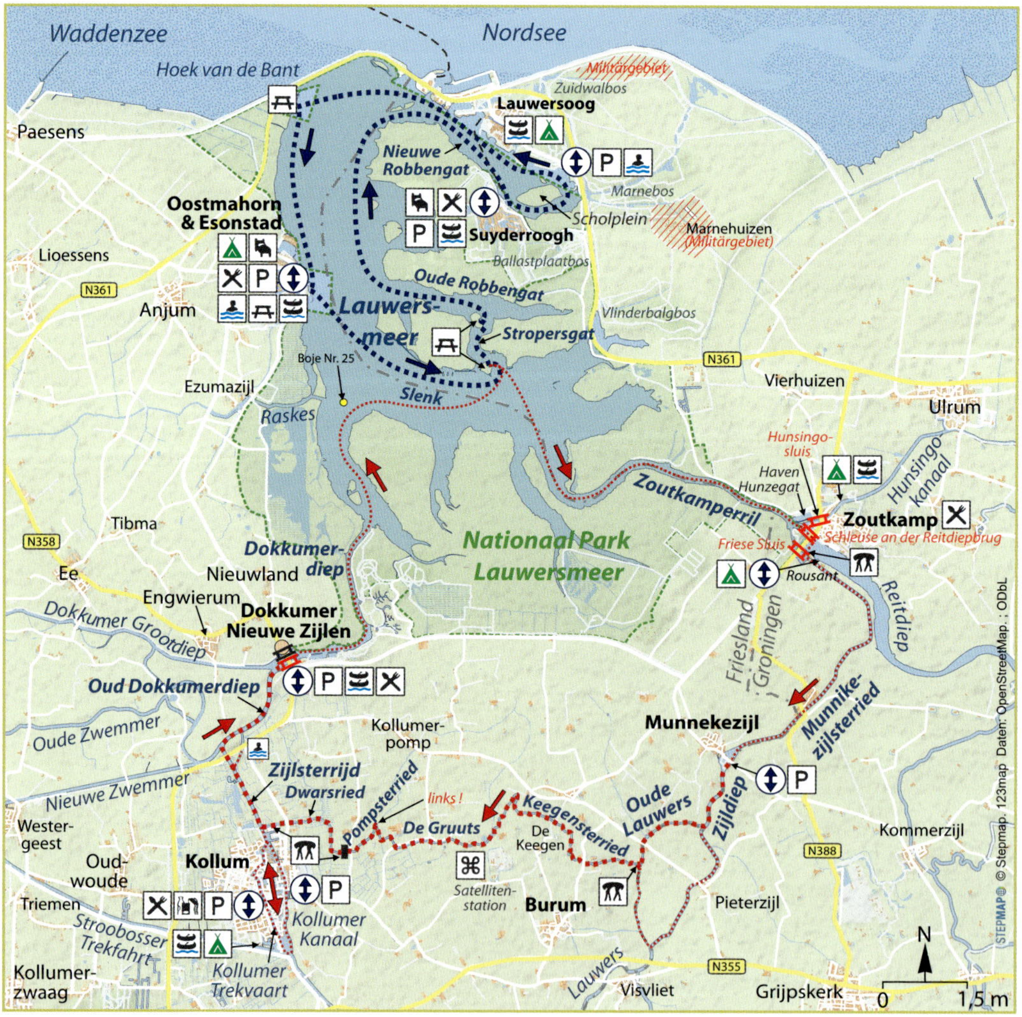

Lauwersmeer-Runde (blaue Route), 25 km

Erfahrene Paddler mit entsprechender Ausrüstung können diese 25 km lange Runde über das ***Lauwersmeer*** fahren. Eine günstige *Einsetzstelle* ist südöstlich von **Lauwersoog** am Südufer des ***Nieuwe Robbengat*** beim *Restaurant Suyderroogh* zu finden. Das *Restaurant*, die dortige *Badestelle* und der zugehörige kostenlose *Parkplatz* gehören zum *Ferienhausgelände (Recreatiepark) Suyderroogh*, sind aber öffentlich zugänglich (Straße De Rug, *53.390261, 6.215467*).

Zunächst geht es nach rechts um die ***Insel Scholplein*** herum und dann an einem lang gezogenen *Grünstrand* und am *Campingplatz* vorbei zu den *Hafenanlagen* und *Schleusen* von **Lauwersoog**. Von hier steuert man die Nordwestecke des Sees, das ***Hoek van de Bant***, an. Das ist das *Kite-Surf-Areal* des Lauwersmeers, mit *Rastmöglichkeit*. Von da geht es parallel zum westlichen Ufer nach **Oostmahorn**. Das war vor der Eindeichung der Meeresbucht kaum mehr als der Abfahrtspunkt der Fähre zur Nordseeinsel Schiermonnikoog. Heute befinden sich hier der im historischen Stil neu gebaute Friesenort **Esonstad** und weitere touristische Einrichtungen inkl. eines *Grünstrandes* vor dem Deich, bei dem man gut *rasten* und *baden* kann. Man kann sich den eigentümlichen Ort von nahem ansehen, wenn man unter der Klappbrücke hindurch auf die Gewässer hinter dem Deich fährt.

Von **Oostmahorn** paddelt man auf dem früheren Meeresarm ***Slenk*** in südöstliche Richtung. Durch das ***Stropersgat*** geht es nach links in den Gewässerarm ***Oude Robbengat***. Man kann unterwegs an den beiden kleinen ***Inseln*** im Stropersgat wunderschön pausieren. Am Ostufer entlang kehrt man zurück zum Startpunkt.

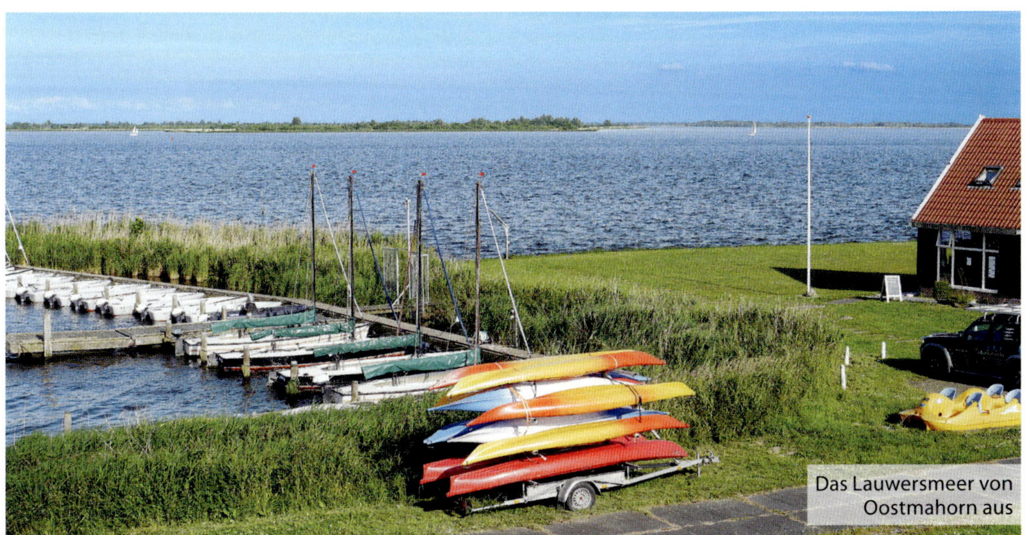

Das Lauwersmeer von Oostmahorn aus

Südliches Lauwersland (rote Route), von Munnekezijl nach Dokkumer Nieuwe Zijlen, 16 km

In **Munnekezijl** kann man gut zu dieser Tour südlich um die ehemalige Meeresbucht herum aufbrechen (wir fahren sie im Uhrzeigersinn). Eine sehr gute *Einsetzstelle* mit *Parkplatz* und *Bootsrampe* gibt es am ***Wehrarm*** (nicht Schleusenarm! *53.300910, 6.275528*). Im Mittelalter mündete das Flüsschen ***Lauwers***, das die Grenze zwischen Groningen und Friesland bildet, hier in die Nordsee. Im Schleusenarm ist ein Hauch vergangener Zeiten erhalten.

Heute heißt der Wasserlauf oberhalb des Dorfes zunächst ***Zijldiep*** (Sieltief). Er verläuft ohne Deiche und relativ kurvenreich durch die Wiesen. Nach einigen Kilometern biegt man in die

Oude (alte) ***Lauwers*** ab. Von dem früheren Fluss zweigt etwa 300 m südlich der einzigen Straßenbrücke das ***Keegensterried (Keegenster Ryd)*** nach Westen ab. Dieses führt nach Umtragen eines niedrigen Damms in die *Provinz Friesland* hinein *(daher schreiben wir im folgenden Abschnitt die friesischen Namen der Gewässer in Klammern dahinter)*. Es handelt sich um einen kleinen Wasserlauf mit niedrigen Ufern und sehr vielen rechtwinkligen Kurven. Auf dem Wasserarm ***De Gruuts*** umfährt man die gewaltigen *Satellitenschüsseln* bei **Burum**. Sie heißen „It Grutte Ear" (das große Ohr), obwohl es sich um mehrere „große Ohren" handelt.

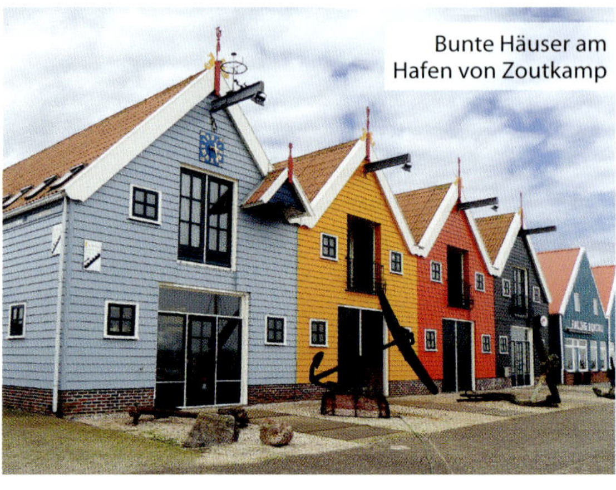
Bunte Häuser am Hafen von Zoutkamp

Nach einiger Zeit trifft man auf das ***Pompsterried (Pompster Ryd)***. Hier biegt man nach ***links (!)*** ab und kommt bald zu einem ***Schöpfwerk*** mit ***Krautfanganlage***. Es muss, ebenso wie eine ***ehemalige Schleuse*** im ***Dwarsried (Dwarsryd)*** kurz vor dem ***Zijlsterrijd (Sylster Ryd), umtragen*** werden. Auf dem ***Zijlsterrijd*** paddelt man nordwärts bis zum rechten ***alten Mündungsarm*** (Achtung: Sackgasse!). Dort kann man gut eine *Badepause* einlegen.

Auf dem linken Arm gelangt man dann weiter zum ***Oud Dokkumerdiep (Dokkumer Djip)*** und auf diesem nach rechts zum früheren Mündungshafen **Dokkumer Nieuwe Zijlen**. Das ist ein eigentümlicher Platz. Er hat trotz der einladenden *Cafés* an der alten (geschlossenen) Schleuse und dem sommerlichen Treiben am Wasser immer noch etwas von dem einsamen Vorposten draußen am Meer, der er tatsächlich früher als Vorhafen von Dokkum war. Vor der neuen Schleuse kann man gut die ***Fahrt beenden***. Ein kostenloser *Parkplatz* befindet sich an der Außendeichseite *(53.317913, 6.160825)* zwischen alter und neuer Schleuse.

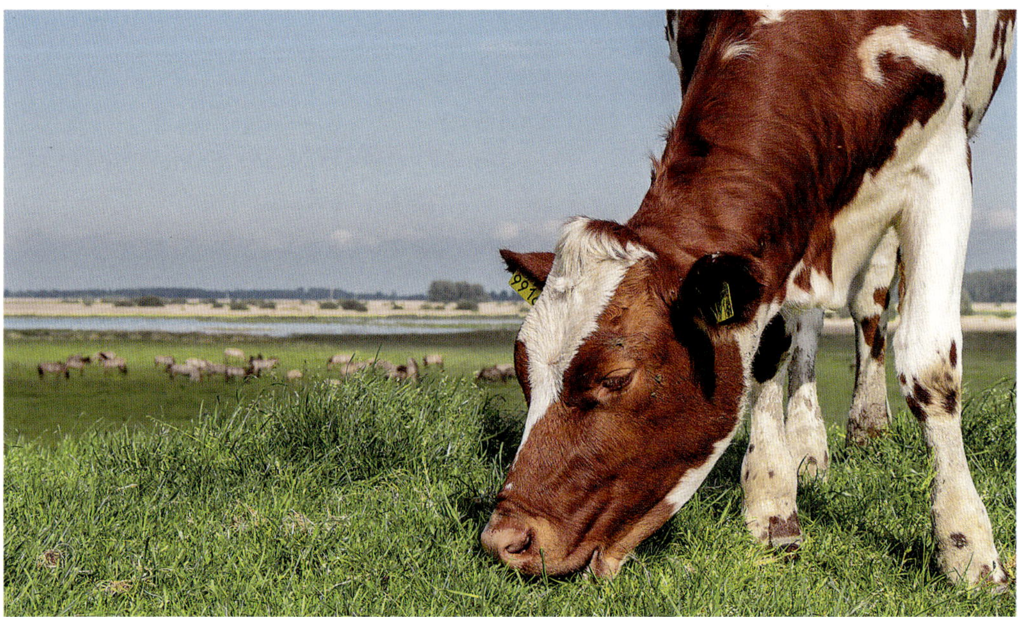

Ergänzende Infos zu den Touren Lauwersland

Fahrtenmöglichkeiten

(1) Als Ausgangspunkt für eine **9 km** lange **Kurzversion der See-Runde** (blaue Route) ist **Oostmahorn** zu empfehlen. Zwischen dem Campingplatz und den neuen Häusern der Esonstad gibt es einen kostenpflichtigen *Parkplatz* (Straße Suderskans, *53.375047, 6.160944*) und gute ***Einsetzstellen*** am niedrigen Ufer daneben. Von dort paddelt man über den ***Slenk*** zu den ***Inseln*** und kehrt auf dem ***Oude Robbengat*** zurück.

(2) Bei der südlichen Wiesentour (rote Route) kann man anstelle bis Dokkumer Nieuwe Zijlen auch **von Munnekezijl nach Kollum** paddeln. Dann sind es **14 km.** Dazu auf dem ***Zijlsterrijd (Sylster Ryd)*** südwärts zum gemütlichen Städtchen **Kollum** fahren. Dort entweder auf der etwas interessanteren rechten ***Kollumer Trekvaart*** in die Stadtmitte fahren oder dem linken Arm ***(Kollumer Kanaal)*** bis zum Passantensteiger an der Brücke Hesseweg (mit *Parkplatz, 53.280960, 6.158014*) folgen. Außer der Fahrt in den Ortskern, vorbei an mehreren unter Denkmalschutz stehenden Häusern, sind zwei schöne, alte Kirchen zu bewundern. In der Innenstadt gibt es einen Kanusteg stilvoll am Rechthuisplein. Hier oder – wegen der besseren Parkmöglichkeit – beim Grünstreifen gegenüber aussetzen (*Parkplatz* am Ende der Waling Dykstrastrjitte, *53.279734, 6.151843)*. Beide Wasserwege kann man auch nutzen, um einen kleinen Kollum-Rundkurs zu fahren. Ist aber nicht lohnend.

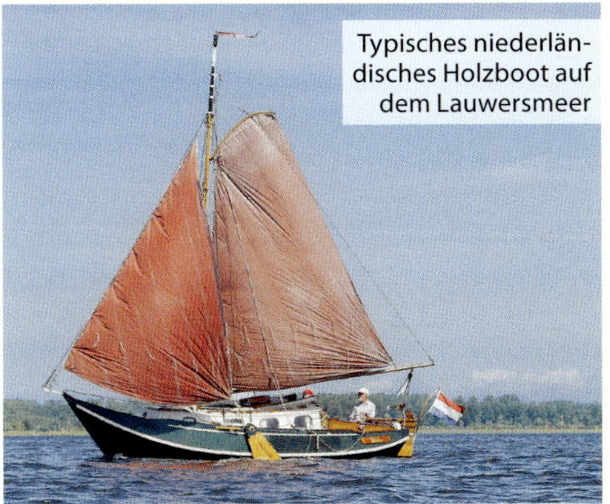
Typisches niederländisches Holzboot auf dem Lauwersmeer

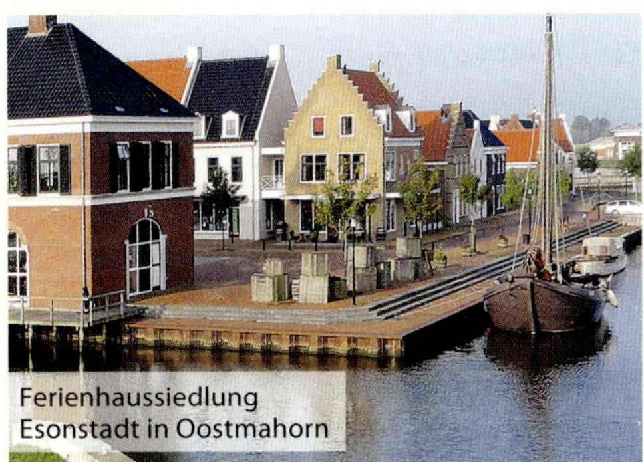
Ferienhaussiedlung Esonstadt in Oostmahorn

(3) Die rote Route **Munnekezijl–Dokkumer Nieuwe Zijlen** kann man zu einem geschlossenen **35 km** langen Rundkurs ausbauen, wenn man über das ***Lauwersmeer*** zum Startpunkt zurückkehrt. Von einer offenen Meeresbucht ist jenseits der Schleuse von Dokkumer Nieuwe Zijlen zunächst nichts zu spüren, denn das Tief zieht sich einige Kilometer wie ein breiter Fluss durch das grüne Land. Erst auf Höhe der ***Boje 25*** weitet sich das Gewässer zum See. Bei der Boje, die auch den Abzweig des Raskes westwärts nach Ezumazijl anzeigt, biegt man nach Osten ab. Damit ist man auf dem bereits erwähnten ***Slenk***. Auf der südlichen der beiden kleinen Inseln im ***Stropersgat*** lässt sich auch auf dieser Runde gut *rasten*.

Dann folgt man den Tonnen und Priggen südwestwärts. Das Gewässer verengt sich zum ***Zoutkamperril***. Nun ist es nicht mehr weit bis nach **Zoutkamp**. Dort setzt man direkt rechts hinter der immer offenen ***Schleuse (Reitdiepbrug)*** am ***Reitdiep*** am flachen Ufer aus und 100 m weiter südlich beim Kanusteg gegenüber der ***Friese Sluis*** wieder ein. Von hier geht es auf dem nüchternen ***Munnekezijlsterried*** parallel zum Reitdiep zurück zum Startpunkt **Munnekezijl**.

Befahrbarkeit, Schwierigkeiten

Das ***Lauwersmeer*** ist schon bei wenig Wind ***NUR etwas für erfahrene Paddler mit der richtigen Ausrüstung***.

Die Befahrung aller anderen Gewässer ist unproblematisch. Es gibt keine Strömung.

Auf dem See und auf den beiden „Zuflüssen" Dokkumer Diep und Zoutkamperril sowie auf ihren Verlängerungen Dokkumer Grootdiep und Reitdiep ist in der Saison mit erheblichem Schiffsverkehr zu rechnen.

Beim barfüßigen Betreten der Wiesen auf Disteln achten!

Bestimmungen

Die Ufer des Lauwersmeers und der „Zuflüsse" dürfen nur an wenigen, gekennzeichneten Stellen betreten werden. Rastplätze sind hier rar.

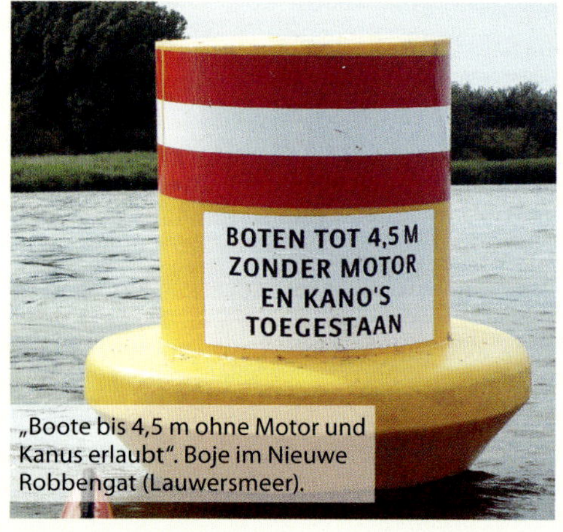

„Boote bis 4,5 m ohne Motor und Kanus erlaubt". Boje im Nieuwe Robbengat (Lauwersmeer).

Campingplatz ohne Kanuvermietung

Camping de Rousant (= Seepferdchen) in **Zoutkamp** zwischen Reitdiep und Munnekezijlsterried, mit kleinem Terrain extra für Kanuten (www.rousant.nl).

Campingplätze mit Kanuvermietung

Kanocamping 't Ol Gat am Hunsingokanaal in **Zoutkamp**, sehr schön angelegt mit ausladenden alten Bäumen, auch Hütten & Fahrradvermietung (www.kanocamping.nl).

Minicamping Uit & Thuis (= Draußen & Zuhause) an der Stroobosser Trekfahrt am südlichen Ortsrand von **Kollum** (www.minicampinguitenthuis.nl).

Camping Landal Esonstad in **Esonstad,** auch Glamping in Mobilheimen, Safarizelten und Woodlodges, Fahrradvermietung, E-Bikes (www.landalcamping.de).

Camping Lauwersoog in **Lauwersoog** mit Hütten, Camping-Pods, Fahrradvermietung (www.campinglauwersoog.de).

Weitere Kanuvermieter

Watersportcentrum De Lauwer, Jachthaven Noordergat in **Lauwersoog,** Nordufer Nieuwe Robbengat (www.delauwer.nl).

Suyderoogh: *Bootverhuur* beim *Restaurant & Partycentrum Suyderoogh,* Südwestufer Nieuwe Robbengat (www.restaurant-suyderoogh.nl/watersportverhuur).

Karte

ANWB Waterkaart 2 Noord-Groningen, www.awn.de

Weitere Routen im Lauwersland

Auf der Groninger Provinzseite lässt sich ein mittelmäßig attraktiver **Rundkurs** auf ***Hunsingokanaal, Reitdiep*** und anderen Wasserläufen durch die Marschlandschaft paddeln. Siehe „Ergänzende Infos zum Marenland", Seite 42.

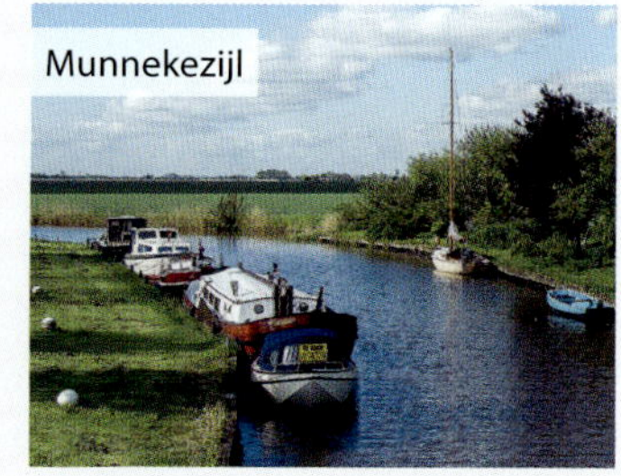
Munnekezijl

Auf der friesischen Seite sind die Wasserwege nördlich des ***Dokkumer Grootdieps*** nur in kürzeren Abschnitten attraktiv. Die Gewässer südlich davon werden unter „Dokkum und Umgebung" beschrieben, siehe Seite 52.

2 – Die Provinz Friesland (Fryslân)

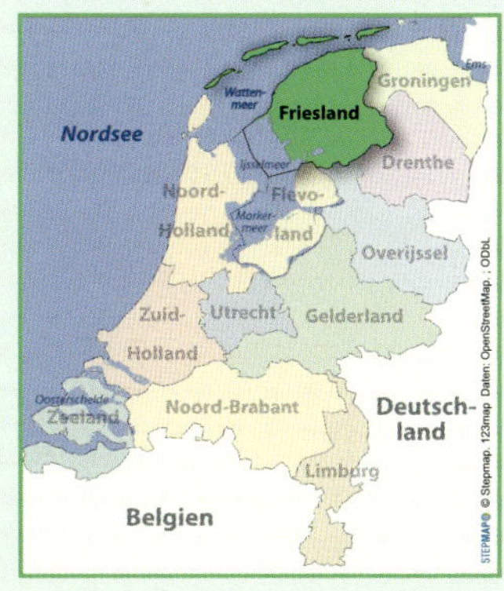

„Das ist eigentlich schon ein anderes Land. Eine andere Sprache. Auf den Autos haben sie ein Schild mit den Buchstaben FRL", lässt Janwillem van de Wetering Brigadier de Gier von der Amsterdamer Polizei in seinem Kriminalroman „Rattenfang" sagen. Der niederländische Autor spielt liebevoll ironisch mit den friesischen Klischees und der unter Nachbarn üblichen lästerhaften Rivalität. „Friesen sind starke, reine Leute aus einem freien, sauberen Land". So bringt ein Kollege des Brigadiers das friesische Selbstbild auf den Punkt, während der pingelige Steuerbeamte Verhulst die „holländische" Gegenposition verdeutlicht: „Ein vernünftiger Mensch hält sich nicht sein Leben lang in dieser Kolonie auf. (...) Früher hatten wir Kolonien, wie Indonesien, wegen der Plantagen; jetzt haben wir nur noch Friesland, wegen seines fruchtbaren Bodens. Hier wohnen doch keine richtigen Menschen."

Aus eigener Sicht sind die Friesen auf jeden Fall etwas Besonderes (das kann ich als Ostfriese unvoreingenommen bestätigen). Und etwas Besonderes zu sein, ist gut für das Selbstwertgefühl und wirkt sich förderlich auf den Tourismus aus. Mit Nachdruck werden Sprache und Brauchtum gepflegt. Immer wieder wird auf die relativ eigenständige Geschichte verwiesen.

Von dem ursprünglichen Siedlungsgebiet der Friesen zwischen Rhein und Weser gingen im Mittelalter mehrere große Teile verloren. So wurde das heutige Westfriesland, das nach dem Einbruch der Zuiderzee von dem restlichen Friesland getrennt war, 1292 von den holländischen Grafen erobert. In der heutigen Provinz Noord-Holland ist allein der Name Westfriesland für die Gegend zwischen Alkmaar, Hoorn und Medemblik geblieben. Reste einer friesischen Kultur sind spärlich. Die Menschen bezeichnen sich dort nicht als Friesen.

Der Bereich zwischen Lauwers und Ems geriet unter den Einfluss der nie zu Friesland gehörenden Stadt Groningen. Es war bald nur noch Ommeland (Umland) der Stadt und verlor mit der Zeit ebenfalls seine friesische Identität.

Allein in der Provinz Friesland wird das Friesische noch gelebt: 300.000 Menschen (mehr als jeder zweite) in der Provinz sprechen Friesisch und weitere 100.000 verstehen es. Kinder haben es in der Grundschule als Unterrichtsfach und können es auch später als Fach wählen.

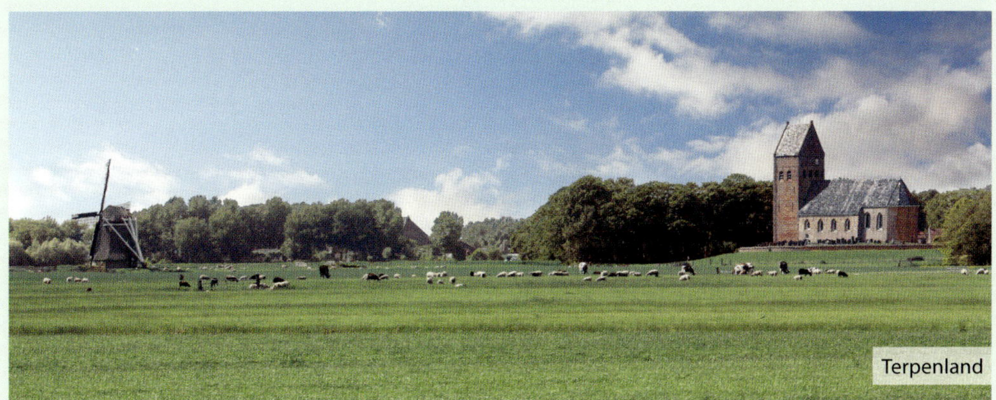

Terpenland

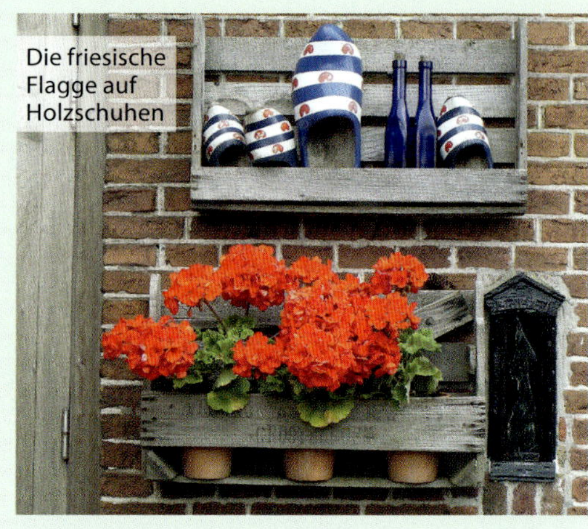
Die friesische Flagge auf Holzschuhen

Es gibt Sendungen in Rundfunk und Fernsehen auf Friesisch. Moderne Literatur wird auf Friesisch geschrieben. Ortsschilder sind vielfach zweisprachig. Kinder bekommen nach wie vor die alten friesischen Vornamen. Und vieles mehr.

Auch sonst ist so manches anders als in den übrigen Niederlanden, beispielsweise die typischen Vornamen. Sogar die Fahne fällt etwas aus dem Rahmen: diagonale blau-weiße Streifen mit stilisierten roten Blättern der Seerose, die wie Herzen aussehen. Die Sportart Fierljeppen muss erwähnt werden, bei der man mittels langer Stäbe über breite Gräben springt (oder unterwegs abstürzt). Offizielle Wettkämpfe werden auf eigens dafür angelegten Sportanlagen ausgetragen. Der Weltrekordsprung liegt bei 20,44 m. Unkundige Touristen können selbstverständlich Kurse belegen.

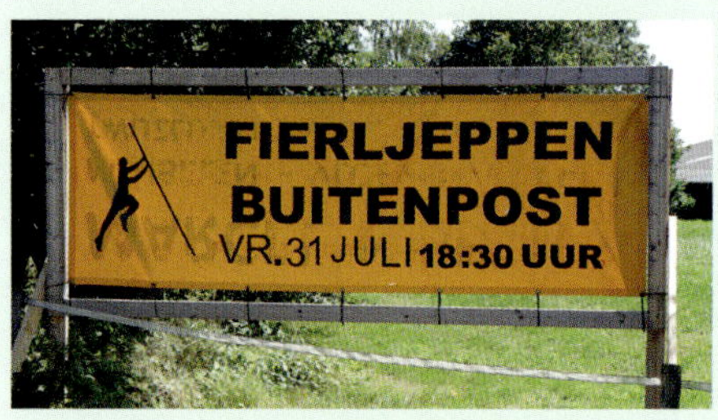

Segeltörns mit Skutjes sind nicht nur bei Touristen beliebt. Bei den Regatten dieser alten Plattboot-Frachtensegler säumen auch die Einheimischen zu Hunderten die Ufer und Omrop Fryslân, der friesische Rundfunk, überträgt.

All dies ist nichts gegen die „Elfstedentocht" (Elf-Städte-Tour, fries. Alvestêdetocht). Auch die Olympischen Spiele sind ein banales Ereignis verglichen mit diesem legendären Schlittschuhrennen, das einmal im Jahr, sofern das Eis der Wasserläufe trägt, über rund 200 km durch die elf klassischen friesischen Städte führt. Es ist ein grandioses Volksfest in allen Orten entlang der Strecke, mit Musik und Tanz die ganze Nacht hindurch. Das Fernsehen sendet live und der Sieger wird anschließend zum Nationalhelden erklärt.

An allen für den Fremdenverkehr bedeutsamen Plätzen stehen Tafeln, die die Einteilung der Provinz in vier „kultur-touristische Regionen" erläutern: Die weite Marschlandschaft im Norden, die nach den vielen künstlichen, mehr als zwei Jahrtausenden alten Wohnhügeln „Terpenland" genannt wird, die Südwestecke („Sudwesthoeke") mit ihrer Seenplatte, der von Mooren, Wäldern und Heide geprägte Osten („Wouden" oder fries. „Wâlden") und Stellingwerven im Südosten, welches sich nicht nur durch die frühere Zugehörigkeit zu Drenthe und einem eigenen, nicht-friesischen Dialekt vom Rest unterscheidet.

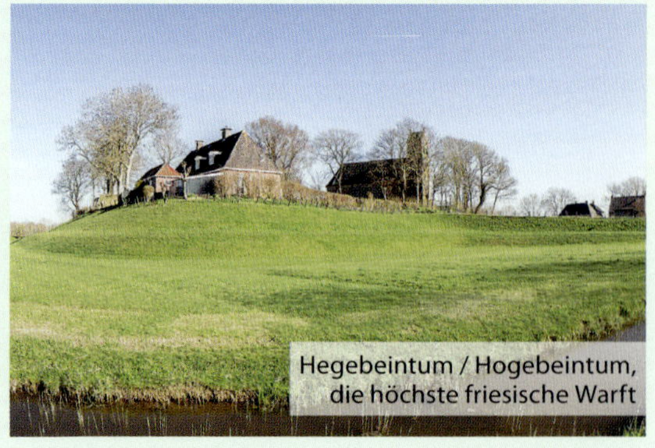
Hegebeintum / Hogebeintum, die höchste friesische Warft

Die Paddelreviere

Wie die Landschaften unterscheiden sich auch die Gewässer. Das gesamte **Terpenland** (2a) im Norden ist von relativ breiten Wasserläufen durchzogen, die schon vor langer Zeit als Transportwege dienten und an die fast jede noch so kleine Ortschaft angeschlossen ist. Nicht fehlen sollte eine Tour zur und durch die friesische Hauptstadt **Leeuwarden** (2b).

Der ***Südwesten*** weist eine Fülle verschiedener Seen wie **Sneekermeer** (2d) oder die **Seen bei Oudega** (2e) auf, einer schöner als der andere. Alle Seen sind durch breitere oder schmalere Wasserläufe miteinander verbunden.

In der ***Mitte*** sind die **Âlde Feanen** (2c), ein Moorgebiet mit mehreren Seen und verschlungenen Wasserläufen, und im ***Südosten*** die ansprechenden Flüsse **Linde** (2f) und **Scheene** (2g) zu empfehlen. Ansonsten finden sich dort vor allem alte Fehnkanäle, die bei motorisierten Bootsfahrern unter dem Namen **„Turfroute" (Torfroute)** beliebt, für Paddler aber eher langweilig sind. Alle Gewässer zusammen bilden ein dichtes Netz von über 1.000 km Länge.

Anders als in der östlichen Nachbarprovinz, wo alles von der Stadt Groningen dominiert wird, gibt es in Friesland etliche kleine Städte mit historischen Zentren, deren Bestand an schönen Wohn-, Geschäfts-, Lagergebäuden, Rathäusern, Kirchen und anderem vom früheren Reichtum zeugt. Fast immer kann man mitten hindurchpaddeln. Allein diese Orte und manch sehenswertes Dorf machen eine Kanutour in Friesland zum Genuss.

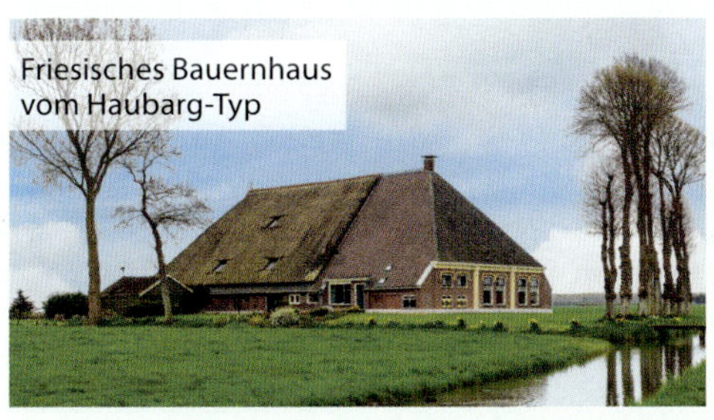
Friesisches Bauernhaus vom Haubarg-Typ

Eine Besonderheit dieser Provinz ist die ***große Zahl freier Anlegeplätze,*** die sich nicht selten an besonders schönen Ecken befinden. 285 von ihnen werden von dem gemeinnützigen ***Zweckverband „Marrekrite"*** (von Mare = Meer oder See und Krite = Gebiet) unterhalten. Auf vielen Marrekriteplätzen darf man zelten (von 17-10 Uhr, maximal drei Zelte). Schilder weisen darauf hin. Eine aktuelle Liste der Plätze, auf denen man zelten darf, und eine entsprechende Landkarte finden sich unter www.marrekrite.frl/vaarinfo/kamperen >„Lijst met ligplaatsen kamperen" bzw. >„Overzichtskaart kamperen". Durch den Kauf des Marrekrite-Wimpels (ab 15 €) unterstützen Sie die Instandhaltung der Plätze (www.marrekrite.frl).

Friesland ist bei Wassersportlern ausgesprochen beliebt. Daher ist die entsprechende ***Infrastruktur*** sehr gut entwickelt. Die Einkaufsmöglichkeiten in den vielen Häfen, eine Fülle von Restaurants und Cafés direkt am Wasser, Wasserversorgung, Campingplätze an den Gewässern, Schleusen usw. kann man auch als Kanute sehr gut nutzen. Kanuvermieter gibt es in jedem touristisch ansprechenden Ort.

Eine andere Besonderheit ist der Beschluss, den Gewässern ihre ***alten friesischen Bezeichnungen*** wieder zu geben. In den neueren offiziellen Karten ist dies geschehen. Mein Eindruck ist, dass im Alltag die niederländischen und friesischen friedlich koexistieren, wahrscheinlich schon deshalb, weil die niederländischen für die auswärtigen Besucher vertrauter sind. Das Sneekermeer kennt jeder – das Snitsermar sicher nicht. Ich versuche dem Rechnung zu tragen, indem ich die niederländischen Gewässernamen in Klammern hinter die friesischen setze, wenn sie sich deutlich unterscheiden.

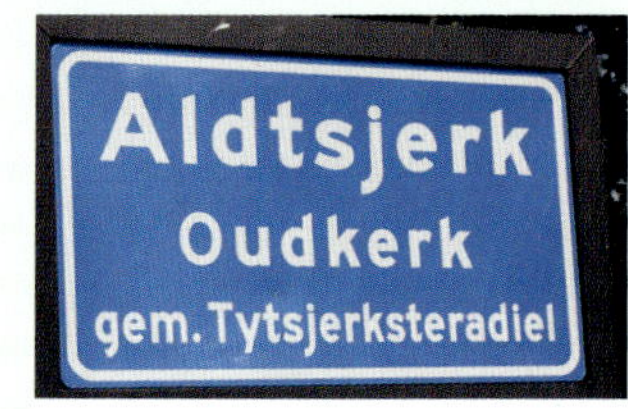

Zweisprachiges Ortsschild: oben friesisch, unten niederländisch

Es fällt mir in Friesland besonders schwer, aus der Fülle der Möglichkeiten einige wenige Touren auszuwählen. Daher werde ich die „Ergänzenden Infos" intensiv nutzen, um auf weitere Routen hinzuweisen.

Karten- und Buchempfehlungen als Informationsmaterial

Der Atlas ***„Vaargids Wateratlas Friesland | ANWB Media"*** reicht für die meisten Gebiete völlig aus. Einige besonders kleine Wasserwege und Verbindungen sind jedoch nicht verzeichnet. Diese finden sich eher in dem – leider nur antiquarisch erhältlichen – spiralgebundenen Buch von Rob Nuij: ***„Kano Natuur Routes Friesland"***. Die kurzen Erläuterungen sind zwar auf Niederländisch, aber die einfachen Kartenskizzen zeigen die wichtigsten Informationen zu 80 Routen, Campingplätzen, Umtragestellen usw. Ein bisschen Vorsicht ist dabei geboten, denn der Autor beschreibt begeistert auch Routen, die ich gar nicht ansprechend finde. Empfehlenswert ist das Buch von Manfred Frenzl ***„Friesland – Routen und Reviere zwischen Ems und Ijsselmeer"*** (Delius Klasing Verlag, 2007), auch wenn es sich eigentlich an Segler und Motorbootfahrer wendet.

Tour 2 a – Dokkum und Umgebung, 19, 12 und 13 km

Der alten Seestadt Dokkum ist ihre Vergangenheit als Festung noch gut anzusehen. Das Zentrum des Nordostens der Provinz rühmt sich zu recht seiner im Original wieder hergestellten Bollwerke, der zwei fotogen auf ehemaligen Bastionen postierten Windmühlen, der früheren Packhäuser und der gut erhaltenen Altstadt. Ein hübscher Ort, den man sich vor oder nach einer Kanutour unbedingt ansehen sollte. Dass er sich ausgerechnet den Beinamen Bonifatiusstadt zugelegt hat, muss jedoch etwas mit schwarzem Humor zu tun haben, ist der Prediger doch gerade hier 754 ermordet worden.

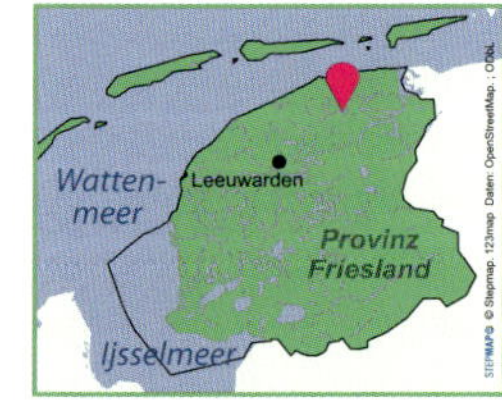

Man kann Dokkum theoretisch auf sieben Wasserläufen verlassen. Auch wenn die Strobosser Trekfeart (Strobosser(trek)vaart) bis zum Stadtrand auf etwa einem Kilometer durch fünf Dämme verbaut ist und die Wâldfeart (Woudvaart) durch eine niedrige Brücke mit einer stark befahrene Ringstraße darüber und ein Stück weiter durch einen zugewucherten Damm versperrt wird, ist die Fülle enorm, denn einige Gewässer teilen sich schon nach wenigen Kilometern in weitere Routen auf. Aus dieser Menge seien ein Abstecher in die Marschen nordwestlich der Stadt, eine Runde um Wânswert und eine Fahrt durch die Gegend östlich von Dokkum empfohlen.

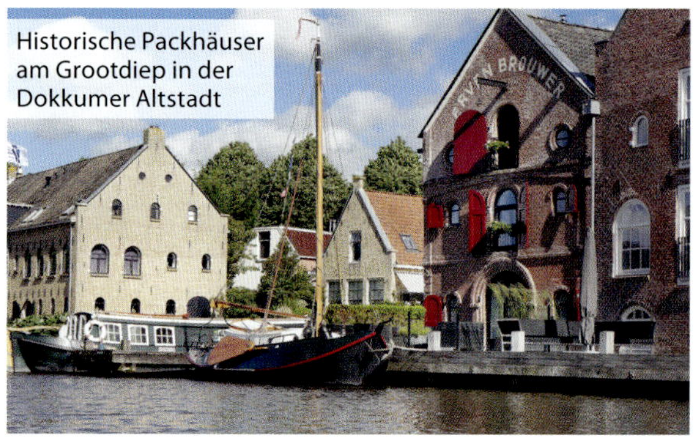
Historische Packhäuser am Grootdiep in der Dokkumer Altstadt

Von Dokkum ins Terpenland und zurück (blaue Route), **19 km**

Dokkum selbst ist ein kleines Kanurevier. Man kann vor der eigentlichen Tour eine Fahrt nördlich oder südlich um die Altstadt herum (jeweils ca. 1 km) und auf zwei Innenstadtgrachten machen und dann mitten hindurch auf ***Grutdjip (Grootdiep)*** und ***Kleindjip (Kleindiep)*** zum Startplatz zurückkehren.

Dabei könnte man ein ***Café*** im ***Grutdjip*** vom Kanu aus entern, in der Sonne sitzen und das Treiben auf und am Wasser betrachten. Ohne eisernen Willen kommt man gar nicht wieder los.

Mit oder ohne Einstimmungs-Fahrt verlässt man die Stadt auf dem nördlichen Festungsgraben (auf ***Hardridersgracht, Noardergracht)***. An der Mündung der ***Ealsumer Feart (Aalsumervaart)*** muss die alte ***Schleuse Noorderverlaat umtragen*** werden. Ein paar Meter weiter nördlich biegt man links ab in den ***Ferbiningskanaal (Verbindingskanaal)***. Der trifft an einer T-Kreuzung auf den ***Âlde Paezens (Oude Paesens)***. Dem angenehmen Wasserweg folgt man nordwärts, biegt nach 1 km vor einem schönen Bauernhaus links ab und erreicht nach einem weiteren Kilometer die ***Foudgumer Feart (Foudgumervaart)***.

Die ***Vaart*** schlängelt sich südwärts durch Wiesen auf die ***Dokkumer Ie (Ee)*** zu. Kurz vor der Mündung muss eine kleine Straße in Kombination mit einem ***Schöpfwerk umtragen*** werden. Nach ca. 700 m biegt man von dem breiten Hauptwasserlauf der Gegend nach rechts in die

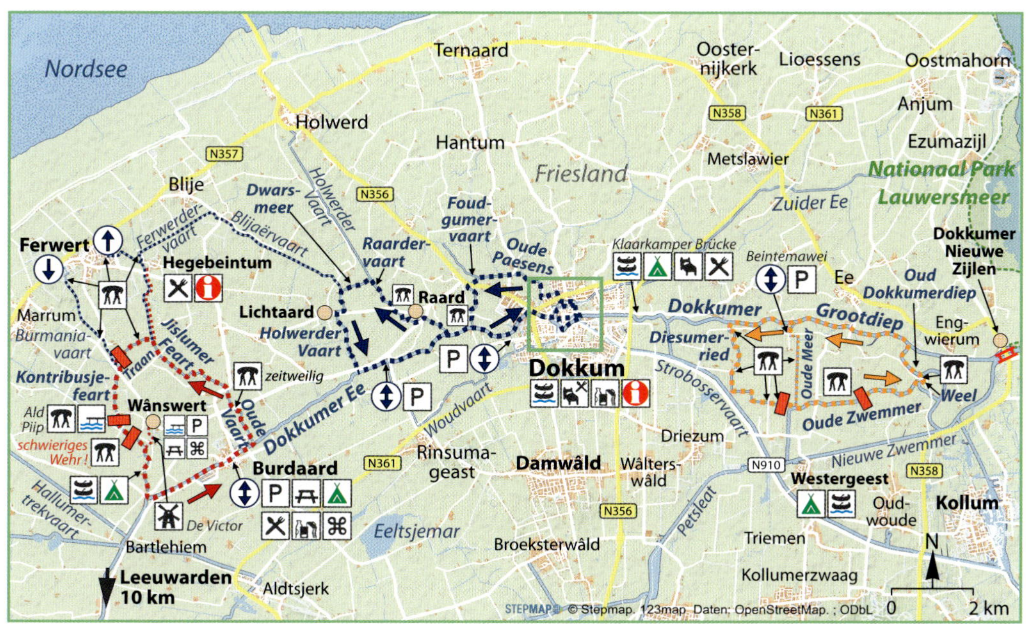

schmale ***Raarder Feart (Raadervaart)*** ab. Diese führt in vielen Kurven um das namensgebende Warftdorf **Raard** herum. Es könnte hier wunderschön sein, würde nicht eine üble Verkrautung stellenweise das Paddeln erschweren. Nordwestlich von Raard muss ein ***Straßendamm umtragen*** werden.

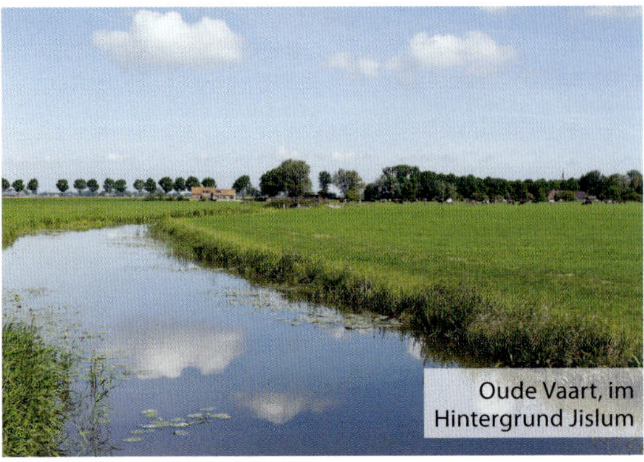
Oude Vaart, im Hintergrund Jislum

1 km dahinter biegt man links in den Wasserlauf ***Dwarsmear (Dwarsmeer)*** ab, der nach einem weiteren Kilometer auf die ***Holwerter Feart (Holwerdervaart)*** trifft. Diese führt in südliche Richtung (links) durch das Dorf **Lichtaard** und zur ***Dokkumer Ie (Ee)***. Unterwegs treffe ich bei einer Pause einen alten Mann. Wir kommen ins Gespräch. Er erzählt mir, wie es hier früher aussah. Dann blickt er eine Weile über das weite Land, um schließlich genießerisch zu seufzen: „Schön ist es hier!" Ich pflichte ihm von ganzem Herzen zu.

Auf der breiten ***Ee*** kehrt man nach **Dokkum** zurück (5 km). Die alte Verbindung nach Leeuwarden teilt man sich in der Saison mit Motor- und Segelyachten. An einem Dienstag Mitte Juni ist jedoch kaum etwas los.

In **Dokkum** entdecke ich gleich bei der Einfahrt in das ***Kleindjip*** zwischen den beiden Brücken links einen winzigen Abzweig in eine schmale innerstädtische ***Gracht***, die entlang des Westersingel verläuft. Über eine ***Mini-Bootsrutsche*** ziehe ich mich ohne Probleme über die kleine Stufe, die bislang die Einfahrt versperrt hatte. Es geht am innersten Kern der Stadt entlang. Am anderen Ende der Gracht helfen Stege an beiden Seiten, in die ***Hardridersgracht umzutragen***. Wo ich schon dabei bin, fahre ich auch noch einmal auf der anderen innerstädtischen Gracht, dem kurzen ***Wortelhaven***. Der endet zwischen den beiden wunderbaren ***Mühlen De Hoop (die Hoffnung)*** und ***Zeldenrust (Selten Ruhe)*** auf der ***Baantje Gracht***, d.h. auf dem Festungsgraben, der die Altstadt sternförmig umgibt.

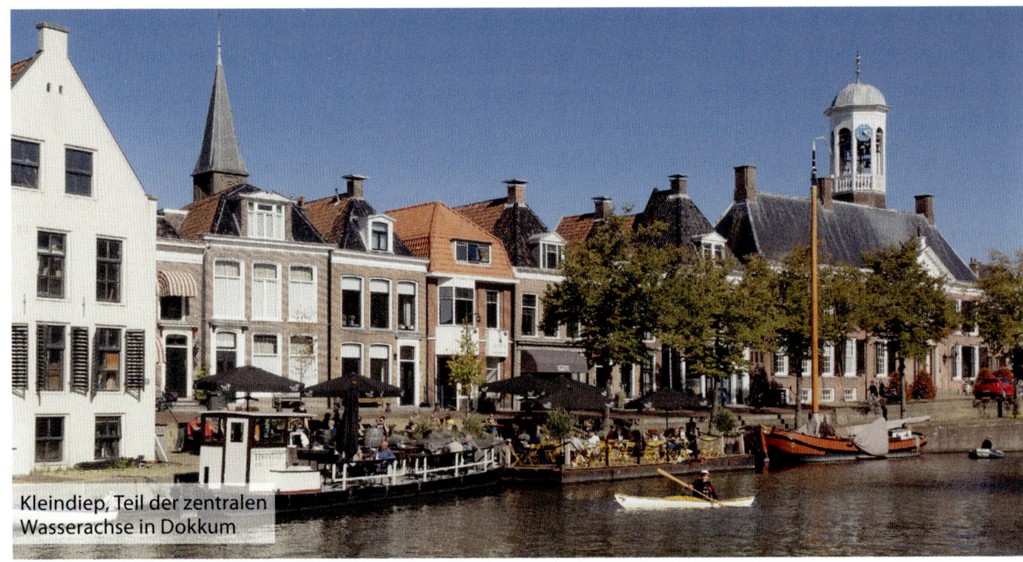
Kleindiep, Teil der zentralen Wasserachse in Dokkum

Wânswert-Runde (rote Route), **12 km**

Diese Route führt mitten durch das Gebiet, in dem fast alle Dörfer, zumindest in ihren Kernen, noch auf jahrhundertealten, künstlich aufgeworfenen Wohnhügeln, den Terpen, stehen – daher stammt der Name Terpenland. Erste Wahl als ***Einsetzstelle*** ist „eigentlich" der ***Hafen Mounehiem*** des hübschen Dorfes **Burdaard (Birdaard)**, gleich neben der *Mühle De Zwaluw (die Schwalbe)*. Auf das „eigentlich" komme ich unten zu sprechen (siehe Abschnitt „Achtung").

Auf der ***Dokkumer Ie (Ee)*** paddelt man kurz ostwärts, um nach etwa 300 Metern links in die ***Aldfeart (Oude Vaart)*** abzubiegen. Dieser Wasserlauf schlängelt sich hübsch durch das weite Wiesenland. Ein Stück hinter der *Mühle De Volharding (die Ausdauer)* geht der Wasserlauf links in die ***Jislumer Feart*** über.

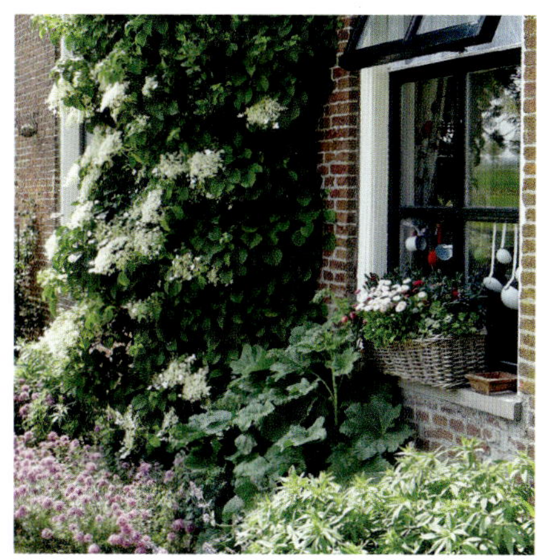

Abstecher Auf der ***Jislumer Feart***, in der Verlängerung ***Ferwerter Feart*** genannt, könnte man nach **Hegebeintum (Hogebeintum)** paddeln, dem Dorf mit der höchsten Warft (Terp) der Niederlande. Dort gibt es ein Info-Zentrum zur Geschichte dieser Siedlungsform und eine romanische Kirche aus dem 12. Jh. zu besichtigen (Café, www.hegebeintum.info).

Wir biegen jedoch knapp 400 Meter hinter der Straßenbrücke westwärts in die breite ***Traan*** (Träne) ab. Man fährt an weiterhin niedrigen Ufern entlang auf ein sehr einsames Bauernhaus zu. Gleich dahinter muss man einen ***Damm umtragen***. Die schwimmenden Stege auf beiden Seiten sind ziemlich wackelig. Das Wehr nutzen wir zu einer Pause mit tollem Blick auf die Friesenwelt. Die ***Traan*** mündet kurz hinter dem folgenden Wehr in die ***Kontribúsjefeart***. Hier links halten. Auch das folgende ***Wehr*** beim ***Schöpfwerk Âld Piip*** kann man schon ausmachen. Es ist keine 500 m entfernt. Bei der dortigen ***Portage*** hat man einen hübschen Blick auf das klassische Terpdorf **Wânswert** *(= Wodan´s Wierde, Wotans Warft)* und die malerische *Mühle Victor*. Man kann einen kleinen Abstecher (1 km) direkt zum *Dorfhafen* machen und kommt dabei am schönen Victor vorbei.

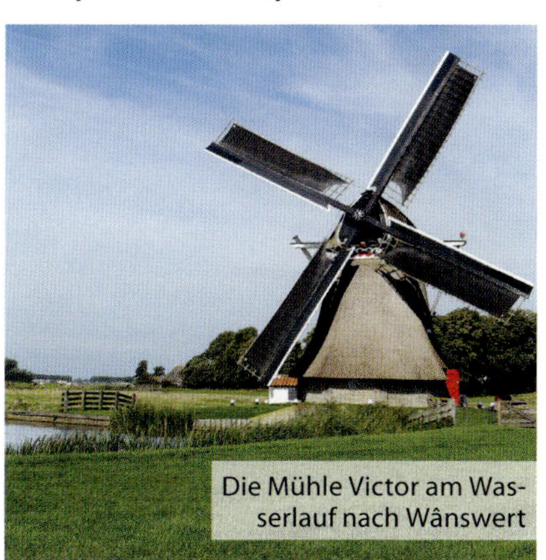

Die Mühle Victor am Wasserlauf nach Wânswert

Achtung: Seit dem Neubau vor wenigen Jahren ist das ***Schöpfwerk Âld Piip*** nur noch ***schwer zu umtragen***. Man kann gut anlanden, kommt aber nur schwer auf der anderen Seite wieder ins Wasser. Die Portage führt über die Zufahrt zum Schöpfwerksgelände und die angrenzende Wiese, auf der dann hoffentlich nicht gerade gereizte Bullen grasen. Wer sich das ersparen will, kann die Runde im *Wânswerter Dorfhafen* beginnen und beim Schöpfwerk beenden. Um das Auto nachzuholen, läuft man ca. 1 km über eine kleine Straße bis zum Dorfhafen.

Von dem Abzweig nach Wânswert ist es nicht mehr weit zur ***Dokkumer Ie (Ee)***. Unmittelbar vor der T-Kreuzung paddelt man zunächst an ein paar wunderbaren Bauernhäusern vorbei und dann, links abbiegend, bald auch schon auf **Burdaard** zu. Ehe man den Hafen erreicht, passiert man die hübschen Häuser im Ortskern. Zum Abschluss könnte man in dem *Gasthaus „It Posthûs"* an der Brücke, mit Terrasse quasi auf dem Wasser, einkehren.

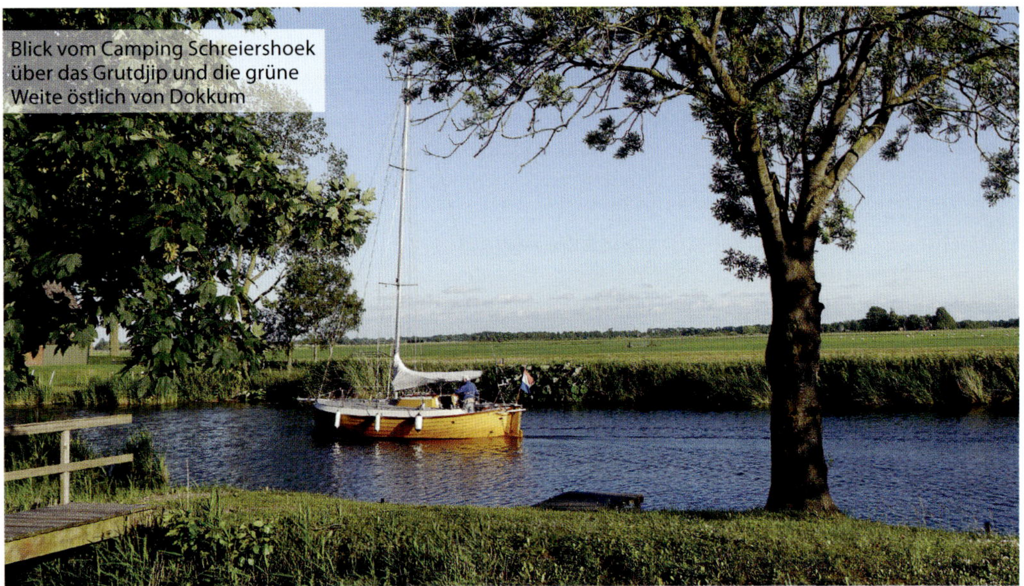
Blick vom Camping Schreiershoek über das Grutdjip und die grüne Weite östlich von Dokkum

Östlich von Dokkum (orange Route), 13 km

Im Wiesengebiet zwischen Dokkum und Dokkumer Nieuwe Zijlen spannt sich ein kleines Netz von Gewässern auf, von denen mehrere zusammen eine nette Kanurunde ermöglichen. Wegen der nicht so attraktiven Kilometer am östlichen Dokkumer Stadtrand, sollte man an der Brücke der Straße „Beintemawei" über das ***Aldmear (Oude Meer)*** gegenüber der Zufahrt zum *Hof Beintemahûs (53.321677, 6.079237)* starten.

Auf diesem Wasserlauf geht es ein paar Meter bis zum ***Dokkumer Grutdjip (Dokkumer Grootdiep)***, wo man links auf der breiten Wasserstraße der Freizeitschifffahrt in Richtung Dokkum folgt, und schon nach knapp 2 km abermals links in das ***Driezumer Ryd (Driesumerried)*** einbiegt. Vor einem Haus mit vielen Bäumen biegt man links ab. Eine Verbindung zur nahen Strobosser Trekfeart (Strobosservaart) besteht nicht. Es geht auf dem ***Aldswemmer (Oude Zwemmer)*** weiter, der zunächst ebenfalls schmal ist und wie das Driesumerried wegen der niedrigen Ufer einen freien Blick auf die Wiesen ermöglicht. Bis hier hat man ***drei Straßendämme*** und ***ein kleines Wehr zu umtragen***. Das nächste ***Wehr*** folgt sofort, steht aber in der Regel offen. Nach der Kreuzung mit dem ***Aldmear (Oude Meer)***, links liegt die hübsche *Mühle Beintema Poldermolen,* wird der ***Aldswemmer*** zunehmend breiter.

Auf halber Strecke bis zum Ende muss ein größeres ***Kippwehr*** überwunden werden. Auf beiden Seiten der Wehrmauer gibt es Stege. Da die Mauer ziemlich hoch ist, geht das Umtragen trotzdem nicht ganz ohne Mühe. Der ***Aldswemmer*** endet an einem ***Damm***. Kurz vorher rechts abbiegen und gleich wieder links auf den ***Weel (Mâllersgraefsgat)***, einen kleinen See, der auf einen Deichbruch zurückgeht. Da ging das Aussetzen in den letzten Jahren etwas besser als am Damm. Das mag sich aber abhängig vom Schilfbewuchs ändern. Auf der anderen Straßenseite wieder einsetzen. Beides ist nicht ganz einfach.

Nach wenigen Metern erreicht man die ***Alde Lunen*** bzw. das ***Alddjip (Oud Dokkumerdiep).*** Darauf geht es links zum ***Dokkumer Grutdjip.*** Auf der Strecke zur Einsetzstelle zurück unterquert man auf der Höhe des Dorfes **Ee** eine Straßenbrücke mit einem kleinen *Hafen*. Man könnte auch an mehreren ansprechende Rastplätze anlanden. An einem treffe ich auf badende Kinder, die ihren Spaß daran haben, mich nass zu spritzen.

Ergänzende Informationen zu Dokkum und Umgebung

Fahrtenmöglichkeiten

Es gibt bei allen drei Routen eine Vielzahl von Erweiterungsmöglichkeiten.

Für die erste ***Route (blau)*** sei die Möglichkeit erwähnt, vom Ende des ***Dwarsmear*** auf der ***Blijer Feart (Blijaervaart)*** bis kurz vor **Blije (Blija)** und dann westwärts auf der ***Ferwerter Feart*** bis **Hegebeintum** zu paddeln. Vor allem der letztgenannte Wasserlauf ist leider nicht schön, verbindet aber die beiden Routen westlich von Dokkum miteinander.

Man könnte auch der ***Ferwerter Feart*** bis zum Ende in **Ferwert** folgen, dort das Boot per Bootswagen über einen schönen Spazierweg, einen ehemaligen Bahndamm, etwas mehr als 1 km nach Westen transportieren und neben einem Parkhügel in die ***Burmaniafeart (Burmaniavaart)*** wieder einsetzen. Diese mündet zusammen mit der erwähnten Traan in die ***Kontribúsjefeart (Contributievaart)***.

Die ***Runde (orange)*** östlich von Dokkum kann man um rund 3 km verkürzen, wenn man statt des Driezumer Ryds das ***Aldmear*** als westliche Nord-Süd-Verbindung nutzt.

Oder man macht nur eine 8 km-Runde über **Aldmear**, den westlichen Abschnitt des ***Aldswemmer***, das ***Driezumer Ryd*** und das ***Dokkumer Grutdijp***.

Einsetzstellen

Dokkum: Parkplatz De Helling (*53.325409, 5.994068)*, zu erreichen über Straße Hellingpad oder Parkplatz am Lyceumweg *(53.322984, 6.000093)*, aber beide sind morgens schnell voll.

Zweite Wahl, wegen höherer Uferkante: Parkplatz De Harddraver beim Camping (Harddraversdijk, *53.326244, 6.005340)*. Einsetzen jenseits der Halvemaanspoortbrug.

Am westlichen Stadtrand gibt es einen einsamen ***Parkplatz*** mit ***Bootsrampe,*** Birdaaderstraatweg (*53.320330, 5.978539*).

Alle Parkplätze sind kostenfrei.

Wenn man nicht in Dokkum einsetzen möchte, ist die ***Klaarkamper Brücke*** über die ***Ie (Ee)*** bzw. des dort einmündenden Nebenarm zu empfehlen für die Gewässer westlich der Stadt. ***Parken*** neben dem Nebenarm (Trekweg / Trekwei, *53.315075, 5.935074*).

Der ***Parkplatz*** am ***Yachthafen*** von **Burdaard** *(53.297223, 5.881718)* liegt gleich neben der ***Brücke*** der ***Umgehungsstraße Hikkaarderdyk***. Dort gibt es auch einen ***Campingplatz***. Einsetzen an der Bootsrampe (rutschig), dem schwimmenden Steg (hoch) oder der Uferkante an der Ee (auf der anderen Seite der Brücke, über den Radweg zu erreichen).

Für die Wânswert-Runde ist der ***Dorfhafen*** **Wânswert** mit ***Parkplatz*** und kleinem ***Parkgelände*** zu empfehlen *(53.301604, 5.849186)*.

Die Einsetzstelle für die orange Route an der ***Brücke des Beintemawei*** über das ***Aldmear (Oude Meer)*** ist am einfachsten von der N 910 entlang der Strobosser Trekfeart anzufahren. ***Parken*** am Wegesrand.

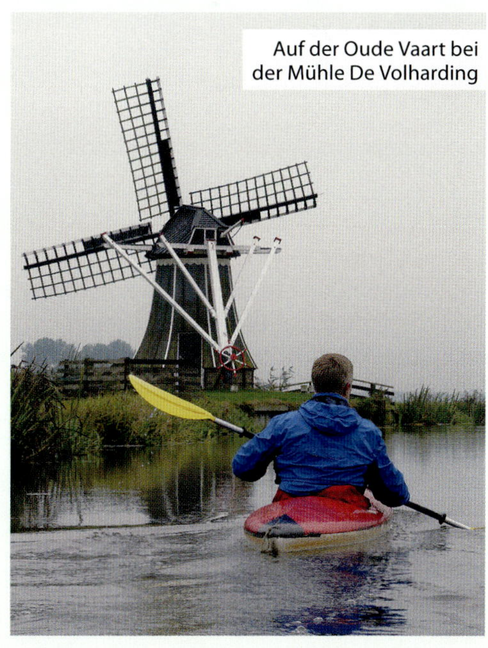
Auf der Oude Vaart bei der Mühle De Volharding

Fahrbarkeit, Umtragen, Schwierigkeiten
Alle Wasserläufe sind problemlos auch für Anfänger und größere Kanus zu befahren. Nur starker Wind kann in der baumarmen Weite die Fahrt erschweren.

Auf Ie & Dokkumer Grutdjip muss mit langsam fahrenden Yachten gerechnet werden.

Alle Umtragestellen westlich von Dokkum sind unproblematisch – bis auf die Umtragung beim Schöpfwerk Âld Piip.

Die Umtragestellen östlich von Dokkum nicht immer. Mühselig ist das Umtragen vor allem an der offiziell empfohlenen Stelle südöstl. des erwähnten Weels in die Alde Lunen. Deshalb besser meiner Empfehlung folgen.

Bestimmungen keine besonderen.

Karten Der Wasseratlas *„ANWB Wateratlas Friesland"*, 1:50.000 ist ausreichend.

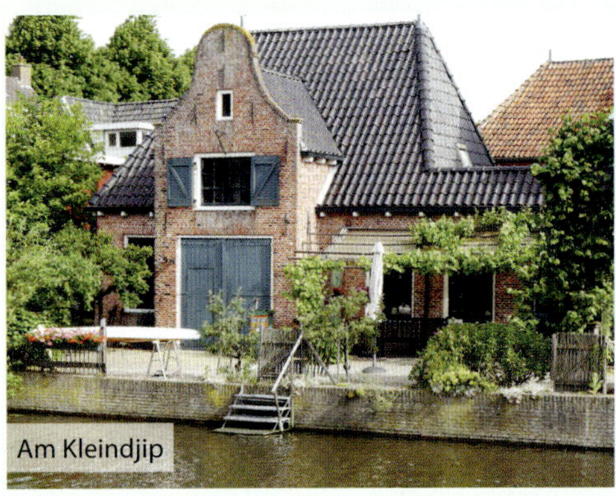
Am Kleindjip

Campingplatz (meist auch mit Hütten), Kanuvermietung
Camping & Haven recreatie Dokkum, sehr günstig gelegen am Altstadtrand in **Dokkum** (direkt am Wasser mit eigenem Kanusteg, www.campingdokkum.nl).

Schreiershoek Recreatie mit *Kanuvermietung* in **Dokkum** am östlichen Stadtrand am Dokkumer Grutdjip (www.schreiershoek.nl).

Camping Mounehiem im Hafen **Burdaard** an der Dokkumer Ee (Tel. +31 (0)519 33 23 42, www.campinghavenburdaard.nl).

Minicamping Vergezicht mit *Kanuvermietung* zwischen **Wânswert** und **Tergrêft** (www.minicampingvergezicht.nl).

Camping Oane Swemmer mit *Kanuvermietung* am Nije Swemmer in **Westergeest** (www.campingoaneswemmer.nl).

Campingplätze mit und ohne *Kanuvermietung* in **Kollum** und in der Umgebung.

Kanu- & SUP-Vermietung
Wetterwille, **Burdaard** (www.wetterwille.frl).

Tipp: Es gibt einen sehr schönen ***Radweg*** immer am Grutdiep entlang bis Dokkumer Nieuwe Zijlen.

Weitere Routen
Siehe Lauwersland und Leeuwarden.

Tour 2 b – Leeuwarden & Umgebung, 19 km

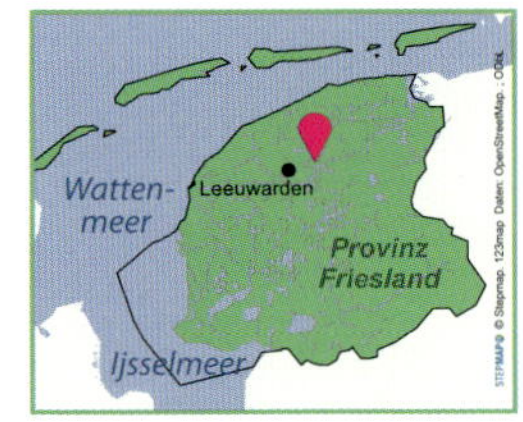

Der See ***Grutte Wielen (Groote Wielen)*** ist ein schöner *Startplatz* für Kanutouren durch **Leeuwarden** (fries. **Ljouwert**) und in der Umgebung der Provinzhauptstadt. Man kann bei der *Surfstelle* kostenlos parken *(53.218601, 5.870091)*, auf der *Liegewiese* sich sonnen oder im *Restaurant* stilvoll speisen. Nur mit dem Schwimmen ist es schwierig, weil der See sehr flach und der Untergrund moorig ist.

Für die Tour in das historische Zentrum der friesischen Hauptstadt und zurück fährt man zunächst westwärts auf dem ***Wielhals*** zum ***Alddeel (Ouddeel)***. Auf diesem Kanal fährt man hinter der N 355-Brücke am Stadtteil **Camminghaburen** entlang. Wenn einem hier Motorboote begegnen, werden die Wellen von den steilen Ufern zurückgeworfen und man kommt kräftig ins Schaukeln. Direkt vor einer Eisenbahnbrücke biegt man rechts in den Kanal ***De Kurkmeer*** (nachfolgend ***Het Vliet)*** ab und folgt bei einer Hochspannungsleitung dem kleinen Abzweig ***Schilkampsterrak*** nach Süden. Das kurze und relativ neue Gewässer ist die Verbindung zur ***Tyn-***

je (Tijnje). Auf diesem breiten Kanal geht es weiter in südliche Richtung an mehreren Bootsschuppen vorbei. Bei den letzten davon geht rechts der eher unscheinbare Wasserlauf ***Potmarge*** ab. Auf diesem Rest eines alten Flusses paddelt man nun in Richtung Zentrum. Die ***Potmarge*** endet auf der Zuider Stadsgracht. Die Stadsgracht umgibt die sehenswerte Altstadt vollständig. Sie war einst Teil der Festungsanlagen. An der Kreuzung nicht abbiegen, sondern geradeaus in die schmale Gracht ***Weaze*** hineinfahren. Darauf kann man einmal in Süd-Nord-Richtung durch das Zentrum paddeln.

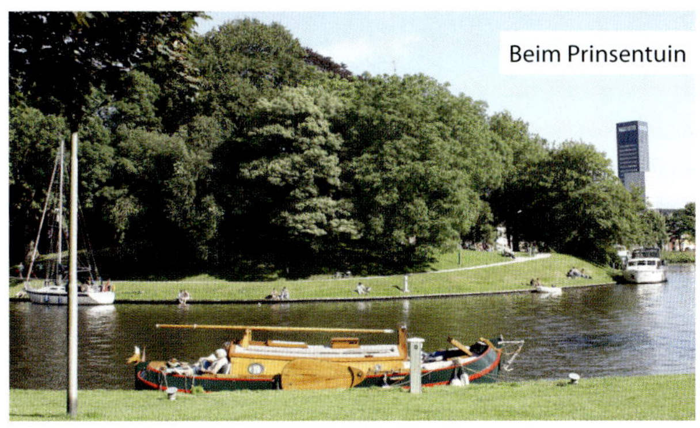
Beim Prinsentuin

Nach kurzer Fahrt zweigt links die Gracht ***Nauw*** ab, in die man von dieser Seite nicht einfahren darf. *An dieser Stelle hat man es mit Kellervorflächen (Kelders) zu tun, auf denen früher die Waren ausgeladen und in den Kellern unter der Straße gelagert wurden. Der Schwerpunkt lag offenbar bei Bier, weswegen die Ecke auch Bierkade genannt wird.* Drei Brücken weiter sticht rechts die hübsche Jugendstilfassade einer ***Apotheke*** ins Auge. Gleich um die Ecke steht die ***St. Bonifatiuskerk***, die sich durch den mit 85,25 m höchsten Kirchturm Frieslands auszeichnet. Die Gracht, die hier ***Voorstreek*** heißt, endet auf der ***Hoekstergracht*** bzw. ***Noorder Stadsgracht***. Hier links halten. Hinter der Kreuzung mit der Dokkumer Ie (Ee) beginnt ein hübscher Parkstreifen: der

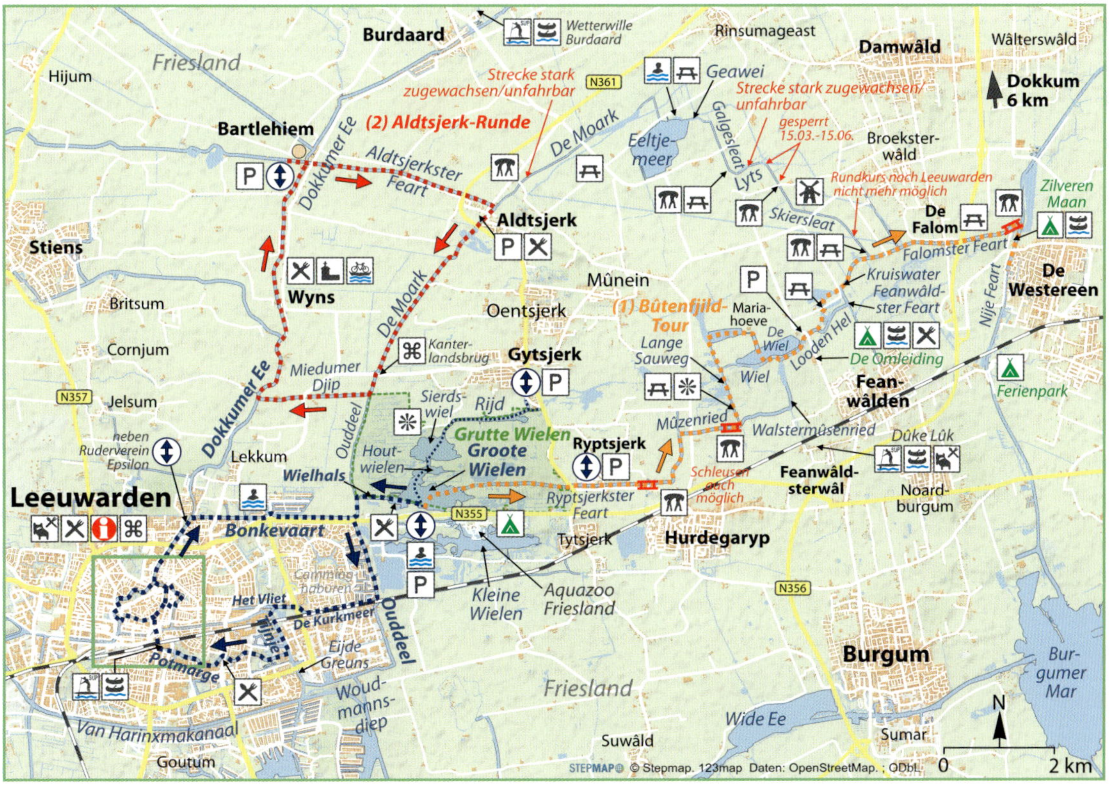

Tour 2 b – Leeuwarden & Umgebung, 19 km

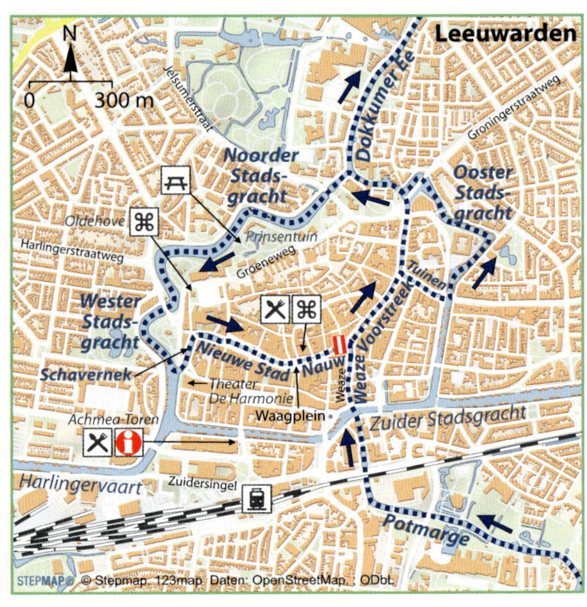

Prinsentuin (Prinzengarten), 1648 angelegt und somit der älteste Stadtpark der Niederlande. Das niedrige Ufer dient als ***Passantenhafen***, wo man gut ***rasten*** und das sommerliche Treiben auf den zahlreichen Yachten betrachten kann.

Von dort hat man einen guten Blick auf den ***Oldehove***, den „schiefen Turm von Pisa der Niederlande". *Aufgrund des unzureichenden Fundaments neigte er sich wenige Jahre nach Baubeginn. Man baute zwar zunächst auf dem schiefen Stumpf senkrecht weiter. 1533 wurden die Bauarbeiten des mittlerweile 40 m hohen Turms dann aber doch eingestellt. Heute ist der Oldehove das Wahrzeichen der Stadt und Touristenattraktion. Benannt ist er nach einer von drei Warften, aus denen Leeuwarden entstanden ist.* Im Hintergrund ist der 115,6 Meter hohe ***Achmea-Toren*** (Turm) zu sehen, in dem sich das Fremdenverkehrsbüro befindet.

Am Ende des Parks blickt man auf ***„De Harmonie"***, eines der größten Theater der Niederlande. Mit seiner schräg nach unten geneigten verspiegelten Fassade bietet es eine gute Gelegenheit zum Foto-Selbstportrait im Kanu. Unmittelbar davor geht es nach links in die Gracht ***Schavernek***, die ins Herz des Zentrums führt.

Ihre Verlängerung, die ***Nieuwestad***, führt am zentralen ***Waagplein*** (Waagenplatz) vorbei. *Der Platz besticht vor allem mit dem wunderschönen Gebäude der namensgebenden Waage. 1598 erbaut, wurden hier über die Jahrhunderte die Waren, vornehmlich Butter und Käse, gewogen.* Es gibt mehrere ***Straßencafés*** an der Gracht und auf den Brücken. Ein Café hat sein „Terrassje" auf einem niedrigen Ponton, so dass man dort direkt anlegen kann. Mehrere Plattformen ermöglichen das Aussteigen. Die Kaimauern wären ansonsten zu hoch dafür. Hinter dem Platz verengt sich die Gracht und trägt damit auch ihrem Namen Rechnung – ***Nauw*** (= eng). *Das 50 Meter lange Stück war im Mittelalter eine Schleuse, bei der die Ee und der Vliet gemeinsam in die langgezogene Meeresbucht Middelzee mündeten.*

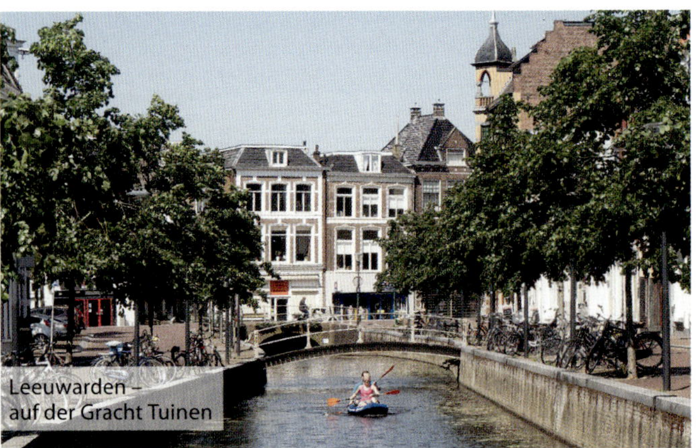
Leeuwarden – auf der Gracht Tuinen

Die ***Nauw*** endet auf der Gracht ***Voorstreek***, der man bereits zuvor einmal von Süd nach Nord gefolgt ist. Man paddelt darauf ein kleines Stück nordwärts. Bei der nächsten Gelegenheit biegt man nach rechts in die ***Tuinen*** ab. Unter einer tunnelartigen Brücke fährt man wieder aus der Altstadt hinaus auf die ***Ooster Stadsgracht***.

Auf ihr geht es nordwärts zur ***Dokkumer Ie (Ee)*** und dort etwa 1.200 m weiter zum nördlichen Stadtrand. Einige hundert Meter vor dem Abzweig der ***Bonkefeart*** passiert man die öffentlich zugänglichen Anleger des ***Rudervereins Epsilon***, bei dem man für eine Altstadtrunde gut einsetzen kann (s. „Ergänzende Infos"). Auf der ***Bonkefeart*** kommt man erst an einer ***Badestelle*** und dann an einem ***architektonisch interessanten Neubaugebiet*** vorbei. Der Kanal endet auf dem ***Alddeel (Ouddeel)***. Hier links und nach 500 m rechts zum ***Grutte Wielen*** zurück.

Ergänzende Infos zu Leeuwarden und Umgebung

Fahrtenmöglichkeiten

Wer Lust auf einen kleinen Nachschlag hat, der sollte von ***Grutte Wielen (Groote Wielen)*** nach Norden paddeln. Dort gibt es eine Verbindung zu den kleinen Nachbarseen ***Houtwielen*** und ***Sierdswiel***. Am Betriebsgelände der *It Fryske Gea (Friesische Naturschutzgesellschaft)* kann man von einem Holzunterstand einen Blick auf die Umgebung werfen. Das lohnt sich vor allem im Frühjahr, wenn die Wildblumen die Wiesen in einen Rausch von Farben verwandeln. Dahinter verengt sich das Gewässer, um sich kurz darauf wieder zu verbreitern. Dieser Abschnitt, ***De Ryd (De Rijd)*** genannt, endet an einer ehemaligen Molkerei in **Gytsjerk (Giekerk)**. Hier umdrehen und zurückfahren. **Insgesamt 6 km**.

Einsetzstellen

Wenn an der *Einsetzstelle* ***Groote Wielen*** großer Badebetrieb herrscht, bietet sich eine *Bootsrampe wenige 100 Meter weiter* östlich mit Parken am Wegesrand oder ein kostenloser *Parkplatz mit Bootsrampe* und niedriger Uferkante am oben beschrieben Nachschlag in **Gytsjerk** an. Ein kurzer nördlicher Abstecher von dem Gewässer ***De Ryd*** endet dort (Rinia van Nautaweg 6, *53.236615, 5.896861*). Dann sollte man sich im nur 50 m entfernten *Schokoladengeschäft „V.O.F Le Bonbon"* die Kuchen, Pralinen oder das leckere Eis nicht entgehen lassen.

Für eine (fast) reine Altstadtrunde empfiehlt sich die Einsetzstelle beim oben im Tourtext erwähnten *Ruderverein Epsilon* (Dokkumertrekweg, *53.216100, 5.805560*).

Camping

Als Stützpunkt für die beschriebene Tour ist der *Campingplatz Kleine Wielen* (www.campingdekleinewielen.nl) sehr zu empfehlen. Dort kann man auch Hütten mit Küchenecke mieten und nebenan lockt der *Aquazoo Friesland*, ein Zoo mit Schwerpunkt auf Meeressäugetieren und Vögeln.

Der sehr hübsche, langgezogene See ***Kleine Wielen*** (fries. ***Lytse Wielen***) befindet sich – von der N355 getrennt – in der Nähe der Grutte Wielen. Nach der Sperrung eines Teilsees ist das Umtragen vom westlichen Ende der ***Kleine Wielen*** in einen See, der mit dem ***Alddeel (Ouddeel)*** in offener Verbindung steht, auf der anderen Seite eines breiten Wegedamms nicht mehr ohne Aufwand zu bewerkstelligen. Dafür kommt man an einem Hügel vorbei, der wie ein Frosch aussieht, und an einer schönen *Badestelle*.

Umtragen, Schwierigkeit

Bei der Tour von Grutte Wielen durch Leeuwarden kein Umtragen.

Keine Schwierigkeiten außer Wellen im Alddeel. Man muss allerdings überall mit Motorbootverkehr rechnen. Keine Bestimmungen.

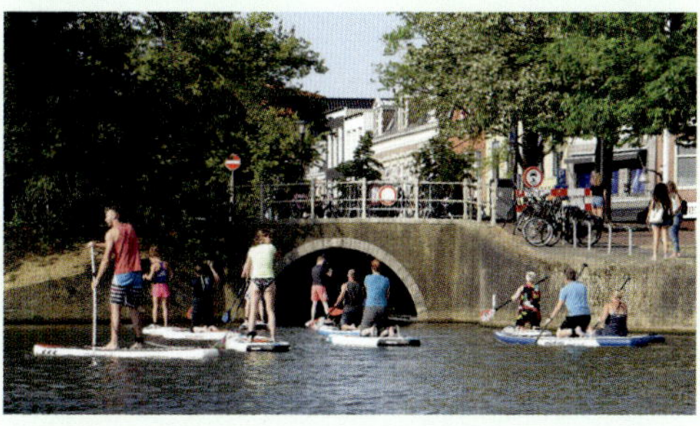

Kanuvermietung

Hotel-Eetcafé Dûke Lûk (Kanus & SUP's) im kleinen Örtchen **Feanwâldsterwâl** bei **Feanwâlden** (www.dukeluk.nl)

Bauernhof De Omleiding bei **Feanwâlden** (auch Camping, Restaurant meist am Wochenende, www.boerderijdeomleiding.nl)

Minicamping „De Zilveren Maan" in **De Westereen** (www.zilverenmaan.nl)

SUP Skool Leeuwarden in **Leeuwarden** (Kanus & SUP's, www.supskoolleeuwarden.nl)

Kanus & SUP's bei *Wetterwille in* **Burdaard** (www.wetterwille.frl)

Drei Tipps

a) Ein **Stadtbummel in Leeuwarden** sei unbedingt angeraten, um die Sehenswürdigkeiten und Schönheiten der Altstadt zu entdecken. Beim Fremdenverkehrsbüro gibt es eine Broschüre zum empfohlenen Spazierweg mit Erklärungen zu den Sehenswürdigkeiten auch auf Deutsch.

b) In der Zuider Stadsgracht liegt ein sehr empfehlenswertes **Pfannkuchenschiff**.

c) Vor allem nördlich der Stadt im **Terpenland** kann man sehr schöne **Radtouren** machen. Ein Weg führt fast durchgängig direkt an der Ie (Ee) entlang nach Dokkum.

Weitere Routen bei Leeuwarden

(1) Bûtenfjild-Tour von den Grutte Wielen nach De Westereen (orange Route)**, 15 km**

Der Startplatz an den Grutte Wielen lässt sich auch gut für eine bis zu 15 km lange, sehr empfehlenswerte Fahrt östlich des Sees durch eine wunderschöne Wiesenlandschaft mit mehreren Naturschutzgebieten nutzen, die leider nicht als Rundkurs zu paddeln ist. Zwei Autos oder ein am Zielort postiertes Fahrrad sind also nötig. Oder man fährt auf einem Teilstück hin und zurück. Dabei wechselt man mehrfach die Wasserläufe.

Es geht zunächst ostwärts auf den ***Grutte Wielen*** und der ***Ryptsjerkster Feart (Rijperkerkstervaart)*** nach **Ryptsjerk (Rijperkerk)** mit seiner hübschen Dorfgracht und weiter zu einer ehemaligen Schleuse. Unlängst wurde neben die alte, eine moderne neue ***SB-Schleuse*** gebaut. Das Schleusen ist mit viel Kurbelei verbunden und dauert ewig. Besser ist es, man trägt um.

Es geht dahinter weiter ostwärts bis zu einer Linkskurve. Man folgt dem Wasserweg nun in nördliche Richtung. Nach 1 km zweigt rechts das ***Mûzenried (Muizenried)*** ab, das nach einem weiteren Kilometer an einer zweiten neuen ***SB-Schleuse*** endet. Auch hier geht das Umtragen schneller als das Schleusen.

Auf der anderen Seite ist man im Kerngebiet der *Sippenfennen*, einst ein riesiges Moorland und heute ein Naturschutzgebiet mit moorigen Blumenwiesen und Bruchwald. Nun geht es wahlweise in nördliche ***(Lange Sauweg)*** oder in östliche Richtung ***(Walstermûzenried)*** weiter. Die erstgenannte Route ist mehr zu empfehlen, weil die Ufer interessanter sind und weil sie am *Vogelbeobachtungsgebiet* mit schönem *Rastplatz* mit Bank und kleiner *Selbstbedienungsfähre* vorbeiführt. Die Fähre ist vor allem für Kinder ein großer Spaß.

Ein Stück dahinter kann man ostwärts in den ***Wiel*** abbiegen. Lohnend ist es, nicht hier, sondern einige 100 m weiter nach Norden zu paddeln und dann unter der einzigen Brücke hindurch rechts auf einen See abzubiegen, der spitz zulaufend beim *Hof Mariahoeve* endet. Nachdem man auch hier eine Brücke unterquert hat, weitet sich das Gewässer wieder zu dem ansehnlichen See ***De Wiel*** mit mehreren Inseln. Er ist von dem gleichnamigen Wasserlauf durch einen Damm getrennt. Die Durchfahrt (mit *Rastmöglichkeit*) ist am Brückengeländer von weitem zu erkennen. Hinter der Brücke links auf den Wasserlauf ***Wiel*** abbiegen.

Nach kurzer Fahrt trifft er auf den seenartig verbreiterten ***Loddehel (Looden Hel)***, d.h. auf die Route, die südlich um die Sippenfennen herumführt. Von dort kommen viele der Paddler, die sich bei der *Kanuvermietung Dûke Lûk* in **Feanwâlsterwâl** ein Boot besorgt haben.

Mein Vorschlag führt weiter nach Osten, vorbei an einem *Park-* und *Rastplatz* und am Abzweig zum *Café De Omleiding (Bauernhof, Camping, Kanuvermietung)*. Ein Stück dahinter teilt sich der Wasserweg. Beide Routen enden auf der ***Feanwâlster Feart***. Die attraktivere linke Variante führt zu dem hübschen Doppelsee ***Bûtenfjildpleats***. An der unterteilenden Radwegbrücke befindet sich ein schön angelegter *Marrekriteplatz* mit *Kanusteg (nur rasten, zelten nicht erlaubt)*. An der Ostseite des nördlichen Teilsees geht es unter einer weiteren Brücke hindurch auf die ***Feanwâlster Feart***. Gleich um die Ecke trifft man auf einen *Park-* und *Rastplatz* mit *Bootsrampe*. Daran vorbei führt die Kanuroute erst als ***Kruiswater*** und dann als ***Falomster Feart*** weiter nach Osten. Kurz vor einer Hochspannungsleitung zweigt links ein Wasserweg (Skiersleat) ab, der über verschiedene Gewässer zum Eeltjemeer führt. Man konnte früher einen 30 km Rundkurs von den Grutte Wielen aus zu dem See (mit einladender Badestelle) und über den Moark (Murk) via Aldtserk wieder zurückpaddeln. Leider sind mittlerweile etwa 4 km so zugewachsen, dass kein Durchkommen möglich ist.

Es geht also geradeaus weiter. Als nächstes folgt eine Brücke mit dem ***„Goddeloas Tolhûs"****. Um das „gottlose Zollhaus", ein ehemaliges Mauthaus, dessen Anfänge bis ins 18. Jh. zurückreichen, ranken sich viele Gespenstergeschichten.* Bald darauf ist der *Dorfhafen* des Ortes **De Falom** mit *Kanusteg* und *Picknickbänken* erreicht. Nun noch 1 km, dann endet die ***Falomster Feart*** auf der ***Nije Feart***. Wer dort die ***Schleuse umträgt*** (nicht ganz einfach), kann nach **De Westereen** gelangen mit *Kanuvermietung, Mini-Camping* (gleich südlich der Schleuse) und *Ferienpark*.

Wer nicht die ganze Strecke paddeln möchte, kann auch unterwegs einsetzen, z.B. an der Schleuse von **Ryptsjerk** *(53.222396, 5.929241)*, am Dorfhafen von **Mûnein** (Moleneind, *53.252575, 5.923307*), östlich von Mûnein (Ottemawei, *53.251395, 5.940298*), am Parkplatz östlich vom See **De Wiel** (Straße Bûtefjild, *53.246914, 5.971372*), am Dorfhafen von **Feanwâlden** *(53.241109, 5.992630)*, am Parkplatz am Nordende der **Feanwâlster Feart** (Boargemaster Nautawei, *53.254651, 5.980337*) oder am Dorfhafen von **De Falom** *(53.262197, 5.000311)*.

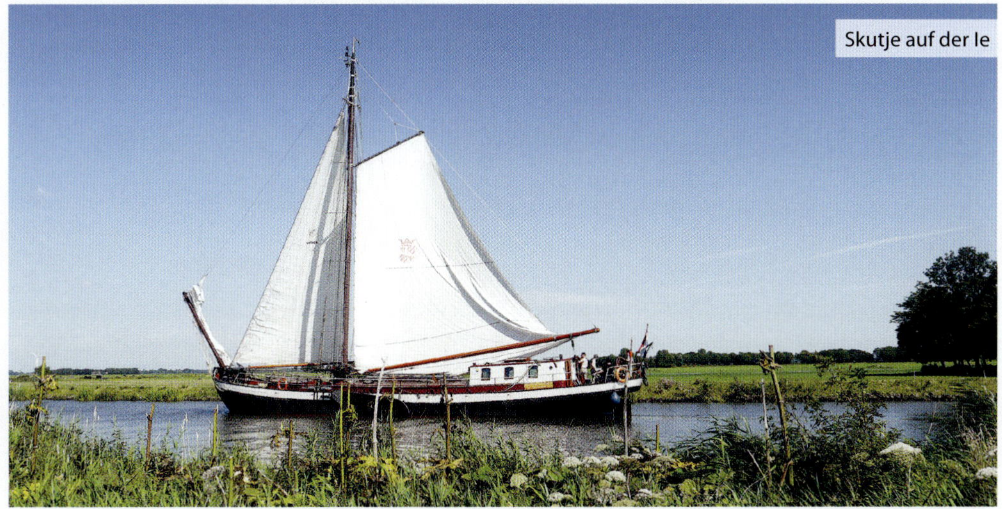
Skutje auf der Ie

(2) Aldtsjerk-Runde (rote Route), **14 km**
Diese Runde nördlich von Leeuwarden kann man gut an einer *Trailerhelling (Bootsrampe,* Zuidermiedweg, *53.275554, 5.834556)* mit *Parkmöglichkeit* in **Bartlehiem** beginnen. Zunächst kreuzt man die Dokkumer Ie (Ee) und paddelt ostwärts auf der ***Aldtsjerkster Feart*** zum gleichnamigen Dorf **Aldtsjerk**. An der zentralen Brücke kann man im *Café Moarkswâl* einkehren. Am *Dorfhafen* lässt sich ebenfalls gut *rasten* und *einsetzen*. Ab Aldtsjerk paddelt man auf dem ***De Moark (Murk)*** Richtung Leeuwarden. Dabei unterquert man die wahrscheinlich berühmteste Brücke Frieslands. Die *Kanterlandsbrug* (Kanterlandsbrücke), auch *Tegeltjesbrug, Fliesenbrücke, Elfstädtebrücke* genannt, ist mit Hunderten von Fliesen verziert, auf denen Schlittschuhläufer abgelichtet sind, die einst die Elfstedentocht erfolgreich gemeistert haben (www.elfstedenmonument.nl).

Ein kleines Stück hinter der Brücke biegt man in das angenehme ***Miedumer Djip*** ab. Es endet auf der ***Dokkumer Ie (Ee)***, auf der es nach rechts wieder Richtung Bartlehiem geht. Man kommt an **Wyns** vorbei, das mit seiner mittelalterlichen *Kirche*, dem einladenden *Café* und dem *Dorfhafen* (inkl. Anlegemöglichkeit, Fähre) sowie einer *Picknickwiese* zur Pause ruft. An einem heißen Sommertag kann dort auch schon mal richtig Badebetrieb herrschen.

Zurück in **Bartlehiem** kann man in der *Grutte Pier Brouwerij*, einem der größten Bierspezialisten Frieslands, Bier kaufen und verköstigen *(Bier-Verköstigung Sa+So 14-20, Shop Mo-Fr 14-17, Sa+So 14-20,* www.gruttepierbrouwerij.nl).

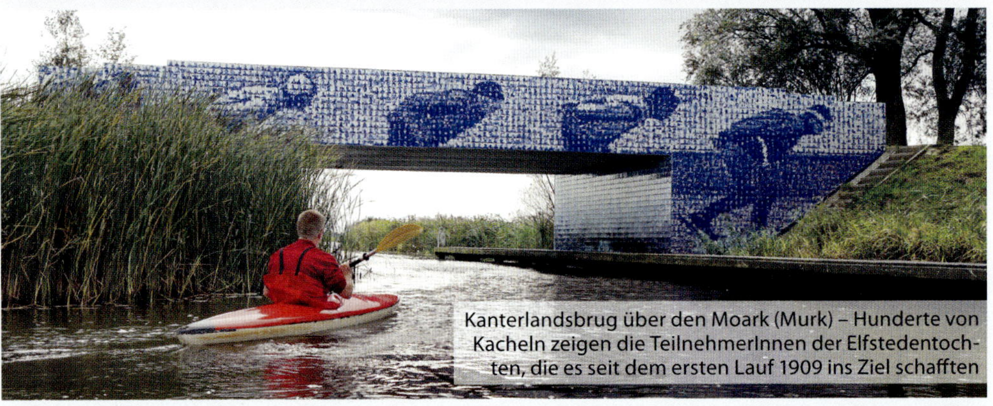
Kanterlandsbrug über den Moark (Murk) – Hunderte von Kacheln zeigen die TeilnehmerInnen der Elfstedentochten, die es seit dem ersten Lauf 1909 ins Ziel schafften

Tour 2c – Âlde Feanen und Grou (Grouw), 13 und 12 km

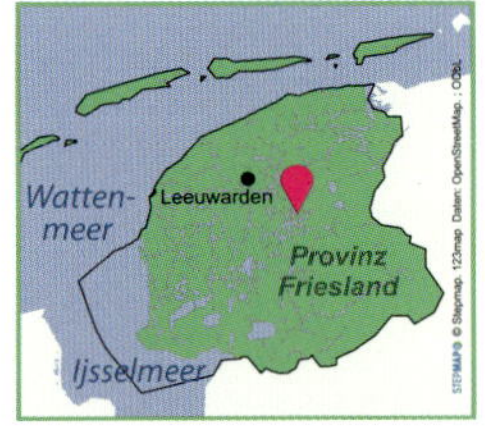

Im Grenzbereich von Seenplatte und dem Gebiet der Wouden gibt es ein ganz besonderes Naturgebiet: die Âlde Feanen (Alte Moore), niederländ. Oude Venen. Die Attraktivität liegt im reizvollen Nebeneinander unterschiedlicher Wasserflächen, schmaler und breiter Gräben und Kanäle, dem Wechsel von Bruchwald, Schilffeldern, sumpfigen und landwirtschaftlich genutzten Wiesen, von belebteren Ecken und abgeschiedenen, überwiegend zum Zwecke des Naturschutzes gesperrter Bereiche auf engem Raum.

Ihre Existenz verdanken die Âlde Feanen dem Torf. Das gilt zwar zumindest teilweise auch für viele andere Seen Frieslands. In den küstennäheren Landstrichen hatten die Bewohner das oft vom Meer überflutete Moor vor Urzeiten abgegraben, um es zu verbrennen und dadurch das in ihm enthaltene Salz zu gewinnen. Deshalb gibt es solche Namen wie Zoute Poelen (Salziger Teich) oder Bran-

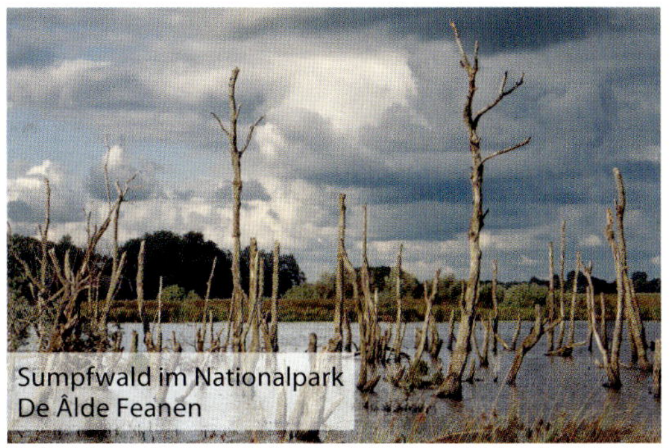
Sumpfwald im Nationalpark De Âlde Feanen

demeer. Im Gegensatz dazu wurde aber in den Âlde Feanen viel später und planmäßiger Torf gestochen, um Brennstoff zu gewinnen. Es entstand ein Gerippe aus schmalen, langen Gräben (den „Petgaten"), aus denen das nasse Material gegraben wurde, und schmalen Landstreifen zum Trocknen des Torfs dazwischen. Durch Wellenschlag weiteten sich die Gräben im Laufe der Jahre zu flachen Seen aus.

Im Nationalpark Âlde Feanen bieten sich 2 Kanurouten an: Die eine führt auf schmalen Wasserwegen durch die Naturschutzgebiete nördlich, östlich und südlich von Earnewâld (Eernewoude). Hier dürfen nur kleine Elektroboote und Kanus fahren.

Bei der zweiten Route paddelt man über die Seen und deren Verbindungen westlich des zentralen Dorfes Earnewâld, die, von zwei kurzen Strecken abgesehen, von allem genutzt wird, was schwimmt. Beide kann man problemlos miteinander verbinden. Noch abwechslungsreicher wird die Fahrt, wenn man sie auf die Seen beim Nachbarort Grou (Grouw) ausdehnt.

Route durch die Naturschutzgebiete (blaue Route), 13 km

Ein guter Ausgangspunkt für diese Runde ist der ***Kanu- und Elektroboothafen*** im Zentrum von **Earnewâld** *(53.129061, 5.937274)*. Ein kostenloser ***Parkplatz***, die ***Tourist-Info***, eine ***Toilette***, ein ***Supermarkt*** und mehrere ***gastronomische Betriebe*** sind gleich nebenan.

Man paddelt zunächst 100 m nordwärts und folgt dann dem Gewässer links zur ***Ringfeart,*** die parallel zum Sydsdijp bzw. Langesleat (Lange Sloot) verläuft. Etwa 250 m hinter zwei einzelnen Häusern geht es rechts ab auf den ***Fjirtigmêdsleat (Veertigmadsloot).*** Nach etwas mehr als 1 km unterfährt man bei einem Weiler eine kaum befahrene Straße (früher Umtragestelle). Nun wird die Route urwüchsiger. Nach kurzer Strecke trifft man auf den ***Earnsleat.***

Es empfiehlt sich ein kurzer ***Abstecher*** nach Süden bis zu einem ***Aussichtsturm***. Für Bootsfahrer gibt es unten einen Steg und oben einen guten Überblick über die renaturierten Sumpfgebiete. Vogelfreunde sollten ein Fernglas mitnehmen.

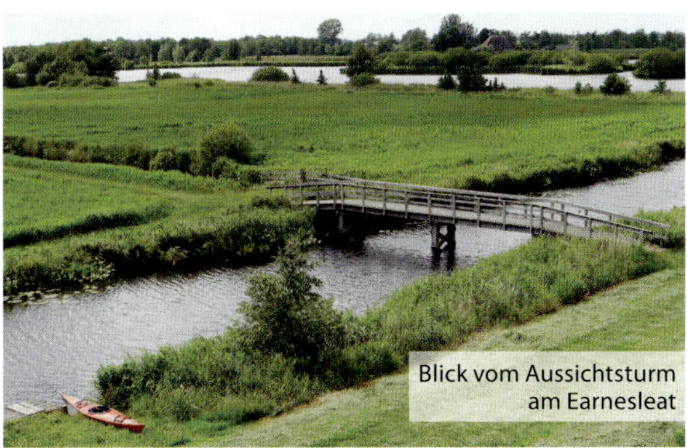
Blick vom Aussichtsturm am Earnesleat

Danach geht es auf dem ***Earnsleat*** zurück und schon 50 m nach der Mündung des Fjirtigmêdsleat, auf dem wir gekommen waren, zweigt rechts ein neu gegrabener Wasserlauf ab, in den wir einbiegen und der mit zunächst eckigem Lauf durch die ***Polder Reid om ´e Krite*** und ***De Bolderen*** bis zum langegezogenen See ***Earnewarrepoel*** führt. An dessen Ende befindet sich eine ***Umtragestelle*** mit ***Rastplatz***. Anschließend paddelt man unter der Zufahrtsstraße nach Earnewâld durch und auf der ***Skerfeart*** an einer ***Kiesgrube*** entlang. Nach einer Rechtskurve geht es bald ein Stück auf der ***Tsjerkweisfeart*** neben der Straße her, was aber nicht weiter stört. Nach 1 km trifft man wieder auf den ***Earnsleat*** (von hier ist auch der Abstecher zum oben genannten ***Aussichtsturm*** möglich). Rechts hinter der Brücke gibt es einen ***Rastplatz***.

Meine Route führt aber links herum, der Wasserweg heißt nun ***Koaisleat (Kooislot)***. Nach ein paar hundert Metern könnte man neben einem ***Schöpfwerk*** über den *Koaidyk* in den größeren See ***Earnewâldster Wiid*** (oder kurz ***It Wiid***) ***umtragen***, das betriebsame zentrale Gewässer von **Earnewâld**. Schöner ist es jedoch, dem ***Koaisleat*** bis zu einer T-Kreuzung zu folgen und dort rechts abzubiegen. Der breite Graben endet am *Koaidyk*.

Nach dem ***Umtragen*** über die wenig befahrene Straße und durch ein *Holzgatter* im *Zaun* („Klaphek") setzt man wieder ein. Man fährt hier auf dem ***Alde Geau*** am schönen ***Natuureducatiebos Pettebosk (Naturlehrwald)*** entlang.

Eventuelle Abkürzung: Bei der ersten Möglichkeit kann man rechts abbiegen, gleich wieder links und dem Weg bis zum Ende folgen. Dort zwangsläufig rechts halten und bei der dritten Gewässerkreuzung rechts abbiegen. Auf diese Weise gelangte man zu einem ***Kanusteg***, bei dem man entweder die Fahrt beenden oder in das ***Earnewâldster Wiid*** umtragen kann.

Meine Route lässt diese Möglichkeit ungenutzt. Ich paddle weiter auf dem ***Alde Geau*** bis zu einer T-Kreuzung. Links herum könnte man die Kanuroute um den ***Jan Durkspolder*** paddeln, die

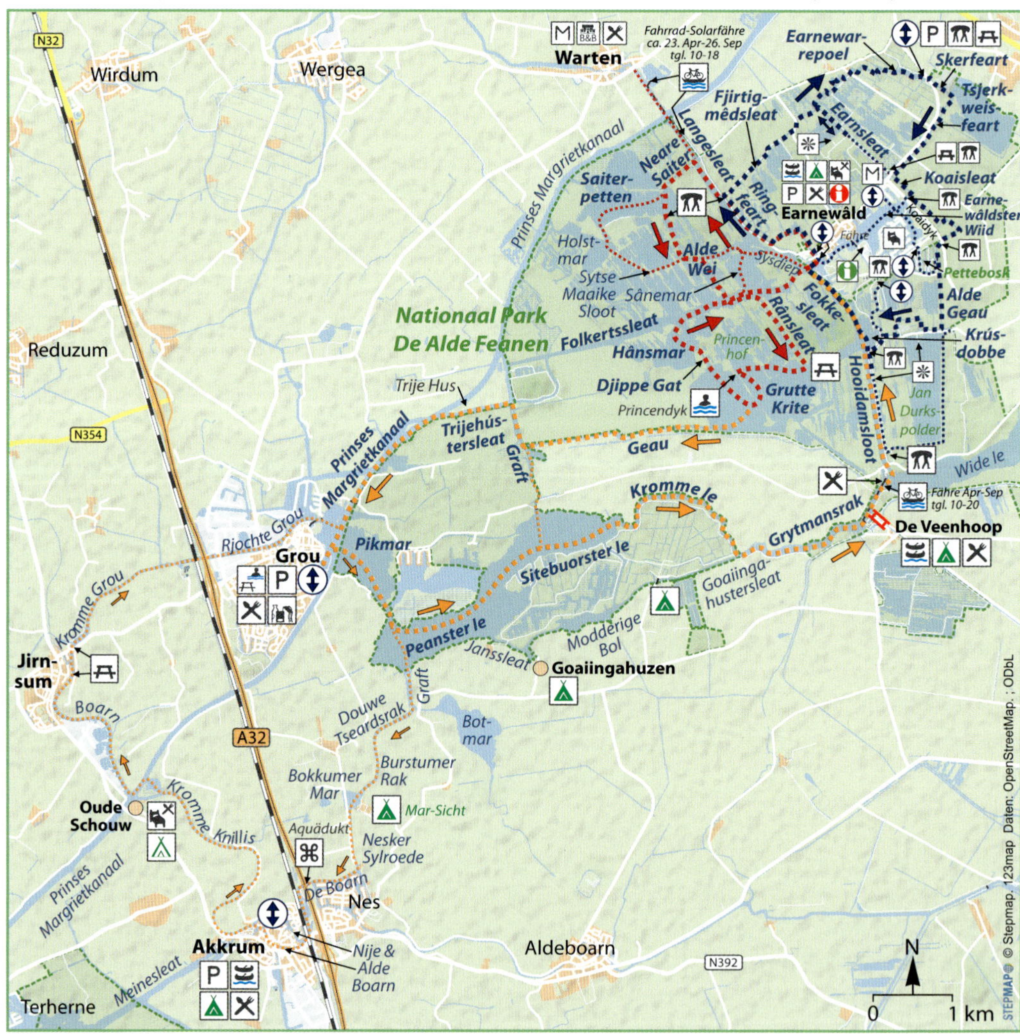

Tour 2c – Âlde Feanen und Grou (Grouw), 13 und 12 km

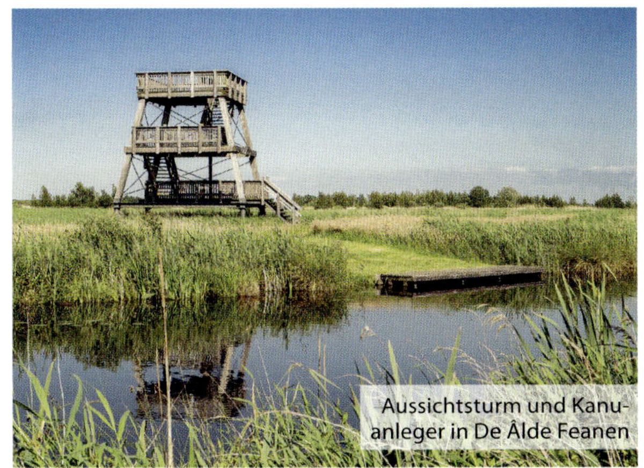
Aussichtsturm und Kanuanleger in De Âlde Feanen

mir etwas langweilig erscheint. Daher biege ich rechts ab und umrunde so eine größere Wasserfläche, an deren Ufer sich bei meiner Frühlingsfahrt sehr viele Vögel tummeln. Der Wasserweg endet an einer weiteren T-Kreuzung. Wer hier rechts abbiegt, gelangt zu einer Aussetzstelle unweit des *Bezoekerscentrum Nationaal Park De Alde Feanen* (www.np-aldefeanen.nl/de). Achtung: dazu an der ersten Möglichkeit rechts abbiegen.

Natur-Abstecher Ich schlage vor, hier links zu fahren, vorbei an der Umtragestelle, die wir nachher nehmen wollen, bis zu einem weiteren *Aussichtsturm*. Hier gibt es eine *Picknickstelle* und abermals einen tollen Überblick, diesmal über den *Jan Durkspolder* auf der einen und die Gewässer Richtung Princenhof auf der anderen Seite.

Nach der Pause paddelt man ca. 500 m zurück zu der ***Umtragestelle*** und setzt in den kleinen See ***Krûsdobbe (Kruisdobbe)*** um. Damit ist man auf dem Yachtteil der *Âlde Feanen* und gleichzeitig auf der zentralen Nord-Süd-Achse, auf der ab und zu auch größere Binnenschiffe Richtung Drachten fahren. Nach 1 km nordwärts auf dem ***Fokkesleat*** biegt man in das ***Earnewâldster Wiid (It Wiid)*** ab. Beim *Passantenhafen* (dem ersten Yachthafen am Nordufer) in **Earnewâld** gibt es im rechten Bereich bei einem längeren Steg eine niedrige *Plattform für Kanuten*, wo man die Tour beendet. Die Stelle liegt genau südlich vom Startpunkt im *Kanu- und Elektroboothafen*, jedoch jenseits der Straße. Zum Be- und Entladen darf man mit dem Auto an der *Tourist-Info* vorbei zur Aussetzstelle fahren.

Route über die Seenplatte der Âlde Feanen (rote Route), 12 km

Startpunkt für die Runde ist wieder der *Kanu- und Elektroboothafen* im Zentrum von **Earnewâld**. Erneut geht es zunächst Richtung ***Fjirtigmêdsleat***. Diesmal setzt man aber in den ***Langesleat (Lange Sloot)*** um. Da es keinen Steg dafür gibt, trägt man irgendwo zwischen dem Abzweig des Fjirtigmêdsleat und einem kleinen Wehr im weiteren Verlauf über den niedrigen Damm zwischen dem schmalen und dem breiten Wasserweg um. Am ***Langesleat*** gibt es über eine weite Strecke eine niedrige befestigte Uferkante. Auf diesem viel befahrenen Einfallstor der motorisierten Freizeit- und Berufsschifffahrt von Norden in die Âlde Feanen fährt man kurz in nordwestliche Richtung, um bald links in den ***Neare Saiter (Nauwe Saiter)*** abzubiegen. An einem alten *Bauernhaus* und einer kleinen *Wasserschöpfmühle* vorbei, geht es in das Gewirr aus Seen, Wasserläufen und Bruchwald hinein.

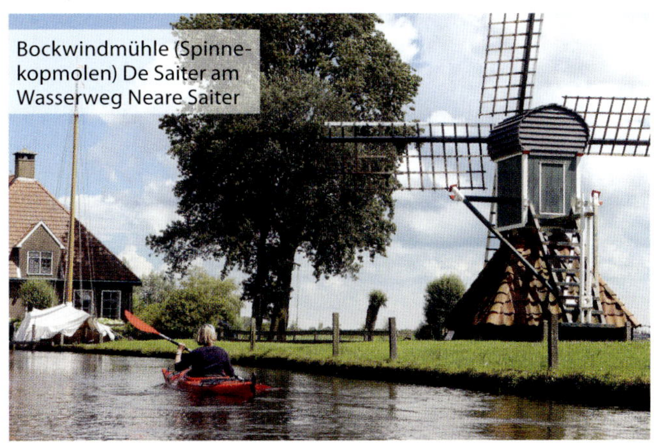
Bockwindmühle (Spinnekopmolen) De Saiter am Wasserweg Neare Saiter

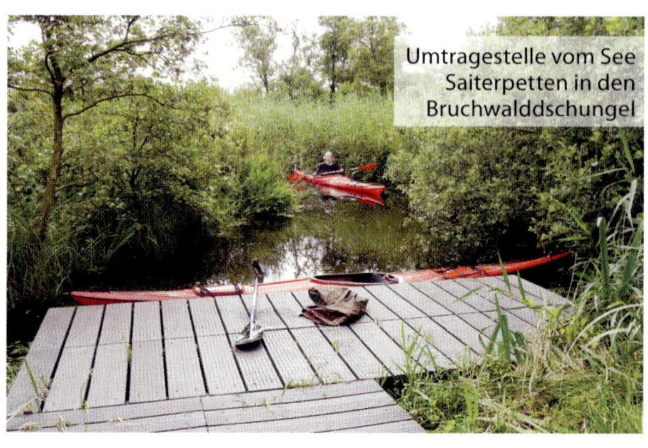
Umtragestelle vom See Saiterpetten in den Bruchwalddschungel

Fast wie durch einen Geheimeingang „betritt“ man den See ***Saiterpetten***. Hier liegen mehrere Yachten an den dafür vorgesehenen Stellen. Zwei Paddler fahren nach Westen. Sie bleiben auf dem Weg, den auch die Motorboote nehmen. Kanuten steht ein sehr verwunschener Pfad offen: Dazu muss man von der „Eintrittstelle“ genau nach Süden paddeln. Dort trifft man auf eine ausgeschilderte ***Umtragestelle***. Der *Bohlensteg* eignet sich auch gut für eine *Pause*.

Dann fährt man zwischen Bruchwald und hohem Schilf hindurch. Hier kann man sich leicht verirren. Man bleibt auf seine Orientierungsfähigkeit und das Glück angewiesen, denn es gibt keine Wegweiser. Schmalste Durchfahrten wechseln mit seenartig erweiterten Wasserflächen. Diese kleine Herausforderung ist nur 1 km lang.

Man gelangt zwischen ein paar Pfählen hindurch auf den ***Alde Wei*** – nach rechts führend heißt der Wasserlauf ***Sytse Maaike Sloot*** und soll nach einem Paar (Sytse & Maaike) benannt sein, das in dieser Abgeschiedenheit einst wie Eremiten auf einem Hof am Holstmar von dem gelebt haben, was die karge Umgebung ihnen bot.

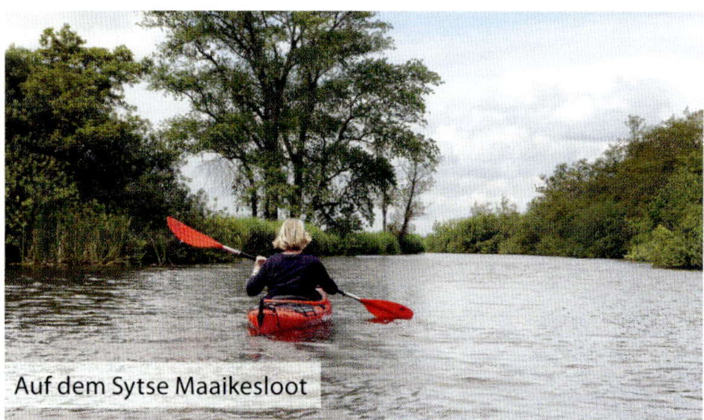
Auf dem Sytse Maaikesloot

Ca. 200 Meter östlich kann ich als Paddler noch einmal in einen deutlich gemäßigteren Moor-Dschungel abbiegen. Auch hier verhindert eine enge Pfahlreihe, dass größere Boote hineinfahren. Die Stelle kann man leicht übersehen. Man gelangt so auf den ***Folkertssleat (Ule Krite)***, die zentrale Ost-West-Achse des Gebietes. Davon zweigt 200 m Richtung Osten der schmale ***Rânsleat (Raamsloot)*** ab. Dieser führt in den Südteil der ***Âlde Feanen*** mit dem See ***Grutte Krite***. Dieses Gebiet wird auch *Prinsehôf (Princenhof)* genannt, weil es früher ein Jagdgebiet des Herrscherhauses war. Hier finden sich einige Inseln und Anlegestellen. An der Westseite der langgezogenen Halbinsel ***Princendyk*** gibt es einen Strand, der sich zum ***Baden*** eignet. Am Nordufer lebt eine Kormorankolonie mit Hunderten von Brutpaaren, die man von einem Ausguck aus beobachten kann. Wer es bei der Runde in den Âlde Feanen belassen will, sollte über das ***Djippe Gat*** und das ***Hânsmar*** zum ***Folkertssleat (Ule Krite)*** und darauf zu der Aussetzstelle im *Passantenhafen* in **Earnewâld** zurückkehren, wo auch die erste Runde endet.

Abstecher nach Grou (Grouw) (orange Route), See Grute Kritte – Grou – Earnewâld, **20 km**

Ein guter Weg nach **Grou** ist der ***Geau (Geeuw)***, der in der Südwestecke der ***Grute Kritte*** beginnt. Er endet auf der ***De Graft***, über die man nordwärts zum ***Trijehûstersleat (Driehuister Sloot)*** kommt. An dessen Ende befand sich auf der ***Insel Trije Hûs*** das beliebte, leider 2017 abgebrannte Gasthaus Trije Hus. Hier sollen nun fünf Ferienhäuser entstehen. Hinter dem Anwesen erreicht man den ***Prinses Margrietkanaal***, der nicht nur hier wie eine Autobahn wirkt.

Bevor man auf den Kanal einbiegt, sollte man genau beobachten, ob sich eines der schnell fahrenden Binnenschiffe nähert. Diese fahren mit hoher Geschwindigkeit. Sie können nicht bremsen oder ausweichen. Die Steuerleute sehen die kleinen Kanus unter Umständen gar nicht.

Nach 2 km ist man in **Grou**. Dieser Ort ist ein weiteres betriebsames Zentrum für Urlauber und Wassersportler in der Friesischen Seenplatte. ***Cafés***, ***Hotels*** und ***Läden*** locken im Ortskern. Um die im 13. Jh. erbaute ***St. Pieterskerk*** gruppieren sich hübsche kleine ***historische Häuser***. Anlegen kann man gut im ***Passantenhafen (Mini-Sandstrand, Kanusteg, Grünanlage)***, der neben dem südlichem Ausfluss des Prinses-Margrietkanaals aus dem ***Pikmar*** zu finden ist.

Jetzt geht es auf den „Haussee" des Städtchens, das ***Pikmar (Pikmeer)***, hinaus. Auf der Wasserfläche tummeln sich an schönen Sommertagen ebenso Surfer, große und kleine Segelschiffe und Motorboote wie auf der anschließenden ***Peanster Ie*** und der ***Sitebourster Ie (Sijtebuurster Ee)***. Die kleine Seenkette kann man auf verschiedenen Wegen verlassen. Meine Route nutzt die ***Kromme Ie*** als Ausgang. Sie geht in das ***Grytmansrak*** über, von dem der breite Kanal ***Hooidamsloot*** abgeht. Auf diesem und weiter auf dem ***Fokkesleat*** kehrt man nach **Earnewâld** zurück. Alle genannten Gewässer haben niedrige Ufer und sind angenehm zu paddeln.

Ergänzende Informationen zu Âlde Feanen & Grou

Fahrtenmöglichkeiten

(1) Die Runde durch die Naturschutzgebiete der Âlde Feanen kann abgekürzt oder verlängert werden (siehe blaue, dünner gepunktete Routen auf der Karte).

Beispielsweise könnten Kanuten vom *Naturlehrwald Pettebosk* in ***It Wiid (Earnewâldster Wiid)*** umtragen und von dort zur Aussetzstelle in **Earnewâld** paddeln.

Wer das letzte Stück des ***Fokkesleat*** vermeiden will, kann – wie beschrieben – nahe des *Nationalpark-Besucherzentrums* die Fahrt beenden, zu dem Gebäude laufen, per ***Fußgängerfähre*** auf das Nordufer der ***Wiid*** übersetzen und 500 Meter bis zum Startpunkt laufen, um das Auto nachzuholen.

(2) Die Runde über die Seenplatte der Âlde Feanen kann man noch ein wenig ausdehnen (rote, dünner gepunktete Routen) und z.B. auf der ***Insel Beekhús Pôle*** im ***Sânemar*** schön rasten oder einen Abstecher in das hübsche Dorf **Warten (Wartena)** machen.

(3) Eine kleine Grou-Runde (orange) kann man auch unabhängig von den Âlde Feanen paddeln, z.B. über ***Pikmar, Peanster Ie, Sitebuorster Ie, Graft, Trijehúster Sleat, Prinses-Margrietkanaal*** (9 km).

Einsetzstellen

Für die (blaue) Runde durch die Naturschutzgebiete könnte man auch beim ***Rastplatz am Earnewarrepoel*** *(53.148352, 5.957389)*, an der Brücke der ***Zufahrtsstraße nach Earnewâld*** *(53.138142, 5.950667)* und bei der ***Umtragestelle vom Pettebosk*** in It Wiid (Koaidyk, *53.130256, 5.955789*) parken und einsetzen.

Für die (orange) Grou-Runde kann man gut in **Grou** bei der ***Bootsrampe am Passantenhafen*** an der Pr. Wilhelminastraat einsetzen *(53.093511, 5.843685)*. Die Stelle ist an einigen Kreuzungen im Ort ausgeschildert (blaues Schild mit Symbol „Bootsrampe").

Befahrbarkeit, Schwierigkeiten

Alle Gewässer sind problemlos befahrbar, in beide Richtungen, da strömungslos.

Die (blaue) Runde durch die Naturschutzgebiete ist anfängergeeignet bis auf die letzten 1,5 km. Wegen des Bruchwaldes sind die Âlde Feanen selbst relativ windgeschützt. Trotzdem sollten Anfänger ab Windstärke 3 die größeren Wasserflächen meiden.

Außer in den Naturschutzgebieten und dem Bruchwald südlich des Sees Saiterpetten, ist mit motorisierter Schifffahrt und entsprechenden Wellen zu rechnen.

Auf dem ***Prinses Margrietkanaal*** ist wegen der ***schnell fahrenden Berufsschifffahrt höchste Aufmerksamkeit*** gefordert!!

Bestimmungen Keine besonderen.

Campingplätze mit Kanuvermietung
Earnewâld: *It Wiid Camping* (www.wiid.nl) und *Camping Simmerville* (auch B&B und Hütten, www.simmerwille.nl).

Hafen **De Veenhoop** am Grietmansrak, (www.de-veenhoop.nl).

De Drijfveer in **Akkrum** am Meinesleat (www.drijfveer.de).

Weitere Campingplätze
Minicamping Mar-Sicht am ***Bokkumer Mar*** (nördl. Akkrum, www.camping-marsicht.nl).

Minicamping De Polle bei **Goaiingahuzen** (www.depolle.nl).

Bauernhof-Camping It Lege Midden, nordöstlich von **Goaiingahuzen** schön am Wasser gelegen (www.campingitlegemidden.nl).

In **Oude Schouw** *Zeltmöglichkeit* beim *Hotel Het Oude Schouw* zwischen Akkrum und Jirnsum (www.oudeschouw.nl).

Ferienhäuser und Hotels in **Earnewâld, Grou** und **Akkrum.**

Kanuvermieter *Hollema* in **Earnewâld** gegenüber Nationalparkhaus (www.hollema.nl).

Karte
ANWB Waterkaart 1 „Friesland", 1:50.000.

Eine *Karte mit den Naturschutzgebieten* ist in der Tourist-Info erhältlich.

Tipp Auf der *It Wiid Camping*-Homepage (www.wiid.nl/de) findet man unten ein eindrucksvolles Video des Platzes und der Umgebung aus der Vogelperspektive.

Weitere Route bei Grou

Stellenweise nett ist eine Runde (orange, dünner gepunktete Route) in der Gegend von **Akkrum** (uriges *„Eetcafé Kromme Knilles"* mit guter Küche) über ***Kromme Knilles, Boarn (Boorne), Kromme Grou*** und ***Rjochte Grou (Rechte Grouw)*** nach **Grou** und über ***Pikmar, Peanster Ie, Graft, Douwe Tseardsrak, Burstumer Rak***, ***Nesker Sylroede*** und ***De Boarn*** (*Aquädukt über die Autobahn*) zurück nach **Akkrum** (17 km, kein Umtragen).

Eine gute *Einsetzstelle* für diese Runde ist außer des *Passantenhafens* in **Grou** der *Parkplatz* am *Hafen* **Akkrum** (Straße Heechein, *53.051217, 5.833030*), mit *Bootsrampe* und *Rastplatz*. *Die beiden Hauptwasserwege in Akkrum haben ihren Namen übrigens der Sage nach von den Herren Kromme Knilles (= Krummer Kornelius) und Manke Meine, die um 1400 zusammen die Boorne (Boarn) aushoben. Als sie sich zerstritten, grub jeder in eine andere Richtung weiter.*

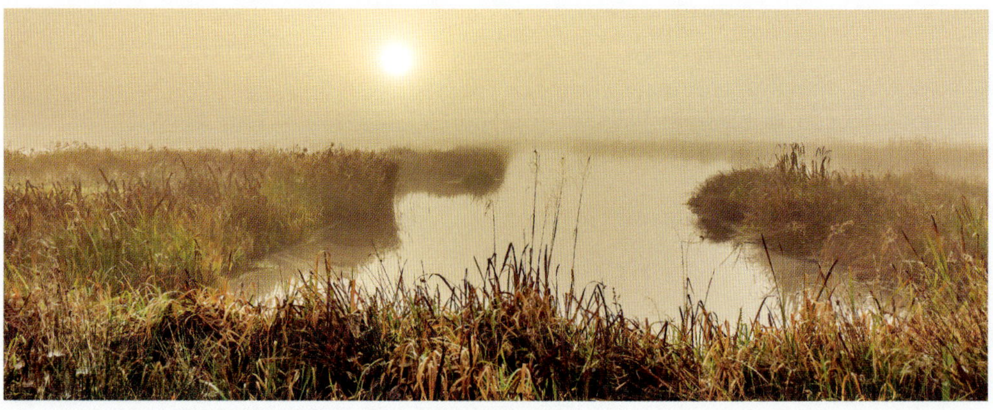

Tour 2c – Âlde Feanen und Grou (Grouw), 13 und 12 km

Tour 2 d – Sneekermeer und Umgebung, 23 und 22 km

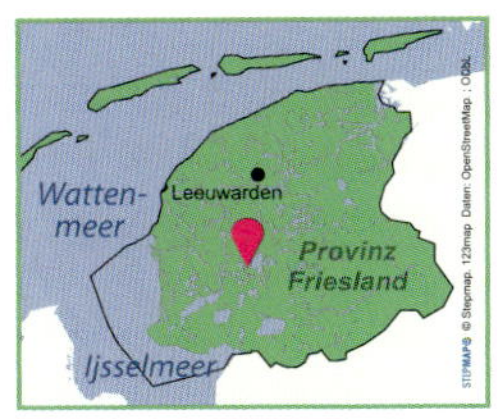

Der Südwesten Frieslands ist für mich seit meiner ersten Tour dort der Traum vom Sommer. Ich paddle über unzählige Seen, manche nur kleine Teiche, andere etliche Kilometer lang, oft mit versteckten Buchten oder kleinen Inseln, und alle durch ein engmaschiges Netz von unterschiedlichsten Wasserwegen miteinander verbunden. Ich fahre an vielen schönen Dörfern vorbei und mitten durch Städtchen mit herrlichen historischen Ortskernen hindurch. An den Ufern stehen hübsche Mühlen, Jahrhundertealte Kirchen mit hoch aufragenden Türmen oder hölzernen Glockenstühlen, großartige Bauernhäuser in der grünen Wiesenwelt, die teilweise mehrere Meter unter dem Meeresspiegel liegt und ein Refugium für seltene Pflanzen und Tiere ist. Und immer scheint die Sommersonne aus einem strahlend blauen Himmel. Die Temperaturen laden zum Baden ein und zum Rasten an schattigen Plätzen. Auch wenn ich die Gegend mittlerweile bei weniger günstigen Bedingungen kennengelernt habe, zählt sie nach wie vor zu meinen Lieblingsecken in den Niederlanden.

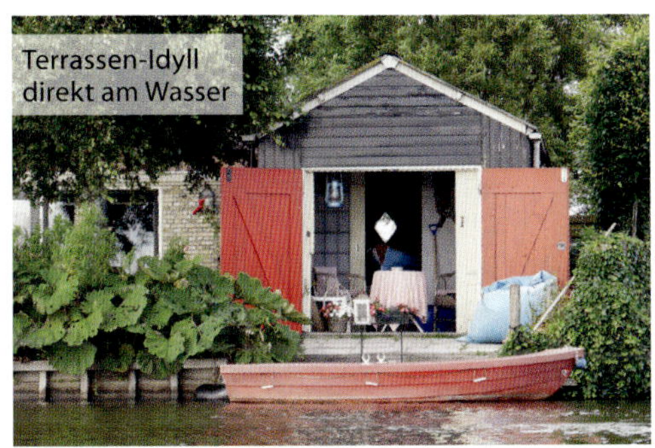
Terrassen-Idyll direkt am Wasser

Das Herz der Region ist **Sneek**, *eines der quirligsten Wassersportzentren des Landes. Die sehenswerte Altstadt ist besonders Anfang August, in der „Sneekweek“ (Sneeker Woche), eine der größten Segelsportveranstaltungen auf europäischen Binnengewässern, voller Leben. Überall Musiker, Akrobaten, Marktstände, Straßencafés und Massen von Besuchern. Auf dem Wasser ist nicht weniger los. Jugendliche rasen mit kleinen Motorbooten umher, wie anderswo mit Mopeds. Die Jungs fahren ganz cool mit heulenden Außenbordern engste Kurven und die Mädchen kreischen angemessen, wenn es spritzt. Nicht endende Ströme von Freizeitschiffen, von der kleinen Jolle bis zur massigen Motoryacht, bewegen sich in Richtung Zentrum oder hinaus in das Gewirr der Wasserwege der Umgebung. Manchmal kann es auch vorkommen, dass man bei den vielen kleinen Wasserstraßen kaum einem Boot begegnet.*

Aus der Fülle der Möglichkeiten wähle ich folgende 2 Kanu-Runden in diesem schönen Gebiet aus:

Nördliche Runde (blaue Route), 23 km

Der Rundkurs beginnt am zentralen ***Parkplatz*** mitten in **Terherne** (Straße: Koallân/Ecke Grintdyk, *53.041681, 5.781180*). Man startet dort auf dem ***Âlde Sânsleat (Zandsloot)*** zu einer Runde durch die nördlichen und westlichen Bereiche des Reviers. Über die kleine Wasserfläche des ***Terhornster Meeres*** paddelt man auf den ***Yachthafen Sneekerhof*** und – dem linken Ufer folgend - die ***Terzoolster Schleuse*** zu. Dahinter beginnt die Tersoâlster Sylroede (Terzoolster Zijlroede). Vor der Schleuse rechts über die Straße in einen kleinen Nebenarm der ***Sylroede*** umtragen. Nun fährt man durch die weite friesische Wiesenwelt. Auf halber Strecke wird aus dem Wasserweg die ***Bangafeart***. Ein Zwischenziel ist der kleine ***Dorfhafen*** von **Poppenwier**. Dann geht es auf der ***Snitser Aldfeart (Sneeker Oudvaart)*** in südwestliche Richtung weiter. Sie schlängelt sich in kleinen Windungen entlang der weiten Wiesen und kleinen Dörfer und Weiler. Kein einziges Boot kommt mir entgegen.

Erst am Ortsrand von **Sneek** treffe ich auf ein Paar aus Frankfurt mit ihrer kleinen Motoryacht. Sie mühen sich etwas ungeschickt mit den Kurbeln der neuen Schleuse dort ab. Weil sie die

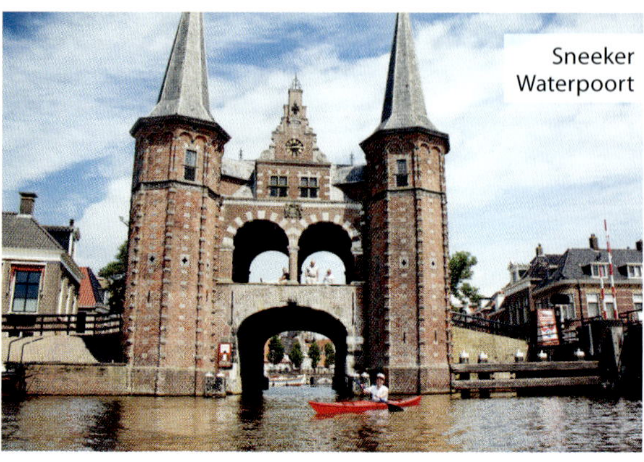
Sneeker Waterpoort

Schützen nicht vollständig geschlossen haben, dauern ihre Bemühungen sehr lange. In der Zeit hätte ich mein Kajak längst über den niedrigen Damm gezogen, der neben der Schleuse den alten Verlauf der Aldfeart versperrt.

Irgendwann geht es dann doch weiter und ich paddle nach **Sneek** hinein. Nahe dem *Campingplatz* an der alten Schleuse, die nicht mehr in Betrieb ist, lege ich bei einem Parkstreifen eine Pause ein. *Die „Wassersportstadt" mit ihren kleinen Grachten und Baudenkmälern im alten Stadtviertel und den kleinen Museen, darunter das Schifffahrtsmuseum „Fries Scheepsvaart", lohnen einen Besuch. Das Wahrzeichen Sneeks ist das 1613 entstandene Wassertor mit seinen beiden schlanken Türmen, ein in seiner Art in den Niederlanden einzigartiges Gebäude.*

Dann fahre ich über den ***Houkesleat (Houkesloot)*** zum ***Snitser Mar (Sneekermeer)*** und zwischen den Inseln ***Grootschar*** und ***Starteiland*** auf den See hinaus. Im Nordwesten sind die Tonnen zu sehen, die den Verlauf des ***Prinses Margrietkanaals*** im See markieren, und dahinter die mit gelben Bojen abgesteckte Schnellfahrzone, in der gerade mal kein Motorskooter herumrast. Überhaupt ist an diesem Tag wenig los. Bei meinem ersten Besuch vor Jahren war ich mitten in die „Sneeker Woche" geraten. So viele Segelboote auf einmal hatte ich in meinem Leben noch nicht gesehen.

Durch das ***Hearregat*** gelange ich auf den Nordteil der ***Goaïngarypster Puollen (Goingarijpster Poelen)*** und durch das ***Heerenzijl*** auf die ***Terkaplester Puollen*** hinaus. Das sind Nebenseen des Sneekermeeres, nicht weniger schön als der Hauptsee. Nun geht es noch im Norden des Sees zwischen einigen Inseln mit vielen Anlegemöglichkeiten hindurch. Dann bin ich wieder am Ausgangspunkt in **Terherne** angelangt.

Südliche Runde (rote Route), **22 km** – mit Abstecher nach Goingarijp 2 km länger

In **Langweer** kann man zu einer Runde durch den südlichen und östlichen Teil des Sneeker Revieres aufbrechen. Dazu paddelt man zunächst über die ***Langwarder Wielen.*** Am Ostende dieses Sees, dort wo die ***Jouster Sylroede (Zijlroede)*** in Richtung Broek und Joure abzweigt, befindet sich der empfehlenswerte *Rastplatz Marrekrite Broek* mit der ***Möglichkeit zum Zelten.*** Wer einen Abstecher nach **Joure** machen möchte, dem sei dort die Einkehr im *Grand Café De Oranjerie* am Hafen empfohlen.

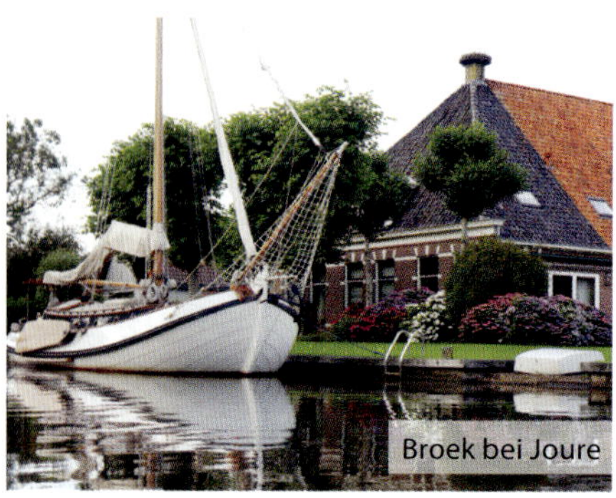
Broek bei Joure

Hier geht es auf dem ***Noarder Alde Wei (Noorder Oudeweg)*** zum Südteil der ***Goaïngarypster Puollen*** weiter. Diesen Nebensee des Sneekermeeres verlässt man gleich wieder auf der ***Jouster Feartsje (Joustervaart)*** in Richtung ***Houkesleat***.

Abstecher nach Goingarijp: Auf dem ***Goaïngarypster Puollen*** biegt man gleich rechts ab und kommt zum *Hafen* von **Goingarijp.** Das hübsche *Restaurant de Klokkenstoel (auch B&B)* lädt zur Einkehr. Man sollte nicht versäumen, den hölzernen *Glockenstuhl* der benachbarten *Kir-*

che (1770) zu besichtigen. Dann fährt man auf dem ***Sibesleat*** zwischen den beiden ***Griene-Inseln*** durch und kommt zurück auf die eigentliche Route *(Abstecher Ende).*

Auf der eigentlichen Strecke biegt man auf dem ***Houkesleat*** nach gut 1,5 Kilometern, d.h. beim ersten Wassersportbetrieb, links ab und gelangt so auf das ***It Ges***. Dieser relativ enge Wasserlauf schlängelt sich durch die beiden langgezogenen Dörfer **Oppenhuizen** und **Uitwellingerga,** die nach ihren friesischen Namen auch als „Top en Twel" zusammengefasst werden. Auch hier gibt es viele Wassersportbetriebe, aber auch wunderschöne alte Häuser und herrliche Gärten mit überhängenden Ästen. Ein ***Hotel*** lockt mit seiner ***Caféterrasse*** die Wasserwanderer aus ihren Booten. Dort ist man bereits im ***Easterbregesleat (Oosterbrugsloot),*** der nach kurzer Strecke den Prinses Margrietkanaal kreuzt.

Die vielen Wasserwege teilen hier das Gebiet in Inseln, die wegen der einzigartigen Vogel- und Pflanzenwelt überwiegend unter Naturschutz stehen. Dennoch gibt es einige sehr einladende ***offizielle Rastplätze*** an den Ufern. Meine Route führt auf der ***Holle Grêft (Hollegracht)*** und der ***Dolte*** zu den beiden kleinen Seen ***Langsturtepoel*** und ***Jentsjemar*** und weiter über den ***Fammensrakken*** und den ***Kaai*** zu den ***Langwarder Wielen*** zurück nach **Langweer**.

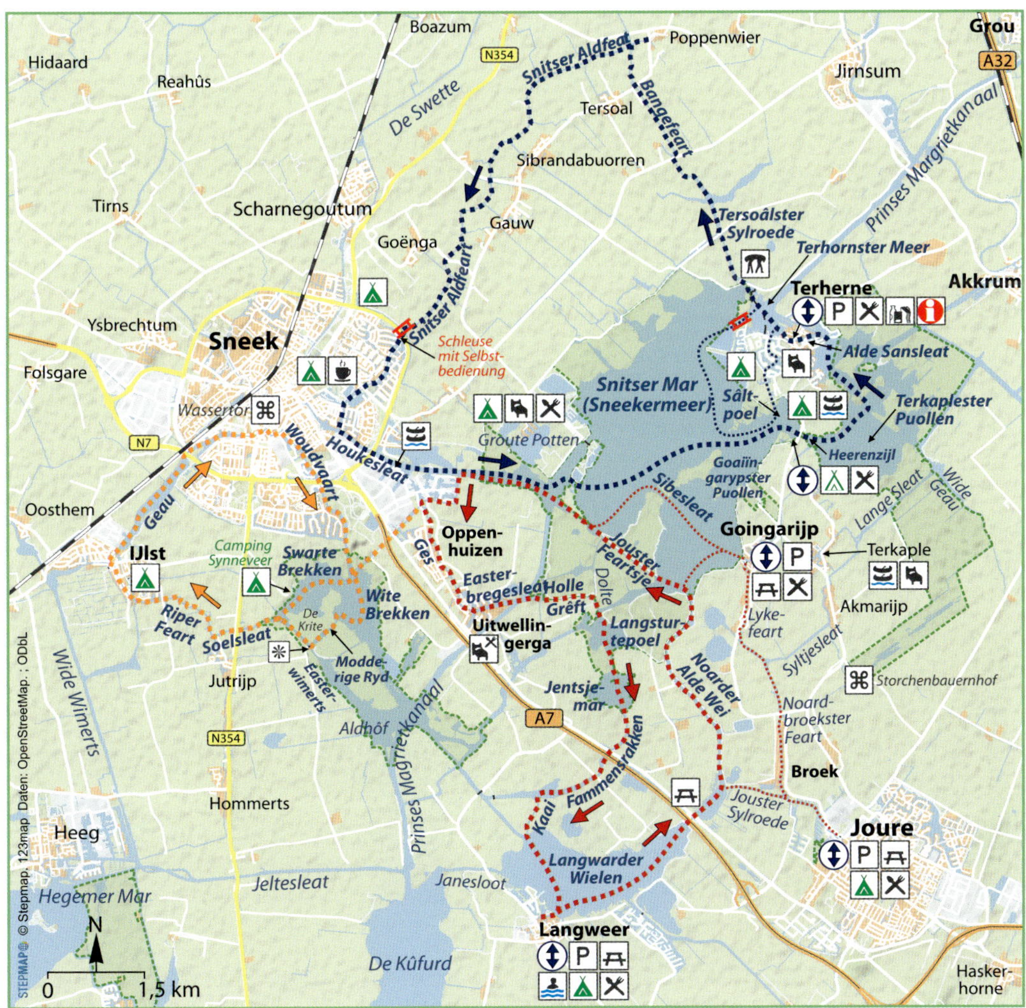

Tour 2 d – Sneekermeer und Umgebung, 23 und 22 km

Ergänzende Informationen zum Sneekermeer

Fahrtenmöglichkeiten

Sowohl ***Nordroute*** als auch ***Südroute*** lassen sich erweitern.

So kann man bei der *Nordroute* gleich zu Beginn einen Schlenker durch **Terherne** machen. Dazu muss man vom ***Zandsloot*** aus zwischen einem großen grünen Schuppen und einem Eetcafé eine kleine Betonbrücke unterqueren. Nach mehrmaligem Abbiegen geht es schließlich an einem Campingplatz vorbei und unter eine Klappbrücke durch auf den ***Sâltpoel (Zoute Poel)***, quasi die ***Nordspitze der Goingarijpster Poelen***. Von hier umrundet man Terherne in Richtung Terzoolster Schleuse. Das sind 4-5 km mehr.

Die ***Südrunde*** lässt sich leicht erweitern, indem man ausgiebiger durch die „Inselwelt" kurvt. Auch ein Abstecher vom Ostende der ***Langwarder Wielen*** aus auf der ***Jouster Sylroede***, der ***Noardbroekster Feart*** (sehr schöne Ortsfahrt durch **Broek**) und der ***Lykfeart*** nach **Goingarijp** ist lohnend.

Die Nordrunde lässt sich nicht abkürzen. Die Südrunde kann man verkürzen, indem man auf die Fahrt zum Houkesleat und durch Oppenhuizen / Uitwellingerga verzichtet und in der „Inselwelt" bleibt.

Einsetzstellen

Bei der erwähnten *Einsetzstelle* in **Terherne** kann man fast neben dem Auto einsetzen.

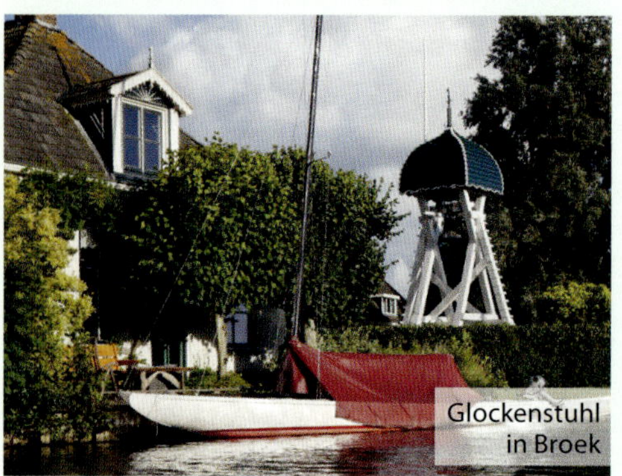

Glockenstuhl in Broek

Die Uferkante ist 50 cm hoch. Sollte der Parkplatz voll sein, kann man sein Auto bei einer ca. 100 m entfernten Skeelerbaan oder bei einem 300 m entfernten Sportgelände abstellen, beide in der Straße Syl.

Eine weitere gute Stelle mit Bootsrampe befindet sich auf der Südseite der *Brücke über das Heerenzijl* zwischen **Terherne** und **Goingarijp**. Parken kann man fast daneben *(53.027520, 5.780539)*.

Eine dritte gute Einsetzstelle findet sich mitten in **Goingarijp**, ebenfalls mit Bootsrampe und Parkplatz daneben (Straße De Hôf, *53.011124, 5.771294)*.

In **Langweer** gibt es in der äußersten Nordwestecke des alten *Passantenhafens (Oude Haven)* nahe dem Ortszentrum in der *Straße Pontdijk* eine Bootsrampe *(52.960205, 5.720125)* und ein niedriges Ufer. Auf der anderen Straßenseite bei einem Feuerwehrhaus gibt es Gratis-Parkplätze.

Befahrbarkeit, Schwierigkeiten

Alle Gewässer sind problemlos zu befahren.

Jedoch ab ***Windstärke 3*** sollten Anfänger die Seen meiden. Auch geübte Paddler sollten bei stärkeren Winden die Seen nicht unterschätzen. Es kann richtig rauer Seegang entstehen.

Besondere Vorsicht muss man gegenüber dem ***Frachtverkehr auf dem Prinses Margrietkanaal*** walten lassen. Die rege Berufsschifffahrt ist gewohnt, dass die Freizeitskipper rechtzeitig Platz machen. ***Sie hupen daher nicht und fahren auch im Gedränge ein hohes Tempo.***

Auf allen Wasserwegen muss mit motorisierter Freizeitschifffahrt gerechnet werden, vor allem an Sommerwochenenden mit schönem Wetter.

Bestimmungen Keine besonderen.

Umtragestellen Umtragen muss man nur an der Terzoolster Schleuse am Beginn der Terzoolster Zijlroede. Es gibt keine einschränkenden Regelungen für Kanuten.

Rastplätze In dem Gebiet gibt es so viele Rastplätze an den Ufern und Inseln, dass sie nicht alle aufgezählt werden können.

Übernachtungsmöglichkeiten
Es gibt viele Campingplätze direkt an den Gewässern, hier nur eine Auswahl:

RCN de Potten (leider teuer!) am Grutte Potten östlich von **Sneek** (www.rcn.nl).

Camping De Domp am Anfang der Oudvaart beim Yachthafen von **Sneek** (www.dedomp.nl/de/camping).

Camping Pasveer am nördlichen Stadtrand von **Sneek** (auch Hütten, Kanuvermietung, www.campingpasveer.nl).

Terherne: *Camping Ús Wetterpleats* (www.uswetterpleats.nl) und *Strandcamping* (auch 3 Kanus, www.strandcamping.nl).

Langweer: www.leyenspolder.nl und www.minicamping-friesland.nl

In **Joure** beim *Passantenhafen* (www.passantenhaven-joure.nl).

Lieblingscamping Der schlichte *Bauerncamping Synneveer* am Swarte Brekken südlich von **Sneek** (www.campingsynneveer.nl).

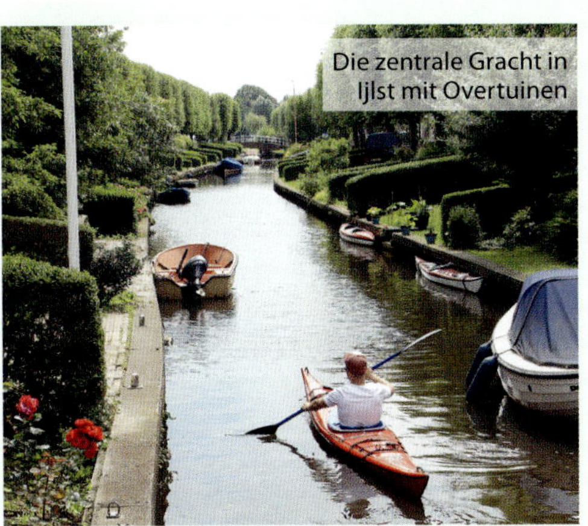
Die zentrale Gracht in Ijlst mit Overtuinen

Freie *Marrekrite-Plätze* an den Ufern oder auf den Inseln, an denen das Zelten erlaubt ist, sofern Schilder nichts anderes sagen. Dort ist allerdings außer einer Mülltonne keinerlei Service zu erwarten.

Kanuvermieter gibt es fast in jedem touristisch einigermaßen nennenswerten Ort, z.B. in **Sneek** am Houkesleat (www.hettoppunt.nl/de), in **Terherne** (www.waterpark-terherne.nl), in **Akkrum** (www.drijfveer.nl).

Tipp für Storchenfans
Am Südende von **Akmarijp** sind jede Menge Störche bei einem Bauernhof zu beobachten, die in ihren sieben Nestern hocken oder unerschrocken neben der Straße nach Joure nach Futter suchen (oder vielleicht auch nur für die Fotografen poussieren).

Weitere Route bei Sneek

Die Umrundung der Sneeker Altstadt ist nicht lohnend. Die Wasserwege im inneren der Altstadt sind durch schwimmenden Balken versperrt.

Ganz nett paddelt sich die **11-km-Runde** (orange Route) von **Sneek** über ***Woudvaart***, die Seen ***Wite (Witte)*** und ***Swarte (Zwarte) Brekken, Soelsleat (Zoolsloot)*** und ***Riper Feart (Jutrijpervaart)*** nach **Ijlst** und über die ***Geau (Geeuw)*** zurück. Höhepunkt ist die Fahrt durch das kleine **Ijlst** (fries. **Drylts**, eine der klassischen elf Friesenstädte), vor allem durch das innere Zentrum und die ***Overtuinen*** – das sind Gärten (tuinen), die nicht direkt bei den Häusern liegen, sondern jenseits („over") der Straße an der zentralen Gracht. Der zweite Höhepunkt ist das ***Waterpoort*** *(waren die Schotten dicht, kam niemand in die Stadt)* in **Sneek.**

Tour 2 e – Wasserwege bei Oudega

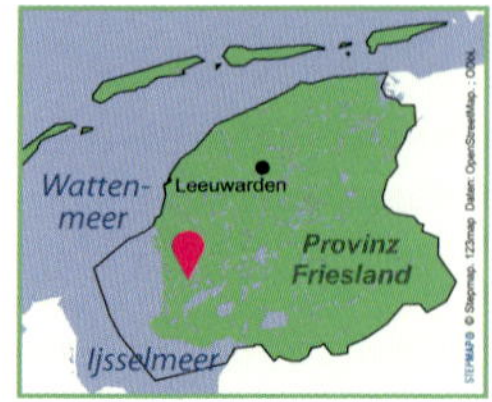

Die Südwestecke Frieslands begeistert mich immer wieder mit den vielen unterschiedlichen Kanurouten. Man kann tagelang paddeln und immer wieder neue kleine und große Seen entdecken und Verbindungswege erkunden. Die meisten Gewässer teilt man sich mit anderen Wassersportlern. Auf einigen kommt man aber nur mit einem Kanu zurecht.
Zu einer besonders schönen Tour startet man im Passantenhafen von Oudega (fries. Aldegea).

Oudega-Heeg-Runde, 22 km

Die Route sollte wegen der relativ großen offenen Wasserflächen bereits bei mäßigen Winden nur noch von geübten Kanuten mit entsprechender Ausrüstung gefahren werden.

Vom ***Passantenhafen*** gehts zum ***Dorfhafen*** von **Oudega (fries. Aldegea)** und dort unter der Brücke durch. Dann folgt man dem kleinen Kanal Richtung Süden. Bei einem ***Schöpfwerk*** teilt er sich. Links herum gelangt man zum ***Idzegeaster Poel*** und auf dem ***Weisleat*** nach **Heeg**

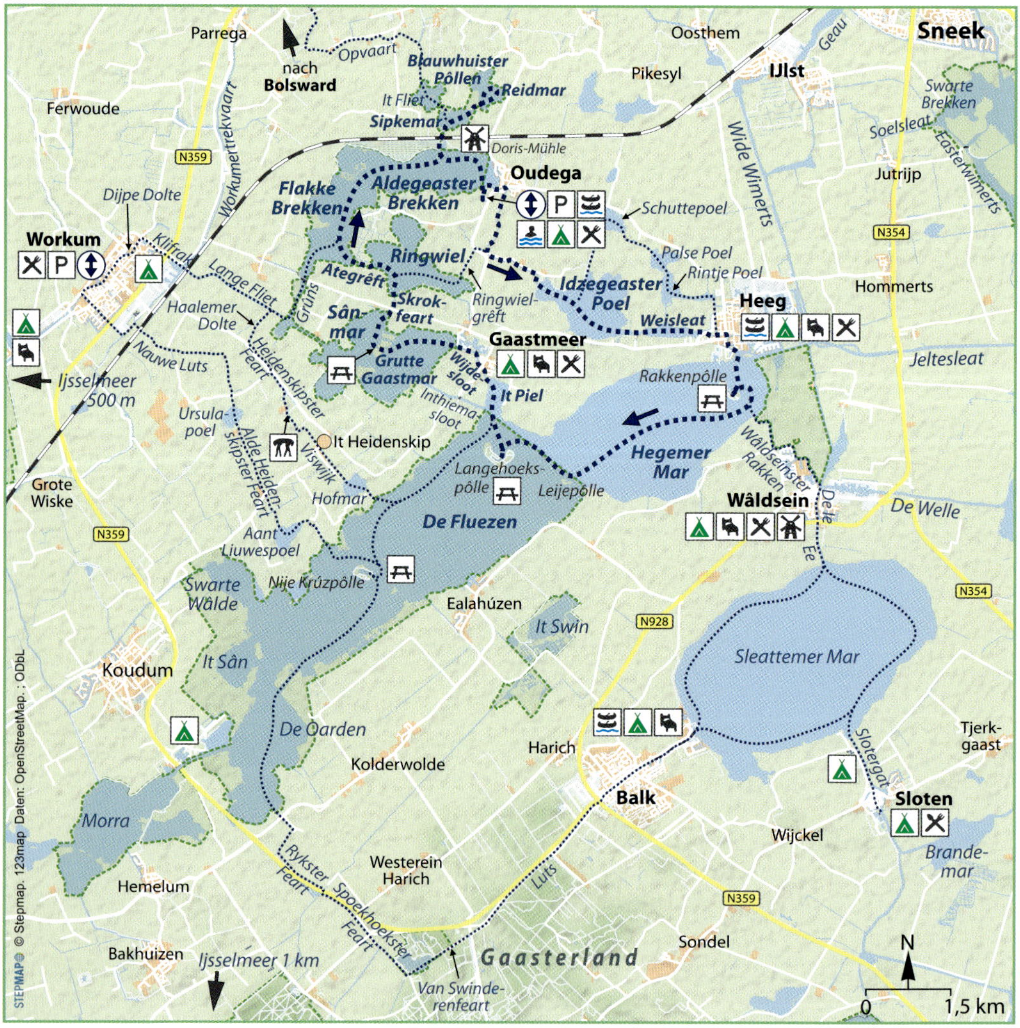

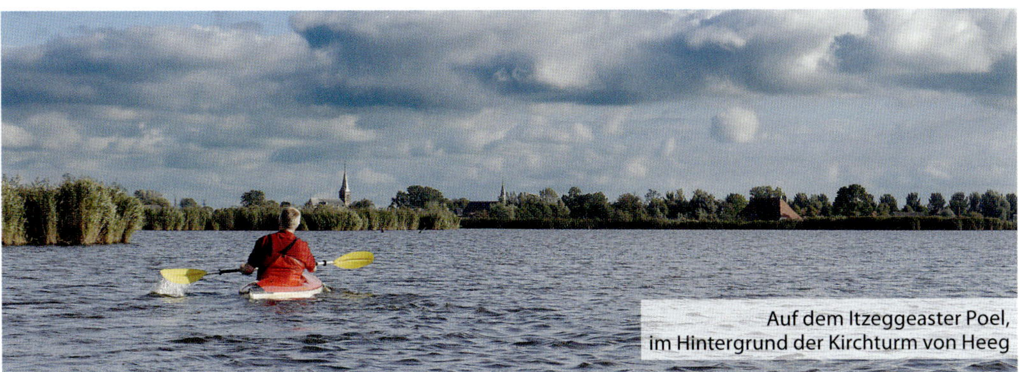
Auf dem Itzeggeaster Poel, im Hintergrund der Kirchturm von Heeg

(fries. Heech). Wer jetzt schon die erste Pause einlegen will, hat in diesem kleinen, aber quirligen wassertouristischen Zentrum mehrere ***Cafés*** zur Auswahl. *Wegen seiner guten Verbindungen über die Wasserwege mit allen friesischen Städten setzte schon früh reger Handel ein. So wurde ab 1731 Aal nach London exportiert, wo die Palingaaken, friesische Handelssegler, über 200 Jahre einen festen Liegeplatz in der Nähe des Billingsgate Fishmarket hatten.*

Unweit des Zentrums mündet der Wasserweg in das ***Hegemer Mar (Heegermeer).*** Gegenüber ist die Insel ***Rakkenpôlle*** zu sehen, auf der man gut ***rasten*** kann.

Möglicher Abstecher Hinter der Insel könnte man auf dem ***Wâldseinster Rakken*** nach **Woudsend (fries. Wâldsein)** fahren – ein Dorf mit schöner Wasserfront und toller Mühle, in dem sich mehrere Kanurouten auftun.

Diesmal soll es jedoch auf dem ***Hegemer Mar*** in südwestliche Richtung weitergehen. Nach 3 Kilometern erreicht man im See ***De Fluezen (Fluessen)*** die kleine Insel ***Leijepôlle*** und näher am gegenüberliegenden Ufer das etwas größere ***Eiland Langehoekspôlle***. Beide haben ***Anlegemöglichkeiten*** für Yachten und laden zum Ausruhen und Baden ein. Nördlich der ***Langehoekspôlle*** ist die Bucht ***It Piel*** und dahinter der Ort **Gaastmeer (fries. De Gaastmar)** zu sehen. Die nette Dorfgracht ***Wijdesloot*** ist als Verbindung zum ***Grote Gaastmeer*** dem kürzeren Yntemasleat (Inthiemasloot) vorzuziehen, denn letzterer folgen die vielen Yachten. Deren Wellen werden unangenehm von den Ufern zurückgeworfen, so dass man dauernd von Kreuzseen durchgeschüttelt wird.

Im ***Grutte Gaastmar (Grote Gaastmeer)*** gibt es eine Reihe von Anlegemöglichkeiten. Für Kanuten scheint mir der Durchstich ***Boterpol*** zum benachbarten ***Sânmar (Zandmeer)*** am besten für eine Rast geeignet. Hier lässt sich gut picknicken, in der Sonne liegen, baden, den anderen Wasserwanderern bei ihren Aktivitäten zusehen und einfach den angenehmen Sommertag genießen. Von der Nordspitze des ***Sânmars*** geht es über die kurze ***Skrokfeart*** zum See ***Ringwiel***.

Abkürzung bei starkem Wind Von der Nordostecke des Sees ***Ringwiel*** kann man über die ***Ringwielgrêft*** zu dem Kanal gelangen, auf dem man in **Oudega** gestartet ist. Wenn einem der Wind zu sehr zusetzt, ist das eine gute Abkürzung.

Meine Route führt jedoch zum westlichen „Ausgang", der ***Ategrêft***, zum See ***Flakke Brekken.*** Dieser geht in den ***Aldegeaster*** (***Oudegaaster) Brekken*** über, dem Haussee von **Oudega**.

Abstecher Bevor man zum Startpunkt zurückkehrt, könnte man noch zu den ***Blauwhuister Pôllen*** fahren. Das sind drei kleine, fast einsame Seen. Die Verbindung ist am Nordufer des ***Aldegeaster Brekken*** ca. 200 m westlich der hübschen ***Doris-Mühle*** zu finden.

Ergänzende Infos zu den Wasserwegen bei Oudega

Fahrtenmöglichkeiten

Auf dem Weg nach **Heeg** kann man vom ***Itzegeaster Poel*** einen hübschen 2 km langen Umweg über die kleinen Seen ***Schuttepoel, Palse Poel*** und ***Rintje Poel*** machen. Um die Verbindung zum erstgenannten See zu finden, sollte man sich auf dem Itzegeaster Poel am linken Ufer halten.
Der Wasserweg vom Schuttepoel nach Oudega ist wegen der vielen niedrigen Hauszufahrten nicht fahrbar.

Die Oudega-Heeg-Runde kann erweitert werden, wenn man vom See ***Fluessen*** nicht zum Gaastmeer paddelt, sondern über ***Hofmar*** und ***Viswijk*** zum Dörfchen **It Heidenskip (Brânburren)** und weiter über die ***Heidenskipster Feart (Heidenschapstervaart)*** – hier muss 1x unkompliziert über einen Straßendamm umtragen werden –, ***Haalemer Dolte*** und ***Grûns*** zurück nach **Oudega** fährt. Gesamte Runde dann 27 km.

Einsetzstellen

Einsetzen in **Oudega:** An der *Bootsrampe (Trailerhelling)* vor der Rezeption des *Camping De Bearshoeke* (*52.991728, 5.545462*, parken am Straßenrand) oder 230 m weiter in der hinteren Ecke des *Passantenhafens* (Parkplatz daneben, *52.990159, 5.543965*).

Schwierigkeiten

Alle Gewässer sind problemlos zu befahren.

Spätestens ab Windstärke 2 sollten Ungeübte die großen Seen meiden.

Bestimmungen Keine für Kanuten.

Campingplätze

Camping Lân en mar in **Heeg** am Weisleat, mit Hütten und Kanuvermietung (www.campingheeg.nl).

Camping het Klokhuis in **Idzega / Idzegea** an der Westbucht des Idzegaaster Poel, Kanuvermietung (www.campinghetklokhuis.nl).

Camping De Bearshoeke in **Oudega / Aldegea**, auch Hütten (www.bearshoeke.nl).

Camping Gaastmeer am Srokfeart / Zandmeer, 6 km westlich von **Heeg** (www.campinggaastmeer.nl).

Mehrere *Bauerncampings* an den verschiedenen Seen.

Ferienhäuser u.a. in **Heeg, Gaastmeer, Workum, Woudsend, Balk.**

Kanuvermietung

Jachtwerf Bootsma in **Oudega** (www.watersportbedrijfdewerff.nl/de).

De Ulepanne in **Balk** (www.ulepanne.nl).

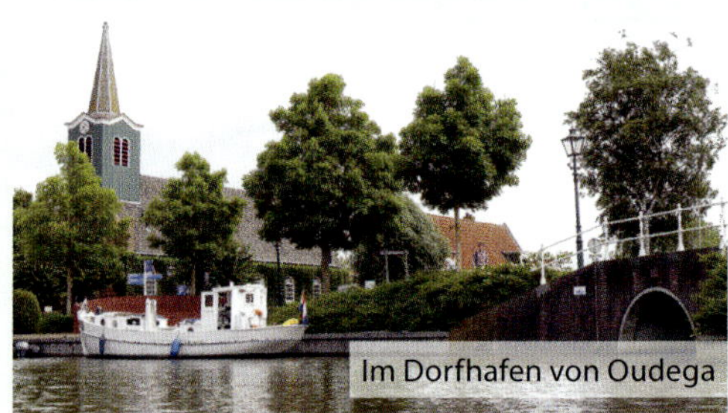

Im Dorfhafen von Oudega

Weitere Routen und Abstecher

(1) Sehr lohnend ist eine **Erweiterung der beschriebenen Tour**, bei der man auf dem ***Fluezen (Fluessen)*** 3 km weiter südwestwärts fährt. Auf Höhe der (ebenfalls empfehlenswerten) Insel ***Nije Krúzpôlle*** zweigt am Nordufer ein Wasserweg zum ***Aant Liuwespoel*** ab. Vom „Liebesteich der Enten" geht es über die ***Alde Heidenskipster Feart,*** den ***Ursulapoel*** (benannt nach einem ehemaligen Kloster) und den ***Nauwe Luts (Larts)*** nach **Workum (fries. Warkum).** Der Wasserspiegel liegt streckenweise höher als das Weideland und bietet vor allem in der Abendsonne wunderbare Ausblicke. Unterwegs muss man eine sehr niedrige Brücke bewältigen. In **Workum** sollte man bei einem der *Cafés* auf dem hübschen kleinen *Platz Merk* im Ortszentrum neben der großen Kirche einkehren. Auf dem ***Djipe Dolte, Klifrak*** und ***Lange Fliet*** geht es zum ***Grûns (Grons)*** und damit zur Ausgangsroute zurück.

Einsetzen: Will man ab **Workum** einen Teil der Route fahren, setzt man beim *Parkplatz* nahe des Merk ein (von der Hauptstr. Súd etwa bei Hausnr. 23 abbiegen, *52.977437, 5.443052*).

Camping: Innenstadtnaher *Minicamping „Jachthaven Bouwsma"* in **Workum** (www.jachthavenbouwsma.nl) und *Aquaresort Camping It Soal* am **Ijsselmeer** (www.itsoal.nl).

(2) Ein **größerer Abstecher** führt über den gesamten ***Fluezen (Fluessen)*** zum Anschlusssee ***De Oarden*** und dann über ***Ryster Feart, Spoekhoekster Feart, Van Swinderenfeart*** und ***Luts*** zum ***Sleattemer Mar (Slootermeer).*** Dabei berührt man das eiszeitlich geprägte, bewaldete und hügelige *Gaasterland*. Es lohnt ein Abstecher ins idyllische **Sloten**, ehe man über **Woudsend (Wâldsein)** und **Heeg** zurückkehrt.

Camping: Am See ***De Oarden*** (www.kuilart.de) sowie am ***Sleattemer Mar (Slotermeer)*** in **Balk** (www.marswal.de). Zwei Campingplätze in **Sloten** (www.campingdejerden.nl und www.lemsterpoort.nl), *Camp. De Rakken* in **Woudsend** (auch Hütten, www.derakken.nl).

Kanuvermietung „de Ulepanne" in **Balk** (www.ulepanne.nl).

(3) Interessant und teilweise schön ist die **Fahrt zur** sehenswerten Stadt **Bolsward (fries. Boalsert).** Vom ***Oudegaaster (Aldegeaster) Brekken*** und den kleinen Nebenseen ***Sipkemar (Sipkemeer)*** und ***It Fliet (Het Vliet)*** sowie der schönen ***Opvaart***, die sich erhöht durch das weite Wiesenland bei **Blauwhuis (fries. Blauhûs)** schlängelt, und die eher nüchterne ***Workumertrekvaart*** gelangt man hin. In **Bolsward** lohnt vor allem die Fahrt mitten durch die Altstadt am bemerkenswerten *Rathaus* vorbei und eine Stadtbesichtigung.

Ein-/Aussetzen: In **Bolsward** am Parkplatz *(53.063809, 5.520129)* neben der Sint Maartenschool in die Stadsgracht.

Übernachten: Stadscamping Bolsward (Vitaloo-Schwimmbad), östliche Singelgracht.

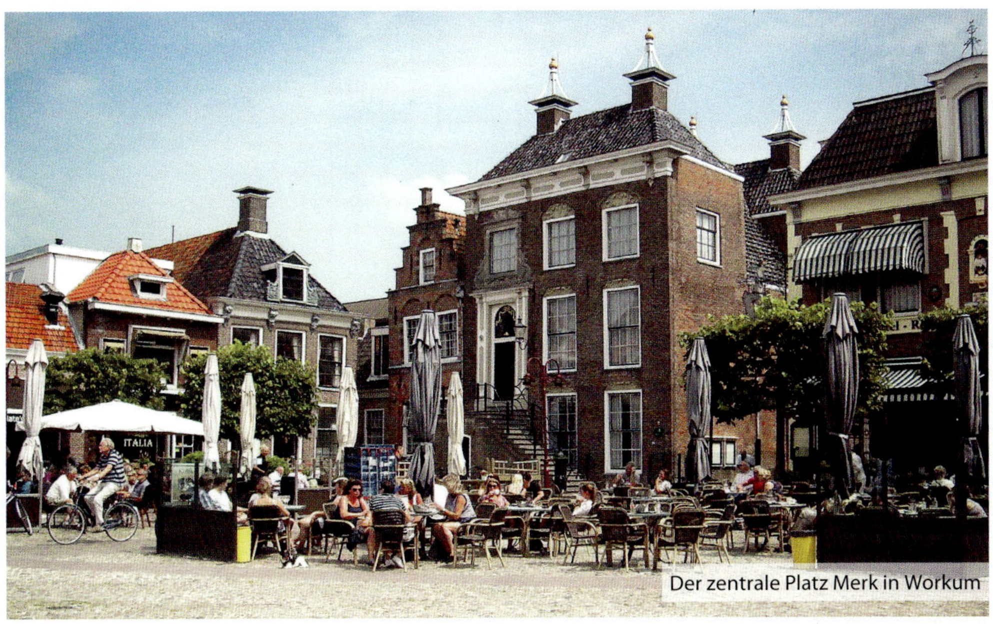

Der zentrale Platz Merk in Workum

Tour 2 f – Kanuroute Boven Linde (Oberlinde)

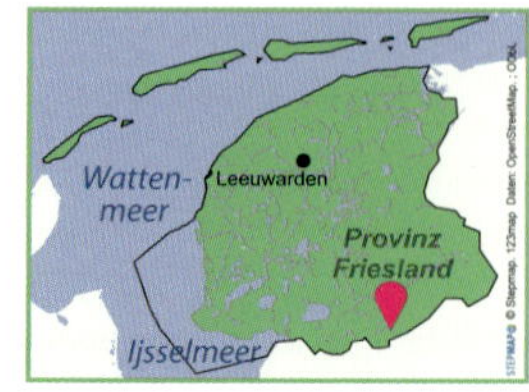

Stellingwerf ist eine Gegend im Südosten von Friesland, die früher zu Drenthe gehörte und in der bis ins letzte Jahrhundert ein Drenther Dialekt gesprochen wurde. Auch landschaftlich erinnert einiges an die Nachbarprovinz.

Mittendurch fließt die Linde (im Dialekt Lende genannt). Wunderbar ist vor allem der als „Lindevallei" (bzw. Lendevallei = Lindetal) unter Schutz gestellte Naturraum am Oberlauf. Die Ufer sind niedrig und verwildert, die Wiesen moorig und artenreich. Hier hängen ausladende Äste der Bäume über dem Wasser. Einige kleinere Nebenseen sind zu sehen. Früher hat man dort Torf gegraben. Die Zufahrten sind allerdings gesperrt. Mehrere Altarme stehen mit der Linde in offener Verbindung, dürfen aber nicht befahren werden.

Bei Oldeberkoop an der N353-Brücke ist von der Schönheit noch nicht viel zu sehen. Dort ist die Linde stark begradigt und bereits im Frühsommer arg verkrautet. Erst 5 km unterhalb dieser Stelle, bei der ehemaligen Heloma-Schleuse, beginnt die Herrlichkeit. Die Schleuse stammt aus den Zeiten, in der die Linde noch als Transportweg vor allem für Torf genutzt wurde. Heute ist sie eine Ruine, in deren obere Mauern ein Wehr eingebaut worden ist. Man kann die Stufe im Schleusenumlauf umtragen. Allerdings ist das Wasser bei den Kanustegen sehr dicht mit Pflanzen bewachsen.

Eine Kanutour sollte daher besser in der Noordwoldervaart beginnen, die direkt unterhalb der Heloma-Schleuse in die Linde mündet.

Auf der Oberlinde (Boven Linde), 15 km

Bei dem untersten Wehr der ***Noordwoldervaart*** nahe des Mini-Ortes **De Hoeve** kann man gut parken und für die Tour einsetzen (Ijkenweg, *52.895996, 6.087718*). Den mit einem dicken Balken befestigten Einsetzpunkt ca. 25 Meter unterhalb der Stufe am linken Ufer muss man im hoch gewachsenen Gras allerdings erst einmal finden. Nach knapp 1 km erreicht man den Fluss ***Boven Linde*** bei einer Klappbrücke und einem *Picknickplatz*. Auf einem Schild wird die besondere Bedeutung der geschützten Wiesenlandschaft erläutert.

Den Abschnitt bis zur nächsten Brücke, der ***Kontermansbrug,*** hat man vor ein paar Jahren renaturiert und Kurven eingebaut. Hier schlängelt sich der Wasserlauf wieder so, wie er es vor der Begradigung in den 1920er Jahren überall getan hat. *Die Kontermansbrücke ist nach Jan Harmen Kontermans benannt, der hier um 1750 Schleusenmeister war. Die Schleuse bestand von 1642 bis 1924.* Heute wohnt hier Familie Dedden, die eine ***Kanuvermietung*** betreibt sowie Eis und Kaltgetränke verkauft. Auf der anderen Seite der Brücke gibt es einen *Picknickplatz* und eine weitere *Einsetzmöglichkeit* mit *Kanusteg* und *Parkplatz*. Ab da paddelt man durch das urwüchsige ***Lindevallei***.

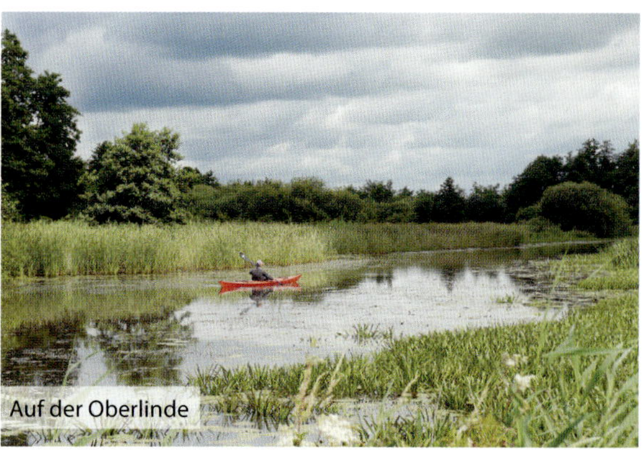
Auf der Oberlinde

Auf der Höhe von **Wolvega** wird die Linde allmählich etwas nüchterner, bleibt aber ein schöner Fluss. Kurz hinter einer Fußgängerbrücke, bei der man auch rasten könnte, geht sie in die seenartige Verbreiterung ***Het Wijde*** über. Am Nordufer gibt es eine

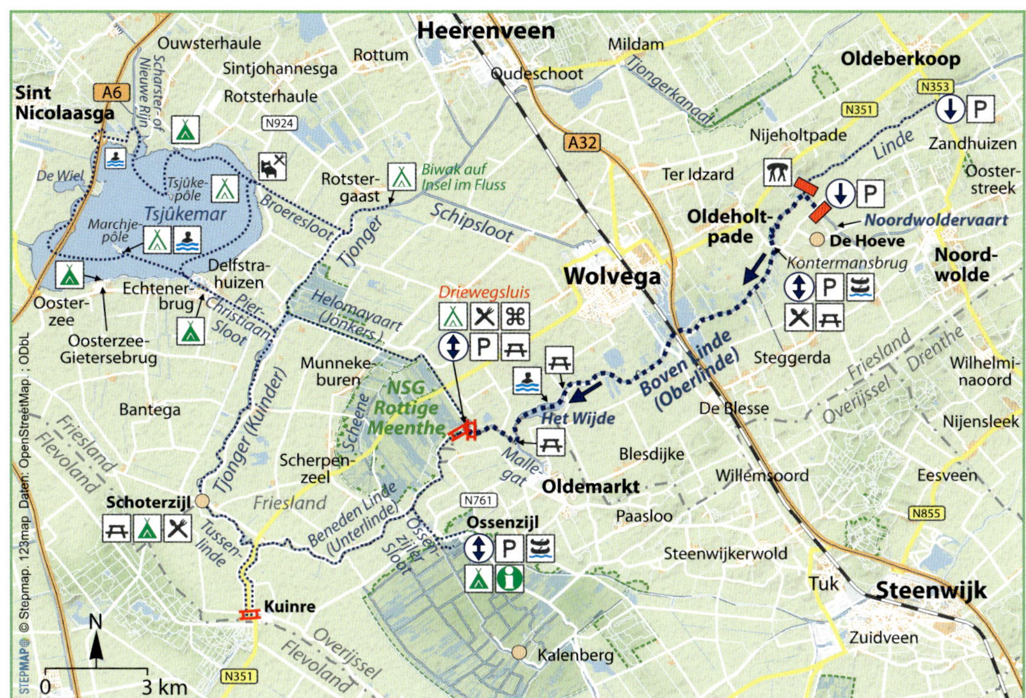

schöne *Badestelle*. Unterhalb der Verbreiterung mündet der Stichkanal ***Mallegat*** von **Oldemarkt** ein. Hier lässt sich von einem ***Picknickplatz*** aus beobachten, wie Wanderer und Radfahrer sich selbst durch Kurbeln mit der handbetriebenen Fähre von einem Ufer zum anderen verschiffen. Das Drehen ist offenbar so anstrengend, dass sie auf halber Strecke erschöpft eine Pause einlegen müssen.

Nach der Rast ist es nicht mehr weit bis zur fast einzigartigen ***Driewegsluis***. Dort endet die ***Boven Linde (Oberlinde).*** Am *Parkplatz* kann man gut die Fahrt beenden und aussetzen.

Die **Dreiwegschleuse „Driewegsluis Nijetrijne"** bei **Oldemarkt** von 1927 ist heute von allgemeiner kultur- und wasserbaugeschichtlicher Bedeutung – in den Niederlanden sind nur drei dieser Art bekannt.

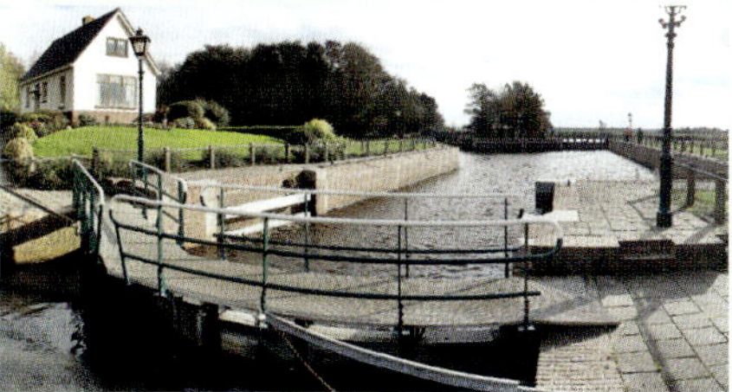

Wie der Name sagt, kann man von drei Seiten aus ein-/ausfahren: von der Beneden Linde (Unterlinde), von der Boven Linde (Oberlinde) und von der Helomavaart. Weil die Schleuse den Schiffsgrößen nicht mehr gerecht wurde, stellte man sie 1973 außer Dienst und baute einen Steinwurf entfernt die moderne H.P. Linthorst Homansluis. Seit ihrer Restaurierung 1995 ist das historische Bauwerk wieder voll funktionsfähig.

Auf der Insel zwischen der alten und der neuen Schleuse gibt es ein Schleusenwärterhaus, einen Pavillon mit Restaurant (www.driewegsluis.nl), einen Parkplatz und WoMo-Stellplatz mit Toilette und eine Picknickstelle mit mehreren Schildern, auf denen der Gesamtkomplex beschrieben wird. Man erfährt etwas über den eiszeitlichen Ursprung der Linde, ihre Begradigung und über die Gegend Stellingwerf.

Ergänzende Informationen zur Oberlinde

Fahrtenmöglichkeiten
Die Tour kann auf 12 km verkürzt werden, wenn man beim kleinen kostenlosen Parkplatz unterhalb der ***Kontermansbrug*** östlich von **Wolvega** startet (Vinkegavaartweg, *52.885359, 06.069614*). Aussetzen jeweils bei der **Driewegsluis** *(52.836144, 5.935151).*

Befahrbarkeit, Schwierigkeiten
Die Linde ist auch für Anfänger problemlos in beide Richtungen befahrbar, da es keine Strömung gibt.

Bestimmungen Die Ufer dürfen nur an den Rastplätzen betreten werden.

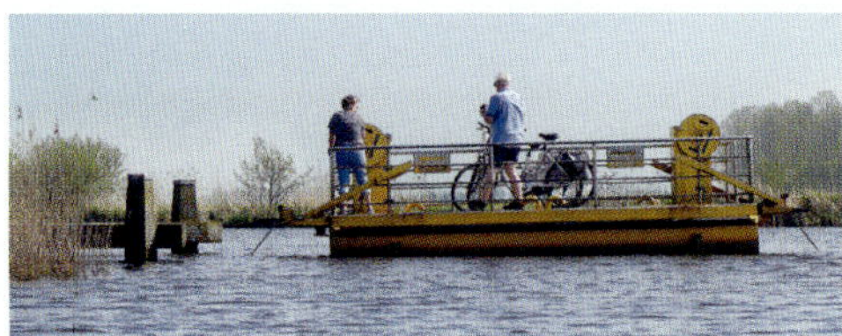

Umtragen
Kein Umtragen, außer man startet in Oldeberkoop oder fährt auf der Unterlinde weiter.

Kanuvermietung
Familie Dedden an der Kontermansbrug, Vinkegavaartweg 7, 8474 EB Oldeholtpade, Tel. +31 (0)561 68 82 96.

Zeltmöglichkeit
Biwakplatz an der Ostseite der Schleuseninsel bei der **Driewegsluis**.

Nächster Campingplatz: *De Kluft* in **Ossenzijl,** mit Kanuvermietung (www.dekluft.nl).

Karte
ANWB Topografische Kaart Friesland zuid Noordoostpolder, 1:50.000.

Tipp für eine Radtour
Der attraktive *Radweg* entlang der Linde, teils direkt am Wasser, teils etwas abseits.

Weitere Routen und Abstecher

(1) Auf der ***Unterlinde*** **4 km** bis **Ossenzijl** (Tor zum Nationalpark Weerribben-Wieden) oder **11 km** bis **Kuinre** paddeln, wo der Fluss gemeinsam mit dem verlängerten Zwillingsfluss ***Tjonger*** früher bis zum Aufspülen des Nordwestpolders der neuen Provinz Flevoland in die Zuiderzee mündete. Auch wenn die ***Beneden Linde (Unterlinde)*** stärker kanalisiert ist, geht es immer noch angenehm kurvig durch weites Wiesen- und Weideland. An der Nordseite begleitet der gewundene „Lindedeich" aus dem 12. Jahrhundert in einigem Abstand den Fluss. Einige alte Bauernhäuser stehen auf erhöhter Lage hinter dem Deich.

(2) Empfehlenswert ist auch die **28 km-Runde** (kein Umtragen) von der **Driewegsluis** über die ***Unterlinde*** nach **Kuinre** (s. Route **(1)** oben), dort durch die *Schleuse* (auch einzelne Kanus werden geschleust) und weiter auf ***Tussenlinde (= Zwischenlinde = verlängerter Tjonger),*** den unteren ***Tjonger*** (auch ***Kuinder***) und den eher unattraktiven ***Jonkers*** (auch ***Helomavaart***). Besonders schön ist dabei der ***Tjonger*** zwischen **Schoterzijl** (der ursprünglichen Mündung) und ***Jonkers***. Es macht Spaß, den weiten Kurven zu folgen, an schmalen Schilfinseln, Seerosenfeldern, niedrigen Deichen mit tiefliegenden Wiesen davor und an einigen alten Bauernhäusern vorbeizupaddeln. Diesen Rundkurs kann man auch mit einem bis zu **23 km** langen **Abstecher** zum ***Tsjûkemar (Tjeukemeer)*** **erweitern**.

(3) Die höchst erfreuliche kleine **Runde** über ***Scheene*** und ***Unterlinde*** **durch** das **Moor-Naturschutzgebiet Rottige Meenthe** wird separat beschrieben (nächste Seite).

(4) Die Routen durch die angrenzenden **Weerribben** siehe Provinz Overijssel Seite 218.

Tour 2 g – Scheene-Unterlinde-Runde, 13 km

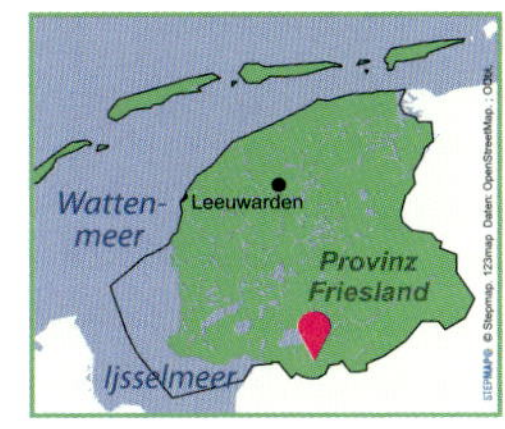

Der Parkplatz an der sehenswerten ***Driewegsluis*** von **Nijetrijne** (mehr dazu siehe Seite 81) ist eine gute ***Einsetzstelle*** für die Runde auf der ***Scheene*** und der ***Beneden Linde (Unterlinde).*** Man setzt am besten gleich bei der Umtragestelle an der Driewegsluis zunächst in die ***Oberlinde*** ein und fährt östlich um die Schleuseninsel herum. So vermeidet man das Schleusen in der modernen H.P. Linthorst Homansluis bzw. einmal Umtragen.

Der erste Abschnitt führt 3 km auf der wenig attraktiven ***Helomavaart (Jonkers)*** bis zu einer stillgelegten Schleuse. Hier mündet die ***Scheene (Scheenesloot, fries. Skeansleat),*** der zentrale Wasserlauf im urwüchsigen Moorgebiet ***Rottige Meenthe.*** Bereits hier ist die ganze Schönheit dieser Gegend zu erahnen. Ein romantischer Platz zum ***Rasten*** mit urtümlichem ***Schleusenwärterhäuschen „Op de Ruumte"***, ehemaliger ***Kneipe „De laatste Stuiver" (heute B&B)*** und halb versteckter ***Windmühle „Molen de Rietvink"*** von 1855 ***(mit Kaffeegarten an den Wochenenden)*** dahinter sowie dem Blick auf die verwilderte Natur am urigen Wasserlauf. *Die „neue Schleuse" ist im Originalzustand von 1914 erhalten, als sie noch wichtig für die Torfverschiffung war. Um 1800 herum begann man mit dem Abbau des Torfs, der überwiegend nach Amsterdam verschifft wurde. Das B&B heißt „de laatste stuiver" (der letzte Penny), benannt nach einem früher bekannten Schiffercafé, das dort war. Die Schiffer kratzten ihr Geld für einen letzten Schnaps zusammen, ehe es auf die lange Reise mit dem Torf nach Westen ging.*

Nach dem ***Umtragen*** (Stege an beiden Seiten der Schleuse) fährt man an wunderbaren Ufern, einigen schönen alten Häusern und Bruchwald aus Birken, Erlen und Sträuchern entlang. Blumen wachsen auf sumpfigen Wiesen. Mit etwas Fantasie könnte man sich 200 Jahre zurückversetzt fühlen. An einigen Stellen kann man in kurze abzweigende Gewässer abbiegen, meist Reste vom Torfabbau.

Für eine weitere Pause könnte man eine ***Hütte des Naturschutzverbandes*** nutzen. Ab und zu fliegen Störche über die Bäume. Die meisten sind in einer Storchenstation zuhause, an der man bald vorbeikommt. Vorher passiert man noch eine Straßenbrücke im Verlauf des Kerkewegs, die ***Ale Bakkers Broggien,*** mit einem ***Parkplatz*** daneben, bei dem man ebenfalls gut ***einsetzen*** kann, vor allem, wenn man nur eine Hin- und Herfahrt auf der Scheene machen will. *Die „Broggien" (Brücke) ist nach einem Reetdachdecker benannt, der einst hier gewohnt hat.*

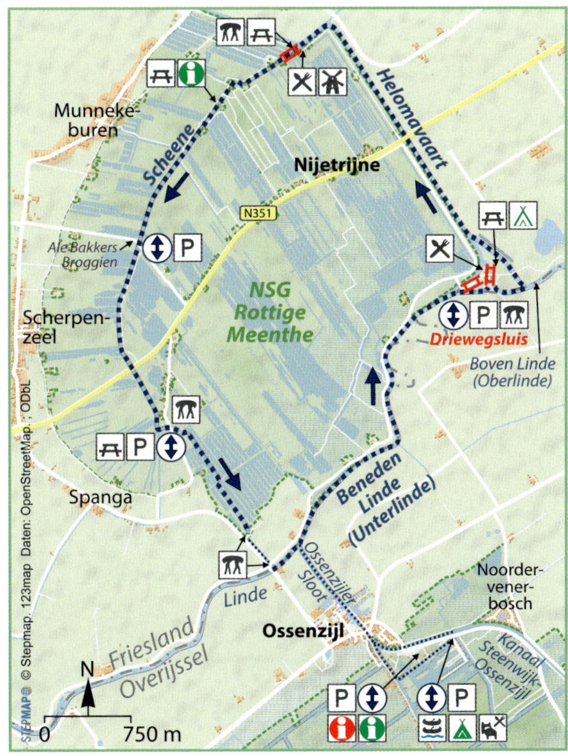

Gut einen Kilometer weiter zeigt ein Schild, dass man links abbiegen soll. Der Abzweig endet nach ein paar Metern an einem niedrigen Straßendamm. Dort befinden sich ebenfalls eine offizielle ***Einsetzstelle*** und ein ***Parkplatz***.

Nach dem Umsetzen geht es hauptsächlich in südliche Richtung weiter. Auf halber Strecke fährt man unter einer sehr schmalen Brücke durch, die eigens für Kanuten in einen Wegedamm eingebaut wurde. Man hat es hier mit Wasserflächen zu tun, die von Dämmen in zahlreiche Rechtecke unterteilt werden. Es sind Überbleibsel des Torfabbaus. Auf den Karten sehen sie recht geordnet aus. In der Natur ist es jedoch nicht ganz so schematisch, so dass man sich leicht verfahren kann.

Nach einem Kilometer muss man bei einem Schotterweg ***aussetzen***. Man kann in den zur nahen Straße parallel verlaufenden breiten ***Graben*** an einem Holzsteg gleich ***wieder einsetzen***, ca. 150 m paddeln und ***erneut umtragen*** oder beide Portagen mit einem Bootswagen zusammen bewältigen, zumal der Graben in den letzten Jahren halb zugewachsen ist. Nach dieser Aktion geht es auf der ***Unterlinde*** weiter. Nach 200 Metern auf dem Fluss passiert man den Abzweig des Ossenzijler Sloots. Nun sind es drei ansprechende, leicht kurvige Kilometer zurück zur **Driewegsluis**. Alte Bauernhäuser sind hinterm Deich zu sehen, der 1825 von den Friesen gegen das Hochwasser im damals noch offenen Gezeitenfluss angelegt wurde. Auf der anderen, der Overijsselser Seite, gab es keinen Deich, so dass Überschwemmungen hier oft viele Tote forderten und schwere Schäden anrichteten.

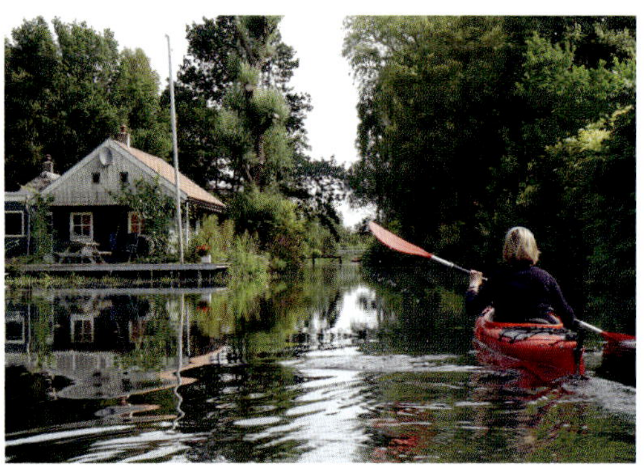

Ergänzende Informationen zur Scheene

Fahrtenmöglichkeiten

Der schönste Scheene-Abschnitt ist ca. 4 km lang.

Einsetzstellen, Umtragen

Angaben zur *Einsetzstelle* bei der **Driewegsluis** siehe Tourenbeschreibung Linde.

Für eine einfache Hin-und-Heerfahrt empfiehlt sich der Parkplatz neben der Brücke *Ale Bakkers Broggien (52.839261, 5.890617)* im Zuge des Kerkwegs. Die Stelle ist einfach über die N351 zu erreichen.

Bei der Rundfahrt *4x umtragen,* bei der Hin-und-Herfahrt kein Umtragen.

Wer die Runde im Uhrzeigersinn paddelt, findet bei der Straßenbrücke über die Linde in der Nähe des Abzweigs des ***Ossenzijler Sloots*** (Wasserweg nach Ossenzijl und zu den Weerribben) den Wegweiser „Scheene-Route". Weitere Schilder fehlen, so dass man sich auf dem Abschnitt zwischen Linde und Scheene leicht verfahren kann.

Bestimmungen, Schwierigkeiten

Die Gewässer sind problemlos und in beide Richtungen befahrbar. Keine besonderen Bestimmungen.

Camping, Kanuvermietung

Campingplatz & Kanuvermietung *De Kluft* in **Ossenzijl** (www.dekluft.nl).

Biwakplatz an der Ostseite der Schleuseninsel bei der **Driewegsluis**.

Gerade so ausreichend ist die Karte

ANWB Topografische Kaart Friesland zuid Noordoostpolder, 1:50.000.

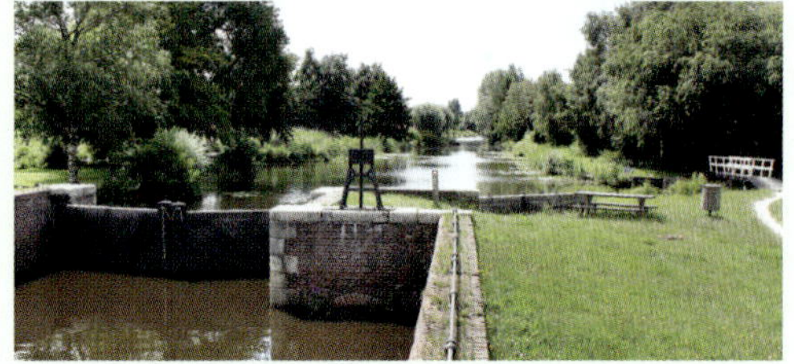

3 – Die Provinz Flevoland

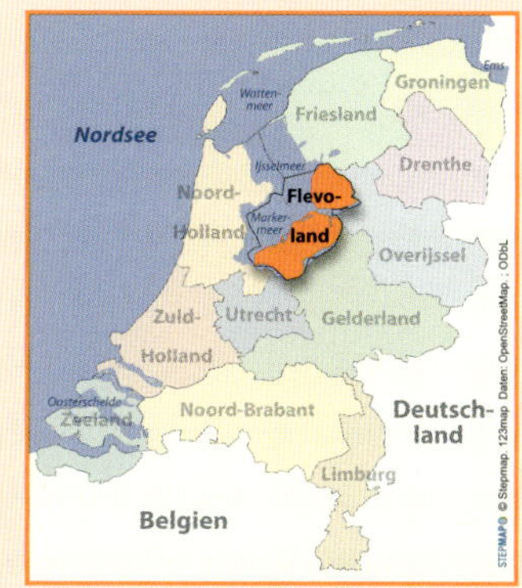

Zur Römerzeit gab es im Gebiet des heutigen Ijsselmeers einen größeren Binnensee mit einem schmalen Ausfluss zur Nordsee, den Lacus Flevo. Infolge des steigenden Meeresspiegels und verheerender Sturmfluten wurde im Mittelalter aus dem Flevosee zunächst das deutlich größere Almere (= großer See) und später die gewaltige Meeresbucht Zuiderzee. Ab 1200 begannen die Menschen verlorenes Terrain zurückzuerobern. Die technischen Möglichkeiten waren bescheiden. Entsprechend klein blieben die Landgewinne.

Erst im 20. Jahrhundert wurde man erfolgreicher. Nach Plänen von Cornelius Lely legte man nach ersten Erfahrungen mit einem kleinen Versuchspolder das Wieringmeer im Norden der Provinz Noord-Holland trocken. 1932 folgte der 32 km lange Abschlussdamm. Damit war aus der offenen Meeresbucht der Binnensee Ijsselmeer geworden. Von 1937 bis 1942 entstand der Noordoostpolder am friesischen Ufer. Der große Höhenunterschied zu den angrenzenden Gebieten führte dort zum Absinken des Grundwasserspiegels und dem Austrocknen des alten Landes, zu Bodensackungen und Senkungen von Gebäuden. Um dies zu vermeiden, blieb zwischen den beiden neueren Poldern, Ostflevoland und Südflevoland (1957 bzw. 1968 trockengelegt) und dem alten „Festland" bzw. dem Noordoostpolder ein Streifen Ijsselmeer erhalten, die heutigen „Randmeere".

Die drei jüngeren Polder bilden seit 1986 die Provinz Flevoland. Man sieht ihr an, dass sie am Zeichentisch entworfen wurde. Eine gerade Deichlinie im Norden, rechteckige Waldstücke mit einheitlichen Bäumen, Straßen, die über viele Kilometer keine Kurve kennen, Äcker und Wiesen, die irgendwie steril wirken. Nicht überall ist es so reizlos. So haben sich die Oostvaarders Plassen zwischen der schnell wachsenden Großstadt Almere und der Provinzhauptstadt Lelystad mittlerweile zu wertvollem Naturgebiet entwickelt (Befahrung verboten). Und an manchem Uferstreifen an den Randmeeren sind schöne Strände, Wald- und Heidelandschaften zu finden.

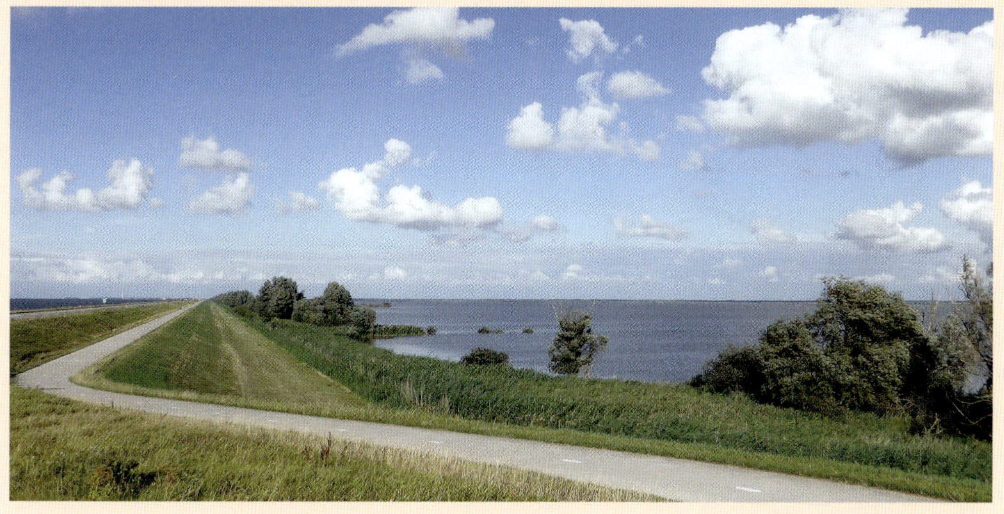

Das Paddelrevier

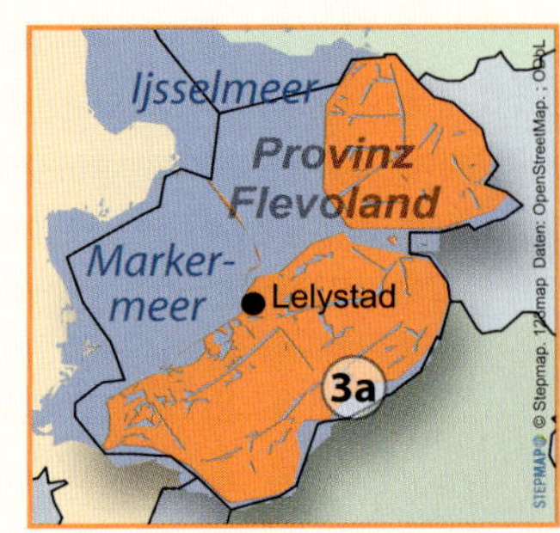

Die Gewässer in allen drei Poldern sind bis auf einige kleinere Seen reizlose, schnurgerade Kanäle mit einheitlichen Schilfufern, von denen in regelmäßigen Abständen im rechten Winkel breite Entwässerungsgräben abzweigen. Ich kann mir nicht vorstellen, dass jemand dort gerne paddelt. Eventuell kommen Kanuten, die sich für moderne Stadtarchitektur begeistern können, bei einer Tour durch Almere auf ihre Kosten.

Interessanter sind die Randmeere. Dazu zählen alle Seen zwischen **Ketelmeer** und **Gooimeer**, nicht jedoch das Vollenhover, das Kadoeler und das Zwarte Meer am Südostrand des Noordoostpolders, obwohl sie auf dieselbe Weise entstanden sind. Die 80 km lange Strecke von der **Ijsselmündung** bis zur **Hollandsebrug** bei Almere ist jedoch auch nur stellenweise empfehlenswert.

Allein das 18 km lange **Veluwemeer** (3a) ist ein wirklich lohnendes Paddelrevier.

Buch-Tipp

Manfred Frenzl: *„Das Ijsselmeer. Mit Noord-Holland, Randmeeren, Flevoland, Vecht, Eem, Loosdrechts Plassen“*, Edition Maritim 2017.

Bestimmungen / Befahrungsregelungen

Die Oostvaarders Plassen dürfen nicht befahren (NSG) und mehrere Inseln in den Randmeeren bzw. Uferstreifen ganz oder zeitweilig nicht betreten werden.

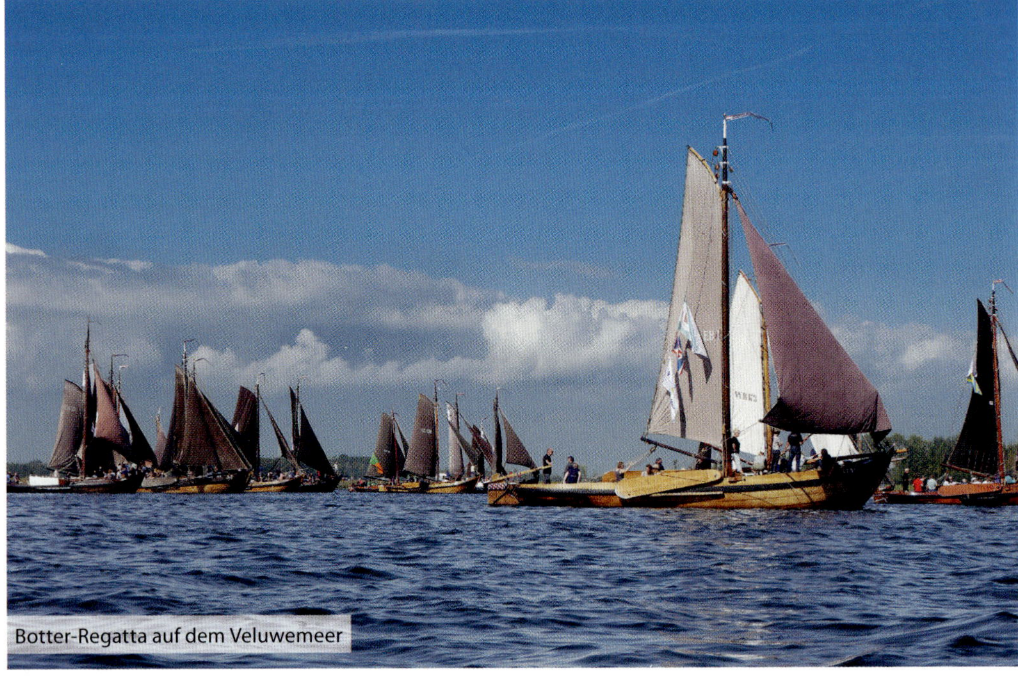

Botter-Regatta auf dem Veluwemeer

Tour 3 a – Auf dem Veluwemeer, 20 km

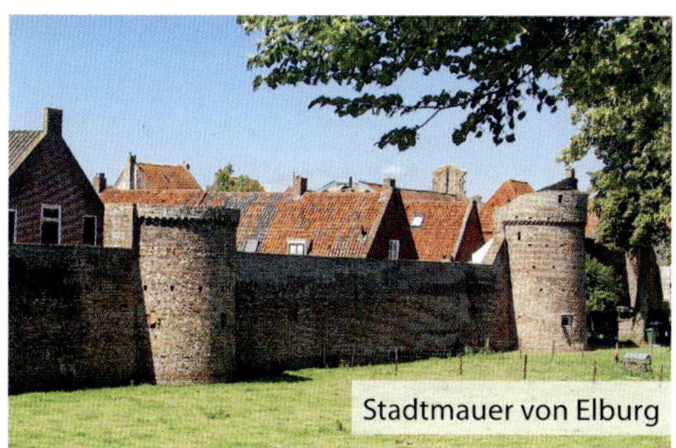
Stadtmauer von Elburg

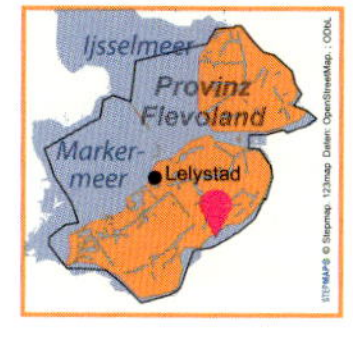

Das Veluwemeer ist das größte und schönste der Flevorandmeere, ein See mit Stränden und Inseln und mit zwei sehr attraktiven alten Städten als Anfangs- und Endpunkt.

Vor der Tour lohnt sich eine Besichtigung der wunderbaren Altstadt von **Elburg**. *Das geschlossene Stadtbild, umgeben von mittelalterlichen Befestigungsanlagen mit Wällen, unterirdischen Kasematten und Wassergräben, ist sehr gut erhalten. An warmen Sommerabenden zeigt sich das Hansestädtchen von seiner besten Seite. Die Straßencafés und Restaurants um die zentrale Kreuzung sind sehr gut besucht. Überall flanieren die Touristen. Viele dürften von den Yachten kommen, die im alten Fischerhafen vor dem Stadttor und in der langen Hafenzufahrt liegen. Der größte Trubel herrscht an den Bottertagen (Botter = Flachbodenschiffe), an denen zahlreiche dieser historischen Plattboote in Elburg zusammenkommen und unzählige Schaulustige die Stadt bevölkern.*

Etwa 100 m vor der „Mündung" des ***Elburger Hafenkanals*** in das Drontermeer gibt es eine gute ***Einsetzstelle*** mit kostenlosem ***Parkplatz*** und ***Liegewiese*** (Flevoweg, *52.456770, 5.821165*). Man paddelt unter der Elburger Brücke auf das ***Veluwemeer*** hinaus. Ich fahre ein gutes Stück abseits der Fahrrinne und halte damit auch Abstand von den Yachthäfen, Stränden und Freizeitanlagen. Surfer gleiten übers Wasser. Für sie ist das überwiegend sehr flache Randmeer ein ideales Revier.

Bei den drei nördlichen Inseln ***Kwak, Ral*** und ***Snip*** verbreitert sich das ***Veluwemeer*** auf fast drei Kilometer. Die mittlere Insel ***Ral*** hat einen ***Anleger*** mit ***Toilette*** und ***Zeltmöglichkeit***. Nach kurzer Rast geht es weiter zur vierten Insel, ***Pierland*** genannt. Unterwegs fällt vor meinen Augen der Startschuss für die Botter-Regatta. Die braunen Segel werden hochgezogen und los geht's Richtung Elburg. Auf dem hufeisenförmigen Eiland Pierland liege ich in der Sonne, bade und schaue den anderen Wasserratten bei ihrem Treiben zu. Die Insel verfügt ebenfalls über ***Anleger, Zeltmöglichkeit*** und ***Toilette***.

Auf dem weiteren Weg nach Harderwijk folgen noch zwei Inseln (***Krooneend*** und ***Kluut***). Die erstgenannte darf aus Naturschutzgründen nicht betreten werden. Die zweite ist in privater Hand. Man kann aber fürs Zelten einen Platz buchen (www.campspirit.nl). Die Insel ***Kluut***, etwa vier Hektar groß und von Bäumen, Schilfrohrflächen und dichtem Gestrüpp bestanden,

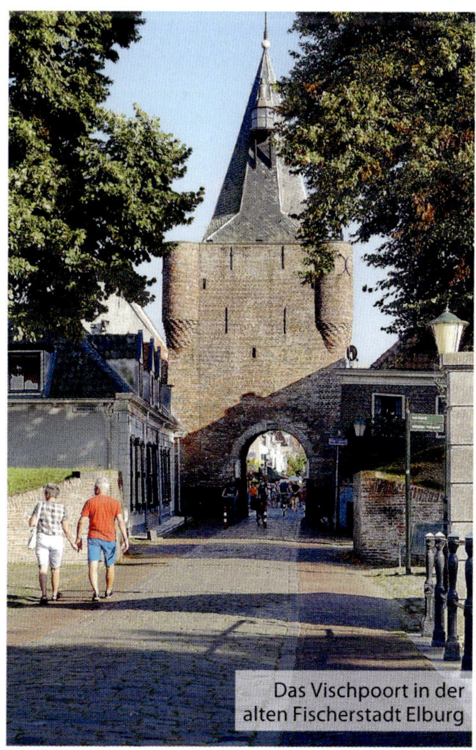
Das Vischpoort in der alten Fischerstadt Elburg

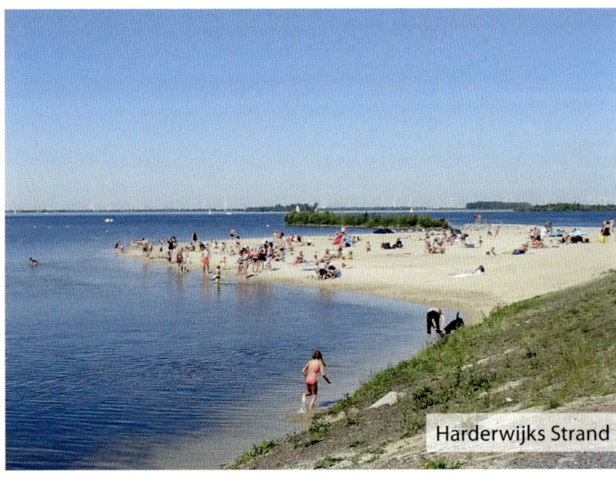
Harderwijks Strand

entstand vor mehr als 50 Jahren aus einer Sandaufspülung nach der Trockenlegung Flevolands.

Früher musste für den Übergang zum östlich angrenzenden Randmeer ***Wolderwijd*** eine Schleuse passiert werden. Heute passiert die Berufsfahrt die Stelle ohne Schleuse. Die Freizeitschifffahrt soll stadtnäher über ein Aquädukt fahren. Entweder man hält sich hier gleich hinter dem Yachthafen links, um nach ca. 1,5 km in die hinterste Ecke des alten Hafens von **Harderwijk** *(52.351127, 5.623902)* zu gelangen, um dort die Fahrt zu beenden, oder man wendet sich hinter dem folgenden Damm nach Süden. Dort paddelt man zunächst auf Höhe des *Dolfinariums* an einem *Strand* vorbei. Etwas weiter, bei der *Wasserfront („Boulevard")* der Stadt, könnte man beim *Grünstrand* anlegen *(52.351073, 5.614458)*. An beiden Stellen gibt es kostenpflichtige *Parkplätze*: „Scheepssingel" bzw. „Dolfinarium". Tageskarten sind durchaus erschwinglich.

Auf jeden Fall sollte man einen Bummel durch das historische Zentrum der alten Hansestadt **Harderwijk** machen *(spätgotische Liebfrauenkirche (15. Jh.), malerisches Vischpoort (Fischtor), kleiner Turm Linnaeustorentje (17. Jh.), mehrere hübsche alte Häuser aus dem 17-19. Jh.).*

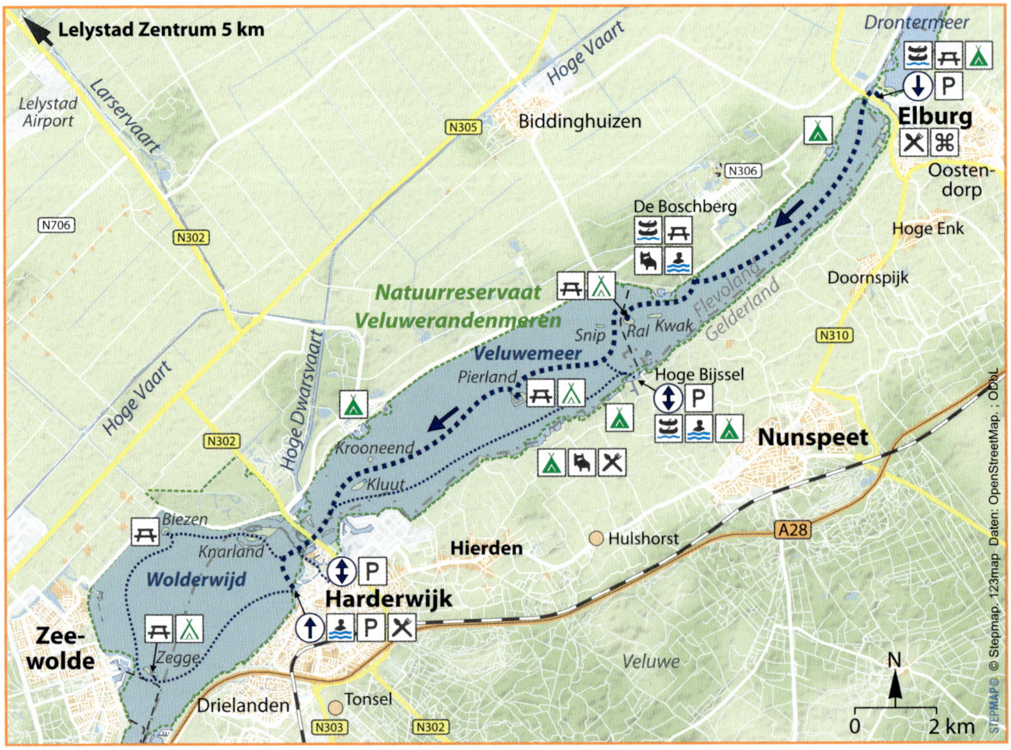

Tour 3 a – Auf dem Veluwemeer, 20 km

Ergänzende Informationen zum Veluwemeer

Fahrtenmöglichkeiten

Sehr empfehlenswert ist auch eine ***See-Rundfahrt.*** Dazu würde ich entweder beim *Strand „De Boschberg"* *(52.418159, 5.754144)* mit (deutscher) Segelschule und Kanuvermietung am flevoländischen Ufer (von der N 306/Spijkweg dem Bijsselseweg zum Strand folgen) oder schräg gegenüber am gelderländischen Ufer an der *Bootsrampe (Trailerhelling)* neben dem *Yachthafen Hoge Bijssel* *(52.396821, 5.735681*, von **Nunspeet** der Ausschilderung „Veluwemeer" auf dem Vreeweg folgen) einsetzen.

Eine Runde von *Hoge Bijssel* zu den Inseln ***de Ral*** und ***Pierland*** und zurück ist ca. 10 km lang, dasselbe vom *Boschberg* etwa 12 km.

Das Parken ist wie an fast allen anderen öffentlich zugänglichen Stellen am Veluwemeer geringfügig kostenpflichtig. Am Boschberg ist es für Kunden kostenlos.

Man könnte die Tour um eine Runde über den anschließenden See ***Wolderwijd*** erweitern. Auch dort gibt es zwei Inseln mit Rastmöglichkeiten, ***de Zegge*** bei **Zeewolde** und ***de Biezen*** in der Nordostecke. Das wären etwa 10 km mehr.

Befahrbarkeit, Schwierigkeiten

Alle Randmeere sind problemlos befahrbar.

Ab Windstärke 3 nur für erfahrene Kanuten mit entsprechender Ausrüstung.

Bereits bei mäßigem Wind empfiehlt es sich, die Fahrtrichtung mit Rückenwind zu wählen.

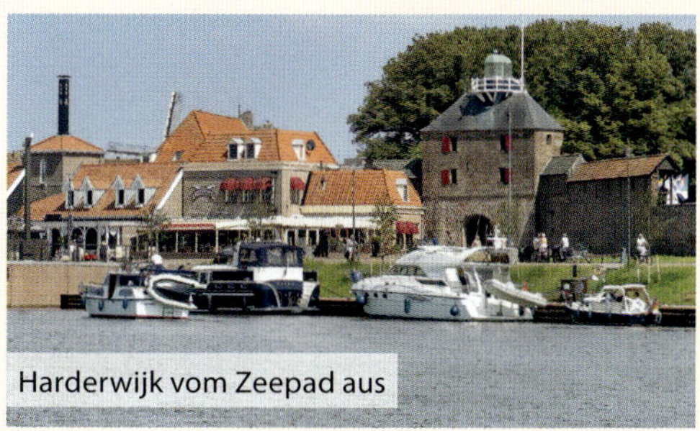
Harderwijk vom Zeepad aus

Um die Inseln herum muss auf Steine unter der Wasseroberfläche geachtet werden. Vier der Inseln dürfen nicht betreten werden: s.o.

Die Yachten fahren entlang der Fahrrinne parallel zum Nordufer. Davon sollte man auch schon wegen der Motorgeräusche Abstand halten.

Die Ufer sind fast komplett in privater Hand oder aufgrund des Schilfbewuchses nicht erreichbar oder gekennzeichnetes Naturschutzgebiet. D.h. am einfachsten kann man auf den Inseln de Ral und Pierland anlanden.

Im historischen Hafen von Harderwijk sind die Stege recht hoch.

Zeltmöglichkeiten

Außer den einfachen, kostenlosen Zeltmöglichkeiten auf den genannten Inseln gibt es mehrere Campingplätze an den Ufern:

Veluwe Strandbad in **Elburg** an der Elburger Brücke (www.veluwestrandbad.nl/de).

Molecaten Park am *Yachthafen Flevostrand* gegenüber von **Harderwijk** (auch Hütten, www.molecaten.de/de/flevostrand).

Camping Bad Hoophuizen (schöne Anlage mit Strand, www.droomparken.de/badhoophuizen), *Camping Polsmaten* (www.campingpolsmaten.nl) und *Camping de Oude Pol* (www.deoudepol.nl), alle drei nebeneinander am Seeufer bei **Nunspeet**.

Kanuvermietung

De Randmeren in **Harderwijk** (www.derandmeren.nl/verhuur), *Efun Elburg* in **Elburg** (www.efun-elburg.nl/verhuur/kano/).

Karten

ANWB Waterkaart 18 „Ijsselmeer-Markermeer / Randmeren", 1:70.000.

Niederlande, Satz NL 3 „Ijsselmeer und Randmeere", Nautische Veröffentlichung Verlagsgesellschaft mbH, 2018.

4 – Die Provinz Noord-Holland

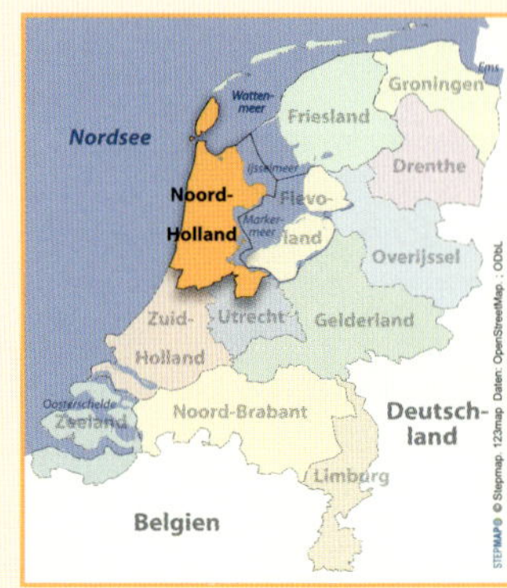

Als im Mittelalter der Meeresspiegel allmählich anstieg, brachen die Sturmfluten von Norden und Osten immer wieder in die ungeschützten Moorgebiete ein. Im 16. Jahrhundert drohten große Teile der heutigen Provinz auf diese Weise im Wasser zu versinken. Ab 1600 wurden etliche Meereseinbrüche abgedämmt und die meisten Seen wie der Beemster See, das Wormer, das Purmer und das Schermer trockengelegt. In diesen Poldern wird bis heute intensiv Landwirtschaft betrieben. Landschaftlich wirken die Gebiete ganz im Norden und die ehemaligen Seeflächen in der Mitte der Provinz aufgrund der geometrisch exakten Parzellen, der schnurgeraden Straßen und Gräben etwas nüchtern und langweilig.

Wunderschön sind dagegen jene Landstücke, die schon vor der Trockenlegung der Seen besiedelt und teilweise wie Inseln vom Wasser umgeben gewesen waren. Da die Menschen überall Torf abgegraben hatten, ist dieses allenfalls als Weideland genutzte Gebiet von vielen Wasserläufen durchzogen, die an manchen Stellen, wie im Eilandspolder, ein dichtes Netz bilden, anderswo, wie im östlichen Waterland, eher weiträumig verteilt sind. Dazwischen finden sich kleine Seen und Teiche. Einige alte Dörfer in diesen „Veenweiden" oder „Moorwiesen" waren bis in unsere Zeit nur per Boot zu erreichen. Große Bereiche stehen unter Naturschutz, da sie sich zu immens wertvollen Gebieten vor allem für Weide- und Wasservögel entwickelt haben. Für mich sind diese Feuchtgebiete zwischen Amsterdam, Hoorn und Alkmaar der schönste Teil der Provinz.

Der Süden ist das Ballungszentrum Noord-Hollands. Hier liegen die niederländische Hauptstadt Amsterdam, die Großstädte Amstelveen, Haarlem, Zaanstad und weiter östlich Hilversum. Sie gehören zusammen mit den Städten der Provinzen Südholland und Utrecht zur Metropolregion Randstad, die wie ein Hufeisen ein überraschend ländliches Gebiet umschließt: das Groene Hart. Nordhollands Anteil an diesem „grünen Herzen" ist die Gegend links und rechts der unteren Vecht und der angrenzende Landstrich Gooi.

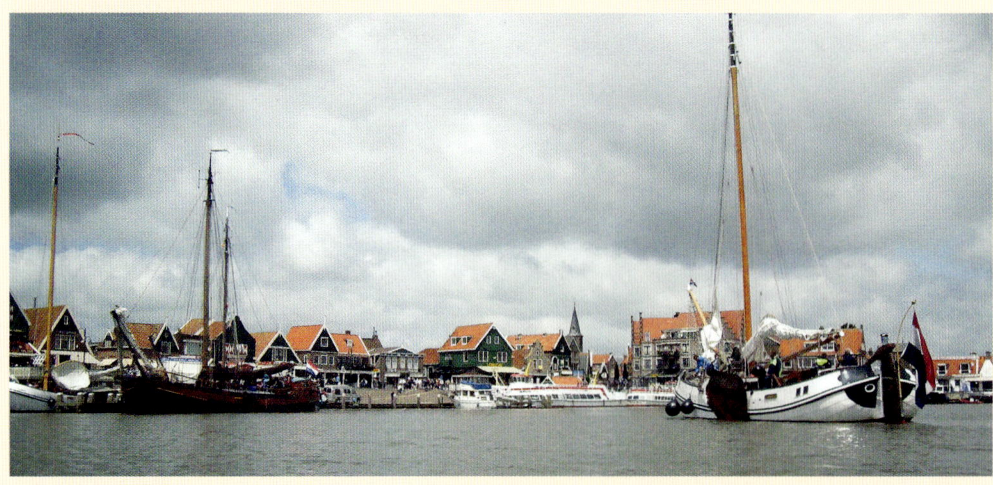

Infos zur Provinz Noord-Holland

Die Paddelreviere

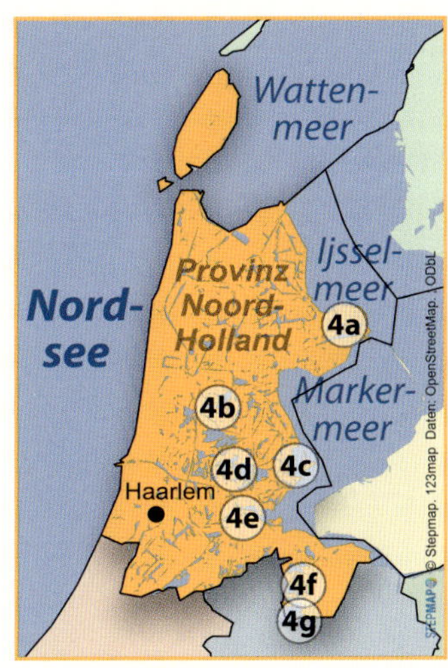

Herausragend schöne Reviere sind das **Waterland** (4c) und die **Veenweiden** (4d). Kanus werden als die idealen Fortbewegungsmittel für diese Region gepriesen. Für fast alle Veenweidengebiete sind von den örtlichen VVVs oder den Naturschutzverbänden Kanurouten ausgearbeitet worden. Diese sind in verschiedenen Karten verzeichnet und in der Natur durch farbige Pfähle markiert worden. Es empfiehlt sich, diesen Routen zu folgen, weil die Orientierung im Gewirr der Wasserwege zuweilen schwierig ist.

Man kann mit dem Auto jeden Tag zu einem anderen Moorwiesenareal fahren und dort auf einem der drei bis 18 km langen Rundkurse oder auf Kombinationen davon paddeln. Genauso bieten sich mehrtägige Fahrten an (auch als Rundkurse), auf denen man einige dieser kleinen Kanureviere miteinander verbindet. Als Verbindungsstücke lassen sich die zahlreichen Ring- und anderen Kanäle in Nordholland gut nutzen. Sie sind wegen des geraden Verlaufs und der geringen Aussicht auf das Umland in der Regel zwar nicht sonderlich attraktiv, aber es sind immer nur ein paar Kilometer zum nächsten lohnenden Paddelgewässer. Da es dieses Buch sprengen würde, alle Veenweiden zu beschreiben, habe ich einen Teil im Anhang zum **Eilandspolder** (4b) in Kurzform dargestellt.

Einen anderen Charakter haben die Gewässer des östlichen Westfrieslands. Hier ist vor allem die **Westfriesland-Route** (4a) von **Medemblik** nach **Enkhuizen,** beide am Ijsselmeer gelegen, mit mehreren Abstechern zu empfehlen.

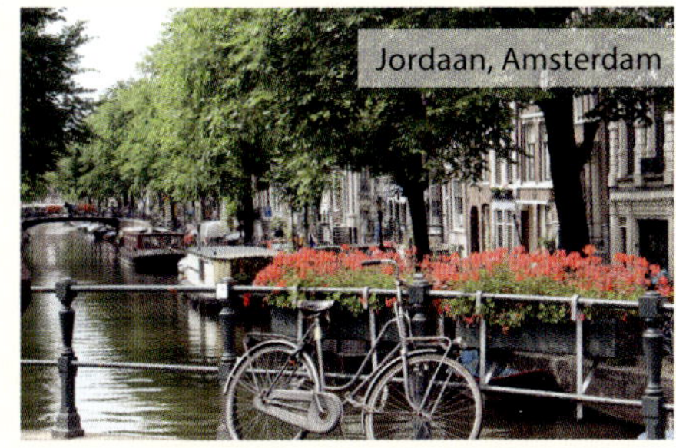
Jordaan, Amsterdam

Ein Kanurevier der besonderen Art ist natürlich **Amsterdam** (4e). Der Gürtel von sechs konzentrischen halbkreisförmigen Grachten ermöglicht eine herrliche Fahrt durch den alten Teil dieser beeindruckenden Stadt. Man kommt an vielen Sehenswürdigkeiten vorbei und kann aus ungewöhnlicher Perspektive einen Blick auf Menschen, Häuser, Brücken und Plätze werfen.

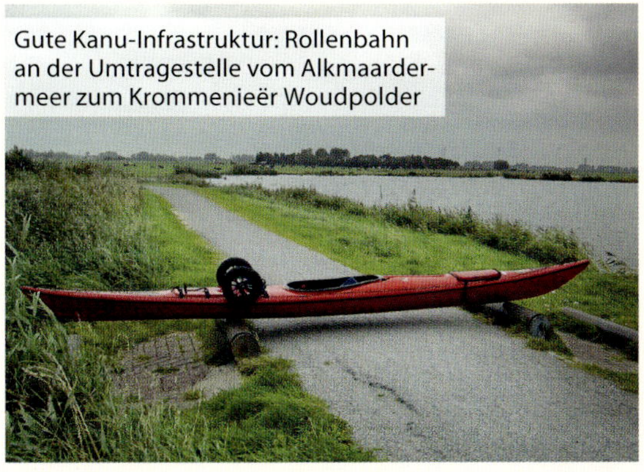
Gute Kanu-Infrastruktur: Rollenbahn an der Umtragestelle vom Alkmaardermeer zum Krommenieër Woudpolder

In Noord-Hollands Teil des „grünen Herzen" finden sich mit den **Kortenhoefer Plassen** (4f) und den **Loosdrechter Plassen** (4g) zwei wunderbare Seen- und Moorgebiete.

Die 40 km lange **Vecht (Utrechtse Vecht)** teilen sich die Provinzen Utrecht und Noord-Holland. Da der attraktivere Abschnitt mit den berühmten Herrenhäusern im Süden liegt, habe ich die Fluss-Beschreibung der Provinz Utrecht zugeschlagen, siehe Seite 129.

Bestimmungen / Befahrungsregelungen

Auf dem ***Nordzeekanaal*** (Amsterdam–Nordsee) und dem ***Gewässer Ij*** (bei Amsterdam) inkl. den zugehörigen Häfen ist das ***Paddeln verboten***. Dadurch gibt es eine Barriere zwischen den nördlichen und südlichen Gebieten der Provinz. Ich weiß nicht, ob ein Überqueren der relativ schmalen Wasserwege erlaubt ist oder geduldet wird. Der ***Amsterdam-Rijnkanaal*** ist ebenfalls ***für Kanuten verboten***, darf aber überquert werden.

Manche Gebiete sind komplett gesperrt, aus Naturschutzgründen (z.B. das Naarder Meer) oder weil dort Trinkwasser gewonnen wird (z.B. die Seen im Dünengürtel und der Loenderveense Plas bei den Loosdrechter Plassen).

In den nicht gesperrten Naturschutzgebieten weisen Schilder darauf hin, welche ***Ufer nicht betreten*** werden dürfen.

Die Wasserläufe sind fast überall frei befahrbar. Eine kostenpfl. Erlaubnis ist nirgends nötig.

Tour 4 a – Westfriesland, von Medemblik nach Enkhuizen, 21 km

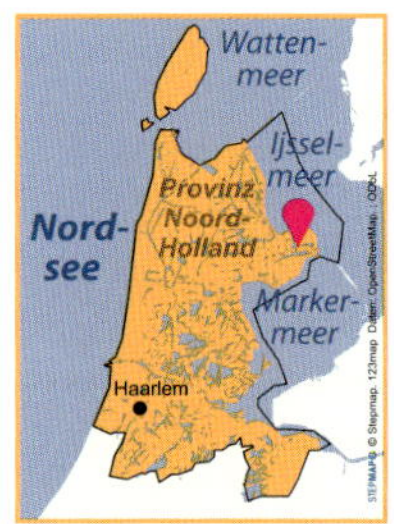

Westfriesland ist trotz des Namens kein Teil Frieslands. Vielmehr ist es eine Region zwischen den drei Ijsselmeerhäfen Hoorn, Enkhuizen und Medemblik im Osten und Alkmaar im Westen mit einer gewissen eigenen Identität, die sich weniger auf die Überreste der einstigen friesischen Kultur, als vielmehr auf den gemeinsamen erfolgreichen Kampf im Mittelalter gegen die Meeresfluten gründet. Wichtigstes Zeugnis ist der westfriesische Ringdeich aus dem 12. und 13. Jahrhundert, der gleichzeitig die Grenzen des Gebietes bis heute klar definiert. Während große Teile Noord-Hollands im Meer versanken, blieb Westfriesland dank dieses großartigen Bauwerks geschützt.

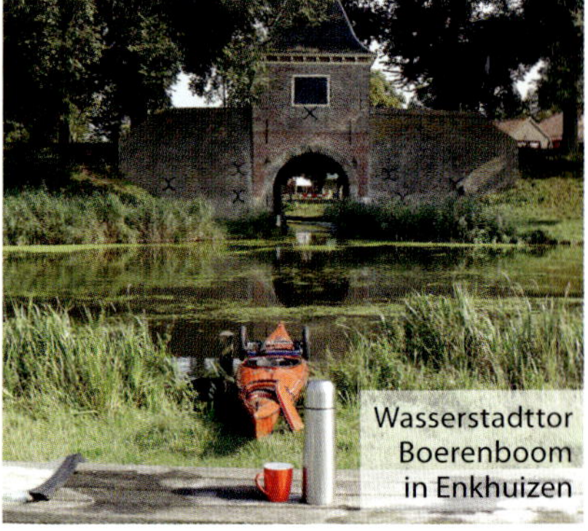
Wasserstadttor Boerenboom in Enkhuizen

Vor einigen Jahren haben sich verschiedene Verbände zusammengetan, um die durch Straßenbauten und Flurbereinigung abgedämmten Wasserläufe im östlichen Westfriesland für Kanus und kleine Motorboote wieder fahrbar zu machen. In die Straßendämme wurden Brücken mit einer Mindesthöhe eingebaut. Manche Gewässer wurden verbreitert und vertieft, Anlegestellen gebaut, Schilder aufgestellt und ein Faltblatt mit Karten und Informationen erstellt. Auf diese Weise sind zwei miteinander verbundene große Rundkurse mit etlichen Abzweigungen und Alternativrouten geschaffen worden, die von Einheimischen und Besuchern gerne befahren werden.

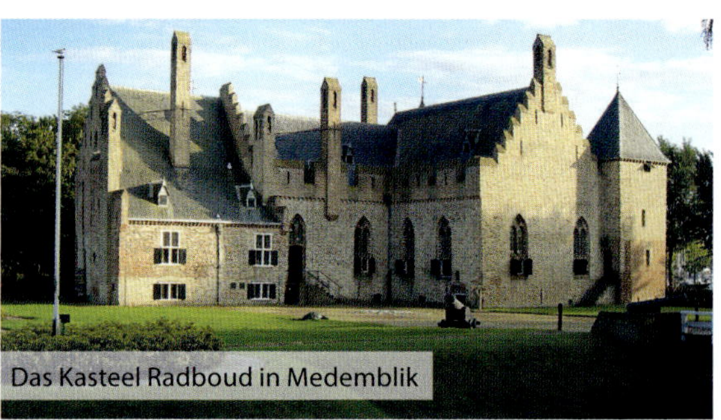
Das Kasteel Radboud in Medemblik

Bei der Medemblik-Runde finde ich allerdings die westliche und bei der Enkhuizen-Runde die südliche Hälfte nicht so lohnend. Wenn man jedoch eine einfache Fahrt von einem Städtchen zum anderen macht, hat man sich die schönsten Ab-

schnitte herausgepickt. Das sind ohne Abstecher 21 km. Den wunderbaren historischen Kern der über eintausend Jahre alten Stadt Medemblik mit Hafen und Kastell Radboud sollte man sich gesondert ansehen, denn von den innerörtlichen Wasserwegen kann man nur mit sehr umständlichem Umtragen dorthin gelangen.

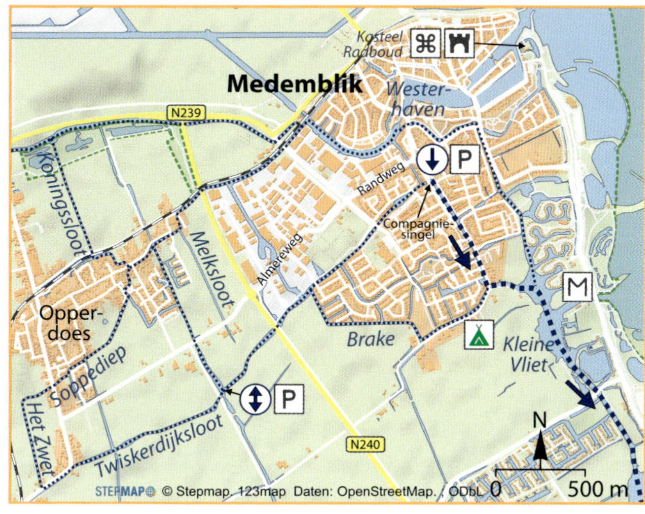

Als *Einsetzstelle* in **Medemblik** ist der *Parkplatz* an der Straße *Compagniesingel* zu empfehlen. Auf dem Wasserweg fährt man südwärts, um vor der ersten Kurve ostwärts unter einer Holzbrücke durchzupaddeln und erst auf den See ***Kleine Vliet*** (*Dampfmaschinenmuseum „Dutch Stoommachinemuseum“*, anlegen möglich) und dann auf den etwas größeren ***Groote Vliet*** zu gelangen. Dieser See ist Teil eines Naturschutzgebietes mit nassem Grasland für Vögel und Sumpfpflanzen. Ich drehe zunächst eine Runde auf der stillen Wasserfläche und mache dann einen Abstecher ins Dorf **Onderdijk**, um die alten Bauernhöfe und Gärtnerhäuser, jeweils mit eigenem kleinem *Hafen*, zu bewundern. Danach wende ich mich wieder nach Süden. Vor Wervershoof biege ich nach rechts auf den Kanal ***Boxweide*** ab und treffe nach 1,5 km auf das Natur- und Erholungsgebiet ***Egboetswater***. Bei der zugehörigen *Liegewiese* lasse ich während einer Pause meine Füße im Wasser baumeln. Ein andermal habe ich hier herrlich gebadet.

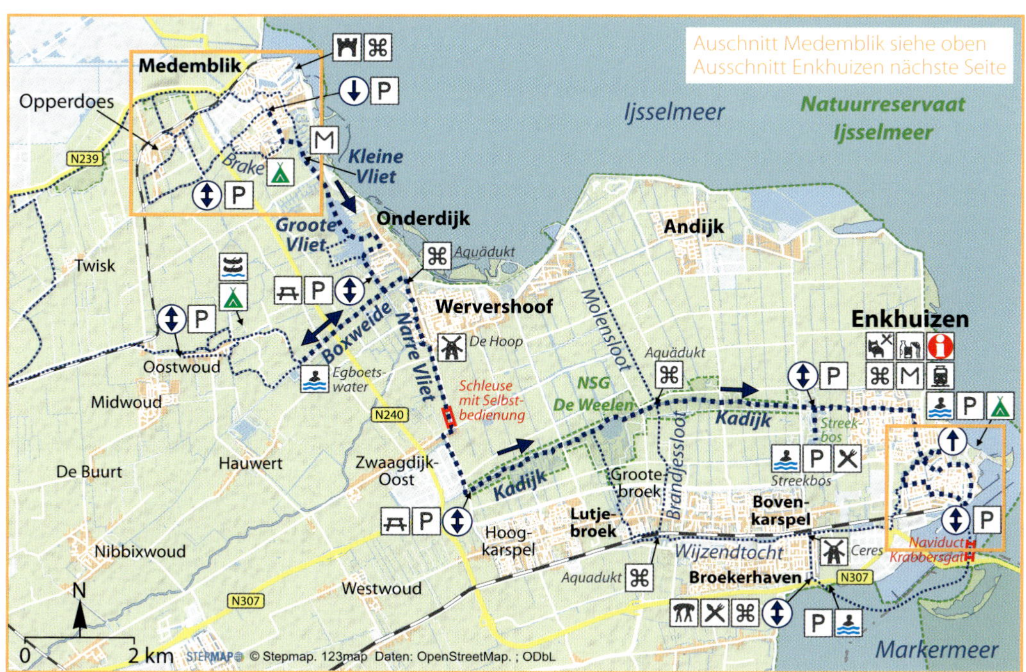

Tour 4 a – Westfriesland, von Medemblik nach Enkhuizen, 21 km

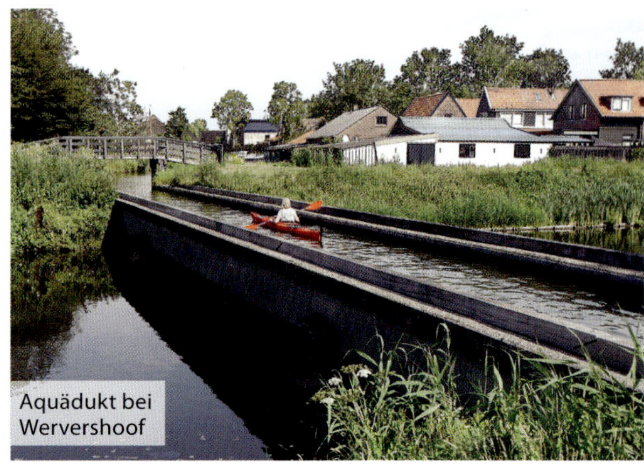
Aquädukt bei Wervershoof

Nach der Rast kehre ich um und fahre über **Wervershoof** weiter nach Süden. Es geht über ein ***Aquädukt***, dann auf dem ***Narre Vliet*** am Ort entlang. Ein Stück hinter der über 120 Jahre alten ***Mühle De Hoop***, die man besichtigen kann *(Mai-Sep Sa+So 11-16, mit Museum und Mühlencafé)*, trifft man auf eine kleine ***Schleuse*** mit ***Selbstbedienung***. Steht das Tor offen, fährt man ein und schließt die Tore hinter sich mittels einer bereitliegenden Stange. Das kostet etwas Kraft. Nun drückt man am Schaltkasten auf den richtigen Knopf. Damit lässt man das Wasser ab oder man füllt – in umgekehrter Richtung – die Schleuse. Ist der Vorgang abgeschlossen, drückt man die gegenüberliegenden Tore auf. Da das dauert, kann man eigentlich schneller umtragen. Nun paddelt man am Gewerbegebiet von **Zwaagdijk Oost** entlang, ein eher hässliches Teilstück. Am Ende trifft man auf den Wasserlauf ***Kadijk***. Auf diesem wunderschönen Wasserlauf fährt man durch das ***Naturschutzgebiet De Weelen*** ostwärts Richtung Enkhuizen.

Auf der Höhe von **Lutjebroek** erreicht man das Kerngebiet des ***NSG De Weelen.*** Die Vogelwelt auf dem See hinter dem hohen Schilf kann man von einem Ausguck am linken Ufer beobachten. Man kommt an einer Liegewiese im Wald vorbei und an einem zweiten ***Aquädukt***. Hier könnte man in den Molensloot umsetzen und nach Andijk an der Nordküste der westfriesischen Halbinsel fahren.

Kurz vor Enkhuizen erreicht man das ***Natur- und Erholungsgebiet Streekbos***, in dessen Mitte sich ein *Badesee* und eine parkähnliche Wiese mit *Picknickbänken* befinden. Hier lege ich eine ausgiebige Pause ein. Dann geht es nach **Enkhuizen** hinein. Durch das nördliche Wohngebiet fährt man zur ***Vestingsgracht***, die den alten Kern des Ortes in einem gezackten Viertelkreis umgibt. Die Durchfahrten in die Altstadt hinein sind durch zwei Wassertore im mittelalterlichen Festungswall geschützt, die sich bis heute durch Falltore verschließen lassen. Es bietet sich daher an, zum nördlichen Tor, dem ***Oude Gouwsboom,*** hineinzupaddeln, eine Runde über die Altstadtgrachten zu drehen und unter dem südlichen Tor, dem ***Boerenboom***, wieder zur ***Vestinggracht*** zurückzukehren. Letzteren folgt man bis zum Nordende, um dort neben dem ***Campingplatz*** die Tour zu beenden.

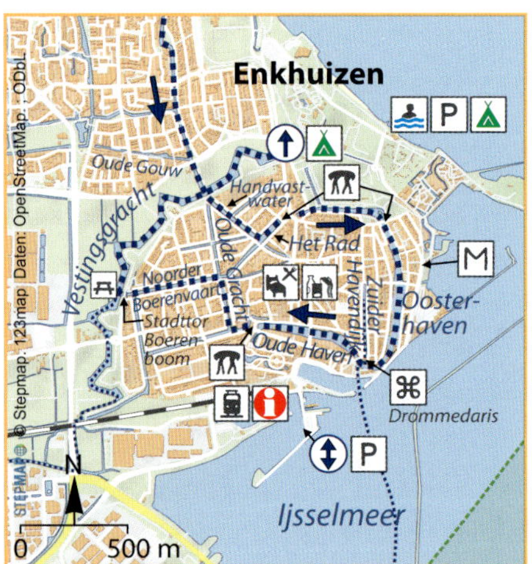

Richtig toll wird die Stadtrundfahrt, wenn man in den historischen ***Hafen*** von Enkhuizen umsetzt. Dafür gibt es eine umständliche und eine etwas weniger umständliche Variante. Für die umständliche Variante muss man – vom nördlichen Wassertor kommend – bei der zweiten Gewässerkreuzung links in die Gracht ***Het Rad*** abbiegen und am Ende dieser kurzen Wassersackgasse aussetzen. Nun kann man auf der anderen Seite der Straßenkreuzung *Sijbrandsplein* nach 100 m wieder einsetzen,

500 m am Park ***Hertenkamp*** entlang paddeln und abermals 150 m umtragen oder wie ich, beide Hindernisse zusammen mit dem Bootswagen überwinden. Letztlich setzt man beim ***Zuiderzee-Museum*** in den alten ***Oosterhaven*** ein. Bei der Gracht ***Het Rad*** sind die Grasufer etwas steil. Einer der privaten Stege darf sicher kurz benutzt werden. Die anderen Ufer sind niedrig.

Der Aufwand lohnt auf jeden Fall, denn der historische Hafen ist das Schmuckstück der Stadt. Alte Häuser mit herrlichen Fassaden säumen die Kais. *Enkhuizen war zu seiner Blütezeit der reichste Zuiderzeehafen und überhaupt eine der bedeutendsten niederländischen Hafenstädte.* Wegen des schönen Stadtbildes ist **Enkhuizen** Ziel unzähliger Segler und anderer Touristen. Die Menschen bevölkern die ***Straßencafés*** und ***Restaurants***. Überall herrscht pralles Sommerleben. Beim ***Stadttor Drommedaris (Dromedar),*** dem Wahrzeichen des Ortes, kann man einen Abstecher unter einem Haus in die Gracht ***Zuider Havendijk*** machen. Das war ab 1361 der erste Binnenhafen.

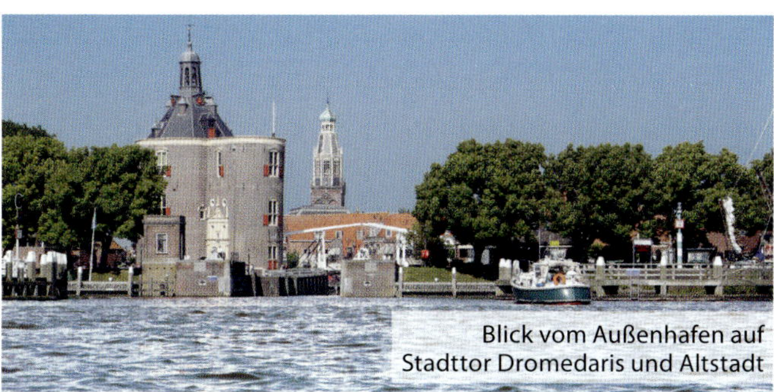
Blick vom Außenhafen auf Stadttor Dromedaris und Altstadt

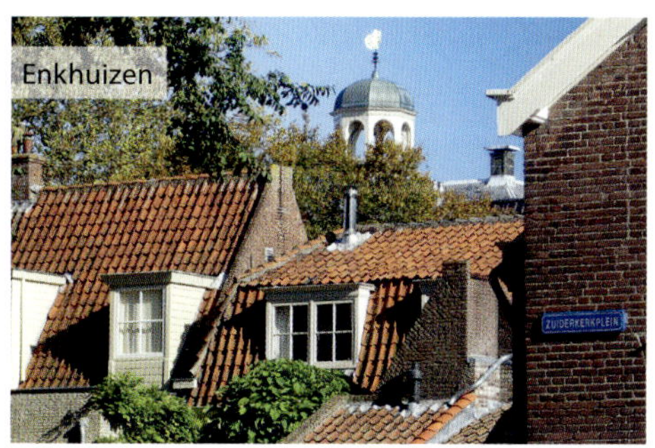

Enkhuizen

Schräg gegenüber der Einfahrt lohnt sich wegen des schönen Blicks auf die Stadt und die vielen alten Frachtensegler bei ruhigem Wetter ein Abstecher zum Vorhafen und zum offenen ***Ijsselmeer***.

Danach sollte man unter der ***Klappbrücke*** neben dem ***Drommedaris*** in den überaus reizvollen ***Oude Haven*** von Enkhuizen hineinfahren. An seinem westlichen Ende kann man wieder in die Stadtgrachten umtragen. Das ist die weniger umständliche Umtragevariante. Dazu setzt man zwischen zwei Hausbooten am niedrigen Grasufer aus. Hier, an der Straße ***Paktuinen*** (auf Höhe der Hausnr. 93, *52.702022, 5.287161*), könnte man die Tour auch beenden. Man darf dort aber nicht parken, nur kurz halten. 50 m weiter setzt man in die Gracht ***Vette Knol (Fette Knolle)*** wieder ein. Das ist unproblematisch. Von dieser Gracht biegt man ein paar Meter weiter nordwärts in die ***Oude Gracht*** ab, um nach kurzer Strecke links in die ***Noorder Boerenvaart*** einzuschwenken. Diese endet bei dem Wasserstadttor ***Boerenboom*** in der ***Vestingsgracht***.

Ergänzende Informationen zum östlichen Westfriesland

Fahrtenmöglichkeiten

(1) Die beschriebene Tour ist mit der Runde über den ***Groote Vliet,*** die Abstecher zum ***Egboetswater*** und zum ***Streekbos*** sowie der Runde über den alten ***Enkhuizener Hafen*** 28 km lang. Man kann die Tour unterteilen: von **Medemblik** bis zu einer offiziellen *Einsetzstelle* mit *Bootsrampe, Park- & Picknickplatz* im Süden von **Zwaagdijk Oost** (Tolweg 15, *52.702292, 5.159818*) am Westende des ***Kadijks*** (ohne Abstecher 10 km) und von dort bis **Enkhuizen** (ohne Abstecher zum Badesee des Streekbos und ohne alten Hafen rund 11 km).

(2) Die offizielle **Medemblik-Runde** führt über das ***Egboetswater, Oostwoud, Twisk*** und ***Opperdoes*** zurück nach Medemblik und ist 25 km lang. Von ihr kann man an verschiedenen Stellen abweichen und neue Routen ausprobieren. Soweit ich das gemacht habe, fand ich keine Variante wirklich lohnend.

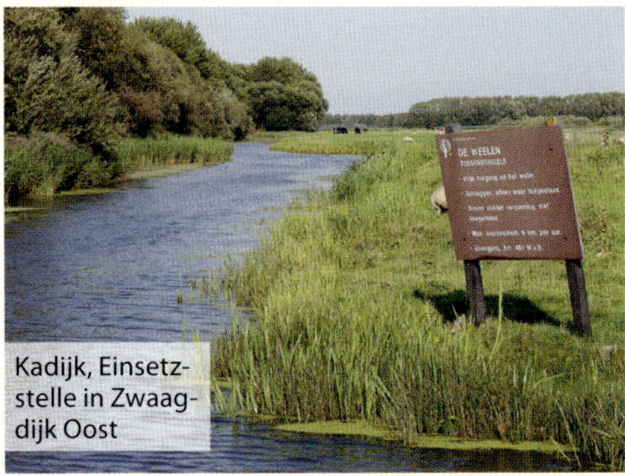
Kadijk, Einsetzstelle in Zwaagdijk Oost

(3) Die **Enkhuizen-Runde** führt von der ***Singelgracht*** über ***Bovenkarspel, Grootebroek, Lutjebroek*** und den ***Kadijk*** zurück nach Enkhuizen und ist 20 km lang.

(4) Eine wunderbare **Variante der Enkhuizen-Runde** für sichere Kanuten bei ruhigem Wetter ist der Abstecher über das ***Markermeer*** und **Broekerhaven**. Dazu fährt man vom äußeren Hafen in Enkhuizen zum ***„Naviduct Krabbersgat"*** – eine 2003 gebaute Schleuse, die gleichzeitig als Aquädukt dient: Die Schiffe wechseln vom IJsselmeer ins Markermeer oder umgekehrt, während die Autos von und nach Lelystad auf der N 302 im Zuge des Houtripdijks unter ihnen durchfahren. Nach dem kostenlosen Schleusen geht es ca. 3 km an Steinwällen bzw. am Ufer entlang zum Hafen von **Broekerhaven**. Vor der *Hafeneinfahrt* gibt es eine *Badestelle* und im inneren Hafen zwei nette *Cafés* . In der hintersten Ecke befindet sich der einzigartige ***„Overhaal".*** Das ist eine Art Fahrstuhl, mit dem Schiffe (nach Anmeldung) in die viel tieferen Gewässer des Binnenlandes gehoben werden können. Links davon kann man gut ***aussetzen***. „Unten" gibt es einen Steg zum ***wiedereinsetzen,*** nun in die Gracht, die nach einem Kilometer zur ***Wijzendtocht*** und damit zur eigentlichen Enkhuizenrunde zurückführt. Man trifft bei der schönen *Mühle Ceres* auf diese Route. Die Variante lässt sich zu einer eigenen, ca. 10 km langen Runde ausbauen, wenn man auf der ***Wijzendtocht*** nach **Enkhuizen** zurückfährt.

Ein- und Aussetzstellen

In **Medemblik** ist der *Parkplatz am Compagniesingel (52.766254, 5.105026)* am einfachsten vom Kreisverkehr der N 240 über Almereweg und Randweg zu erreichen.

Wer nur die Medemblik-Runde fahren möchte, startet am besten am *Parkplatz* mit *Bootsrampe, Steg* und *Picknicktisch* in **Onderdijk** an der Brücke am Südende des ***Groote Vliet*** (Dirk Bijvoetweg 17, *52.738268, 5.133907*).

Für die Enkhuizen-Runde kann man gut an einem *Parkplatz* mit *Bootsrampe* im Erholungsgebiet **Streekbos** einsetzen:

Anfahrt über Veilingweg, direkt am Kadijk auf den Weelenpad abbiegen, bei Fußgängerbrücke rechts auf Parkplatz fahren *(52.715745, 5.252383)*.

In **Enkhuizen** gibt es keine richtig gute Ein-/Aussetzstelle. Einigermaßen gut geht es an der beschrieben Stelle 100 m vor dem äußersten Nordostende der ***Vestingsgracht***

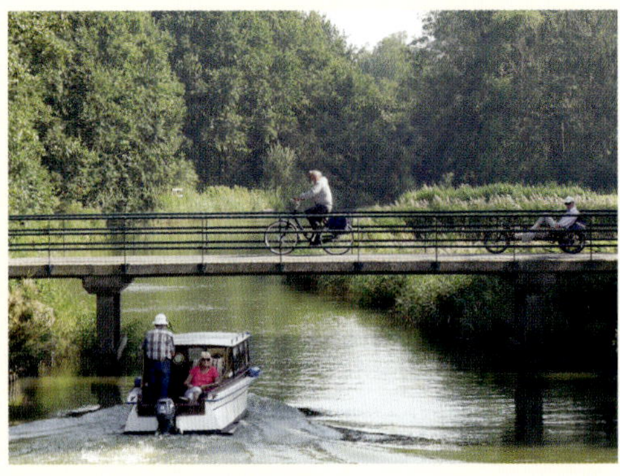

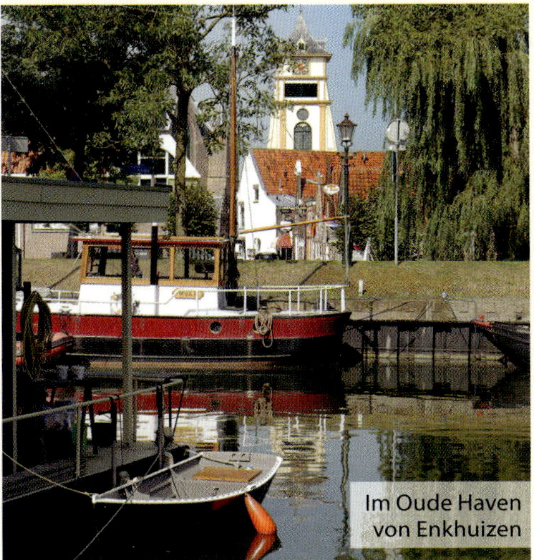
Im Oude Haven von Enkhuizen

(Campingplatz). Dort am Festungswall aussetzen, 100 m Portage auf dem Wall bis zum Norderweg und 1 km entfernt am Kooizandweg parken *(52.710085, 5.295062)*. Fußweg dorthin durch einen Park gut 500 m.

Für eine Runde allein durch **Enkhuizen** inkl. Außenhafen empfiehlt sich der *Parkplatz am Krabbershaven* (Dirck Chinaplein 1, *52.698229, 5.290027*). Dort kann man 5 Stunden kostenlos mit Parkscheibe parken und gut an niedriger Kaikante einsetzen.

Für die **Broekerhaven-Runde** empfiehlt es sich, nahe der *Mühle Ceres* (Florasingel, *52.695253, 5.251633*) oder im *Broekerhaven* (Peperstraat, *52.688127, 5.253595*) einzusetzen.

Zurück zur Einsetzstelle / zum Pkw

Am besten ca. 17 km mit dem Fahrrad. Fahrradvermieter in Enkhuizen unter: www.huren.nl/c135/fietsen/enkhuizen.

Mit dem ÖPNV (Dauer ca. 1:30 h): Mit Bussen 2x Umsteigen in Andijk und Wevershof oder mit Bahn und Bus, Umstieg in Hoorn.

Schwierigkeiten

Außer dem geschilderten Abstecher über das Ijsselmeer / Markermeer sind alle Gewässer auch für Anfänger problemlos (in beide Richtungen) befahrbar.

Umtragen

Kein Umtragen, auch auf den beiden Rundkursen nicht, außer beim Abstecher in den alten Hafen in Enkhuizen und evtl. bei der Schleuse zwischen Wervershoof und Zwaagdijk Oost sowie beim Abweichen von den Hauptrouten.

Bestimmungen Keine besonderen.

Campingplätze

Sehr angenehmer *Camping „Lodge61"* (früher Arado) im Süden von **Medemblik** nahe der erwähnten Holzbrücke, auch Hütten (https://lodge61.nl/camping-medemblik).

Camping De Vest in **Enkhuizen** am Stadtwall (www.campingdevest.nl).

EuroParcs Enkhuizer Strand beim **Strand Enkhuizen,** auch Hütten und Fahrradvermietung (www.europarcsresorts.de/ferienpark/droompark-enkhuizer-strand).

Camping Veerhof in **Oostwoud** auf der Medemblik-Runde, mit Kanuvermietung (www.campingveerhof.nl).

Kanuvermieter

Bungalowpark Zuiderzee in **Medemblik** (www.bungalowparkzuiderzee.de/eigenschaften/boot-und-kanuvermietung).

Rijo Bootverhuur in **Lutjebroek** westlich von **Enkhuizen** (www.rijobootverhuur.nl/bootverhuur.htm).

Karten und Infomaterial

Die gute *Broschüre „Vaarroutes West-Friesland Oost"* enthält (auf Niederländisch) alle wichtigen Informationen und eine gute Karte für die beschriebene Strecke sowie für die Medemblik- und die Enkhuizen-Runde. Wegen der Symbole kann man sie auch ohne Sprachkenntnisse gut nutzen. Es gibt sie mittlerweile nicht mehr auf Papier, sondern nur noch digital zum runterladen (www.recreatieschapwestfriesland.nl Menu: >natuur-en-recreatieplan >Vaarroutenetwerk Westfriesland) oder per App.

Tour 4 b – Eilandspolder, 20 km

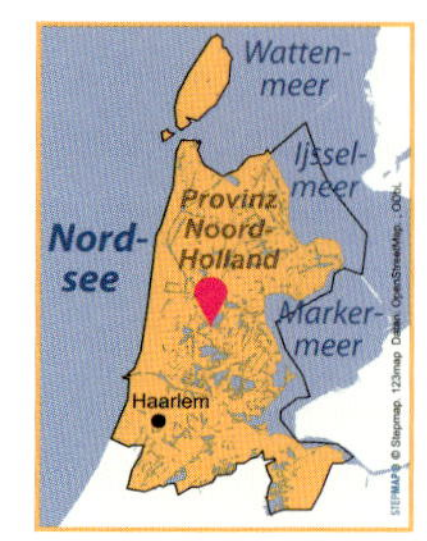

Der Eilandspolder ist das bekannteste aller Veenweidengebiete in Noord-Holland. Einst ragte er wie eine Insel zwischen dem Beemstermeer und dem Scherme(e)r heraus. Daher der Name. Diese Insel wurde durch einen Deich geschützt, um die weichen Moorböden vor der Zerstörung durch Wellenschlag und damit vor dem Versinken im Meer zu schützen. Außer ein wenig Viehzucht war allerdings nichts mit dem Land anzufangen. Und so blieb es durch die Jahrhunderte hindurch bis in unsere Zeit nahezu unverändert – ein von unzähligen Wasserwegen durchzogenes feuchtes Weideland. Es ist nach wie vor eine leicht verwilderte Insel inmitten schachbrettartig angelegter landwirtschaftlicher Nutzfläche und hat sich zu einem wertvollen Naturraum vor allem für Vögel entwickelt sowie zu einem wunderschönen Kanurevier.

Von den anderen Veenweidengebieten hebt sich der Eilandspolder etwas ab durch die eingelagerten Minipolder (trockengelegte Seen), mehrere sehenswerte Dörfer und die vielfältigen Fahrtenmöglichkeiten. Da die offiziellen Routen alle paar Jahre verändert werden, berufe ich mich lieber nicht darauf. Ohnehin kann man zahlreich variieren, so dass ich hier meinen eigenen Vorschlag unterbreite.

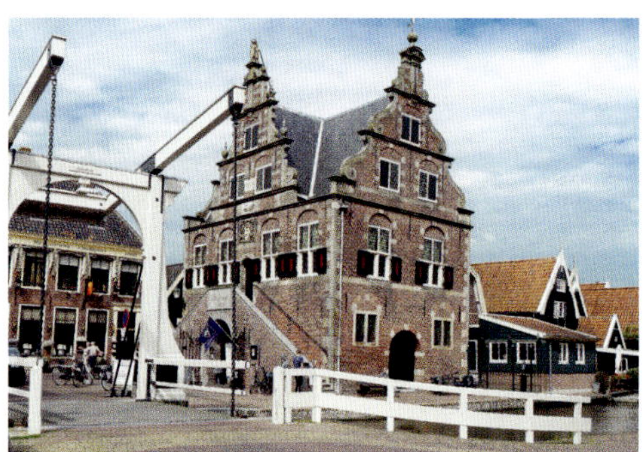

Ein guter Einsetzort ist **De Rijp,** gemäß Jan Adriaenszoon das „beste" Dorf der Niederlande. *Der geniale Konstrukteur leitete die Trockenlegung der ersten größeren Seen in Nordholland, des benachbarten Beemster Meeres von 1607 bis 1612 und anschließend des Scherme(e)rs auf der anderen Seite. Er ging mit dem Ehrennahmen „Leeghwater" in die niederländische Geschichte ein.*

Der Ortskern ist wirklich nett. Das stattliche ***Rathaus (mit Tourist-Info VVV,*** *Foto oben),* ehemals die Waage, wurde 1630 unter dem Architekt Leeghwater gebaut. Daneben gibt es eine hübsche ***Klappbrücke*** über den zentralen schmalen Kanal, einen kleinen ***Platz*** mit mehreren ***Straßencafés***, die enge ***Rechtestraat*** (quasi die Hauptstraße) mit etlichen alten Häusern, die meisten mit hübschen Holzgiebeln.

Unweit der ***Schleuse*** gibt es direkt am Wasserweg einen kostenlosen ***Parkplatz*** mit niedriger Uferkante (Straße Wollandje / Ecke Driemaster, *52.559600, 4.844826*). Gleich um die Ecke geht es unter der ***Brücke der Rechtestraat bzw. Westeinde*** hindurch ins Inselreich des ***östlichen Eilandspolders***.

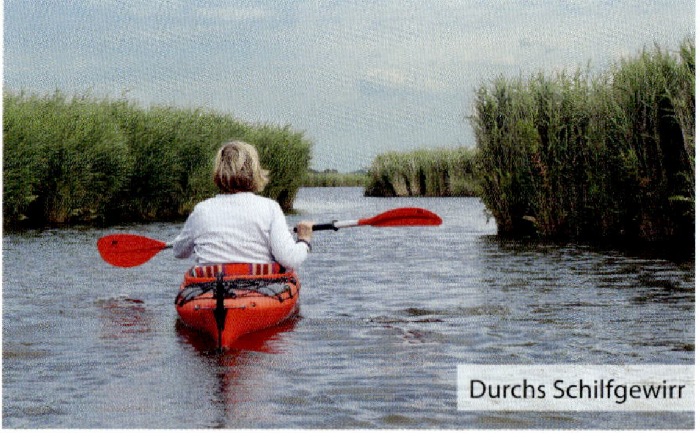
Durchs Schilfgewirr

Hier verlaufen vier parallele Wasserläufe in Nord-Süd-Richtung, die von unzähligen schmalen und breiten Gräben gekreuzt werden. Viele Querwege sind durch Wiesenzufahrten abgedämmt. Nicht nur deswegen wirken die Gewässer chaotischer, als es auf den ersten Blick auf der Karte erscheint. Im westlichen Teil des Eilandspolders, der vom östlichen Bereich durch die eingelagerten Polder de Graftermeer, Sapmeer und Noordeindermeer optisch getrennt ist, wirkt die Struktur der Wasserwege ohnehin nicht so geordnet.

Auf dem ***Gouw*** fahren wir in nördliche Richtung bis zu einem ***Picknickplatz***. Ein Stück dahinter biegen wir nach Osten ab, um am Ende des ***Zuidersloot*** auf den ***Voordijkssloot*** zu treffen. Wie der Name sagt, paddeln wir auf diesem breiten „Graben vor dem Deich" entlang Richtung **Schermerhorn**. Das Dorf begrenzt den Eilandspolder im Norden. Nach kurzer Ortsfahrt fahren wir auf dem ***Delft*** wieder nach Süden.

An der ***Mühle De Havik*** vorbei geht es nach **Grootschermer**. Will man die Runde verkürzen, lässt man die Schleife nach Schmermerhorn aus und biegt schon etwa 150 m nördlich vom erwähnten Picknickplatz links in einen breiten Wasserweg ab, der nach **Grootschermer** führt und unweit der Kirche direkt bei einem ***Café*** auf der Ortsgracht endet. Wie die meisten Veenweidendörfer zieht es sich an einer einzigen Straße hin. Viele alte Häuser mit den typischen Holzgiebeln sind erhalten. An die teilweise idyllischen Blumengärten schließen sich Weiden an, auf denen Schafe grasen. Südlich der weithin sichtbaren Kirche unterquert man die Brücke im Zuge der Hauptstraße.

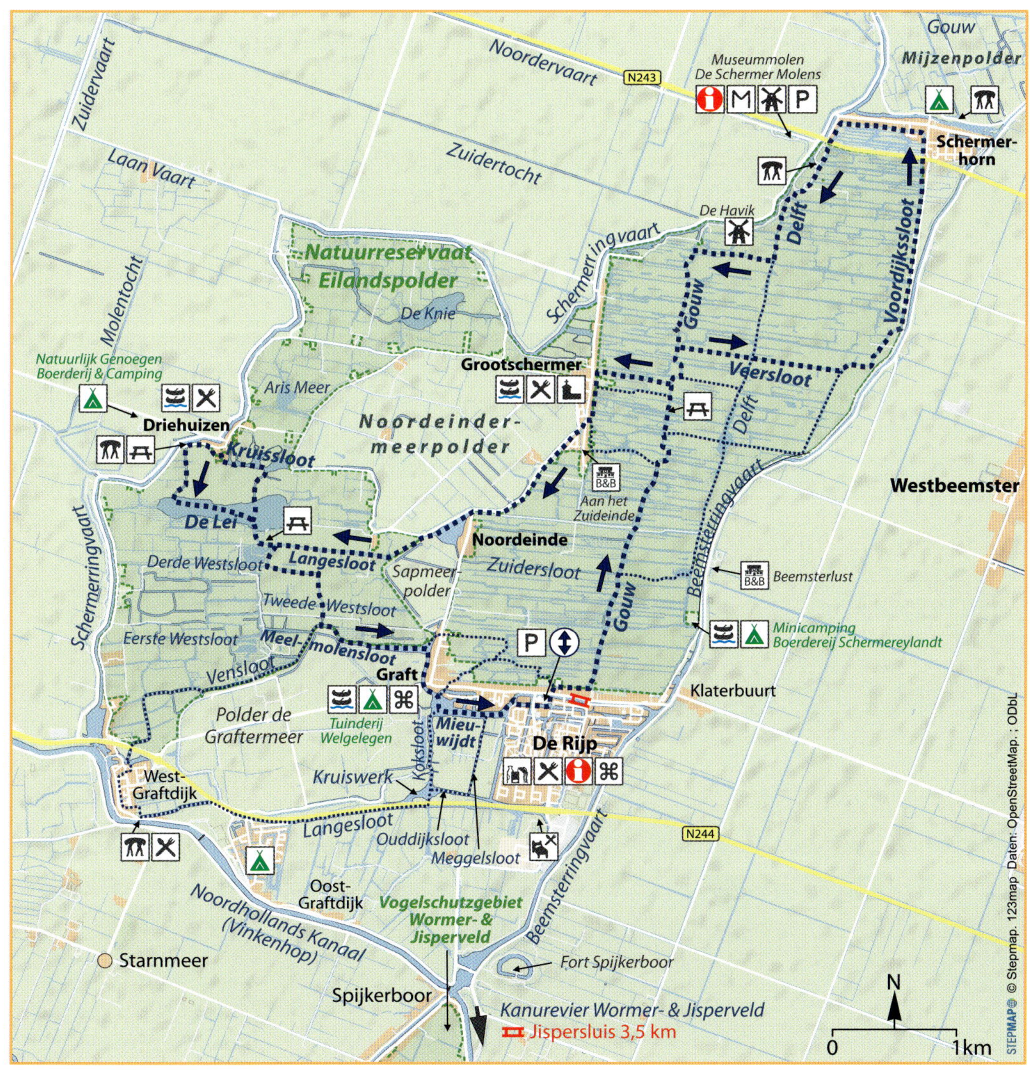

Tour 4 b – Eilandspolder, 20 km

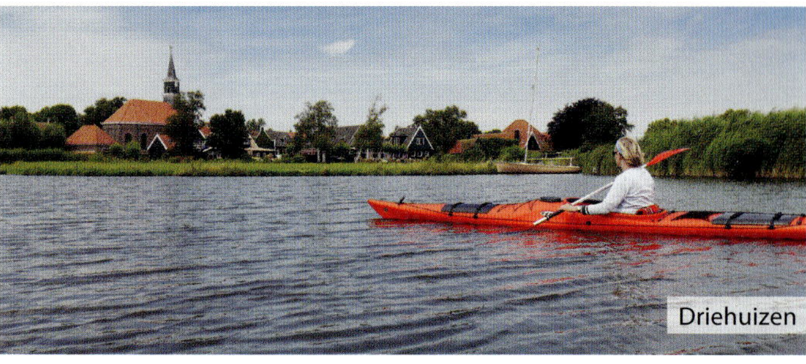
Driehuizen

Wir gelangen nach **Noordeinde** am Ringdeich des ***Noordeindermeerpolders*** und fahren anschließend an dem Rand des kleinen Sapmeerpolders entlang. Letzterer liegt deutlich tiefer. Man kann vom Wasser aus bei einigen Lücken im „Rietkragen" hinunter blicken. Über den ***Langesloot***, den See ***De Lei*** und den ***Kruissloot*** kommen wir nach **Driehuizen** am Westrand der Eilandspolders. Am Deich westlich des ***Cafés Vriendschap (mit Kanuvermietung)*** und der *Kirche* gibt es Stege zum ***Umtragen*** in die ***Schermerringvaart*** und einen *Picknickplatz*. Den nutzen wir für eine weitere Pause.

Wir paddeln von der Picknickstelle auf der Verlängerung des Deichgrabens zum Westende des Sees ***De Lei*** und verlassen ihn unweit des dortigen Rastplatzes so, wie wir gekommen sind, fahren dann aber auf der ***Derde Westsloot, Vensloot*** und dem ***Meelmolensloot*** durch weites Wiesenland nach **Graft**. Hier fallen die Giebel des kleinen, historischen *Rathauses* auf. Am Westrand von Graft geht es südwärts zur ***Mieuwijdt***. Vom Ostende dieses seenartig verbreiterten Gewässers sind es nur noch ein paar Meter bis zur Einsetzstelle in **De Rijp**.

Ergänzende Informationen zum Eilandspolder

Fahrtenmöglichkeiten

Die beschriebene Tour ist eine Variante der offiziellen „Eilandspolderroute". Die abgespeckte Version ohne den Abstecher nach Schermerhorn ist ca. 13 km lang.

Ein Blick auf die Karte zeigt, dass man sie beliebig erweitern oder abkürzen kann.

Interessant ist ein ***Abstecher in die Südwestecke*** des Gebietes (8 km, kein Umtragen): Von der genannten Einsetzstelle in **De Rijp** paddelt man zunächst Richtung **Driehuizen**. Aber bereits kurz hinter **Graft** wendet man sich nach Südwesten. Man fährt auf dem ***Vensloot*** am ***Polder de Graftermeer*** entlang Richtung **West Graftdijk.** Die Brücke der N 244, unter der hindurch man zum Dorfkern gelangt, ist schon von weitem zu sehen. Man folgt der Ortsgracht. Der Kanal scheint am anderen Ende des Dorfes als zugewachsener Graben in den Wiesen zu enden. Aber nach 50 m biegt man rechts ab und dann noch einmal links und befindet sich auf einem gut fahrbaren breiten Kanal. Rechts herum gelangt man zu einer Umtragestelle am ***Noordhollands Kanaal*** (hier auch ***Vinkenhop*** genannt). Links kommt man nach 2 km Fahrt parallel zur N 244 zu einer Brücke, die unterquert werden muss. Kurz darauf erreicht man – diesmal von Süden auf ***Kruiswerk*** und ***Koksloot*** kommend – die ***Mieuwijdt***.

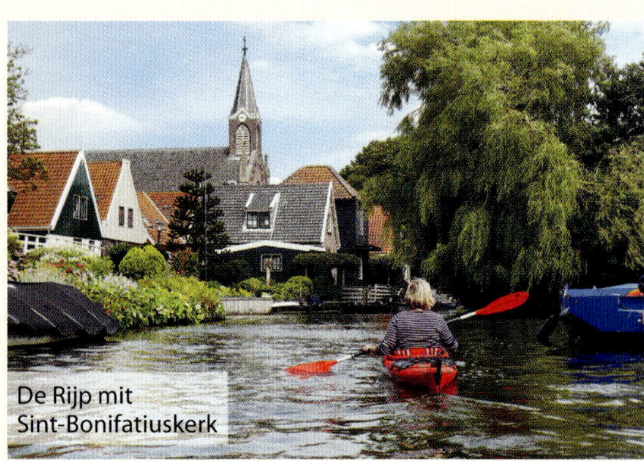
De Rijp mit Sint-Bonifatiuskerk

Schwierigkeiten
Alle Gewässer sind auch für Anfänger problemlos (in beide Richtungen) fahrbar.

Umtragen, Bestimmungen
Kein Umtragen, keine Bestimmungen.

Kanuvermietung
Café Vriendschap in **Driehuizen** (www.devriendschapdriehuizen.nl).

Fluisterboot- en Kanoverhuur De Rijp (https://boothurenderijp.nl).

Übernachtung z.T. mit Kanuvermietung
Zeltmöglichkeit beim Sportplatz in **Schermerhorn** auf der Mijzenpolder-Seite (Oostmijzerdijk, *52.602321, 4.890438*).

B&B Aan het Zuideinde in **Grootschermer** (www.aanhetzuideinde.nl).

Minicamping Bauernhof Schermereylandt mit *Kanuvermietung* bei **Westbeemster** an der Beemsterringvaart (https://boothurenderijp.nl).

B&B Beemsterlust bei **Westbeemster** an der Beemsterringvaart (Tel. +31 (0)6 12 77 95 68, beemsterlust.tripcombined.com).

Camping Tuinderij Welgelegen mit *Kanuvermietung*, gleich neben dem schönen historischen Rathaus von **Graft** (www.campingtuinderijwelgelegen.nl).

Karten und Infomaterial
Das sehr gute *Faltblatt „Vaarkaart Eilandspolder"* ist beim örtlichen VVV erhältlich. Die Karte kann auch kostenlos heruntergeladen werden: www.vvvderijp.nl/images/pdf/kaart_waterkaart.pdf

Tipp „De Schermer Molens"
Westlich von **Schermerhorn** stehen an der N 243 Richtung Alkmaar die drei wunderbaren *Mühlen „De Schermer Molens"* aus der Zeit, als das angrenzende Scherme(e)r „trocken gemahlen" wurde. Die mittlere Mühle dient als *Museumsmühle*, das stilvolle Müllerhaus daneben als Fremdenverkehrsbüro (www.museummolen.nl). Sehenswert!

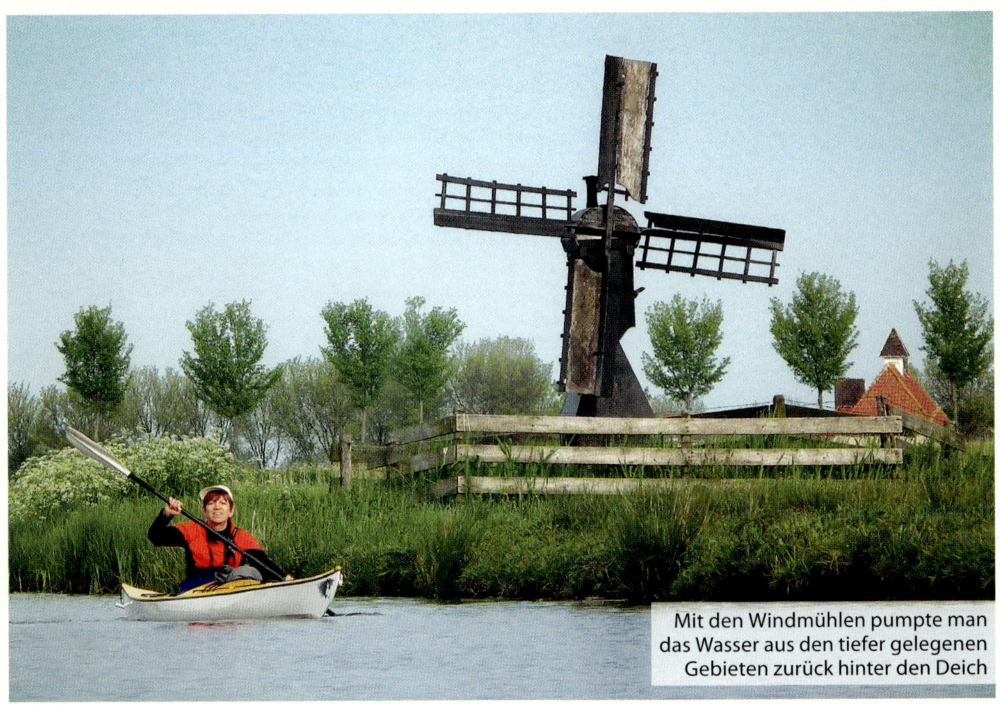

Mit den Windmühlen pumpte man das Wasser aus den tiefer gelegenen Gebieten zurück hinter den Deich

Weitere Routen in den Veenweidengebieten

In der Gegend zwischen Alkmaar, Hoorn und Amsterdam gibt es weitere Veenweidengebiete, die in diesem Buch leider nicht alle beschrieben werden können, aber wenigstens kurz skizziert werden sollen. ***Bitte beachten:*** *Die Gebiete der hier beschriebenen weiteren Veenweiden-Routen sind nicht mehr auf der Karte Seite 99.*

(1) Mijzenpolder, Rundtour von Schermerhorn oder Avenhorn, **16 km**

Wer beim Eilandspolder auf den Geschmack gekommen ist, macht auf dem nördlich angrenzenden ***Mijzenpolder*** gleich weiter. Der ist kleiner, etwas nüchterner, einsamer und ermöglicht eine empfehlenswerte 16 km lange Runde. Dazu in **Schermerhorn** jenseits der *Schermerhorner Kirche* am *Sportplatz* parken (dort ist Zelten möglich). 50 m weiter, wo es zu einer Hauseinfahrt vom Fahrdamm schräg hinuntergeht, ist unten am Wasser ein Steg im Gras versteckt (Oostmijzerdijk 4, *52.601617, 4.892506*). Das ist die südliche Einsetzstelle für den Mijzenpolder. Eine weitere mögliche Einsetzstelle ist 6 km nordöstlich von Schermerhorn bei einem kleinen Schöpfwerk 1 km westlich der Brücke bei **Avenhorn** zu finden (Mijzerdijk 21, *52.617119, 4.931515*).

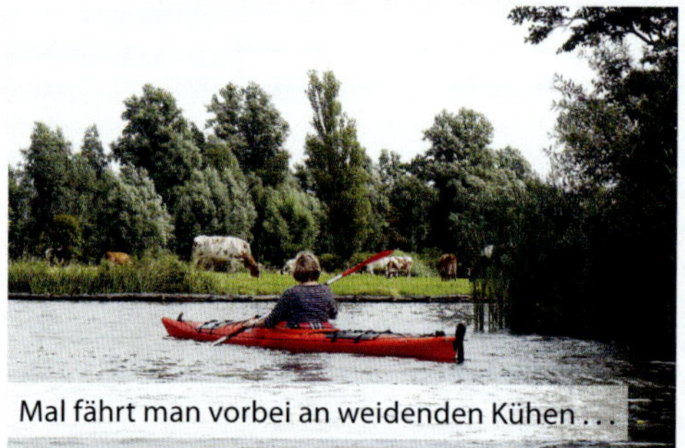
Mal fährt man vorbei an weidenden Kühen ...

Hilfreich ist es, die Wanderkarte *Falk Wandelkaart „Veenweiden West"* (alternativ: *Falk Wandelkaart 35 „Zaanstrek"*) zu haben und der darin eingezeichneten Schlittschuh-Route (Schaatsroute) zu folgen. Die meisten Wasserläufe sind ein wenig krumm. Hauptsächlich paddelt man auf dem ***Gouw*** nach Osten und auf der ***Leet*** wieder zurück nach Westen. Das sind Reste früherer Moorflüsse. Die Ufer sind kaum höher als die Wasseroberfläche. Auf dem ***Gouw*** kommt man an ein paar Bauernhöfen vorbei. Ansonsten ist es ein menschenleeres Weideland mit Kühen und Schafen und natürlich vielen Vögeln. Kaum einmal verstellt Schilf den weiten Blick auf dieses schöne Stückchen Holland. Hinter dem Ringdeich im Westen drehen sich die Flügel mehrerer Mühlen. Dreimal verstellen niedrige Dämme den Weg. Wenn man nicht umtragen will, fährt man in den nächsten Wasserlauf und kommt genauso gut voran. Nur ganz zuletzt muss man das Kanu über eine Wiesenzufahrt ziehen.

(2) Wormer- und Jisperveld, ab De Rijp

Gut 6 km sind es vom **De Rijper** Kanalhafen auf der ***Beemsterringvaart*** und dem ***Noordhollands Kanaal*** bis zur Umtragestelle bei der ***Schleuse Jispersluis***. Ein langgezogener See, eine versteckte Wasserfläche, jede Menge Wasserwege, schöne Natur und das einzigartige Dorf **Jisp** mit seinen alten, romantischen Häusern, die bis ins letzte Jahrhundert nur per Boot zu erreichen waren – das sind die Zutaten für eine schöne Paddeltour.

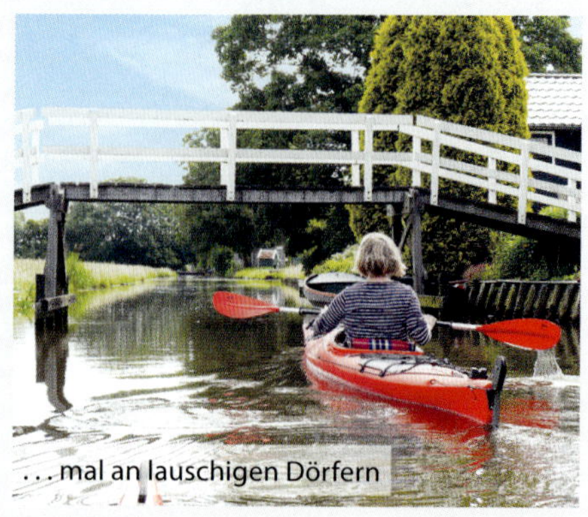
... mal an lauschigen Dörfern

Einzige Einschränkung des Genusses: Die Wasserwege im Nordbereich sind trotz aller Ausbaggerei teilweise arg flach.

Zur Orientierung gibt es ein Knotenpunktsystem und ein festes Übersichtsblatt. Das erhält man u.a. bei Hollands Kanuladen Nr. 1 *Kanocentrum Arjan Bloem* (www.kajak.nl), der am Rande des Gebietes im nahen **Wormer** sein Domizil hat und auch *Kanus vermietet* (weitere *Kanuvermieter* in **Jisp:** *De Zwethoeve* (www.zwethoeve.nl) und *Kwadijk Kanoverhuur)*.

Eine einfache Karte kann man im Internet herunterladen. In eine Suchmaschine *„Kanokaart Wormer- en Jisperveld"* eingeben. Beim *Kanocentrum Bloem* kann man auch in die ***Zaan*** umtragen (ca. 100 m). Ansonsten gibt es 100 m weiter südlich eine Schleuse mit Stegen auf beiden Seiten und geringen Parkmöglichkeiten, falls man hier starten möchte.

(3) Westzanerveld und Guisveld

Paddelt man von **Wormer** auf dem breiten Fluss ***Zaan*** (wegen der Wellen der vielen Schiffe nichts für Anfänger) in südliche Richtung, kommt man nach 3 km erst zum *Freiluftmuseum Zaanse Schans* mit mehreren herrlichen Mühlen am Ufer und einem Museumsdorf dahinter *(www.dezaanseschans.nl)*. Nach einem weiteren Kilometer ist man in der ***Kuil-Bucht.*** Quasi gegenüber der Bucht, hinter den Häusern des Zaanstader Stadtteils **Koog an de Zaan**, liegen das urwüchsigere, ungeordnetere Poldergebiet ***Guisveld***, das klarer gegliederte ***Westzanerveld*** und das teilweise urige Dorf **Westzaan** dazwischen. Der Zugang von der Zaan, die ***Mallegatschleuse*** (ca. 1 km südl. der Kuil-Bucht), ist allerdings sehr schwer zu umtragen. Die Schleuse wird nur sonntags zeitweilig bedient.

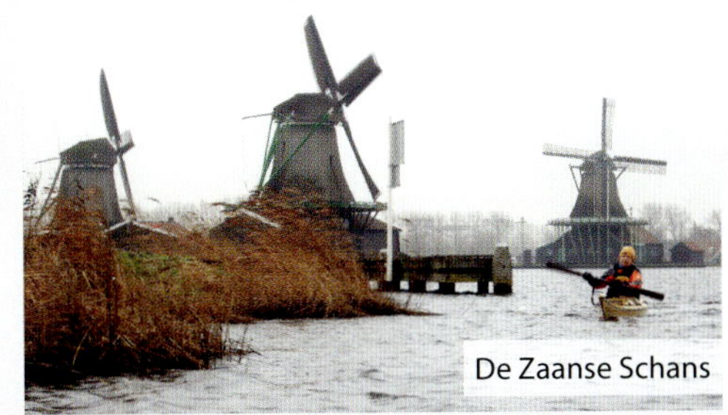
De Zaanse Schans

Keine Kanuvermietung im Westzanerveld und Guisveld. Die nächste ist in Wormer. Als *Einsetzstelle* im ***Westzanerveld*** in den ***Vaarsloot*** eignet sich, wenn man mit dem Auto kommt, der Parkplatz am Dorfhaus in **Westzaan** *(*J.J. Allanstraat 147, *52.449146, 4.775913)*.

(4) Waterland

In der ***Kuil-Bucht*** gibt es eine Umtragstelle, bei der man in die Gewässer des Stadtteils **Zaandam** gelangt. Von da kommt man zum See ***Jagersplas*** und darüber ins **Oostzanerveld**. Das ist der westliche Teil des Waterlands, das wie der östliche Teil gesondert beschrieben wird.

Anfahrt mit dem Auto: ab Kreisverkehr am Ende der A 7 Ausschilderung zum Jagersplas folgen. Der Weg endet an einem Sportzentrum. Dort gibt es einen großen *Parkplatz* und daran eine *Bootsrampe* (Kuilpad, *52.463289, 4.826529)*.

(5) Krommenier Woudpolder

3 km nördlich der Umtragestelle vom Wormer- und Jisperveld in die Zaan (beim *Kanocentrum Arjan Bloem*) trifft man auf die *Mühle „De Woudaap"* (Waldaffe). Hier kann man in den ***Krommenier Woudpolder*** umtragen. Zwischen diesem Punkt *(Picknickbank)* und dem Ort **Uitgeest** kann man eine wunderbare Runde drehen, mit oder ohne Abstecher durch den Zaanstader Stadtteil **Krommenie** oder mit Weiterfahrt auf dem ***Alkmaardermeer***.

Das *Faltblatt „Kanokaart Alkmaarder- en Uitgeestermeer"* enthält alle nötigen Informationen (auf Niederländisch), vor allem eine Karte (www.alkmaarder-enuitgeestermeer.nl >ins Suchfeld (Zoeken) eingeben: *Kanokaart Alkmaarder- en Uitgeestermeer*).

Kanuvermieter: Kanoverhuur De Aker in **Uitgeest** (www.kanoverhuurdeaker.nl) oder *Kanocentrum Arjan Bloem* in **Wormer** (www.kajak.nl). *Einsetzstelle*, wenn man mit dem Auto kommt: Parkplatz Broekpolderweg / Ecke Lagendijk in **Uitgeest** *(52.526362, 4.723115)*.

In dem Gebiet sind vier Routen mit bunten Pfählen markiert: ***Uitgeestermeerroute*** *(blaue Route, 5,5 km)*, ***Woudpolderroute*** *(grüne Route, 7,5 km)*, ***Crommenijeroute*** *(rote Route, 8,5 km)* und ***Stieroproute*** *(gelbe Route, 10,5 km)*.

Der kleine See ***Zwaansmeertjes*** in der Mitte darf vom 1.5.-15.6. nicht befahren werden.

Der Abstecher über das Alkmaardermeer bzw. das Uitgeestermeer (der südwestliche Bereich) sollte nur bei ruhigem Wetter oder von erfahrenen Kanuten befahren werden."

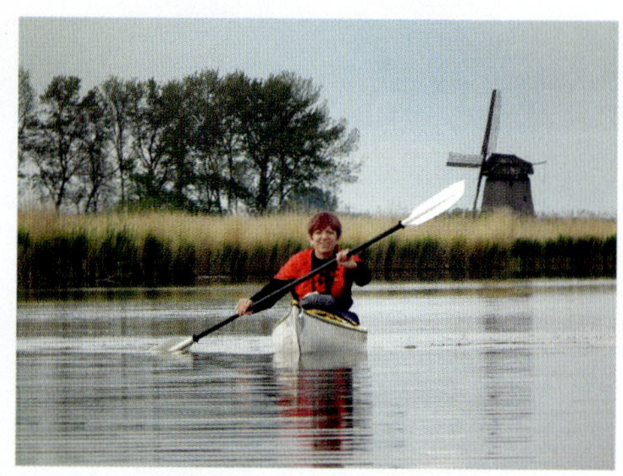

(6) Alkmaardermeer

Fährt man noch weiter, gelangt man zum ***Alkmaardermeer***. Das ist zwar selbst nur in der Südwestecke ***(Uitgeestermeer)*** und im nordwestlichen Bereich attraktiv, bietet aber weitere Fahrtenmöglichkeiten an. So könnte man nahe der Autofähre an der Nordwestspitze des Sees bzw. über den ***Noordhollands Kanaal*** an einer Bootsrampe am Nordende von **Akersloot** einsetzen (Geesterweg 9, *52.570126, 4.745094)*, knapp 2 km nordwärts paddeln, dort in einen kleinen Wasserlauf links abbiegen und durch den ***Oosterzij-Polder*** (also hintenrum hinter Akersloot) wieder zum Alkmaardermeer gelangen. 2 x umtragen, 1 x auf ***Pfannkucheninsel*** im ***Alkmaardermeer*** rasten.

Gut kombinierbar mit dem Krommenier Woudpolder. 6 km nördlich des ***Alkmaardermeers*** liegt **Alkmaar**, wo sich eine Runde durch die überaus schöne Altstadt und eine Umfahrt um das benachbarte ehemalige ***Bergermeer*** (zus. 20 km) lohnen.
Kanuvermieter: Kanoverhuur De Aker in **Uitgeest** (www.kanoverhuurdeaker.nl).

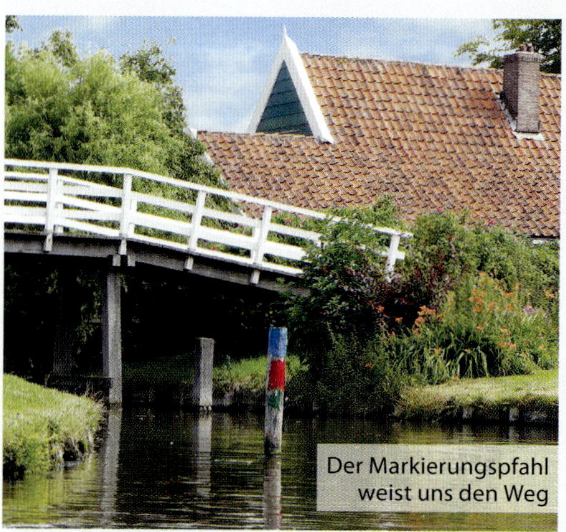

Der Markierungspfahl weist uns den Weg

7) Polder De Zeevang

Wenn man auf dem Wormer- und Jisperveld ganz bis Osten paddelt und bei der schönen ***Mühle Neckermolen*** umträgt, kann man auf verschiedenen Kanälen nach 8 km nördlich von **Purmerend** zum ***Polder De Zeevang*** gelangen. Im westlichen Teil bieten sich drei kurze Kanutouren an. Der Hauptwasserlauf im attraktiveren östlichen Teil, die ***Kromme Ije,*** schlängelt sich wunderschön auf **Edam** zu, ist aber nicht ganz leicht zu erreichen, sehr flach und daher mühsam zu fahren.

Einsetzstelle, wenn man mit dem Auto kommt, in **Middelie:** Steg gegenüber vom Restaurant „Het Wapen van Middelie" (Straße: Brink 1). Naher *Parkplatz (52.531249, 5.013209)*.
Kanuvermieter: *Boerderij Wennekers* in **Hobrede** (www.boerderijwennekers.nl) und *Boerencamping Weidevogelzicht* mit Campingplatz in **Kwadijk** (www.weidevogelzicht.nl).
Karte aus dem Internet: www.twiske-waterland.nl >ins Suchfeld (Zoeken) eingeben: Combikaart Zeevang.

Tour 4 c – Waterland Oost, 25 km

Das östliche Waterland zwischen Amsterdam und Monnickendam ist im Gegensatz zu den benachbarten Veenweidengebieten stark von der früheren Zuiderzee geprägt. Weites Wiesenland hinter dem Ijsselmeerdeich. Teilweise Marschboden. Dazu einige Hafenorte, mehrere Seen – Reste früherer Meeresarme – und gewundene Wasserläufe, die auf einstige Fahrrinnen zurückgehen.

Monnickendam ist ein guter Ausgangspunkt für eine 25 km lange Rundtour durch das herrliche Kanurevier. In südlicher Richtung gleitet man auf dem Gewässer ***Pierebaan*** aus der Stadt hinaus. Ein Naturschutzgebiet mit mehreren kleinen Seen liegt vor einem. Überall blüht es. Die Luft ist vom Gesang der Vögel erfüllt. Vogelfreunde unter den Paddlern sollten unbedingt im Mai hier unterwegs sein. Das erste Ziel ist **Zuiderwoude**.

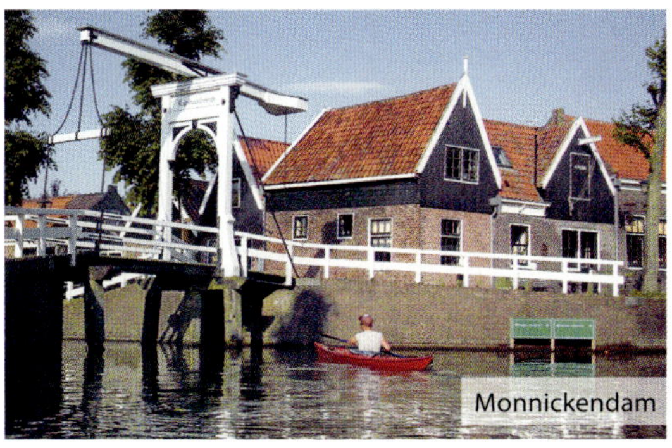
Monnickendam

Vom See ***Kerk Ae*** aus zeigt sich das idyllische Dörfchen von seiner schönsten Seite: ein weißer Kirchturm hinter hohen, alten Bäumen, eine stilvolle Klappbrücke. Auf dem ***Zwet*** geht es an hübschen Häusern mit freundlichen Gärten entlang, die an der einzigen Straße des Ortes stehen. Am Ende biegt man von der vorgeschlagenen Kanuroute nach links ab und gelangt über ***Zwet, Groote Meer*** und ***Alewijksloot*** nach **Uitdam**, eine hübsche Häuserzeile hinter dem Deich.

Auf der seenartigen ***Uitdammer Die*** fährt man anschließend in Richtung des Dorfes **Holysloot** und dann über verschiedene Wasserläufe, den kleinen See ***Bozenmeertje*** und den ***Molengouw*** nach **Broek in Waterland**. Dieser hübsche Ort ist bekannt für seine vielen hölzernen Hausgiebel. Holz ist seit je her in der moorigen Gegend ein wichtiger Baustoff, weil der weiche Boden Steinhäuser früher kaum trug. Besonders schön ist es am alten ***Hafen (Havenrak)*** und bei der angrenzenden ***Kirche***.

Nach ausgedehnter Pause unter schattigen Bäumen verlässt man hier abermals die vorgeschlagenen Paddelpfade, um auf der ***Broekervaart*** (auch ***Trekvaart Het Schouw-Monnickendam-Edam*** genannt) nach **Watergang** zu fahren. Von der ***Broekervaart*** biegt man nach einigen Kilometern in die ***Drievaart*** ab. Damit bin ich in der menschenleeren Wiesenlandschaft ***Varkenslandes*** (Schweineland). Hier erinnern systematisch angelegte breite Wasserläufe unübersehbar an den früheren Torfabbau, ein Vorgeschmack auf das benachbarte Ilperveld. Mit zwei Rechts-links-Kombinationen (u.a. auf ***Drievaart, Leeksloot, Tweede Dirksloot, Erste Dirksloot***) inkl. zweimaligem ***Umtragen*** über niedrige Dämme gelangt man zum seenartigen ***Nonksloot***, an dem sich die Badestelle des Dorfes **Watergang** befindet. Nach einem kühlen Bad fahre ich auf dem ***Albert Louwesloot*** zurück Richtung Osten. Kurz vor Broek wird der ***Sloot*** zum Ringkanal für das trockengelegte Noordmeer. Faszinierend ist hier der Blick auf die mehrere Meter tiefer liegenden Wiesen. Ich könnte den Kühen auf den Kopf spucken.

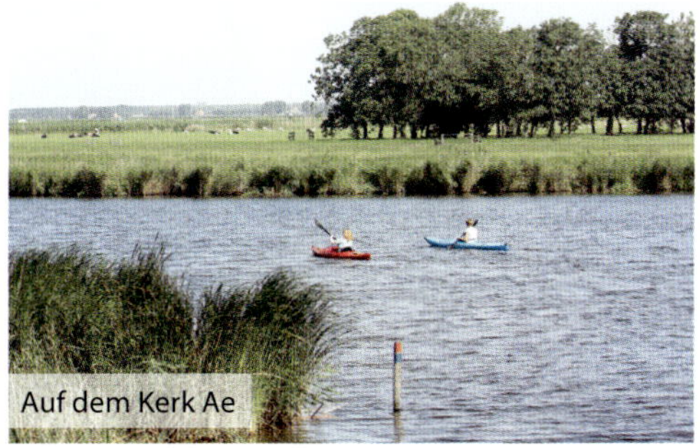
Auf dem Kerk Ae

Von **Broek in Waterland** ist es nur noch ein kurzes Stück zum ***Leek***. Vom Ende dieses kleinen, langgezogenen Sees aus paddelt man zunächst in einem Bogen um das ehemalige Monnikenmeer herum. Die Wiesen links liegen wie beim Nordmeer erheblich tiefer als rechts, erneut ein bemerkenswerter Anblick. Dann geht es auf der ***Trekvaart het Schouw-Monnickendam-Edam*** nach **Monnickendam** hinein und damit zurück zum Ausgangspunkt.

Dem historischen Ortskern des alten Hafenstädtchens **Monnickendam** sollte man zu Fuß einen Besuch abstatten. Da fast alle Grachten Sackgassen sind, kommt man mit dem Kanu nicht weit. Viele Menschen bummeln auf den schmalen Straßen an den alten Häusern entlang und bewundern die hübschen Giebel und die kleinen Bilder und Sprüche über den Eingangstüren. Abends ist es besonders nett, am äußeren Hafen in einem der Straßencafés zu sitzen und dem Treiben zuzusehen.

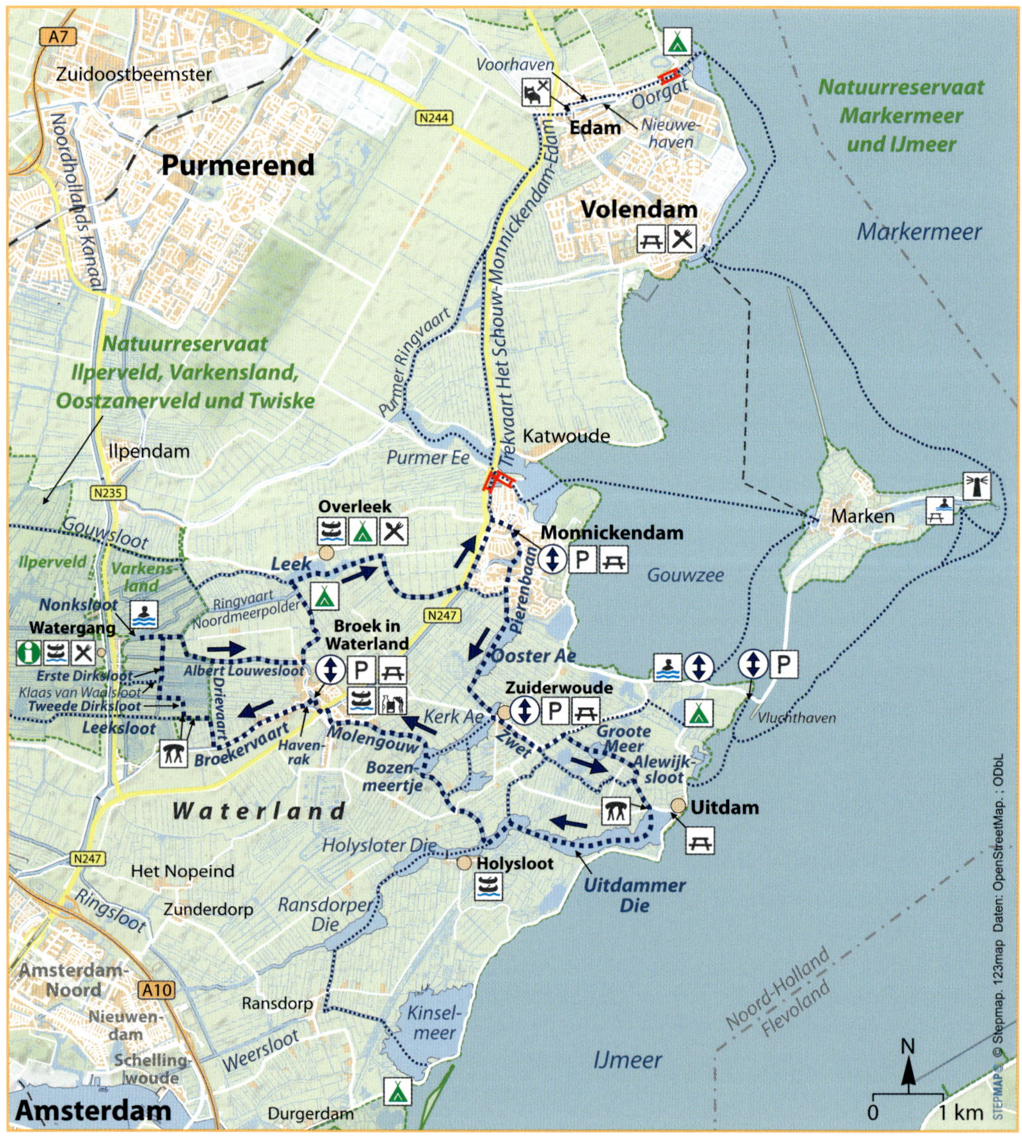

Tour 4 c – Waterland Oost, 25 km

Ergänzende Informationen zum Waterland Oost

Fahrtenmöglichkeiten

Im östlichen Waterland sind drei ***Kanurouten mit bunten Pfählen markiert*** worden (zwischen 11 und 17 km lang). Man kann sie beliebig miteinander kombinieren, verkürzen oder/und durch Abstecher erweitern.

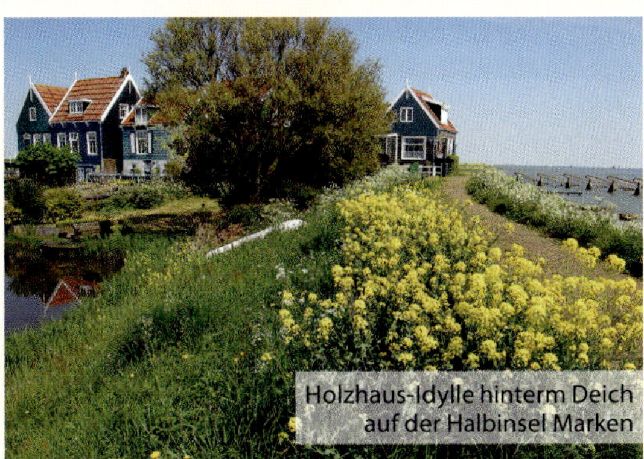

Holzhaus-Idylle hinterm Deich auf der Halbinsel Marken

Beispielsweise der interessante Abstecher über ***Holysloter Die*** und ***Ransdorper Die*** zum ***Kinselmeer***. Im Westen des Sees gibt es eine Lücke im Schilfgürtel, bei der man gut aussetzen, rasten und über den Markermeerdeich blicken kann.

Umtragen muss man nur zwischen **Zuiderwolde** und **Uitdam**.

Wenn man die gekennzeichneten Routen verlässt, könnte – wie geschildert – weiteres Umtragen nötig sein. Das ist jedoch immer einfach.

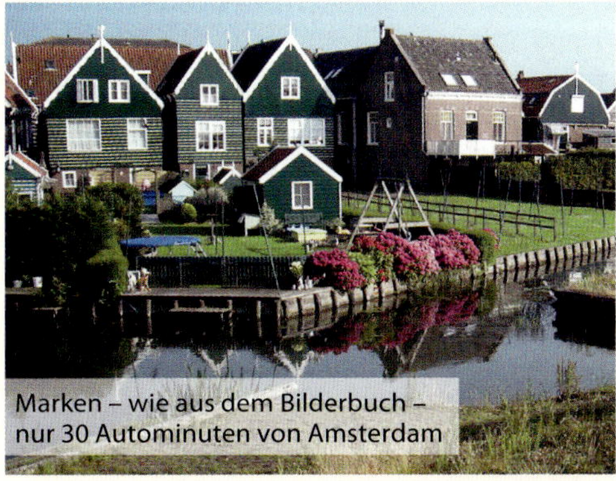

Marken – wie aus dem Bilderbuch – nur 30 Autominuten von Amsterdam

Einsetzstellen

Gut einsetzen kann man in **Monnickendam** gegenüber dem Schwimmbad am *Parkplatz Pierebaan (52.455460, 5.037202).*

In **Zuiderwoude** bei der *Kirche (52.432579, 5.033019)*, nicht während der Gottesdienste!

Einsetzen in **Broek in Waterland** am *Havenrak* – dort oder auf dem zentralen Parkplatz 50 m hinter der vorderen Häuserzeile *(52.435446, 4.996575)* parken.

Fahrbarkeit, Schwierigkeit

Alle Wasserläufe und Seen sind problemlos auch für Anfänger und größere Kanus zu befahren. Anfänger sollten allerdings ab Windstärke 2 die Uitdammer Die und vielleicht auch die anderen Seen meiden.

Bestimmungen

Keine besonderen Bestimmungen.
Schilder weisen auf Betretungsverbote hin.

Kanuvermietung

Theetuin Overleek mit *Teegarten* in **Monnickendam-Overleek** (Café Mai, Jun, Sep Fr-So 10-17, Jul+Aug Mi-So, Bootsverleih tägl. geöffnet, www.theetuinoverleek.nl).

Broeker Bootverhuur in **Broek in Waterland** (www.fluisterbootvaren.nl).

Karten

Die in Kooperation vom Falk-Verlag und dem Staatsbosbeheer (staatl. Forstverwaltung) herausgegebene *Karte „Groot Waterland"*, 1:25.000, zeigt das beschriebene Gebiet sehr detailliert. Kanu- & Schlittschuhrouten, Camping- sowie einige Rastplätze sind eingezeichnet (www.dezwerver.nl).

Ein ***Faltblatt*** mit den ***Kanurouten*** ist bei den örtlichen VVV zu erhalten oder im Internet herunterzuladen: www.recreatienoordholland.nl/documents/recreatienoordholland/doc/waterlandoost-kano.pdf

Weitere Routen in Waterland Oost

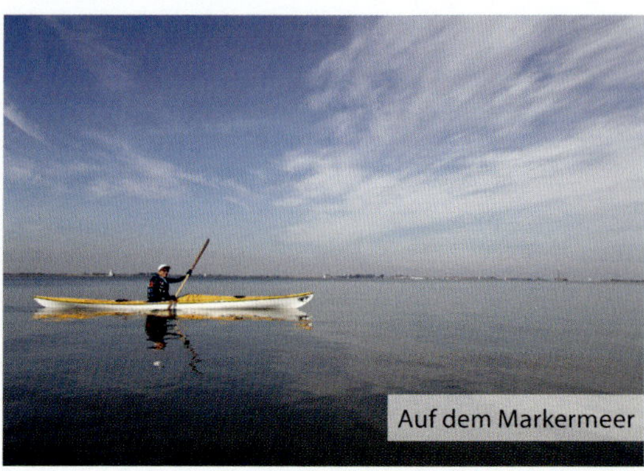
Auf dem Markermeer

(1) Eine besonders schöne Variante einer Waterland Oost-Tour von ca. 35 km Länge gibt es für seefeste und erfahrene Kanuten mit entsprechender Ausrüstung bei wenig Wind, wenn man das ***Markermeer*** einbezieht.

Von der nördlichen Ecke im Vluchthaven (Fluchthafen) am Fuße des Damms zur Insel **Marken** (Vluchthaven, *52.435050, 5.085873)* geht es am originellen ***Leuchtturm*** an der Ostspitze von Marken vorbei zum alten ***Hafen*** von **Volendam** und weiter nach **Edam**. Durch die Altstadt paddelt man westwärts aus dem Städtchen hinaus und über eher langweilige Kanäle ***Trekvaart het Schouw-Monnickendam-Edam*** und ***Purmer Ringvaart*** sowie den langgezogenen See ***Purmer Ee*** nach **Monnickendam**.

Am Ortsrand trifft man auf zwei Schleusen. Die rechte ***Schleuse (Kloosterdijksluis)*** führt zu den innerörtlichen Wasserwegen und damit ins Kerngebiet des Waterland Oost. Wie in Tour 4 c Seite 105 beschrieben, paddelt man nach **Uitdam**. In der äußersten Nordostecke geht die ***Uitdammer Die*** in einen halb zugewachsenen Graben über, der nach wenigen Metern an einem niedrigen Straßendamm endet. Hier setzt man aus. Von dort transportiert man das Kanu ca. 500 m auf dem Radweg auf dem Deich nordwärts, um unmittelbar vor dem Campingplatz an einer strandähnlichen Stelle ins ***Ijmeer,*** eine Bucht des ***Markermeer,*** einzusetzen. Bis zum Startpunkt im Vluchthaven sind es dann noch ca. 2 km.

Etwas kürzer ist der Weg von **Monnickendam** über die ***Gouwzee*** bis zu einer Liegewiese am Südufer. Zum Startplatz sind es von da ca. 200 m.

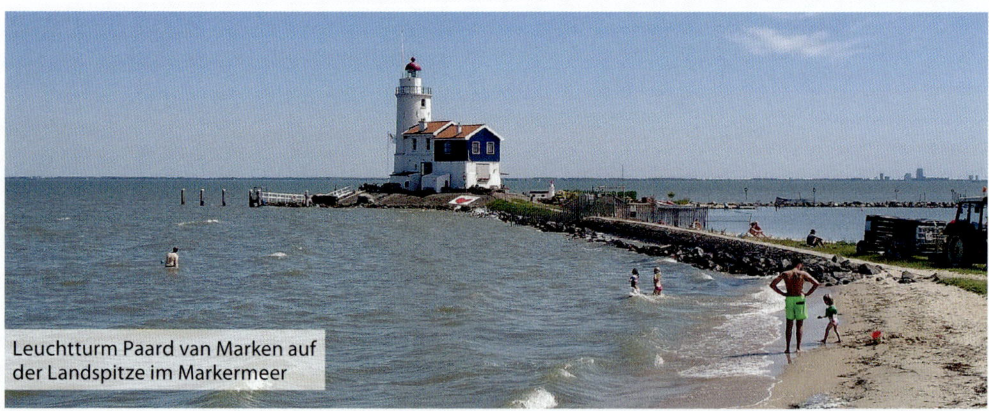
Leuchtturm Paard van Marken auf der Landspitze im Markermeer

(2) Von den westlichen Gefilden des östlichen Waterlands (d.h. dem **Varkensland**) kann man auf dem ***Gouwsloot*** im Norden und dem ***Leeksloot*** im Süden ohne umzutragen ins Natuurgebied (Naturgebiet) ***Ilperveld*** überwechseln. Dabei überquert man den Noordhollands Kanaal. Siehe Tourenbeschreibung Ilperveld 4 d nächste Seite.

Tour 4 d – Moorweidegebiet Ilperveld, 11 km

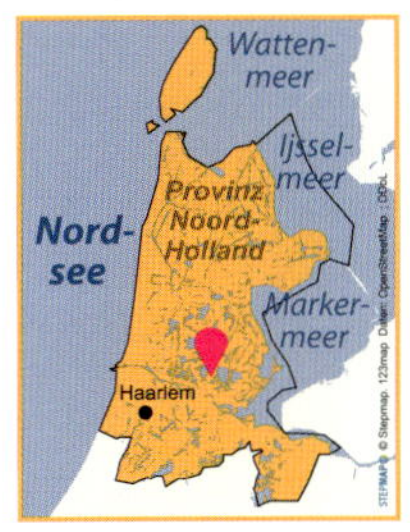

Zwischen dem Noordhollands Kanaal und der Großstadt Zaandam erstreckt sich das westliche Waterland mit den Veenweidengebieten Oostzanerveld und Ilperveld sowie dem Natur- und Erholungsgebiet Twiske in der Mitte. Das schönste der drei Gebiete ist das Ilperveld. Auf der Karte sehen die Wasserläufe einigermaßen planvoll angelegt aus. In der Natur wirken sie herrlich verwildert. Es ist ein Genuss, den kurvigen alten, mal seenartig breiten, mal schmalen Moorgewässern zu folgen. Das Land liegt kaum höher als der Wasserspiegel. Ab und zu behindert Schilf die Sicht. Meist aber hat man einen schönen Blick auf Wiesen voller Vögel und Blumen. Vereinzelt grasen Kühe und Schafe. Viele Landstücke sind nur mit Wasserfahrzeugen zu erreichen und werden deshalb „vaarpolder" (varen = Schiff fahren) genannt.

Vier Touren sind durch die Stiftung Landschap Noord-Holland gekennzeichnet worden. Man kann ihnen folgen, sie miteinander kombinieren oder – in Maßen – auch eigene Wege finden. Eine 11 km lange Runde stelle ich hier vor.

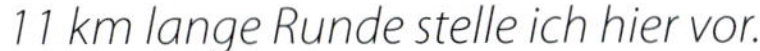

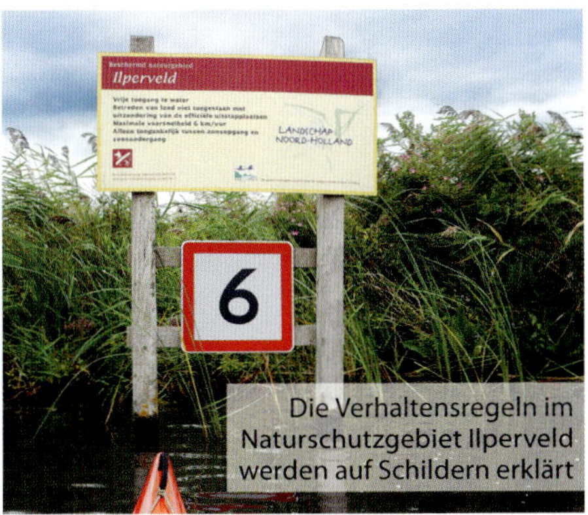

Die Verhaltensregeln im Naturschutzgebiet Ilperveld werden auf Schildern erklärt

Ein guter ***Startplatz*** ist der große Parkplatz am Sportgelände in **Landsmeer** (Sportlaan 13, *52.431713, 4.911306*). Man setzt dort bei einem Kanusteg in den See ***Kerkebreek*** ein. Der örtliche ***Campingplatz*** befindet sich am Nordende der Wasserfläche. Als Camping-Gast kann man auch dort seine Fahrt beginnen. Zunächst paddelt man auf dem ***Gortersloot*** unter der Hauptstraße des Dorfes durch in Richtung Osten bis zu einer Gewässerkreuzung. Ein Schild weist dort darauf hin, dass man das Naturschutzgebiet erreicht hat.

Gleich um die Ecke trifft man auf den kleinen See ***Oostkerkebreek***. Der Name geht auf den Bruch (Breek) eines alten Deiches an dieser Stelle zurück. Am Südufer gibt es den ersten ***Rastplatz (Zuider Schorren).*** Wer von dem Punkt weiter nach Osten paddelt, kann direkt ins östliche Waterland gelangen.

Am Nordostausgang geht meine Route weiter bis zu einem kleinen Wald. Dort hält man sich Richtung Norden, kommt erst bei der seenartigen Verbreiterung des ***Batesloot*** an dem offiziellen ***Rastplatz Braamstuk*** (Braam = Brombeere), etwas später an einer ***Vogelkijkhut (Beobachtungshütte)*** vorbei und gelangt schließlich zum ***Besucherzentrum Landschap Noord-Holland (Bezoekerscentrum Ilperveld)*** in **Watergang**. Im Ausstellungsgebäude kann man sich über Fauna und Flora im ***Ilperveld*** informieren. Man könnte dort auch die Tour beginnen, vor allem, wenn man sich ein Kanu mieten möchte.

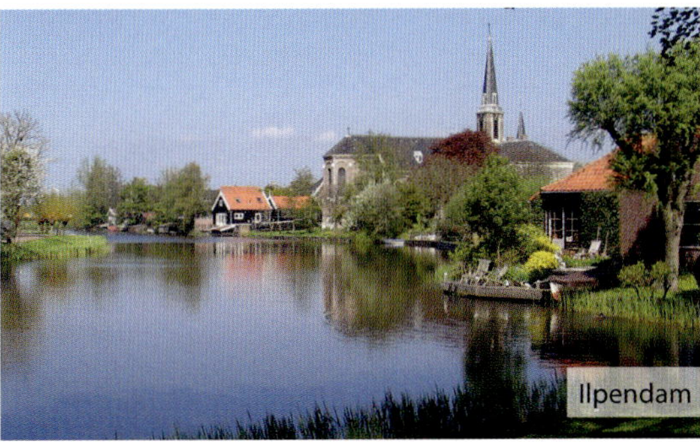
Ilpendam

Die Route führt nun in die nördlichen Bereiche des Naturschutzgebietes. Nach etwa 1 km trifft man auf den *Rastplatz Slobberstukje.* Dahinter ***rechts abbiegen.*** Die *Kirche* voraus steht in **Ilpendam**. Vor der nächsten Wiesenbrücke ***biege ich links ab***. Wenn man genau nach Karte fährt, kommt man in dem Gewirr von Wasserwegen ganz gut zurecht. Oft helfen die farbigen Bojen, die wie Pfähle aussehen.

Ich treffe nach einiger Zeit auf den breiten ***Gouwsloot***, auf dem man nach rechts ebenfalls ins östliche Waterland wechseln kann. Meine Route führt in die Gegenrichtung bis zum ***Burgsloot*** (oder ***Burgt***) und darauf südwärts bis zu einem kleinen Waldstück.

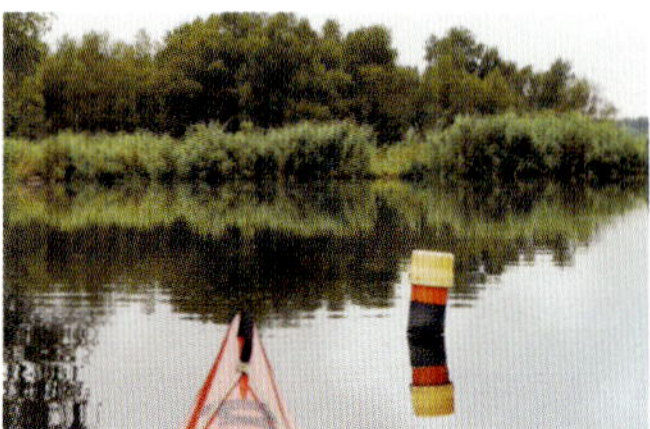

Wegweiser zum Walse Wijd. Einen gelben Kopf haben fast alle Bojen. Darunter ist die Routenfarbe zu sehen, hier also rot.

Westlich geht es daran entlang bis zum See ***K. Walse Wijd*** und von da ostwärts. Nach mehrmaligem Abbiegen erreicht man den *Rastplatz „Landje van Dasia".* Dort lege ich eine Pause ein. Der Untergrund ist morastig. Auf der Info-Tafel ist zu lesen, dass man auf dem „Landje" alle Bäume gekappt hat, um den Raubvögeln ihre Brut- und Rastmöglichkeiten zu nehmen. Denn die sind hinter den Jungen der Vögel her, die man im Ilperveld gerade schützen will.

Nach der Rast fahre ich in einem Bogen nach Südwesten. Ich unterquere wieder die Hauptstraße von **Landsmeer**, paddle an den ganz unterschiedlichen Grundstücken entlang, ehe ich bei der besonders geformten *„Kamelbrücke"* den Kanal ***(Ringvaart)*** erreiche, der das Natur- und Erholungsgebiet ***Het Twiske*** wie einen Ring umgibt. Hier ist die östliche ***Umtragestelle*** für die Weiterfahrt im Twiske. Ich biege jedoch auf dem Kanal nach Süden – er leitet mich nach 1 km zur *Einsetzstelle* zurück.

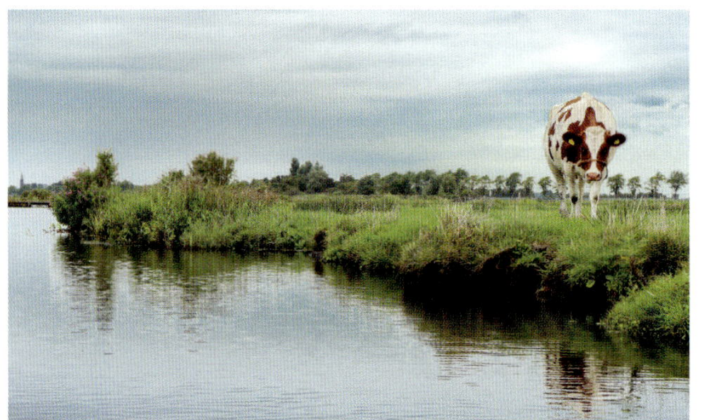

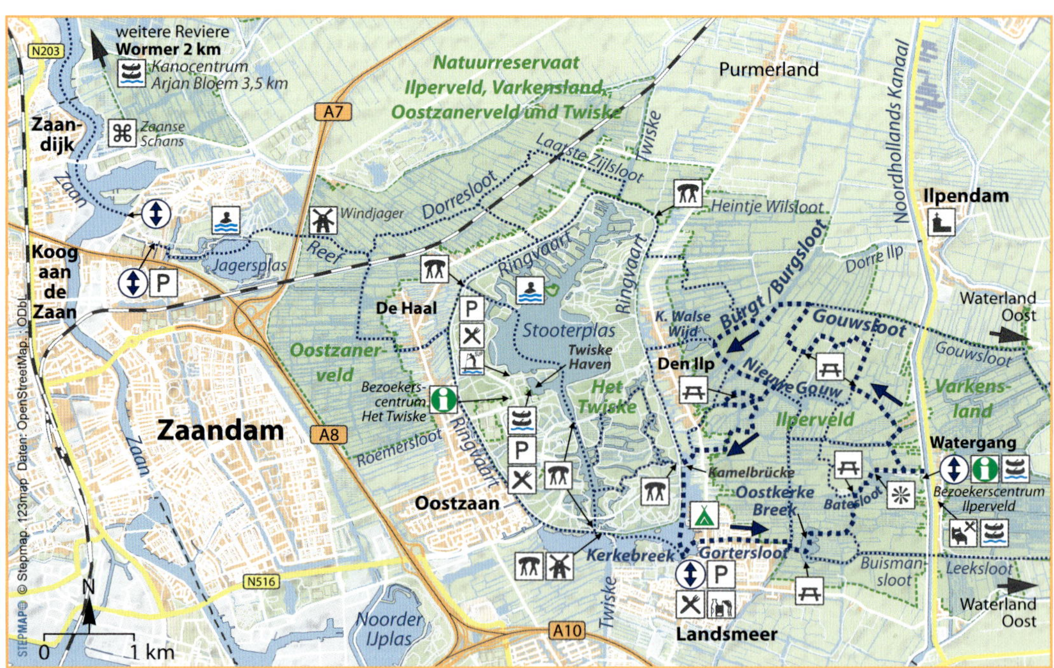

Ergänzende Informationen zu Ilperveld

Fahrtenmöglichkeiten

Die beschriebene Route lässt sich vielfältig verkürzen oder erweitern. Man könnte den gekennzeichneten Routen folgen. Dazu sollte man sich im Besucherzentrum den jeweils neuesten Routenplan besorgen. Ich war dreimal dort und jedes Mal hatte man die Routenführung ein wenig verändert.

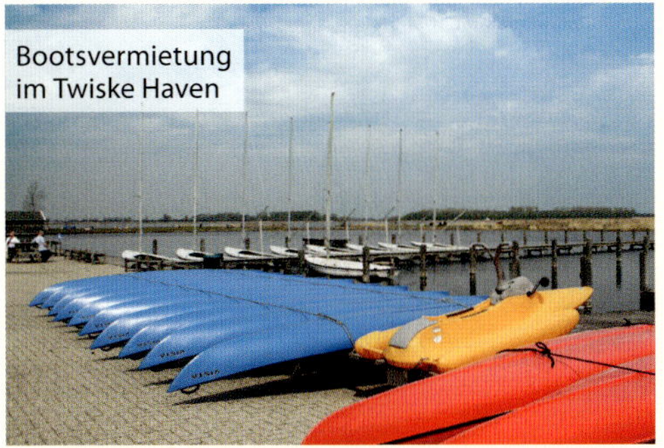
Bootsvermietung im Twiske Haven

Einsetzstellen

Neben der Einsetzstelle beim Parkplatz am Sportgelände in **Landsmeer** ist das *Bezoekerscentrum Ilperveld* am *Noordhollands Kanaal* in **Watergang** (*52.440517, 4.949550*, www.landschapnoordholland.nl/natuurgebieden/bezoekerscentra/ilperveld) zu empfehlen. Es ist am leichtesten über die Autobahn 10 Abfahrt „Landsmeer" und den Ort Landsmeer (Van Beekstraat) zu erreichen.

Die Erlaubnis zum Einsetzen wird sicher gerne erteilt, wenn man freundlich fragt.

Fahrbarkeit, Schwierigkeiten

Alle Wasserläufe und Seen sind problemlos auch für Anfänger und größere Kanus zu befahren.

Umtragen

Innerhalb des Ilpervelds kein Umtragen.

Im NSG gelten folgende Regeln

- Freier Zugang auf dem Wasser, aber nur zwischen Sonnenauf- & Sonnenuntergang.
- Betreten des Landes, außer an den offiziellen Ausstiegsstellen, ist verboten.

Campingplatz

Sehr günstig liegt der *Camping Het Rietveen* in **Landsmeer**, direkt an der Ringvaart der Twiske bzw. am See Kerkebreek (www.campinghetrietveen.nl/de).

Weitere Campingplätze in der Umgebung.

Kanuvermietung

Bezoekerscentrum Ilperveld in **Watergang** am östlichen Rand vom **Ilperveld.**

Twiske Haven (Café, Terrasse, Bauerngolf) mitten in **Het Twiske** (www.twiskehaven.nl).

Hotel Watergang in **Watergang** (Kanaaldijk 27, www.hotelwatergang.nl).

Karten

Für das Ilperveld allein ist die *Karte der Stiftung NHL* (eingeschweißtes DIN A4-Blatt) besonders zu empfehlen, im Bezoekerscentrum Ilperveld erhältlich.

Etwas weniger übersichtlich ist die *Karte für alle drei Teilgebiete* zusammen, die heruntergeladen werden kann: www.landschapwaterland.nl/documents/recreatienoordholland/doc/waterlandwest-kano.pdf

Die dort eingezeichneten Routen im Ilperveld stimmen nicht ganz mit den aktuell gekennzeichneten Routen überein.

Für *Het Twiske* allein kann man sich eine gute *Karte* herunterladen: https://twiskehaven.nl/vaarkaart

Die in Kooperation vom Falk-Verlag und der Staatsbosbeheer (staatl. Forstverwaltung) herausgegebene *Karte „Zaanstreek"*, 1:27.500 zeigt das Oostzanerveld und die Twiske sehr gut.

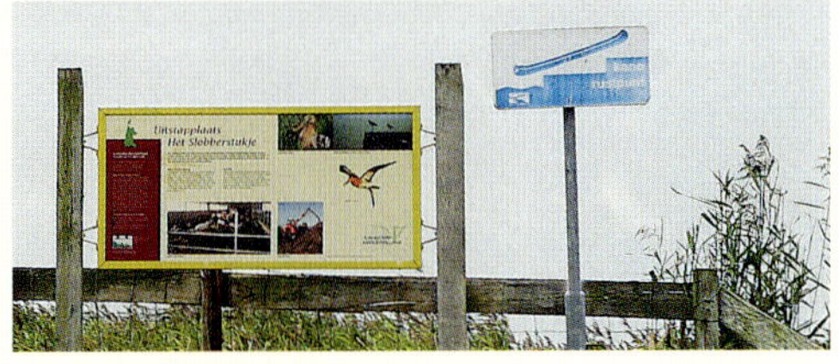

Weitere Routen Natuurreservaat Ilperveld, Oostzanerveld & Twiske

(1) Twiske: Man kann vom Ringkanal ***(Ringvaart)*** an der erwähnten ***Fußgängerbrücke*** *(Kamelbrücke)* in **Landsmeer** in die Gewässer des Twiske-Gebietes umtragen und dort einen ca. 7 km langen gekennzeichneten Rundkurs fahren. Diese Runde lässt sich erweitern, indem man über einen Damm umträgt und so zum zentralen See der Twiske, den ***Stooterplas***, gelangt. An dem See befinden sich mehrere ***Badestellen***, zwei ***Restaurants*** und eine *Bootsvermietung* (**Twiske Haven**, *Kanus, Bauerngolf*). Wenn man den ***Stooterplas*** an der Nordwestecke verlässt, kommt man zu der zweiten (westlichen) Umtragestelle in die ***Ringvaart*** – der Kanal, der die Twiske wie ein Ring umgibt. Damit ist man in den Gewässern des **Oostzanervelds.** Auf dem Kanal kann man nördlich oder südlich weiterpaddeln und so wieder zum Ausgangspunkt in **Landsmeer** am ***Kerkebreek*** zurückkehren.

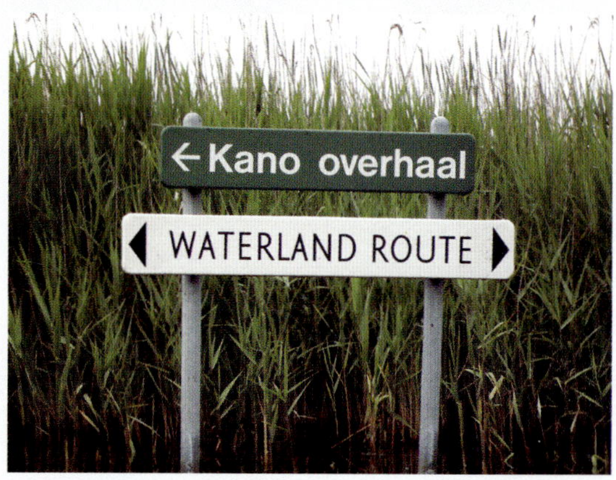

Die Twiske ist das Produkt einer Arbeitsbeschaffungsmaßnahme in den 1930er Jahren. Vergeblich hatte man versucht, das Moorgebiet trockenzulegen und in landwirtschaftlich nutzbaren Grund zu verwandeln. 1960 baggerte man den Sand unter dem Moorboden 30 m tief für die Anlage von Wohnvierteln in der Nachbarschaft aus und schuf so den zentralen See Stooterplas. Gleichzeitig verwandelte man das wüste Gelände in die Mischung aus Natur- und Erholungsgebiet, das wir dort heute vorfinden.

Man könnte auch mit dem Auto direkt in das Erholungsgebiet **Het Twiske** fahren und nur dort paddeln. Dazu muss man am Eingang an einer Schranke wie bei einem Parkhaus ein Ticket ziehen und beim Verlassen bezahlen. Anfahrt über A8 Abfahrt Oostzaan und dann immer ostwärts der Straße folgen. Günstig gelegene Parkplätze bei den beiden Restaurants im **Twiske Haven** *(52.448382, 4.886631)*. An der Badestelle gibt es auch SUPs zu mieten.

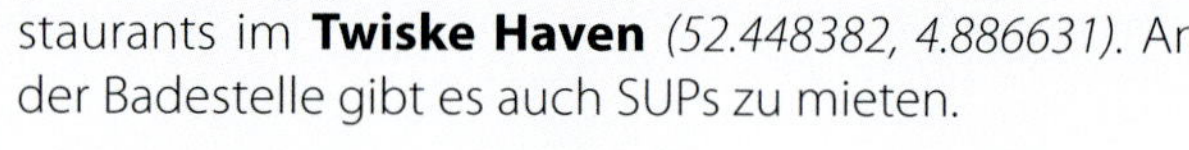

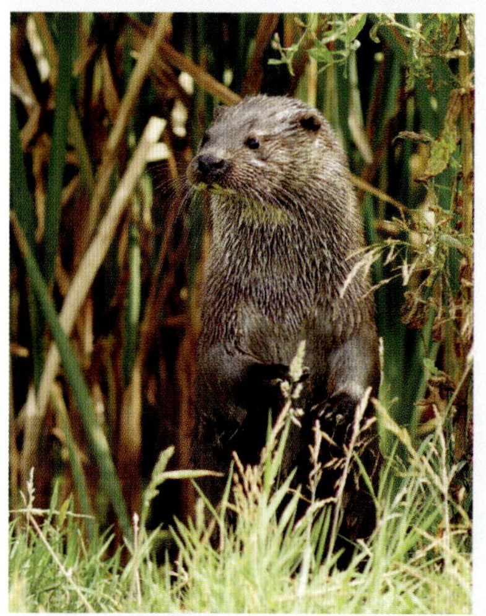

(2) Das **Oostzanerveld** ähnelt auf dem ersten Blick dem Ilperveld. Es ist aber nicht solch ein schönes Labyrinth, nicht so urwüchsig und insgesamt nicht so attraktiv.

Wenn man von der Nordwestecke der geschilderten Ilperveld-Runde nach Nordwesten oder Westen abbiegt, gelangt zu dem Kanal ***Ringvaart***, der das Twiskegebiet wie ein Ring umschließt. Ganz im Norden muss man das Boot mit Hilfe einer Rollenbahn über einen Damm ziehen, der das Land schon seit 1589 vor dem Hochwasser des Flusses Twiske schützt. Ein kleines Stück dahinter biegt man rechts ab in einen breiten Kanal, der das Bett des ursprünglichen Moorflüsschens nutzt. Vor einer malerischen Klappbrücke zweigt die offizielle Strecke in westliche Richtung ab. Damit ist man im **Oostzanerveld**. Man unterquert zunächst die einzige Straße des langgezogenen idyllischen Dorfes **Oostzaan / De Haal** und dann eine Bahnlinie. Ein paar Meter weiter trifft man auf das Nordende des ***Dorresloots***. Das ist die einzige durchgehende Route in der nördlichen Hälfte des Oostzanervelds. Sie verläuft im gewissen Abstand parallel zu der Bahn, die man eben unterquert hat und unter der man nach einigen Kilometern noch einmal durchfährt. Im Süden zeigt sich ein größeres Gewirr von Wasserwegen. Hier blickt man auf die gewaltigen Hochhäuser von **Zaandam**. Um zum Twiske-Ringkanal zurückzukehren, muss man wieder unter der besagten einzigen Dorfstraße durchfahren. Der richtige Wasserweg ist nicht einfach zu finden. Auf dem Kanal fährt man entweder ein paar Meter nordwärts, um zur Umtragestelle in das Twiske-Gebiet zu kommen und über den ***Stooterplas*** zurückzukehren (wie oben beschrieben), oder man folgt dem Kanal südwärts bis zum ***Kerkebreek***. Kurz vor diesem See muss man auf Höhe einer Mühle einmal umtragen.

(3) Weiterfahrt nach Zaandam: Man kann auf Höhe der erwähnten zweiten Bahndammbrücke nach Westen abbiegen, hinter der tollen ***Mühle Windjager*** die Autobahn unterqueren, beim See ***Jagersplas*** baden gehen und 1 km weiter bei einem großen ***Sportzentrum*** in **Zaandam** die Fahrt beenden. Oder dort nach kurzer Portage mit Bootswagen in den breiten Fluss ***Zaan*** einsetzen und zur ***Zaanse Schans*** oder zu anderen schönen Kanurevieren (siehe Beschreibung Eilandspolder, Seite 98) weiterfahren.

(4) Östliches Waterland: Man kann von der Ilperveld-Runde aus ohne umzutragen auf dem ***Gouwsloot*** oder auf dem ***Buismansloot*** (vom ***Oostkerke Breek*** ostwärts fahren) ins östliche **Waterland** wechseln. Für die Paddeltour dort, siehe Beschreibung Seite 105.

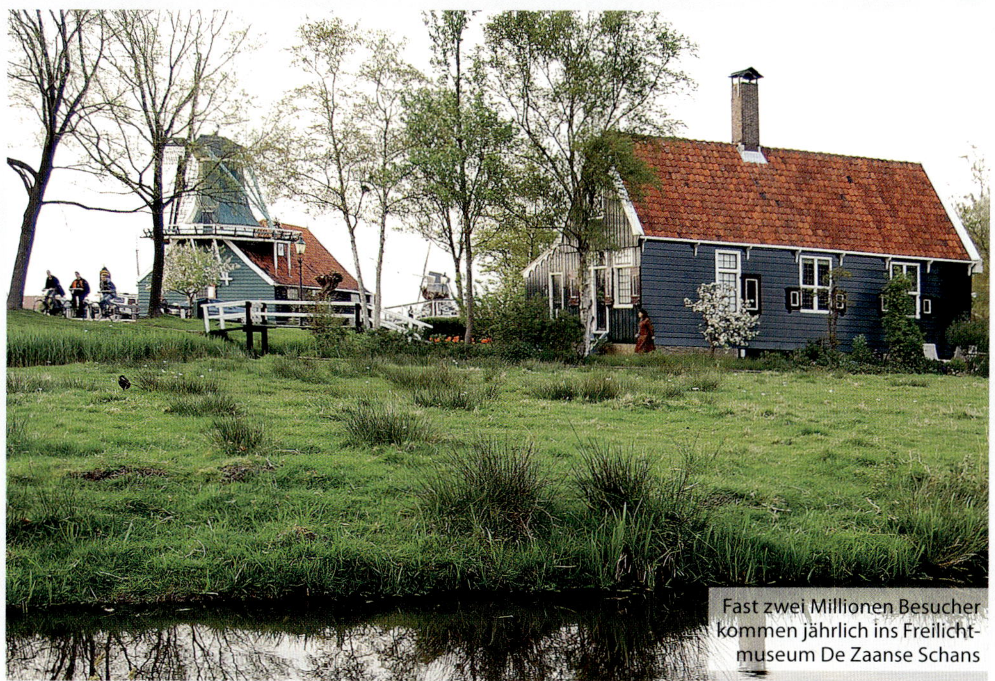

Fast zwei Millionen Besucher kommen jährlich ins Freilichtmuseum De Zaanse Schans

Tour 4 e – Amsterdam, 26 km

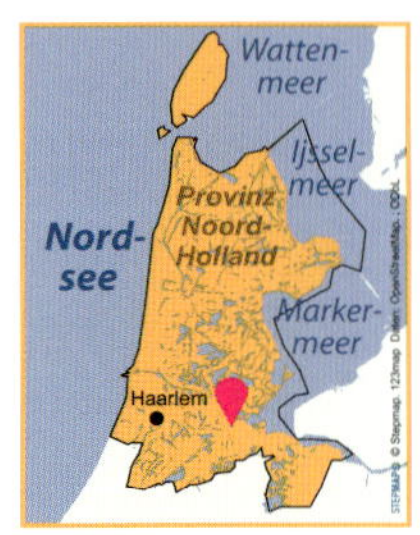

Bei dem Gedanken an Amsterdam bekommen unzählige Menschen leuchtende Augen. Für die einen ist die niederländische Hauptstadt eine der wichtigsten Handelsplätze der Welt, für andere eine Kulturmetropole in jeder Hinsicht. Ein lebendiger Schmelztiegel von Menschen aus hundert Ländern der Welt sei die Stadt, ein verrücktes Miteinander von (Alternativ-) Szenen jeder Couleur, voller Experimentierfreude und Individualismus, ein Inbegriff für Toleranz, für die Freiheit des Denkens und der Lebensformen, der friedlichen Koexistenz der Religionen, und das seit Jahrhunderten. Die Touristen kommen zu Millionen jedes Jahr wegen des unvergleichlich schönen Stadtbildes und der ganz besonderen Atmosphäre.

Amsterdam muss man sich erlaufen oder erradeln. Eine Kanufahrt auf den berühmten Grachten der Altstadt bietet jedoch eine einzigartige zusätzliche Perspektive. Drei Dinge müssen dabei allerdings beachtet werden: das Parken, die hohen Kaimauern und die Rundfahrtboote. Da das Parken in der Altstadt sehr teuer ist, die Strafzettel und Radkrallen noch viel teurer und Parkplätze mit geeigneten Einsetzstellen mehr als rar sind, empfiehlt es sich, außerhalb des Zentrums zu starten.

Ich folge dem Tipp auf Johans Homepage (www.kanoroutes.nl/nl-amsterdam.htm) und parke in **Amsterdam-Zuid** unter den Brücken des Autobahnrings A 10 (Anfahrt s. Ergänzende Infos) und setze dort ein. Nach 3,5 interessanten Kilometern auf der breiten ***Amstel***, liegt die **Altstadt** vor mir. *Sie wird von sechs Grachtengürteln umgeben, die wie Jahresringe bei Bäumen das Wachstum des historischen Amsterdams anzeigen. Für Touristen mit eigenem Boot sind drei Routen ausgeschildert, eine im östlichen, eine im mittleren und eine im westlichen Innenstadtbereich. „Geschildert" muss in Anführungszeichen gesetzt werden, da von den Schildern kaum noch eines erhalten ist. Man sollte auf jeden Fall einen touristischen Stadtplan im Boot haben, damit man weiß, wo man sich befindet und an welchen Sehenswürdigkeiten man gerade vorbeikommt. Das Problem dabei ist, dass die Gewässerbezeichnungen auf verschiedenen Karten nicht übereinstimmen. Entscheidend in diesem Buch sind die Angaben auf der ANWB-Waterkaart Amsterdam. Wenn darauf Namen fehlen, greife ich auf andere Karten zurück.*

Anhand der Karte rechts sollte die Route nachvollziehbar sein. Ich folge den drei Routen nacheinander. An verschiedenen Stellen weiche ich ein wenig davon ab.

Ich folge zunächst der **Plantage-Route** und biege rechts in den äußersten Gürtel, die ***Singelgracht***, ab. Sie führt am ***Oosterpark*** und am ***Tropenmuseum*** vorbei. Bei einer ***Windmühle***

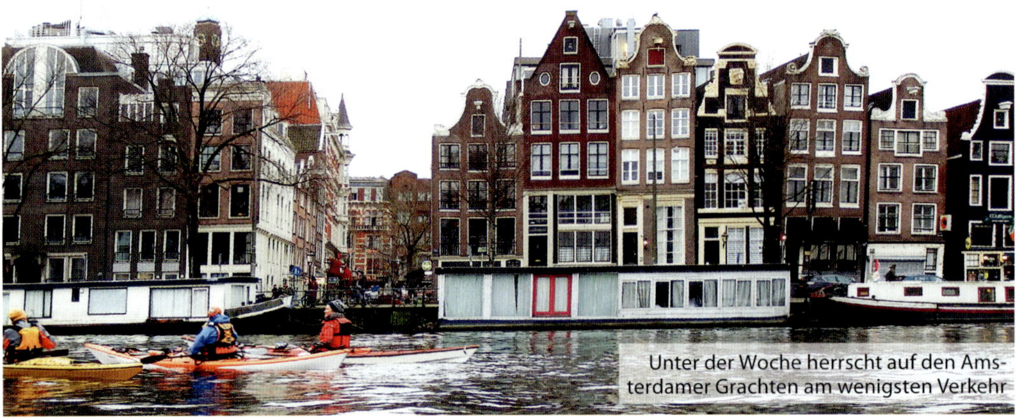

Unter der Woche herrscht auf den Amsterdamer Grachten am wenigsten Verkehr

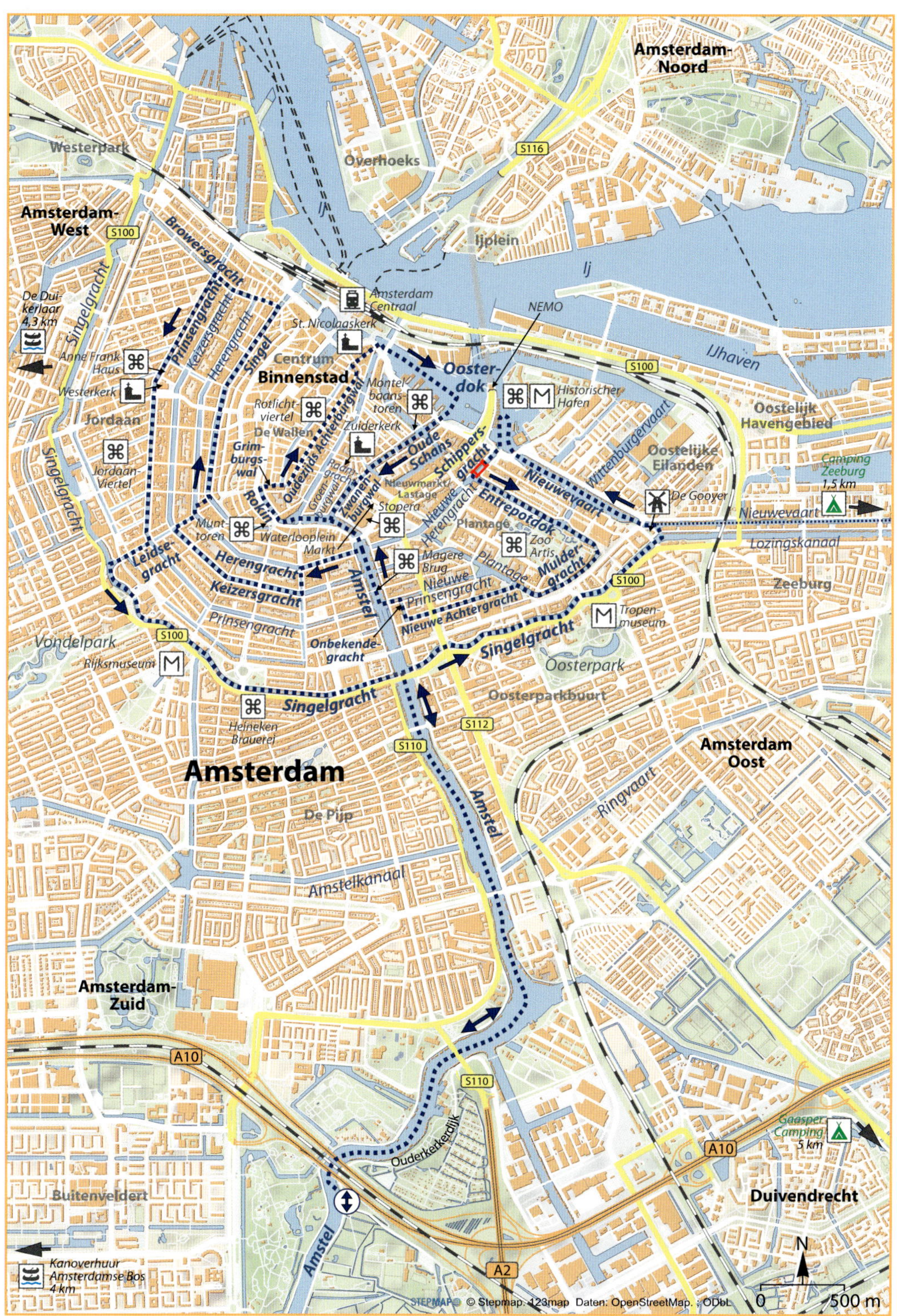
Amsterdam-Noord
Westerpark
Overhoeks
Amsterdam-West
Browersgracht
Ijplein
Ij
Amsterdam Centraal
St. Nicolaaskerk
NEMO
De Duikerlaar 4,3 km
Singelgracht
Anne Frank Haus
Prinsengracht
Keizersgracht
Herengracht
Singel
Centrum
Binnenstad
Oosterdok
IJhaven
Westerkerk
Jordaan
Rotlichtviertel
De Wallen
Montelbaanstoren
Historischer Hafen
Oostelijk Havengebied
Zuiderkerk
Oude Schans
Schippersgracht
Wittenburgervaart
Oostelijke Eilanden
Camping Zeeburg 1,5 km
Jordaan-Viertel
Grimburgswal
Oudezijds Achterburgwal
Nieuwmarkt Lastage
Nieuwevaart
De Gooyer
Nieuwevaart
Rokin
Zwanenburgwal
Stopera
Nieuwe Herengracht
Entrepotdok
Lozingskanaal
Munttoren
Waterlooplein Markt
Plantage
Zoo Artis
Leidsegracht
Herengracht
Amstel
Magere Brug
Plantage
Muidergracht
Zeeburg
Keizersgracht
Nieuwe Prinsengracht
Nieuwe Achtergracht
Tropenmuseum
Prinsengracht
Vondelpark
Onbekendegracht
Singelgracht
Rijksmuseum
Oosterpark
Oosterparkbuurt
Singelgracht
Heineken Brauerei
Amsterdam Oost
Amsterdam
Ringvaart
De Pijp
Amstel
Amstelkanaal
Amsterdam-Zuid
Ouderkerkerdijk
Gaasper Camping 5 km
Buitenveldert
Duivendrecht
Amstel
Kanoverhuur Amsterdamse Bos 4 km
S100
S116
S112
S110
A10
A2
STEPMAP © Stepmap 123map Daten: OpenStreetMap, ODbL
N
0 500 m

geht es hinter einer Brücke links herum in die ***Nieuwevaart / Wittenburgervaart*** und darauf zum ***Oosterdok***, dem historischen *Hafen* der Stadt. Hier befinden sich das *Schifffahrtsmuseum*, der *Museumshafen* mit vielen alten Frachtenseglern und das beeindruckende *Wissenschaftsmuseum NEMO*, das wie ein großer Frachter im Meer zu versinken scheint. Man hat es auf die Einfahrt zum Ij-Tunnel gebaut.

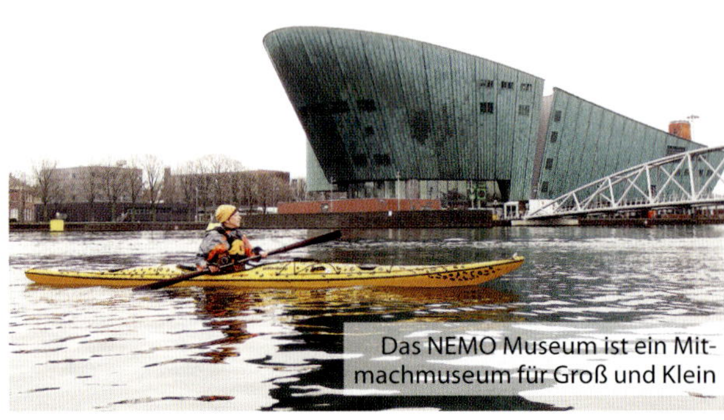

Das NEMO Museum ist ein Mitmachmuseum für Groß und Klein

Auf der anderen Seite der Bahngleise, die das ***Oosterdok*** von der ***Ij***, also vom eigentlichen Hafen Amsterdams trennen, ragen am Passagierterminal, rechts neben dem berühmten Konzerthauses ***Muziekgebouw***, die Aufbauten eines riesigen Kreuzfahrers auf. Nur wenige hundert Meter von hier liegt der Hauptbahnhof *Amsterdam Centraal*.

Ehe ich in die ***Schippersgracht / Nieuwe Herengracht*** einfahren kann, muss ich warten, bis sich ein großes Binnenschiff durch die schmale ***Rapenburgersluis*** gequält hat. Dann kann auch ich durch die stets offene Schleuse fahren und links auf dem Kanal ***Entrepotdok*** nach Osten zurückpaddeln. *Das Entrepotdok war früher Teil eines Freihafens. Die ehemaligen Lagerhäuser am nördlichen Ufer sind heute gut renovierte Wohnhäuser.* Davor finde ich einen niedrigen ***Steg***, der eigentlich jenen „Hop-On Hop-Off" Shuttle-Booten vorbehalten ist, die man wie Busse nutzen kann. Hier sitze ich eine Weile auf einer Bank und genieße die Sonne und die städtische Szenerie. Wo auch immer man ein – wegen der hohen Kaimauern seltenes – Plätzchen für eine Rast findet, sein Boot sollte man auf keinen Fall unbeaufsichtigt lassen, denn Amsterdam ist leider auch bekannt für seine Diebe.

Weiter geht es am *Zoo Artis* vorbei. Als ***Muidergracht*** führt der Kanal um das Gelände im **Plantageviertel** herum, das der Route ihren Namen gibt. Bei der ersten Möglichkeit biegt man links in die ***Nieuwe Achtergracht*** ab, die in eine kurze Wasserstraße mit dem merkwürdigen Namen ***Onbekendegracht***, unbekannte Gracht, übergeht. Noch einmal links abbiegen, dann gelange ich über die ***Nieuwe Prinsengracht*** wieder auf die ***Amstel*** und bin damit am Ende der ersten Kanu-Runde – der **Plantage-Route**. Vor mir sehe ich die *Magere Brug*. *Für frisch Vermählte ist es ein Muss, sich vor dieser alten hölzernen Zugbrücke fotografieren zu lassen. Wenn sie sich dort küssen, soll die Ehe ewig halten, heißt es.*

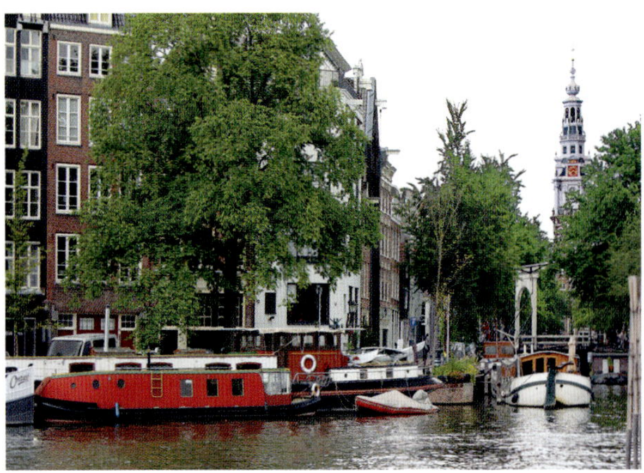

Die nächste ***Zugbrücke*** bewundere ich, nachdem ich am kombinierten *Stadthaus* und *Oper („Stopera")* vorbeigefahren bin, am **Groenburgwal**, sehr fotogen mit dem Turm der ***Zuiderkerk*** im Hintergrund. *Früher arbeiteten hier Tuchweber. Die Wolle wurde gewaschen und gesponnen, dann wurde daraus Tuch gewebt, das nach dem Färben auf Holzrahmen zum Trocknen gespannt wurde.* In der ***Stopera*** ist übrigens heute der ***Normaal***

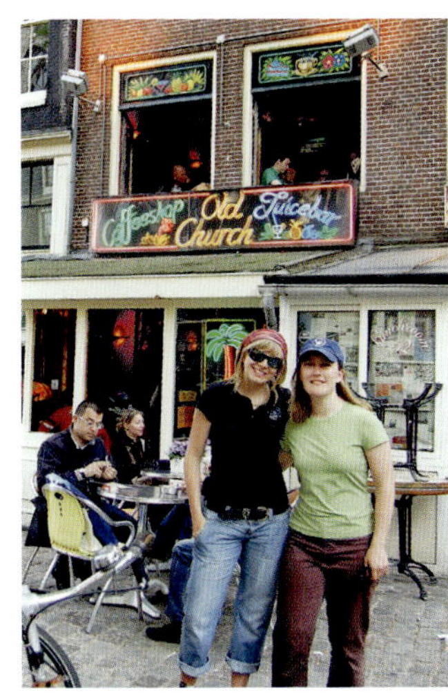

Amsterdams Peil (NAP) zu bewundern. *Dieser alte Höhenpegel ist seit langem schon auch für Deutschland unter der Bezeichnung „Normal Null" maßgebend.* Hier bin ich auf der mittleren Boots-Runde, der **Wallenroute**. Diese führt am *Münzturm* vorbei zum ***Rokin***, irgendwie das Zentrum des Zentrums und einer der Hauptanleger der Rundfahrtschiffe. Vor denen muss man sich als Paddler sehr in Acht nehmen, denn sie kennen kein Erbarmen. Sie hupen vor unübersichtlichen Stellen und fahren dann, ob da ein Kanute ist oder nicht. Entsprechend vorsichtig paddle ich in den sehr schmalen ***Grimburgswal*** hinein und an dessen Ende in den ***Oudezijds Achterburgwal.*** Das ist der Hauptweg durch das Rotlichtviertel **De Wallen**. Das Viertel gehörte zu den ersten weltweit, in denen Prostitution erlaubt wurde. Inzwischen hat es eine Entwicklung zum Szeneviertel erlebt, mit kleinen Kunstateliers, alternativen Restaurants sowie Schwulen- und Lesbenkneipen.

Bei der ***St. Nicolaaskerk*** und dem ***Schreierstoren*** *(ehemaliger Wehrturm, heute mit kleinem sehenswerten Laden für nautische Bücher und Karten)* fährt man noch einmal auf das ***Oosterdok*** hinaus und nach einem Halbkreis am ***Montelbaanstoren*** *(ehemaliger Wartturm der Stadtmauer, 1644 von Rembrandt auf einem Gemälde verewigt)* vorbei in die ***Oudeschans***. Die breite Wasserstraße verengt sich nahe dem ***Rembrandthaus*** *(ehemaliges Wohnhaus des Malers, heute Museum)* zum ***Zwanenburgwal***. Gleich zu Beginn zweigt rechts die Raamgracht ab, gegenüber dehnt sich seit dem 19. Jh. der ***Waterlooplein Market*** aus, ältester und gemütlichster Flohmarkt Amsterdams *(Mo-Sa)*. Am Ende des ***Zwanenburgwals*** ist man wieder auf der ***Binnenamstel***.

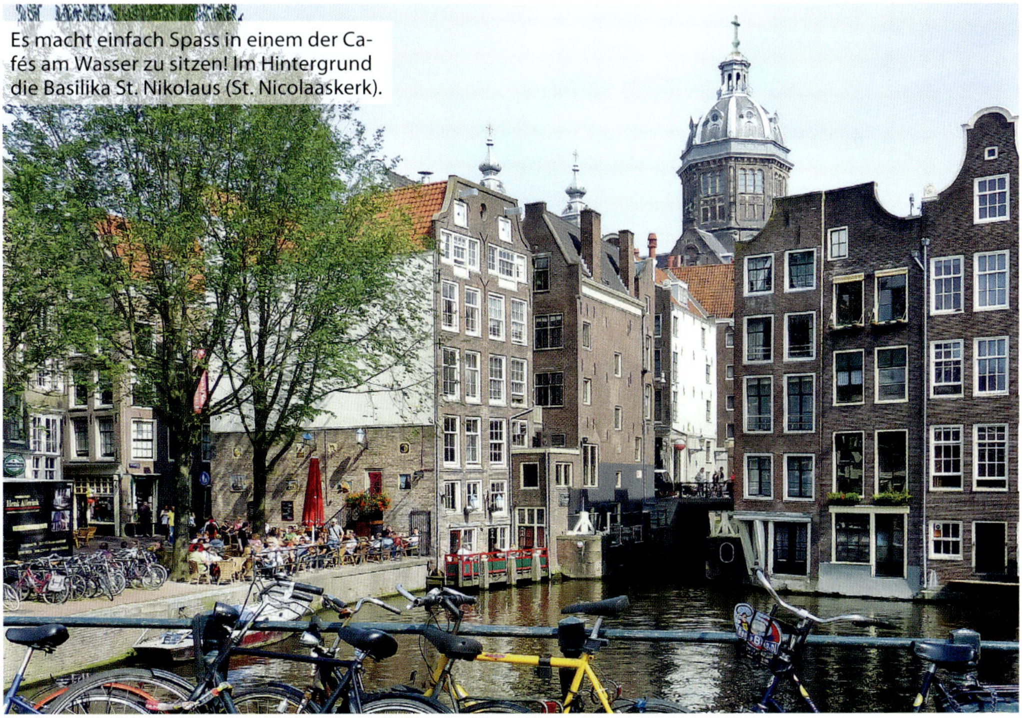

Es macht einfach Spass in einem der Cafés am Wasser zu sitzen! Im Hintergrund die Basilika St. Nikolaus (St. Nicolaaskerk).

Schräg gegenüber des Theatergebäudes ***Stopera*** (Nationale Opera en Ballet) zweigt die ***Herengracht*** von der ***Amstel*** ab. Damit habe ich die dritte Bootsrunde erreicht. Die heißt **Grachtenroute**, auch wenn man die ganze Zeit schon auf Grachten paddelt. Vielleicht, weil man hier im feinsten und teuersten Teil der Altstadt herumgondelt.

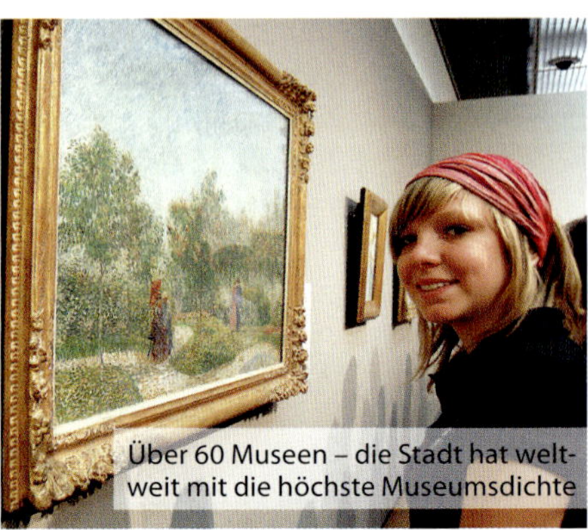

Über 60 Museen – die Stadt hat weltweit mit die höchste Museumsdichte

Bei der nächsten Gewässerkreuzung wird man auf die ***Keizersgracht*** geleitet und bei der übernächsten wieder kurz auf die ***Herengracht***. Ich mache einen Abstecher zum ***Singel***, weil sich dort an der *Torenbrücke* niedrige freie Stege für eine unkomplizierte Pause befinden. Überall sind stattliche Häuser mit herrlichen Giebeln zu sehen. Hausboote aller Art säumen die Ufer. Die Straßencafés, die Straßen und Plätze sind voller Menschen. Über die ***Browersgracht*** ganz im Norden geht es dann zur ***Prinsengracht*** und darauf zurück in Richtung ***Amstel***.

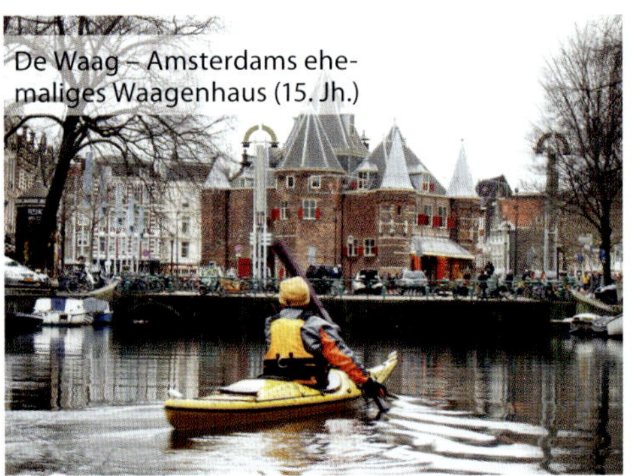

De Waag – Amsterdams ehemaliges Waagenhaus (15. Jh.)

An der ***Prinsengracht*** steht neben der *Westerkerk* das *Anne Frank Haus*. Eine lange Schlange von Menschen steht vor dem ehemaligen Wohn- und Geschäftshaus der jüdischen Familie Frank. *Die junge Anne konnte sich zwei Jahre hier vor den Nazis verstecken. Sie schrieb in ihre berühmten Tagebücher, was sie in dieser Zeit erlebte. Die Räume, in denen sie bis zu ihrer Entdeckung lebte, können besichtigt werden.* Am gegenüberliegenden Ufer zieht sich der Stadtteil **Jordaan** hin. Früher das Armeleutequartier, ist der Jordaan (von französch Jardin = Garten) heute beliebter Lebensraum für alle, die in, hip, alternativ, multikulti, verrückt und schick sind. Es gibt immer noch eine Menge interessanter Geschäfte, Kneipen, Restaurants und Märkte, auch wenn ein Teil der Szene mittlerweile in Amsterdam-Noord nördlich der Ij zu Hause ist. Ein bisschen von der speziellen Ausstrahlung des Viertels ist auch vom Kanu aus zu spüren.

Auf der ***Leidsegracht*** wechsle ich, die vorgegebene Route verlassend, auf die ***Singelgracht***. Hier streift man den *Vondelpark*, den bekanntesten Park der Stadt, und kommt an *Rijksmuseum* und *Heineken-Brauerei* vorbei. Auf diesem Abschnitt sind die Anleger weiterer Rundfahrtlinien und mindestens zwei Tretbootvermietungen beheimatet. Hinter den Klötzen der *Nederlandse Bank* geht es auf die ***Amstel*** hinaus und zurück zum Ausgangspunkt in **Amsterdam-Zuid**.

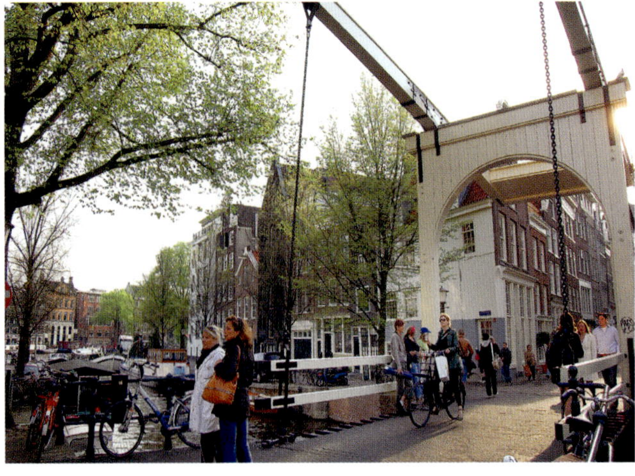

Ergänzende Informationen zu Amsterdam

Anfahrt zur Einsetzstelle

Zu der Einsetzstelle gelangt man wie folgt: Von der A 10 bei der Abfahrt S 110 Richtung Zentrum abfahren, die neue Straße (praktisch die Verlängerung der A 2 aus Richtung Utrecht) gleich wieder verlassen. Anschließend links abbiegen, nach Unterquerung der Einfallstraße rechts abbiegen (gleich nach dem Abzweig ist der Ruderclub Poseidon zu sehen) und dieser Straße bis zu den Autobahn- und Bahnbrücken folgen.

Genau da endet auch die Parkbeschränkung. Die Straße heißt hier Oudekerkerdijk *(52.331749, 4.899414)*.

Ehe man hier einsetzt, sollte man die Blase noch mal leeren und sich stärken, denn das Aussteigen in der Innenstadt ist wegen der meist hohen Kaimauern schwierig.

Fahrtenmöglichkeiten

Die beschriebene Tour ist 26 km lang, davon 2x 3,5 km von der Einsetzstelle bis zur äußersten Altstadtgracht, der Singelgracht.

Wenn man sie etwas abkürzen will, sollte man auf die nicht ganz so attraktive Plantage-Route verzichten, dafür aber die mittlere Route – die Wallenroute – beim Oosterdok bis zum Schifffahrtsmuseum ausdehnen. Das sind dann ca. 6 km weniger. Ansonsten gibt es genügend Abkürzungen und Erweiterungsmöglichkeiten, so dass einer individuellen Gestaltung nichts im Wege steht.

Schwierigkeiten, Bestimmungen

Ungeübten Paddlern ist von der Tour abzuraten, weil zumindest im Sommerhalbjahr auf vielen Grachten mit regem Schiffsverkehr zu rechnen ist.

Man hat es mit den breiten Rundfahrtbooten, aber auch mit Tret-, Ruder- und kleinen Motorbooten und manchmal sogar mit großen Binnenschiffen zu tun.

Auf ***Ij, Noordzeekanaal*** und zugehörigen ***Hafenbecken darf nicht gepaddelt werden.***

Campingplätze

Gaasper Camping an der Gaasp, am südöstlichen Stadtrand (www.gaaspercamping.nl).

Camping Zeeburg Amsterdam auf einer Halbinsel im Ijmeer, mit Kanuvermietung (www.campingzeeburg.nl).

Kanuvermietung

De Duikerlaar am See Sloterplas in Amsterdam West (www.deduikelaar.nl/kano).

Kanoverhuur Amsterdamse Bos im Waldpark Amsterdamse Bos im Südwesten von Amsterdam (www.kanoverhuur-adam.nl).

Karten & Bücher

Über Amsterdam gibt es viele Reiseführer. Wer tiefer einsteigen will, dem sei *„Amsterdam. Biographie einer Stadt"* von Geert Mak empfohlen.

Unter den Karten finde ich die *„ANWB-Waterkaart Amsterdam"*, 1:12.500 zum Paddeln sehr geeignet.

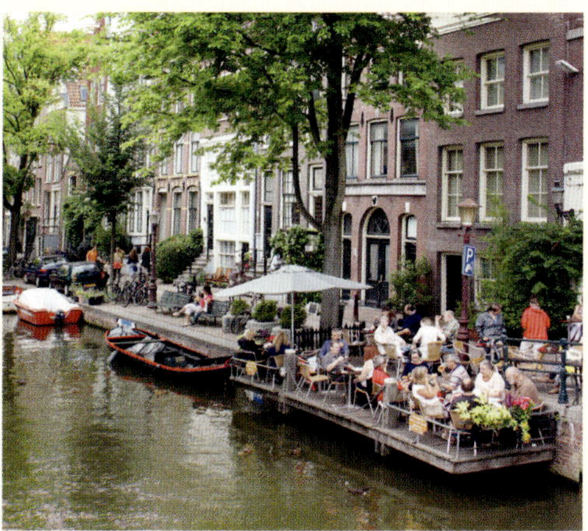

Weitere Route in Amsterdam

Man kann auch in den westlichen Stadtteilen rund um den See ***Sloterplas*** paddeln. Dazu gibt es im Internet eine Broschüre (niederländisch) mit Karte zum Herunterladen: www.nicenieuwwest.nl/kanoparadijs.

Tour 4f – Kortenhoefse Plassen, 9 km

In dem wunderbaren Naturgebiet Kortenhoefse Plassen ist eine sehr lohnende neun Kilometer lange Kanu-Route „ausgepfählt" worden.

Die offizielle ***Einsetzstelle*** mit kostenloser ***Parkmöglichkeit*** ist bei der Kreuzung Straße N 201 mit der Straße, die vom Westen von Oud-Loosdrecht zum Süden von Kortenhoef führt (Moleneind, *52.225504, 5.084600*).

Vom ***Kanusteg*** aus paddelt man links nach 100 m unter der N 201 hindurch zum ***Hilversums Kanaal*** und auf diesem nach rechts, ehe man nach ca. 750 m links in die Oostzijde (Ostseite) der ***Plassen*** abbiegt. *Wie alle Vechtplassen gehen die Kortenhoefse Plassen auf den Torfabbau zurück. Dieses Gebiet wurde zwischen 1600 und 1860 ausgebeutet. Das ursprünglich systematische Gerüst von schnurgeraden Wasserstreifen (Petgaten), in denen der Torf gegraben, und schmalen Landstreifen dazwischen (Leegakkers), auf denen er getrocknet wurde, ist nur noch mit viel Phantasie zu erkennen. Überall haben die Wellen bei Sturm die Landstreifen zerschlagen und seenartige Wasserflächen unterschiedlicher Größe entstehen lassen. An schmaleren Stellen haben Verlandungsprozesse die Gewässer stark verengt oder neue Inseln gebildet. Auf einigen wachsen Sträucher, auf anderen dichter Bruchwald.* Manchmal kommt man sich vor wie in einem verwunschenen Sumpf, manchmal wie auf einem See mit vielen Buchten und Halbinseln. Überall leuchten blühende Seerosen, gelbe Mummeln und Sumpfdotterblumen in der Frühlingssonne.

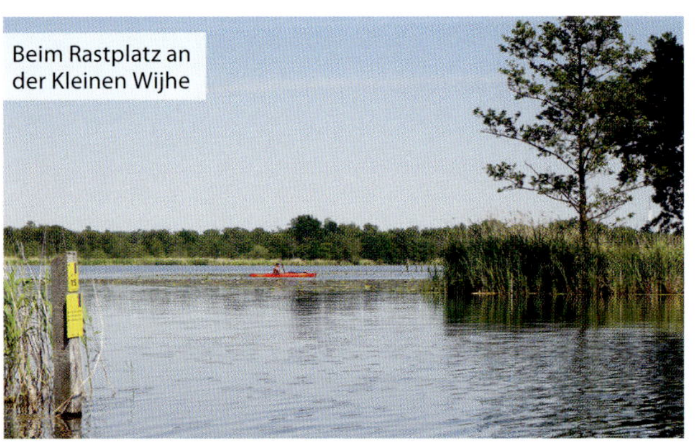
Beim Rastplatz an der Kleinen Wijhe

Es ist gut, dass der Naturschutzverband „Natuurmonumenten" eine Route mit nummerierten Pfählen gekennzeichnet hat, weil man sich in dem Labyrinth schnell verfahren würde. Es gibt einige gepflegte ***Rastplätze***, einer davon am ***Oppad***, einem uralten Fußweg von Kortenhoef nach `s-Gravenland, auf dem die Bauern sonntags zum Gottesdienst gewandert sind.

Wir folgen dem Kanuweg im Zickzack zunächst durch den östlichen Teil und paddeln dann im Südende von **Kortenhoef** unter der *Kattenbrug (Katzenbrücke)* hindurch in den offeneren Westteil. Beim See ***Kleine Wijhe*** legen wir bei einem ***Rastplatz*** eine Frühstückspause ein. Die Beine lassen wir im Wasser baumeln. Andere Paddler kommen vorbei. Einige wählen an dieser Stelle die vorgeschlagene Route, andere nehmen eine der beiden möglichen Abkürzungen. Leider sehen wir keinen der seltenen Purpurreiher, die es in den Plassen geben soll.

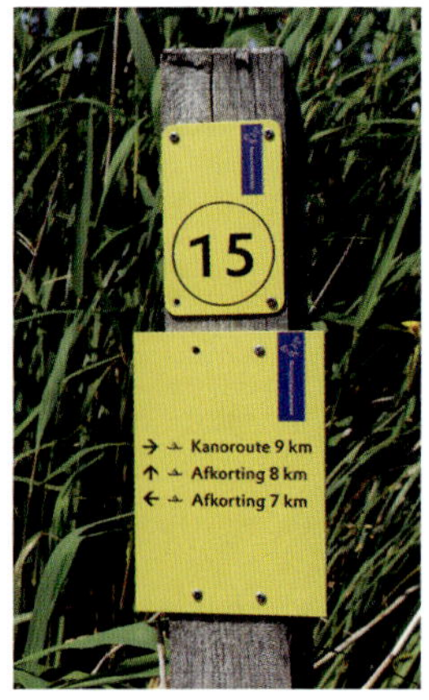

Von unserem Rastplatz fahren wir nach **Ostindien**. So heißt die Nordecke der Plassen. Von da geht es am Ringdeich des ***Horstermeer Polders*** entlang nach Südwesten. Diese Strecke sieht auf der Karte sehr gerade aus. Es handelt sich aber um einen so stark verwilderten Wasserweg, dass wir uns mehrfach auf falschen Routen wähnen. Nach einer Schleife über das ***Wijde Gat,*** der größten Wasserfläche in diesem Gebiet, kehrt man auf dem schmalen ***Soete In-***

val zum ***Hilversums Kanaal*** zurück und ist damit bald wieder bei der *Einsetzstelle*.

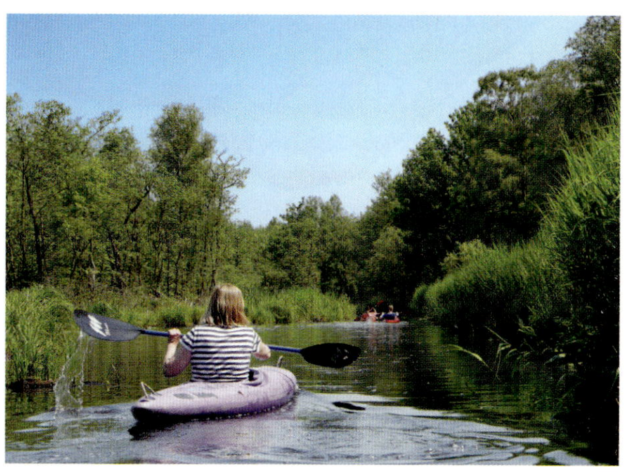

Wir holen uns aber noch einen wunderschönen Nachschlag. Dazu paddelt man auf dem ***Hilversums Kanaal*** 1 km nach Westen und biegt dort unter der Nationalstraßenbrücke auf den ***Wijde Blik*** ab. Das ist ein nur wenig durch Inseln oder Halbinseln gegliederter See, der allenfalls eine 5 km lange Umfahrt erlaubt. Schön sind hier jedoch im Kontrast zum Moorgelände der Kortenhoefse Plassen die zahlreichen ***Bademöglichkeiten***. Die erste Gelegenheit zu einem Bad bietet sich gleich hinter der Brücke. Der auf den Karten erwähnte „Strand" entpuppt sich als Liegewiese mit flachem Wasser davor. Der Untergrund ist allerdings angenehm kiesig. Noch schöner finde ich die vier Inseln an der Ostseite des Sees, an denen man wunderbar rasten und baden kann. Für kleine Kinder ist jeweils extra ein Miniabschnitt mit Strandsand aufgeschüttet worden.

Zwischen den beiden nördlichsten Inseln hindurch kann man den ***Wijde Blik*** wieder verlassen. Ein orangenes Schild weist am Ufer den Weg zu zwei Yachthäfen. Dort entlang ***(„Bruggevaart")*** muss man fahren, um unter der namensgebenden ***„Graversbrug"*** durch auf einen schmalen Kanal zu gelangen, der links herum zur ***Einsetzstelle*** zurückführt. Dabei kommt man an drei ***Kanuvermietungen*** vorbei.

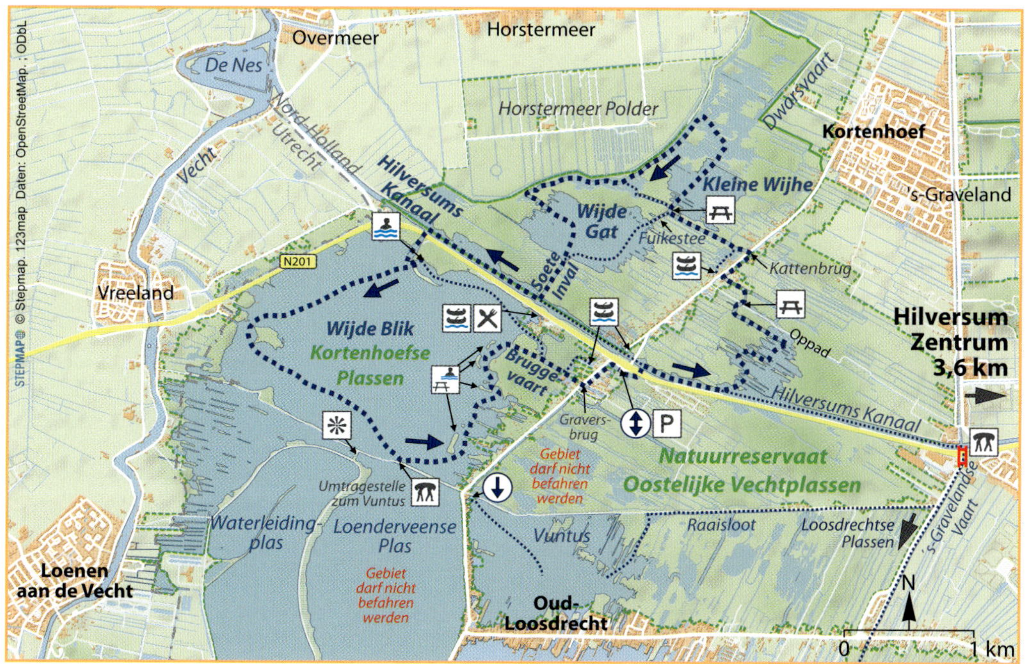

Anschluss Karte Loosdrechtse Plassen Seite 124

Tour 4 f – Kortenhoefse Plassen, 9 km

Ergänzende Informationen zu den Kortenhoefse Plassen

Fahrtenmöglichkeiten

Die beschriebene Fahrt ist inkl. dem Abstecher zum Wijde Blik rund 15 km lang. Die eigentliche 9 km-Route kann man an verschiedenen Stellen abkürzen.

Befahrbarkeit, Schwierigkeiten

Die Befahrung ist auch für Anfänger unproblematisch. Allenfalls bei starken Winden könnte es auf den größeren Wasserflächen problematisch werden. Dann sollte man sich dicht am Ufer halten und auf die Runde auf dem Wijde Blik verzichten.
Kein Umtragen.

Bestimmungen

Ufer nur an den gekennzeichneten Rastplätzen betreten.

Das Gebiet „Het Hol", zwischen Vuntus, Wijde Blik und Kortenhoefse Plassen, darf außer auf dem Stückchen Kanal bei der Einsetzstelle nicht befahren werden. Dasselbe gilt auch für den Loenderveense Plas südlich vom Wijde Blik (Trinkwassergewinnung).

Die Pfähle, die die Kanuroute markieren, sind nicht immer leicht zu finden.

Campingplätze, Hotels, Ferienhäuser

Kein Campingplatz unmittelbar an den Kortenhoefse Plassen und am Wijde Blik. Nächster: *„Recreatiecentrum Mijnden"* an der Drecht nahe **Loenen** (www.mijnden.nl)

In **Oud Loosdrecht** gibt es mehrere Hotels, in **Scheendijk** Ferienhäuser.

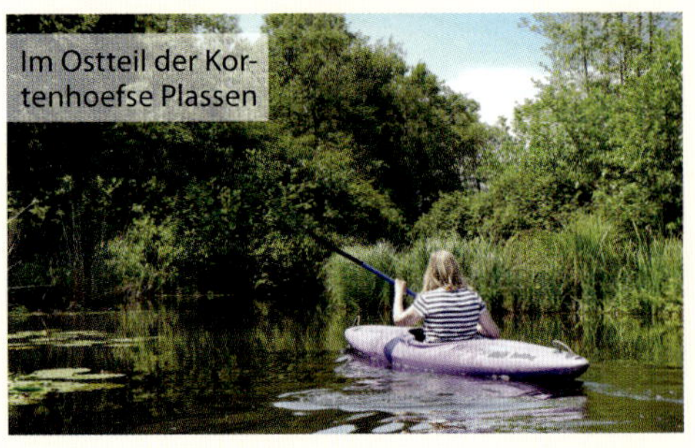
Im Ostteil der Kortenhoefse Plassen

Kanuvermietung

Nahe der Einsetzstelle in **Kortenhoef** gibt es mindestens vier Kanuvermietungen:

Jachthafen Kortenhoef, Moleneind 2-4 (www.jachthavenkortenhoef.nl).

Roeiboten- en Kanoverhuur Fine, Moleneind 7b, Tel +31 (0)35 656 06 66.

Ottenhome mit chilligem Restaurant und Terrasse, Zuwe 20 (www.ottenhome.nl).

Moby Dick, Kortenhoefsedijk 124 a (www.watersportbedrijfmobydick.nl).

Karten & Bücher

Der See Wijde Blik ist auf der ***ANWB Waterkaart 21 „Vinkeveense en Loosdrechtse Plassen"***, 1:25.000 sehr gut abgebildet.

Karten, die man sich im Internet herunterladen kann, vereinfachen die Route meist sehr stark und zeigen sie südlich des Oppads oft nicht korrekt an, reichen aber zur Not aus. Z.B. http://qr.gooivecht.nl/site/1800 eingeben, dann auf „Kortenhoefse route 10 km" klicken und dann auf „route digitaal".

Weitere Routen auf den Plassen

Man könnte die Tour gut mit einer Fahrt auf den ***Loosdrechtse Plassen*** inkl. ***Vuntus*** verbinden. Dazu kann man in der Südostecke des ***Wijde Bliks*** aus- und nach ca. 200 m Fußweg am Ufer des ***Vuntus*** wieder einsetzen. Etwas mühselig, aber machbar.

Oder man folgt dem ***Hilversums Kanaal*** 2 km nach Osten und biegt bei der einzigen Straßenbrücke rechts in die ***´s-Gravenlandse Vaart*** ab. Schleuse am Abzweig umtragen. Von diesem Kanal entweder nach 500 m rechts in Richtung ***Vuntus*** oder nach 3 km rechts in die östliche ***Drecht*** und damit zu den eigentlichen ***Loosdrechter Plassen*** abfahren.

Tour 4 g – Loosdrechtse Plassen, 30 km

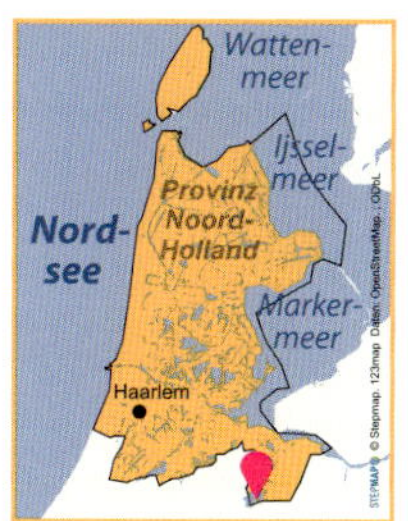

Das Gebiet der Loosdrechtse Plassen ist ein sehr abwechslungsreiches Revier mit einem Hauptsee, der durch Inseln in fünf Teilbereiche unterteilt wird, und drei Nebenseen, von denen jeder sein ganz eigenes Gepräge hat. Mehrere Wasserwege führen aus dem Gebiet heraus zur Vecht oder zum Hilversums Kanaal und eröffnen dadurch weitere Fahrtenmöglichkeiten. Man kann stundenlang herumfahren und immer wieder neue Ecken entdecken. Zwischendurch lockt eine Rast auf den Inseln, ein erfrischendes Bad oder die Einkehr im Café am Ufer. Für Paddler sind die Wasserflächen ein kleines Paradies. Eine umfassende Tour in alle Bereiche ist etwa 30 km lang.

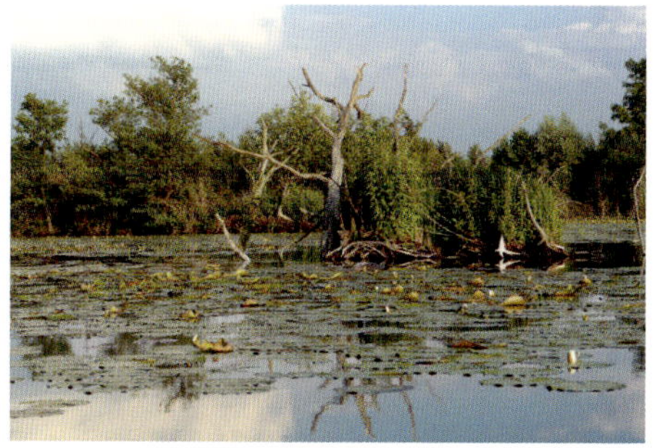

Am Westende von **Oud-Loosdrecht**, dort wo die Straße Horndijk von Norden kommend auf die Durchgangsstraße des Ortes trifft *(52.207755, 5.068385)*, befindet sich bei einem kostenlosen ***Parkplatz*** eine offizielle ***Einsetzstelle*** mit fester Uferkante. Man setzt da in die äußerste Südwestecke des kleinen Nebensees ***Vuntus*** ein. Ein Schild weist auf die Oud Loosdrecht-Route hin, die in Teilen identisch mit der Vuntus-Rundfahrt ist.

Nach einem Kilometer auf offener Wasserfläche erreicht man die wunderbare Osthälfte des Naturgebietes, die von sumpfigen Inseln, bestanden mit Sträuchern und Bruchwald und umgeben von einem Gewirr mal schmaler, mal breiterer Wasserwege und Tümpel gekennzeichnet ist. In diesem Bereich ist vom Naturschutzverband „Vereniging Natuurmumenten" ein 6 km langer Rundkurs mit Pfählen ausgewiesen worden, den motorisierte Boote nicht befahren dürfen. Sehr schön gleitet man durch die verwunschene Welt der ehemaligen Moore, immer auf der Suche nach dem nächsten Pfahl, ohne den man sich schnell verfahren würde.

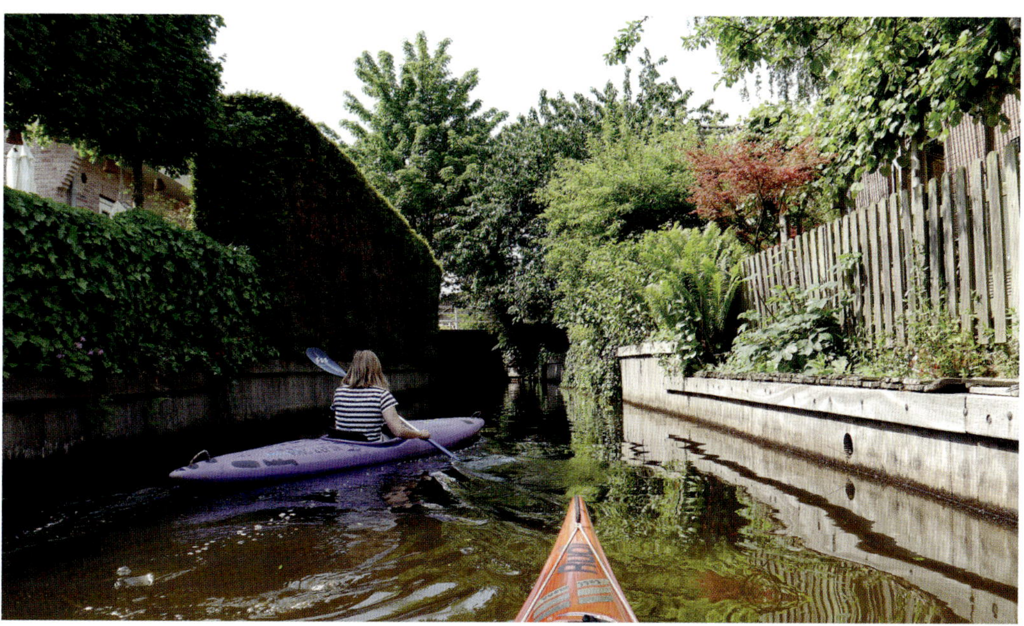

Nach diesem gelungenen Auftakt finde ich bei der örtlichen *Badestelle* von **Oud Loosdrecht** eine Durchfahrt vom ***Vuntus*** zu den **Plassen**. Der ***Heul*** oder ***Heulsloot*** genannte Wasserweg ist so schmal, dass auch kleine Motorboote nicht aneinander vorbeikommen. Mittlerweile ist eine zweite Verbindung gleich neben der ersten gegraben worden: das ***Horregat***. Beides sind Einbahnstraßen, selbstverständlich in gegenläufige Richtung. Am Südende des Horregats lädt das *Hafenrestaurant De Dikke Muis* zur Einkehr mit schönem Blick über die Wasserfläche.

Meine Rundreise über die verschiedenen Seen südlich von Oud Loosdrecht verläuft diagonal über den ***„eerste Plas"*** (1. See) zur Verlängerung der ***Westelijke Drecht,*** dem nördlichen der drei Zugänge von der Vecht. Bei der Insel ***Bijltje***, einem der fünf öffentlich zugänglichen Eilande, verlasse ich die kanalartige ***Drecht***, um auf einem nun mehr südlichen Kurs über den See (jetzt ***Tweede Plas*** = 2. See) zum ***Kievitsbuurt*** zu gelangen. Das ist eine von vielen langgezogenen Landstreifen („Leegakkers") geprägte Wasserfläche, die deutlich an den einstmaligen Torfabbau erinnert. In der Nordhälfte, in der Motorboote fahren dürfen, trifft man auf etliche

Anschluss Karte Kortenhoefse Plassen Seite 121

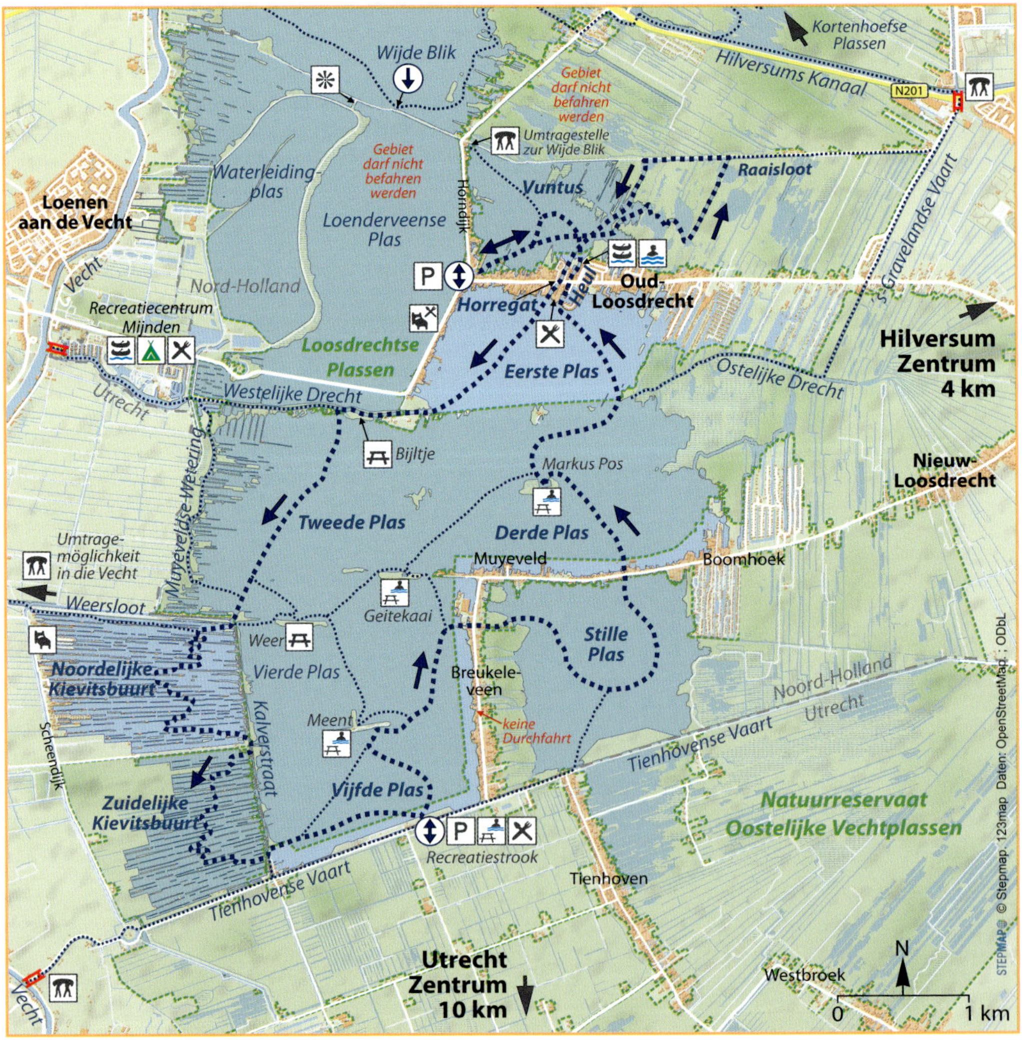

Tour 4 g – Loosdrechtse Plassen, 30 km

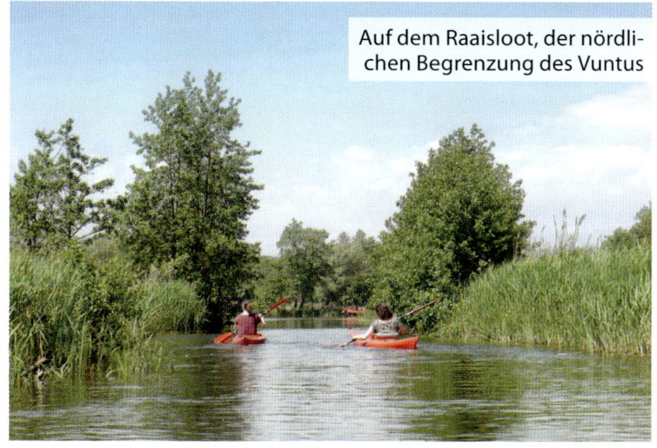
Auf dem Raaisloot, der nördlichen Begrenzung des Vuntus

Wochenendhäuser. Die meisten sind nicht gerade die einfachsten Hütten. Bis auf die Häuser am Scheendijker Ufer sind alle nur per Boot zu erreichen. Im Zick-zack fahre ich zwischen den schmalen Inseln durch. Die südliche Hälfte ist noch naturnaher erhalten und für alles Motorisierte gesperrt.

Im Osten begrenzt die Kalverstraat das ***Kievitsbuurt***. Der Kanal ist offenbar nach der Haupteinkaufstraße von Amsterdam benannt. Von ihm aus kehre ich auf die offene Wasserfläche der Plassen zurück. Bei der ***Liegewiese*** („Recreatiestrook") ganz im Süden des 5. Teilsees ***(Vijfte Plas)*** lege ich eine Pause ein. Beim dortigen ***Restaurant*** kann man gut anlanden. Es gibt eine öffentliche ***Toilette*** und kostenlose ***Parkplätze*** *(52.169170, 5.060589)*. Hier könnte man ebenso gut zu einer Runde über die Loosdrechtse Plassen aufbrechen, vor allem, wenn man sich auf die südlichen Gefilde beschränken möchte.

Anschließend mache ich einen Abstecher auf den Nebensee ***Stille Plas*** (oder ***Breukeleveense Plas).*** Dazu fahre ich an der Insel ***Meent*** (mit geschütztem ***Badestrand***) vorbei und halte auf den Nordteil des Weilers **Breukeleveen** zu. Wenn man aufmerksam ist, entdeckt man einen Wegweiser zu der tatsächlich weniger betriebsamen Wasserfläche. Ziemlich weit im Osten des Nordufers kann man den ***Stille Plas*** wieder verlassen. Am besten achtet man früh genug darauf, aus welcher Bucht Boote heraus auf den See fahren, denn dort gibt es kein Hinweisschild.

Wieder auf den ***Loosdrechtse Plassen*** paddle ich zunächst zur Insel ***Markus Pos*** und nutze den dortigen ***„Zwemstrand"*** zu einem ***Bad*** und den ***Picknicktisch*** zu einer ausgiebigen Mahlzeit mit Panoramablick. Nach der Pause fahre ich nordwärts zum ***Vuntus*** und damit zum ***Ausgangspunkt*** zurück.

Ergänzende Informationen zu den Loosdrechtse Plassen

Fahrtenmöglichkeiten

Die beschriebene Tour über alle Loosdrechtse Plassen und Nebenseen inkl. Vuntus ist knapp 30 km lang. Die anfangs beschriebene Runde über den Vuntus ist mit An- und Abfahrt ca. 8 km lang. Abkürzungen sind überall problemlos möglich.

Befahrbarkeit, Schwierigkeiten

Die Seen sind ohne Probleme zu befahren. Ab Windstärke 2 sollte man mit offenen Booten und als Anfänger die großen Wasserflächen meiden und sich auf Kievitsbuurt, die Sumpfhälfte des Vuntus und die kanalartigen Strecken an den Rändern zurückziehen. An schönen Wochenenden in der Saison mit gutem Segelwind muss mit starkem Bootsverkehr gerechnet werden.

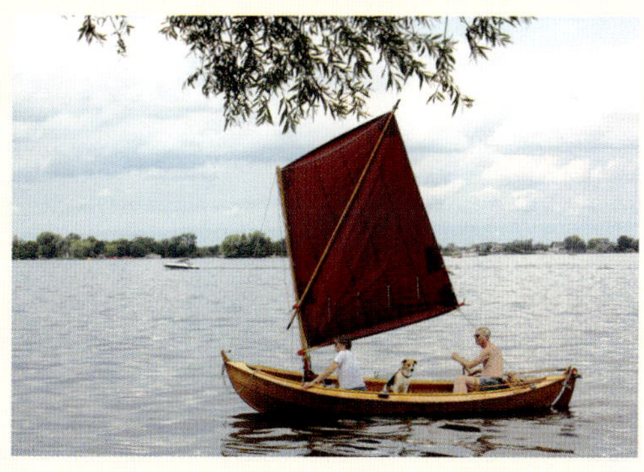

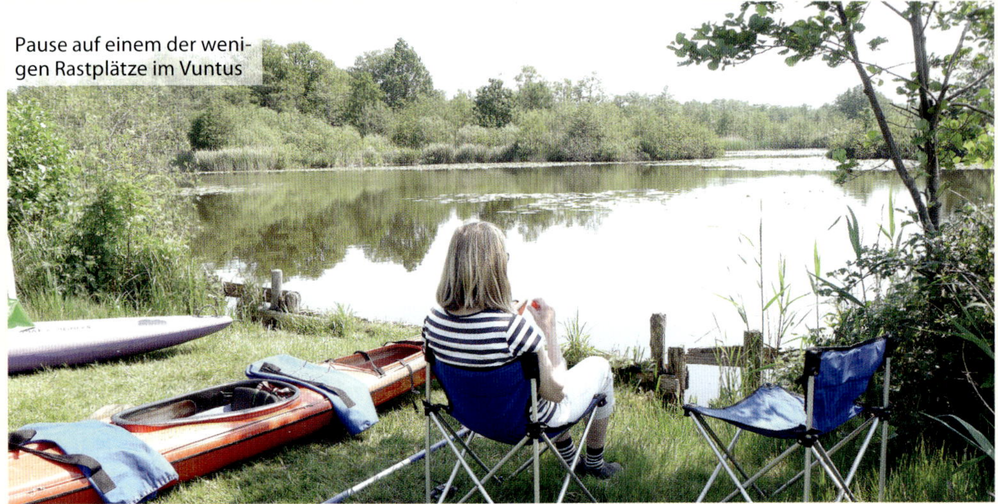
Pause auf einem der wenigen Rastplätze im Vuntus

Umtragen und Schleusen

Kein Umtragen.

Für den Wechsel zur Vecht und zum Hilversums Kanaal gibt es Schleusen. Die Schleusen zwischen Weersloot und Vecht, bzw. Tienhovense Vaart und Vecht, kann man auch leicht umtragen.

Zum Wechsel auf den See Wijde Blik (s. Tour Kortenhoefse Plassen) kann man von der Nordwestecke des Vuntus aus umtragen. Aus- und Einsetzen sind nicht ganz einfach; dazu kommt ca. 200 m Landtransport.

Bestimmungen

Der Loenderveens Plas und das Gebiet nördlich vom Vuntus-See (het Hol) sind gesperrt.

Von den vielen Inseln dürfen nur Bijltje, Meent, Weer, Geitekaai, Markus Pos sowie im Vuntusgebiet die gekennzeichneten Anlegestellen betreten werden.

Das Zelten ist auf den Inseln verboten.

Campingplätze, Hotels, Ferienhäuser

Camping beim *Recreatiecentrum Mijnden* an der westlichen Drecht empfehlenswert (www.mijnden.nl).

Die anderen in einigen Karten vermerkten Plätze sind Bungalow- oder Caravanparks.

In **Oud Loosdrecht** gibt es mehrere Hotels, in **Scheendijk** Ferienhäuser.

Kanuvermietung

Recreatiecentrum Mijnden (www.mijnden.nl)

Mehrere in **Oud-Loosdrecht** am ***Vuntus***, zwei davon direkt am ***Heulsloot (Heul)***:

Funtus Jachthaven, Hoorndijk 22-24.

Bonnema Watersport, Oud Loosdrechtsedijk 272 C (www.bonnemawatersport.nl).

Bootverhuur Manten, Oud Loosdrechtsedijk 207 (www.bootverhuur–loosdrecht.nl).

Karten & Bücher

ANWB Waterkaart 21 „Vinkeveense en Loosdrechtse Plassen", 1:25.000, (www.seekartenverkauf.de).

Weitere Routen Loosdrechtse Pl.

Über die westliche ***Drecht***, den ***Weersloot*** am Nordrand des ***Kievitsbuurt*** und die ***Tienhovense Vaart*** ganz im Süden, kann man zur ***Vecht*** sowie über die östliche ***Drecht*** und die anschließende ***`s-Gravelandse Vaart*** zum ***Hilversums Kanaal*** und damit zu mehreren anderen Kanurevieren gelangen.
Siehe Touren zu Vecht, Vinkeveense Plassen und Kortenhoefse Plassen in diesem Buch.

5 – Die Provinz Utrecht

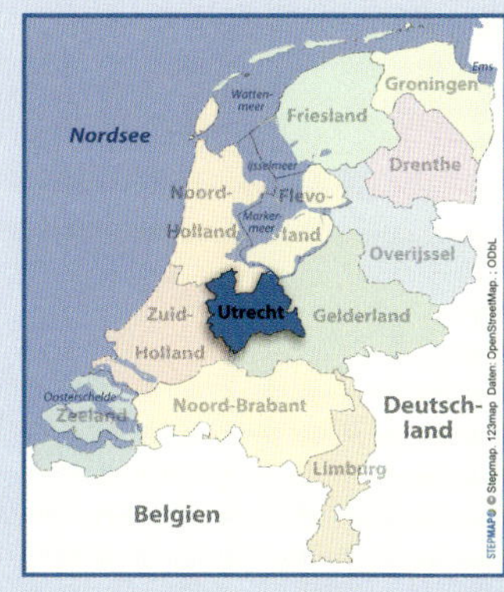

Zusammen mit Noord- und Zuid-Holland bildet die Provinz Utrecht das wirtschaftliche, politische und kulturelle Zentrum der Niederlande. Innerhalb der drei Provinzen konzentriert sich die Bevölkerung – die Hälfte aller Niederländer – auf einen hufeisenförmigen Städtering, der die vier urbanen Ballungszentren Utrecht, Amsterdam, Den Haag und Rotterdam miteinander verbindet: die „Randstad Holland". Der Ring umschließt ein überraschend ländliches Gebiet: das „Grüne Herz". Ursprünglich war hier eine weite Moorlandschaft, die von vielen Mündungsarmen des Rheins durchflossen wurde. Später haben die Menschen diese Wasserläufe eingedeicht. Die Moraste wurden trockengelegt. Durch das Abgraben des Torfes entstanden etliche schöne Seen, die Plassen. Östlich des Utrechter Randstad-Abschnitts steigt das Gelände zum Utrechter Hügelrücken an. Das ist ein auf die vorletzte Eiszeit zurückgehender Stauchmoränenzug mit einer Breite von zwei bis 15 km und einer maximalen Höhe von 69 m. Das Gelderse Vallei (Tal) auf der anderen Seite dieses „Utrechtse Heuvelrug" ist das Grenzgebiet zu Gelderland und zum Wald- und Heidegebiet Veluwe.

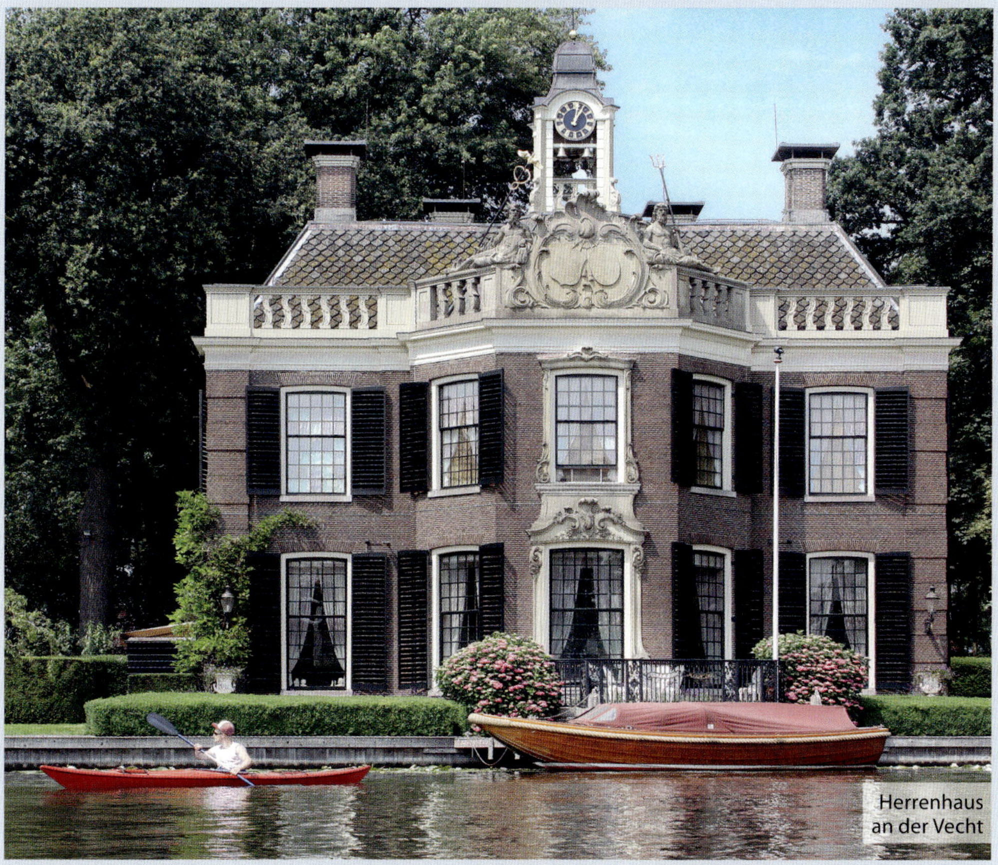

Herrenhaus an der Vecht

Die Paddelreviere

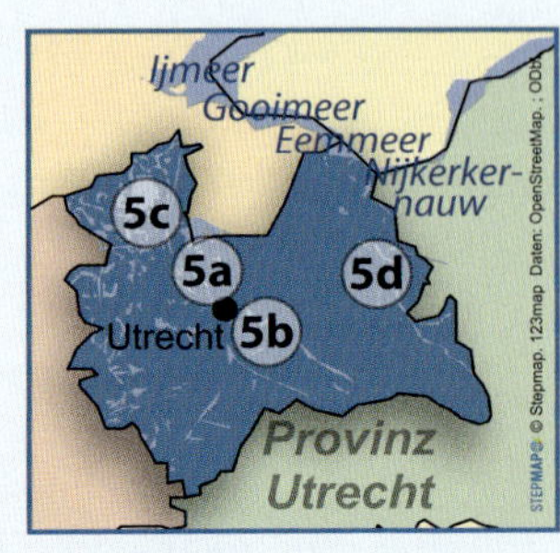

Die vielen ehemaligen Rheinarme und deren Zuflüsse, die Kanäle und Seen im „Grünen Herzen" bieten Kanuten viele Fahrtenmöglichkeiten. Ein alter Rheinarm, die **Vecht** (5a), ist wegen der Landschaft und der zahlreichen Herrenhäuser an den Ufern der beliebteste Wasserlauf der Provinz. Das liegt auch an den zahlreichen Seen, die von der Vecht aus leicht zu erreichen sind (Vechtplassen) und an einigen der sie verbindenden Wasserläufe wie **Angstel** (5c) oder **Gein**.

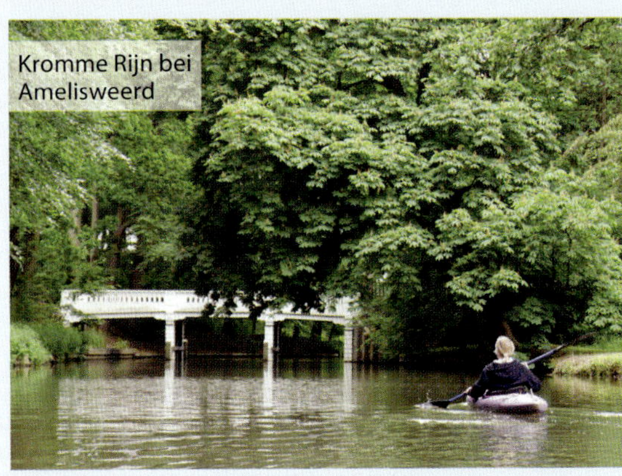
Kromme Rijn bei Amelisweerd

Der **Kromme Rijn** (5b) ist der Oberlauf der Vecht. Er ist kleiner und urwüchsiger und daher gerade für Kanuten wie geschaffen. In der Stadt **Utrecht** (5a) ist eine schöne Grachtenfahrt möglich.

Die relativ großen Wasserläufe im Süden und Südwesten der Provinz wie **Lek, Oude Rijn** und **Hollandse Ijssel** sind dagegen nicht so interessant. Aber man kann sie gut als Zwischenstück bei mehrtägigen Fahrten oder bei einigen Tagestouren nutzen.

Der Osten der Provinz ist durch den erwähnten Hügelrücken vom Rest getrennt. Dort fließen mehrere kleinere Wasserläufe zur **Eem** zusammen. Die Bäche ermöglichen einen schönen Rundkurs inkl. einer Fahrt durch die wunderbare Altstadt von **Amersfoort** (5d). Über die Eem kann man in den Flevo-Randsee **Eemmeer** gelangen.

Überall sind hübsche Ortschaften zu finden und nicht nur an der Vecht sind Schlösser, Mühlen und historische Klappbrücken zu bewundern. Auch außerhalb der touristischen Zentren gibt es ausreichend Campingplätze und Kanuvermieter.

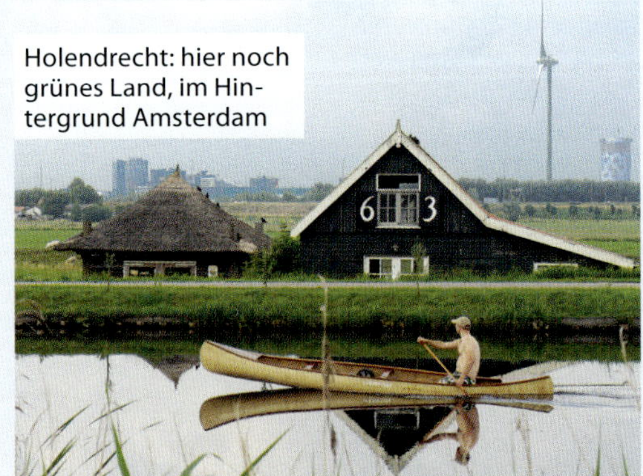
Holendrecht: hier noch grünes Land, im Hintergrund Amsterdam

Karten

Die *ANWB-Waterkaarten Nr. 9 Randmeren Zuid / Vecht* und *Nr. 10 Hollandse* decken den größten Teil der Provinz ab.

Bestimmungen / Befahrungsregelungen

Der ***Amsterdam-Rijnkanaal darf nicht befahren, jedoch gekreuzt*** werden.

Einige der Vechtplassen sind aus ***Naturschutzgründen gesperrt***.

Es gibt keine Kanurouten, für die man vor Antritt der Fahrt eine Genehmigung einholen muss oder deren Befahrung kostenpflichtig ist.

Tour 5a – Utrechtse Vecht, 40 km & Stadt Utrecht, 4,5 km

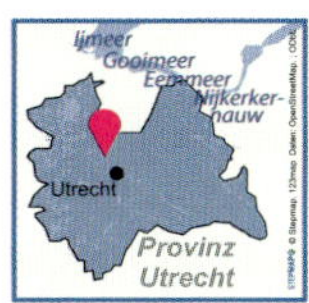

Die 40 km lange Vecht war usprünglich einer der vielen Rheinmündungsarme. Sie wies eine starke Strömung auf, mündete in die Zuiderzee und unterlag dem Gezeiteneinfluss. Für die Römer war sie ein wichtiger Verkehrsweg. Später bildete der Fluss die Grenze zwischen Franken und Friesen. Im Mittelalter wurden etliche Burgen an seinen Ufern errichtet. Im 17. und 18. Jahrhundert ließen sich reiche Amsterdamer Kaufleute stattliche Landhäuser bauen, mit großzügigen Gärten. Die Einfahrt zu den Grundstücken bewachten große Torhäuser und direkt am Wasser standen bezaubernde Teepavillons („Theekoepels"). Ein Großteil der Pracht ist erhalten und das Geld dahinter unschwer zu erahnen. Deswegen erhielt der Fluss den Beinamen „Goldküste". Die hochherrschaftlichen Gebäude, der gewundene Lauf selbst, die freundliche, parkähnliche Landschaft, einige idyllische Dörfer und die Verbindungen zu den angrenzenden Seen, den Vechtplassen, machen die Vecht zu einem der beliebtesten Gewässer der Niederlande.

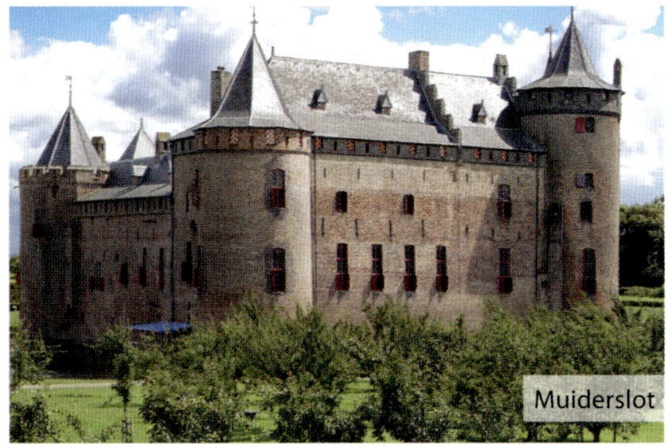
Muiderslot

Da auf der ***Vecht*** heutzutage keine Strömung feststellbar ist, kann man in beide Richtungen paddeln. Ich beginne meine Fahrt im alten Hafenstädtchen **Muiden**. Bis heute bewacht ein beeindruckendes Schloss die Einfahrt vom Ijsselmeer (Ijmeer): Das ***Muiderslot*** –das am besten erhaltene mittelalterliche und bekannteste Kastell der Niederlande. Gleich dahinter finden sich einige hübsche Häuser am Fluss und eine stark frequentierte Schleuse. Von zwei sehr einladenden ***Straßencafés*** aus sehen die Gäste zu, wie die Kammern „gestopft" werden (wie es im Niederländischen heißt). An schönen Sommerwochenenden herrscht regelrechtes Gedränge auf dem Wasser und es gibt viel zu gucken.

Ich starte südlich der Schleuse in einem alten Hafenbecken und fahre auf der ***Vecht*** gen Süden. Einige Kilometer weiter folgt **Weesp**, eine typisch niederländische Kleinstadt mit hübschem Ortskern. Auch hier findet sich manch schönes altes Haus am Fluss, eine kleine (immer offene) ***Schleuse, Klappbrücken,*** hoch aufragende ***Kirchtürme***, ein nettes ***Restaurant*** am Wasser gleich neben der ***Bastion***, die zwei ***Mühlen*** „Freundschaft" und „Eintracht".

In **Nigtevecht** trennen mich nur wenige Meter vom Amsterdam-Rijnkanaal. Bis zum Dorf **Vreeland** zieht sich eine Kette von Wohn- oder Wochenendhäuser, von Hausbooten und vereinzelten Gewerbebetrieben hin. In **Vreeland** öffnet sich gerade die ***Bilderbuch-Klappbrücke*** gleich neben der alten ***Kirche***. Zahlreiche Radfahrer müssen warten. Ein edles, sternegekröntes ***Restaurant*** und mehrere wunderbare Wohnhäuser befinden sich am Ufer. Die Gärten zeigen sich in sommerlicher Pracht.

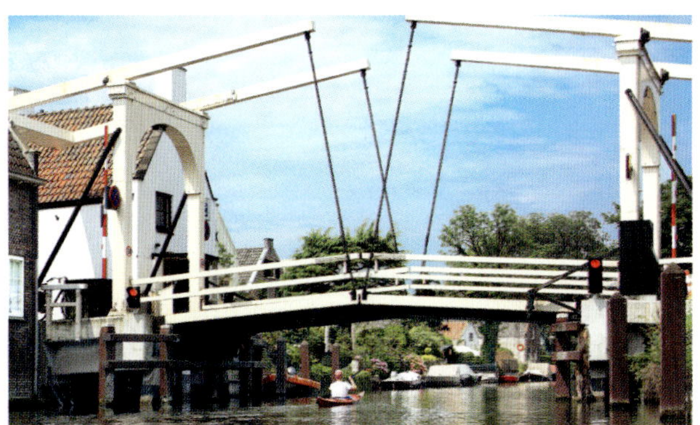

Südlich von **Loenen aan de Vecht** zweigt die ***(Westelijke) Drecht*** ab, die nördliche der drei Verbindungen

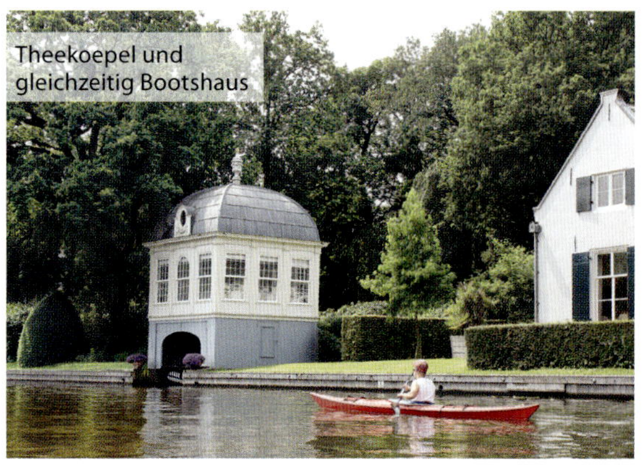
Theekoepel und gleichzeitig Bootshaus

zum Seengebiet der Loosdrechter Plassen (siehe Seite 123). Wer die Tour mit Übernachtung auf dem ***Camping Recreatiecentrum Mijnden*** plant, biegt hier ab und fährt durch die ***Mijndense Sluis***.

Bei **Loenen** beginnt der Abschnitt mit zahlreichen „Landhäusern". Einige erinnern an trutzige Burgen. Andere repräsentieren den Reichtum und feinen Geschmack der Besitzer. Besonders stilvoll wirkt ein kleiner Empfang neben einer der hübschen Theekoepeln, wie die Teehäuschen in Kuppelform genannt werden. Die Herren tragen Smoking, die Damen elegante Kleider. Es wird Champagner gereicht.

Hin und wieder locken hübsche *Cafés* am Ufer, beispielsweise in **Nieuwersluis** neben der *Brücke* oder in **Maarssen**, dort wo der Fluss einen 90°-Knick macht. Hier endet der besonders lohnende mittlere Abschnitt der Vecht, aber es bleibt trotzdem interessant.

Von Maarssen bis **Utrecht** ist es nicht weit. Südlich der ***Schleuse Weerdsluis*** geht die ***Vecht*** in die Grachten der Altstadt über. Hier beginnt eine der originellsten Ortsdurchfahrten der Niederlande. Die ***Oudegracht an de Werf*** (die zentrale Gracht und praktisch die Verlängerung der Vecht) liegt so tief, dass sie an den Kellern der Häuser vorbeiführt. Die schmalen Flächen davor, ursprünglich zum Ausladen der Waren gedacht, sind heute mit alten, ausladenden Bäumen bepflanzt. Über den Kellern verläuft die Straße. In vielen Kellern im Mittelpunkt der Altstadt sind heute *Restaurants* und *Cafés* unterschiedlicher Couleur untergebracht. Direkt am Wasser haben sie ihre Tische aufgestellt. An einem so schönen Abend wie bei meiner ersten Fahrt ist auf den sogenannten Kellerterrassen kaum noch ein Stuhl frei. Auch die anderen beiden Innenstadtgewässer sind zu empfehlen. Man kann die Fahrt mit einer Vecht-Tour verbinden oder eine gesonderte Aktion davon machen.

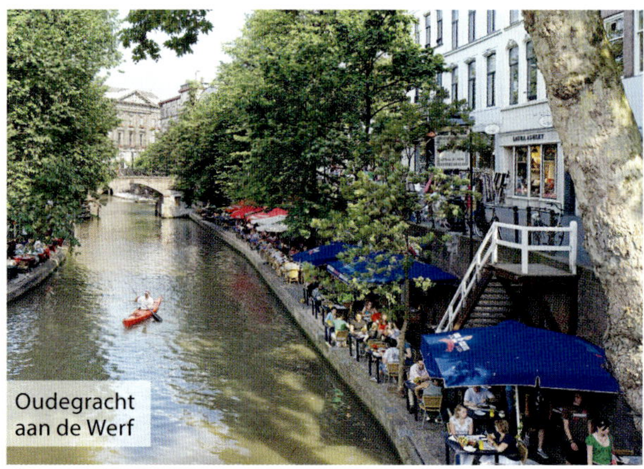
Oudegracht aan de Werf

Utrechter Altstadtrunde (rote Route), 4,5 km

Die eigentliche Umfahrt über die beiden attraktivsten Wasserwege ist rund 4,5 km lang. Man kann sich bei der *Kanuvermietung* an der *Smeebrücke / Lange Smeestraat* an der ***Oudegracht*** ein Boot mieten. Da man in der Altstadt schlecht parken und einsetzen kann, sollten alle, die mit eigenen Booten kommen, beim kostenlosen Parkplatz am Schwimmbad in den ***Kromme Rijn*** einsetzen (Details s. Infos). Dadurch kommen jeweils 3 km An- und Abfahrt hinzu.

Vom ***Kromme Rijn*** kommend, trifft man zunächst auf die ***Singelgracht („Stadsbuitengracht"),*** d.h. den ehemaligen Festungsgraben, der im Westen weitgehend zugeschüttet, im Osten erhalten ist. Schräg links gegenüber zweigt hinter der Brücke rechts die oben beschriebene ***Oudegracht an de Werf*** ab.

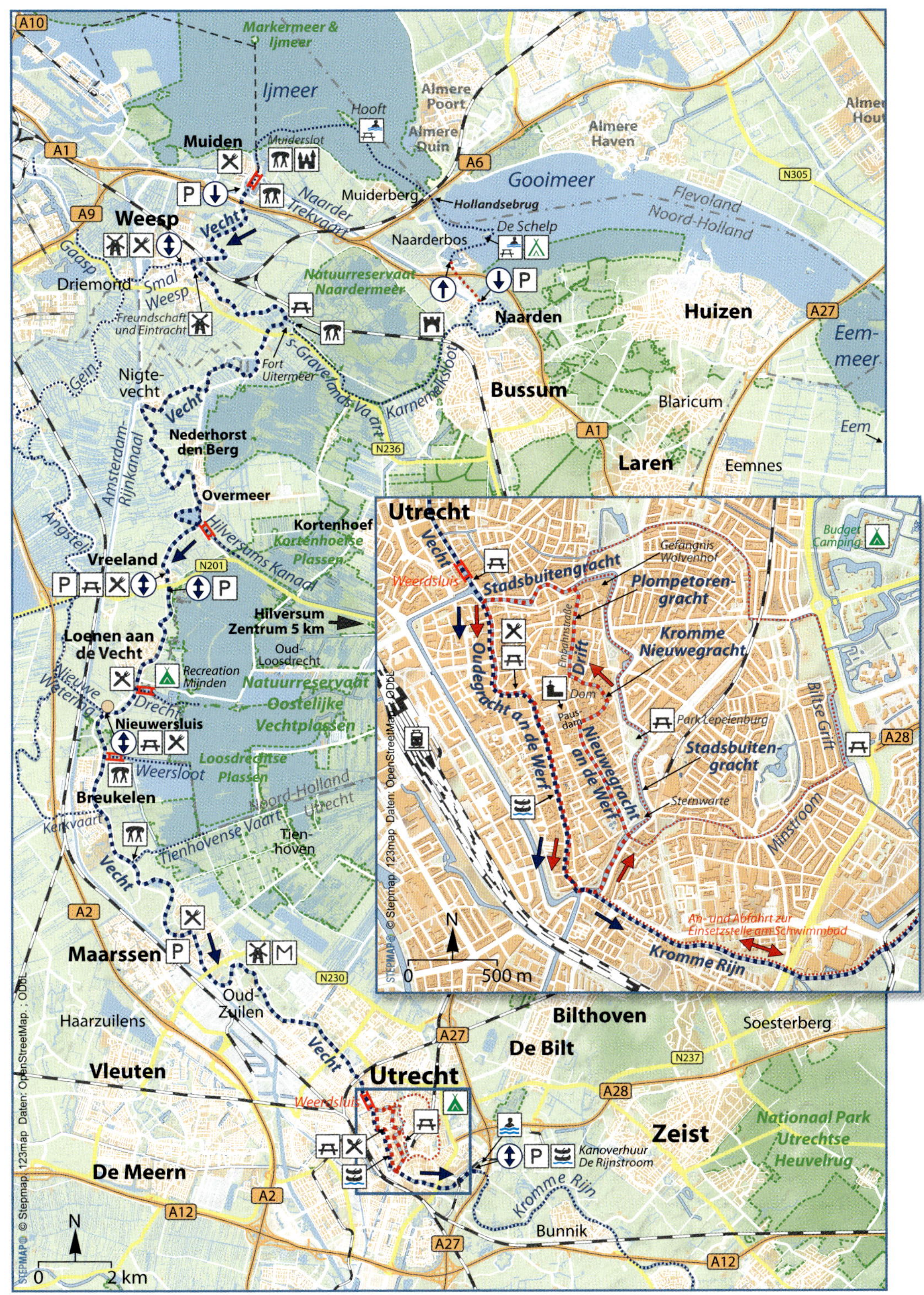
Markermeer & Ijmeer
Ijmeer
Muiden
Muiderslot
Hooft
Almere Poort
Almere Duin
Almere Haven
Gooimeer
Flevoland
Noord-Holland
Muiderberg
Hollandsebrug
Naarder Trekvaart
De Schelp
Naarderbos
Weesp
Vecht
Gaasp
Driemond
Smal Weesp
Freundschaft und Eintracht
Natuurreservaat Naardermeer
Naarden
Huizen
Eem-meer
Fort Uitermeer
's-Gravelandse Vaart
Karnemelksloot
Bussum
Blaricum
Eem
Laren
Eemnes
Gein
Nigte-vecht
Nederhorst den Berg
Amsterdam-Rijnkanaal
Overmeer
Kortenhoef
Kortenhoefse Plassen
Hilversums Kanaal
Angstel
Vreeland
Hilversum Zentrum 5 km
Oud-Loosdrecht
Loenen aan de Vecht
Recreation Mijnden
Natuurreservaat Oostelijke Vechtplassen
Nieuwe Wetering
Drecht
Nieuwersluis
Loosdrechtse Plassen
Weersloot
Breukelen
Noord-Holland
Utrecht
Kerkvaart
Tienhovense Vaart
Tien-hoven
Maarssen
Oud-Zuilen
Haarzuilens
Vleuten
De Meern
Bilthoven
De Bilt
Soesterberg
Zeist
Nationaal Park Utrechtse Heuvelrug
Weerdsluis
Kanoverhuur De Rijnstroom
Kromme Rijn
Bunnik
A10
A1
A9
A6
N305
A27
N236
N201
A2
N230
A28
N237
A12
0
2 km
N
STEPMAP © Stepmap 123map Daten: OpenStreetMap ; ODbL
Utrecht
Vecht
Weerdsluis
Stadsbuitengracht
Gefängnis Wolvenhof
Plompetoren-gracht
Budget Camping
Kromme Nieuwegracht
Oudegracht an de Werf
Drift
Dom
Paus-dam
Nieuwegracht an de Werf
Park Lepeienburg
Stadsbuiten-gracht
Biltse Grift
Sterrewarte
Minstroom
An- und Abfahrt zur Einsetzstelle am Schwimmbad
Kromme Rijn
0
500 m

Man paddelt aber zunächst ostwärts auf der ***Stadsbuitengracht*** und biegt nach ca. 400 m links in die ***Nieuwegracht an de Werf*** ab. Die Nieuwegracht verläuft mehr oder weniger parallel zur Oudegracht. Sie ist deutlich nüchterner. Es gibt ebenfalls Kellervorflächen. Sie werden aber nur von einigen Anwohnern für ein Sonnenbad genutzt. Beim Pausdam, ein kleiner Platz, an dem das vom niederländischen Papst (Paus) Adrian VI. 1517 errichtete ***Paushuize*** steht, macht der Wasserweg einen Bogen und heißt nun entsprechend ***Kromme Nieuwegracht,*** im weiteren Verlauf ***Drift*** und am Ende ***Plompetorengracht.*** Ab Pausdam ist die Gracht recht schmal. Deshalb gibt es eine ***Einbahnstraßenregelung*** in der hier beschriebenen Richtung.

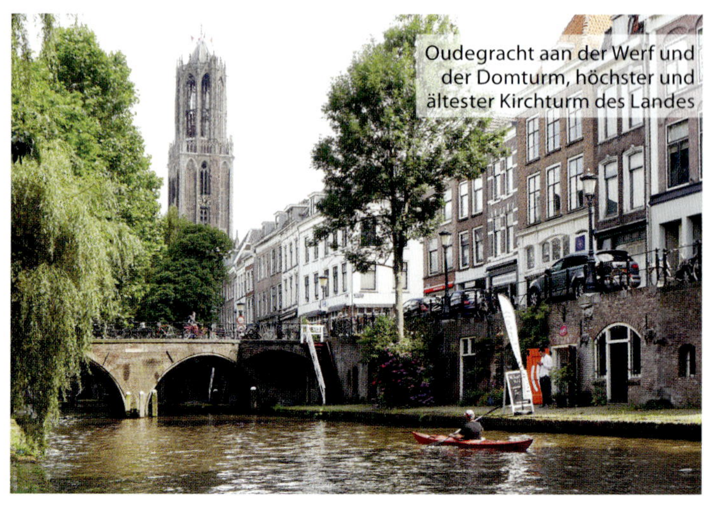

Oudegracht aan der Werf und der Domturm, höchster und ältester Kirchturm des Landes

Am Ende biegt man links in die ***Stadsbuitengracht*** ein. Nach ein paar Hundert Metern trifft man auf die ***Vecht***. Rechts ist die ***Schleuse Weerdsluis*** zu sehen. Auf dem Steg davor lässt sich gut rasten. Danach geht es auf der ***Oudegracht*** wieder zum ***Kromme Rijn*** zurück.

Die zentrale Durchfahrt durch die Innenstadt ist auch tagsüber ein Gedicht. Auf Höhe des ***Stadthauses*** und des ***Doms*** befinden sich die meisten gastronomischen Betriebe. Ab mittags sind sie bei schönem Wetter stark frequentiert, genauso wie die frei nutzbaren Kellervorflächen. Man könnte sich dazusetzen und dem Treiben rundherum zusehen. Auch auf dem Wasser ist an manchen Tagen viel los. Paddler, Tretbootfahrer, Rundfahrtboote und Yachten teilen sich dann die herrliche Stadtdurchfahrt.

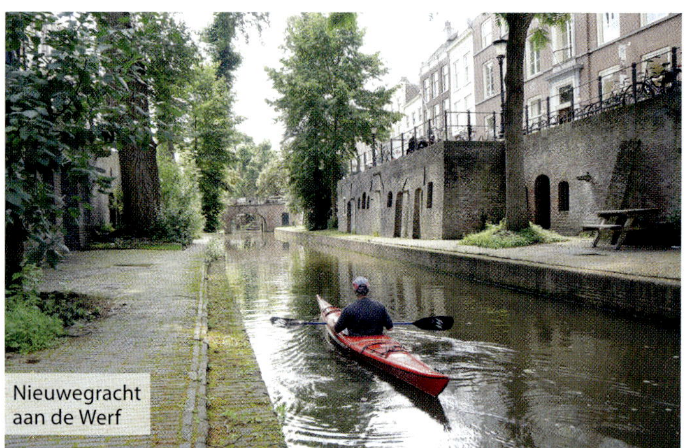

Nieuwegracht aan de Werf

Am Rand der Altstadt geht es etwas ruhiger zu. Dort endet die ***Oudegracht*** auf der ***Stadsbuitengracht*** bzw. geht in den ***Krommen Rijn*** über. Auf ihm gehts zurück zur Einsetzstelle.

Oder man dreht eine zweite Runde, diesmal aber mit der ganzen ***Stadsbuitengracht*** als östlicher Hälfte. Dabei käme man an der ***Sternwarte*** vorbei, könnte beim ***Park Lepelenburg*** rasten ***(Toilette)*** und würde an der nördlichen Kurve das ***Gefängnis Wolvenhof (De LiK)*** bewundern, eine ehemalige Strafanstalt, die heute als Eventlocation genutzt wird. Die Rückfahrt würde noch einmal durch die ***Oudegracht*** führen. Über den ***Kromme Rijn*** kehrt man schließlich zum Ausgangspunkt am Schwimmbad zurück.

Ergänzende Infos zur Utrechtse Vecht & Utrecht

Fahrtenmöglichkeiten

Die Vecht selbst ist rund 40 km lang. Die Strecke kann man gut in **zwei Etappen** unterteilen, mit Übernachtung südlich von **Loenen aan de Vecht** gleich hinter der Schleuse auf dem Campingplatz „Mijnden" an der Drecht/ Loosdrechter Plassen.

Für eine kürzere **Tagesfahrt** ist vor allem das Filetstück zwischen **Vreeland** und **Maarssen** (ca. 13 km, abhängig von der genauen Aussetzstelle) zu empfehlen.

In **Utrecht** kann man von der ***Stadsbuitengracht*** aus auf der ***Biltse Grift*** und dem ***Minstroom*** einen Halbkreis durch die Viertel östlich der Altstadt paddeln. Die 4,3 km lange Strecke ist aber nur teilweise lohnend.

Ein-, Aussetzstellen, Rast- & Parkplätze

An der gesamten Vecht gibt es fast keine wirklich komfortablen Einsetzstellen, bei denen man parken und unkompliziert ein- oder aussetzen kann.

Muiden: Großer Gratis-Parkplatz *(52.327679, 5.062921)* nördlich Autobahn A1, gut 1 km von der Autobahnausfahrt entfernt. Einsetzen in ein altes Hafenbecken an der ***Vecht*** *(52.328489, 5.065461)* 200 m vom Parkplatz jenseits zweier Fußgängerbrücken neben einer ehemaligen Schleuse an flachem Grasufer. „Muiderslot" als Fußweg ausgeschildert.

Weesp: In die ***Smal Weesp*** an der Straße „Verl. Buitenveer" schräg gegenüber der Mühle „´t Haantje" an Uferkante, parken an der Straße *(52.307630, 5.030764)*.

Nigtevecht: An der Brücke/Schleuse zwischen Amsterdam-Rijnkanaal und Vecht über Grasufer, Parken daneben (Straße Kanaaldijk Oost, *52.274421, 5.022712)*.

Südlich von **Overmeer** am Abzweig des Hilversums Kanaals vor der Schleuse (parken schwierig, *52.244189, 5.047565)*.

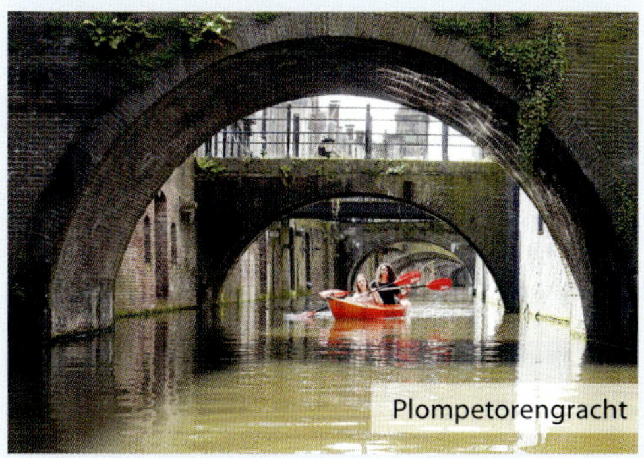
Plompetorengracht

Vreeland 1: Nördlich der historischen Klappbrücke mitten im Ort am Westufer im Minipark an der Straße Duinkerken (Uferkante 60 cm hoch), Parken fast daneben im Floraweg *(52.230524, 5.032078)*.

Vreeland 2: 40 m südlich der N 201-Brücke im Loenenseweg, fast in der Kurve mit kleinem Parkplatz, unscheinbare offizielle Kanuanlegestelle *(52.227467, 5.032603)*.

Nieuwersluis: Kanusteg neben der immer offenen Schleuse an der Nordwestecke. Parken auf der anderen Seite der Vecht an der Straße Zandpad *(52.195479, 5.007341)*.

Oberhalb **Breukelens** am Abzweig des Weersloots, bei der Schleuse, wenige Stellplätze am Straßenrand (Zandpad, *52.185272, 5.008030)*.

Maarssen 1: Grasufer am Ostufer am Ortseingang, neben Spazierweg Zandpad (nur Rastplatz).

Maarssen 2: Bei der großen Klappbrücke (Termeerbrug), mit Mühe über steiles Grasufer am Zandweg. Gratis-Parkplatz 600 m entfernt auf dem Platz Achter Raadhoven *(52.141731, 5.039015)*.

Utrecht: Im Südosten der Stadt beim Schwimmbad „Swembad Krommerijn" mit Parkplatz und Kanuvermietung (Straße Weg naar Rhijnauwen, *52.082154, 5.156622)*.

Fahrbarkeit, Schwierigkeiten

Alle Gewässer sind ohne Probleme zu befahren. Allerdings ist auf der Vecht an schönen Sommerwochenenden mit starkem Bootsverkehr zu rechnen und mit entsprechendem Wellengang. Eine Spritzdecke könnte hilfreich sein.

Bestimmungen

Keine besonderen Bestimmungen, nur Einbahnstraßenregelung auf der Nieuwegracht.

Umtragen & Schleusen

Kein Umtragen.
In Muiden und Utrecht sowie in der nördlichen Verbindung Drecht zu den Loosdrechter Plassen kann / muss man Schleusen benutzen, da das Umtragen unmöglich ist. Die Benutzung der Muidener Schleuse ist kostenlos.

Campingplätze

Kein Platz direkt am Fluss

Recreatiecentrum Mijnden nahe **Loenen aan de Vecht** direkt hinter der Schleuse an der Drecht gelegen / Loosdrechtse Plassen. Empfehlenswerter Ausgangspunkt für die mittlere Vecht und die Loosdrechtse Plassen (www.mijnden.nl)

Budget Camping Utrecht, innenstadtnah beim Park Voorveldse Polder, Ariënslaan 5.

Kanuvermieter

keiner direkt an der Vecht

Kanuvermietung beim *Recreatiecentrum Mijnden* an der Drecht (www.mijnden.nl).

Mehrere in **Oud-Loosdrecht** (am Vuntus / Loosdrechtse Plassen), siehe Seite 126.

Kanoverhuur De Rijnstroom am Kromme Rijn in **Utrecht** (www.rijnstroom.nl).

Kanoverhuur Utrecht in der Altstadt bei der Smeebrug / Lange Smeestraat über die Oudegracht (www.kanoverhuurutrecht.nl).

Karten, Info-Material

ANWB-Waterkaarten Nr. 9 Randmeren Zuid / Vecht, reiß- und wasserfest!

Broschüre „Kanoen door de Hollandse Waterlinie" Kartensammlung und Erläuterungen (auf Niederländisch)

Touristenstadtplan von Utrecht erhältlich im örtlichen VVV neben dem Dom.

Kanuplan von der Kanuvermietung oder Web: www.kanoverhuurutrecht.nl/vaarkaart

Extra-Tipps

Die **Utrechter Altstadt** sollte man auch zu Fuß erkunden. Überall finden sich schöne Gebäude, überraschende Perspektiven und interessante Geschäfte. Auf mehreren Plätzen lässt sich gut einkehren. Viele Museen lohnen den Besuch. Der alles überragende Kirchturm kann stündlich per Führung besichtigt werden.

Überaus empfehlenswert ist eine **Radtour entlang der Vecht**. Vom Rad aus sieht man Dinge, die einem vom Boot aus verschlossen bleiben. Der Radweg begleitet den Fluss die gesamte Strecke über. Von Weesp bis Utrecht verläuft er fast überall direkt am Ufer entlang.

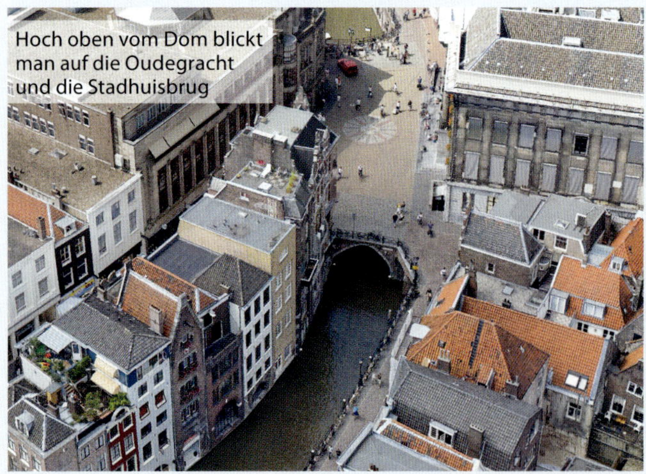
Hoch oben vom Dom blickt man auf die Oudegracht und die Stadhuisbrug

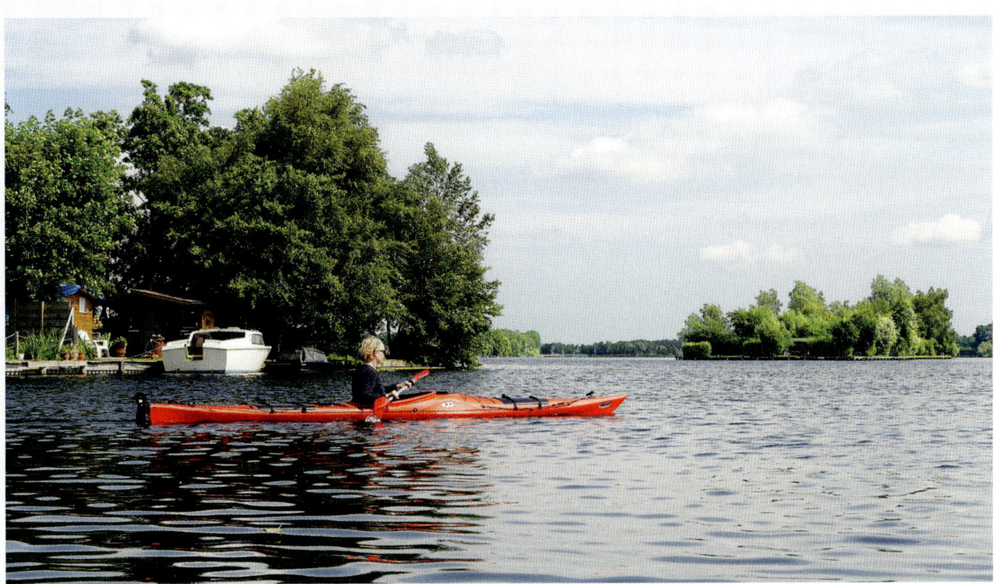

Weitere Routen nahe Utrecht

(1) Da die Utrechtse Vecht mit vielen Gewässern in Verbindung steht, sind zahlreiche kürzere und längere **Abstecher** bis hin zu ganzen, auch mehrtägigen **Rundkursen** möglich. Die ***Loosdrechtse Plassen*** (Seite 123), ***Vinkeveense Plassen*** (Seite 139) und ***Kortenhoefse Plassen*** (Seite 120) sowie der ***Kromme Rijn*** (Seite 136) inkl. der Verbindungen werden in diesem Buch gesondert beschrieben.

(2) Für sichere Kanuten mit entsprechender Ausrüstung und Freunden von Experimentaltouren sei folgende Route empfohlen **(24 km + Fußweg)**: Von **Muiden** gehts zunächst hinaus aufs ***Ijmeer*** zu drei Inseln, von denen die östlichste, ***Hooft,*** über einladende ***Anlegestellen*** und eine strandartige ***Sandfläche*** in der Mitte des Eilands verfügt. Weiter geht es parallel zum Ufer auf die ***Hollandse Brug*** zu, die die Provinzen Noord-Holland und Flevoland verbindet. Hinter der großen Brücke ist man auf dem ***Gooimeer***, dem westlichsten Flevo-Randmeer. Auf der schön angelegten Doppelinsel ***De Schelp (Rast- & Biwakplatz)*** könnte man eine zweite Pause einlegen. Südlich davon liegt das Erholungsgebiet ***Naarderbos.*** Am ***Strand*** oder beim anschließenden ***Yachthafen*** geht man an Land. Von dort wandert man mit dem Kajak auf dem Bootswagen 1 km auf einem gut ausgebauten Radweg durch eine liebliche Wiesenlandschaft zur Festungsstadt **Naarden**. Bei der ersten Brücke, auf die man trifft, setzt man wieder ein. Man kann durch die zentrale Gracht des Ortes paddeln und von deren östlichem Ende aus die Festungsanlagen umrunden. Oder man lässt diese Möglichkeit links liegen und fährt westlich ein kleines Stück um das Zentrum herum. Auf beiden Wegen kommt man zum Abzweig eines alten Kanals, des ***Karnemelksloots*** (Buttermilchgraben). Der schöne Wasserlauf trifft auf die ***´s-Gravelandse Vaart,*** die nach wenigen Kilometern in die ***Vecht*** mündet. Auf dieser fährt man nach **Muiden** zurück.

Einsetzstelle: In **Muiden** (s. Seite 133) oder in **Naarden** in der Nähe der oben erwähnten Brücke (Parkmöglichkeit, Amsterdamsestraatweg, *52.298298, 5.157865).*

Tour 5 b – Kromme Rijn, 28 km

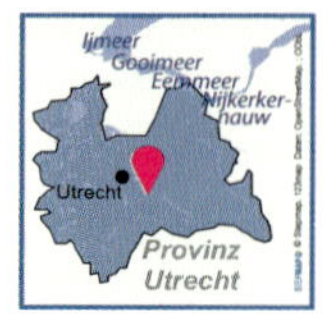

Der Kromme Rijn geht auf einen alten Rheinarm zurück. Nach seiner Abdämmung in Wijk bij Duurstede im Jahre 1122 schrumpfte er allmählich auf seine heutigen Maße zusammen. Motorboote dürfen hier nicht fahren. Daher haben Kanuten den hübschen Wasserlauf fast für sich allein. Vor allem auf seinem nördlichen Abschnitt zwischen Odijk und Utrecht ist der Kromme Rijn ein wunderschönes Paddelgewässer.

Bevor man in **Wijk bij Duurstede**, *einst unter dem Namen Dorestad die bedeutendste karolingische Handelssiedlung des 7. bis 9. Jahrhunderts und einer der wichtigsten Handelsplätze des nördlichen Europas*, an dem offiziellen Startpunkt einsetzt (s. Ergänzende Infos), sollte man sich die hübsche ***Altstadt***, das ***Kastell*** und die originelle ***Mühle***, die gleichzeitig Stadttor ist, ansehen und einen Blick auf den Fluss ***Lek*** werfen. Von der Menge des aus diesem Rheinarm abgelassenen Wassers hängt es ab, ob es anfangs auf dem ***Kromme Rijn*** etwas Strömung gibt.

Zunächst ist das Flüsschen noch recht nüchtern. Die Ufer sind von Apfelplantagen gesäumt. Kurz vor **Cothen** liegt linkerhand das *Restaurant De Jonge Graaf (leckere Pannekoeken)* mit

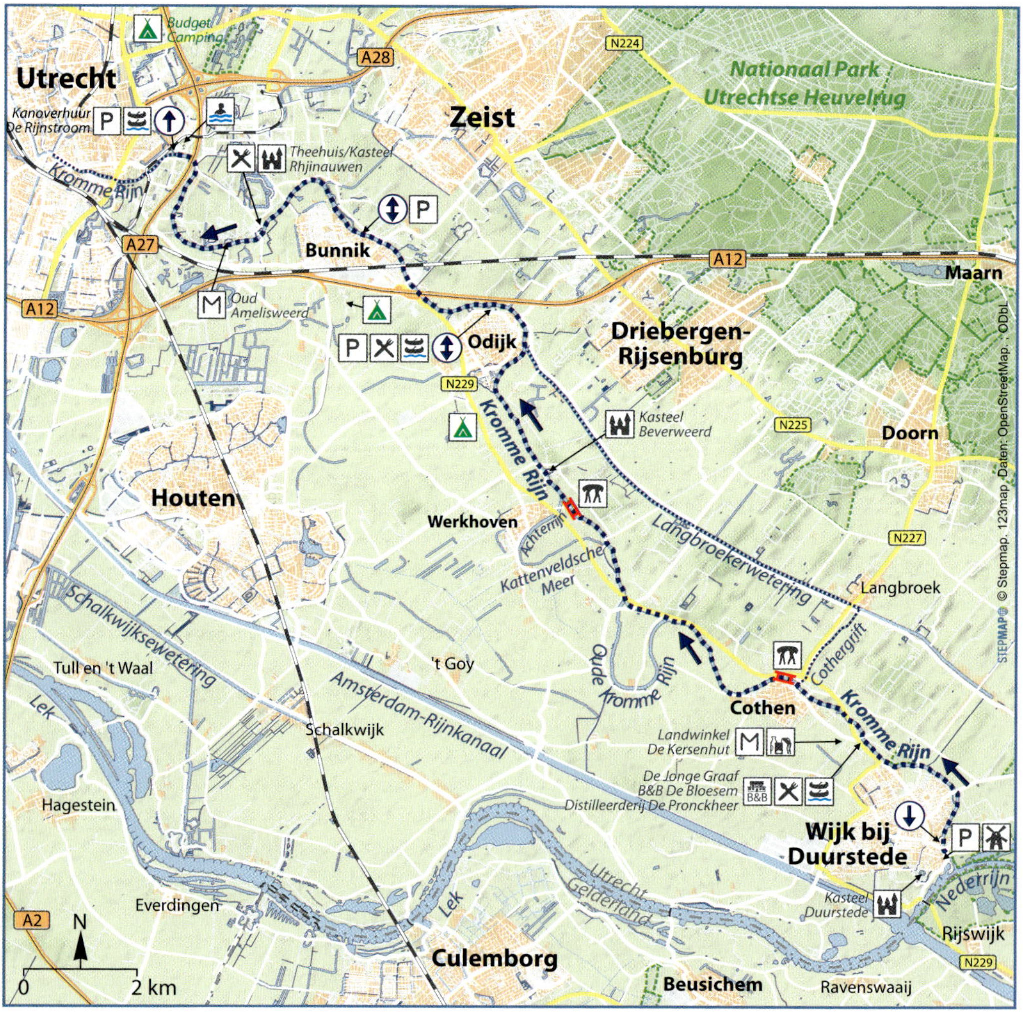

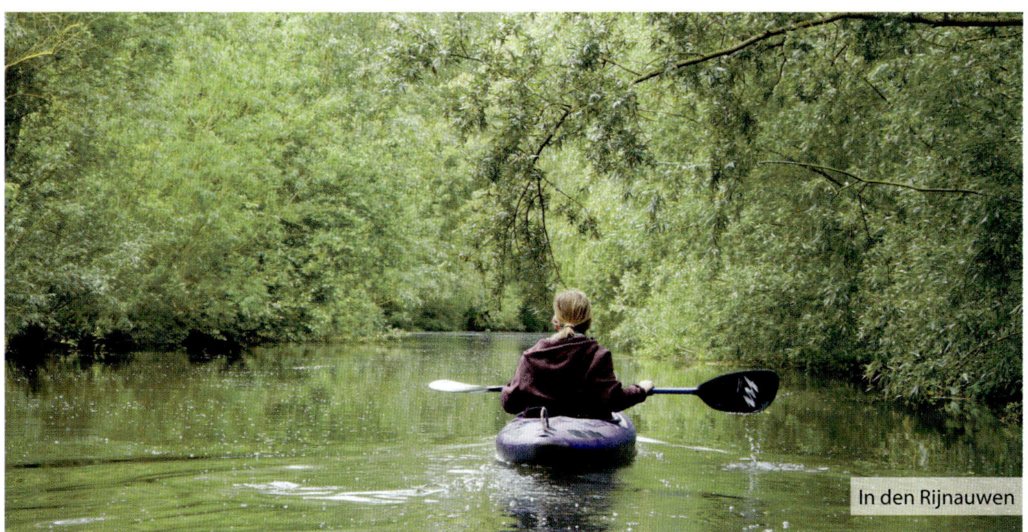
In den Rijnauwen

B&B De Bloesem (beide wegen Feuerschaden z.Zt. geschlossen, März 2022). Die angeschlossene ***Kanuvermietung*** hat geöffnet. Die innovative, kleine, handwerkliche ***Distilleerderij De Pronckheer*** produziert hier nachhaltig und regional *(So 13-16 + nach Absprache,* www.pronckheer.nl). Nur 200 m den Groenewoudseweg entlang findet man den Hofladen ***Landwinkel De Kersenhut*** *(Di-Fr 9-17, Sa 9-16)* mit ***Kirschenmuseum*** und Wanderweg durch den Obstgarten (beides kann nur während der Öffnungszeiten des Hofladens besucht werden, www.dekersenhut.nl). In **Cothen** ist ein *Herrenhaus* zu bewundern und eine ***Schleuse*** zu ***umtragen*** (problemlos).

Auf Höhe von **Werkhoven** folgt eine zweite ***Schleuse***. Kurz darauf kommt das *Schloss Beverweerd* fotogen ins Blickfeld. Das Flüsschen wird nun immer schöner. Spätestens ab **Bunnik** hat es sich zu einem „Luxus-Paddelgewässer" entwickelt. Unterhalb der Brücke teilt sich der Fluss. Man fährt zunächst durch eine Art Naturschutzgebiet mit Bruchwald und nach einigen Kilometern durch die ***Rijnauwen (Rhein-Auen).*** Die Sonne scheint durchs Blätterdach der alten Bäume. Man kommt am *Theehuis Rhjinauwen* mit seinem herrlichen Garten vorbei, passiert gleich daneben das etwas finstere *Kasteel Rhjinauwen* und ein Stück weiter das *Landhaus Oud Amelisweerd.* Zahlreiche schöne ***Rastplätze*** locken an den Ufern zur Pause. Von den Orten ist wenig zu sehen. Der parallele Wanderweg darf nicht einmal von Radfahrern genutzt werden.

Schließlich geht es wieder durch Bruchwald und hinter der Autobahn 27 entlang eines langgezogenen parkähnlichen Geländes nach **Utrecht** hinein. Doch schon vorher, kurz hinter der Autobahn beim *Schwimmbad Krommerijn,* setzt man an der Mündung der ***Biltsche Grift*** aus. Dort befinden sich auch die *Kanuvermietung De Rijnstroom* und ein kostenloser *Parkplatz*.

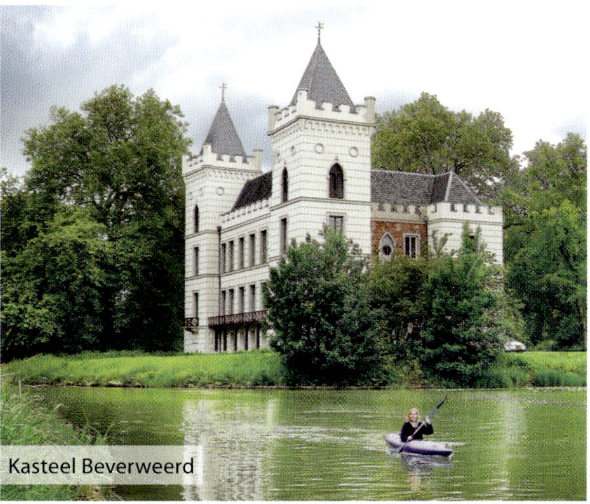
Kasteel Beverweerd

Ergänzende Informationen Kromme Rijn

Fahrtenmöglichkeiten

Der Kromme Rijn ist 28 km lang.
Besonders reizvoll ist der untere Abschnitt zwischen Bunnik und Utrecht (ca. 8 km).

Einsetzstellen

Wijk bij Duurstede: Offizieller Startpunkt mit Steg in der Nähe des Einlassbauwerks, Zufahrt über Straße „Blauwe Pannen" *(51.974002, 5.348592).*
Parken nicht dort und auch nicht am nahen Altstadtrand (kostenpflichtiger Kurzzeitparkplatz), sondern am Lek-Hafen auf Höhe der Mühle ca. 500 m weiter (kostenlos, Straße Inundatiekanaal, *51.971118, 5.350435).*

Odijk (Griendpad, *52.057850, 5.236566).*
Parken daneben vor dem Friedhof.

Bunnik: Offizieller Steg am Nordufer an der Kerkpad-Brücke *(52.068810, 5.203527)*, Anfahrt über „Tolhuislaan". Kostenloses Parken (außer freitags, wenn Markt ist) südlich der Brücke an der nahen Kirche (Straße Kerkpad). Da die Brücke nur für Fußgänger ist, muss man nach Abladen der Boote von der Einsetzstelle einen großen Bogen zum Parken fahren oder die Boote an der Kirche abladen und über die Brücke tragen.

Utrecht: Im Südosten der Stadt beim Schwimmbad „Swembad Krommerijn" mit Parkplatz und Kanuvermietung „Kanoverhuur De Rijnstroom" (Straße Weg naar Rhijnauwen, *52.082154, 5.156622).*

Zurück zum Auto

Die Buslinie 41 verkehrt zwischen Utrechter Hauptbahnhof (Centralstation, CS) und Busbahnhof (Busstation) Wijk bij Duurstede und folgt dabei in etwa dem Fluss.

Fahrbarkeit

Der Kromme Rijn strömt auf seiner oberen Hälfte mäßig, auf der unteren meistens fast gar nicht. Man kann dann mit dem Kajak problemlos auch flußauf fahren. Es gibt auch Tage, an denen die Strömung stärker ist.

Umtragen 2 Schleusen müssen umtragen werden (unkompliziert).

Bestimmungen Keine besonderen.

Campingplätze

Keine direkt am Fluss.

Budget Camping in **Utrecht**, innenstadtnah beim Park Voorveldse Polder, Ariënslaan 5.

Weitere in der Umgebung, z.B.
Bunnik (www.buitengoeddeboomgaard.nl).

Odijk (www.campingprinsenhof.nl).

Kanuvermietung

Kanoverhuur De Rijnstroom am Kromme Rijn in **Utrecht** (www.rijnstroom.nl).

Cothen: *Familierestaurant De Jonge Graaf,* auch B&B (www.dejongegraaf.nl).

Paviljoen Buiten in **Odijk**, neben der Einsetzstelle (www.paviljoenbuiten.nl).

Weitere Routen am Kromme Rijn

(1) Zwischen **Odijk** und **Cothen** kann man alternativ auf ***Cothergrift, Langbroekerwetering*** und ***Kromme Rijn*** einen **19 km** langen **Rundkurs** paddeln. Die ***Wetering*** ist zwar nur ein breiter Graben, der über etliche Kilometer fast gerade verläuft, aber man kommt an mehreren Kastellen vorbei. 7 x umtragen nötig.

(2) In **Utrecht** kann man auf dem ***Kromme Rijn*** bis in die bezaubernde **Altstadt** weiterfahren und eine schöne Runde auf den Grachten paddeln. Man kann von der Altstadt auf der sehr reizvollen ***Vecht*** weiterfahren (s. Beschreibung Vecht und Stadt Utrecht Seite 129).

Tour 5 c – Vinkeveense Plassen & Angstel-Runde, 27 km

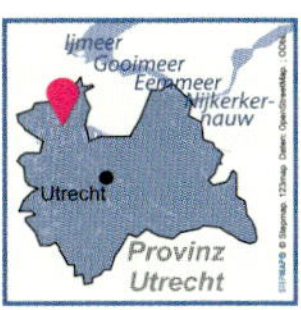

Die Vinkeveense Plassen im Nordwesten der Provinz Utrecht gehen wie die benachbarten Seen östlich der Vecht auf den Torfabbau zurück. Sie bilden zusammen mit den umgebenden Wasserläufen ein abwechslungsreiches Paddelrevier. Die „Recreatieschap Vinkeveense Plassen" hat sechs Touren in einem schmalen Ordner aufbereitet und in der Natur beschildert. Von diesen finde ich die Fahrt über die Plassen selbst und die Angstelroute am schönsten, vor allem, wenn man beide miteinander kombiniert. Die hier beschriebene Tour ist rund 27 km Kilometer lang.

Als Startplatz empfiehlt sich der ausgeschilderte ***Parkplatz*** *(52.234353, 4.960832)* nahe der Klappbrücke Middenweteringbrug in **Baambrugse Zuwe**. Die Zuwe ist ein breiter, teilweise mit sehr luxuriösen Häusern bebauter Damm, der den etwas größeren nördlichen Teilsee ***Noordplas*** vom kleineren ***Zuidplas*** trennt. Der Parkplatz liegt auf der schmalen Halbinsel im Noordplas. Die ***Einsetzstelle*** ist eine Trailerhelling auf der seeabgewandten Seite der Halbinsel.

Ich fahre unter der Brücke ***Middenweteringbrug*** durch zum ***Zuidplas*** und quere dann über den See nach Süden zum ***Geuzensloot***. Die Durchfahrt zu diesem Kanal ist schon von fern an einer weiteren Klappbrücke im Zuge der N 201 erkennbar. Der ***Geuzensloot*** verläuft südlich an den Plassen entlang und stellt eine Verbindung zur ***Angstel*** her. Ehe man jedoch zum Fluss gelangen kann, muss noch die ***Schleuse Demmerikse sluis*** bewältigt werden. Stege erleichtern das Umtragen. Man könnte sich aber auch – kostenpflichtig – schleusen lassen.

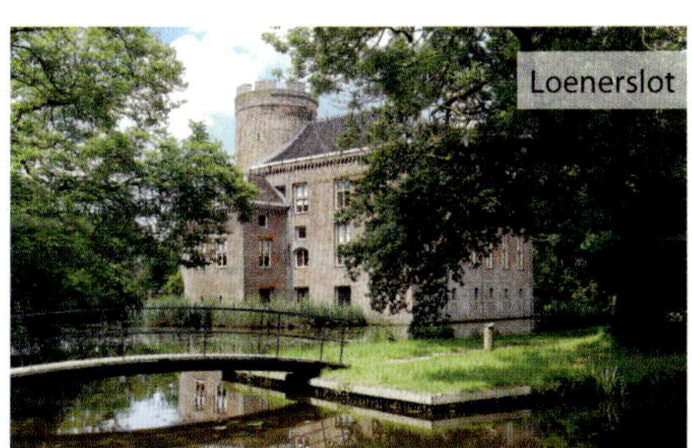
Loenerslot

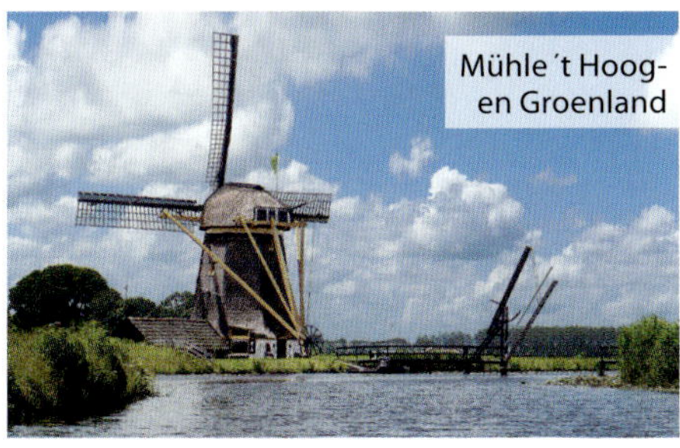
Mühle 't Hoog- en Groenland

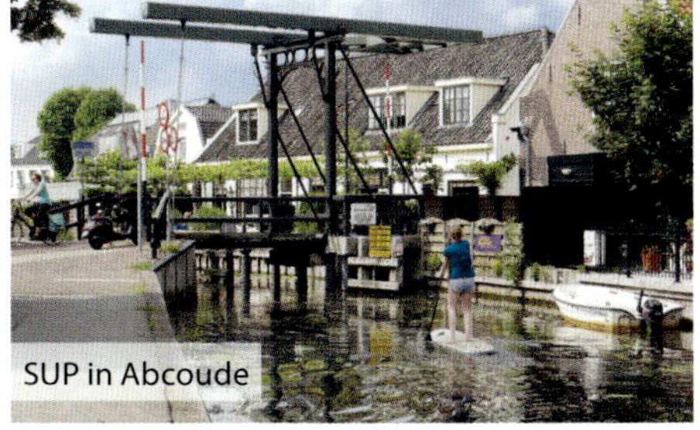
SUP in Abcoude

Bald darauf führt die ausgeschilderte Route auf der ***Angstel*** in nördliche Richtung zunächst durch das Dorf **Loenersloot**, mit dem etwas finsteren *Loenersloot (Loener Schloss)* gleich am Ortseingang. Der Fluss schlängelt sich sehr schön durch die grüne Landschaft. Besonders nach Westen hat man immer wieder einen weiten Blick ins tiefer liegende Weideland. Seerosen blühen in großer Zahl in Ufernähe. Ein Abstrich vom Vergnügen ergibt sich durch die Straße, die den Wasserlauf auf den nächsten Kilometern begleitet, auch wenn wenig Verkehr herrscht.

Am Ortsausgang von **Baambrugge** lockt das *Café „De Punt"* direkt am Wasser zur Pause. Wenige Hundert Meter weiter, da wo der Fluss nach Westen schwenkt, liegt links die malerische ***Mühle „Molen 't Hoog- en Groenland"***.

Nach vier weiteren 90-Grad-Kurven geht es in das Städtchen **Abcoude** hinein. Auf den Bänken am Ufer lässt sich gut rasten. Hinter einer Rechtskurve zweigt kurz vor der zweiten Klappbrücke im Bereich des lauschigen Ortskerns rechts die schöne Gein ab. Unmittelbar hinter der Brücke liegt ein kleines gemütliches ***Hotel*** in einem renovierten alten holländischen Haus. In dem dazugehörigen ***Irish Pub*** gibt's ein sehr reichhaltiges Frühstück.

Die ***Angstel*** mündet am Ortsrand in die seenartige Erweiterung ***Abcoudermeer.*** Hier kann man gut *baden*. Die Hochhäuser von Amsterdam-Zuidoost scheinen dahinter zum Greifen nahe. Auf der westlichen Seite verlässt der Wasserweg als ***Holendrecht*** den kleinen See.

Nach wenigen Kilometern zweigt links die ***Waver*** ab, in die wir einbiegen. Am Abzweig könnte man beim sehr guten, aber höherpreisigen ***Restaurant de Voetangel*** am Wasser einkehren. Kurz bevor die ***Waver*** an einer T-Kreuzung endet, liegt in **Stokkelaarsbrug** an der Zugbrücke am rechten Ufer der kleine ***Teekiosk De Stokkelaer.*** Anlanden ist hier schwierig, evtl. am Steg hinter der Brücke fragen. An der T-Kreuzung führt nach rechts die Oude Waver zur Amstel, wir biegen nach links in die ***Winkel*** ab, die uns zu den ***Vinkeveense Plassen*** zurückführt.

Die Vinkeveense Plassen sind Teil eines Moorgebietes, das strahlenförmig um einen Kreismittelpunkt bei dem Dorf Mijdrecht abgegraben wurde. Diesen Strahlen folgen auch die schmalen Landstreifen im Westteil der Seen bei den Orten **Vinkeveen** und **Achterbos**, auf denen früher der Torf zum Trocknen gelagert wurde. Im Osten gehen die Seen in offene Wasserflächen über. Hier finden sich zwölf durchnummerierte schön angelegte ***Sandinseln (Zandeiland),*** von denen einige bewaldet sind. Fast alle haben ***Rastplätze***, mit und ohne ***Badestellen***, einige auch ***Toiletten***. Während die schmalen Landstreifen meist in privater Hand sind, darf an fast allen Sandinseln anlegt werden.

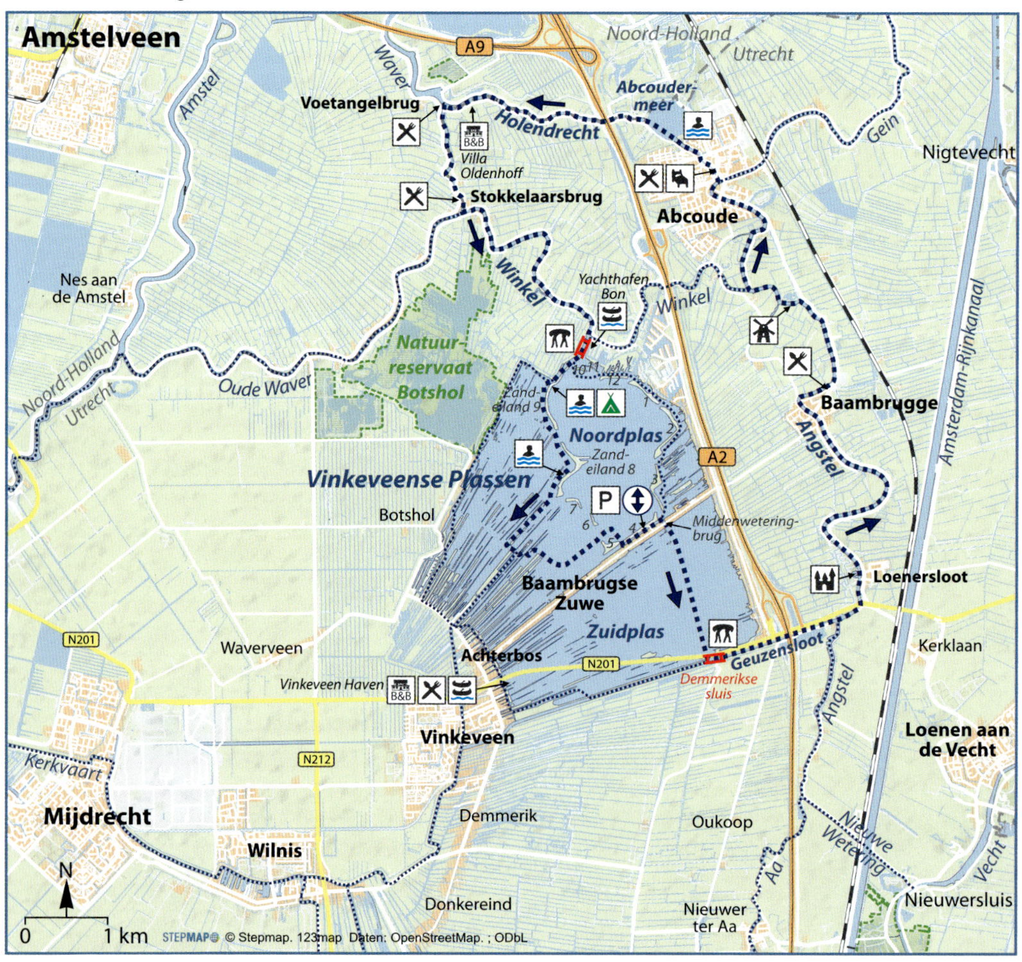

Tour 5 c – Vinkeveense Plassen & Angstel-Runde, 27 km

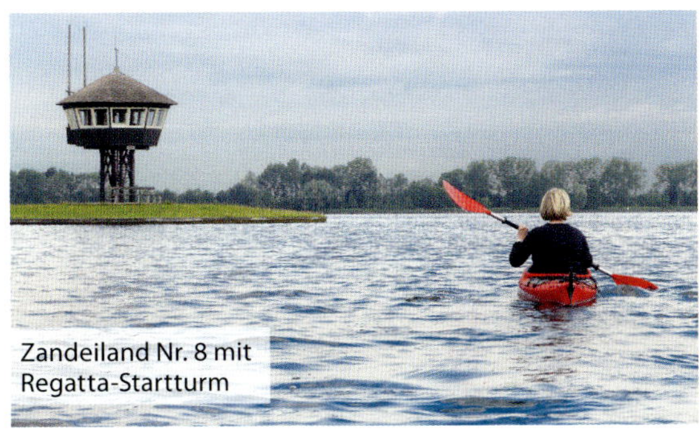
Zandeiland Nr. 8 mit Regatta-Startturm

Meine Route führt zunächst entlang ***Zandeiland Nr. 9*** zur ***Sandinsel Nr. 8,*** gut erkennbar am *Regatta-Startturm.* Man kann hier besonders gut in der Sonne sitzen und dem Treiben auf beiden Teilbereichen des ***Noordplas*** zusehen. An manchen Tagen kreuzt eine große Zahl von Booten aller Art umher. Ein größeres Schiff mit den Grundnahrungsmitteln Patat (Pommes), Ijs (Eis) und Heineken (Bier) fährt die belebteren Ecken an.

Zum Abschluss der Tour fährt man einen beliebig großen Halbkreis zwischen den schmaleren Landstreifen hindurch. Das Treiben darauf unterscheidet sich allein dadurch vom typischen Schrebergarten-Leben, dass die Menschen ausschließlich mit Booten hingelangen können. Die einen trinken Kaffee auf der Terrasse. Die anderen mähen ihren Rasen. Die nächsten kümmern sich um ihre Hortensien. Kinder baden. Hunde verteidigen ihr Revier. Wenn man genug Inselleben gesehen hat, kehrt man zum Ausgangspunkt am **Zuwe** zurück.

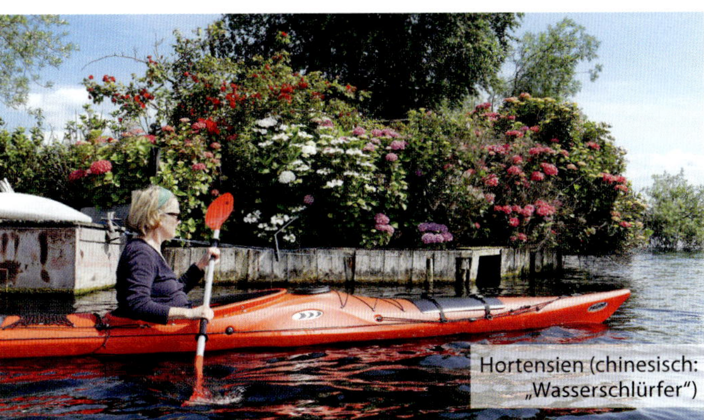
Hortensien (chinesisch: „Wasserschlürfer")

Ergänzende Infos zu Vinkeveense Plassen & Angstel

Fahrtenmöglichkeiten

Die beschriebene Tour kann auch halbiert werden, wenn man bereits südlich von Abcoude in die (östliche) Winkel abzweigt. Die Abkürzung gilt allerdings in einigen Quellen wegen des dichten Pflanzenbewuchses als unfahrbar, in anderen als schwer befahrbar.

Bei der Besichtigung vom Fahrrad aus habe ich überall eine 1-2 m breite pflanzenfreie Fahrrinne erkennen können, so dass es keine Probleme geben dürfte. Schön finde ich diese Strecke aber nicht.

Befahrbarkeit, Schwierigkeiten

Auf den Seen können sich bei stärkeren Winden erhebliche Wellen aufbauen.
Ansonsten ist die Befahrung genauso wie die der umgebenden Wasserläufe problemlos.

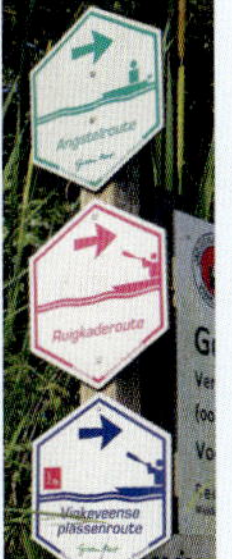

Überall muss mit Schiffsverkehr gerechnet werden.

Umtragestellen

An den Vinkeveense Plassen kein Umtragen.

Auf der Angstel-Route gibt es zwei niedrige Brücken, die man umtragen muss, wenn man sich nicht tief genug bücken kann.

In den Verbindungen zu den umgebenden Wasserwegen gibt es Schleusen, die auch von Kanuten benutzt (kostenpfl.) oder mit Hilfe von Stegen umtragen werden können.

Bestimmung Der angrenzende See Botsholse Plas darf nicht befahren werden (NSG).

Camping, B&B, Kanuvermietung

Nordufer des Vinkeveense Plassen: Camping beim *Yachthafen Bon* und auf der Insel Zandeiland Nr. 9, mit *Kanuvermietung* (www.jachthavenbon.nl).

Vinkeveen Haven: *Yachthafen* mit *B&B* (4 Pipowagen am Wasser), *Kanuvermietung*, Restaurant (www.vinkeveenhaven.nl).

Villa Oldenhoff, stilvolles *B&B* in **Voetangelbrug** (www.villaoldenhoff.nl).

Karten

Besonders zu empfehlen ist der erwähnte Ordner *„Kano- en fluisterbootroutes in De Veenen"* der Recreatieschap Vinkeveense Plassen mit Karten und Beschreibungen (auf Niederländisch) von sechs Touren. Erhältlich beim örtlichen VVV für wenige Euro.

Am detailliertesten für die Plassen selbst ist die *ANWB Waterkaart 21 „Vinkeveense en Loosdrechtse Plassen"*, 1:25.000. Die umgebenden Gewässer sind nicht erfasst.

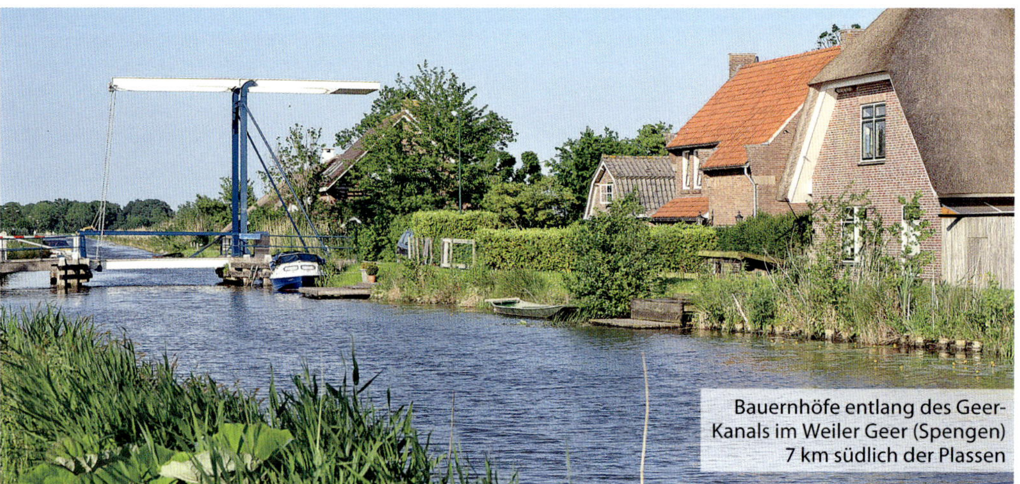

Bauernhöfe entlang des Geer-Kanals im Weiler Geer (Spengen) 7 km südlich der Plassen

Weitere Routen rund um Vinkeveense Plassen & Angstel

(1) Plassenrundfahrt: Man kann sich auch nur auf die Plassen beschränken. Wem Wind und Wellen nicht geheuer sind, der kann den offiziell ausgeschilderten **12 km** bzw. **9 km** langen Umfahrten von Nord- bzw. Südplas folgen, die immer hinter den langgezogenen Inseln und am Ufer bzw. an dem zweiteilenden Straßendamm (Zuwe) entlangführen. Kombiniert ergibt sich eine Strecke von **16 km.**

(2) Verbindungen zur Vecht: A – Über ***Geuzensloot***, südliche ***Angstel*** und ***Nieuwe Wetering*** gelangt man zur ***Vecht*** bei **Nieuwersluis. B –** Statt auf der Nieuwe Wetering auf ***Aa*** und ***Kerkvaart*** etwas weiter südlich bei Breukelen zur ***Vecht***. **C –** Von **Abcoude** erreicht man auf dem schönen Flüsschen ***Gein*** und der ***Smal Weesp*** die ***Vecht*** bei **Weesp**.

Auf allen drei Routen muss man den ***Amsterdam-Rijnkanaal*** kreuzen. Das Kreuzen dieser Schiffsautobahn ist erlaubt. Man sollte aber die schnell fahrenden Binnenschiffe nicht unterschätzen! Kein Umtragen.

(3) Gesamtrunde Rondeveen: Die Runde um die Gemeinde Rondeveen ist **40 km** lang. Links und rechts von **Wilnis** gibt es zudem zwei ausgeschilderte kürzere Routen, die Teile der großen Runde nutzen und ansonsten durch schöne Naturgebiete führen.

Tour 5d – Amersfoort und Leusden-Runde, 21 km

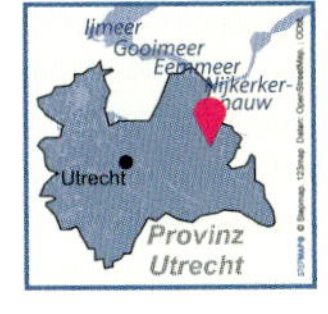

Amersfoort hat einen von diesen wunderbar historischen Altstadtkernen, die mich auf meinen Fahrten in den Niederlanden immer wieder begeistern. Man kann eine kleine Runde auf den zentralen Grachten und zwei Abstecher paddeln. Zusammen mit einer schönen Runde um die südlich gelegene Ortschaft Leusden, lässt sich so eine attraktive 21 km lange Tour machen.

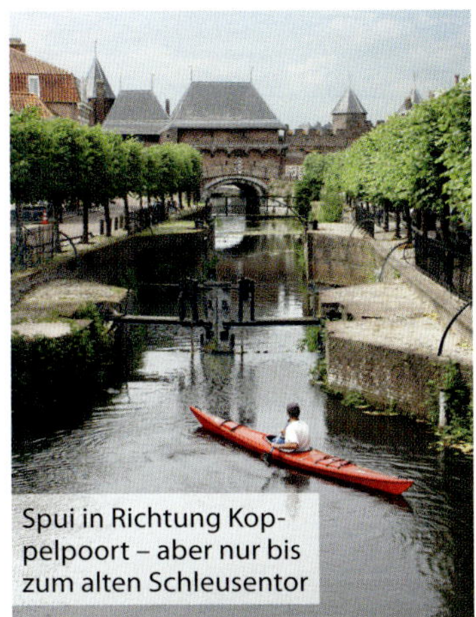
Spui in Richtung Koppelpoort – aber nur bis zum alten Schleusentor

Ich starte an der offiziellen ***Einsetzstelle*** bei einer Brücke am Ostrand von **Leusden** auf dem ***Valleikanaal***. Der eher nüchterne Wasserweg verbindet seit 1939 den Nederrijn mit Amersfoort. Nach 2,5 km in nördlicher Richtung zweigt direkt hinter der A 28 die ***Vosheuvelbeek*** (Fuchshügelbach), auch ***Verbindingskanaal*** genannt, ab. Das kleine ***Wehr*** dahinter kann leicht ***umtragen*** werden. Nach kurzer Fahrt trifft man auf die ***Heiligerbergerbeek***, die praktisch der Oberlauf der Eem ist. Nordwärts geht es, hinter einem weiteren ***Wehr***, durch einen hübschen Parkstreifen in Richtung Innenstadt von **Amersfoort**.

Hinter der Ringstraße ***„Stadsring"*** erreicht man den äußeren ***Singelgraben*** (auch ***Beek*** genannt), der in früheren Zeiten Teil der Stadtbefestigung war. Den westlichen Teil hat man zugeschüttet. Rechts herum kann man die Altstadt halb umrunden. Die Strecke ist ganz nett, aber kein Muss. Sie endet am herrlichen Stadttor ***Koppelpoort*** an einem ***Wehr.*** Dort kann man in die ***Eem*** bzw. den alten ***Stadthafen*** umtragen.

Ich halte mich hier jedoch links und unterquere sofort ein anderes wundervolles Wasserstadttor – ***Waterpoort Monnikendam***. Damit bin ich auf der Hauptgracht der Altstadt. Ein Schild weist an der ersten Gewässerkreuzung darauf hin, dass man links abbiegen muss. Auf der ***Zuidsingelgracht*** und deren Verlängerung, der ***Westsingelgracht***, paddle ich bis zum ***Museum Flehite***, ein Heimatkundemuseum in drei mittelalterlichen Häusern. Unterwegs unterquert man in einer engen Durchfahrt ein Haus. Beim Museum kann man ein paar Meter auf der ***Spui*** in Richtung ***Koppelpoort*** paddeln, aber nur bis zum ehemaligen, geschlossenen Schleusentor.

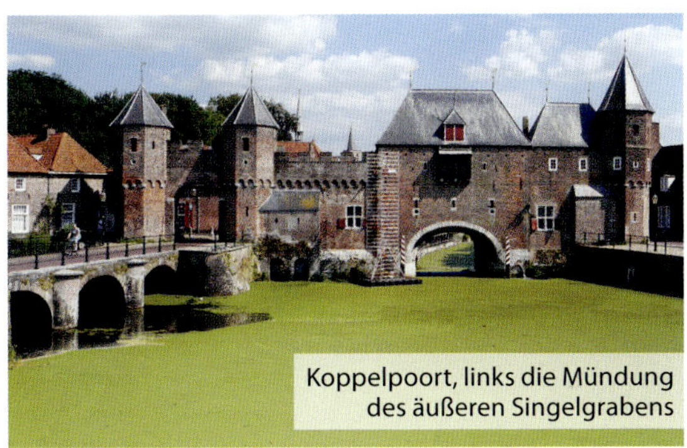
Koppelpoort, links die Mündung des äußeren Singelgrabens

Gleich um die Ecke vom ***Museum*** geht die ***Westsingelgracht*** in die ***Langegracht*** über. Hier zweigt links die Gracht namens ***Havik*** ab. Auf ihr könnte man theoretisch unter einem historischem Gebäude hindurch zum Weverssingel gelangen. Leider haben die Besitzer die Unterquerung verboten, so dass es bei diesem kurzen Abstecher auf der Havik bleiben muss.

Die ***Langegracht***, im weiteren Verlauf ***Kortegracht***, führt zum ***Zuidsingel*** zurück. Dabei fährt man unter einer tunnelartigen Brücke durch, die als Garage für die Rundfahrtboote dient. Der ***Zuidsingelgracht*** kann man bis zum ***Weverssingel*** folgen und dabei ein drittes schönes Stadttor, das ***Kamperbinnenpoort***, unterqueren, ehe man auf das „verbotene Haus" von der anderen Seite trifft. Hier muss man also wieder umdrehen und zum Tor ***Monnikendam*** zurückkehren.

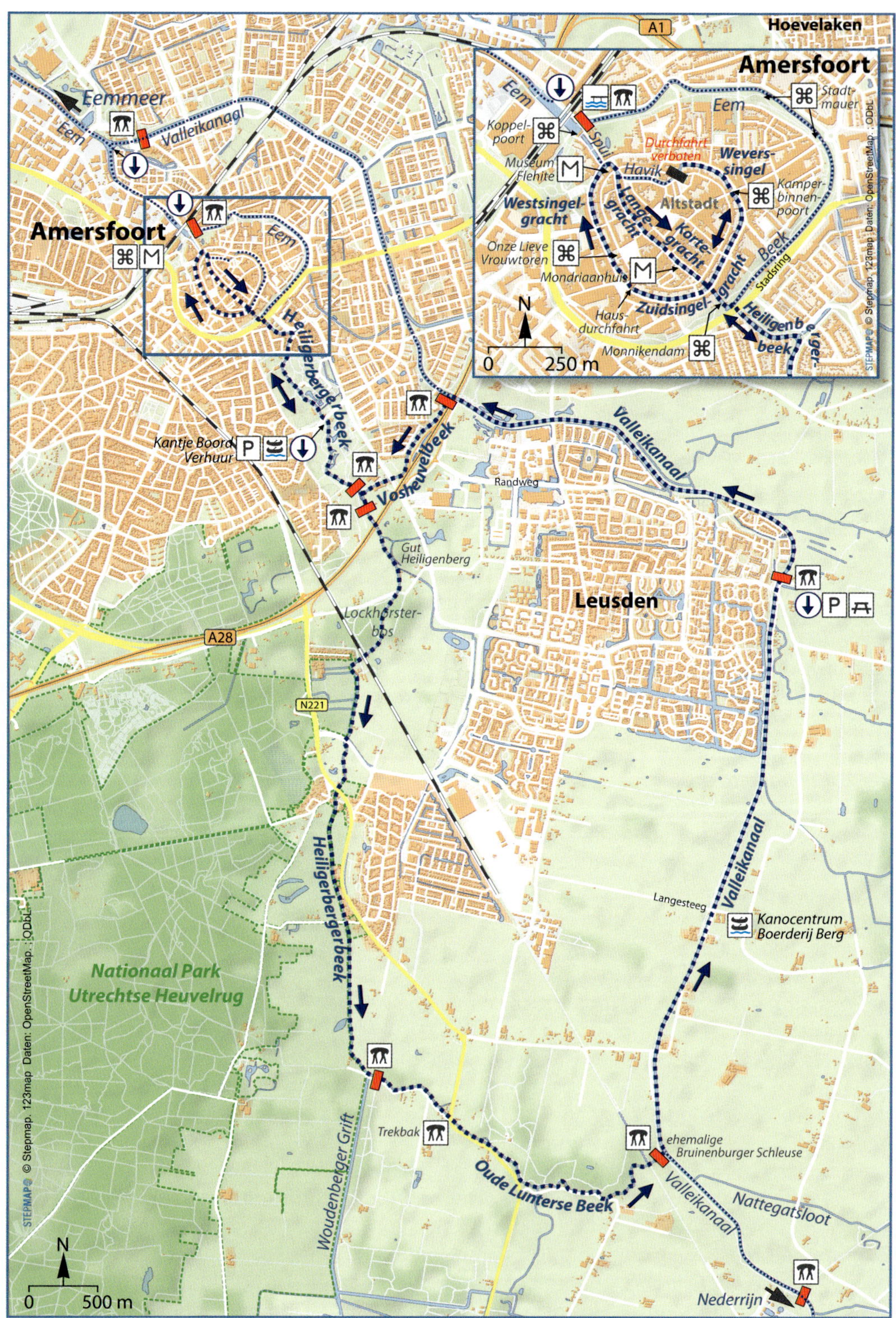

Tour 5 c – Vinkeveense Plassen & Angstel-Runde, 27 km

Es würde an dieser Stelle zu weit führen, all die schönen Wohnhäuser, den hohen ***Onze Lieve Vrouwtoren (Liebfrauenturm),*** dem 1787 bei einer Explosion die Kirche abhanden kam, die Kunstwerke in den Mauern der Grachten, die Gärten und weitere Sehenswürdigkeiten aufzuzählen, an denen man vorüber paddelt. Eine besondere Attraktion in dieser sehr hübschen mittelalterlichen Stadt ist das ***Mondriaanhuis***, in dem der berühmte niederländische Maler geboren wurde. Es beherbergt heute ein sehenswertes ***Museum***.

Nach all den herrlichen Eindrücken, mache ich auf dem Parkstreifen beim *Tor Monnikendam* Rast. An den Altstadtgrachten ist das Aussteigen kaum möglich. Dann fahre ich auf der ***Heiligerbergerbeek*** durch hübsches Parkgelände wieder zurück nach Süden ***(Wehr umtragen)***. Hinter der Kreuzung mit der ***Vosheuvelbeek*** und einem weiteren ***Wehr (umtragen)*** unterquert man die A 28 und verlässt die Stadt. Vorbei am Gut ***Heiligenberg*** mit dem hübschen Obst- und Teegarten ***Theetuin Heyligenberg*** fahre ich durch den reizvollen Wald ***Lockhorsterbos*** mit altem Buchenbestand. Es folgen Äcker und Wiesen – richtig sympathisch schlängelt sich der Bach an ein paar Bauernhäusern, Weiden und Baumgruppen vorbei.

Schließlich komme ich an eine weitere Gewässerkreuzung. Von rechts mündet die Woudenberger Grift, ein schnurgerader Entwässerungsgraben. Links geht es – hinter einem ***Wehr (umtragen)*** – auf der **Oude Lunterse Beek** weiter. Dieser urwüchsige Bach wartet nach knapp einem Kilometer mit einer einmaligen Besonderheit auf: einer „Trekbak" – einer Art Schublade, in die man das Kanu setzt, um es dann mittels Drehen eines großen Rades unter einer niedrigen Straßenbrücke durch zu befördern. Das ist originell, aber auch anstrengend und langwierig. Umtragen wäre einfacher und so stark befahren ist die Straße nicht.

Die ***Oude Lunterse Beek*** trifft an einer Stelle auf den ***Valleikanaal***, die etwas von alter Tingstätte hat. Ausladende Buchen beschatten den Platz. Ihre Wurzeln umklammern die Backsteinmauern eines Wehres, Reste der früheren Bruinenburger Schleuse. Hier lege ich eine weitere Pause ein. Der ***Valleikanaal*** ist auf den nächsten Kilometern weniger öde als befürchtet. Ich paddle an dem Aushubwall entlang. Immer wieder sind Bunker zu sehen. Sie sind Teil einer uralten Verteidigungslinie, die im Zweiten Weltkrieg ausgebaut wurde (Grebbelinie). Von diesem Punkt ist es nur noch ein kleines Stück zurück zu meiner Einsetzstelle in **Leusden**.

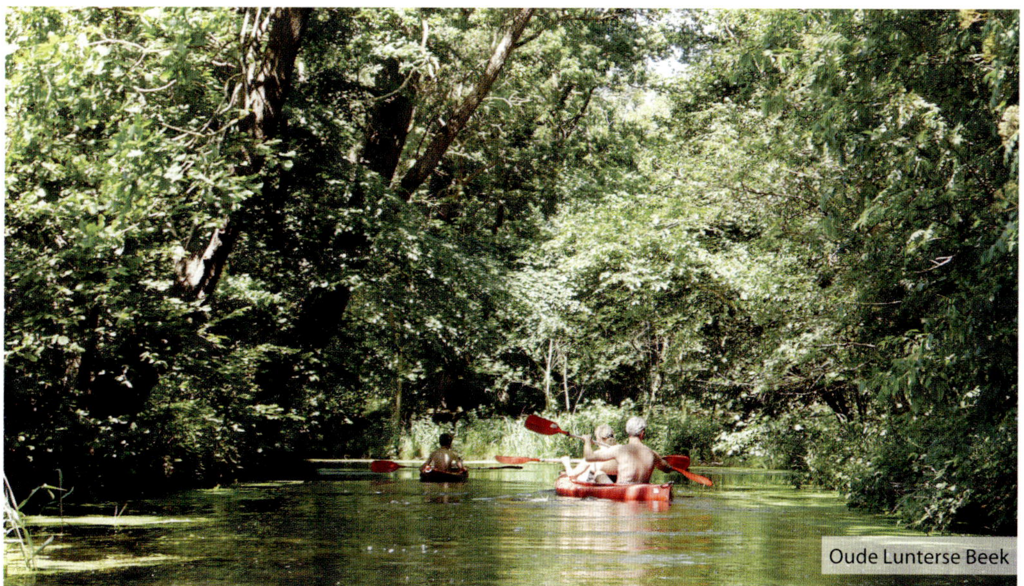
Oude Lunterse Beek

Ergänzende Infos zu Amersfoort & Leusden-Runde

Fahrtenmöglichkeiten

Die Altstadtrunde ist etwa 2 km lang.
Die eigentliche (ausgeschilderte) Leusden-Runde ist ca. 15 km lang.
Das Zwischenstück zwischen beiden Runden ist auch nochmal 2 km lang.

Einsetzstellen

Die offizielle Einsetzstelle der ***Leusden-Runde*** befindet sich bei der Brücke am Aschatterweg am östlichen Rand von **Leusden** *(52.135294, 5.447637)*. Zu erreichen über die A 28 Abfahrt „Leusden". Damit ist man auf dem Randweg. Diesem bzw. seiner Verlängerung Middenweg mehrere Kilometer folgen, bis links der Asschatterweg abgeht.

Wenn man nur eine ***Altstadtrunde*** in **Amersfoort** drehen will, empfiehlt sich der Parkplatz an der Gasthuislaan Ecke Ringweg Dorrestein, mit Steg in der Heiligenbergerbeek gleich nebenan *(52.146346, 5.399418)*. Ein Paddler warnte mich vor nächtlichem Vandalismus auf dem Parkplatz. Man sollte den Wagen nur tagsüber dort stehen lassen.

Befahrbarkeit, Schwierigkeiten

Alle Gewässer sind problemlos auch für Anfänger zu befahren und – weil strömungslos – in beide Richtungen. Angeblich soll das Wasser im Valleikanaal bis zu 4 km/h strömen, weswegen die meisten Beschreibungen empfehlen, die Leusden-Runde, wie ich auch, entgegen dem Uhrzeigersinn zu paddeln. So ist sie auch ausgeschildert. Ich habe bei mehreren Besuchen von einer Strömung allerdings nichts festgestellt.

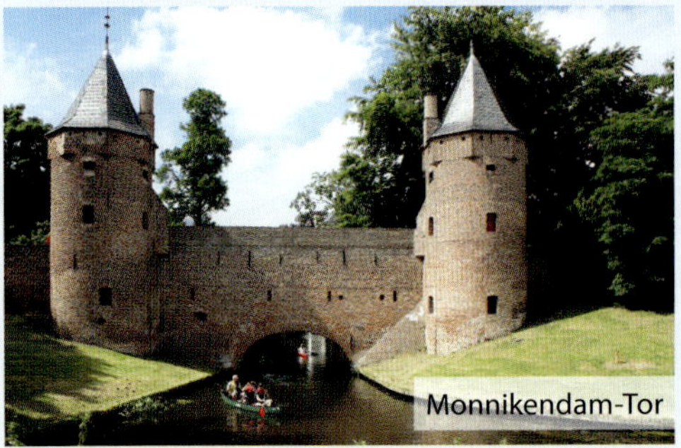

Monnikendam-Tor

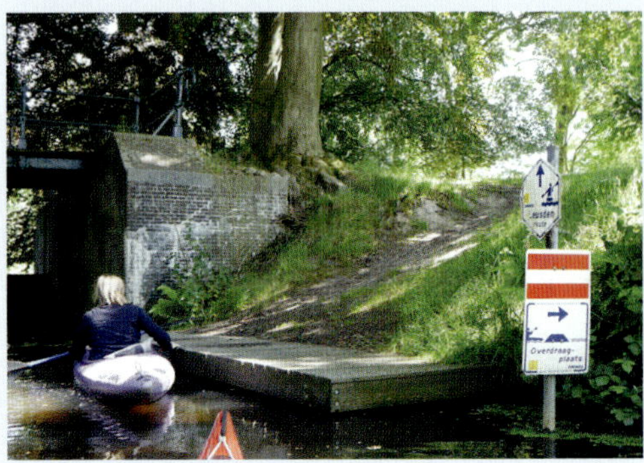

Umtragestellen

6 x muss man auf der Leusden-Runde umtragen, was dank der niedrigen Ufer und der Stege immer unkompliziert ist.

Wer in Richtung Innenstadt Amersfoort abzweigt, muss an der Kreuzung Heiligenbergerbeek/Vosheuvelbeek noch ein Wehr umtragen.

Das Umtragen von den Innenstadtgrachten direkt in die Eem ist nicht möglich. Für eine direkte Weiterfahrt sollte man den äußeren Singelgraben (Beek) paddeln. Am Ende des Singelgrabens muss ein kleines Wehr umtragen werden. Aussetzen direkt davor, einsetzen nach 50 Meter Fußweg inkl. Unterquerung einer Eisenbahnbrücke mit Stufen. TIPP: Zur Vermeidung der Stufen, die Eem per Fußgängerbrücke überqueren, Bahn unterqueren und bei der nächsten Fußgängerbrücke wieder ans östliche Ufer zurückkehren. Bootswagen nötig.

Bestimmungen

Keine besonderen.

Übernachtungsmöglichkeiten

Kein Campingplatz an der beschriebenen Amersfoort/Leusden-Route. Vielleicht beim Kanuverein in Amersfoort auf Anfrage.
In **Amersfoort** gibt es mehrere Hotels.

Camping „Weitere Routen"

Evtl. darf man auf Anfrage beim *Jachthaven ´t Raboes* an der Eem-Mündung zelten.

Camping Marina Eemhof direkt am Wasser am Randmeer „Nijkerkernauw" nördlich von **Bunschoten-Spakenburg,** mit Kanuvermietung (www.campingmarinaeemhof.nl).

Wenige Kilometer weiter *Natuurcamping ‚De Altena' Zeewolde* mitten im Wald Hulkesteinse bos am Randmeer „Nijkerkernauw" (www.natuurcampingdealtena.nl).

Einfacher *Biwakplatz* auf der Insel Dode Hond im Eemmeer.

Kanuvermietung

Kanocentrum Boerderij Berg an der Straßenbrücke Langesteeg am Valleikanaal südlich von **Leusden** (www.kanocentrumberg.nl).

Kantje Boord Verhuur (Kanu & SUP) im Süden von **Amersfoort,** Gasthuislaan 70, (www.kantjeboordverhuur.nl).

Karte

Die Leusden-Runde ist Teil der Sammlung *„Kanoroutes in de provincie Utrecht"* (niederländisch), die vom Provinz-VVV herausgegeben wird und im Internet herunterzuladen ist: https://recreatiemiddennederland.nl/Kanoroutes-Gelderse-Vallei

Tipp mit Kindern

Zwei Kilometer westlich der Stadt befindet sich in einem Wald der Zoo *DierenPark Amersfoort (Apr-Okt tgl. 9-18, Nov-Mär 10-17,* www.dierenparkamersfoort.nl).

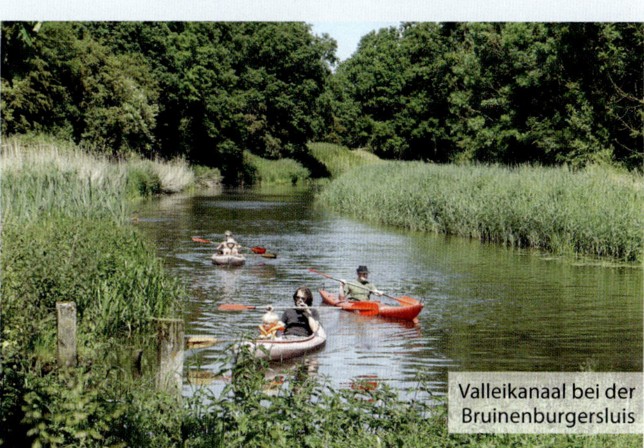
Valleikanaal bei der Bruinenburgersluis

Weitere Routen rund um Amersfoort & Leusden

(1) Vom **Amersfoorter Hafen** aus kann man der ***Eem*** **18 km** bis zum ***Eemmeer*** folgen. Umsetzen von der äußeren Singelgracht in den Hafen s. links. Der Valleikanaal empfiehlt sich dafür nicht, weil er in der Stadt hässlich ist und dessen Mündungswehr nicht so leicht zu umtragen ist. Da man am Hafen nicht parken kann und nur schwer ins Wasser kommt, bin ich in einem Wohnviertel 1 km weiter nordwestlich an der Mündung des Valleikanaals (Straße Eemzijde, *52.164591, 5.377267)* gestartet.

Die ***Eem*** wird erst außerhalb der Stadt netter, aber zu einem richtig tollen Paddelfluss kann ich sie nicht erklären. Trotz mancher Kurve und einigen einladenden *Rastplätzen* bleibt die Eem kanalartig. Im ***Eemmeer*** lässt sich auf der Insel *Dode Hond (Biwakplatz)* sehr schön rasten. Ein attraktives Ziel im Eemmeer ist der *Museumshafen* von **Spakenburg**. Sehenswert sind dort vor allem die alten Holzboote aus den Zeiten der Zuiderzeefischerei, Botter genannt, und die Traditionswerft, auf der diese Schönheiten restauriert werden.

(2) Man könnte südlich von **Leusden** auf dem ***Valleikanaal*** südwärts bis zum ***Nederrijn*** bei **Rhenen** paddeln. Offizielle Kanuroute: ca. **30 km** von der Kreuzung mit der Oude Lunterse Beek bei der früheren Bruinenburger Schleuse, 8 x umtragen, davon 6 x mit Stegen, etliche Rastplätze mit Stegen an den Ufern.

6 – Die Provinz Zuid-Holland

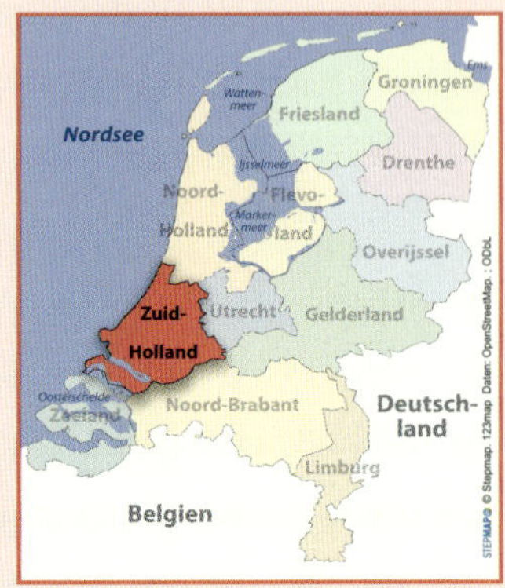

„Holland" ist nicht nur für Ausländer ein Synonym für die Niederlande, so sehr dominieren die Provinzen Noord- und Zuid-Holland seit Jahrhunderten das wirtschaftliche, politische und kulturelle Leben des Staates.

Südholland ist die bevölkerungsreichste Provinz. In keiner anderen leben mehr Menschen auf einem Quadratkilometer (1.100). Hier befinden sich auch der Regierungssitz Den Haag und mit Rotterdam einer der größten Häfen der Welt. Nirgendwo in den Niederlanden ist die landwirtschaftliche Produktivität höher.

Neben den Ballungszentren, die sich im Südwestflügel der „Randstad" aneinanderreihen, gibt es das immer noch recht ländliche „Grüne Herz" in der Mitte dieses hufeisenförmigen Städterings, die dünn besiedelten Polder zwischen den großen Flüssen im Süden der Provinz und die vier Inseln im südholländischen Teil des Deltagebietes.

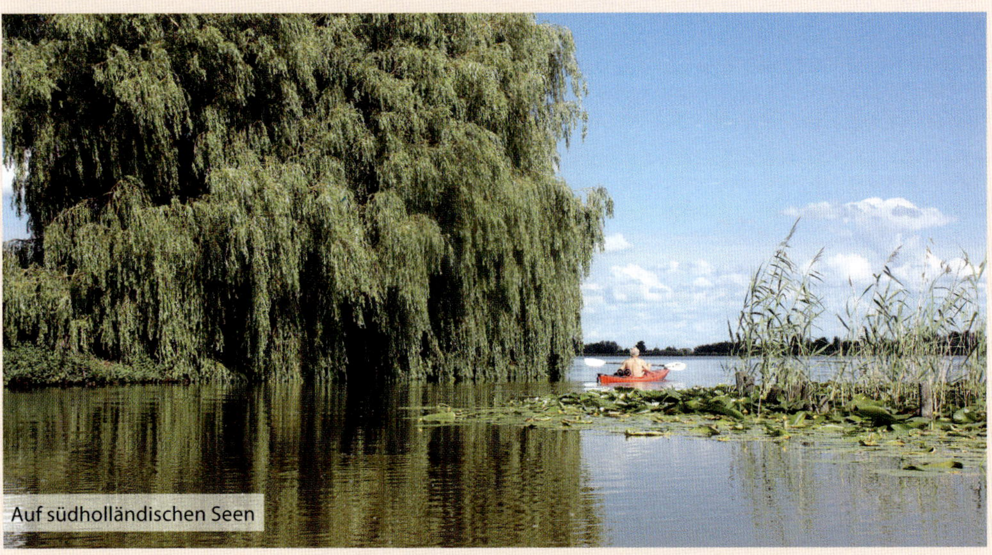

Auf südholländischen Seen

Die Paddelreviere

Neben einzelnen idyllischen Flüsschen wie **Meije** (6b), **Vlist** (6c) oder **Giessen** (6e) sind vor allem die „Hollandse Plassen", die südholländischen Seen, im Grünen Herzen wunderschöne Paddelgewässer. Das Attraktive an diesen Seen ist das Nebeneinander von wassersportlich intensiv genutzten Abschnitten mit Badebuchten, Campingplätzen, Bootsvermietern, Restaurants und stilleren Ecken, die man nur mit Booten ohne Motor befahren darf, und einem Geflecht kleinerer Gewässer drumherum.

Meine Lieblingsgebiete unter den holländischen Seen sind die **Nieuwkoopse Plassen** (6b), ein Labyrinth aus kleinen Wasserflächen und kurzen, moorig-verwilderten Wasserwegen, und die **Kager Plassen** (6a), die zusätzlich zu den herrlichen Seen Ausflüge in den

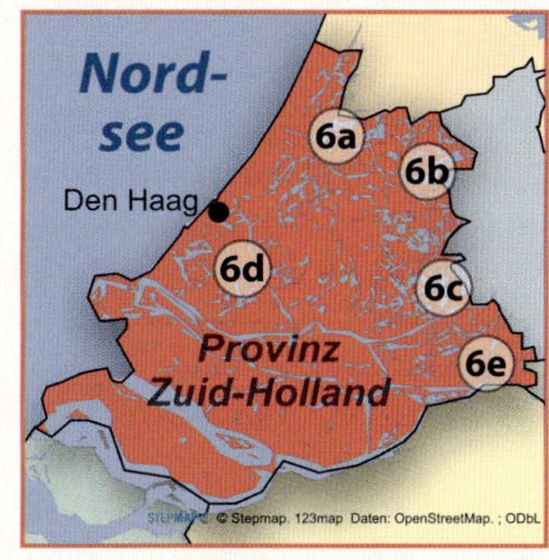

nahen Bollenstreek (Blumenanbaugebiet), nach **Leiden** und in die umgebenden Polder ermöglichen. In den tief liegenden Wiesengebieten ist die höchste Mühlendichte der Niederlande zu bewundern.

Neben den Grachten von **Leiden** ist vor allem **Delft** 6d zu nennen, das eine der schönsten Altstädte der Niederlande und viele Wasserwege darin zu bieten hat. Delft sollte man sich als Paddler keinesfalls entgehen lassen.

Kaum geeignet für Kanuten ist das Gewirr der großen Flüsse in der Umgebung von **Dordrecht** und **Rotterdam**. Vor allem auf dem Rheinmündungsarm **Waal** und seinen Unterläufen ist das Aufkommen an schnell fahrenden Binnenschiffen gewaltig. Hier sollten nur sehr sichere Kanufahrer paddeln. Ähnliches gilt für die breiten **Meeresarme** im Deltagebiet. Hier herrschen teils starke (Gezeiten-)Strömungen. Kräftige Winde können gefährliche Wellen aufbauen. Dieses Revier ist nur etwas für Großgewässer erfahrene Paddler mit entsprechender Ausrüstung.

Karten

Die *ANWB Waterkaarten* sind für die hier vorgestellten Gebiete nur in Ausnahmefällen ausreichend. Detailliertere Karten werden, wenn möglich, in den „Ergänzenden Infos" genannt.

Bestimmungen

Der ***Hafen*** von **Rotterdam** (Nieuwe Waterweg und Nieuwe Maas) ***darf mit Kanus nicht befahren werden***.

Außer für die ***Reeuwijkse Plassen*** bei **Gouda** und deren östliche Nachbargewässer benötigt man nirgendwo eine kostenpflichtige Erlaubnis. Infos für die ***Reeuwijkse Plassen*** (leider nur auf niederländisch) unter: www.stichtingveen.nl und siehe Seite 162.

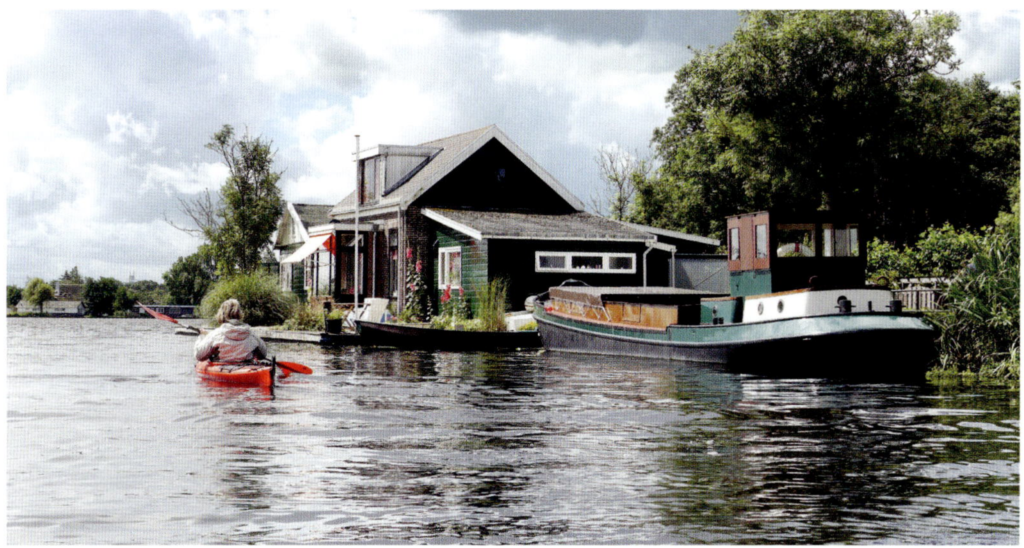

Tour 6a – Kager Plassen und Leiden, 19 & 23 km

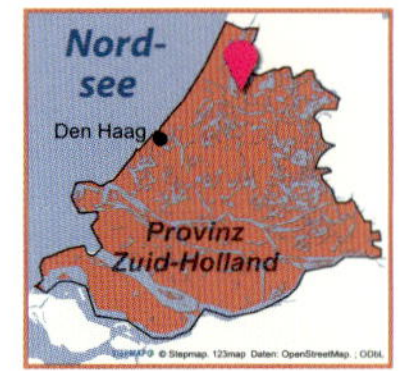

Vor den Toren der alten Universitätsstadt Leiden liegen die wunderbaren Kager Plassen, eine durch Inseln und Halbinseln reich gegliederte Seenplatte mit hübschen Buchten, in die von allen Seiten abwechslungsreiche Wasserläufe einmünden. Man kann gemächlich umhergondeln und zusehen, wie Kinder auf Brettern wie beim Wasserski von den Eltern hinter dem Motorboot hergezogen werden und die Surfer ins Wasser fallen. Überraschend große Ausflugsdampfer kreuzen. Paddler mit einer interessanten Mischung aus Kajak und Tretboot flitzen vorbei. Eine Minifähre nimmt ihren Weg von Kaag nach Zevenhuizen. Überall pralles Sommerleben. Von den Seen aus und noch besser von den Wasserläufen, die erhöht durch die grünen Polderwiesen führen, kann man die vielen Mühlen bewundern. Ich stelle zwei Touren vor.

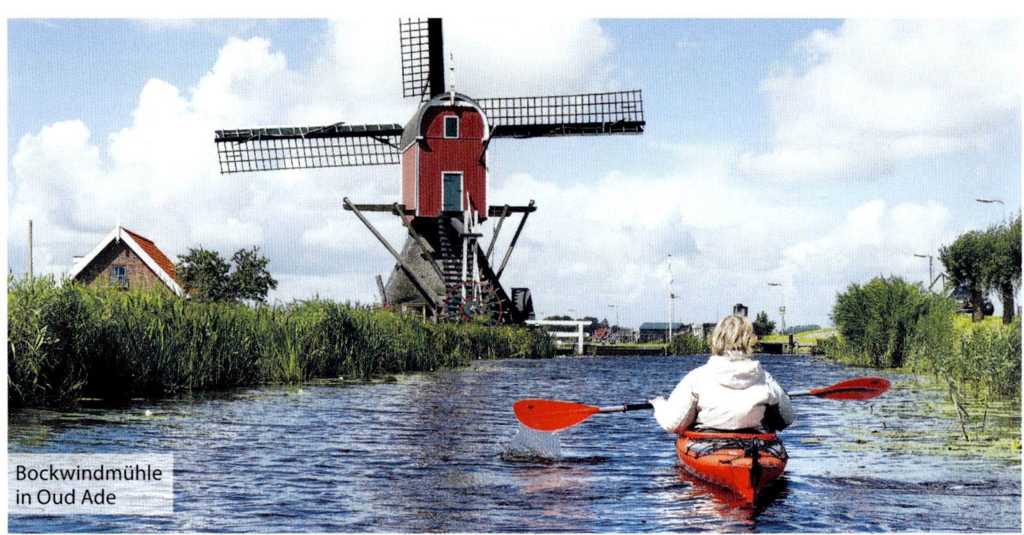
Bockwindmühle in Oud Ade

Kager Plassen Nordostroute (orange Route), 19 km

Startplatz für eine 19 km-Runde durch das nördliche Kager Plassen-Gebiet ist der *Parkplatz* (Leidseweg, *52.191427, 4.565702)* neben der Kirche von **Oud Ade**. Man paddelt zunächst auf dem Kanal ***Oude Ade*** auf eine schöne *Bockwindmühle* zu und dann auf der ***Zevenhuizer Vaart*** zum Teilsee ***Zweiland***.

In Richtung Nordost geht es über die Teilseen ***Spijkerboor*** und ***Sever***, um von dort über den breiten ***Diepenhoek*** zum kleinen See ***Kleipoel*** und zur ***Ade*** zu gelangen. Ich muss auf eine querende Fähre warten, ehe ich zum ***Hanepoel*** weiterfahren kann. Dieses nordöstlichste Gewässer des Reviers ist eine Ausbuchtung des Haarlemmermeeres gewesen, welches sich früher auf der anderen Seite der heutigen ***Ringvaart*** erstreckte. Nach einer Schleife auf diesem viel befahrenen Schifffahrtskanal und wieder einem Stückchen ***Ade*** biege ich in den ***Boerenbuurt*** ein und komme so zum See ***Kever***.

Auf der ganzen Strecke bis hier sind nur ganz wenige Häuser zu sehen. Dass man sich nur wenige Kilometer von einem der am dichtest besiedelten Ecken Europas befindet, ist kaum vorstellbar. Im ***Kever*** gibt es auf der Insel ***Keverland*** und dem Eiland gegenüber zwei der wenigen *öffentlichen Rastplätze* in den ***Kager Plassen***. Das wissen offenbar die Enten genau. Ihre Fluchtdistanz geht gegen null. Respektlos watscheln sie über Kajak und Paddel und wirken irgendwie empört, als sie von meinem Picknick nichts abbekommen.

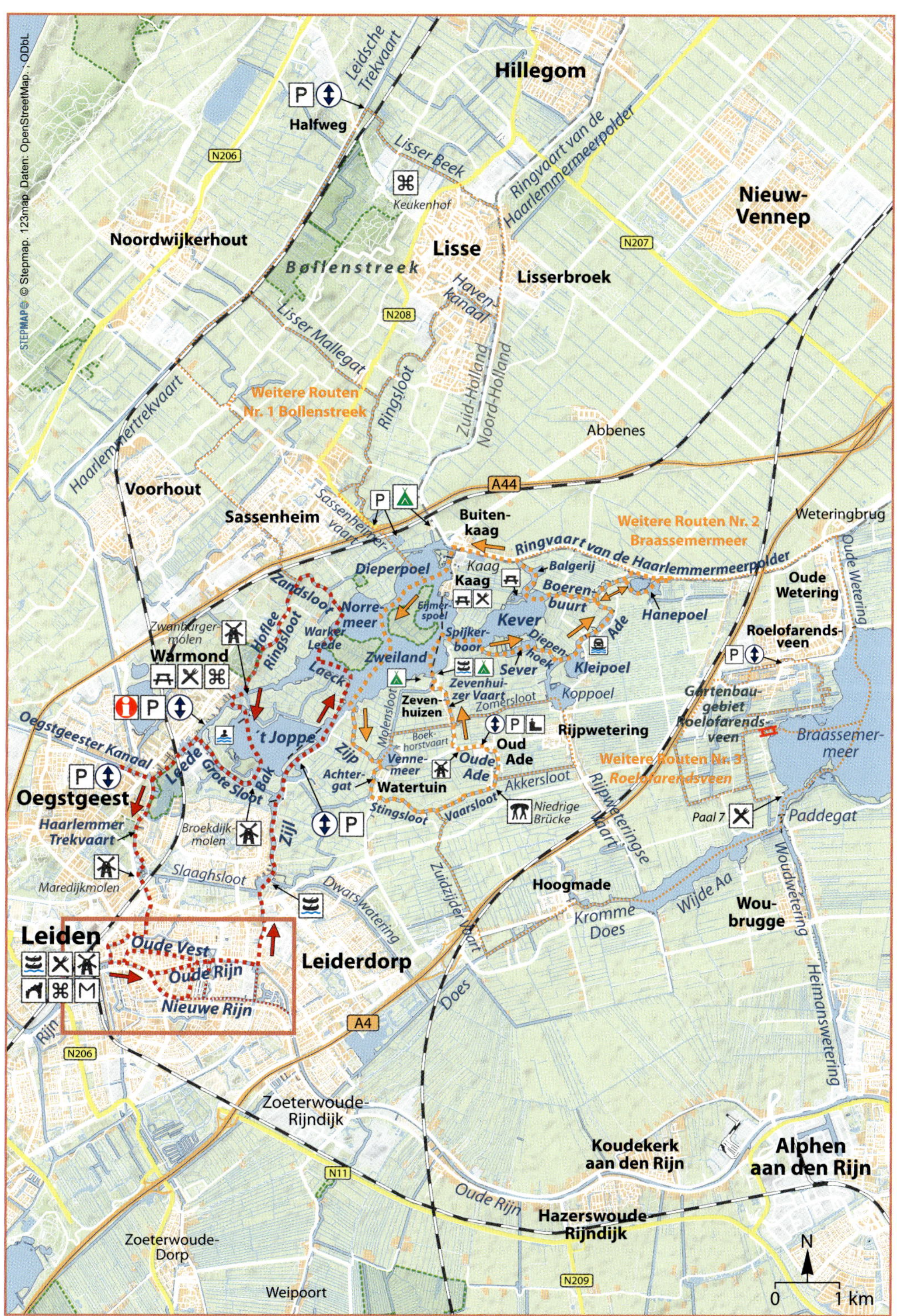

Tour 6a – Kager Plassen und Leiden, 19 & 23 km

Dann fahre ich auf der kurzen ***Balgerij*** und dann auf der ***Ringvaart van de Haarlemmer meerpolder*** nördlich um die Insel ***Kaag*** herum. Ich kann zwei oder drei der pittoresken Häuser des namensgebenden Dorfes **Kaag** sehen, von denen die Prospekte schwärmen. Bei zwei ***Cafés*** könnte man anlegen oder an einer öffentlichen Stelle mit Bänken.

Weiter geht es über die nordwestlichen Teilseen ***Dieperpoel*** und ***Norremeer*** zurück zum ***Zweiland***. In der Südecke dieses Sees biege ich nach links in den ***Zijp*** und damit in die südlich gelegenen Polder ab. Die Mündung des alten Moorflusses ist an einem Regatta-Startturm zu erkennen. Hier liegen etliche Wohnschiffe, ebenso auf dem folgenden kleinen ***Vennemeer***, das kaum als See auszumachen ist. Auf dem ***Achtergat*** geht es um das Dorf **Watertuin** (= Wassergarten) herum und dann auf ***Stingsloot*** und ***Vaarsloot*** zurück nach **Oud Ade**. Südlich des kleinen Dorfs zwingt mich eine flache ***Brücke*** zum ***Umtragen***.

Das sind alles wunderbare, überwiegend gewundene Wasserläufe mit niedrigen Ufern und herrlicher Aussicht auf Bauernhöfe und tief liegenden Polderwiesen, auf Kirchtürme, unglaublich viele Mühlen, Kühe und Schafe. Die Leute sitzen in ihren Gärten oder vor den Cafés. Es wird gegrillt, gefeiert und Ball gespielt. Am schönsten ist es hier, wenn die Sonne die Welt in warmes Abendlicht taucht.

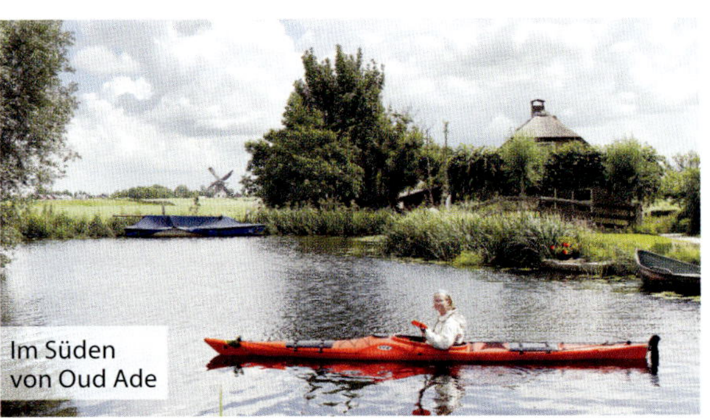
Im Süden von Oud Ade

Kager Plassen Südroute (rote Route) **mit Leiden** (rote Route, Extrakarte), **23 km**

Mein ***Startplatz*** für diesen 23 km langen Rundkurs durch die südlichen Gefilde der Plassen und Leiden ist die President Kennedylaan *(52.188120, 4.483180)* in **Oegstgeest**, eine breite, ruhige Wohnstraße am ***Oegstgeester Kanaal*** mit kostenlosen Parkmöglichkeiten am Straßenrand. Als Alternative ist der kostenlose ***Parkplatz*** am ***Gemeentehaven*** (Gemeindehafen) von **Warmond** (Straße Gemeentehaven, *52.194508, 4.502720)* zu empfehlen.

Der ***Oegstgeester Kanaal*** mündet in die ***Haarlemmer Trekvaart,*** die mich ins „altholländische" Zentrum von **Leiden** führt. *Die Stadt ist im „Goldenen Zeitalter" durch den Tuchhandel reich und durch die erste niederländische Universität bedeutsam geworden. Bis heute prägen viele herrliche alte Gebäude den historischen Ortskern. Aber auch die vielen Wasserläufe und die zahlreichen Brücken bestimmen das Bild des Ortes. Durch die große Zahl von Studenten und Touristen wirkt die Stadt sehr lebendig.*

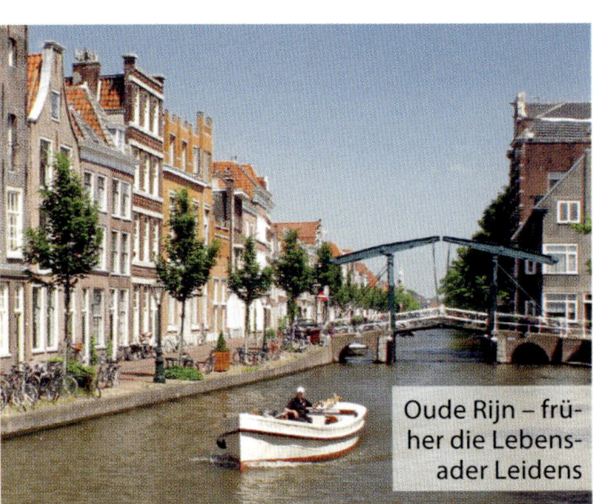
Oude Rijn – früher die Lebensader Leidens

In der Altstadt angekommen biege ich rechts in den äußeren Stadtgraben ein, der hier ***Rijnsburger Singel*** heißt. Die Gracht geradeaus, die Korte Mare, ist durch eine niedrige Brücke versperrt, ebenso der Stadtgraben in Gegenrichtung (Maresingel) durch ein Fabrikgebäude.

Hinter der nächsten Brücke, gleich neben der ***Mühle de Valk (Städtisches Museum),*** lässt sich auf dem niedrigen grünen Ufer gut rasten. Nach der Pause geht es auf dem ***Singel,*** der nun ***Morssingel*** heißt, weiter, vorbei am ***Völkerkundemuseum***, dem wunderschönen Stadttor

Morspoort und der *Bockwindmühle De Put* zum ***Galgewater***. Hinter der stilvollen Klappbrücke ***Rembrandt Brug*** erinnern schöne alte Holzschiffe daran, dass hier der historische Hafen der Stadt lag.

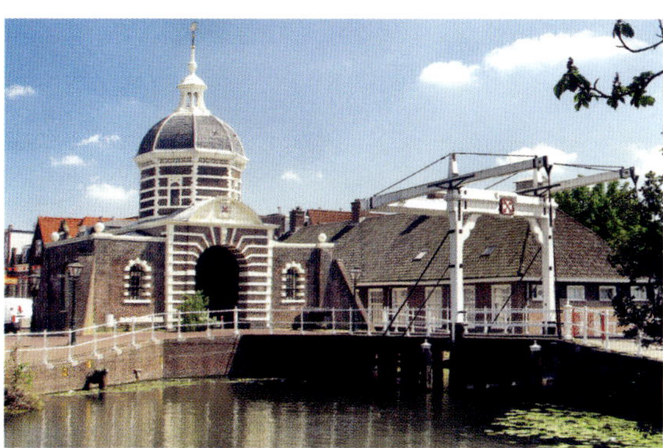

Das Morspoort mit auffälliger Kuppel – einst wurden hier die gehängten Kriminellen zur Schau gestellt

Auf der Verlängerung des ***Galgewaters***, dem ***Stille Rijn,*** paddle ich zur Keimzelle der Stadt, dem Zusammenfluss von ***Oude Rijn*** und ***Nieuwe Rijn.*** Dort befinden sich hinter den Häusern versteckt auf einem künstlichen Hügel, die sehenswerten Reste der *Burg (Burcht),* die einst die Umgebung bewachte. Heute tobt auf den Straßen, Plätzen und Brücken, den *Terrasbotjes (Cafés auf Pontons)* und vor den Geschäften das Leben. Die *Hartebrug-Kirche* ist ein imposantes, neoklassizistisches Denkmal und mutet vom Wasser aus gigantisch an. An der Kirche führt die *Fußgängerzone Haarlemmerstraat* vorbei.

Ich biege in den ***Oude Rijn*** ab. Diese ehemalige Lebensader Leidens und einstiger Hauptmündungsarm des Rheins ist heute ein eher stiller Kanal. Die historischen Bauten an beiden Ufern sind von schlichter Schönheit. An der nächsten Ecke biege ich in die ***Herengracht*** ein, die nichts mit der Pracht der gleichnamigen Amsterdamer Gracht gemein hat. Nach ein paar Hundert Metern treffe ich auf den anderen alten Rheinarm, den ***Nieuwe Rijn.*** Darauf fahre ich ins Herz des Zentrums zurück. Kurz vor der Vereinigung mit dem ***Oude Rijn*** unterquere ich die überdachte Rathausbrücke.

Auf dem vereinigten, dem ***Stille Rhein,*** geht es zum ***Galgewater*** zurück. Diesmal biege ich rechts ab in die ***Oude Vest*** mit dem *Beestenmarkt*, bei dem die Ausflugsboote ablegen. An dem quirligen Platz gibt es mehrere *Restaurants*. Man kann sich auch auf eine Bank setzen und dem Trubel zusehen. Ich fahre weiter auf der ***Oude Vest,*** die ursprünglich Teil des ersten Befestigungsrings der Stadt war. Sie endet am *Gemeentehaven* im ***Oude Rijn.*** Ehe ich auf dem ***Oude Rijn*** ostwärts die Altstadt verlasse, lege ich an der Kreuzung mit dem äußeren Singel in den Grünanlagen gegenüber dem *Stadttor Zijlpoort* eine ausgedehnte Pause ein.

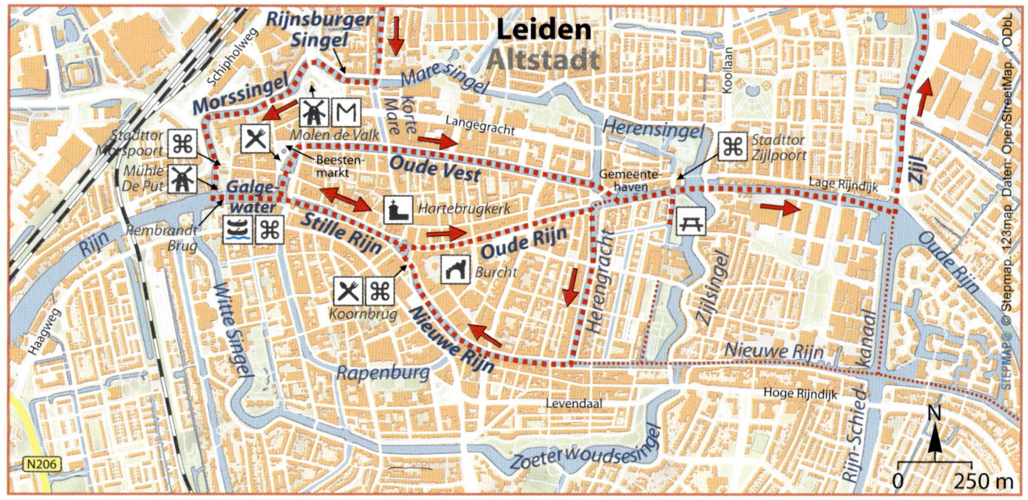

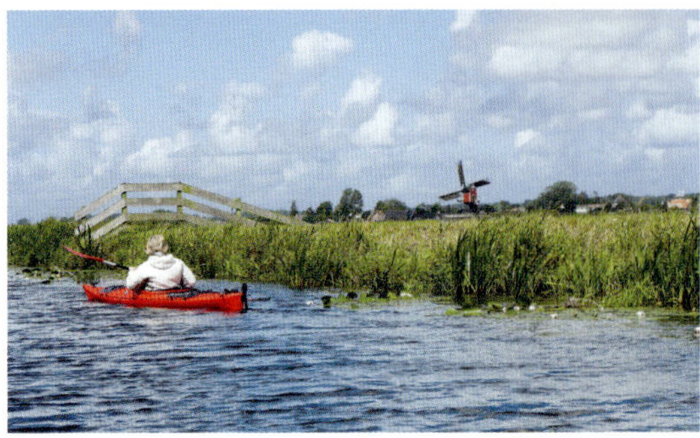

Nun paddel ich auf dem ***Oude Rijn*** zum ***Zijl***. Das ist der östliche Weg von Leiden zu den ***Kager Plassen***. Zunächst geht es wieder zum Teilsee ***Zweiland*** und von dort auf dem ***Laeck*** und der ***Warker Leede*** zum ***Norremeer*** und zur Mündung des ***Zandsloot***. In diesen biege ich ein, nach 1,5 km zweigt der ***Hoflee Ringsloot*** ab. Darauf komme ich quasi hintenrum durch die Polder nach **Warmond**. Viele grüne Wiesen, ein paar Boote am Ufer, alles liegt ruhig und idyllisch da. Kurz vor der Mündung in die ***Warmonder Leede*** (und damit in die Plassen) kommt man an einem kleinen Waldstück vorbei. In dem englischen Landschaftspark ist das schlossartige *Landhaus Warmond* verborgen, aber leider nicht zu sehen. In Warmond lässt sich in einem öffentlichen Park mit *Teehäuschen (Koepel)* sehr schön eine Pause einlegen.

Gegenüber führt eine Durchfahrt zwischen den Inseln *Zwaneburger Polder* und *Koudehorn* zum Teilsee ***´t Joppe***. Die Wasserfläche ist künstlich. Sie ist ein Produkt der Sandgewinnung für die Neubaugebiete im Norden der Stadt Leiden. An allen Ufern darf man anlegen und baden. In der Westecke gibt es sogar einen kleinen Sandstrand. Ich paddle auf dem See nach Osten und auf ***Bak*** und ***Grote Sloot*** zurück zur ***Warmonder Leede***. Bei der nächsten Gewässerkreuzung biege ich nach links, d.h. nach Süden ab und erreiche kurz darauf wieder meinen Ausgangspunkt am ***Oegstgeester Kanaal*** in **Oegstgeest**.

Ergänzende Infos zu Kager Plassen und Leiden

Fahrtenmöglichkeiten

Ein Blick auf die Karte zeigt, dass beide Rundkurse problemlos abgekürzt oder in mehrere kürzere Touren unterteilt werden können. So lässt sich von **Oud Ade** aus ein sehr schöner, knapp 6 km langer **Rundkurs** über ***Zevenhuizer Vaart, Boekhorstvaart, Molensloot, Vennemeer, Achtergat, Stingsloot*** und ***Vaarsloot*** (kurz vor Oud Ade unter niedriger Brücke treideln) paddeln. Erweiterbar um 3 km über die ***Akkersloot*** nach **Rijpwetering** (dort mehrere niedrige Brücken) und über den See ***Koppoel*** und den ***Zomersloot*** zurück.

Die **Altstadtrunde** durch **Leiden** lässt sich auch separat fahren. Dazu am besten an der erwähnten President Kennedylaan in **Oegstgeest** einsetzen, da es in Leiden selbst schwierig ist, eine geeignete Stelle mit Parkplatz zu finden. Strecke von Oegstgeest bis zur Altstadt Leiden: 3 km.

Parkplätze mit Einsetzstellen

Geeignete Parkplätze mit Einsetzstellen sind im ganzen Gebiet eher eine Seltenheit.

Den kostenlosen Parkplatz am Gemeindehafen von **Warmond** findet man, wenn man von der Hauptstraße durch den Ort dem Hinweisschild zum VVV folgt.

Auch ganz gut ist der Parkplatz im Norden bei **Sassenheim** am Carpool (beim Kreisverkehr) bzw. am Yachthafen nahebei. Letzterer ist sicher kostenpflichtig, dafür aber bewacht. A 44 Ausfahrt 3 Noordwijkerhout.

Fahrbarkeit, Schwierigkeiten

Alle beschriebenen Gewässer sind problemlos zu fahren.

Ab Windstärke 3 sind die Seen nichts mehr für Anfänger und offene Boote.

Der zeitweilig starke Schiffsverkehr mit entsprechenden Wellen ist zu beachten.

Umtragen & Bestimmungen

Eine kleine Brücke südlich von Oud Ade. Keine Bestimmungen.

Campingplätze

An den Kager Plassen und nahebei gibt es zahlreiche Camping- und Bauerncampingplätze, beispielsweise 2 auf der **Insel Kaag** und mehrere nahe **Oud Ade**.

Kanuvermieter

Jachthaven *Campingplatz Spijkerboor* am See Zweiland in **Zevenhuizen** nördlich von **Oud Ade** (www.campingspijkerboor.nl).

Botenverhuur van Egmond am Nordrand von **Leiderdorp** im Kreuzungsbereich der Wasserwege Dwarswatering und Zijl (www.motorbootverhuurvanegmond.nl).

Bootenverhuur ´t Galgewater in der Innenstadt von **Leiden** (www.galgewater.nl).

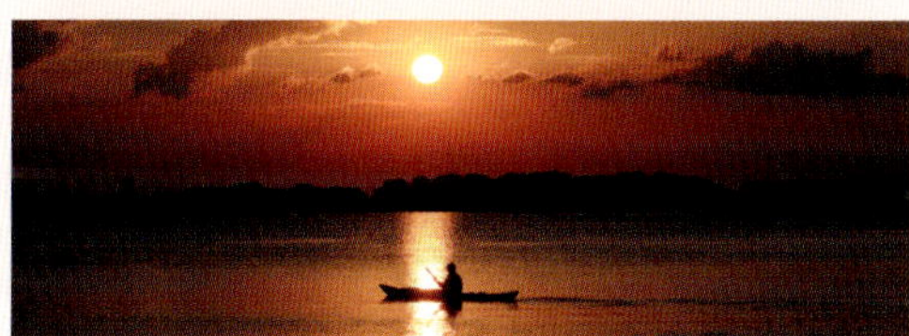

Karten

Die *ANWB Waterkaart 11 „Hollandse Plassen"*, 1:50.000 reicht für die Kager Plassen und die meisten Wasserwege in der südlichen Umgebung aus.

Für die Stadt Leiden ist ein einfacher *Stadtplan* hilfreich, der beim VVV (300 m von der Mühle de Valk) zu erhalten ist.

Buch-Tipp

Warmond gibt mir Anlass, auf die Werke von Maarten ´t Hart hinzuweisen, da der Autor dort wohnt. Sein Roman *„Das Wüten der ganzen Welt"*, der ihn berühmt machte, ist mein Lieblingsbuch von ihm: überraschend, einfühlsam, spannend, mit feinem Humor, berührend und voller Liebe zur Musik.

Unter den Erzählungen ist die Geschichte *„Der Spieler"* aus der Sammlung *„Das Pferd, das den Bussard jagte"* für mich die schönste. Im Zentrum steht Onkel Henk, der im Rentenalter einen seiner glücklichsten Momente erlebt, als ihn nach Jahrzehnten der Unschlagbarkeit ein junger Mann im Damespiel besiegt, während nebenan ein Lastwagen im Eis eines zugefrorenen Sees versinkt.

Weitere Routen Kager Plassen & Leiden (orange, kleine Punkte, Karte Seite 151)

Man kann eine ganze Urlaubswoche im Gebiet der Kager Plassen verbringen und jeden Tag in einer anderen Ecke eine Kanutour machen. Drei Beispiele:

(1) Auf dem ***Zandsloot***, der ***Sassenheimervaart*** oder der ***Ringvaart van de Haarlemmermeerpolder*** gelangt man zum **Bollenstreek**, dem Kerngebiet der niederländischen Blumenzwiebelzucht zwischen Leiden und Haarlem. Ende April, Anfang Mai ist hier ein Blumenmeer zu bewundern, wie wohl sonst nirgends. Als Paddler sollte man nur zu dieser Zeit kommen, denn den Rest des Jahres sieht man nur Tulpen ohne Kopf (damit die Kraft in die Zwiebel geht) oder völlig kahle Äcker.

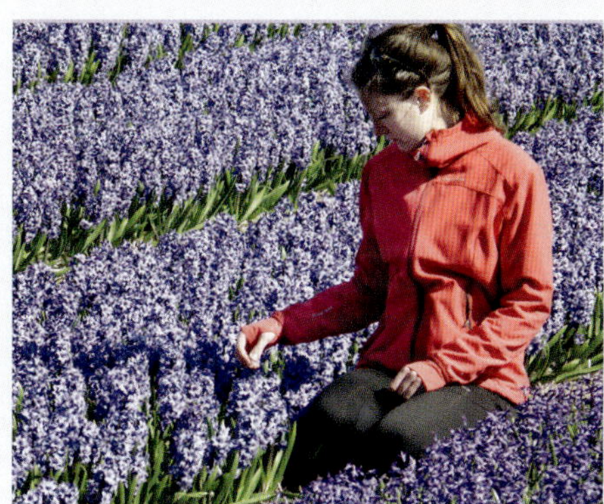

Die Kanäle in diesem Gebiet bilden ein ziemlich regelmäßiges Gitter: Im Osten begrenzt die ***Ringvaart van de Haarlemmermeerpolder*** den Bollenstreek, im Westen die fast parallele ***Haarlemmertrekvaart*** bzw. ihre Verlängerung die ***Leidsche (oder Leidse) Trekvaart.*** Dazwischen verlaufen im rechten Winkel mindestens sechs durchgehende kleinere Kanäle. Somit bieten sich mehrere Rundkursmöglichkeiten an, die problemlos miteinander kombiniert werden können. Die schönste Runde **(15 km)** führt über die ***Lisser Beek*** am weltberühmten **Keukenhof** (Gartenanlage mit großartiger Tulpenblüte) entlang zur ***Ringvaart van de Haarlemmermeerpolder*** bei **Lisse**, darauf 1,8 km südwärts bis zum ***Havenkanaal***, an dessen Ende links in den ***Ringsloot***, auf diesem in überraschend kurvigem Verlauf vorbei an einer schönen

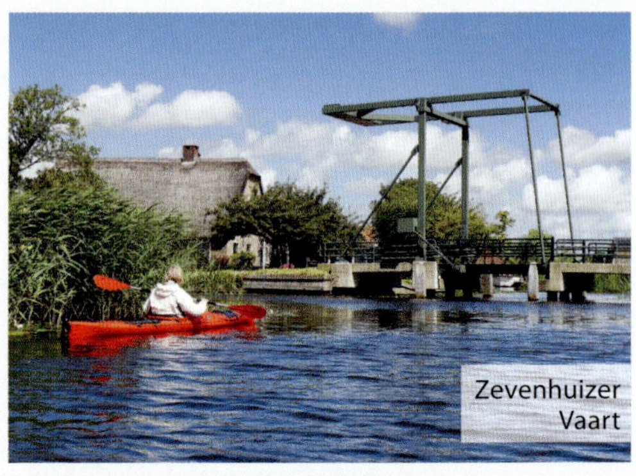

Zevenhuizer Vaart

Mühle quasi hintenrum Richtung **Sassenheim**. Mehrere Kanäle, alles Sackgassen, zweigen rechts ab. Die gewaltige zwölfseitige Kuppel einer *Kirche*, im Volksmund einfach „Engel" genannt, kommt ins Blickfeld. Achtung: Es gibt einen Kanal genau auf Höhe der Kirche. Aber nicht dort, sondern bereits 400 m davor rechts abbiegen in den Kanal ***Lisser Mallegat.*** Das ***Mallegat*** endet nach 3 km auf der ***Trekvaart***, auf der man die Runde vollendet.

Wem die Kanu-Anfahrt von den Kager Plassen zu weit ist, der findet für diese und wenigstens drei weitere Routen im **Bollenstreek** an der Straße am Westufer der ***Leidse Vaart*** bei **Halfweg** gute *Einsetzstellen*. Dort gibt es viele *Parkplätze*, *Picknickplätze* und ein niedriges Ufer (Straße Zuider Leidsevaart, *52.279549, 4.538235)*.

(2) Rundkurs zum Braassemermeer, 23 km. Start in **Oud Ade** Richtung Nordosten zum ***Hanepoel***, von dort erreicht man ostwärts über die ***Ringvaart van de Haarlemmermeerpolder*** und ***Oude Wetering*** nach 5 km das ***Braassemermeer***. Dieser See ist weit und breit der einzige natürlichen Ursprungs. Es gibt keine nennenswerten Buchten, nur im Südwesten zwei, drei schmale Inseln mit Buschwerk und Anlegemöglichkeiten am Festland dahinter (*Pommesbude* in der Saison und *Badesteg*). Von der Ecke aus paddelt man über das ***Paddegat***, die seenartig verbreiterte ***Wijde Aa,*** deren Fortsetzungen ***Kromme Does*** und ***Does*** wieder in westliche Richtung, um hinter **Hoogmade** nordwärts in die ***Zuidzijder Vaart*** abzubiegen. Diese endet auf dem ***Stingsloot***. Auf diesem geht es über ***Achtergat***, ***Vennemeer*** und ***Zomersloot*** zum Ausgangspunkt zurück. Achtung: Die ***Rijpweteringvaart*** sollte man wegen der vielen niedrigen Brücken nicht als Abkürzung nutzen.

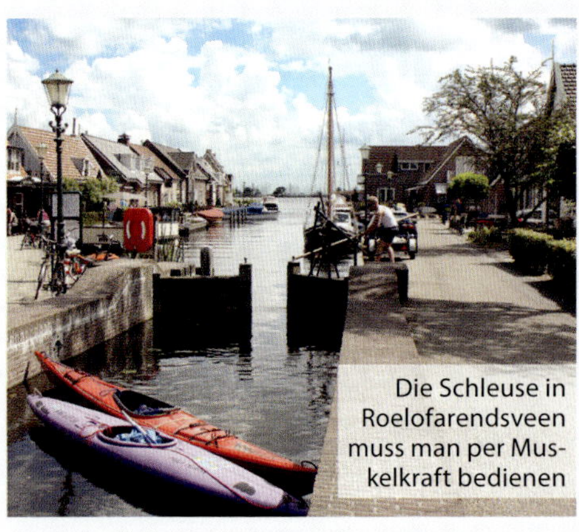

Die Schleuse in Roelofarendsveen muss man per Muskelkraft bedienen

(3) „Veender- & Lijkerpolder-Route", 8,6 km. Vom ***Brassemermeer*** ist das historische Gartenbaugebiet **Roelofarendsveen** über eine ***Schleuse*** zu erreichen – eine schöne Kanustrecke für Freunde des Gartenbaus. Empfehlenswert (auch für Route 2) ist die Einkehr im *Paal 7* – ehemaliges Gewächshaus.

Die Schleuse, zu bedienen mit Körperkraft, findet man etwa 1 km nördlich der Südwestecke des ***Brassemermeers***. *Einsetzstelle* mit *Parkplatz* für die Route allein ist das *Gemeindehaus (Gemeentehuis)* des Ortes **Roelofarendsveen** (Westeinde, *52.202632, 4.631343)*.

Tour 6 b – Nieuwkoopse Plassen & Meije, 18 km

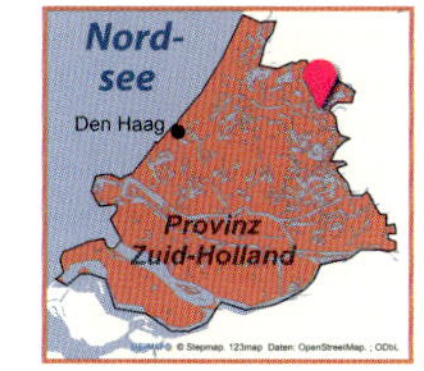

Die Nieuwkoopse Plassen sind für mich neben den Kager Plassen das schönste Seengebiet in Südholland. Das typische enge Gerippe aus langgezogenen Landstreifen und schmalen oder breiteren Wasserwegen weist unverkennbar auf früheren Torfabbau hin. Wellenschlag hat mehrere kleine und mittlere Seen entstehen lassen. An anderer Stelle sind die kleinen Landstücke zu größeren Inseln zusammengewachsen und mit sumpfigem Bruchwald oder verwilderten Schilffeldern bewachsen. Dazwischen gibt es vereinzelte Wiesen und Rastplätze mit Bademöglichkeiten.

Im Osten erstrecken sich stille, moorige Wiesen mit seltenen Pflanzen und Tieren. Die Seen sind wichtig für Purpurreiher, grünen Staudenknöterich und die Wühlmaus. Ihre Bestände gehören zu den wichtigsten in den Niederlanden. Ganz anders der Nordrand des Plassengebietes bei den Ortschaften Nieuwkoop und Noorden. Hier sind die ufernahen Halbinseln bebaut. Es gibt viele private Bootsanleger, Yachtclubs, ein paar Hotels, Restaurants und Bootsvermietungen.

Das ursprüngliche Moorflüsschen Meije fließt östlich um die Plassen herum. Es schlängelt sich wunderbar an alten Bauernhöfen und anderen schönen Häusern vorbei, teils von ausladenden Bäumen beschattet. Die Ufer sind niedrig, so dass man in die Gärten und auf das weite Grünland blicken kann. Überall ist die reiche Vogelwelt zu bewundern.

Plassen und Meije sind für Paddler ein absolutes Luxusrevier. Mehrere Routen bieten sich an. In den Nieuwkoopse Plassen selbst sind von der Naturschutzvereinigung Naturmonumenten zwei je 8,5 km lange Rundkurse durch Schilder mit Kanusymbol gekennzeichnet worden, die „gelbe" Runde im westlichen Bereich mit Start in Nieuwkoop und die „rote" im östlichen Teil mit Start in Noorden. Ohne diese Hilfen würde man sich in dem Gewirr der Gewässer sicher öfter verfahren. Beim Informationsgebäude von Natuurmonumenten in Nieuwkoop ist für beide je ein Faltblatt kostenlos erhältlich (die offizielle ANWB-Waterkaart 11 ist für die Plassen nicht detailliert genug). Man kann die Schönheit des Gebietes besonders genießen, wenn man die beiden Touren miteinander verknüpft und mit einer Fahrt über die Meije zu einem rund 18 km langen Rundkurs verbindet.

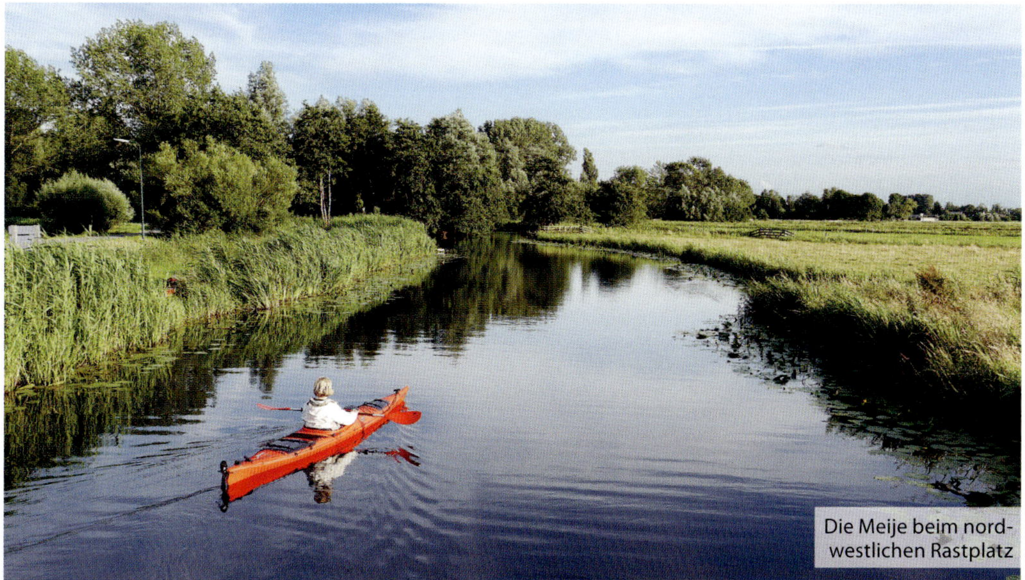

Die Meije beim nordwestlichen Rastplatz

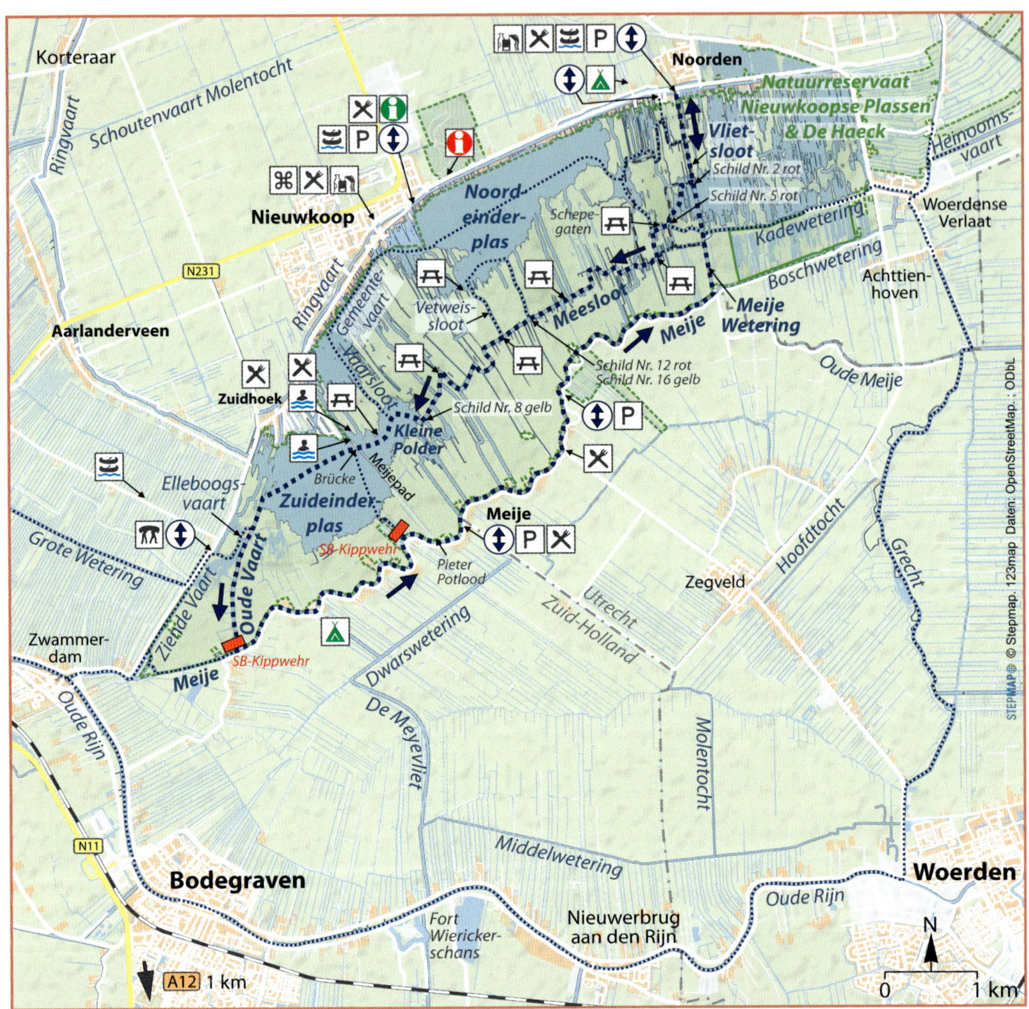

Dieser Rundkurs beginnt an der offiziellen ***Einsetzstelle*** im Dorf **Noorden** bei einem kostenlosen ***Parkplatz*** am Simon van Capelweg 111 (mit ***Café „De Klinker"*** und ***Kanuvermietung „Nikano"***, *52.164234, 4.826020).* Man fährt auf dem ***Vlietsloot*** etwa 1 km nach Südosten und biegt dann beim ***Wegweiser Nr. 2*** der „roten Route" nach Süden ab.

Damit ist man mitten im Schilf- und Bruchwalddschungel. Viele Wasserwege zweigen ab, bilden ein Labyrinth, in dem die Schilder mit den roten Kanus wertvolle Orientierung bieten. Hinter dem ***Schild Nr. 5*** kreuzt man den Weg, den die Yachten durch die Plassen nehmen. Dort gibt es den großen ***Rastplatz Schepegaten*** mit ***Toilette***. Verwunschener sind die Pausenplätze, die im weiteren Verlauf an der Kanuroute liegen, zum Beispiel der ***Rastplatz Meesloot*** beim ***Schild Nr. 7***.

An dieser Stelle erreicht man den ***Meesloot***, der das ehemalige Torfabbaugebiet begrenzt. Östlich davon ist die Moorschicht zu dünn und der Torf zu sandig, so dass sich das Torfstechen nicht lohnte. Daher sind dort bis heute Kuhweiden zu finden. Beim ***Schild Nr. 12 rot / Schild Nr. 16 gelb*** treffen sich die rote und die gelbe Route. Hier folge ich nun der gelben Route weiter südwestwärts.

Wer einen ***Abstecher-Schlenker*** zum ***Noordeinderplas***, der größten Wasserfläche im Gebiet, machen möchte, kann dem sehr schmalen Wasserweg mit hohem Schilf nordwärts folgen. Nach einem ca. 400 Meter langen Schlenker in südwestliche Richtung biegt man kurz vor einem weiteren Anlegeplatz für Yachten in den ***Vetweisloot*** ab und kehrt so zum ***Meesloot*** zurück. An der Kreuzung befindet sich ein ***Kanurastplatz*** mit Bänken.

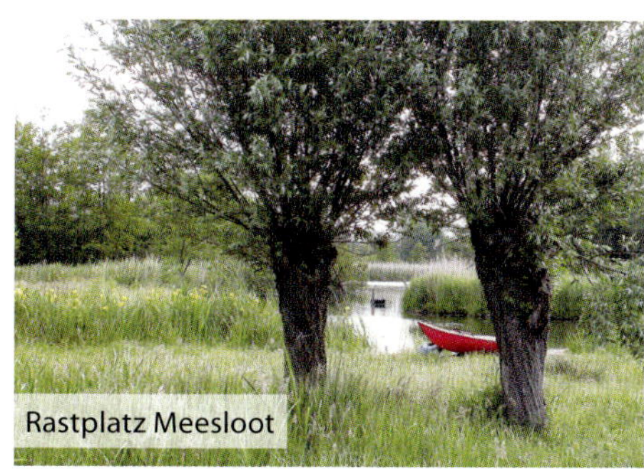
Rastplatz Meesloot

Ich lasse diesen Exkurs jedoch ungenutzt und fahre weiter auf dem ***Meesloot*** nach Südwesten, aber keineswegs immer geradeaus. Mehrfach folgt man 90°-Kurven, ehe man beim ***Schild 8 gelb*** auf den See ***Kleine Polder*** trifft. Hier verlasse ich die gelbe Route, die nordwärts auf dem Vaarsloot nach **Nieuwkoop** führt bzw. von dort kommt. Auf einer Landspitze finde ich einen ***Rastplatz*** und etwas weiter, in der Westecke des Sees, beim ***Wegedamm „Meijepad"*** (ein Teil des alten Kirchweges vom Dorf Meije nach Nieuwkoop) einen Strand mit abgetrenntem Badebereich und dem netten ***Cafè „Strand Zomer"***.

Ich schlüpfe unter der kleinen ***Zugbrücke*** im ***„Meijepad"***, eine sogenannte Kwakelbrug, hindurch auf den ***Zuideinderplas*** hinaus. In der Südwestecke verlasse ich ihn auf dem Kanal ***Oude Vaart*** wieder. Dieser endet nach 2 km an einem ***Kippwehr***. Auf Knopfdruck senkt sich die Klappe und ich kann passieren. Nun bin ich auf dem Flüsschen ***Meije*** und genieße das Leben auf dem herrlichen Gewässer. Die Frühlingssonne verwöhnt mich. Ländliche Idylle an den Ufern. Ich komme an vielen schönen Häusern und Grundstücken vorbei, an einem ***Bauerncamping***, zwei offiziellen ***Rastplätzen*** sowie einem ***Wasserturm***, der von fast überall auf den Plassen zu sehen ist und wegen seiner Form ***Pieter Potlood (Peter Bleistift)*** genannt wird.

In einer jähen 90°-Kurve geht die ***Meije*** in die ***Meije Wetering*** über. Bei der nächsten Gewässerkreuzung kann man zwischen fünf Fahrtenmöglichkeiten wählen. Meine Route führt geradeaus weiter auf dem ***Vlietsloot*** nach **Noorden** zum Ausgangspunkt zurück.

Ergänzende Infos zu Nieuwkoopse Plassen und Meije

Fahrtenmöglichkeiten

Meinen 18 km Rundkurs kann man von der Südostecke des ***Zuideinderplas*** über einen schmalen Kanal zur ***Meije*** auch um 5 km abkürzen.

Den Abzweig des Kanals findet man nicht weit vom Kirchweg-Damm „Meijepad" bei einem Hinweisschild der Elektroboot-Route. 50 Meter dahinter weist ein weiteres Schild den Weg zur Meije. Kurz vor der Meije gibt es ein Kippwehr mit Selbstbedienung wie am Ende der Oude Vaart auch.

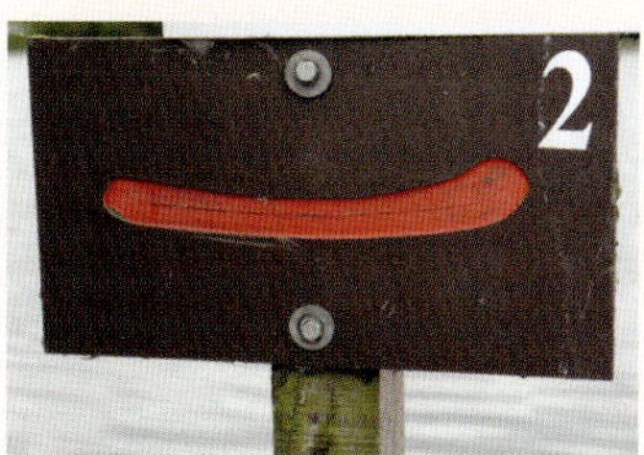

Gelbe Route („gele kanoroute"): Offizieller Startplatz ist in **Nieuwkoop** der Yachthafen „Plaszicht" beim Infogebäude von Natuurmonumenten (Dorpstraat 114, *52.152365, 4.784315)* mit ***Kanuvermietung*** und ***Restaurant***. Sofern die wenigen Parkmöglichkeiten dort besetzt sind, soll man an der Straße nach Noorden parken.

Rote Route: Startplatz in **Noorden,** s. Tourbeschreibung links.

Miteinander verbunden ergeben die rote und die gelbe Route eine ca. 16 km lange Runde. Faltblätter dazu gibt es kostenlos bei Natuurmonumenten in Nieuwkoop.

Wer nur auf der ***Meije*** paddeln möchte, kann gut im Dorf **Meije** schräg gegenüber der Kirche und dem Eetcafé Halve Maan (Hazekade 20, *52.121472, 4.792329)* an der niedrigen Graskante einsetzen. Parkplatz an der Straße nach Zegveld kurz hinter dem Café.

Alternativ setzt man am 2. offiziellen Picknickplatz (mit Parkplatz) 3-4 km weiter nordöstlich davon ein *(52.133876, 4.808093)*.

Befahrbarkeit, Schwierigkeiten

Alle beschriebenen Wasserläufe sind problemlos in beide Richtungen fahrbar.

Außer Orientierungsschwierigkeiten im Plassengewirr dürfte es keine Probleme geben.

Bei stärkeren Winden sollten Ungeübte die offenen Seeflächen meiden.

Umtragestellen

Auf der Meije gibt es mehrere recht niedrige Brücken. Kein Umtragen.

Bestimmungen

Die Ufer dürfen nur an bezeichneten Stellen betreten werden (Naturschutz oder privat).

Campingplätze

Bauerncamping *Kampeerhoeve Koole* (mit Fahrradvermietung) in **Noorden.** Nicht direkt am Wasser, aber eigener Zugang zu den Plassen (www.kampeerhoevekoole.nl).

Bauerncamping *De Hollandse Boerderij* (mit Fahrradvermietung) in **Meije**, nicht direkt am Fluss, sondern auf der anderen Straßenseite (www.hollandseboerderij.nl).

Kanuvermietung (meist auch SUP)

Jachthaven Plaszicht / Natuurmonumenten in **Nieuwkoop** (www.tijstermanboten.nl).

Nikano in **Noorden** (www.nikano.nl).

Boerderij de Vooruitgang südl. von **Aarlanderveen** (www.boerderijdevooruitgang.nl).

Weitere Routen Nieuwkoopse Plassen & Meije

(1) Die ***Meije*** ist Teil der offiziellen **33 km** langen **Rijn-Meije-Route,** die vereinfacht gesagt von **Zwammerdam** über den ***Oude Rijn*** nach **Woerden**, von dort über die ***Grecht*** nach **Woerdense Verlaat** und von da über die ***Kadewetering*** und die ***Meije*** zurück nach **Zwammerdam** führt.

(2) Vom ***Zuideinderplas*** kommend kann man von der ***Oude Vaart*** nach gut 1 km rechts in die ***Ellebog Vaart*** abbiegen. Nach 300 m trifft man auf einen Straßendamm. Dort gibt es eine Umtragestelle, um in die ***Grote Wetering*** und damit in die Wasserläufe der angrenzenden Polder zu kommen, die Teil der 30 km langen **Route „8 van de Aar"** sind.

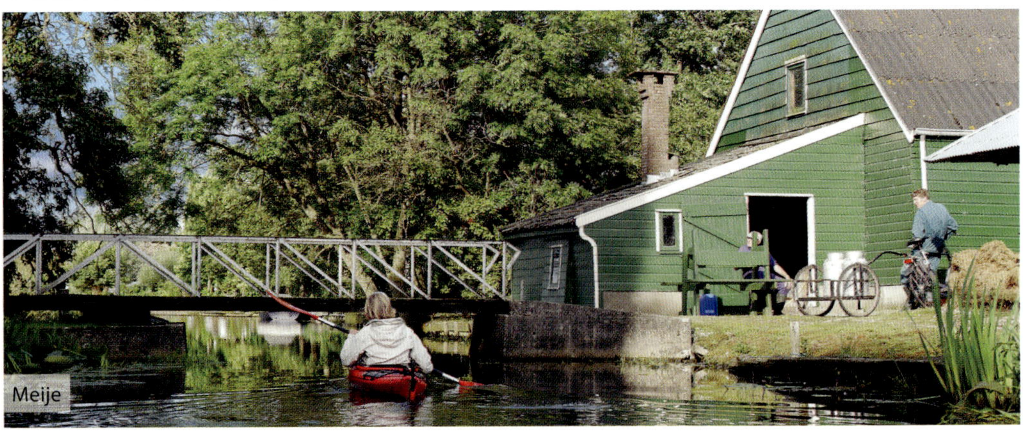

Meije

Tour 6c – Vlist, 10 km

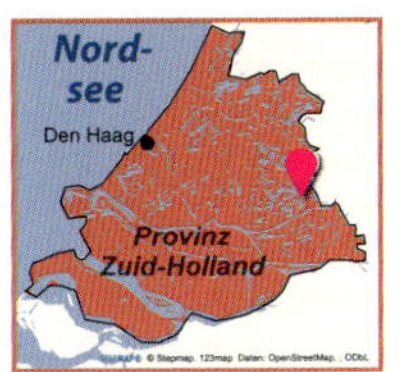

Die Vlist ist ein Schmuckstück. Auf ihren 10 km zwischen Haastrecht an der Hollandse Ijssel und Schoonhoven am Lek schlängelt sich das idyllische Moorflüsschen an jahrhundertealten Bauernhöfen und schönen Gärten mit ausladenden Bäumen vorbei. Kopfweiden säumen die niedrigen Ufer.

Vor der Fahrt sollte man sich den historischen Kern von Haastrecht ansehen, vor allem die hübsche 1883 gebaute Klappbrücke über die Hollandse Ijssel, das Stadthaus von 1618, die schöne Häuserzeile in der Hoogstraat und die Reformierte Kirche.

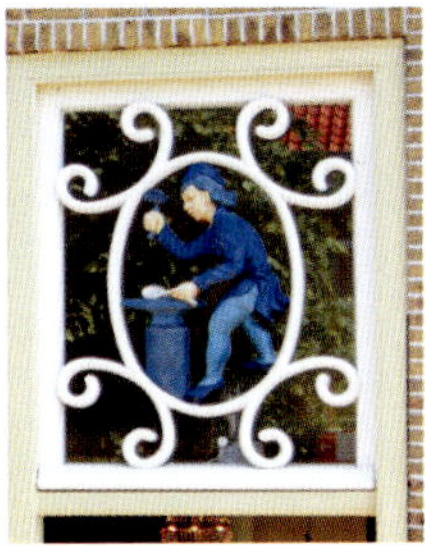

Am östlichen Ende der Hoogstraat in **Haastrecht** befindet sich eine ***Kanuvermietung*** (www.kanocentrum-haastrecht.nl). Wer mit eigenem Boot kommt, findet am ***Parkplatz*** neben der ***Badeanstalt*** am Südende des kleinen Ortes eine geeignete ***Einsetzstelle*** (Bredeweg, *51.993508, 4.782651)* in die ***Vlist***. Nach Osten hin hat man einen weiten Blick über die Polderlandschaft. Betreten darf man sie allerdings nicht: NSG!

Ein kleines Stück südlich beginnt das Dorf **Vlist**, das sich nun einige Kilometer am Wasserlauf entlangzieht. Diese Dorfstrecke ist der schönste Abschnitt des Paddelgewässers. Viele Radfahrer, Wanderer und Paddler geben sich dem Genuss hin. Die meisten Paddler scheinen von der Vermietung in Haastrecht bis zu einem der beiden Gartenlokale von Vlist, entweder bis „Vlisterstee Dorpshuis Petit Restaurant" in der Mitte oder am Ende des Ortes zum „Café de Vlist" zu paddeln, um nach einer Kaffeepause zurückzufahren. Beim De Vlisterstee

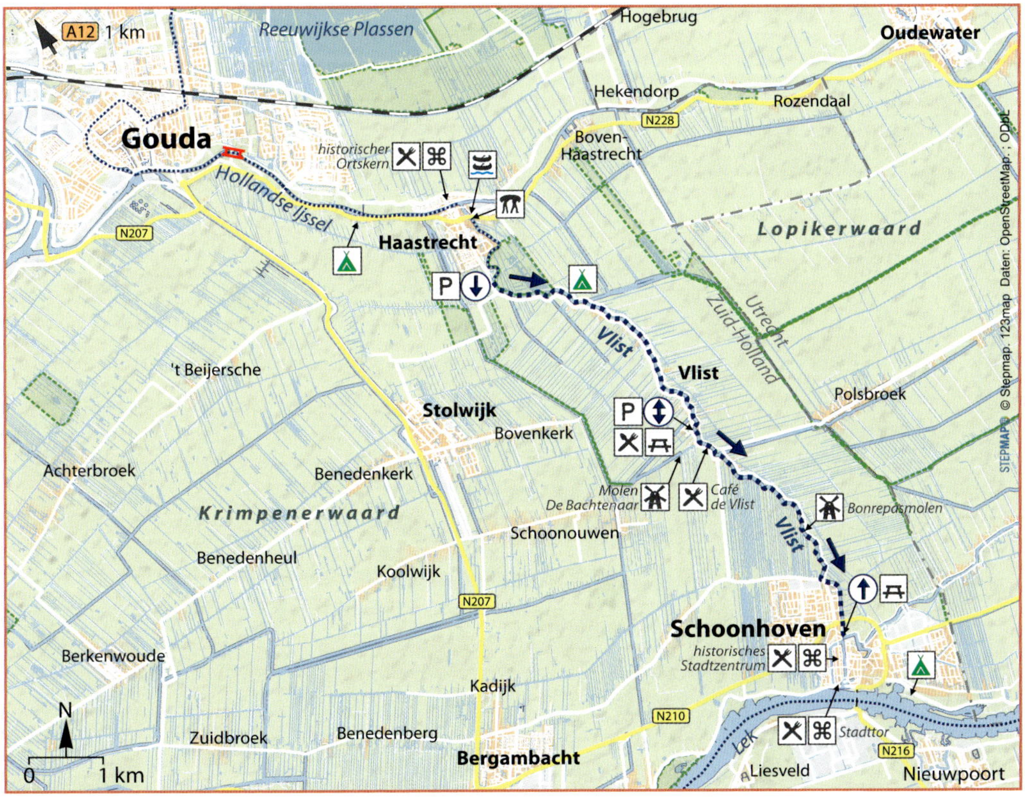

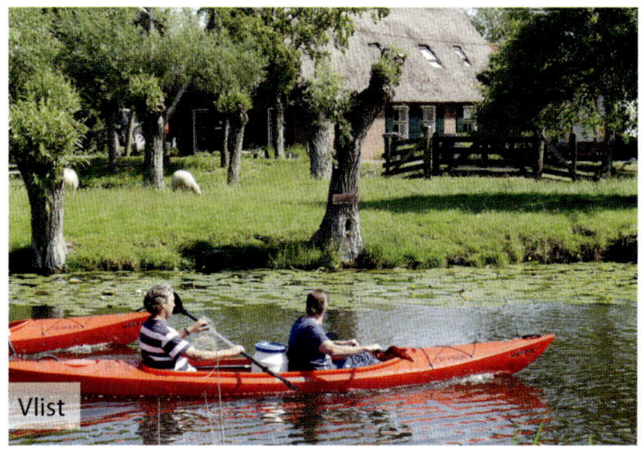
Vlist

kann man auf einer Minigrünfläche mit Bank auch rasten, ohne einzukehren.

Wenn man die Fahrt fortsetzt, kommt man an der um 1600 erbauten *Bonrepasmolen*, einer wunderbaren Bockwindmühle, vorbei. Dahinter sind bereits die Häuser von **Schoonhoven** zu sehen. Ich folge dem Flüsschen bis zu seinem Ende und der offiziellen Aussetzstelle am Stadtpark des Städtchens (Opweg, *51.949699, 4.851356)*. Hier kann man ebenfalls einkehren oder in den Grünanlagen picknicken. Der Park ist Teil der früheren Stadtbefestigung. Dahinter beginnt die hübsche Altstadt, die einen Bummel wert ist. *Sehenswert sind vor allem etliche Häuser an der zentralen Gracht Oude Haven inkl. Stadthaus und Waage, das zauberhafte Stadttor von 1601 beim Fähranleger am Lek sowie die Schleuse und der Wasserturm ein paar Meter westlich davon. An der Waage, gleich neben dem Straßencafé, weist eine Skulptur auf die Vergangenheit als Silberstadt hin, als es hier noch viele Silberschmiede gab.*

Ergänzende Infos zur Vlist

Befahrbarkeit, Umtragen

Die Befahrung ist auch für Anfänger unproblematisch, weil in beide Richtungen strömungslos. Kein Umtragen.

Bestimmungen

Keine besonderen. Man sollte nur an den – wenigen – offiziellen Rastplätzen anlanden.

Campingplätze

Camping Streefland bei **Haastrecht** nahe der Ijssel (www.campingstreefland.nl).

NTKC - De Ronde Hoek an der Vlist südöstlich von **Haastrecht** (www.kampeerclub.nl).

Camping Jachthaven Wilgerak und *Stadscamping* in **Schoonhoven** am Lek (www.stadscampingschoonhoven.nl).

Karte Jede detaillierte Straßenkarte reicht. Die Kanuvermietung Haastrecht hält ein Blatt mit Skizze & Erläuterungen auf Deutsch bereit. Auf deren Internetseite gibt es eine rudimentäre Karte (www.kanocentrum-haastrecht.nl).

Weitere Routen Vlist

(1) Das Flüsschen Vlist trennt das Poldergebiet ***Krimpenerwaard*** im Westen vom Poldergebiet ***Lopikerwaard*** im Osten. In beiden Poldergebieten sind weitere Fahrten ausgearbeitet worden: im ***Krimpenerwaard*** die **22 km** lange **„Loetroute"**, im ***Lopikerwaard*** die **48 km** lange **„Lopikerwaard-Route"**. Beide finde ich bestenfalls abschnittsweise lohnend. Für beide gibt es Faltblätter beim örtlichen Fremdenverkehrsbüro.

(2) Das Einsetzen bzw. Umtragen in **Haastrecht** in die ***Hollandse Ijssel*** ist nicht leicht. Man erreicht jedoch auf ihr nach 5 km die erste ***Schleuse*** von **Gouda** und damit die Grachten der Stadt mit dem sehr schönen historischen Zentrum. Auch eine Weiterfahrt zum Seengebiet der ***Reeuwijkse Plassen*** ist möglich. Dieses darf aber nur mit ***kostenpflichtiger Genehmigung (vaarontheffing)*** befahren werden. Diese erhält man für max. 1 Woche vor Ort bei: *Schiffswerft Rik Homan* (www.jachtwerfrikhoman.nl), *Restaurant 't Vaantje* (Bootsverleih), *Sup & Watershop, Restaurant het vaantje* (Bootsverleih) und *CoopCompact van den Berg*.

Tour 6 d – Delft, 4-5 km

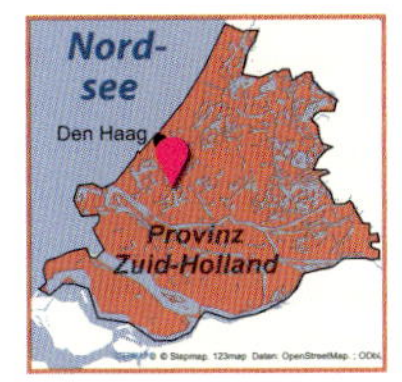

Mit seinen mehr als 600 denkmalgeschützten Wohn- und Geschäftsgebäuden, Kirchen, Türmen und Lagerhäusern ist Delft eine der schönsten Städte der Niederlande. Es ist herrlich, durch die schmalen Straßen und an den Grachten der Altstadt entlang zu wandern oder in den Cafés und auf den hübschen Plätzen zu sitzen und dem Treiben zuzusehen. Immer wieder bieten sich wunderbare Ansichten: hier eine kleine alte Brücke, dort fantastische Häuserfassaden, an der nächsten Ecke der Innenhof eines ehemaligen Klosters oder ein interessantes Geschäft. Überall gibt es was zu entdecken.

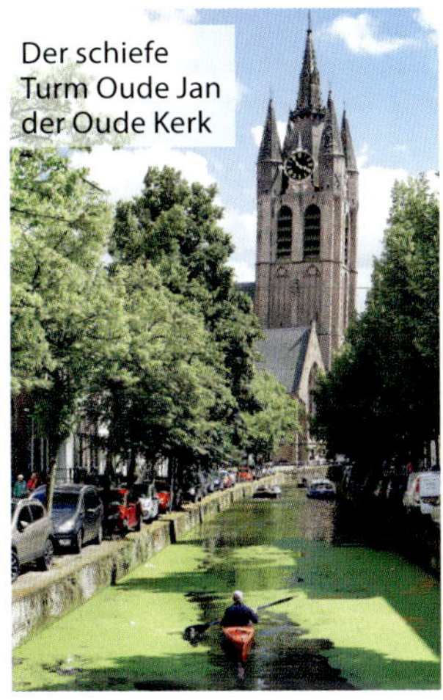
Der schiefe Turm Oude Jan der Oude Kerk

Bereits im Mittelalter zählte Delft zu den größten und bedeutendsten Städte Hollands, ehe im 16. Jahrhundert ein zwischenzeitlicher Niedergang einsetzte. Als Prinz Wilhelm von Oranien, der „Vater des Vaterlandes", die Stadt als Residenz wählte und von hier aus den Unabhängigkeitskrieg gegen die Spanier organisierte, setzte eine erneute Blüte ein. Im folgenden „Goldenen Jahrhundert" entstanden die meisten der herrlichen Bauwerke, die heute so bewundert werden.

Zum Reichtum der Stadt trug der Überseehandel bei. Über den Wasserweg Schie und den Vorhafen Delfshaven an der Mündung der Maas fuhren die Schiffe in alle Welt. Delft war eine der sechs Niederlassungen der damals mächtigsten Handelsorganisation der Welt, der Vereinigten Ostindischen Kompanie (VOC). Unter anderem wurde chinesisches Porzellan importiert, das wegen seiner Qualität und des reinen Blaus geschätzt wurde. Die örtlichen Töpfer verstanden es, die Produkte zu kopieren. Bis heute sind Delfter Fayencen und Kacheln berühmt. Berühmt war die Stadt auch für ihre Maler, besonders für Johannes Vermeer.

Doch schon Ende des 17. Jahrhunderts setzte ein erneuter Niedergang ein. Delft wurde von dem nahen Rotterdam überholt und versank in der Bedeutungslosigkeit. Delfshaven ist schon lange als Schiedam ein Stadtteil des Welthafens. Erst im letzten Jahrhundert erwachte das Städtchen aus dem Dornröschenschlaf und wurde durch sorgfältige Restauration zum heutigen Schmuckstück.

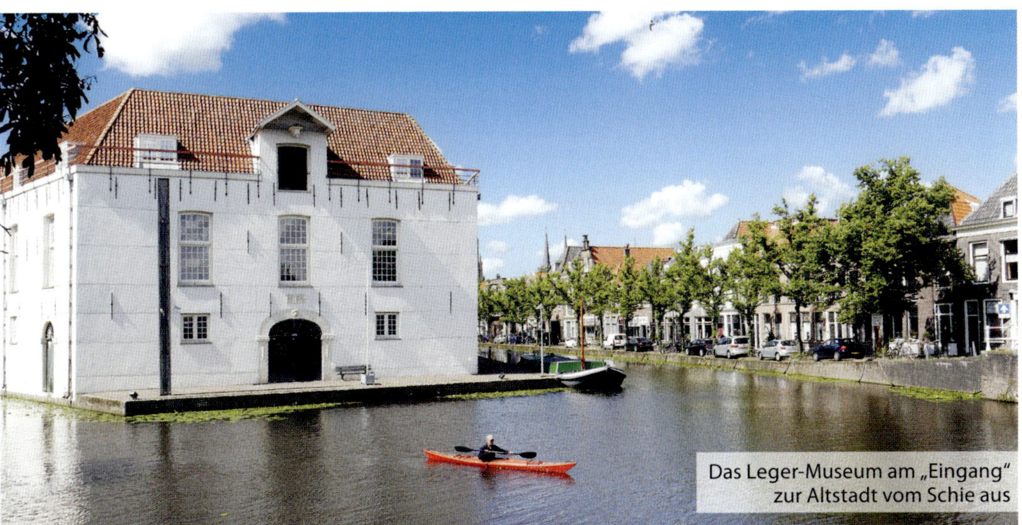
Das Leger-Museum am „Eingang" zur Altstadt vom Schie aus

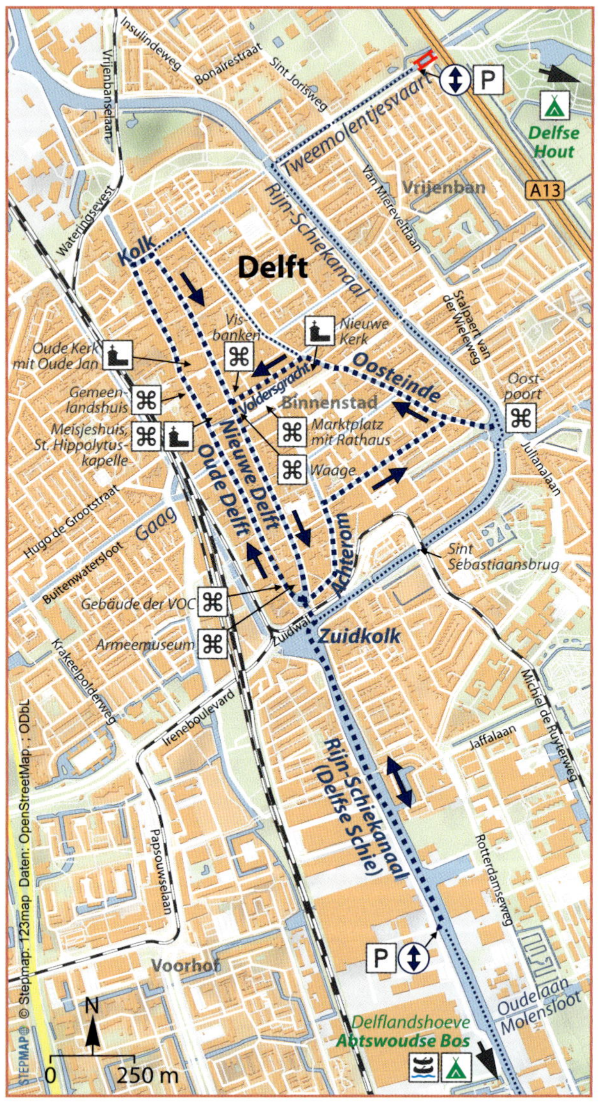

Ich setze 1,5 km südlich der Innenstadt von **Delft** in den ***Rijn-Schiekanaal (Delfse Schie)*** ein. Meine Altstadtrunde beginnt beim *Leger-Museum (Armeemuseum)* auf dem ***Oude Delft***, von dem die Stadt ihren Namen hat (Delf = gegrabener Kanal). Es ist die langgezogene Keimzelle der Stadt. An ihr befindet sich ein Großteil der Sehenswürdigkeiten. So liegt gleich gegenüber dem Armeemuseum das *Ostindienhaus*, in dem die Niederlassung der VOC (Vereenigde Oostindische Compagnie = Niederländische Ostindien-Kompanie) ihren Sitz hatte.

Ein Stück weiter folgt das *St. Barbarakloster* (heute Studentenheim), dann das *Meisjeshuis* und gegenüber das *Jongenshuis* (ehemalige Mädchen- & Jungen-Waisenhäuser), das *Gemeenlandshuis van Delfland* (Deichamt), das *Gemeente-Archief*, die *Oude Kerk* mit ihrem 75 Meter hohen, schiefen *Turm* („Alter Jan" genannt), das *St. Agathakloster* mit dem *Prinsenhof*, in dem der genannte Prinz mit seiner Familie lebte und in dem er ermordet wurde, der *Bagijnhof* (sehenswerter Innenhof mit spätgotischem Tor als Eingang), um nur einige der prächtigen Gebäude zu nennen, von den hübschen Brücken ganz zu schweigen.

Am Ende trifft man auf den ***Kolk***, einen früheren Binnenhafen. Ich wende und fahre auf dem ***Nieuwe Delft*** zurück zum *Armeemuseum*. Auch hier gibt es sehenswerte Brücken und Gebäude, allen voran die *Waage*. Kurz vorher, am ***Hippolytusbuurt***, könnte man aussetzen und eine öffentliche *Toilette* benutzen. Diese befindet sich links hinter dem *Fischstand*, der tatsächlich an der Stelle des früheren Fischmarktes (Visbanken) steht. In dieser Ecke lag früher das wirtschaftliche Zentrum der Stadt. Heute finden sich dort besonders viele *Cafés* und *Restaurants*, einige auf „Terrasboten" (Pontons), wo es gerade auch abends sehr schön ist, wenn die untergehende Sonne die Stadt in ein warmes Licht taucht und später die Laternen leuchten. Die Straßencafés und gemütlichen Kneipen sind dann voller Leben.

Beim *Armeemuseum* geht es in den Querkanal ***Achterom*** (Hintenrum) zum ***Oosteinde*** (Ostende). Diese diagonale Gracht führt beim wunderbaren *Oostpoort* zur Stadt hinaus und nach einer Fotopause wieder hinein.

Auf dem Kanal ***Oosteinde*** fährt man danach direkt an der ***Nieuwe Kerk*** entlang, in der die Mitglieder des niederländischen Königshauses beigesetzt werden, vom Vater des Vaterlandes Willem von Oranien bis zu Prinz Claus.

Kurz hinter der Nieuwe Kerk zweigt links die ***Voldersgracht*** ab. Sie ist sehr schmal und am Ende ein Tunnel. Darauf paddle ich noch einmal zur ***Nieuwe Delft*** und auf dieser zurück zum ***Armeemuseum***. Unter der ***Kapelsbrücke*** verabschiede ich mich von der Altstadt. Von dort geht es auf dem ***Rijn-Schiekanaal*** zurück zur Einsetzstelle.

Ergänzende Informationen zu Delft

Fahrtenmöglichkeiten, Befahrbarkeit

Meine Altstadt-Route hat eine Länge von 4-5 km + Hin- und Rückfahrt zur Ein-/Aussetzstelle. Abwandlungen sind möglich. Alle Ausfahrten aus der Altstadt außer der beiden erwähnten am Zuidkolk / Armeemuseum und am Oostpoort sind verbaut.

Schwierigkeiten

Die Befahrung der Grachten und des Rijn-Schiekanals ist unproblematisch. Man muss allerdings mit Rundfahrt- und Tretbooten rechnen. Die Ufer mehrerer Grachten sind niedrig, zumindest stellenweise, so dass man dort gut aussteigen kann. Kein Umtragen.

Bestimmungen Keine.

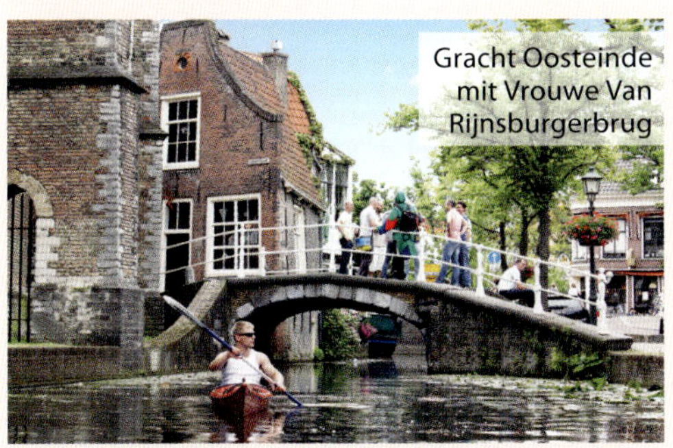

Gracht Oosteinde mit Vrouwe Van Rijnsburgerbrug

Einsetzstellen

Die Parkplätze in der Innenstadt sind knapp oder Parkhäuser mit ungeeigneten Höhen für Autos mit Kanus auf dem Dach.

Zur Einsetzstelle am Rijn-Schiekanaal (Schieweg, *51.996241, 4.367302)* kommt man am leichtesten über die Autobahn 13, Abfahrt 10 TU Delft. Das Einsetzen ist dort nicht komfortabel. Bis zur Altstadt sind es etwa 1,5 km.

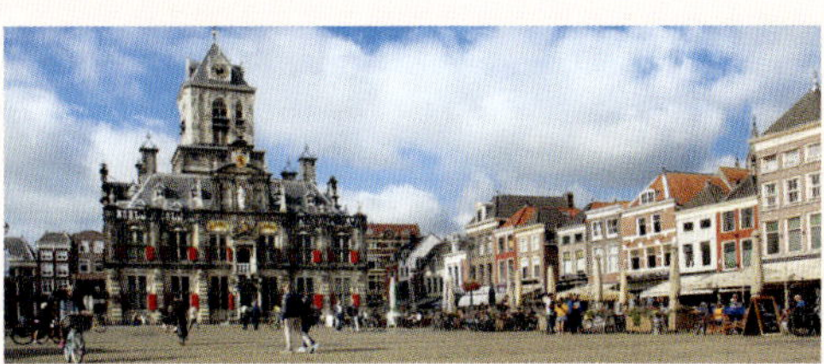

Auch nicht besser ist die Alternative an der Schleuse in den Kanal Tweemolentjesvaart nahe des Erholungsgebietes Delftse Hout (Aan Het Verlaat, *52.020592, 4.365391).* In der Straße parallel zum Kanal kann man gut parken. Entfernung bis zum Oostpoort / Altstadt ebenfalls ca. 1,5 km.

Camping, Kanuvermietung

Der nicht ganz billige nächste Campingplatz liegt im ***Delftse Hout*** östlich der Innenstadt (www.delftsehout.nl). Von der Schleuse in der Tweemolentjesvaart ist es ca. 1 km zu Fuß durch das parkähnliche Gelände.

Campingplatz ***Delflandshoeve*** (mit Kanuvermietung) im Erholungsgebiet Abtswoudse Bos am Südrand der Stadt nahe dem Rijn-Schiekanaal (www.delflandhoeve.nl).

Weitere Plätze in der Umgebung.

Weitere Routen bei Delft

Touren im angrenzenden ***Midden Delfland*** und ***Westland***, ein Gebiet mit intensivem Gemüseanbau unter Glas in endlosen Gewächshäusern. Beide Gegenden finde ich wenig attraktiv. Witzig fand ich, dass die Tomaten, die ich vor der Reise in Lübeck gekauft hatte, aus einem Verteilerzentrum stammten, an dem ich vorbeipaddelte.

Tour 6 e – Giessen, 13 km

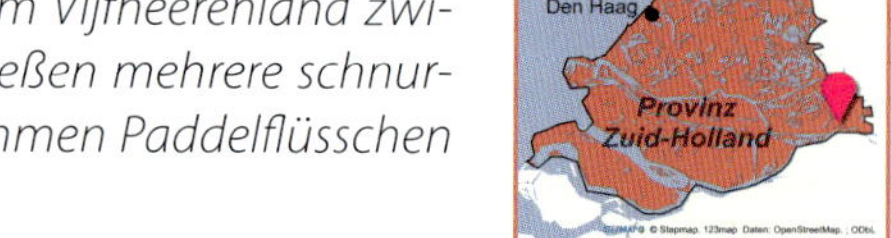

Am Nordende des langgezogenen Dorfes Noordeloos im Vijfheerenland zwischen den Rheinmündungsarmen Lek und Merwede fließen mehrere schnurgerade Entwässerungskanäle zu einem höchst angenehmen Paddelflüsschen zusammen.

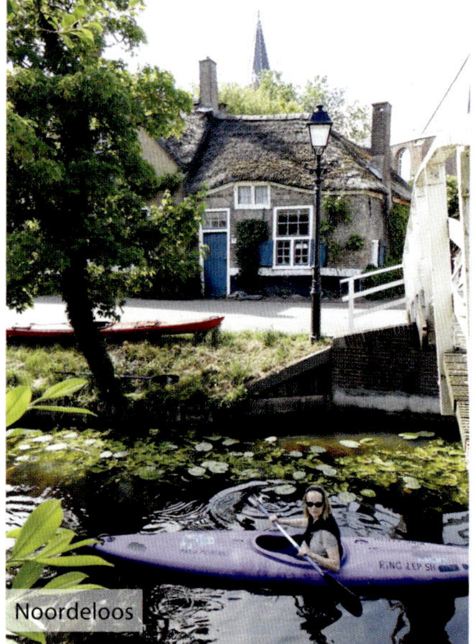
Noordeloos

Anfangs heißt es noch ***Noordeloos*** wie der Ort selbst und mäandert idyllisch, flankiert von Kopfweiden und alten Bauernhäusern entlang des Ufers. Dann kommt in der Mitte von **Noordeloos** der gedrungene *Kirchturm* ins Blickfeld, danach ein *Gasthof* und die Hauptbrücke mit dem hübschen *Dorfladen* („Dorpswinkel") daneben, in dem man Produkte aus der Gegend kaufen kann. Es folgen mehrere geschwungene Fußgängerbrücken und ein paar Gärten mit Gänsen und Ziegen.

Unterhalb von Noordeloos paddelt man in eine offene Wiesenlandschaft hinein. Der Bach wird allmählich breiter, die Kurven weiter. Aus der ***Noordeloos*** wird die ***Giessen***. An der *Witte Brug* laden an beiden Ufern *Picknickbänke* zur Rast. Ein Stück weiter ist die 1837 erbaute wunderschöne Bockwindmühle *Boterslootse Molen* zu bewundern.

Mehrere Wasserläufe münden ein, u. a. der Smoutjes Vliet, Teil eines oft genannten, aber wenig attraktiven Rundkurses zu den Orten **Ottoland** und **Goudriaan**. An der Verdichtung der zuvor lockeren Bebauung ist zu erkennen, dass man **Giessenburg** erreicht hat. Spätestens hier ist aus dem idyllischen Gewässer ein Freizeitfluss mit sommerlichem Leben geworden. Auf der ***Giessen*** nimmt der Bootsverkehr zu. In den Gärten sitzen die Älteren im Schatten. Kinder baden. An den wenigen öffentlich zugänglichen Stellen herrscht Trubel wie im Freibad. Die Brücke an der Einmündung des Peursumsche Vliet wird als Sprungturm genutzt. Jugendliche balgen sich um ein Floß. Von hier sind es noch 3 km bis **Giessen-Oudekerk,** wo man auf das einzige, direkt am Wasser gelegene *Café* trifft.

Dann teilt sich der Fluss in zwei Arme, die sich kurz darauf wieder vereinen. Im rechten Arm gibt es eine Aussetzstelle an einem parkähnlichen Gelände. Wegen der niedrigen Brücke an der nördlichen Zufahrt wählt man für die Anfahrt zu dem Park besser das südliche Ende des Nebenarms. Hier sollte man die Tour beenden.

Man kann zwar noch knapp 3 km weiterfahren bis zur ***Schleuse (het Sluisje)*** in **Giessendam**. Diese wird aber nur sonntags von 12-12.30 Uhr bedient und das Umtragen ist fast unmöglich. Kurz vorher kann man auch aussetzen, aber nicht gut parken.

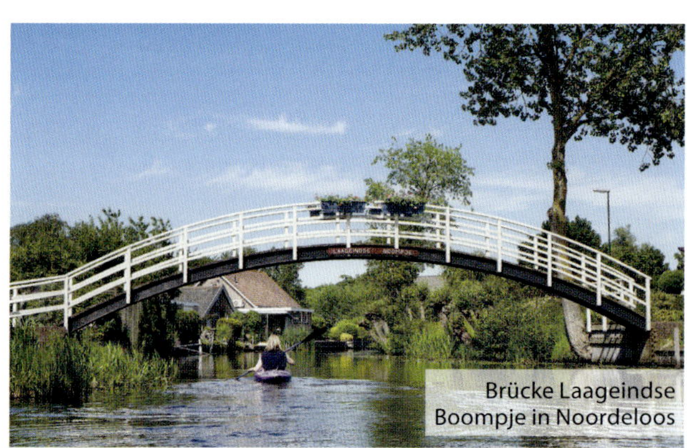
Brücke Laageindse Boompje in Noordeloos

Ergänzende Informationen zur Giessen

Fahrtenmöglichkeiten

Die beschriebene Strecke ist 13 km lang.

Das schönste Teilstück ist der obere, ca. 5 km lange Abschnitt zwischen Noordeloos und der Witte Brug.

Einsetzstellen

In **Noordeloos** an der Zufahrt zum letzten Haus des Ortes (Noordzijde 118, *51.910678, 4.956664)* an der bewachsenen Uferkante (nicht komfortabel, parken schwierig).

Oder 100 Meter oberhalb der Hauptbrücke in **Noordeloos** bei einer Parkbank an niedriger Uferkante *(51.904375, 4.942048)*, parken bei der nahen Kirche.

Einsetzen einige Kilometer unterhalb des Dorfes **Noordeloos** beim Dorf **Hoornaar** bei der Brücke Witte Brug (gegenüber dem Miniparkplatz, *51.887214, 4.933662)*.

In **Giessenburg** beim kleinen Parkplatz bzw. Rastplatz *(51.852925, 4.887499)* an der Mündung des Peursumse Vliets in die Giessen. Günstig auch für den Rundkurs Ottoland – Goudriaan.

In **Giessen-Oudekerk** an der beschriebenen Aussetzstelle im Seitenarm (Straße Binnendamseweg Ecke Kloevelaan, parken am Straßenrand, *51.838799, 4.866401)*.

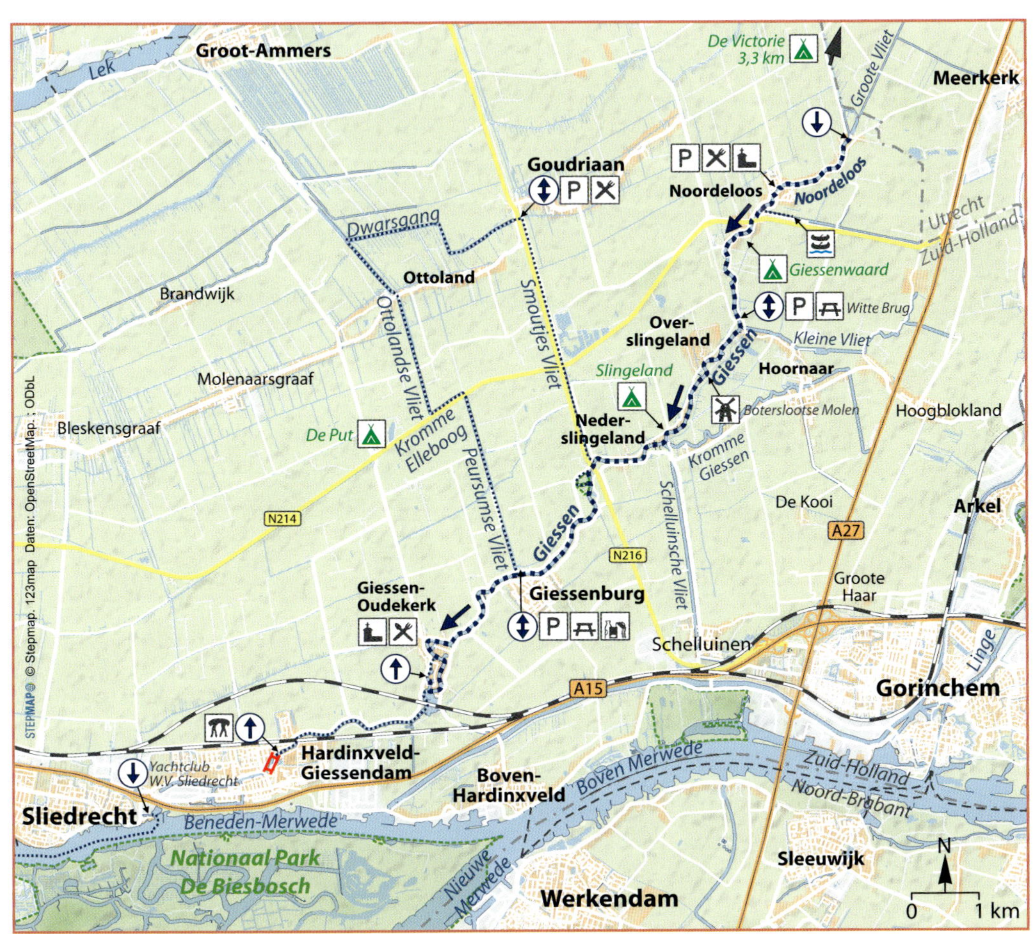

Befahrbarkeit, Schwierigkeiten

Alle Wasserläufe sind problemlos und – weil strömungslos – in beide Richtungen fahrbar, auch für Anfänger.

Umtragen, Bestimmungen

Kein Umtragen, außer bei Weiterfahrt auf der Merwede (s. unten). Keine Bestimmungen.

Campingplätze

Der einzige Platz direkt am Fluss ist der ***Minicamping „Giessenwaard"*** in **Noorderloos** (Grote Ward 16, www.giessenwaard.nl).

Camping „Slingeland" in **Nederslingeland,** nicht direkt am Fluss, sondern von der Straße von Wasser getrennt (auch 1 Zirkuswagen zu vermieten, www.campingslingeland.nl).

SVR-Camping „De Victorie", 4 km nördlich in **Broek** (www.campingdevictorie.nl).

Kanuvermietung

„De Molentocht" in **Noordeloos** (Grotewaard 2). Liegt nicht direkt an der Giessen, sondern am Nebenkanal Boterslootse Vorvliet (www.kanoverhuur-de-molentocht.nl).

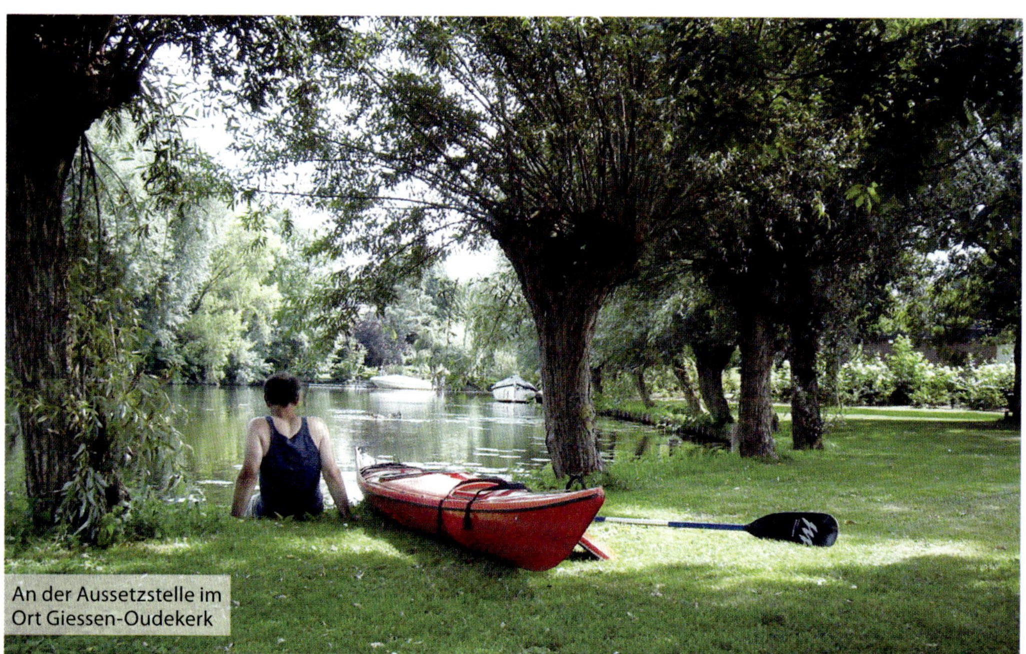

An der Aussetzstelle im Ort Giessen-Oudekerk

Weitere Routen bei der Giessen

(1) Für die Weiterfahrt auf der ***Merwede*** muss man eine ca. ***2 km lange Portage*** in Kauf nehmen. Dazu kurz vor der ***Schleuse (het Sluisje)*** in **Hardinxveld- Giessendam** bei einem Grünstreifen an der Damstraat *(51.829725, 4.836909)* aussetzen. Über Peulenstraat, Wieling, Peulenstraat Zuid und Rivierdijk zu einer Bootsrampe („De Helling") an der ***Merwede*** laufen.

(2) Der **15 km** lang **Rundkurs** zu den Dörfern **Ottoland** und **Goudriaan** führt über ***Ottolandse Vliet, Kromme Elleboog, Peursumse Vliet, Giessen, Smoultjes Vliet*** und ***Dwarsgang***. Eine gerade verlaufende Strecke, teils direkt parallel zu Straßen.

Einsetzen kann man dafür sowohl in **Giessenburg** (wie im Kasten „Ergänzende Informationen" erwähnt) als auch in **Goudrian** (Postkade / Ecke Smoutjesweg, *51.902785, 4.886605*).

7 – Die Provinz Zeeland

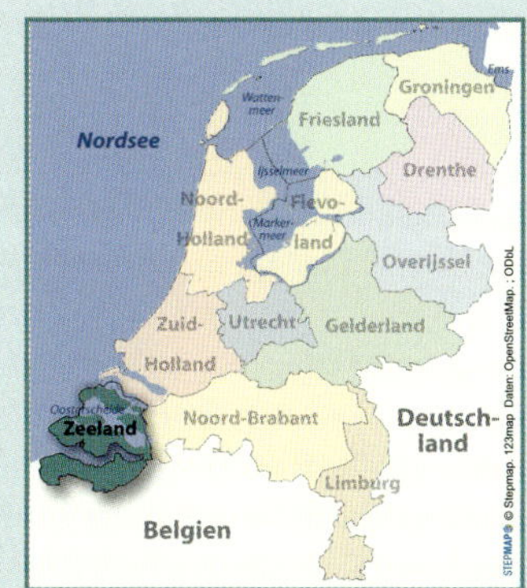

Das große gemeinsame Delta von Rhein, Maas und Schelde, von dem der größte Teil zur Provinz Zeeland gehört, ist seit Jahrhunderten von breiten und schmalen Meeresarmen und einer Vielzahl von Inseln geprägt. Das Meer spülte feinen Sand und andere Sinkstoffe an und ließ die Inseln wachsen. Sturmfluten rissen sie wieder auseinander.

Seit rund 1.000 Jahren versuchen die Menschen mit Deichen, Sielen und Schöpfwerken den Gewalten Einhalt zu gebieten. Letzter Höhepunkt war der Deltaplan nach der verheerenden Sturmflut von 1953, nach dem bis auf die Westerschelde alle Meeresarme ganz abgedämmt oder durch riesige Sturmflutwehre geschützt wurden.

Erste Erfahrungen für solch ein gigantisches Unternehmen sammelte man bei der Abriegelung des kleinsten Meeresarmes, des heutigen Veerse Meeres. 1960 wurde der Zandkreekdam am Ostende fertiggestellt. Er schließt die Verbindung zur Oosterschelde. Ein Jahr später war der 3 km lange Versegatdam an der Nordsee vollendet.

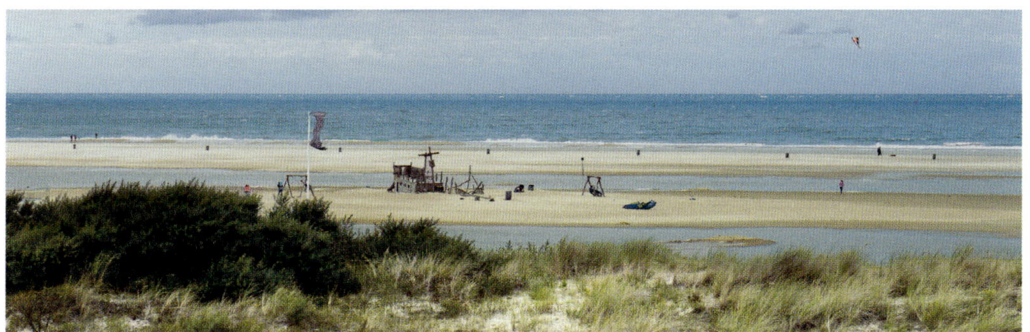

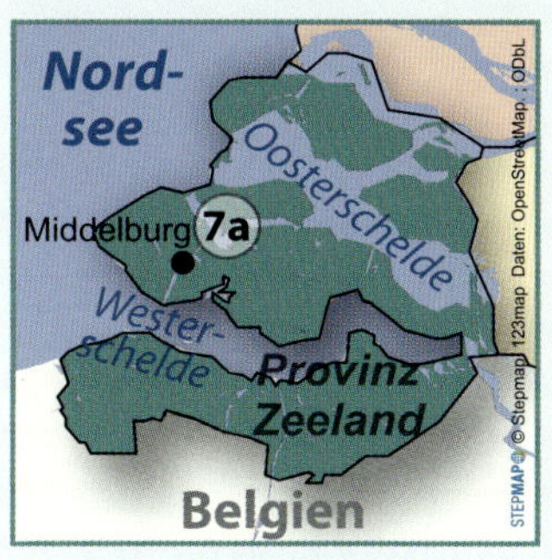

Das Kanurevier

Das ***Veerse Meer*** **(7a)** ist seit der Abriegelung ein sehr schöner Binnensee. Es ist das einzige für durchschnittliche Kanuwanderer geeignete Revier in Zeeland.

Eine Ausnahme ist vielleicht ein als Kanuroute eingerichteter 15 km langer Abschnitt der ***Passageule*** im westlichen Zeeländisch-Flandern *(West Zeeuwsch-Vlaanderen)* im Südwesten der Provinz. Der Rest des Deltas ist nur etwas für Großgewässerpaddler mit entsprechender Erfahrung und Ausrüstung oder lohnt nach meinem Geschmack keine Tour.

Bestimmungen

Nicht paddeln darf man auf dem ***Kanaal Gent-Terneuzen***, im ***Naturgebiet „Het Verdronken Land van Saeftinghe"*** an der Westerschelde und in den ***Häfen*** von **Terneuzen, Vlissingen** und **Antwerpen** (Belgien).

Tour 7 a – Veerse Meer, 23 und 26 km

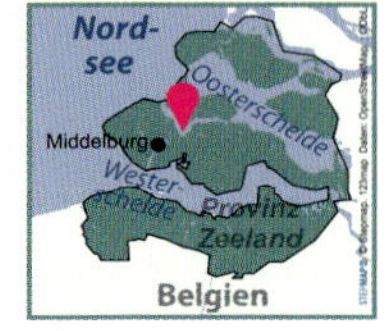

Das Veerse Meer ist 22 km lang und maximal 1,5 km breit. Der frühere Meeresarm ist heute ein attraktiver Binnensee und auch für Kanuten gerade im Sommer ein überaus lohnendes Revier.

Man paddelt an ganz unterschiedlichen Ufern entlang oder läuft Inseln mit Liegewiesen und Badestellen an. Touristisch intensiv genutzte Abschnitte wechseln mit ruhigen Naturschutzzonen. Im Westen trifft man auf den Veersegatdam mit der Nordsee auf der anderen Seite. Ein paar Kilometer davor liegt das wunderbare Städtchen Veere, das dem See seinen Namen gibt. Man kann einfach von einem Ende zum anderen paddeln. Noch größer ist der Genuss, wenn man das Gewässer auf zwei Rundtouren erkundet.

Dazu bietet es sich an, etwa in der Mitte der Veerse Meeres an der Mündung des schmalen, 2 km langen ehemaligen Nebenarms ***Wester-Schenge,*** *bzw. dessen Entwässerungskanals* ***De Piet,*** *einzusetzen. Dort ist auch der* **Kanuhafen Haven de Piet** *und die* **Kanuvermietung „Kanoa"** *zu finden.*

Veerse Meer Westroute (blaue Route), 23 km

Vom **Haven de Piet** paddelt man zunächst Richtung Nordsee. Es geht an der kleinen Insel ***Arneplaat*** vorbei, einer dieser typischen Anlaufpunkte für Wassersportler mit ***Badestelle***, ***Grünfläche*** und ***Toilette***. Gleich dahinter folgt das ***Aardbeieneiland***. Die „Erdbeereninsel" darf aus Naturschutzgründen nicht betreten werden.

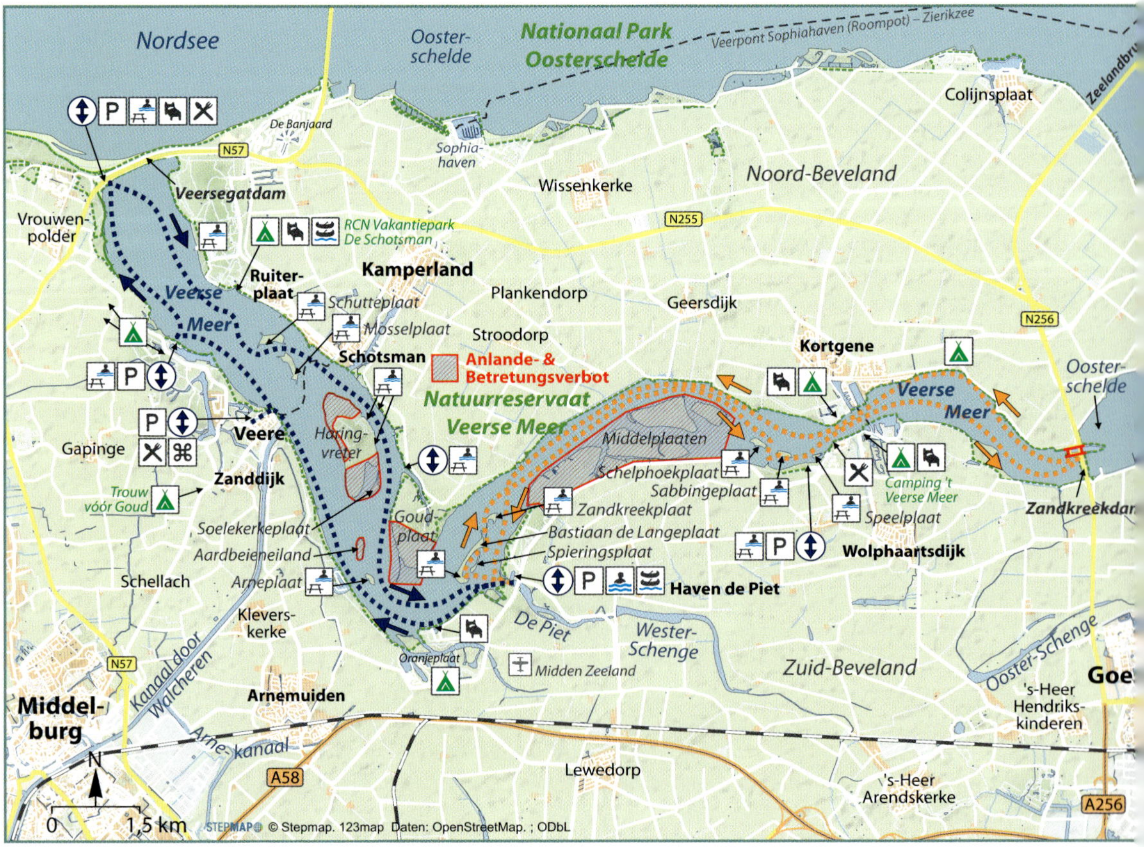

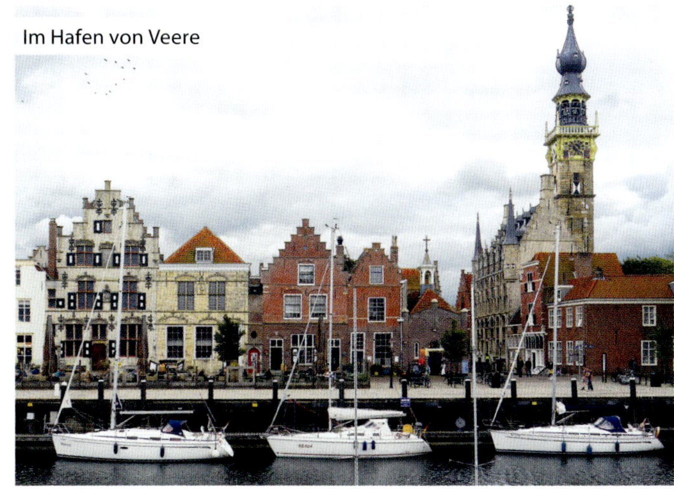
Im Hafen von Veere

Von hier sind voraus schon die Türme von **Veere** zu erkennen. *Das alte Städtchen, wo schon im 15. / 16. Jahrhundert die reich beladenen Schiffe aus Schottland anlegten – der Wohlstand der Hafenstadt beruhte auf dem Tuch- und Wollhandel mit England und Schottland –,* ist eine Perle. Der Eingang zum ***historischen Hafen*** wird vom ***Campveerse Toren*** (Turm) bewacht. Zahlreiche Besucher lehnen über die Mauer und sehen zu, wie die Yachten ein- und auslaufen. Ein recht großes Passagierschiff für Rundfahrten auf dem See hat direkt neben dem Turm seinen Anleger. In der Saison pendelt die Radfahrer- und Fußgänger-Fähre ***Rondje Pontje*** von dort zum gegenüberliegenden Ufer. An der Ostseite des langgezogenen Hafens stehen ***historische Häuser*** und auch das frühere ***Rathaus*** mit seinem weithin sichtbaren Turm aus der Blütezeit des Städtchens. Vor dieser wundervollen Häuserzeile am Wasser sitzen die Menschen in den ***Straßencafés***. Dahinter ragt die gewaltige ***Liebfrauenkirche*** auf, trutzig und fast ein wenig finster wie eine mittelalterliche Burg. Zur Besichtigung des Ortes kann man den ***Kanusteg*** kurz vor dem Ende des Hafens an der Westseite nutzen.

Nach einer Runde durch den Hafen fährt man weiter nach Nordwesten. Direkt hinter dem ***Yachthafen des WV Arne*** gibt es eine ***Anlegestelle*** mit flachem Ponton, bei dem man gut eine Pause einlegen kann. Diese Stelle (mit kostenlosem Parkplatz hinter dem Deich) eignet sich auch als Einsetzstelle für eine kürzere Runde im westlichen Seeteil.

In der Ferne ist im Gegenlicht eine gewaltige, dunkle Wand zu sehen. Beim Näherkommen erkenne ich, dass es sich dabei um den ***Veersegatdam*** handelt. In der Ecke „oben links" kann man bei einem kleinen Strand gut anlegen. Ich schlendere an einem ***Pfannkuchenhaus*** und einem ***Schnellrestaurant*** vorbei den hohen Damm hinauf und werfe einen Blick auf den Strand und das offene Meer – die ***Nordsee***. Neben einer ***Skulptur*** des Künstlers Carel Kneulmann, das eine vom Wind verwehte Seeschaumflocke zeigt, steige ich wieder zum ***Veerse Meer*** hinab.

Am Ostufer paddle ich zurück. Es geht an einem langgezogenen Grünstrand entlang, an dem vor allem Surfer ihrem Sport nachgehen. Eine stationäre ***Wasserskianlage*** ist durch Tonnen gekennzeichnet, so wie vorher schon eine ***Speedbootbahn***. Ich passiere einen ***Campingplatz*** und einen ***Bungalowpark***, fahre zwischen den beiden öffentlich zugänglichen Inseln ***Schuttersplaat*** und ***Mosselplaat*** hindurch, komme erst an der ***Hafeneinfahrt*** von **Kamperland** vorbei und dann am großen Eiland ***Haringvreter***. In der Mitte des „Heeringfressers" gibt es zwei Anleger mit Wiese. Beim ersten grasen unbekümmert Rehe. Die beiden Enden der Insel sind NSG. Auch das Wasser zwischen der Südspitze und einer schmalen vorgelagerten Insel darf nicht befahren werden. Schräg gegenüber liegt die Halbinsel ***Goudplaat***. Hier gilt Ähnliches: Zunächst gibt es einige Anlegestellen, dann ein Naturgebiet, das nicht betreten werden darf. Es geht in eine lange Buhne über, die nur knapp überspült wird. Ihr Ende kennzeichnet eine grüne Barke. Hier drumherum führte meine Route. Nun ist es nicht mehr weit bis zum **Hafen de Piet,** wo man in der ***Beachbar*** (wenn geöffnet) den Abend ausklingen lässt.

Ostroute (rote Route), **26 km**
Am nächsten Tag breche ich wieder beim **Hafen de Piet** auf, um die östliche Hälfte des ***Veerse Meeres*** zu erkunden. Der Weg führt mich zu den Inseln ***Bastiaan de Langeplaat, Spieringsplaat*** und ***Zandkreekplaat***. Auf allen finden sich hübsche *Liegewiesen, Anleger* und *Badestellen*.

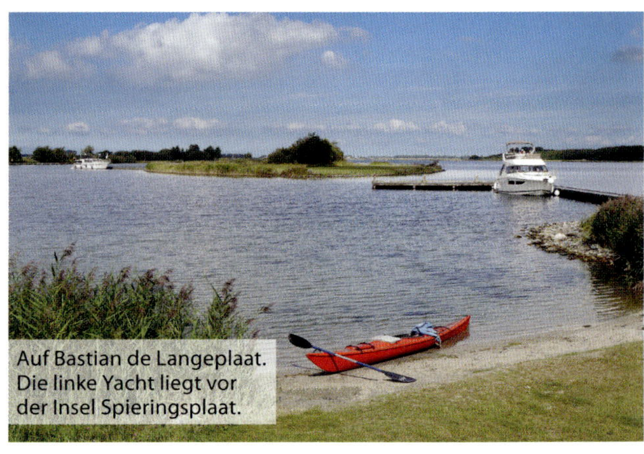
Auf Bastian de Langeplaat. Die linke Yacht liegt vor der Insel Spieringsplaat.

Die anschließenden ***Middelplaaten*** sind der Vogelwelt vorbehalten. Man darf die (Halb-) Inseln nicht betreten und die Wasserflächen dazwischen nicht befahren. Stahlseile und Steine sollen die Durchfahrt verhindern.

Für die nächste Rast bieten sich wieder drei kleine Inseln an: ***Schelphoekplaat, Sabbingeplaat*** und ***Speelplaat***, alle mit den üblichen Einrichtungen.

Östlich der Eilande verengt sich das ***Veerse Meer.*** Ich komme mir wie auf einem breiten Fluss vor. Die Ufer sind hier gesäumt von touristischen Anlagen: *Campingplätze, Yachthäfen, Bungalowpark, Caravanclub, Badestellen, Restaurants.* Mittendrin verrotten die Anlagen eines Fähranlegers. Sie stammen noch aus der Zeit vor dem Deltaplan. Die Fähre ist überflüssig geworden, seit es den ***Zandkreekdam*** mit der Straße darauf gibt.

Der Damm ist mein Tagesziel. Neben der ***Schleuse*** lege ich an. Von der Brücke kann man bis weit auf die ***Oosterschelde*** sehen. Im Westen fällt die hübsche Silhouette des Dorfes **Wolphaartsdijk** auf. Nach dem Rundblick paddle ich wieder zurück zum **Hafen de Piet**.

Ergänzende Informationen zum Veerse Meer

Fahrtenmöglichkeiten

Man kann einmal von Ost nach West oder umgekehrt (je nach Windrichtung) den See durchfahren (22 km). Die beiden beschriebenen Rundkurse machen 23 km und 26 km aus oder man paddelt kürzere Teiltouren. Der attraktivste Abschnitt liegt zwischen Veere und der Insel Zandkreekplaat gegenüber dem erwähnten Kanuhafen. Eine Runde nur in diesem Bereich ist ca. 18 km lang.

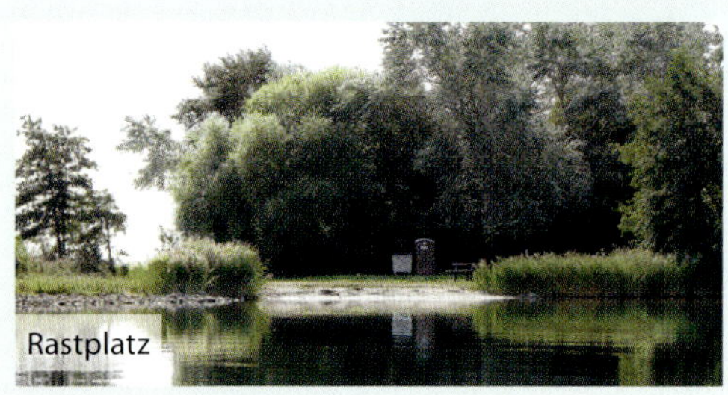
Rastplatz

Einsetzstellen mit Parkplätzen

Der ***Kanuhaven de Piet*** ist über **Arnemuiden** zu erreichen (Muidenweg, *51.524468, 3.729156)*. Eingesetzt wird an einer Trailerhelling (Bootsrampe) bzw. am Strand daneben. Das Parken ist dort kostenlos.

Parkplätze in **Veere** am Hafen (nahe des Kanustegs: Bastion 24, *51.548907, 3.664171*, oder etwas weiter zurück) sind kostenpflichtig.

Einsetzstelle nördlich von **Veere** (Polredijk, *51.560762, 3.644940)*. Parken kostenlos.

Einsetzen am ***Veersegatdam.*** Der große Parkplatz ist kostenpflichtig.

Für wenige Autos gibt es auf dem ***Zandkrekdam*** eine Parkmöglichkeit, südlich der Schleuse (Deltaweg, *51.540817, 3.866543)*. Weitere Einsetzstellen siehe Karte.

Befahrbarkeit, Schwierigkeiten
Das Veerse Meer ist bis Windstärke 2 unproblematisch. Bei mehr Wind aber nur noch für erfahrene Paddler mit entsprechender Ausrüstung!

Da sich das Wetter schnell ändern kann, sollte man vor der Fahrt den Wetterbericht genau verfolgen. Schon bei mäßigen Winden können sich beachtliche Wellen aufbauen.

An belebten Sommertagen sollte man die (betonnte) Fahrrinne und die durch gelbe Tonnen gekennzeichneten Speedbootbahnen meiden.

Bestimmungen
Die wenigen Teile des Sees, die nicht befahren werden dürfen, sind mit Schildern gekennzeichnet, mit Stahlseilen und Steinen abgesperrt und in der ANWB-Karte eingezeichnet. Dasselbe trifft auf die erwähnten Inseln zu, die nicht betreten werden dürfen.

Campingplätze
Es gibt mehrere Campingplätze am Wasser und jede Menge in der Nähe. Die Plätze sind teilweise sehr groß und teuer.
Auf den Inseln darf man NICHT zelten.

Campingplätze im Ostteil des Sees
Ardoer Camping De Paardekreek bei **Kortgene** (paardekreek.ardoer.com/de).

Camping De Zandkreek östlich von **Kortgene** (www.dezandkreek.nl).

Camping 't Veerse Meer gegenüber bei **Wolphaartsdijk** (www.campingveersemeer.nl).

Campingplätze im Westteil des Sees
Vakantiepark De Schotsman in **Ruiterplaat (Kamperland)** (www.rcn.nl/de/ferienparks/holland/zeeland/rcn-de-schotsman).

Wer es lieber ruhiger hat, dem seien die *Bauerncampings* empfohlen, z.B. der nette Platz *„Trouw vóór Goud"* der Familie Kasse in **Veere-Zanddijk** (trouwvoorgoud.nl).

Kanuvermietung
Kanoa Outdoor & Events (auch SUP-Vermietung) im ***Haven de Piet*** (www.kanoa.nl).

Bootverhuur Sailcollege im Vakantiepark De Schotsman in **Ruiterplaat (Kamperland)** (www.sailcollege.nl).

Karte
ANWB Waterkaart Nr. 14 „Zeeuwse Delta".

Tipps
Die Altstadt der nahen Provinzhauptstadt **Middelburg** ist sehenswert.

Der Roman *„Sturmflut"* von Magriet de Moor lässt in eindrucksvoller Weise die Sturmflut von 1953 in Zeeland lebendig werden (Carl Hanser Verlag, dtv oder ebook).

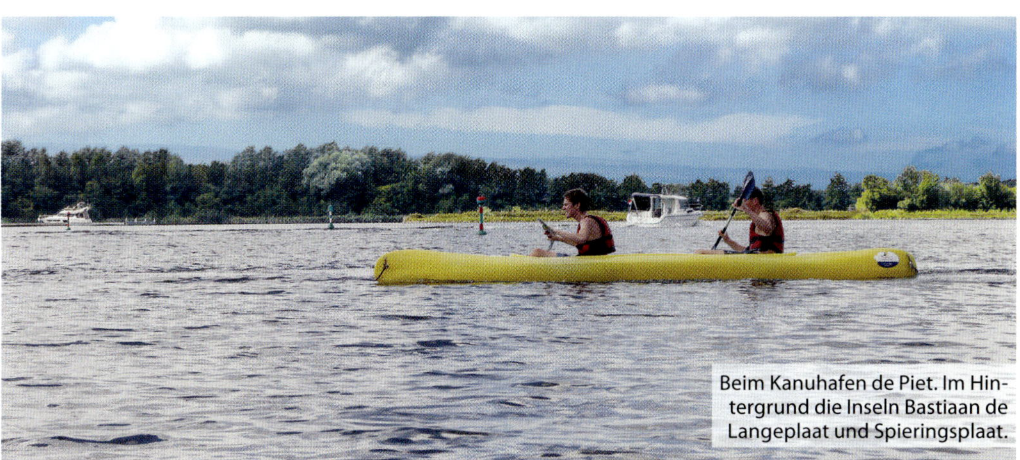

Beim Kanuhafen de Piet. Im Hintergrund die Inseln Bastiaan de Langeplaat und Spieringsplaat.

8 – Die Provinz Noord-Brabant

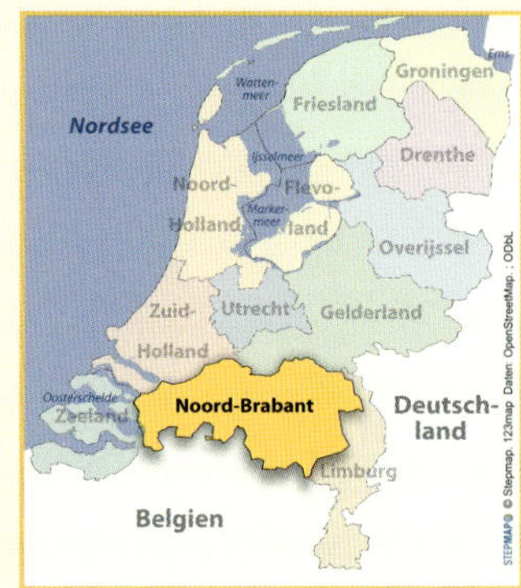

Abgesehen von den nordwestlichen Poldergebieten ist Noord-Brabant von welligen Sandböden bedeckt, die Rhein und Maas über Hunderttausende von Jahren, als sie noch weiter südlich flossen, abgelagert haben. Hier gab es Jahrhunderte lang kaum etwas anderes als Heide und Moor. Das Land war unfruchtbar und daher dünn besiedelt. Größere Städte fehlten ebenso wie Verkehrsverbindungen zum Rest des Landes. Noord-Brabant war eine vergessene Provinz, eines der Armenhäuser der Niederlande.

Das änderte sich erst im 19. Jahrhundert mit dem Aufkommen des Kunstdüngers und noch stärker in der Zeit um 1900, als die Industrie die billigen Arbeitskräfte für sich entdeckte. In Eindhoven expandierten die Werke von Phillips und DAF. Aus vielen ehemals unbedeutenden Orten wurden Städte. Man legte neue Verkehrswege an und schuf Verbindungen zu den ökonomischen Metropolen. Durch großräumige Flurbereinigungen verschwand in weiten Bereichen die Kleinteiligkeit der Landschaft.

Trotz aller Umwälzungen hat sich Noord-Brabant viel von seinem ursprünglichen Charme bewahren können. Aufgrund der erhaltenen Moor- und Heidegebiete, Flugsandflächen und Binnendünen, der klein gebliebenen alten Dörfer, Landhäuser, Kirchen und gerade auch der Flusstäler ist die Provinz bei den Niederländern eine sehr beliebte Ferien- und Naherholungsregion.

Kennzeichnend ist für die Provinz eine Vielzahl von Bächen, die von den höher gelegenen grenznahen Gebieten oder aus Belgien kommend in nördliche Richtung der Maas zustreben. Vereinfacht sind es drei Gewässersysteme: Die Mark ist der Hauptfluss im Westen. Sie steht vor allem in den Delta-nahen Marschgebieten mit anderen Wasserläufen in Verbindung. In der Mitte spannt die Dommel mit ihren Nebenbächen einen breiten Fächer auf. Ganz im Osten ist die kleine Raam zu erwähnen.

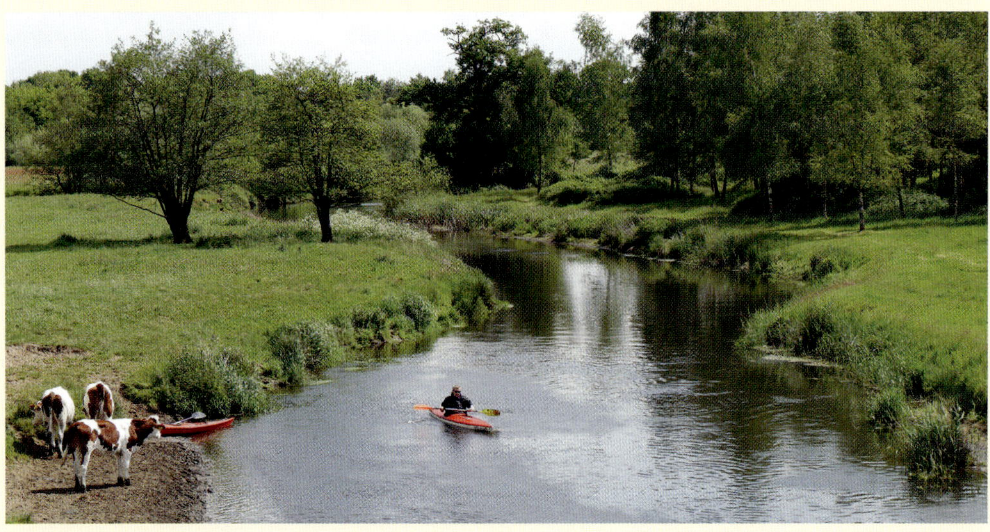

Infos zur Provinz Noord-Brabant

Die Paddelreviere

Das beliebteste Paddelgewässer in Noord-Brabant ist der fast naturbelassene obere Abschnitt der **Dommel** (8c). Auch ihr weiterer Verlauf bis kurz vor die Hauptstadt **´s-Hertogenbosch** ist sehr zu empfehlen. Dagegen lohnen die wenigen zur Befahrung freigegebenen stärker regulierten Zuflüsse allenfalls auf kürzeren Teilstrecken die Fahrt.

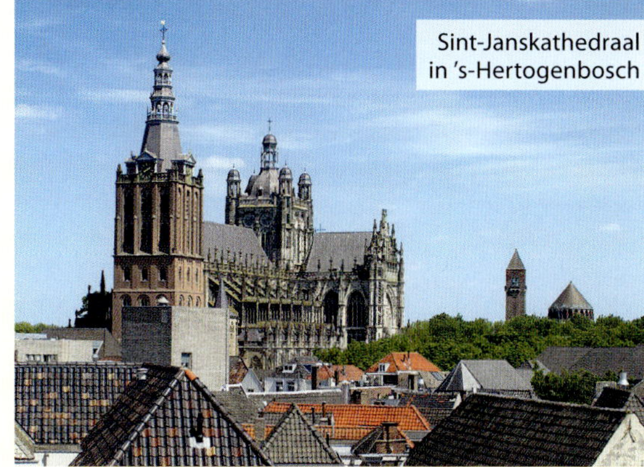
Sint-Janskathedraal in 's-Hertogenbosch

Von der **Mark** (8b) ist das beste Stück ebenfalls der Oberlauf zwischen belgischer Grenze und Breda. Der kanalisierte Unterlauf und das **Rosendaalse en Steenbergse Vliet** ganz im Westen sind nüchtern und etwas langweilig.

Die hübsche **Raam** ganz im Osten der Provinz und lohnende Abschnitte der **Hertogswetering** sind so kurz, dass ich sie nicht berücksichtige.

Wer gerne auf großen Flüssen paddelt, ist auf Teilstrecken der **Maas** gut aufgehoben. Ich beschreibe sie in der Provinz „Limburg". Die Kanäle sind durchweg unattraktiv für Paddler.

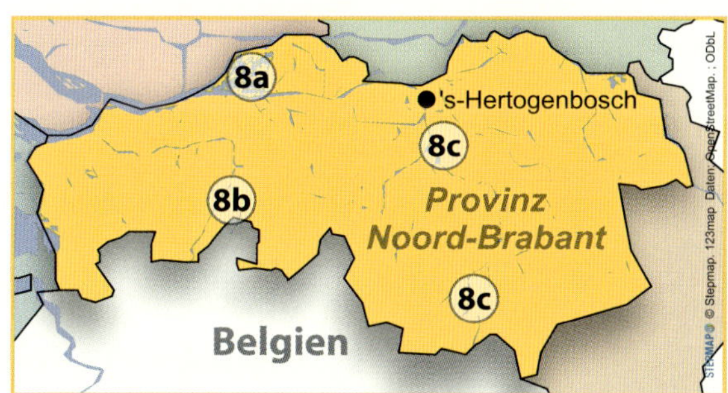

Ein einzigartiges Paddelrevier ist der **Biesbosch** (8a) zwischen den Mündungsarmen von Rhein (Merwede) und Maas. Der größte und beeindruckendste Teil dieses herrlichen Naturgebietes mit seinen unzähligen kleinen und großen verästelten Wasserläufen, Inseln und Bruchwald gehört zu Noord-Brabant.

Karten & Infomaterial

Nur Biesbosch, Maas und die großen Kanäle sind auf Gewässerkarten verzeichnet. Für den großen Rest der Provinz sind bestimmte Freizeitkarten hilfreich, die in den ergänzenden Angaben zu den Touren genannt werden. Bei der Dommel ist zudem das Internet hilfreich.

Allgemeine Bestimmungen

Die meisten Nebenflüsse der Dommel sind für Kanuten verboten (s. Tourenbericht).

Für keins der erlaubten Gewässer muss man vor der Fahrt eine Genehmigung einholen, außer auf der Oberen Mark bei mehr als 4 Booten.

Die Befahrung ist überall kostenfrei.

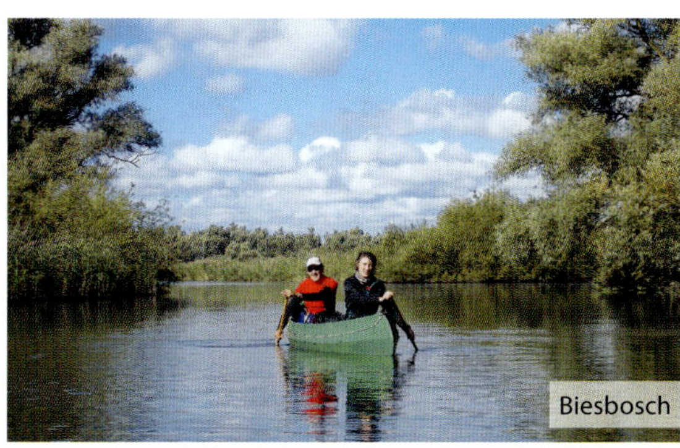
Biesbosch

Tour 8 a – Biesbosch, 18 und 20 km

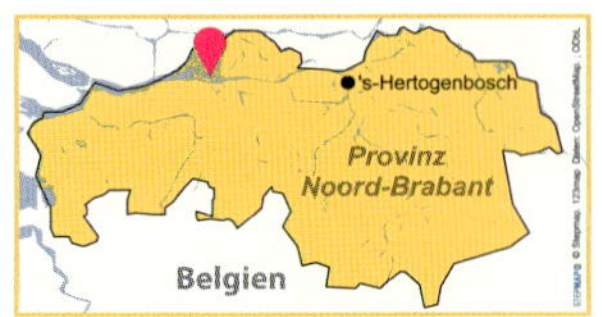

In der Nacht vom 11. auf den 12. November 1421 ging der blühende Polder Zuidhollandsche Waard mit 18 Dörfern in der Elisabethenflut unter. Ein riesiger Binnensee von 30.000 ha war entstanden. Im Laufe der folgenden Jahrhunderte verlandete ein Teil wieder, weil Rhein (Merwede) und Maas hier, wo die Strömung nachließ, große Mengen an Sand und Schlick ablagerten. Unter dem Einfluss der Gezeiten bildete sich ein fein-verästeltes Netz größerer und kleinerer Wasserrinnen. Höher gelegene Flächen wurden nach und nach vom Menschen eingedeicht und landwirtschaftlich genutzt. Auf den wilden Inseln bildete sich Bruchwald, in den sumpfigen Flachwasserzonen wuchs Schilf. Daher der Name Biesbos(ch) = Schilfwald.

In den letzten 130 Jahren hat der Mensch das Gesicht des Biesbosch zweimal stark verändert. 1890 wurde die Nieuwe Merwede fertiggestellt. Der vorher unbedeutende kleine Wasserlauf wurde auf 400-600 Metern Breite gebracht, um das Wasser der Merwede auf wesentlich kürzerem Weg zum Delta und damit zur Nordsee abzuleiten. 1904 folgte mit derselben Zielsetzung für die Maas die Bergse Maas. Bis dahin war das Wasser der beiden großen Flüsse durch relativ schmale Unterläufe vorbei an Doordrecht und Rotterdam abgeflossen. Bei Hochwasser und Eisgang hatte es immer wieder Probleme gegeben. Da Merwede und Neue Merwede mit hohen Deichen eingefasst waren, kam das Wasser nun nicht mehr hauptsächlich von Osten, sondern bei Flut von Westen in den Biesbosch. Der zweite Eingriff geschah durch das Abriegeln des Deltas, vor allem des Haringvliets, nach der Sturmflut von 1953. Der Tidenhub reduzierte sich schlagartig von zwei Meter auf 40 cm mit erheblichen Folgen für Tier- und Pflanzenwelt. Außerdem wurden auf drei landwirtschaftlich genutzten Flächen große Wasserspeicherbecken gebaut, um von dem qualitativ besseren Maaswasser auch in Trockenzeiten ausreichende Mengen zur Trinkwasseraufbereitung zur Verfügung zu haben.

Mittlerweile hat man erkannt, dass der Biesbosch als eines der ganz wenigen Süßwasser-Gezeitengebiete in Europa besonders schützenswert ist. Er ist daher zum Nationalpark erklärt worden. Es gibt

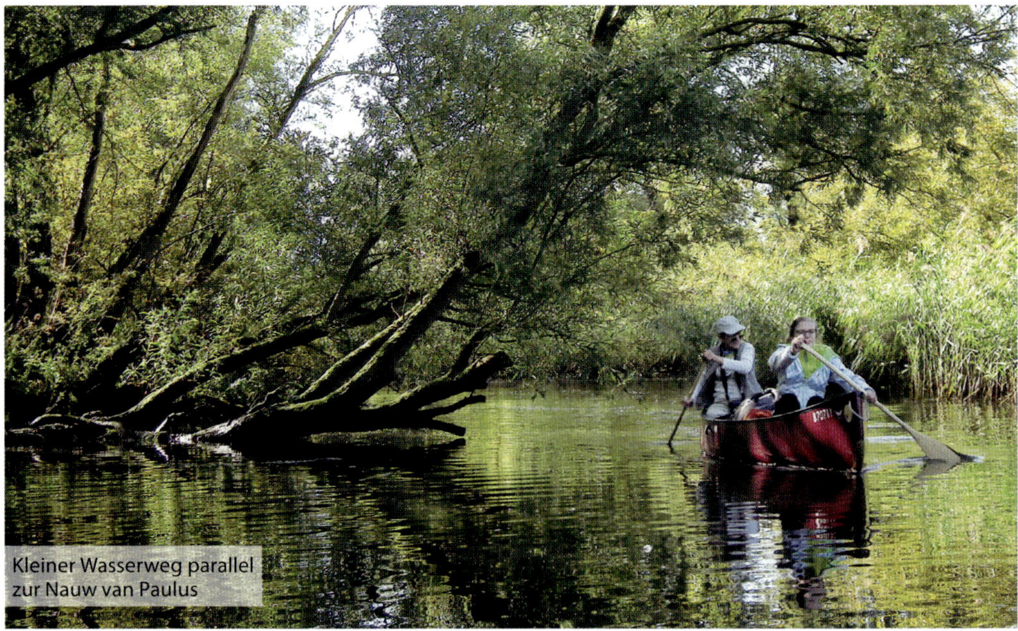

Kleiner Wasserweg parallel zur Nauw van Paulus

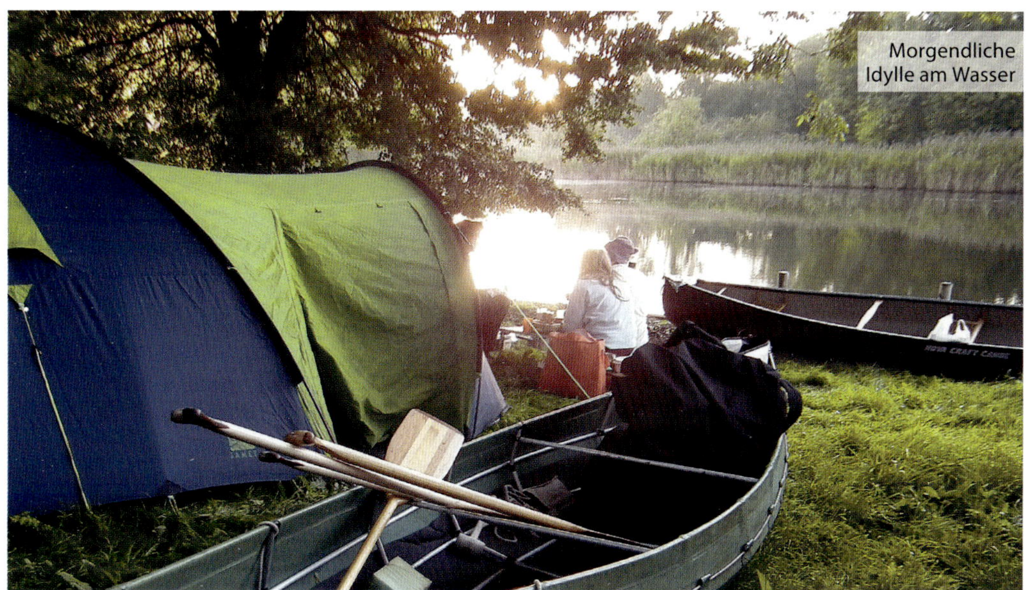
Morgendliche Idylle am Wasser

zahlreiche Einschränkungen für die Nutzung. In Teilbereichen ist das Betreten und Befahren ganz verboten. Die meisten Wasserläufe sind jedoch frei befahrbar, so dass sich der Biesbosch gleichzeitig zu einem beliebten Erholungsgebiet entwickelt hat. Da es nur wenige Stellen gibt, an denen die Bootfahrer anlegen und an Land gehen können, ist zwischen 1999 und 2002 in der Südostecke des Biesbosch das 150 ha große Erholungsgebiet „Aakvlaai" auf früherem Weideland geschaffen worden. Hier gibt es ein Gewirr von Wasserwegen, denen man die künstliche Anlage nicht ansieht, zumal auch die Natur sich ihren Anteil zurückerobert hat. An Sommerwochenenden mit schönem Wetter werden die zahlreichen Anlegeplätze und die fünf kleinen Sandstrände jedoch so intensiv genutzt, dass man sich fast wie in einem Freibad vorkommen kann.

Abgesehen vom Aakvlaai ist der Biesbosch auch für Kanuten ein Revier der Sonderklasse, hier und da mit einem Hauch von Amazonas. Die Verästelungen der Wasserarme bieten vielfältige Fahrtenmöglichkeiten. Mal geht es über breite, seenartige Wasserarme, die auch von Ausflugsdampfern befahren werden. Dann wieder biegt man in schmale, gewundene „Kreekjes" ein, in denen nur Paddler zurechtkommen. Manchmal ist der Bewuchs so dicht, dass man nicht durchzukommen meint. Danach wähnt man sich auf einem See oder es geht an einem gemähten Deich entlang.

Der Nationalpark gliedert sich in drei Teile, getrennt durch die Nieuwe Merwede und durch das Eiland van Dordrecht. Zwischen Beneden-Merwede, Nieuwe Merwede und Wantij liegt der **Sliedrechtse Biesbosch***, in dem wegen der geringen Ausdehnung nur eine kurze Rundfahrt möglich ist. Im Südwesten findet sich der fast komplett gesperrte* **Dordtse Biesbosch***. Beide gehören zur Provinz Zuid-Holland. Der* **Brabantse Biesbosch** *in der Mitte ist wegen seiner Größe und Vielfältigkeit das hauptsächliche Objekt der Begierde aller Wassersportler. Man kann stundenlang herumfahren, ohne zweimal denselben Wasserweg zu benutzen. Allerdings ist der Biesbosch nur etwas für geübte Paddler, da sich Teilstrecken auf breiten Wasserwegen nicht umgehen lassen. Hier können Wind und Motorboote Anfängern gefährlich werden. Auf jeden Fall benötigt man eine gute Karte (und vielleicht einen Kompass), denn man kann sich sehr schnell verirren in dem Gebiet.*

Ich schlage zwei Routen vor, die man beliebig abwandeln kann und die ausdauernde Paddler problemlos miteinander verknüpfen können.

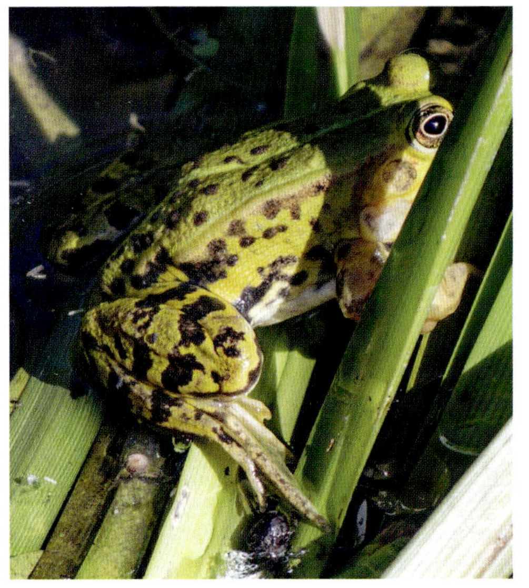

Biesbosch Ostroute (orange Route), 18 km

Die *Einsetzstelle* für diese 18 km lange Runde ist ein Kanusteg im Erholungsgebiet **Aakvlaai**, 100 Meter neben dem kostenlosen Parkplatz des *Yachthafens Vissershang* (nahe der Ortschaft **Hank)**. Zunächst überquert man vom Aakvlaai kommend den hier seenartig breiten Wasserarm ***Spijkerboor.*** Gleich schräg gegenüber zweigt der ***Sloot van St. Jan*** ab. Der gewundene Sloot führt an den Rand des Speicherbeckens de Gijster. Dort biegt man rechts ab in das ***Gat van de Plomp,*** von dem nach 1 km der ***Keesjes Killeke*** abgeht. Der Wasserlauf, der an diesem Abzweig weiter nordwärts verläuft (Gat van de Zuiderklip), endet nach gut 1 km als Sackgasse bei einem ***Aussichtsturm***, von dem man einen guten Blick auf das dahinterliegende Naturschutzgebiet hat.

Den großen Bogen des ***Keesjes Killeke*** um die Insel ***Middelveld*** herum kann man durch eine herrlich urwaldartige Verästelung abschneiden, die nur von Booten ohne Motor befahren werden darf und die mit einem entsprechenden Schild gekennzeichnet ist.

Am anderen Ende biegt man nordwärts wieder in den Keesjes Killeke ein und paddelt zunächst auf dem ***Gat van de Vloeien*** (Loch der Flöhe) nach Westen, weiter auf dem ***Gat von de Slek*** und dem ***Buiten Kooigat*** nach Norden. Das Buiten Kooigat endet auf dem ***Ruigt (oder Reugt),*** dem breiten Wasserzug im Norden des befahrbaren Teils des Biesbosch. Etwas westlich gegenüber zweigt der schmalere ***Bevert*** ab, der parallel zum Ruigt in die Nordostecke des Gebietes führt. Unterwegs kommt man an einer Insel vorbei, auf der man rasten und zelten kann.

Am Ende vereinen sich die beiden Wasserwege wieder. Kurz vor der Kreuzung mit dem breiten Nord-Süd-Wasserweg im Osten des Biesboschs, der hier ***Nauw van Paulus*** (= Paulusenge) heißt, kann man noch einmal in einen nur Kanuten und Ruderern vorbehaltenen Wasserweg einfahren. Dieser vereint sich nach einem Kilometer mit dem ***Nauw***. Der Name des breiten Wasserarms lautet nun ***Steurgat*** (= Störloch). Nach einem weiteren Kilometer biegt man rechts ab in den kleinen ***Palingsloot***. Dieser „Aalgraben" mündet in das ***Middelste Gat van het Zand.*** Hier könnte man bei einem Kanusteg eine weitere Pause einlegen. Oder man fährt das kleine Stück zum „Eingang" des **Aakvlaai** weiter, um nahe des Ausgangspunktes noch einmal zu rasten und zu baden.

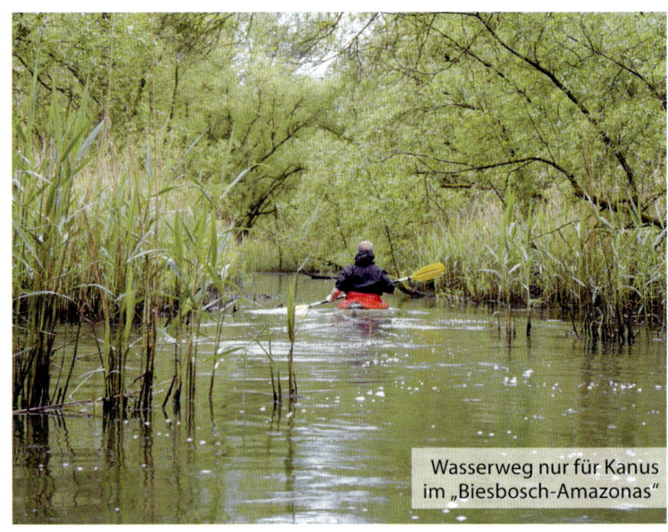
Wasserweg nur für Kanus im „Biesbosch-Amazonas"

Biesbosch Westroute (rote Route), **20 km**

Die folgende Tour ist wegen der vielen großen Wasserflächen **nur** etwas **für geübte Paddler**. Das gilt erst recht, wenn es kräftig weht, denn vor allem der Westwind kann sich in diesem Teil des Biesbosch ungehemmt austoben. Die ***Einsetzstelle*** für diese Runde ist der Kanusteg *(51.778588, 4.766053)* nahe der Schleuse ***Spieringsluis*** im Nordwesten des ***Brabantse Biesbosch*** – zu finden an der Gabelung der Straße „Hilweg" zum Biesbosch MuseumEiland und der Straße „Spieringsluis" zur Schleuse. Die Stelle ist mit dem Auto von **Werkendam** aus oder per Fähre ***Kop van 't Land*** von **Dordrecht** aus zu erreichen. Man kann auch gegenüber dem sehenswerten *Biesbosch MuseumEiland* einsetzen und kostenlos *parken*. Allerdings gibt es keinen Kanusteg *(51.766306, 4.771673)*. Die Tour wäre dann 2 km kürzer.

Vom Kanusteg geht es auf dem ***Gat van de Hardenhoek*** bis zum Abzweig eines schmalen Gewässers mit dem schönen Namen ***Sloot Beneden Petrus.*** Achtung: nicht zu früh abbiegen! Auf diesem „Graben unterhalb von Petrus", dem anschließenden ***Gat van de Buisjes,*** dem ***Gat van Kampen*** und dem ***Gat van de Noorderklip*** umrundet man im Halbkreis das Speicherbecken Petrusplaat. Dabei kommt man an zwei ***Liegewiesen*** („Speelweiden") und an der kleinen Insel ***Rietplaat*** vorbei, die als einzige in der Ecke ein bisschen ***Strand*** besitzt. An der Nordspitze dieser Tour kann man in einen kleinen, Kanuten vorbehaltenen Wasserweg einbiegen und ein Stück hinter einer scharfen Linkskurve an einem ***Kanusteg*** die erste Pause einlegen.

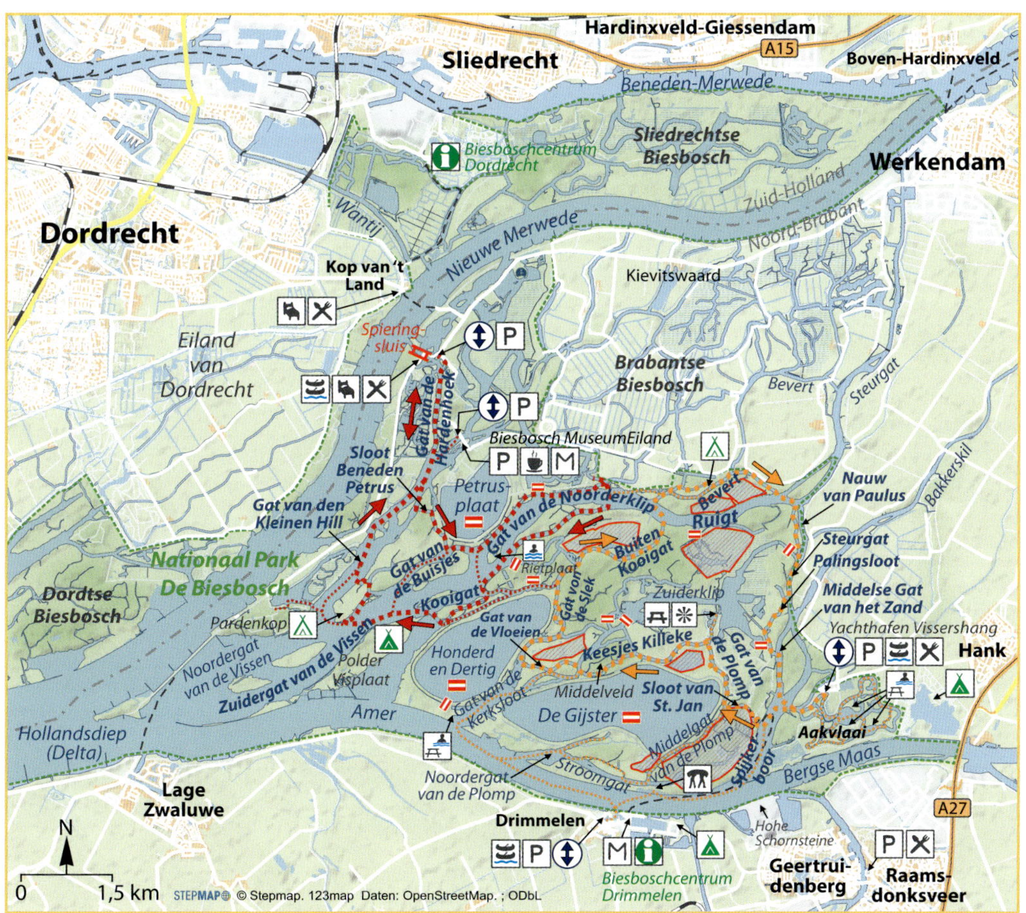

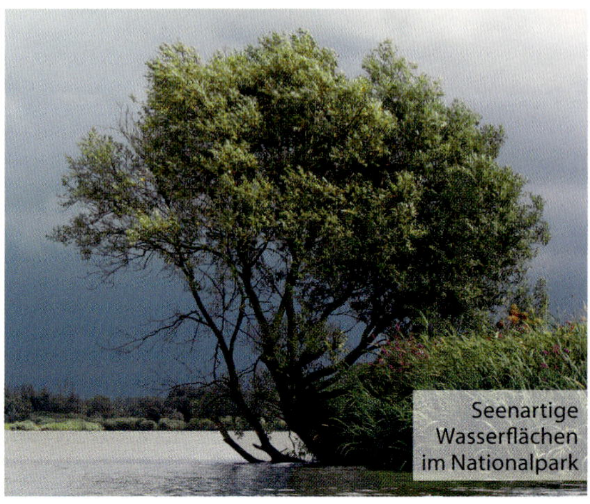
Seenartige Wasserflächen im Nationalpark

Danach überquert man das hier breite Gat van de Noorderklip und biegt in den parallelen Wasserweg ein. Auf diesem paddelt man (besser vor dem Westwind geschützt) wieder zurück bis zur ***Rietplaat***. Gegenüber dieser Insel zweigt einer dieser schmalen urwaldartigen Wasserwege ab. Früher konnte man hier wunderbar herumgondeln. Mittlerweile sind die verästelten Wasserwege gesperrt, u.a. wegen dort brütender Seeadler.

Nun geht es auf dem breiten ***Kooigat*** und einem kleinen Nebenarm in südwestlicher Richtung bis an den Westrand des „Spaarbekkens Honderd en Dertig" (Speicherbecken 130) heran. Nach kurzer Strecke erweitert sich das ***Gat van Honderd en Dertig*** seenartig zum ***Gat van de Binnennieuwensteek.*** Hier biegt man rechts ab und fährt zwischen ein paar kleinen Inseln nordwestwärts wieder zum ***Kooigat*** und weiter auf dem anschließenden ***Zuidergat van de Vissen.*** Dabei lässt man die Insel ***Polder Visplaat,*** auf der sich der *Bauerncamping Biesboschhoeve* befindet, links liegen. Auf der gegenüberliegenden Seite erreicht man bald die Insel ***Pardenkop***. An der Südspitze der „Pferdekopf"-Insel gibt es einen *Kanurastplatz*. Hier kann man nochmal eine Pause einlegen (oder zelten), ehe man auf dem ***Gat van den Kleinen Hill*** und dem ***Gat van de Hardenhoek*** zum Ausgangspunkt zurückkehrt.

Merkt man unterwegs, dass der Wind zu stark bläst, kann man die Tour 3-4 km abkürzen und von der Insel ***Rietplaat*** direkt nach Norden über den ***Sloot beneden Petrus*** zurückfahren.

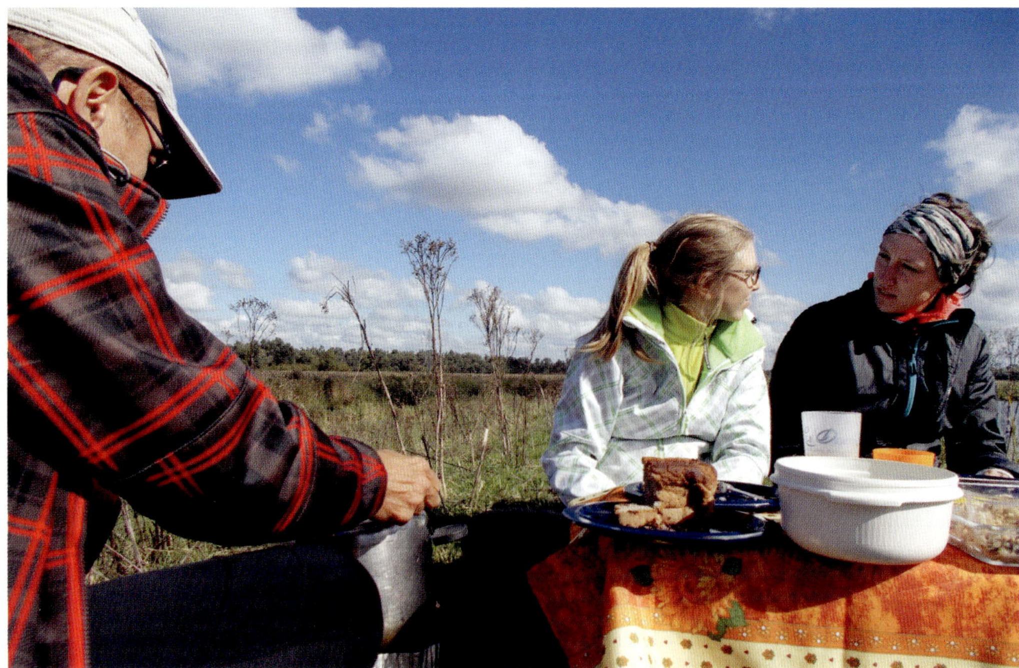

Ergänzende Informationen zum Biesbosch

Einsetzstellen & Fahrtenmöglichkeiten

Einsetzstelle für die ***Ostrunde:*** Erholungsgebiet **Aakvlaai**, *Yachthafen Vissershang* bei **Hank.** Der Hafen *(51.728410, 4.859030)* ist über die A 27, Abfahrt Hank, zu erreichen.

Einsetzstelle für die ***Westrunde***: Kanusteg im Nordwesten des Brabantse Biesbosch nahe der ***Schleuse Spieringsluis***. An der Gabelung der Straßen „Hilweg" (zum Biesbosch MuseumEiland) und „Spieringsluis". Kostenl. Parkplatz am Hilweg *(51.778564, 4.766644)*.

Beide Routen kann man auch in **Drimmelen** starten. Einsetzstelle ist der Kanusteg der ***Kanovereniging (Kanuverein) Biesbosch Bevers*** im westlichsten Hafenbecken (Oude Haven) von Drimmelen an der westlichen Kade (neben dem nicht öffentlichen Campingplatz Beverburcht). Dort kann man ausladen (Biesboschweg, *51.709680, 4.805326)*. Parken auf der anderen Deichseite bei der Pommesbude. Drimmelen ist über die A 59, Abfahrt Made, zu erreichen.

Um von Drimmelen in den Biesbosch zu kommen, muss man den ***Amer***, also den Unterlauf der ***Bergse Maas***, queren. Das kann bei stärkeren Winden für Ungeübte und offene Boote gefährlich werden. Um die Fahrt auf dem 400 m breiten Fluss möglichst kurz zu halten, gibt es an der Biesboschseite gegenüber dem Drimmeler Besucherzentrum nahe des Kilometerschilds 253 einen Durchlass im Steinwall vor dem Ufer und eine schmale Umtragestelle über den Deich. Wer etwa 2 km weiter nach Osten oder Westen fährt, kann sich den Landtransport ersparen.

Befahrbarkeit, Schwierigkeiten

Auf den seenartigen Verbreiterungen können stärkere Winde Schwierigkeiten bereiten oder auch gefährlich werden. Es empfiehlt sich dann, auf den schmaleren, geschützteren Gewässern gegen den Wind zu paddeln und auf den breiteren mit dem Wind im Rücken zurück. Oder auf die Befahrung zu verzichten.

Die größeren Wasserflächen sind ab Windstärke 3 nur etwas für geübte Paddler.

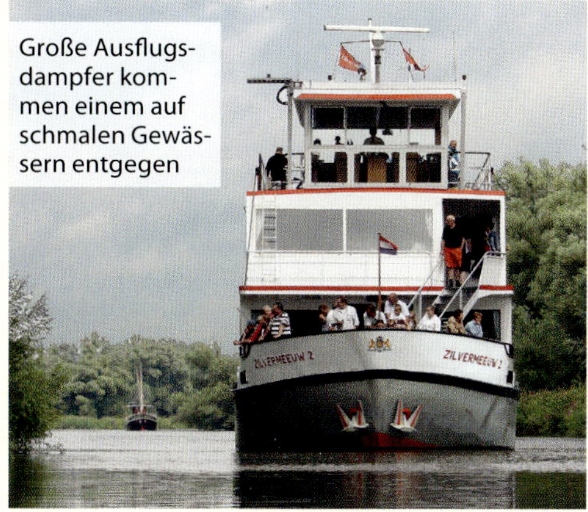

Große Ausflugsdampfer kommen einem auf schmalen Gewässern entgegen

Bei der Fahrt auf oder über den Amer ist mit schnell fahrender Berufs- und Freizeitschifffahrt zu rechnen. Auf fast allen Wasserläufen im Biesbosch muss man mit (langsam fahrender) Freizeitschifffahrt und vereinzelt mit überraschend großen Ausflugsbooten rechnen. An trüben Tagen ist mitten in der Woche wenig los, an schönen Sommerwochenenden dafür umso mehr.

Eine Strömung konnte ich trotz leichten Gezeiteneinflusses nicht feststellen.

Man kann sich auch mit guter Karte leicht verfahren und die Orientierung verlieren. Teilweise macht gerade diese kleine Herausforderung einen besonderen Reiz aus.

In letzter Zeit wurden ehemals abgekoppelte Wasserläufe in der Nordhälfte des Biesboschs wieder an das Gewässernetz angeschlossen. Sie wirken noch sehr kahl. Einige werden sich aber sicher zu schönen Gewässern entwickeln. Welche fahrbar bzw. freigegeben sind, war bei Drucklegung des Buches noch nicht herauszubekommen.

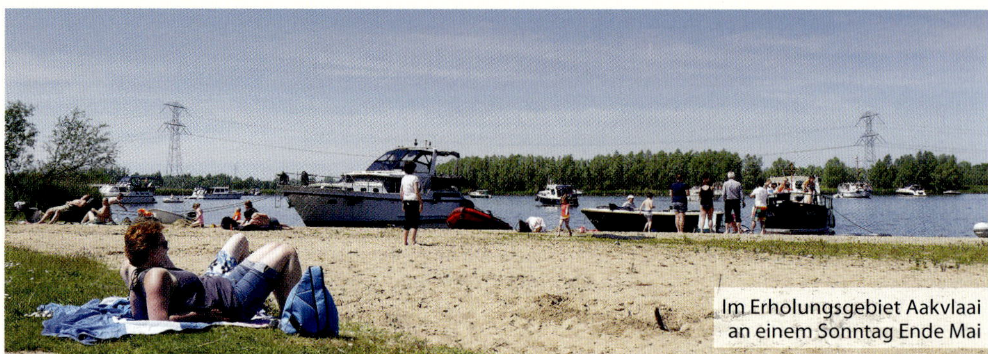
Im Erholungsgebiet Aakvlaai an einem Sonntag Ende Mai

Umtragestellen Keine, außer man nutzt den Durchlass im Steinwall von Drimmelen aus.

Campingplätze

Camping Biesbosch beim Yachthafen, **Drimmelen** (www.campingbiesboschmarina.nl).

Kurenpolder zwischen **Hank** und Yachthafen Vissershang (allerdings ohne direkten Zugang zum benachbarten Aakvlaai oder zum Amer (www.kurenpolder.nl).

Dazu der *Bauerncamping Biesboschhoeve* auf der Insel ***Polder Visplaat*** im südwestlichen Biesbosch (nur per Boot zu erreichen, www.biesboschhoeve.nl).

Biwakplätze ohne Einrichtungen: auf der Insel ***Pardenkop*** im Südwesten und am ***Bervert*** im Nordosten.

Infos zu Übernachtungsmöglichkeiten: https://np-debiesbosch.nl/wat-vind-je-waar/overnachten

Bestimmungen

Die Ufer dürfen nur an den bezeichneten Stellen betreten werden. Die mit Befahrungsverbot belegten Wasserläufe sind in den Karten gekennzeichnet und in der Natur überwiegend abgesperrt.

Karten

Eine gute Karte ist die *ANWB-Waterkaart 15 „Biesbosch“*, 1:50.000.

Die Bootsvermieter verkaufen eine gute Karte für wenig Geld. Sie ist allerdings sehr klein.

Besucherzentrum des Nationalparks

In **Drimmelen** am Hafen gibt es ein kleines Besucherzentrum des Nationalparks mit einer Ausstellung zur Natur des Biesbosch (www.np-debiesbosch.nl).

Der Schwerpunkt des allein schon architektonisch interessanten *Biesbosch MuseumEiland* im Nordwesten des Brabantse Biesbosch, ist dessen Entstehung und Nutzung über die Jahrhunderte (www.biesboschmuseumeiland.nl).

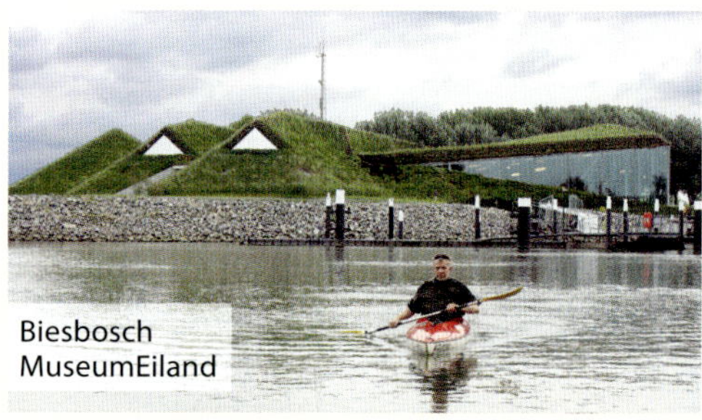
Biesbosch MuseumEiland

Kanuvermieter

Kano- & botenverhuur Vissershang im Yachthafen bei **Hank** (www.vissershang.nl).

Biesbosch Kano Events, Restaurant & Events im Fort Lunet in **Raamsdonksveer**, Canoe Express Boot zum Oude Haven in **Drimmelen** (www.biesboschkanoevents.nl).

Watersport-botenverhuur in **Drimmelen** (www.watersport-botenverhuur.nl).

An der Schleuse **Spieringsluis**: *Jachthaven Van Oversteg* (www.jachthavenoversteg.nl).

Tour 8 b – Mark (Bovenmark), 9 km

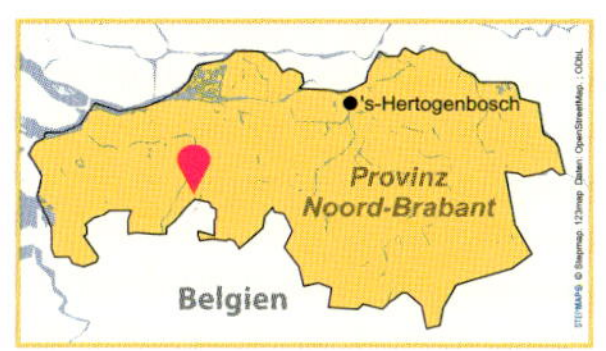

Die Bovenmark (so wird der obere Teil der Mark bis Breda genannt) ist ein guter Tipp für einen 9 km langen Kanuausflug. Die Tour führt durch eine liebliche Landschaft mit kleinen Waldstücken, Büschen und leicht welligen Wiesen bis in die sehenswerte Stadt Breda.

Die übliche ***Einsetzstelle*** befindet sich an einer Straßenbrücke bei **Meersel-Dreef.** Das langgezogene Dorf mit seinen überraschend zahlreichen ***Cafés*** und ***Restaurants*** gehört zu **Belgien**, während die Brücke ***Markbrug***, nur 100 m von der Hauptstraße entfernt, auf niederländischem Gebiet steht (Markweg, *51.498776, 4.779762*, Parkmöglichkeit am Ufer). An vier Stellen hat man dem Fluss im Zuge von Renaturierungsmaßnahmen frühere Mäander wiedergegeben bzw. neu gegraben. In die erste dieser kurvigen Strecken fährt man gleich nach dem Start hinein. Die Ufer sind hier voller Blumen. Beim zweiten Altarm, nur ein kleines Stückchen weiter, dominieren tief hängende Äste von Sträuchern und Bäumen.

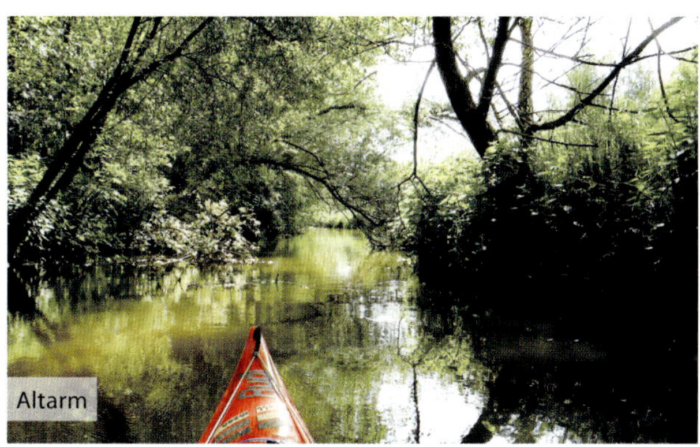
Altarm

Bei meiner ersten Tour auf der ***Mark*** einige Jahre zuvor hatte ich mir einen Sommertag wie aus dem Bilderbuch ausgesucht. Auf und am Flüsschen herrschte viel Betrieb. Radfahrer strampelten auf dem Radweg, der fast den ganzen Lauf bis zum Ort Meer begleitet. Angler hofften auf den großen Fang. An mehreren Stellen badeten die Menschen. Etliche Kanuten waren unterwegs. Beim ***ersten Wehr*** auf Höhe von **Galder** traf ich auf eine Jugendgruppe aus dem Rheinland. Sie nutzte das Angebot eines professionellen Verleihers, mit den Booten die Mark hoch zu paddeln und mit Rädern nach Breda zurück zu radeln.

Bei einer anderen Fahrt auf diesem Flüsschen an einem eher trüben Frühlingstag hatte ich den Fluss fast für mich allein. Heute bin ich auf der Mark wieder bei Sonnenschein unterwegs. Bei der früheren ***Klinik De Klokkenberg*** steht ein Bagger auf einem flachen Damm mitten im Wasser. Ich erlebe live, wie der bisherige Lauf versperrt und das Wasser in einen weiteren Altarm geleitet wird. Wie bei den anderen Maßnahmen auch, bleibt der Damm niedrig, so dass die Fluten bei Hochwasser darüber in den eigentlich abgetrennten begradigten Lauf strömen können. Dadurch werden im Bedarfsfall Überschwemmungen vermieden. Der kurze Umweg führt mich hier durch einen dichten Bruchwald.

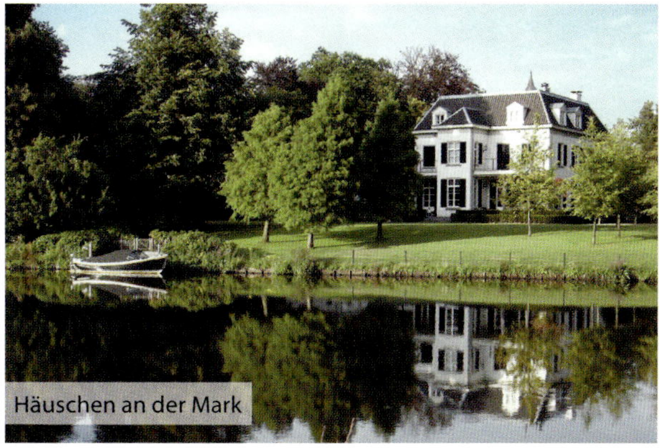
Häuschen an der Mark

Kurz darauf, auf Höhe des Ortes **Ulvenhout**, folgen das ***2. Wehr*** und gleich dahinter der vorerst letzte renaturierte Abschnitt. In einer Kurve ist ein Prallhang mit zahlreichen Nestern von Uferschwalben zu bewundern.

Am Ende erreiche ich das letzte ***Wehr*** dieser Strecke, das wie die beiden vorherigen ***umtragen*** werden muss. Ich kann die Störche in ihrem Nest auf dem Schornstein des benachbarten Bauernhauses beobachten.

Wenn Sie bei der Fußgängerbrücke, die bald den Fluss überspannt, dem querenden Weg 150 Meter nach Westen folgen, können Sie einen Blick auf das wunderbare Wasserschloss *Kasteel Bouvigne* werfen. Ab hier gleitet man nach **Breda** hinein, vorbei an parkähnlichen Ufern und beeindruckenden Villen.

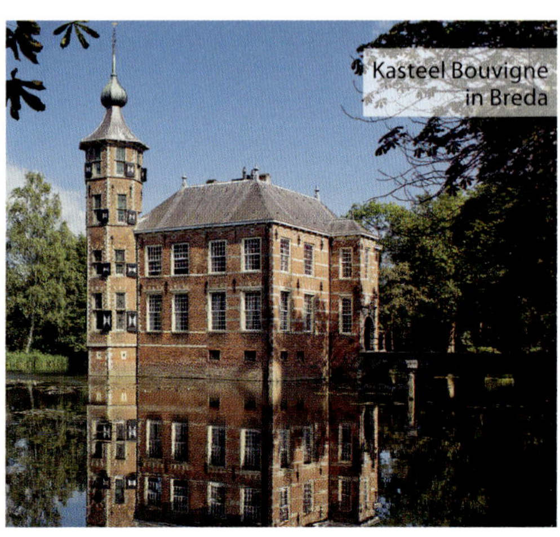
Kasteel Bouvigne in Breda

Bald unterquert man zwei Straßenbrücken. Ca. 50 m hinter der zweiten lässt sich rechts an einer befestigten Uferstelle mit einer großen Weide gut aussetzen und an der parallelen *Van der Borchlaan,* Ecke *Burgemeester Serrarislaan* parken *(51.569767, 4.779654).* 200-300 m östlich der ersten Brücke gibt es den kleinen Platz *Ginnekenmarkt*. Dort oder in der schönen Altstadt von **Breda** kann man an warmen Sommerabenden wunderbar in einem der ***Straßencafés*** sitzen und die Tour ausklingen lassen.

Weitere Routen an der Mark (rote Routen, kleine Punkte)

(1) Wem die beschriebene Route zu kurz ist, kann es mir gleichtun und folgende **U-förmige Tour (35 bzw. 37,2 km)** paddeln: Start im hübschen Dorf **Zundert**, dem Geburtsort Van Goghs, an der Brücke der Straße nach Meer (Meirseweg, *51.472262, 4.677881).* Auf der ***Aa*** (auch ***Weerijs*** genannt) 15 km bis zur Mündung in die ***Singelgracht*** von **Breda** paddeln. Bis dahin sind ***4 Wehre*** zu ***umtragen***. Bei der Krautfanganlage direkt vor der großen Ringstraße, früher eine umständliche Portage, ist eine Durchfahrt für Kanuten gebaut worden.

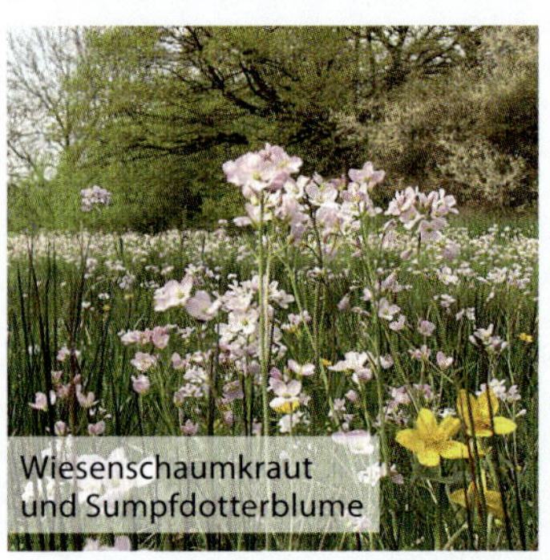
Wiesenschaumkraut und Sumpfdotterblume

Die Altstadt von **Breda** auf der ***Singelgracht*** im Uhrzeigersinn 3,2 km umrunden oder gleich nach rechts 1 km zur ***Mark*** fahren. Dieser 19 km nach Süden bis zum belgischen Dorf **Meer** folgen (dabei ***3 niederländische*** und ***3 belgische Wehre*** umtragen). 5 km Fußweg ohne oder mit Kanutransport auf dem Bootswagen auf breitem Radweg vom belgischen Zielort **Meer** zurück nach **Zundert**.

Leider führt die ***Aa*** meist tief eingeschnitten durch Maisfelder. Trotz einiger kurzer, renaturierter Abschnitte ist es eine interessante, aber keine wirklich attraktive Tour.

(2) Der Unterlauf der ***Mark (Beneden Mark)*** führt **38 km** von der ***Singelgracht*** in **Breda** nordwärts als kanalartige Schifffahrtsstraße ohne gute Sicht auf die Umgebung (auf Dauer eher langweilig) durch Fluss- und Seemarschgebiete zum Deltaarm ***Volkerak***. Auf den letzten Kilometern heißt sie ***Dintel***. Auch die dort abzweigende Verbindung über den ***Mark Vlietkanaal,*** das ***Roosendaalse*** und ***Steenbergse Vliet*** lohnen nicht wirklich die Mühe.

Camping Markdal bei **Standaardbuiten** (22 km östl.) an der ***Mark*** (www.campingmarkdal.nl).
Camping De Uitwijk in **De Heen** (40 km östl.) am ***Steenbergse Vliet*** (www.de-uitwijk.nl).

Ergänzende Infos zur Mark (Bovenmark)

Fahrtenmöglichkeiten

Man kann etliche Kilometer oberhalb der genannten Einsetzstelle starten. Der Abschnitt der Marc (in Belgien mit „c") ist oberhalb von Meersel-Dreef nicht so schön wie unterhalb.

1 km weiter der Aussetzstelle trifft die Mark auf die Singelgracht, auf der man die Altstadt von Breda komplett umrunden kann. Leider ist die Gracht tief eingeschnitten und laut.

Befahrbarkeit, Schwierigkeit

Die Mark ist problemlos für Anfänger fahrbar und, da strömungslos, auch in Gegenrichtung.

Umtragestellen

3 Wehre umtragen, einfach.

Bestimmungen

Keine besonderen Bestimmungen.

Campingplätze

Keine direkt an der Bovenmark, aber viele in der Umgebung, z.B. *Camping Liesbos* westlich von **Breda** (www.camping-liesbos.nl) und Minicamping *Hof van Overveld* in **Prinsenbeek** (www.hofvanoverveld.nl).

Kanuvermietung

Beleef Breda in **Breda** nahe der Festung (www.beleef-breda.nl).

Karten und Infomaterial

Keine nützliche ANWB-Waterkaart.

Die *Wanderkarte „Baronie van Breda"*, 1:25.000, von Falk + Staatsbosbeheer zeigt das Gebiet der Tour von Meersel-Dreef bis unterhalb von Breda sehr detailliert, aber nicht die Bereiche „Weitere Routen".

Der beschriebene Bereich ist auch auf der *Fietskaart 17 West- en Midden Brabant met Baronie van Breda*, 1:50.000, von Falk gut zu sehen.

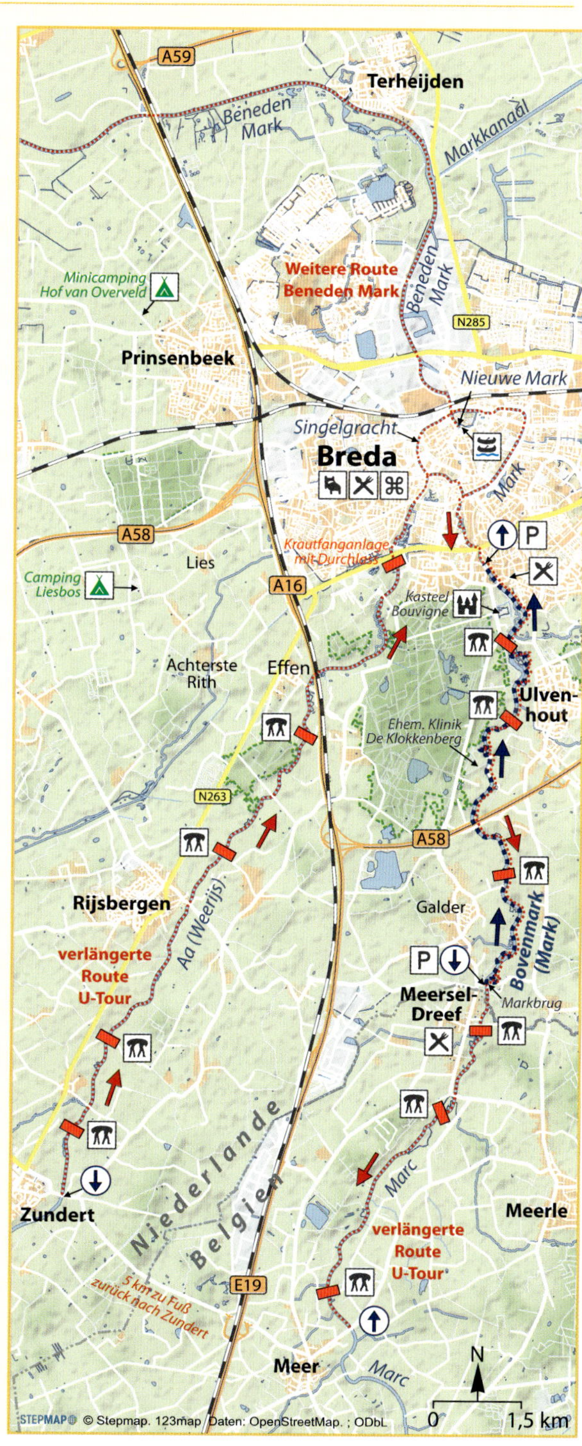

Tour 8 c – Dommel, 15, 8 und 43 km

Die Dommel ist die Hübsche im Süden, ein Flüsschen wie gemacht für Kanuten. Sie schlängelt sich auf ihrem 90 Kilometer langen, fahrbaren Lauf zum größten Teil durch eine schöne Wald- und Wiesenlandschaft, mit Resten von Heide, Mooren und Binnendünen. Es geht an einigen hübschen Dörfern, kleinen Städtchen, Herrenhäusern und Wassermühlen vorbei.

Man kann, mit Ausnahme einiger Kilometer bei Valkenswaard und einem kurzen Stück in Eindhoven, den gesamten Wasserweg von der belgischen Grenze bis zur Maas paddeln, aber zwei Abschnitte sind besonders lohnend: die Malpie-Route innerhalb des Oberlaufs und der Abschnitt zwischen Son en Breugel und ´s-Hertogenbosch im unteren Teil.

Oberlauf Dommel (blaue Route), 15 km

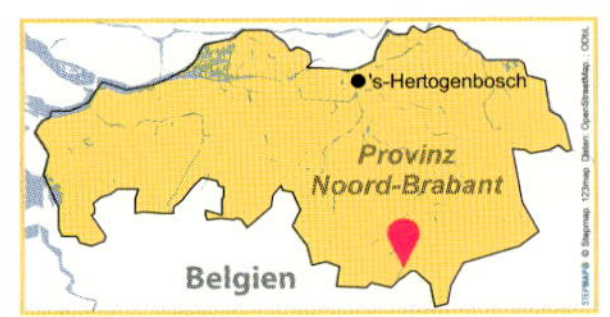

Die ***Dommel*** ist ab dem belgischen Städtchen **Neerpelt** zuverlässig fahrbar (außer in trockenen Sommern). Ob man tatsächlich paddeln darf, hängt allerdings vom Pegelstand im niederländischen Borkel ab. Dazu mehr in den ergänzenden Angaben.

Beim ausgeschilderten, kostenlosen *Parkplatz* (Tussenstraat, *51.237667, 5.419751)* unterhalb des Kanals ***Kanaal Bocholt-Herental*** bzw. ***Kempenkanaals*** beginnt der schönste Abschnitt des gesamtes Flusses. Die 15 km bis zur idyllischen Venberger Mühle bei Valkenswaard sind entsprechend beliebt bei den Kanufahrern. Mit leichter Strömung, weitgehend naturbelassen und ohne jedes Hindernis, geht es durch die zum Teil engen Kurven. Das Flussbett ist zunächst noch schmal, wird aber allmählich breiter. Man paddelt durch die urwüchsigen *Naturschutzgebiete Hageven* und *Malpie*. Dazwischen ist das Doppeldorf **Borkel en Schaft** mit *Cafés, Mühle, alter Kirche* der einzige Ort auf dem Weg nach Valkenswaard. An zwei Brücken vor (Straße Peedijk) und hinter (Dorpstraat) **Borkel** gibt es Ein- und Aussetzstellen mit *Picknick-* und *Parkplätzen*. Darüber hinaus kann man unterwegs bei drei *gekennzeichneten Rastplätzen* und bei einer Gastronomie in Borkel eine Pause einlegen.

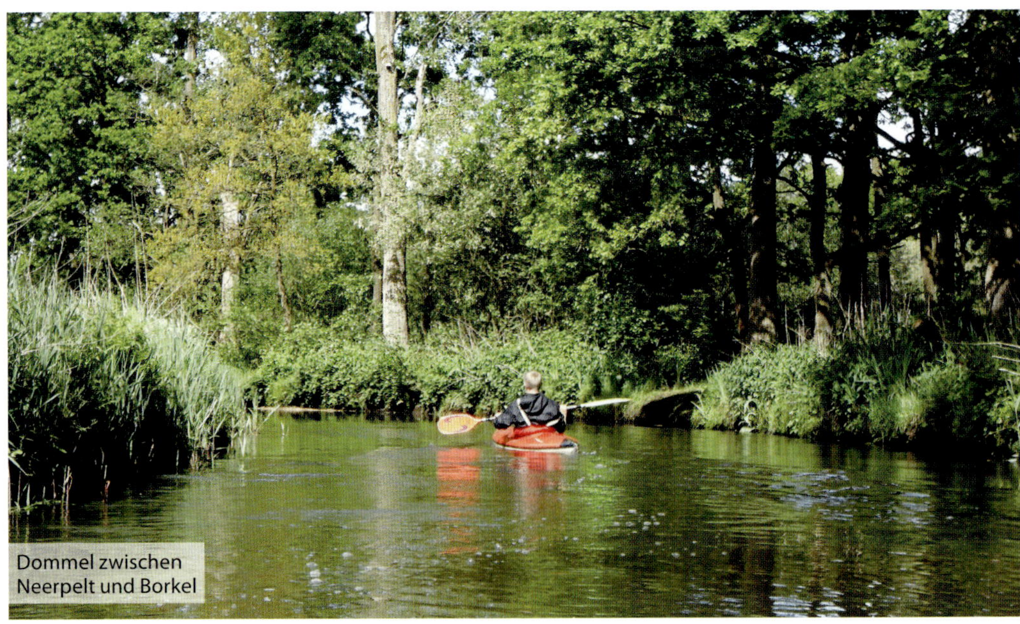
Dommel zwischen Neerpelt und Borkel

Die nächste *Einkehr* und üblicher *Endpunkt* der Route ist vor **Valkenswaard** bei der alten Venberger Wassermühle *De Venbergse Watermolen* (Molenstraat, *51.336686, 5.445335)*. In dem attraktiven *Kaffeegarten* kann man die Unternehmung ausklingen lassen.

Von der *Venbergse Watermolen* bis kurz hinter der *Loondermolenbrug* (Dommelseweg, *51.368064, 5.435145)* im Westen von **Valkenswaard** ist die Dommel auf **5 km** seit einiger Zeit **gesperrt.** Um dieses Teilstück zu umgehen, ist ein 5 km langer Fußmarsch mit Bootswagen nötig.

Fortsetzung bis Eindhoven (blaue Route, kleine Punkte), 8 km

Um bis Eindhoven zu paddeln, setzt man am besten nahe **Waalre** bei an der dritten *Wassermühle*, der *Volmolen* (*Café, Camping, Kanuverein)* wieder ein (ab *Venbergse Watermolen* 7 km zu Fuß).

Gut 3 km weiter muss eine ***Krautfanganlage*** unterhalb des wenig idyllischen *Autobahndreiecks de Hogt* ***umtragen*** werden. Dass man anschließend am Rand der Großstadt **Eindhoven** entlang paddelt, ist kaum zu merken. Der kleine See ***Klotputten*** liegt auf der Strecke. Nach zwei Kilometern muss am Beatrixkanal-Ableiter im Stadtteil **Gestel** das ***Wehr*** rechts ***umtragen*** werden. Es folgen Pferdewiesen mit Kopfweiden am Wasser, gefolgt von einem renaturierten Sumpfgelände mit der romantischen *Genneper Watermolen* in einem Park. Das ***Wehr*** davor kann bei offenem Schott mit flotter Strömung ***befahren*** werden. Umtragen wäre auch nicht schwierig. Gegenüber der Mühle ist eine Art Schattenriss aus Stahl zu sehen. *Er soll VanGogh darstellen, der die Mühle 1884 gemalt hat.*

Vor der *Straßenbrücke Doctor Schaepmanlaan* wird die Fahrt auf der oberen ***Dommel*** beendet (die **Durchfahrt Eindhoven** ist **gesperrt**). *Parken* in der parallelen Van Meursstraat *(51.428918, 5.477251)*.

Anschluss Karte nächste Seite

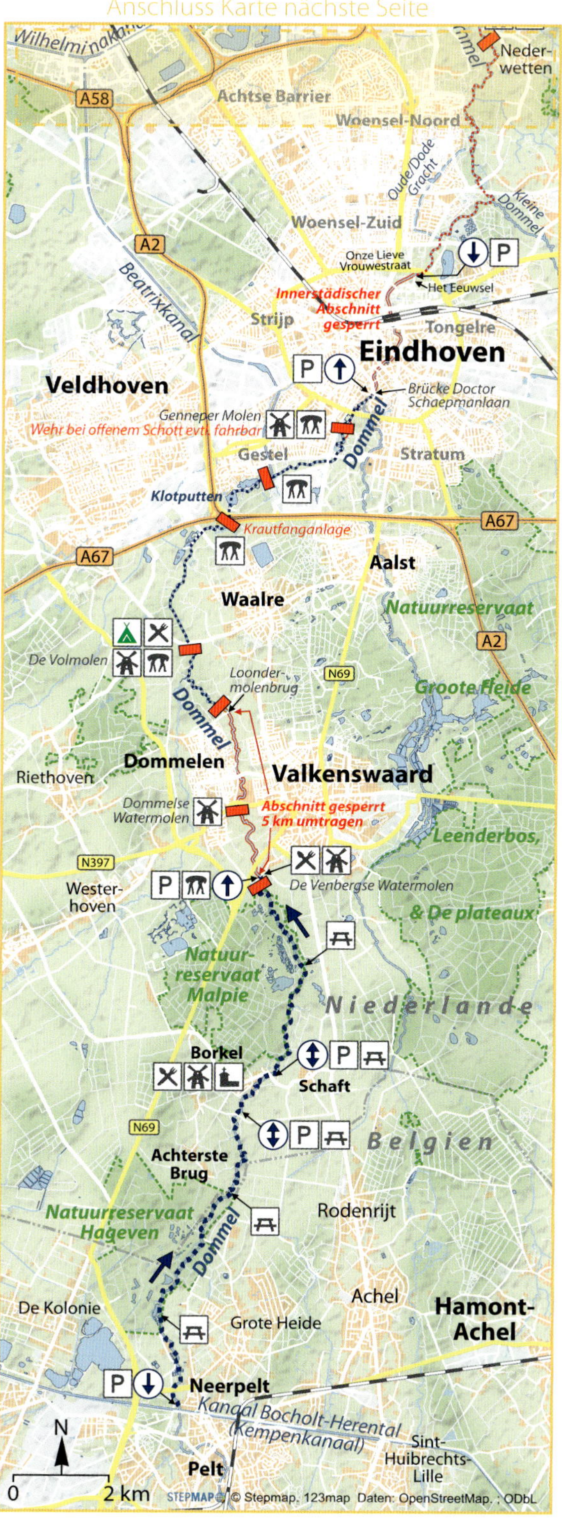

Unterlauf Dommel (rote Route) bis zur Mündung in die Dieze:
54 km ab Eindhoven, **43 km** ab Son en Breugel

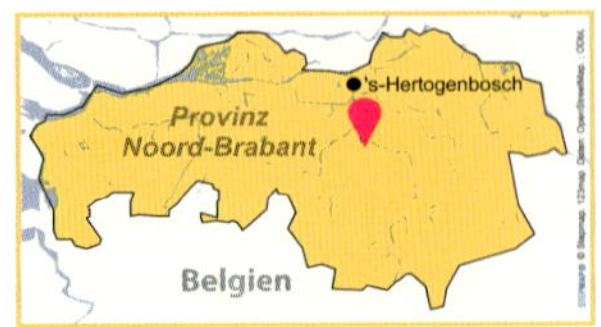

Eindhoven *war ein 4.000-Einwohner-Ort im besonders armen Kempenland, ehe Anton Philips 1891 begann, im Fließbandverfahren billige Glühlampen herzustellen. Philips ist heute ein Weltkonzern und Eindhoven eine Industriestadt mit 200.000 Menschen und einem für meinen Geschmack hässlichen Zentrum. Gerühmt werden von Kennern die moderne Architektur auch in den äußeren Stadtteilen und die interessanten Museen wie das Evoluon für Technik und Wissenschaft, dessen futuristische Form an ein im Stadtzentrum gelandetes UFO erinnert.*

Unterhalb der **Eindhovener** Innenstadt gibt es nahe der Brücke der ***Straße „Het Eeuwsel"*** eine ***Einsetzstelle*** *(51.450266, 5.486811)*. Ab dort darf man weiterpaddeln.

Der übliche Startpunkt für eine Kanutour auf dem Unterlauf der ***Dommel (Beneden Dommel)*** ist aber der 10 km entfernte Nachbarort **Son en Breugel,** obwohl die Strecke ab Stadtrand Eindhoven bis hier recht ansprechend ist. Das liegt nicht an dem ***Wehr*** vor der ***Wassermühle Hooidonk,*** das ***umtragen*** werden muss, sondern am ***Wilhelminakanaal***. Die brückenartige Unterquerung der Wasserstraße wird bei höheren Wasserständen nämlich unmöglich. Ein Umtragen wäre sehr aufwendig.

Die komfortable ***Einsetzstelle*** (breite Steinstufen) in **Son en Breugel** befindet sich bei der Brücke der ***Straße „Planetenlaan"*** bzw. der parallelen ***Thermaelaan*** *(51.521314, 5.499878)*. Das Auto kann man beim nahegelegenen ***Parkplatz*** des ***Wellnessresorts Thermae Son*** abstellen.

Das Flüsschen wird immer mehr zu einem Fluss. Die Kurven werden entsprechend ausladender. Die Strömung lässt nach. Man paddelt durch eine wunderbare Wiesenlandschaft. Immer wieder geht es unter den ausladenden Ästen stattlicher Bäume hindurch. Der erste lohnende ***Rastplatz*** (nach einer ***Picknickstelle*** neben der Hauptstraße in **Nijnsel**, bei der man

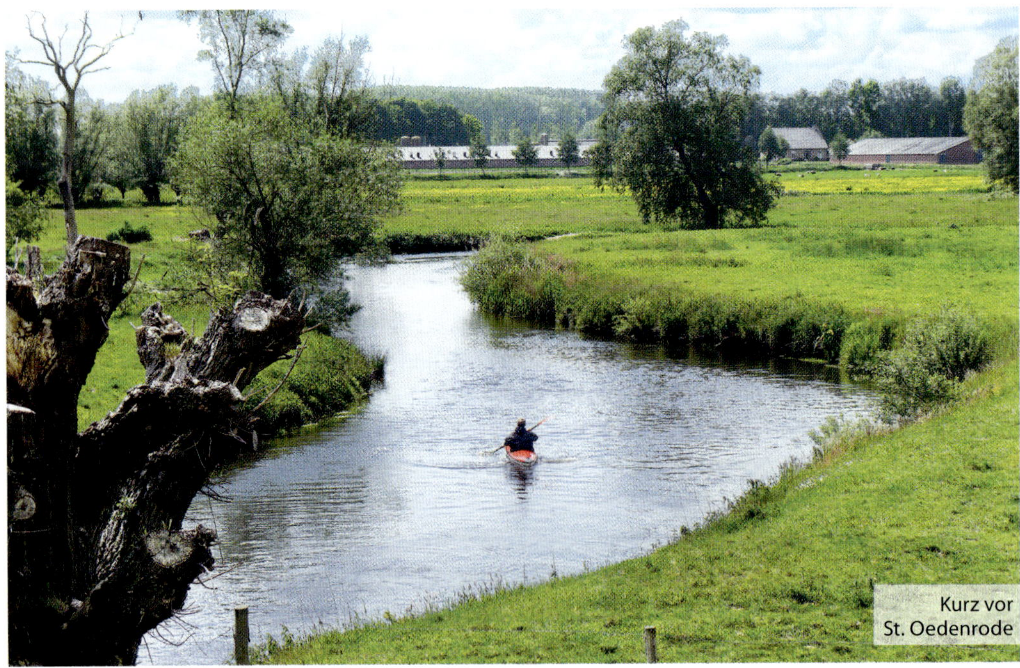
Kurz vor St. Oedenrode

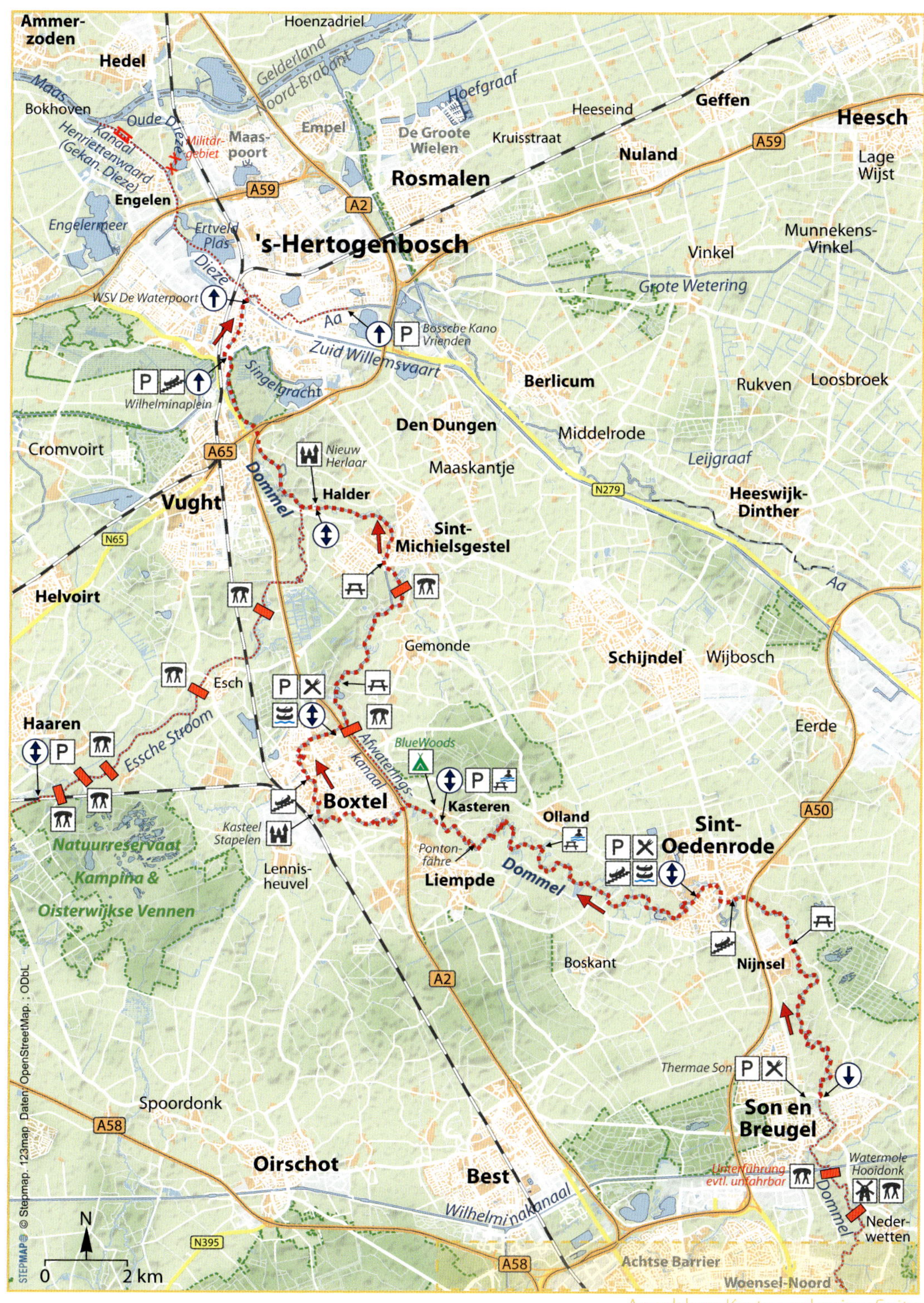

Anschluss Karte vorherige Seite

Tour 8 c – Dommel, 15, 8 und 43 km

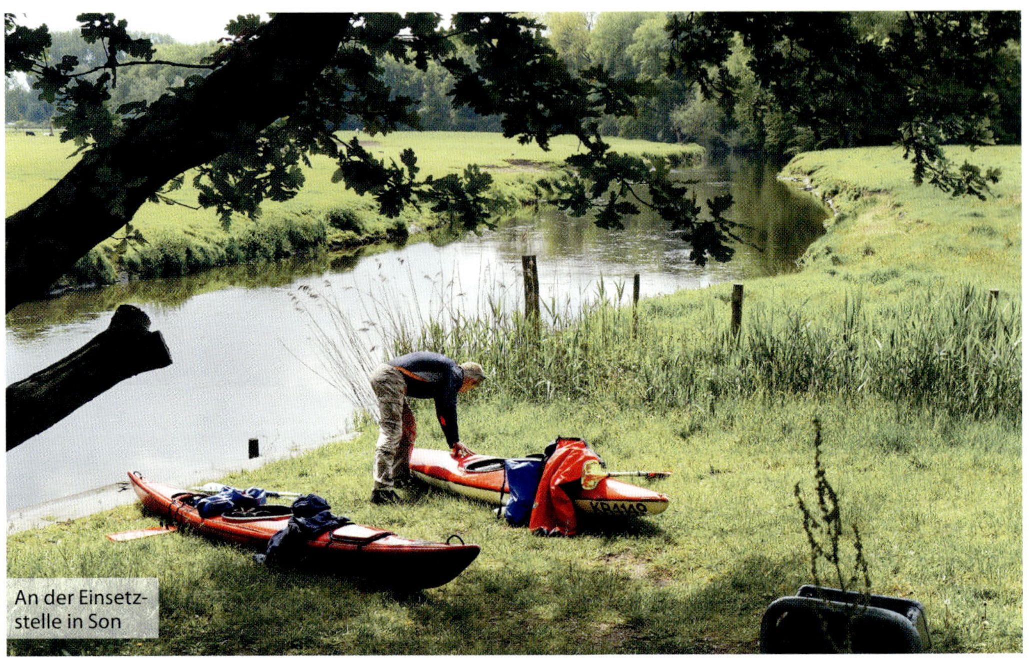

An der Einsetzstelle in Son

nicht gut aus dem Wasser kommt) ist der kleine *Park* im Städtchen **Sint-Oedenrode.** *Ein riesiger Holzschuh erinnert daran, dass der Ort einst Zentrum der Holzschuhherstellung war. Grundlage waren die auch heute noch zahlreichen Pappeln in der Gegend.*

Etwa 250 Meter nach Unterfahrung der Autobahnbrücke gibt es eine niedrige ***Staustufe***, (Km 56,5) die mittels einer ***Bootsrutsche („Kanogoot")*** problemlos überwunden werden kann, und nachfolgend mehrere ***Mini-Schwälle.*** Rund 1 km weiter trifft man auf eine zweite ***Stufe*** inkl. Slalomstrecke „Eddy Rode" (Eddy steht für Schwälle und Rode als Kurzform für die Ortsbezeichnung **Sint-Oedenrode**) mit einer ähnlichen ***Bootsrutsche***. Unsichere Kanuten können dank der Ein- und Aussetzstellen vor und hinter den Hindernissen diese auch ***umtragen***. Neben dieser Stufe gibt es an einem Sportplatz ausreichend *Parkmöglichkeit*, so dass man die Tour gut beenden oder unterbrechen kann. Auch der ***Hooidonkse Kano Club*** hat hier sein Zuhause, daher die Slalomstrecke. Man kann direkt hinter der Staustufe oder 50 m weiter, wo die Strömung deutlich geringer ist, aussetzen. Zu erreichen sind Parkmöglichkeiten und Kanuverein über die Dommelstraat (Straße Dommelpark, *51.565740, 5.457102). Cafès* und *Einkaufsmöglichkeiten* finden sich am alten Marktplatz im nahen Zentrum.

Unterhalb von Sint-Oedenrode bleibt die ***Dommel*** ein wunderbares Paddelgewässer. Sie mäandert durch eine schöne Wiesenlandschaft. Häuser sieht man selten. Auch das Dorf **Olland** hält Abstand vom Fluss. Dort gibt es den nächsten offiziellen *Rastplatz*. Das scheint gleichzeitig die *Badestelle* des Dorfes zu sein, ungeachtet des Hinweises der Behörde auf die mäßige Wasserqualität.

Bei **Liempde** kreuzt eine handbetriebene ***Pontonfähre*** den Fluss. Kurz darauf folgt in Ufernähe ein Turm, dem vor vielen Jahren die Kirche nach einem Blitzeinschlag abhanden gekommen ist. Hinter der nachfolgenden Brücke bei **Kasteren** gibt es eine bequeme *Ein- und Aussetzstelle* mit *Picknickplatz* und *Parkraum* für einige Autos (Kasterensestraat, *51.581563, 5.366887*). Der 300 m vom Wassser entfernte *Campingplatz BlueWoods* (die Betreiber bieten auch Kanu-Shuttle an) eignet sich gut als Stützpunkt für eine Tour auf der unteren Dommel.

Kurz darauf teilt sich das Gewässer. Die ***Dommel*** zweigt nach links ab und fließt in einem weiten Bogen durch das Städtchen **Boxtel**, während der Afwateringskanaal den Halbkreis abschneidet und den Ort parallel zur Autobahn umgeht. Das örtliche Fremdenverkehrsbüro und der lokale ***Kanuverein „de Pagaai“*** (= das Stechpaddel) empfehlen an der Stelle auf einem Schild die 9 km lange Route ***„Rondje Boxtel“*** (= Ründchen um Boxtel) über Kanal und Altarm.

Wir folgen dem alten Flusslauf. Er führt uns zunächst an einem Viertel mit Einfamilienhäusern entlang, ehe er sich beim beeindruckenden ***Schloss Stapelen*** *(14 Jh.), das zeitweilig den Assumptionisten, einem katholischen Männerorden, der sich mit Missionen im Kongo, Madagaskar, Brasilien und Neuseeland hervortat,* zur Stadtmitte wendet. Hier (Km 74) kann ein ***Wehr*** unter einer Brücke über eine flache ***Bootsgasse*** überwunden werden. Die Bauweise sorgt dafür, dass man trotz zweier leichter Knicks im Verlauf nicht gegen die Wände stößt.

Hinter der Autobahnbrücke trifft der Fluss wieder auf den Kanal. Wenn man die Runde um Boxtel vervollständigen will, muss man hier (kanalaufwärts) ein Wehr umtragen. Kurz vor der Wiedervereinigung führt ein kurzer Stichkanal zum erwähnten *Kanuclub*. Dort kann man, wenn geöffnet ist, ***ein- und aussetzen***, ***parken*** oder ***Kanus mieten*** (Straße De Voetboog, *51.599736, 5.331669)*. Bei der Besichtigung von **Boxtel** erweist sich vor allem der alte ***Marktplatz*** als sehenswert (mit einigen ***Cafés*** und ***Restaurants***).

Unterhalb der Stadt wird die ***Dommel*** noch breiter. Es ist nun keine Strömung mehr feststellbar. Wir paddeln über einen kleinen See, dann unter ausladenden alten Bäumen hindurch. Drei schöne Bauernhäuser stehen am Ufer. Vor **Sint-Michielsgestel** (bei Km 81) zwingt ein ***Wehr*** zum ***Umtragen*** (das einzige Wehr ohne Bootsrutsche oder Bootsgasse zwischen Son en Breugel und Maas). Kurz darauf ist der Ort erreicht. Die ***Dommel*** wird nun kanalartig. 2 km weiter in **Halder** findet sich gegenüber dem ***Schlösschen Nieuw-Herlaar*** die offizielle ***Aussetzstelle*** (Straßenname wie der Ort: Halder, *51.649757, 5.324569)*. Hier zeigt sich der Fluss noch einmal von seiner dörflich geruhsamen Seite.

Die letzten 5 km bis **´s-Hertogenbosch** („des Herzogs Wald“) oder **Den Bosch**, wie die Einheimischen kurz sagen, sind nicht mehr so lohnend. Dafür ist das historische Zentrum der Provinzhauptstadt ein überaus attraktives Ziel. An einer ersten T-Kreuzung wird die ***Dommel*** Teil des ehemaligen Singels (Stadtbefestigung). Der rechte Wasserarm ist eine Sackgasse. Man folge dem linken Abzweig. Kaum abgebogen, hilft eine ***Bootrutsche*** über ein niedriges ***Wehr*** hinweg. Danach geht es sofort nach rechts. 1 km weiter mündet der Fluss (Km 89) in die ***Dieze***. Aussetzen kann man direkt an der Mündung an einem ***Kanusteg*** beim ***WSV De Waterpoort.***

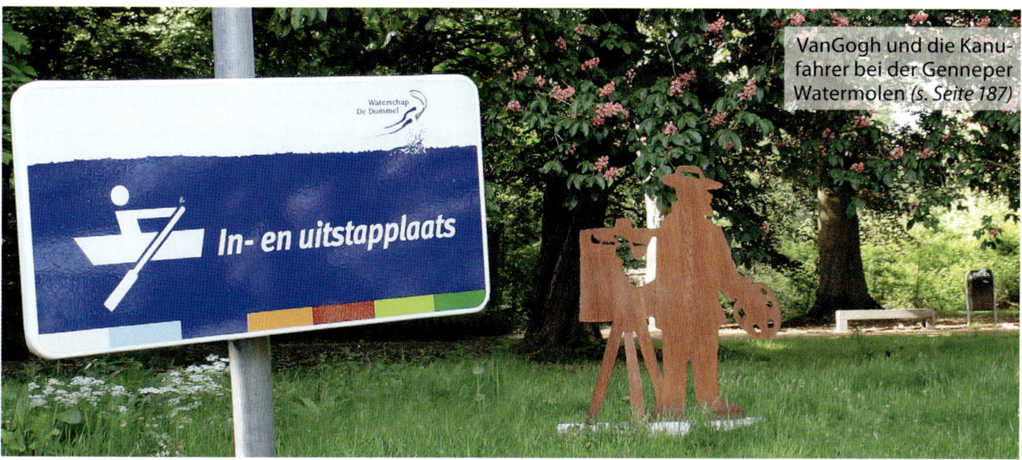

VanGogh und die Kanufahrer bei der Genneper Watermolen *(s. Seite 187)*

Dort könnte man auch das Boot für eine Besichtigung der hübschen Altstadt lassen. Man kann ebenso nach einem U-Turn ein Stück in Richtung Stadtmitte paddeln, kommt allerdings nicht weit. Von der teilweise sehr schönen Altstadt ist vom Wasser aus wenig zu sehen. Es empfiehlt sich daher unbedingt ein Spaziergang. Wer seine Fahrt in **Den Bosch (´s-Hertogenbosch)** beenden möchte, kann das entweder an der ***Dommelmündung*** (parken schwierig) oder 1 km oberhalb bei der Bootsrutsche (Wilhelminaplein, *51.682970, 5.293571*, ***parken*** kostenpflichtig) machen. Oder man fährt noch ca. 2 km die ***Aa*** hoch bis zum Klubhaus der ***Bossche Kano Vrienden*** (Maassingel 472, parken im Eemweg).

Die 6,5 km bis zur Mündung der ***Dieze*** in die ***Maas*** sind nicht schön, denn der Fluss ist ein besserer Industriekanal. Der Altarm ***Oude Dieze,*** der bei **Engelen** zum Schöpfwerk abzweigt, darf nicht befahren werden (militärische Zone). Wer zur ***Maas*** möchte, sollte auf dem ***Schleusenkanal (Kanaal Henriettenwaard*** oder ***Gekan. Dieze*** genannt) der motorisierten Schifffahrt folgen und sich mitschleusen lassen.

Ergänzende Informationen zur Dommel

Das Dommel-Flusssystem

Die ***Dommel*** misst ab **Neerpelt** in voller Länge **91 km**, zusammen mit ***Dieze*** und ***Schleusenkanal (Kanaal Henriettenwaard)*** bis zur Mündung in die ***Maas*** **97,5 km**.

Die Dommel spannt mit ihren Nebenflüssen einen großen Fächer auf. Leider ist die Befahrung der meisten Zuflüsse ganz oder auf Abschnitten verboten. Da sich das in den letzten Jahren mehrfach geändert hat, am besten für den aktuellen Stand die Karte auf der Homepage des *„Waterschap De Dommel“* (s. rechts „Karten & Infos“) anschauen.

Erlaubt sind demnach nur der ***Essche Stroom*** mit seinen Quellbächen ***Reusel/Achterste Stroom*** (unterhalb Wilhelminakanaal) und ***Voorste Stroom*** (ab der Mündung der Nieuwe Leij bei Tilburg) sowie die ***Aa***, die in ´s-Hertogenbosch in die Dieze mündet.

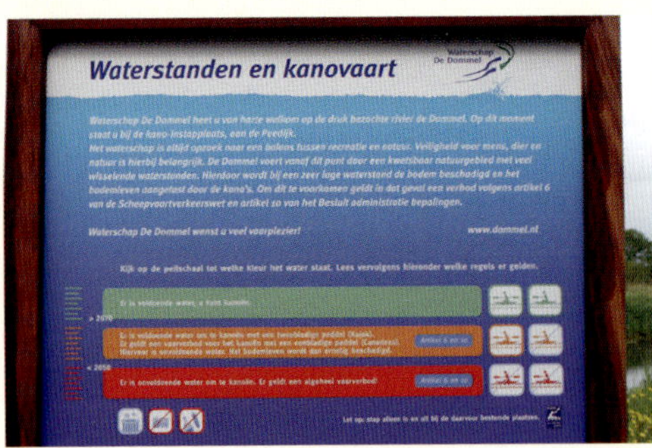

Die ***Reusel*** ist auf einigen Kilometern ganz schön, im Spätsommer aber u.U. stark verkrautet. Die anderen genannten Gewässer sind nach meinem Geschmack nicht lohnend. 5 x umtragen in Reusel ab Waterhoefstraat in Moergestel und Essche Stroom bis Mündung in die Dommel.

Fahrbarkeit

Der Abschnitt ab Neerpelt (Belgien) ist in trockenen Sommern evtl. nicht fahrbar.

Ob man den niederländischen Abschnitt paddeln darf, hängt vom Pegel an der Einsetzstelle an der Straße Peedijk bei Borkel ab.

Auf Schildern am Gewässer (siehe unten links) wird erklärt, wann und mit welchen Booten der Wasserstand eine Fahrt erlaubt:

Ist die **grüne Farbe** auf dem Pegel zu sehen, darf man mit Kajaks und Canadiern paddeln.

Bei **Orange** darf man mit Kajaks (Doppelpaddel), aber nicht mit Canadiern (Stechpaddel) fahren.

Bei **Rot** ist die Fahrt für alle verboten.

Unterhalb von Valkenswaard dürfte der Wasserstand immer ausreichen.

Bestimmungen

In **Eindhoven** darf der ***innerstädtische Abschnitt*** zwischen der Brücke der Doctor

Schaepmanlaan Straße und der Straße Het Eeuwsel nicht befahren werden (würde auch nicht lohnen).

Der ***Flussabschnitt unterhalb der Venberger Mühle*** westlich von **Valkenswaard** darf auf 5 km nicht befahren werden.

Der Altarm ***Oude Dieze***, der bei **Engelen** (nordwestlich von ´s-Hertogenbosch) rechts abzweigt, darf nicht befahren werden.

Campingplätze

Direkt an der Dommel liegt nur der Platz *De Volmolen* bei **Waalre** (www.devolmolen.nl).

Günstig für die untere Dommel liegt der *Camping BlueWoods* in **Kasteren**, 300 m entfernt vom Fluss.

Es gibt weitere Plätze. Sie liegen aber alle weiter vom Wasser entfernt.

Hotels, B&B

gibt es in allen größeren Orten, z.B. **Valkenswaard, Eindhoven, Sint-Oedenroede, Boxtel, Sint-Michielsgestel, ´s-Hertogenbosch.**

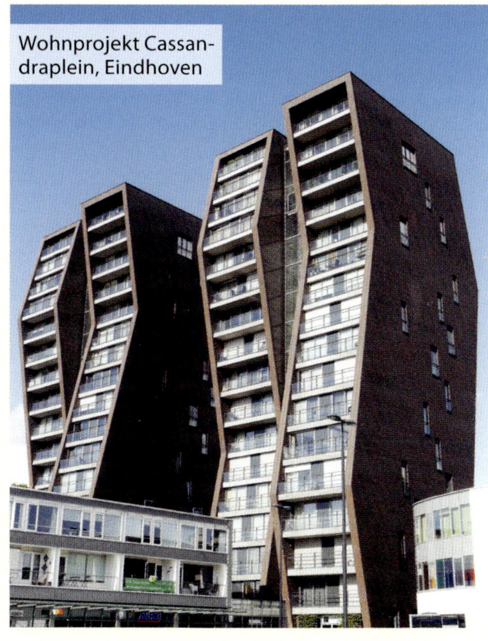

Wohnprojekt Cassandraplein, Eindhoven

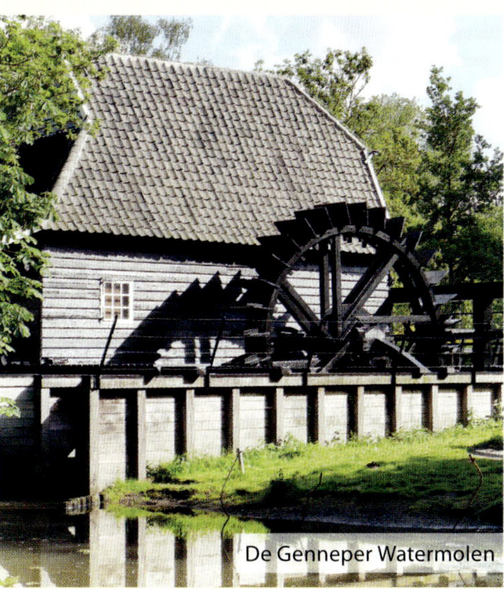

De Genneper Watermolen

Kanuvermietungen Oberlauf

Neerpeltse Watersport Club in **Neerpelt/ Belgien** (www.nwc.be).

Valkenswaard: *Puur Kano Verhuur* (www.puurkanoverhuur.nl) & *Rofra* (www.rofra.nl).

Kanuvermietungen Unterlauf

Café Dommelzicht in **Sint-Oedenrode** (www.dommelzicht.nl).

Für die Runde ***„Rondje Boxtel“*** in **Boxtel**: *Kanuverein de Pagaai* (www.depagaai.nl).

Karten & Infos

Von der Internetseite des Unterhaltungsverbandes ***„Waterschap De Dommel“*** lässt sich eine ***„Vaarkaart“*** herunterladen, die das Dommelgebiet mit den erlaubten (blau) und verbotenen Wasserläufen (rot) zeigt: www.dommel.nl/varen und unten auf der Seite bei „Meer informatie“ auf „Vaarkaart“ klicken. Man kann die Karte vergrößern und die Gegebenheiten sowie die Ein- und Aussetzstellen u.a. sehr gut lokalisieren.

Es gibt für das Dommelgebiet keine nützliche ANWB-Waterkaart. Sehr gut ist die (Fahrradkarte) ***Fietskaart 18 Kempenland Met de Meijerij,*** 1:50.000, von Falk.

9 – Die Provinz Limburg

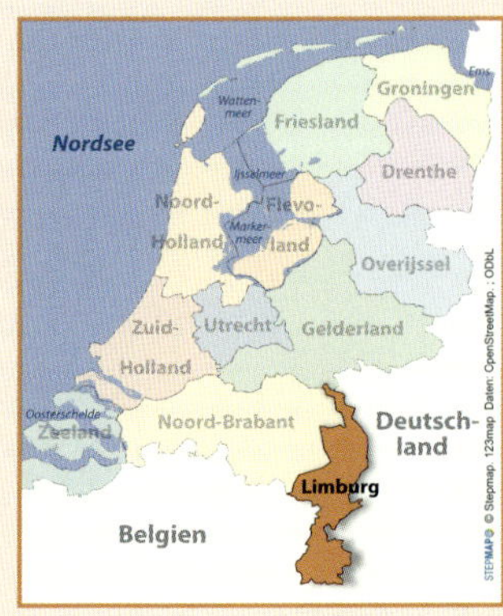

In Limburg ist vieles anders. Vor allem der Süden der Provinz überrascht mit 5% Gefälle auf den Autobahnen, mit Felsen, Bergwerken, ganz uncalvinistischen Traditionen und Festen wie dem Karneval und einer Sprache, die sich wie die rheinländische Version des Niederländischen anhört und die wegen der vielen Dialektwörter für Bewohner der Zentralprovinzen schwer verständlich ist. Diese nennen Limburg wegen der vielen Fremdartigkeiten auch schon mal „Limbabwe". Die Einheimischen hingegen rühmen die burgundische Atmosphäre. Man spüre französische Lebensart. Im alten Ortskern von Eijsden, wenige Kilometer südlich der Hauptstadt Maastricht, kann man sich tatsächlich an die Loire versetzt fühlen. Die alten Bruchsteinhäuser wirken wie von der Sonne verblichen. Alte Leute sitzen am späten Nachmittag vor einem Hauseingang und trinken Wein. Das stilvolle Lokal gegenüber heißt „Brasserie La Meuse".

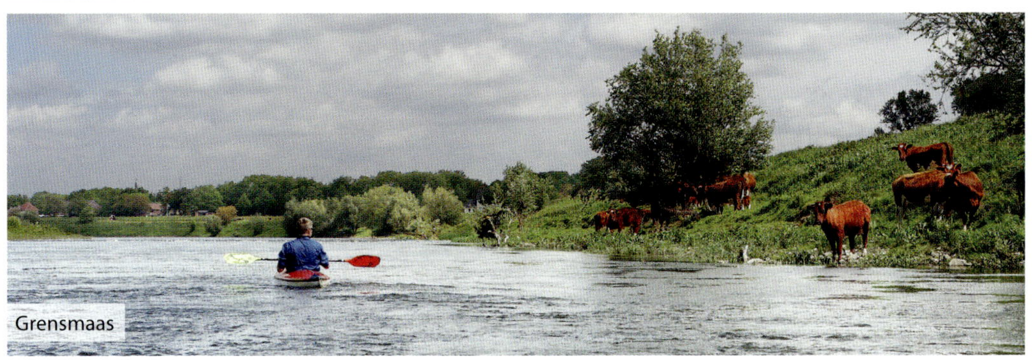
Grensmaas

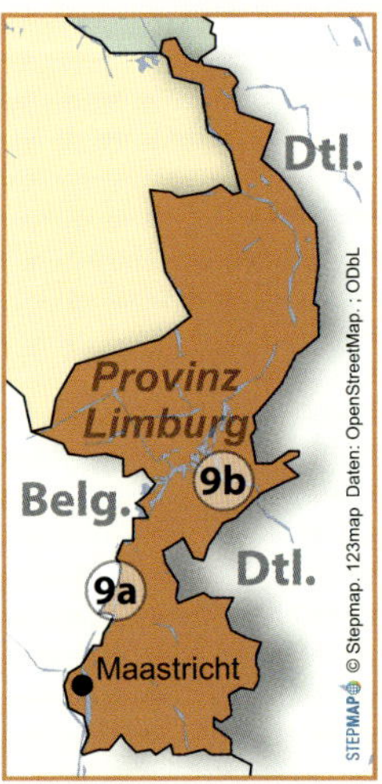

Die Paddelreviere

Ein paar Meter daneben fließt sie träge vorbei, die Meuse, die gerade Belgien verlassen hat und nun Maas genannt wird. Sie ist, von einigen Schifffahrtskanälen abgesehen, der einzige fahrbare und uneingeschränkt erlaubte Wasserlauf in der Provinz. Unter Paddlern ist vor allem der Abschnitt unterhalb Maastrichts beliebt. Die 40 km lange „wilde" **Grensmaas** (9a) ist vergleichsweise wenig reguliert und kann nicht von motorisierten Schiffen befahren werden.

Da die Provinz schmal ist, kommen die wenigen Nebenflüsse kaum auf nennenswerte Fließstrecken auf niederländischem Gebiet. Zudem ist auf vielen Wasserläufen das Paddeln auf ganzer Länge oder auf Teilstücken ganzjährig oder zeitweilig verboten.

Unter den Zuflüssen scheinen mir vor allem **Roer (Rur), Swalm (Schwalm)** und **Niers** erwähnenswert zu sein, da sie es immerhin auf rund 20 km, 7 km und 10 km bringen und auf diesen Abschnitten attraktiv sind. Wegen der Länge und / oder der erlaubten Zeiten beschreibe ich außer der Maas nur die **Roer (Rur)** (9b) in diesem Buch.

Bestimmungen

Leubach, Molenbach, Selzebach und ***Geul*** dürfen nicht befahren werden.

Tungelroysebeek, Uffelsebeek und ***Groote Molenbeek*** dürfen auf Teilstücken und nur zu bestimmten Zeiten befahren werden.

Frei befahrbar sind ***Oude Helenavaart, Helenavaart*** und ***Kanaal van Deurne*** – soweit sie zu Limburg gehören.

Die ***Niers*** darf nur vom ***1.6.-30.9.*** befahren werden und nur zwischen deutscher Grenze und Gennep (also nicht bis zur Mündung in die Maas). Das Einsetzen ist schwierig, außer bei einer Kanuvermietung. Auch der letzte Kilometer in Deutschland darf nicht befahren werden, was für das Durchfahren eine längere Umtragung nötig macht.

Die ***Swalm*** darf nur vom ***1.10.-1.4.*** und die ***Roer (Rur)*** vom ***1.6.-1.10.*** befahren werden.

Zusätzlich benötigt man für die die Befahrung der ***Roer (Rur)*** eine ***Genehmigung*** der Wasserbehörde, siehe Seite 204.

Tour 9 a – Grensmaas, 40 km

In den französischen Regionen Lothringen und Champagne ist die Maas der Canal de la Meuse (Maaskanal) und auch in Belgien hat man sie für die Schifffahrt mit zahlreichen Schleusen und Wehren reguliert. In den Niederlanden darf sie unterhalb von Maastricht noch einmal relativ frei fließen.

Auf diesen 40 km ist sie vermutlich der Fluss mit der stärksten Gefälleströmung des Landes, abhängig von den sehr stark schwankenden Wasserständen. Es gibt sogar einige Schwälle. Ohne Spritzdecke kann man richtig nass werden oder bei ausreichend ungeschicktem Verhalten auch kentern. Da sie hier zudem die Grenze zu Belgien bildet, wird dieses Teilstück bis Maasbracht in leichter Übertreibung „wilde" Grensmaas genannt.

Auf der Maas zu paddeln, ohne sich vorher **Maastricht** *anzusehen, wäre ein Fehler. Die lebendige Altstadt ist wegen der 1.600 Baudenkmäler, winkeligen Gassen mit vielen Straßencafés und dem besonderen Flair mindestens einen ausgedehnten Spaziergang wert. Und wer länger bleibt, kann einen netten Abend auf einem der hübschen Plätze verbringen. So bereichert, lässt sich die Kanutour noch besser beginnen.*

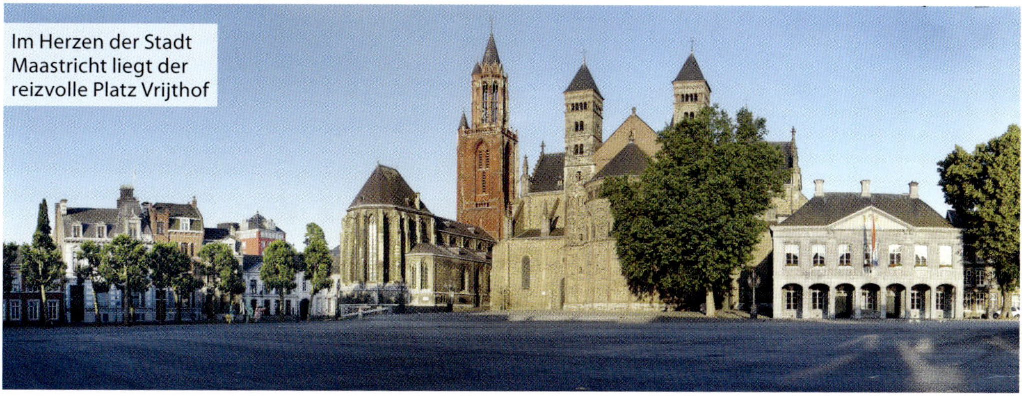

Im Herzen der Stadt Maastricht liegt der reizvolle Platz Vrijthof

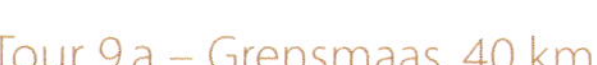

Anschluss Karte rechts

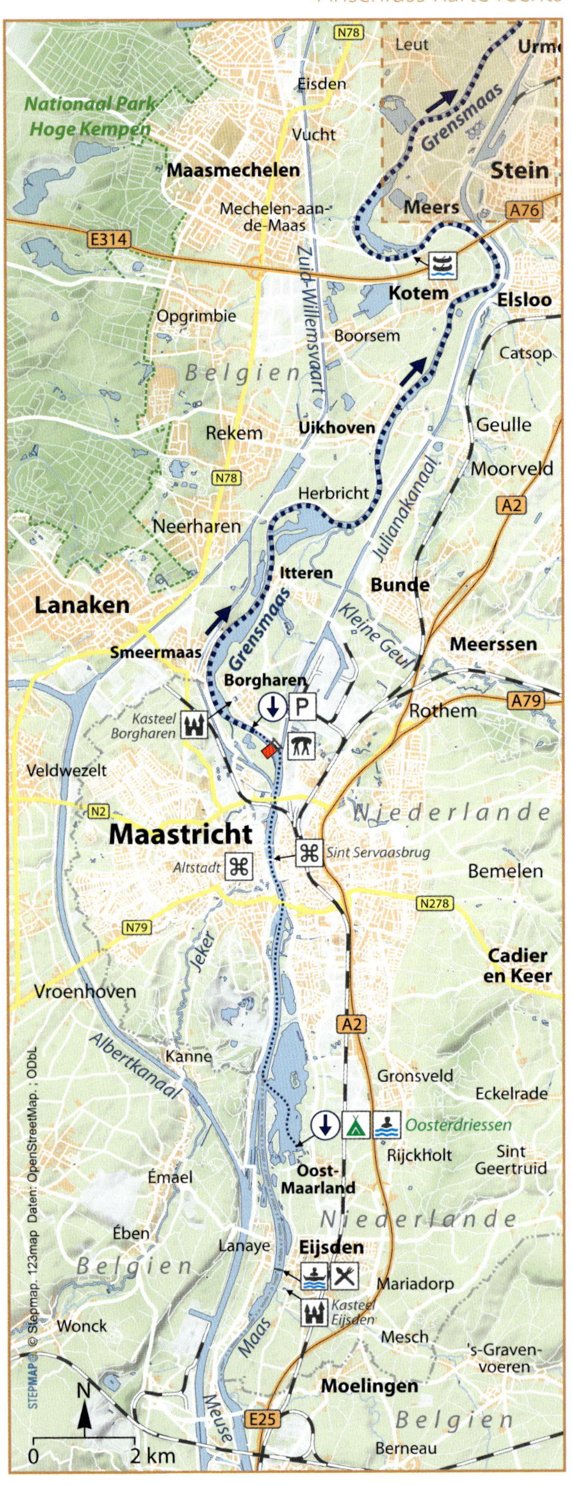

Tour 9 a – Grensmaas, 40 km

Am nördlichen Stadtrand von **Maastricht** teilt sich der Wasserweg: Die Binnenschiffe und Yachten fahren geradeaus in den Julianakanaal, während das Wasser nach links über ein großes ***Wehr*** ins alte Flussbett strömt. Zwischen dem Wehr und dem nahen Dorf **Borgharen** lässt sich bei einem kleinen *Parkplatz* mit betoniertem Weg zum Wasser hinunter gut ***einsetzen*** (Straße Bovenstraat bzw. Verlängerung Sluisdijk, *50.872562, 5.692545*, ca. Maas-Km 16).

Die ***Grensmaas*** ermöglicht zwar keine „abenteuerliche Wildwasserabfahrt", wie ein Kanuvermieter in seinem Faltblatt schreibt, jedoch ein bis zwei schöne Tage auf einem angenehmen Paddelgewässer. Von Mai bis Spätsommer paddelt man meistens recht tief im Flussbett. Dennoch sind das *Kasteel Borgharen* und die Häuser von **Smeermaas**, **Itteren** und anderen Dörfern zu sehen. Insgesamt wirkt die Gegend vom Wasser aus verträumt ländlich. Die Geschäftigkeit spielt sich punktuell am begleitenden Julianakanaal ab. Die Maas kommt dem Schifffahrtsweg auf ihrem kurvigen Verlauf hin und wieder nah. In **Elsloo** ist der Abstand so gering, dass man sogar die Binnenschiffe in der erhöhten Wasserstraße fahren sehen kann.

Es folgen eine Autobahnbrücke und das Dorf **Meers**. Dort hat man in den letzten Jahren einen ehemaligen *Baggersee* so mit der Maas verbunden, dass eine naturnahe Wasserlandschaft mit Flachwasserzonen und Inseln entstanden ist. Hier legen wir eine längere Pause ein. Am gegenüberliegenden belgischen Ufer bei **Koten-Geneut** hat die ***Kanuvermietung „Kajak Maasland"*** ihren Stützpunkt *(50.955725, 5.736600)*.

Ein paar Kilometer weiter erreicht man den Ort **Berg aan de Maas (Berg)**. Hier quert eine ***Gierseilfähre*** den Fluss. Solche Fähren nutzen, an einem langen

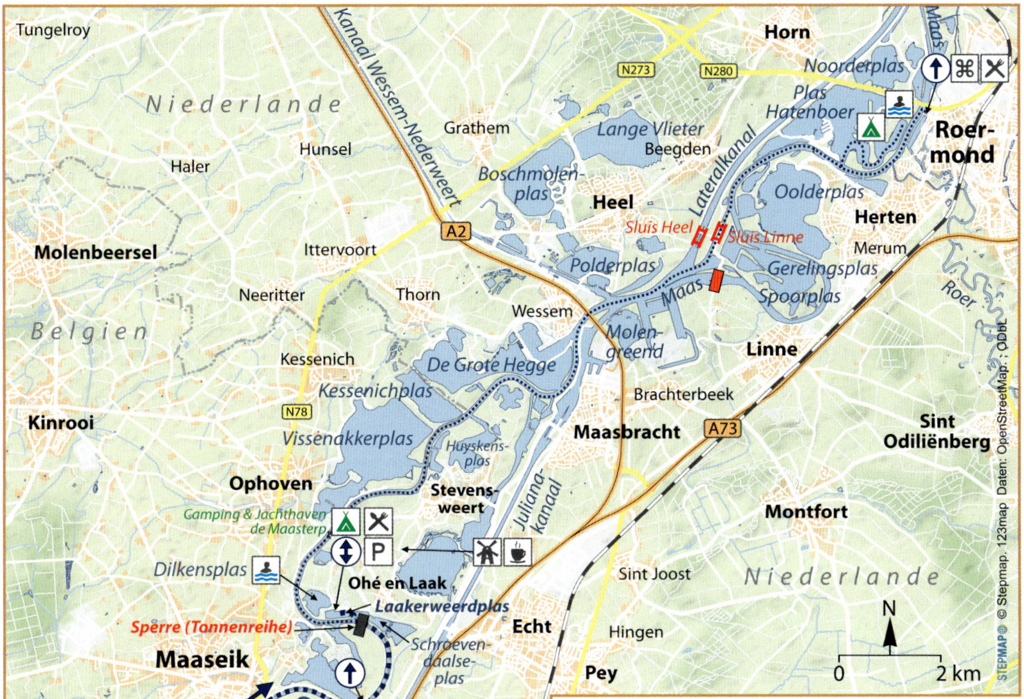

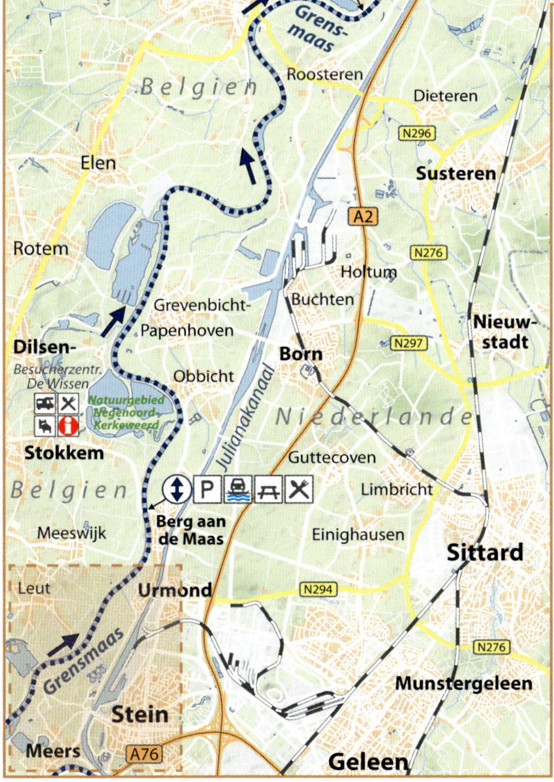

Tungelroy
Horn
N273
N280
Maas
Noorderplas
Plas
Hatenboer
Roermond
Niederlande
Grathem
Hunsel
Haler
Lange Vlieter
Beegden
Kanaal Wessem-Nederweert
Boschmolenplas
Heel
Lateraalkanaal
Oolderplas
Herten
Sluis Heel
Sluis Linne
Merum
Molenbeersel
Ittervoort
A2
Polderplas
Gerelingsplas
Roer
Neeritter
Thorn
Wessem
Maas
Spoorplas
Belgien
Molengreend
Linne
Kessenich
De Grote Hegge
Kessenichplas
Brachterbeek
N78
Kinrooi
Vissenakkerplas
Huyskensplas
Maasbracht
A73
Sint Odiliënberg
Ophoven
Stevensweert
Julianakanaal
Montfort
Camping & Jachthaven de Maasterp
Dilkensplas
Ohé en Laak
Sint Joost
Niederlande
Laakerweerdplas
N
Sperre (Tonnenreihe)
Schroevendaalseplas
Echt
Hingen
Maaseik
Pey
0
2 km
Grensmaas
Roosteren
Belgien
Dieteren
N296
Elen
Susteren
A2
Rotem
N276
Holtum
Grevenbicht-Papenhoven
Buchten
Nieuwstadt
Dilsen-Stokkem
Besucherzentr. De Wissen
N297
Born
Obbicht
Natuurgebied Negenoord-Kerkeweerd
Niederlande
Julianakanaal
Stokkem
Guttecoven
Belgien
Limbricht
Meeswijk
Berg aan de Maas
Einighausen
Sittard
Leut
Urmond
N294
N276
Grensmaas
Munstergeleen
Stein
Meers
A76
Geleen
STEPMAP © Stepmap, 123map Daten: OpenStreetMap; ODbL

Anschluss Karte links

Seil hängend, die Strömung, um ohne Motorkraft von einem Ufer zum anderen geschoben zu werden. Nur für die wechselnde Anwinkelung der Fähre zur Strömung wird heute ein Motor genutzt. Das Seil kann auf dem Grund des Flusses verankert oder an einem dicken Draht befestigt sein, der hoch oben das Gewässer überspannt. In **Berg** schwimmt es auf mehreren kleinen Pontons. Kanuten können ***links vorbeifahren***, am besten dann, wenn die Fähre gerade am rechten Ufer anlegt. Nach meiner Erfahrung kann man problemlos zwischen den Bojen durchpaddeln. Wem die Sache nicht geheuer ist, der sollte dem Hinweis des Schildes

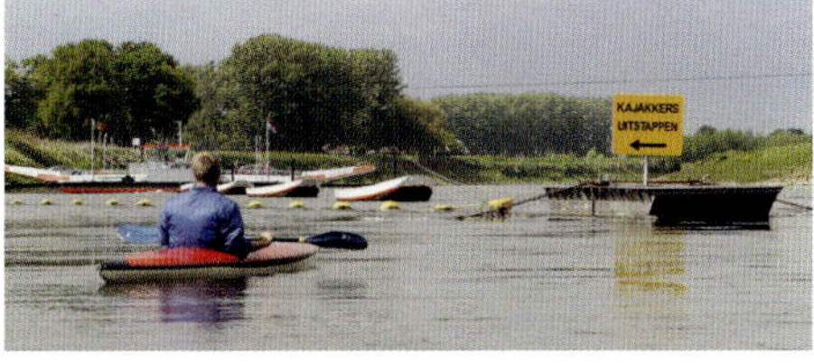

Fähre Berg: „Kajakfahrer aussetzen" oder links zwischen den kleinen Tonnen durchfahren

folgen und links vor den Bojen aus- und dahinter wieder einsetzen. Man kann (rechts) in **Berg** die Fahrt ***beenden*** oder dort beim ***Café*** am ***Fährparkplatz*** eine Pause einlegen (Berger Maasstraat, *51.006051, 5.767675,* ca. Maas-Km 39). Etwas weiter entsteht seit März 2021 linkerhand in **Dilsen-Stokkem** (Belgien) das Besucherzentrum ***De Wissen*** (nicht von der Grensmaas direkt zu erreichen), als Hauptzugang zum grenzüberschreitenden Landschaftspark ***RivierPark Maasvallei.*** Man kann hier an ehemaligen Kiesgruben, vorbei an grasenden Galloway-Rindern und Konik-Pferden, durchs ***Natuurgebied Negenoord-Kerkeweerd*** spazieren oder auf der ***Oude Maas*** auf einem Campingfloß übernachten.

Durchfahrt nach 2 km gesperrt, für die Kajakfahrt hier letzte Aussetzstelle

Unterhalb von Berg geht es weiter an freundlichen Ufern und kleineren Ortschaften vorbei. An einigen Stellen finden sich Inseln im Fluss. Hier muss man aufpassen, dass man die wasserreichere Seite erwischt. Nicht überall bieten sich gute ***Pausenplätze***. Unser Vorhaben, in **Maaseik** an Land zu gehen, müssen wir leider wegen der starken Strömung am linken Ufer aufgeben.

Ca. 2 km nach der ***Maaseiker Brücke*** zeigt ein Schild die ***letzte Aussetzstelle*** (ca. Maas-Km 55, Klauwenhofweg, *51.094650, 5.827785*, keine Parkmöglichkeit) an, da die ***Maas*** 2 km weiter bei **Ohé en Laak** durch eine ***Tonnenreihe*** mit festen Verbindungsrohren ***versperrt*** wird. Vermutlich soll mit der Konstruktion verhindert werden, dass motorisierte Schiffe die Grensmaas ein Stück aufwärts fahren. Das konnte ich bei einer früheren Tour beobachten. Damals zeigte lediglich eine gelbe Tonne das Ende der ***Grensmaas*** an. Wir haben das Schild ignoriert und das Hindernis am linken Ufer umtragen. Das erfordert etwas Mühe und Geschick, da dort größere Steine das Aus- und Einsetzen erschweren. **Bei höheren Wasserständen und entsprechend stärkerer Strömung ist davon dringend abzuraten!** Wer sich nicht sicher ist, sollte auf jeden Fall an der Aussetzstelle an dem ***gelben Warnschild*** die Tour beenden.

Unterhalb der Tonnensperre beginnt der Abschnitt der ***Maasplassen*** – Überreste des Kiesabbaus. Wir biegen hinter den Tonnen gleich rechts in den ersten Nebensee, dem ***Laakerweerdplas***, und beenden unsere Tour in **Ohé en Laak** am öffentlich zugänglichen Slip neben dem ***Jachthaven de Maasterp*** (Straße Dijk, *51.110318, 5.819609,* Maas-km 57). Hier gibt es einen ***Camping-*** und ***Parkplatz***, ein ***Restaurant,*** einen ***SUP-Vermieter*** sowie einen großen ***WoMo-Stellplatz***. Gleich daneben kann man am ***Badesee Dilkensplas*** schwimmen oder SUPen. Versäumen Sie nicht ***De Hompesche Molen*** (2 km) und **Stevensweert** (3,5 km) zu besuchen.

Diese Nebenseen gibt es zwar überall an der Maas, aber nirgends in so großer Zahl und dichter Folge wie in dem Gebiet ***Maasplassen*** (Maasseen). Da die meisten mit der ab hier schiffbaren ***Maas*** in offener Verbindung stehen, locken sie Wassersportler aller Art, an mehreren Seen gibt es auch ***Campingplätze***. Mit der Ruhe auf und am Wasser ist es zumindest in der Sommersaison vorbei. Motorboote rasen an Kanuten vorbei. Segelyachten kreuzen im leichten Wind. Mitten in dem Trubel läuft jemand Wasserski – ein quirliges Wassersportparadies.

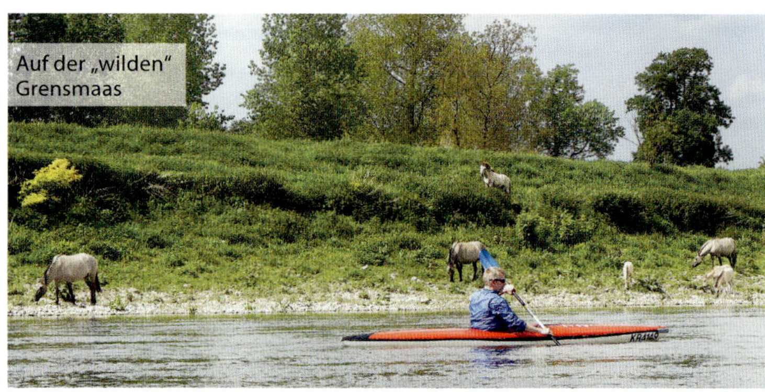
Auf der „wilden“ Grensmaas

Ergänzende Infos zu Grensmaas & andere Maas-Abschnitte

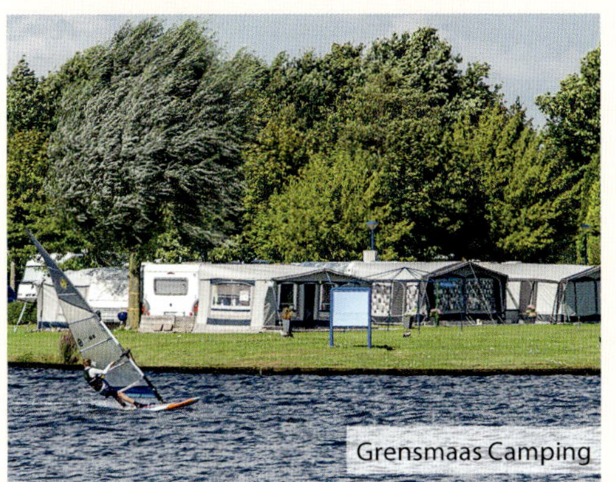
Grensmaas Camping

Fahrtenmöglichkeiten

Wer die 40 km lange Fahrt auf der Grensmaas in zwei Etappen unterteilen möchte, kann dazu die Fährstelle in **Berg aan de Maas** nutzen. Sie liegt etwa auf halber Strecke. Man kann dort gut aus- und einsetzen und kostenlos parken.

Fahrbarkeit, Schwierigkeiten

Die Grensmaas ist auch für Anfänger, zumindest bei normalen Wasserständen, problemlos zu befahren. Bei Hochwasser habe ich die Maas nicht gesehen. Da dürfte sie nicht mehr harmlos sein.

Aufpassen muss man bei sommerlichen Wasserständen allenfalls bei den ***Schwällen*** (nicht quer zur Strömung treiben und bei Kajaks die Spritzdecke schließen), der ***Gierseilfähre*** und der ***Tonnensperre*** am Ende, falls man so weit fährt.

Umtragen

An der Tonnensperre am Ende der Tour ist die einzige Umtragung nötig. Bei höheren Wasserständen und entsprechend starker Strömung ist das sehr gefährlich. Dann besser 2 km oberhalb am linken Ufer aussetzen. Ein Schild weist darauf hin.

Bestimmungen

Keine besonderen Bestimmungen und man braucht keine Genehmigung zur Befahrung.

Campingplätze

Oberhalb von **Maastricht** gibt es den Platz *Oosterdriessen* (www.oosterdriessen.nl).

An der Grensmaas gibt es nur ganz am Ende den Platz *Camping & Jachthaven de Maasterp* am Binnensee Maasplassen in **Ohé en Laak** (www.eldoradoparken.nl).

Tipp: Camping auf einem Floß

Übernachten (Apr-Okt) auf einem Campingfloß im *RivierPark Maasvallei* auf der alten Maas in **Dilsen-Stokkem** (Belgien) www.toerisme-dilsen-stokkem.be & www.camping-raft.com

Kanuvermieter Grensmaas

KTL „Kajak Tour Limburg", Start in Smeermaas (www.kajaktourlimburg.nl).

Kajak Maasland in **Koten-Geneut** (Belgien), Start möglich in Smeermaas oder Uikhoven (www.kajakmaasland.be).

Kano Maastricht, Start in Maastricht, Meers oder Neerharen (www.kanomaastricht.nl).

Karte & Infos

ANWB Waterkaart 17 Maas-Zuid, 1:50.000.

Infos über die Orte am Fluss findet man auf der Website www.rivierparkmaasvallei.eu

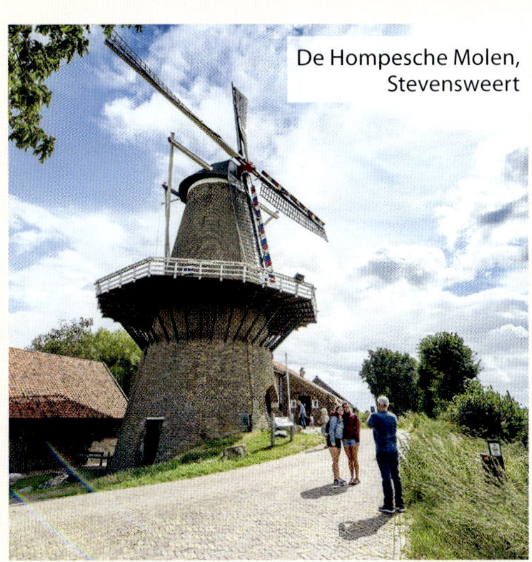
De Hompesche Molen, Stevensweert

Die anderen Abschnitte der Maas

Geübte Paddler können problemlos die gesamten 250 km der niederländ. Maas befahren:

(1) Oberhalb vom Maastricht bzw. unterhalb der Landesgrenze zu Belgien kann man in **Eijsden** einsetzen, entweder beim empfehlenswerten *Campingplatz Oosterdriessen* (gegenüber einer Felswand!), bei einem der *Yachtclubs* oder mit Mühe evtl. auch nahe der *Fußgängerfähre*. **Eijsden** ist ein Dorf mit einem hübschen alten Kern, einem sehenswerten *Schloss* und einem einladenden *Restaurant* neben dem Anleger der Fähre.

Die *Sint Servaasbrug* (älteste Brücke der Niederlande) in **Maastricht** sollte man bei den Bögen und NICHT in der Schiffsgasse unterqueren. 2 km weiter zum ***Umtragen*** des ***Borgharener Wehres*** rechts vom Wehr vor der stillgelegten Schleuse aus- und gleich dahinter oder 500 m weiter (s. S. 196 oben) wieder einsetzen. Etwas mühselig. Bootswagen hilfreich.

(2) Der ***Maasplassenabschnitt*** zwischen **Ohé en Laak** und **Roermond** ist wegen der vielen motorisierten Schiffe nichts für ungeübte Kanuten. Man bekommt es dort häufig mit steilen, kurzen Wellen durch Motoryachten zu tun. Sehr schnelle Motorboote nähern sich ebenso wie (meist mit Kies beladene) Frachter, bei denen der Schiffsführer kleine Boote aufgrund des großen toten Winkels kaum sehen kann.

Wen der Trubel nicht stört, der sollte sich auf dem ***Maasplassenabschnitt*** zwischen **Stevensweert** und **Roermond** ein Teilstück aussuchen. Hier lässt sich die Flussfahrt schön mit Abstechern auf die Seen (inkl. *Badepausen*) kombinieren, auch wenn nicht alle Seen das „Gelbe vom Ei" sind. Ein- und Aussetzen (und parken) kann man an einem der zahlreichen *Bootsanleger, Yachthäfen* oder *Liegewiesen* („dagrecreatie"). Die *Altstadt* von **Roermond** ist eine Besichtigung wert.

Kein Umtragen, jedoch eine ***Schleuse*** in **Heel**. Vorsicht: Hier NICHT in die linke Doppelschleuse ***(Sluis Heel)*** zum ***Lateralkanal*** hineinfahren, sondern etwas weiter rechts daneben in die ***Maasschleuse (Sluis Linne)***. In allen Schleusen werden Kanus kostenlos mit anderen Schiffen mitgeschleust, aber die Berufsschifffahrt muss vorgelassen werden. Geduld – eine Schleusung kann ganz schön dauern. Keine besonderen Bestimmungen für die Strecke.

(3) Auf der ***restlichen Maas*** geht es zwar weiter mit dem Schiffsverkehr, aber unterhalb des Maasplassenabschnitts ist die Maas eher ein beschaulicher Fluss – mal mit schöneren, mal weniger ansprechenden Abschnitten. Für mich sind die Teilstrecken zwischen **Kessel** (Passantenhaven, Km 95) und **Steyl** (Fährstelle, Km 102) sowie zwischen **Grubbenvorst** (Fährstelle, Km 114) und **Cuijk** (Passantenhaven, Km 162) besonders lohnend.

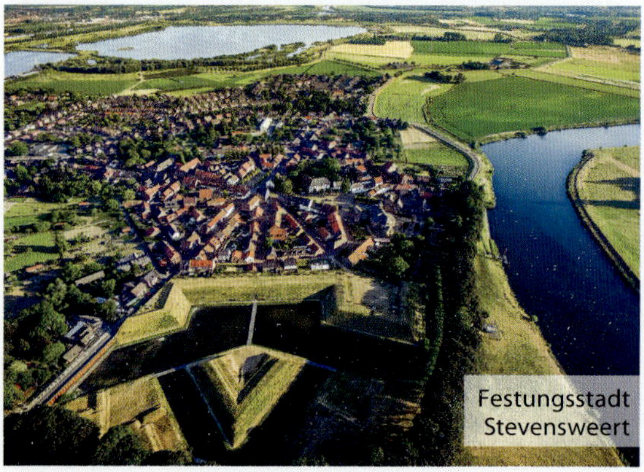

Auch die ***Afgedamde Maas*** zwischen **Heusden** und **Woudrichem** ist ganz schön. Die beiden letztgenannten Städtchen sind echte Perlen. Etliche Fähren an Stahlseilen erfordern Aufmerksamkeit. Man sollte sich ihnen vorsichtig annähern und möglichst Blickkontakt zum Fährmann suchen. Die Strömung ist zumindest im Sommer so schwach, dass man mit einem Kajak auch aufwärts fahren kann.

Festungsstadt Stevensweert

Tour 9 b – Roer (Rur), 20 km

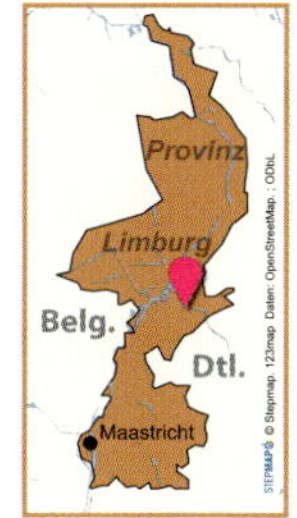

Die Roer ist auf ihrem niederländischen Abschnitt ein wunderschöner und vergleichsweise naturbelassener Fluss. Sie hat auf der ersten Hälfte relativ hohe Ufer, teils von Sträuchern, Bäumen oder kleinen Wäldern eingerahmt. An manchen Stellen sind frische Abbruchkanten zu sehen, anderswo meterhohe sandige Steilufer mit Nestern von Uferschwalben. Zuweilen finden sich Kiesbänke und kleinere Inseln.

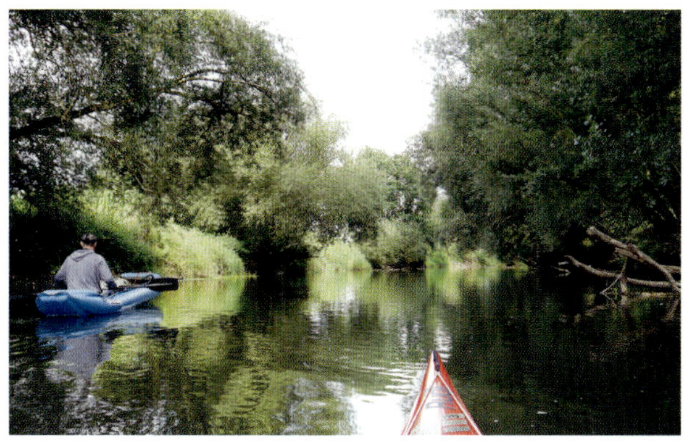

Der naturnahe Zustand macht die Roer schützenswert. Sie darf nur vom 1.6.-30.9. befahren werden und auch dann nur mit schriftlicher Genehmigung. Dazu mehr in den „Ergänzenden Infos – Reservierungsbestätigung" Seite 204.

An der (einzig erlaubten) ***Einsetzstelle*** in **Vlodrop** lasse ich mich in meinem Kajak von der leichten Strömung mitnehmen und muss mich nicht sonderlich anstrengen um voranzukommen. Mein Mitpaddler im Schlauchcanadier hat erheblich mehr zu tun. Er dreht sich, sobald er aufhört zu paddeln. In einigen Kurven, wo das Wasser direkt ins Gebüsch strömt, muss er kräftig reinhauen, um nicht ins Gestrüpp zu geraten, umgestürzte Bäume können behindern. Man muss also tatsächlich hin und wieder etwas Steuerkunst beweisen. Es gibt kaum einen anderen Fluss in den Niederlanden, wo dies nötig ist.

Nach 12 km kommt die zweitürmige romanische ***Basilika*** des Dorfes **Sint Odiliënberg** ins Blickfeld. Zu ihren Füßen lege ich vor dem ***Roerstreekmuseum*** (archäologische Funde) an einer ***Slipanlage*** an, um am offiziellen ***Rastplatz*** eine Pause einzulegen.

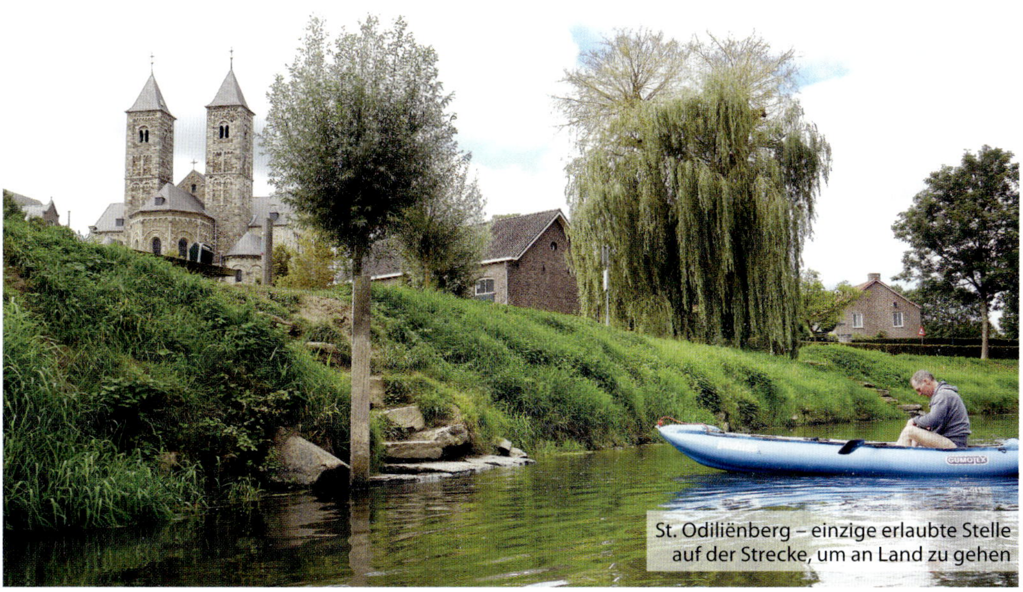

St. Odiliënberg – einzige erlaubte Stelle auf der Strecke, um an Land zu gehen

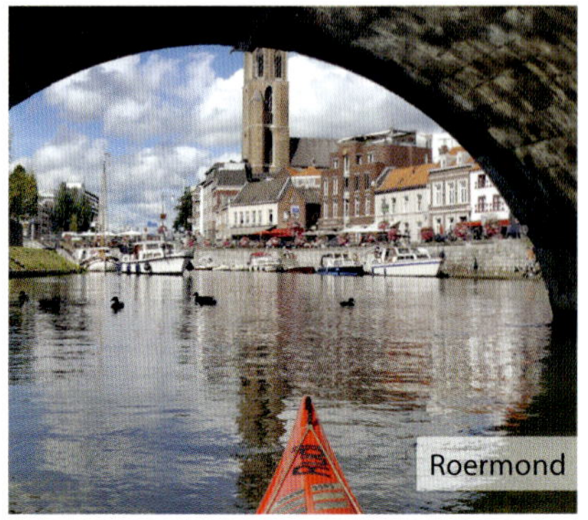
Roermond

Auf den restlichen 8 km bis Roermond bleibt die ***Roer*** ein schöner Paddelfluss. Allerdings sind die Ufer nicht mehr so urwüchsig. Dafür sind sie niedriger, so dass man mehr von der Umgebung sieht. Wiesen, Felder, hohe Pappeln und Obstplantagen. Wir passieren das Dorf **Lerop** und paddeln zwischen den Obstgärten.

Am südlichen Stadtrand von **Roermond** zweigt links der Mündungsarm Hambeek (Fischtreppe, nicht befahrbar) ab. Ein Schild weist nun darauf hin, dass man nach 350 weiteren Metern im rechten Flussarm am einzigen ***Wehr aussetzen*** muss (*„over 350 Meter verplicht uitstappen"*). Das ist unkompliziert.

Man darf nicht einfach weiterfahren. Ich glaube aber, dass niemand etwas dagegen hat, wenn man dort in die untere ***Hambeek*** einsetzt und zur Maas paddelt. Dazu muss man den Andersonweg überqueren und den Weg über das Wehr nehmen, um am gegenüberliegenden Ufer am Grasufer wieder einzusetzen. Eine etwas umständliche Strecke von ca. 200 m.

Ich laufe stattdessen etwa 1 km mit dem Kanu auf dem Bootswagen durch die Stadt bis zum *Roerhaven*. Das ist der historische Umschlagplatz. Heute legen hier keine Frachtkähne mehr an, sondern die Yachten der Besucher, die in einem der zahlreichen ***Restaurants*** einkehren oder sich die wunderschöne ***Altstadt*** ansehen wollen. Dort schiebe ich das Boot ins Wasser. Ein bisschen Paddeln und ich erreiche die ***Maas*** und den ***Campingplatz***, auf dem mein Zelt steht. Von hier fahre ich mit dem Rad ca. 15 km zum Auto in Vlodrop und hole es zurück.

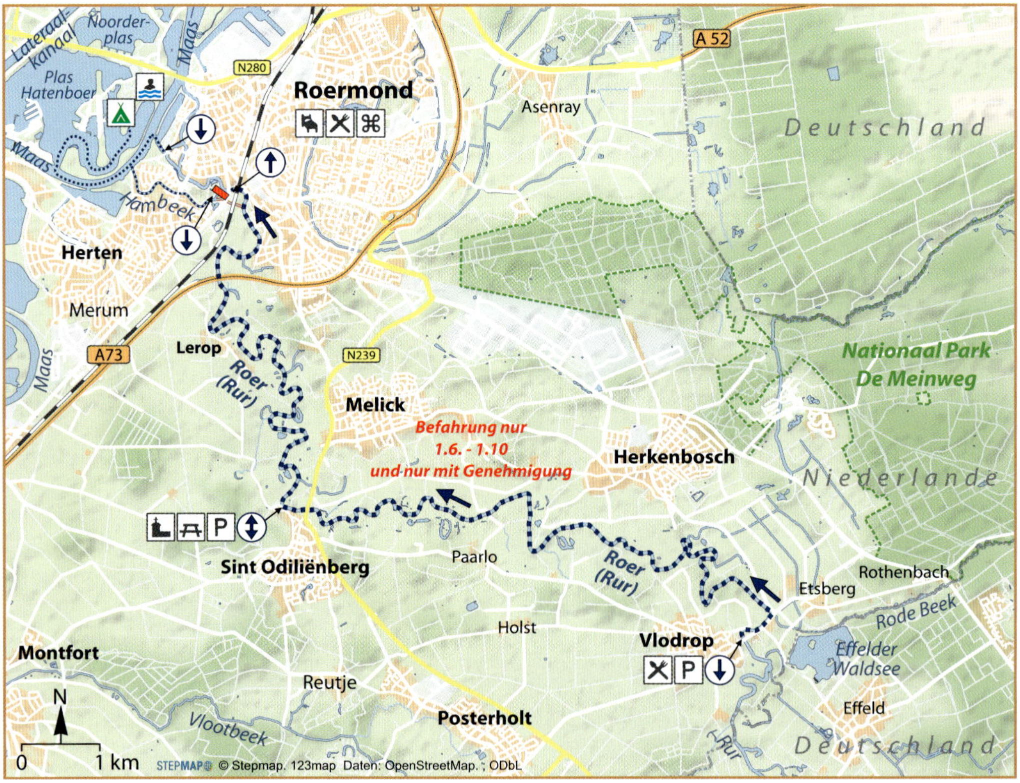

Tour 9 b – Roer (Rur), 20 km

Ergänzende Informationen zur Roer (Rur)

Der Fluss

Die Rur entspringt im Hohen Venn in den belgischen Ardennen. Sie erreicht nach 10,4 km die deutsche Grenze und mündet nach 164,5 km in Roermond in die Maas.

In Deutschland wird sie zur Unterscheidung von der Ruhr im Ruhrgebiet ohne „h" geschrieben oder auch Eifel-Rur genannt. Das niederländische Wort Roer wird Rur ausgesprochen.

Bestimmungen

Die Roer darf auf dem niederländischen Abschnitt ***nur vom 1.6.-1.10.*** befahren werden.

Zum Schutz von Flora und Fauna ist es ***nicht*** erlaubt, ***die Ufer*** zu ***betreten*** – außer an der ausgewiesenen Stelle in **St. Odiliënberg.**

Täglich dürfen zwischen 10-14 und 14-18 Uhr jeweils maximal 20 (angemeldete) Boote fahren, jeweils mit fester Abfahrzeit um 10 Uhr und um 14 Uhr.

Man benötigt eine ***schriftliche Reservierungsbestätigung*** des Unterhaltungsverbandes (Wasserbehörde) ***Waterschap Limburg***, die man sich rechtzeitig vor Antritt der Fahrt besorgen muss (s. nächste Seite). Diese ist kostenlos.

Bei der Einsetzstelle gibt es einen ***Pegel***. Man darf trotz Erlaubnis NUR bei „grünem" Pegelstand paddeln.

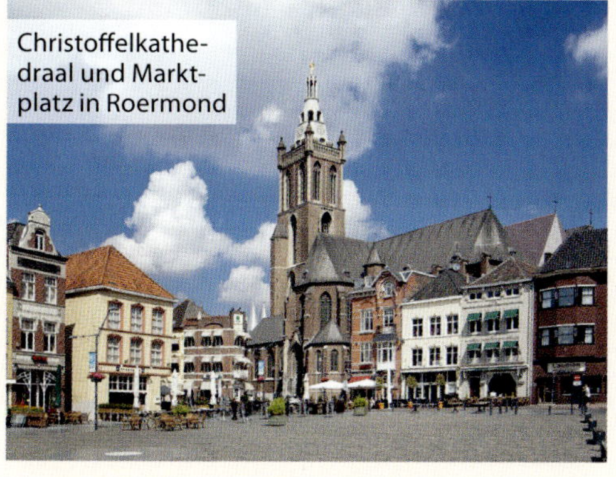

Christoffelkathedraal und Marktplatz in Roermond

Ein- & Aussetzstellen

Einzige Einsetzstelle ist die Bootsrampe am Parkplatz neben der Brücke von **Vlodrop** (Grotestraat 49, *51.134150, 6.081605*).

Aussetzen oder zur Rast ans Ufer gehen darf man nur in **St. Odiliënberg** neben der Basilika / Parkplatz (Raadhuisplein 9, *51.148816, 5.999620*) und in **Roermond** an der Bootsrampe am linken Ufer vor der Straßenbrücke Andersonweg (*51.185503, 5.991301*). Das ist der rechte Flussarm der Roer. Der linke Flussarm (Hambeek) mit der Fischtreppe darf nicht genutzt werden. **Zum Schutz von Flora und Fauna** darf man das Ufer an anderen Stellen nicht betreten.

Ob man unterhalb des Wehres auf der ***Hambeek*** weiterfahren darf, konnte ich nicht herausfinden. Ich gehe aber davon aus, denn von der Maas aus kann man ungehindert einfahren.

Von der Aussetzstelle in **Roermond** bis zum alten Roerhaven am Rande der Altstadt ist es ca. 1 km. Man kann bei der Straße Roerhaven (*51.196209, 5.982053*) einigermaßen gut wieder einsetzen, um das kleine Stück zur Maas zu paddeln.

Schwierigkeiten, Umtragen

Die Roer ist für geübte Paddler problemlos zu fahren. Anfänger und vor allem Kinder können evtl. in einigen Kurven, wo die Strömung auf Sträucher und Bäume zuläuft, Schwierigkeiten bekommen.

Der Kanuvermieter *Ossa Outdoor* bietet deshalb auch begleitete Touren an.

Kein Umtragen bis Roermond.

Campingplätze

Keine an der Roer. Mehrere an den Maasplassen bei Roermond.

Kanuvermietung & geführte Touren

Ossa Outdoor in **Sint Odiliënberg** (https://outdoor.ossa.nl).

Reservierungsbestätigung (Genehmigung) im Internet für die Befahrung der Roer (Rur) buchen

Website aufrufen www.waterschaplimburg.nl
Menu **>Bij u in de buurt >Recreëer in, op of bij het Limburgse water >Kanovaren**

Dann nach unten scrollen zur Überschrift **„Kanoën op de Roer alleen met toestemming"** und auf **Kanoën op de Roer** klicken.

Es erscheint die Seite mit Infos zum Kanufahren auf der Roer. Um zur Reservierungsseite zu gelangen, in der ersten Zeile auf **Reserveer hier een kanoplek** klicken.

Nun erscheint eine Übersicht, wie man sie ähnlich von vielen Ferienhausvermietungen, Hotels und Campingplätzen kennt. Darunter erklärt die Legende, was die Farben bedeuten:

weiß = außerhalb der Saison

hellblau = Datum verfügbar, Plätze noch frei

grau = innerhalb der Saison, keine Plätze (mehr) verfügbar

grün = Anzahl der verfügbaren Plätze, wobei sich die obere Zahl auf den ersten Block von 10-14 Uhr bezieht und die untere auf den zweiten von 14-18 Uhr.

Auf das gewünschte **hellblaue Datumsfeld** des gewünschten Paddeltages klicken.

Dann öffnet sich die Seite für die Reservierungs-Email. Oben steht folgende (von mir übersetzte) Erläuterung: *„Nach Ausfüllen des untenstehenden Formulars ist Ihre Reservierung direkt aktiv. Sie erhalten eine E-Mail mit der Bestätigung. Nehmen Sie die Reservierung mit (digital oder ausgedruckt), so dass die Aufsichtsperson kontrollieren kann, ob Sie auf der Roer fahren dürfen."*

Felder ausfüllen (Naam = *Name*, Adres = *Straße & Hausnummer*, Woonplaats = *PLZ & Ort*).

Nun den **Zeitblock auswählen** (Abfahrt 10 Uhr oder 14 Uhr) und die Anzahl der benötigten **Plätze = Boote eintragen**.

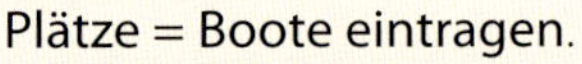

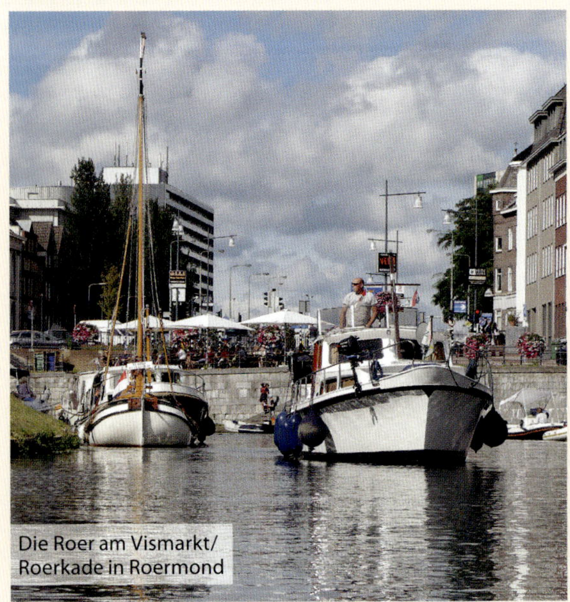

Die Roer am Vismarkt/ Roerkade in Roermond

Häkchen setzen bei **„Ik ga akkoord met de algemene voorwarden"** = *Ich bin einverstanden mit den Allgemeinen Bedingungen.*

Auf **„Registreren" klicken**. Die Bestätigungs-E-Mail kommt nicht sofort.

Danach öffnet sich eine Seite mit dem (von mir übersetzten) Text: *„Danke für Ihre Reservierung. Sie erhalten eine E-Mail mit den Details Ihrer Reservierung".*

Rechts davon kann man auf das Feld „Kanovaart Roer → Traject Kanovaart" klicken und sieht eine Karte mit dem erlaubten (roten) Abschnitt (Traject).

10 – Die Provinz Gelderland

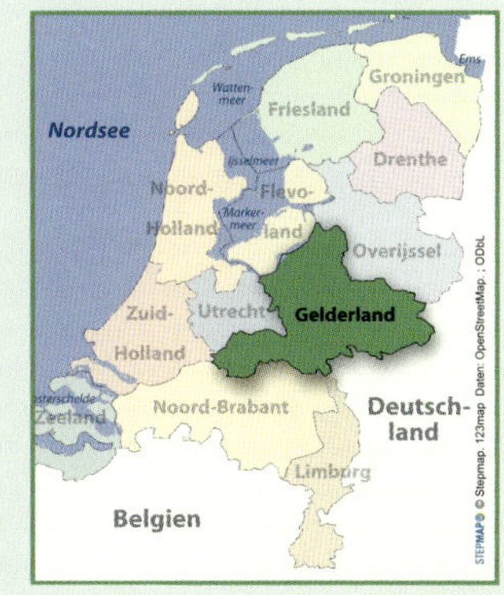

Die größte Provinz der Niederlande setzt sich aus drei ganz unterschiedlichen Landschaften zusammen: dem Rivierengebiet mit den großen Flüssen Lek / Nederrijn, Waal / Merwede und unterer Maas, dem Wald- und Heidegebiet der Veluwe und dem Achterhoek zwischen Ijssel und deutscher Grenze.

Die Veluwe ist die niederländische Version der Lüneburger Heide und ein beliebtes Naherholungs- und Urlaubsziel. Die leicht hügelige „Stauchmoränenlandschaft" mit ausgedehnten, wildreichen Wäldern und Heideflächen, kleinen Dörfern und einem dichten Netz von Rad- und Wanderwegen hat es den Besuchern angetan.

Im Gegensatz dazu gilt das Rivierengebiet als typisch niederländisches Kulturland. Seit der Römerzeit werden die von den Flüssen aufgespülten, höher gelegenen „Uferwälle" besiedelt, so dass sich an den schon lange eingedeichten Gewässern viele alte Orte finden. Das niedrigere Land zwischen den Flussläufen wird landwirtschaftlich genutzt. Bekannt ist dabei vor allem die Betuwe als Obstgarten der Niederlande.

Das Gebiet jenseits der Ijssel ist aus Sicht der Kernprovinzen die hintere Ecke und heißt übersetzt auch so: Achterhoek. Hier hatten viele Adelige ihre Güter. Wirtschaftlich war die Gegend eher unbedeutend. Heute wird die wellige, waldreiche Landschaft mit den vielen Schlössern und gemütlichen Ortschaften gerne zum Wandern und für Radtouren genutzt.

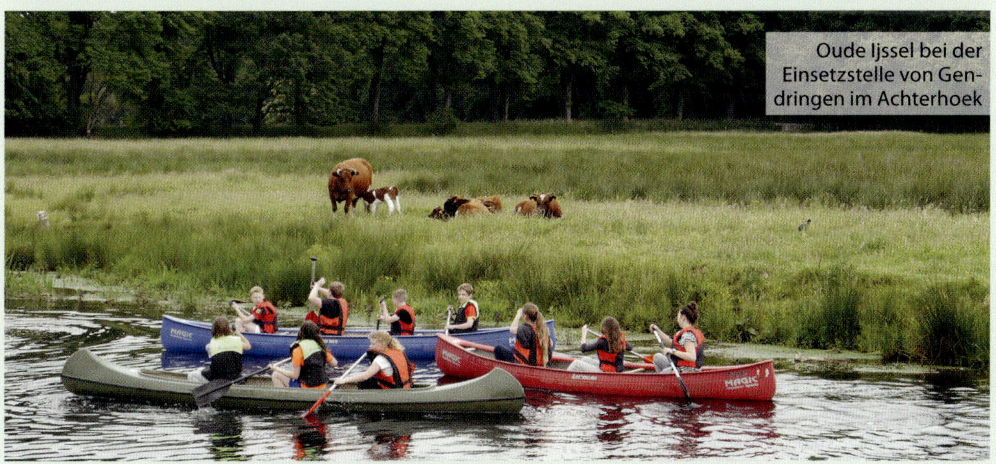
Oude Ijssel bei der Einsetzstelle von Gendringen im Achterhoek

Bestimmungen

Es gibt keine Kanurouten, für die man vor Antritt der Fahrt eine Genehmigung einholen muss oder deren Befahrung kostenpflichtig wäre.

Ganzjährig gesperrt sind ***Leigraaf, Vordensche Bach, Baakse Beek*** und ***Buurserbeek / Schipbeek*** in Gelderland. In der Provinz Overijssel dagegen ist die ***Schipbeek*** erlaubt.

Die ***Groenlose Slinge / Lebbinkbeek*** darf ***nur vom 15.6.-15.9.*** befahren werden.

Die Kanureviere

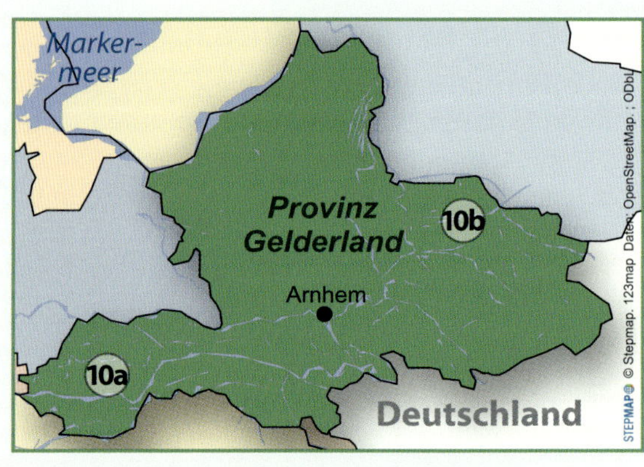

Die großen Flüsse sind als Kanugewässer kaum zu empfehlen. Mitten im Rivierengebiet fließt die **Linge** (10a). Sie ist mit 108 km der längste rein niederländische Fluss. Sehr beliebt ist bei Kanuten der Unterlauf, der sich herrlich durch die Betuwe schlängelt.

Sehr schön ist im Achterhoek die untere **Berkel** (10b). Ihr Schwesterfluss, die **Oude Ijssel**, ist auch ganz nett, hat aber immer wieder unansehnliche Abschnitte. Der größte Nebenfluss der Berkel ist die **Groenlose Slinge**, meist einfach **Slinge** genannt. Der bisher steril begradigte Bach wurde in den letzten Jahren stellenweise etwas renaturiert. Die **Boven Slinge** (südlich von Winterswijk) ist auf ihren ersten 10 niederländischen Kilometern wunderschön, aber nur bei Hochwasser fahrbar. Mehrere Wehre. Im weiteren Verlauf kanalisiert. Sie entwässert über die Bielheimerbeek in die Oude Ijssel.

Tour 10 a – Linge, 55 km

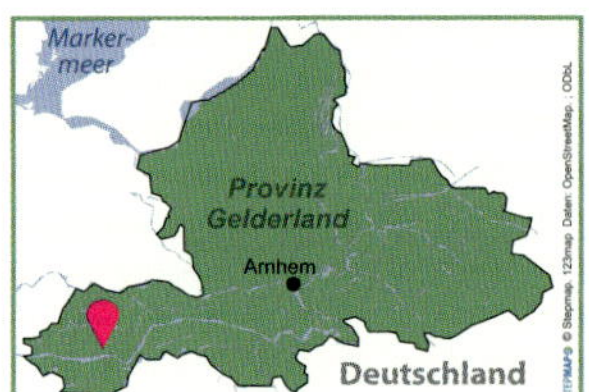

„Wenn du hier noch nicht gefahren bist, hast du was verpasst. Der Fluss hat alles, was Kanuten sich wünschen können." So besingt Charlie auf seiner Homepage die Linge, den Hauptwasserlauf der Betuwe zwischen den Rheinarmen Waal und Lek. Das Gebiet wird wegen seiner vielen Apfel-, Birnen-, Pflaumen- und Kirschbäume Obstgarten der Niederlande genannt.

Charlie meint mit seiner Lobeshymne den unteren Abschnitt, der ursprünglich ein Nebenarm der Waal war. Wunderschön schlängelt sich die Linge hier in weiten Kurven an alten Städtchen und Dörfern vorbei, eingerahmt von kleinen sumpfigen Wäldchen, Kopfweiden, Schilfstreifen und Kleinstgrundstücken, auf denen sich die Pächter bei unserer Tour dem Sommerleben hingeben.

Der 43 km lange obere Abschnitt östlich von Tiel geht auf einen im 13. Jahrhundert geschaffenen Entwässerungsgraben zurück und sieht noch heute, von kurzen hübscheren Abschnitten abgesehen, wie ein nüchterner Kanal aus.

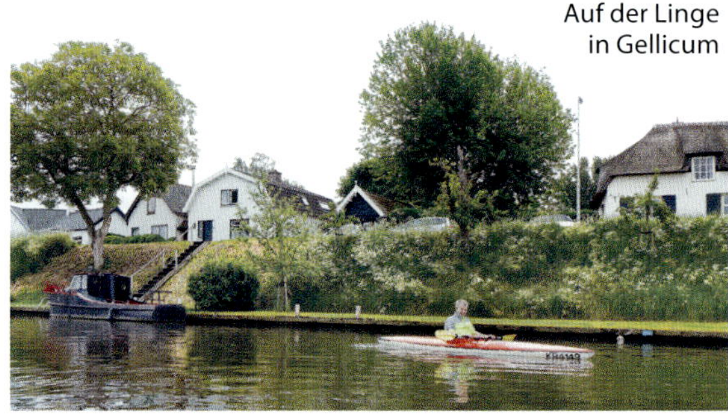
Auf der Linge in Gellicum

Für eine Kanu-Tour auf dem schönen Teil der ***Linge*** sollte man daher westlich des ***Amsterdam-Rijnkanaals*** bei **Tiel** am Nordrand des Industriegebietes **Kellen** *einsetzen*. Man paddelt durch viele Kurven mit gutem Blick über niedrige Ufer auf grünes Land und auf vereinzelte Obstbaumplantagen, für die der Landstrich ***Betuwe*** berühmt ist. Es geht an **Zoelen** vorbei mit einigen gediegenen Häusern, dem grauen Kirchturm, einem viel gelobten feinen *Restaurant* und ein Stück weiter an der ***Mühle „De Korenbloem" (Kornblume)***. Am

Ortsrand von **Tiel** trifft man auf das erste von drei ***unfahrbaren Wehren***. Man trägt über das Gelände des schön gelegenen *Campingplatzes „Aan de Linge“* um. Kurz darauf folgen der Abzweig des Lingekanaals/Inundatiekanaals (Verbindung zur Waal) und die Häuser von **Wadenoijen** hoch oben am Deich.

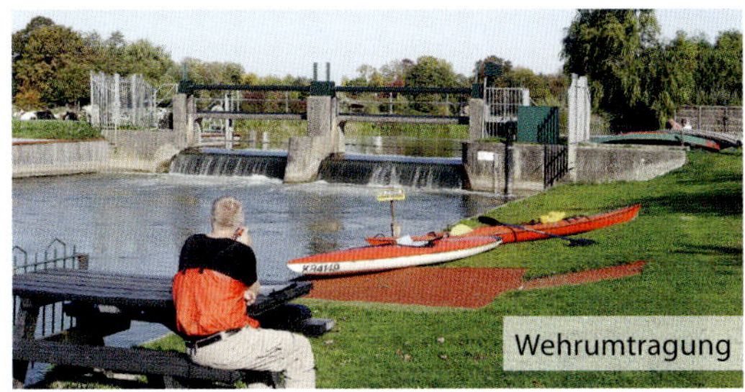
Wehrumtragung

Unterhalb der Mündung der ***Korne*** erreicht man **Geldermalsen**. Vom Amsterdam-Rijnkanaal bzw. von Tiel bis hier ist die Linge ein angenehmes Flüsschen. Nun wandelt es sich in das charaktervolle Gewässer, von dem die Bootfahrer so schwärmen.

Geldermalsen ist daher Einsetzort Nummer eins für alle, die nur das Filetstück fahren wollen. Direkt oberhalb der einzigen Straßenbrücke gibt es eine unscheinbare *Trailerhelling (Bootsrampe)* mit niedriger Uferkante. Ein kostenloser *Parkplatz* befindet sich dahinter. Wir treffen dort Reijnier. Er ist den Fluss aufwärts gepaddelt. Begeistert erzählt er von Störchen, die er unterwegs gesehen hat, von Rohrweihen, sogar von einem der sehr seltenen Purpurreiher.

Der Fluss ist ab Geldermalsen von steilen, gewundenen Deichen eingefasst. An manchen Stellen kommen sie dem Wasser ganz nah. Meist aber halten sie Abstand, so dass man sich nicht eingeschlossen fühlt und einen guten Blick auf das abwechslungsreiche, schöne Deichvorland hat. Am Waldrand des Landguts **Mariënwaerdt**, einem ehemaligen Kloster, ist eine Pause fällig. Das Wasser an der *Badestelle*, die auch bei Radfahrern und Wanderern beliebt ist, macht einen leidlich zuverlässigen Eindruck. Nach 700 Metern, gegenüber der hübschen weißen *Molen „De Vlinder“ (Schmetterling),* liegt rechts das *Landgoed Heerlijkheid Mariënwaerdt* (*Pfannkuchenhaus, Gutsladen, Ferienhaus, Event-Location* – www.marienwaerdt.nl). Das zugehörige *B&B De Neust* am Graben Bisschopsgraaf haben wir 2 km zuvor unbemerkt passiert.

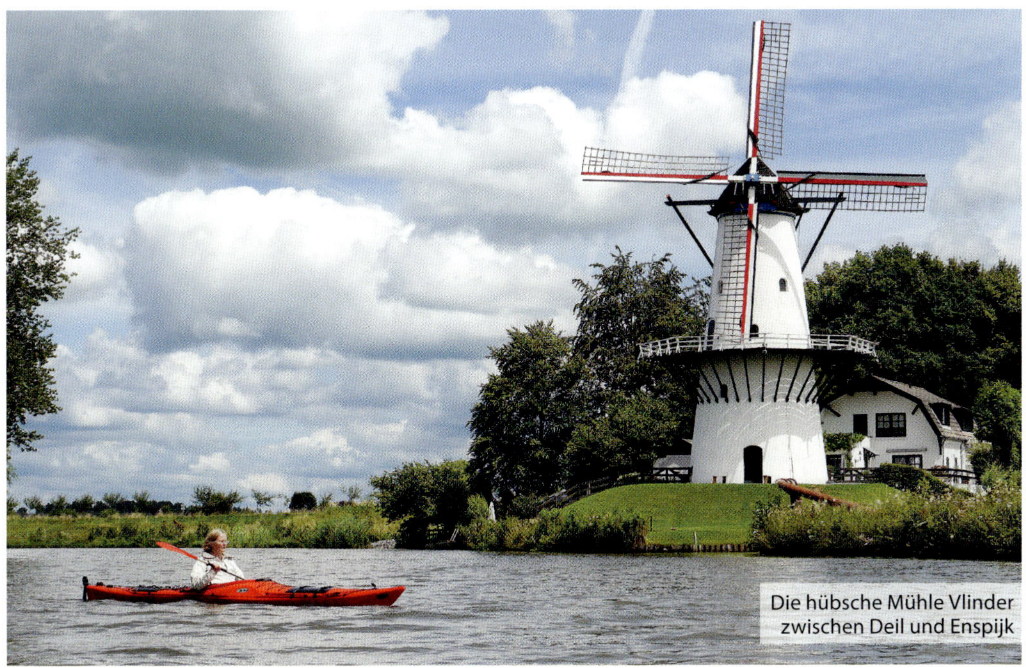
Die hübsche Mühle Vlinder zwischen Deil und Enspijk

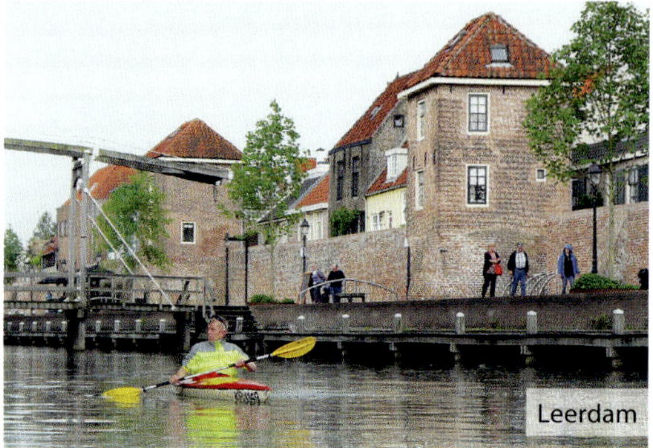
Leerdam

2 km weiter bestaunen wir hinter **Beesd** die ***Windmühle „De Vrijheid"*** aus dem 18. Jahrhundert. Sie ist noch immer in Betrieb und kann spontan besichtigt werden oder man kauft im angeschlossenen ***Mühlenladen*** einige der schmackhaften Produkte.

Ab und zu begegnen uns Paddler. Die wenigen Motoryachten die bis Geldermalsen fahren können, stören nicht weiter. Die Skipper liegen zur Mittagszeit mit ihren Schiffen in einem der vielen kleinen Häfen oder an einem der Minigrundstücke, die teils nur vom Wasser aus zu erreichen sind. In die sensible Natur soll möglichst wenig eingegriffen werden, daher werden auch keine Baugenehmigungen erteilt.

Unterhalb von **Rhenoy** häufen sich nun die Grundstücke und am Ortsanfang von **Asperen** unterqueren wir eine ***Brücke*** im schmalen linken Flussarm. Damit sich dort nicht zwei Schiffe begegnen, ***regelt eine Ampel die Durchfahrt***. Links auf der kleinen Grünfläche vor der Stadtmauer legen wir eine Rast ein. Wir beobachten, wie ein relativ großes Ausflugsboot sich zentimeterweise durch die zweite, der Berufsschifffahrt vorbehaltenen Brückendurchfahrt schiebt.

So gestärkt sehen wir uns kurz darauf **Leerdam** an. Unsere Kajaks deponieren wir bei der ***Kanuvermietung*** neben dem ***Café „De Beren"*** nahe der Brücke (es gibt auch einen Kanusteg an der Stadtmauer im Hafen). Wir schlendern durch der ***Altstadt***. So hübsch wie uns die Stadt beschrieben wurde, finden wir Leerdam nicht, sind aber überrascht, dass es als Glasstadt weltberühmt sein soll. Davon kann man sich im ***Glasmuseum*** und einem ***Expo-Gebäude*** am ***Hafen*** überzeugen. Vom allerorten bekannten Leerdamer Käse ist jedenfalls nirgendwo die Rede.

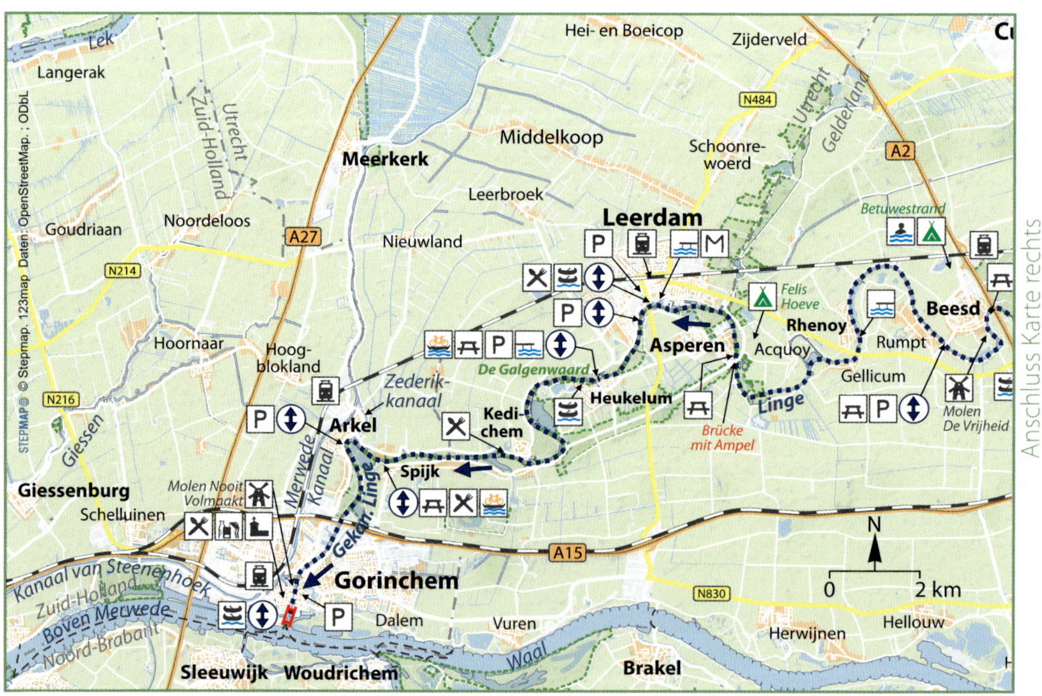

Anschluss Karte rechts

Unterhalb Leerdams sind jetzt häufiger Schilf und Bruchwald zu sehen. Viele Angler warten in ihren dickbauchigen Ruderbooten auf den ultimativen Fang. Für die nächste Rast nutzen wir das parkähnliche Erholungsgebiet ***De Galgenwaard*** gegenüber von **Heukelum**. In **Kedichem** widerstehen wir der Verlockung auf der Terrasse direkt am Ufer des ***„Hotel aan de Linge"*** einzukehren und legen etwas weiter am Kanusteg neben der ***Fährstelle*** von **Spijk** am dortigen ***Kiosk*** an. Bei einem kühlen Getränk beobachten wir an diesem idyllischen Fleckchen das Hin und Her der ***Personen- & Radfähre***.

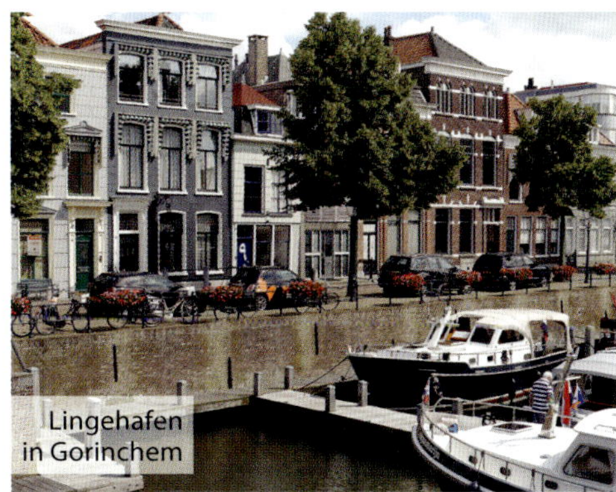
Lingehafen in Gorinchem

In **Arkel** endet der schöne Flussabschnitt. Die ***Linge*** wird auf den letzten 4,5 km bis zur Mündung in die ***Boven Merwede (Obere Merwede)*** kanalartig und von Gewerbegebäuden flankiert. Daher setzen die meisten Kanuten in **Arkel** aus. Wer die Reststrecke in Kauf nimmt, kann bis in den bezaubernden ***Hafen*** im ***historischen Ortskern*** von **Gorinchem** paddeln. Die alte Festungs- und Handelsstadt, von den Einheimischen kurz **Gorcum** genannt, ist ein Schmuckstück. Der kleine Hafen ist umgeben von Häusern, die vom früheren Reichtum zeugen. Gleich nebenan beginnt das Geschäftsviertel. In den ***Restaurants*** und ***Cafés*** am Hauptplatz neben der zentralen ***Kirche*** und an der Hauptgracht lassen es sich die Menschen gut gehen. Nach einem Bummel durch den Ort kann man sehr schön am Hafen sitzen und dem Treiben zusehen oder einen Blick vom Deich auf die breite ***Waal*** (in **Woudrichem** ändert sich der Flussname ***Waal*** in ***Boven Merwede***) werfen. Aussetzen kann man vor der ***Schleuse*** am rechten Ufer, wo ***Kanusteg*** und Treppe den Ausstieg erleichtern.

Anschluss Karte links

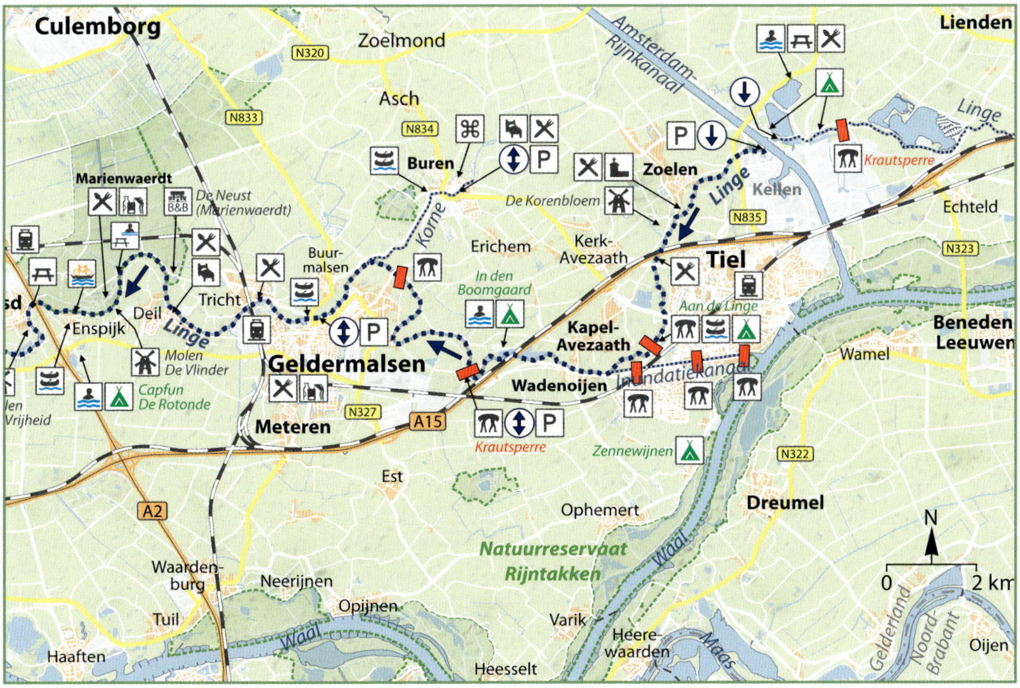

Ergänzende Informationen zur Linge

Fahrtenmöglichkeiten, Umtragen

Vom **Amsterdam-Rijnkanaal** bis **Geldermalsen** sind es **17 km.** ***Drei Wehre*** sind zu umtragen. Das ist dank der Stege immer unkompliziert.

Bei der ***Krautsperre*** unterhalb der Kornemündung konnte ich auf mehreren Touren einfach durchfahren. Ich weiß nicht, ob sie zu bestimmten Zeiten komplett geschlossen ist. Dann über das linke Ufer umtragen.

33,7 km sind es von **Geldermalsen** bis **Arkel,** weiter bis Gorinchem nochmal **4,5 km.** Unterhalb von Geldermalsen gibt es keine Hindernisse.

Ein- und Aussetzstellen

Bei **Tiel** auf der Westseite des Amsterdam-Rijnkanaals kann man entweder direkt an der Nordseite des Dükerauslaufs (Lingeweg, *51.918730, 5.433038)* einsetzen oder 100 m weiter am gegenüberliegenden Ufer bei der offiziellen Einsetzstelle (Siemensstraat, *51.918316, 5.431232).* An beiden Stellen gibt es Parkmöglichkeiten.

Die Einsetzstelle in **Geldermalsen** ist neben der Brücke, an der Kostverlorenkade *(51.884743, 5.289846),* mit kostenlosem Parkplatz daneben.

Einsetzstelle in **Beesd** neben der Brücke Veerweg, *51.881418, 5.185059,* mit kostenloser Parkmöglichkeit.

Einsetzen in **Gellicum** (gegenüber Rhenoy, Lingestraat, *51.882825, 5.157861).*

Ein- und Aussetzen in **Leerdam** nahe der Brücke beim Restaurant „De Beren" (Veerstoep, *51.889280, 5.091307)* – dazu bei der Kanuvermietung um Erlaubnis fragen. Sonst an einem Steg beim Yachthafen an der Stadtmauer (Zuidwal). Kostenloser Parkplatz neben dem Sportzentrum im Tiendweg *(51.891610, 5.087975),* ca. 300 m vom Restaurant entfernt.

Weitere Einsetzstelle in Leerdam 250 m unterhalb der Brücke an der Straße Lingedijk bei einem Parkplatz gegenüber einer Glasfabrik *(51.886980, 5.086950).*

Einsetzen in **Oosterwijk** gegenüber **Heukelum** am Recreatiegebied „De Galgenwaard" (*51.874351, 5.073058,* mit Parkplatz).

In **Arkel** kann man unterhalb des Abzweigs des Verbindungskanals zum Merwedekanaal aussetzen, muss aber das Kanu 100 m bis zur Brücke, bei der es wenige Parkmöglichkeiten gibt, transportieren. Die Spundwand direkt neben der Brücke ist ca. 60 cm hoch und hängt über.

In **Gorinchem** gibt es einen Kanusteg am Hafen (Eind, *51.827340, 4.975386),* aber nur wenige Parkplätze. Das Parken ist dort und überall innenstadtnah kostenpflichtig. Bezahlen kann man (außer in den Parkhäusern) nur mit niederländischer Kreditkarte! Als kostenlose Alternative wurde mir vom Touristbüro der Woonboulevard Spijksepoort (Einkaufzentrum nordöstlich der Innenstadt) empfohlen.

Zurück zum Auto

Eine Bahnlinie verläuft mehr oder weniger nah am Fluss mit günstig gelegenen Bahnhöfen in Tiel, Geldermalsen, Beesd, Leerdam, Arkel und Gorinchem.

Fahrbarkeit, Schwierigkeiten, Die Linge ist, da praktisch strömungslos, in beide Richtungen problemlos fahrbar.

Pausieren ist nur an offiziellen Rastplätzen möglich, meist bei den Anlegestellen der Ortschaften.

Mit geringem Motorbootverkehr ist zwischen Geldermalsen und Gorinchem zu rechnen.

Bestimmungen

Keine besonderen Bestimmungen.

Übernachtungs möglichkeiten am Fluss

Camping „Aan de Linge Recreatie" in **Tiel,** Vermietung von Kanu, SUP, Fahrrad, Hütten, Zirkuswagen (www.aandelinge.nl).

Camping „In den Boomgaard" in **Kapel-Avezaath** an der A 15-Brücke, am Badesee mit Aquapark (http://indenboomgaard.nl).

Weitere Campingplätze in der Nähe.

Hotel Ann de Linge in **Kedichem** direkt am Fluss (hotelaandelinge.nl).

Weitere Unterkünfte in der Nähe, vor allem in **Gorinchem**.

Besonders idyllisch: *B&B „Linge Lodge"* auf der Schleuseninsel vor den Toren von **Asperen** (ab 2 Nächte, www.lingelodge.nl).

B&B „Het oude Veerhuis" an der Einsetzstelle in **Beesd** (www.hetoudeveerhuis.com).

Kanuvermietung

Camping „Aan de Linge" in **Tiel** (s.o.).

Betuwse Stromen in **Leerdam** bei der Brücke Lingebrug (www.betuwsestromen.nl).

Lekker aan de Linge unterhalb der Brücke in **Buurmalsen** und in **Enspijk** (Kanu, SUP, Fahrräder, www.kano.nl).

Kanoverhuur De Appelgaard in **Heukelum** (www.de-appelgaard.nl).

In **Gorinchem** im Lingehaven.

Wilgje bei **Buren** a. d. Korne (www.wilgje.nl).

Karten

ANWB-Waterkaart 8 „Grote Rivieren" (der unterste Abschnitt zwischen Arkel und Gorinchem fehlt).

Bemerkung zur Kilometrierung

Die Länge der Linge wird offiziell mit 108 km angegeben. Damit ist das „Linge-System" inkl. Kanaal van Steenenhoek westlich von Gorinchem gemeint. Den Kanal grub man 1818, um der Linge westlich von Gorinchem eine bessere Entwässerung zu ermöglichen.

Die Linge ist der längste rein niederländische Fluss. Damit wird sie ihrer Namensbedeutung gerecht: Linge leitet sich etymologisch von „lange" ab.

Besondere Tipps

(1) Literatur: Der Autor Willem van Toorn beschreibt im Roman ***„Als würde ich vor Glück ersticken"*** seine Kindheit in den Kriegsjahren in Amsterdam und in der Betuwe, aus der seine Eltern stammen. Dabei wird das Leben in der Landschaft zwischen den großen Flüssen anschaulich und mit viel Liebe geschildert.

(2) Eine **Radtour** z.B. zwischen Beesd und Geldermalsen, weil man dabei viele der wunderbar gepflegten historischen Bauten bewundern kann, die man vom Kanu aus nicht sieht.

Weitere Routen auf oder nahe der Linge

(1) Die **43 km** lange Strecke auf der ***Linge* östlich des Amsterdam-Rijnkanaals** lohnt allenfalls auf den ersten Kilometern. Zum Umtragen von **Tiel** auf die andere Kanalseite 2 km Fußweg (Kanuwagen). Dort kommt man an einem schönen Badesee mit *Gastronomie* und *Rastplatz* vorbei sowie ein Stück weiter am einzigen *Campingplatz*, der auf diesem Abschnitt direkt am Fluss liegt. 10 x umtragen, davon noch einmal ein längeres Stück.

(2) Einige Paddler beginnen die Tour in **Buren** auf der ***Korne***, weil es ein sehr sehenswertes Städtchen mit *Stadtmauer*, vielen alten Häusern, *Museen* und *Galerien* ist. Der offizielle *Kanusteg* befindet sich an der historischen Brücke (Peperstraat), die den (großen kostenlosen) Parkplatz *(51.909627, 5.336544)* mit der Altstadt verbindet. An der Brücke lädt das *Hotel-Restaurant „De Prins"* mit schöner Terrasse direkt am Wasser zur Einkehr. Leider ist die *Korne* auf den **3 km** bis **Geldermalsen** wenig ansprechend. Kein Umtragen.

Tour 10 b – Berkel, 23 km

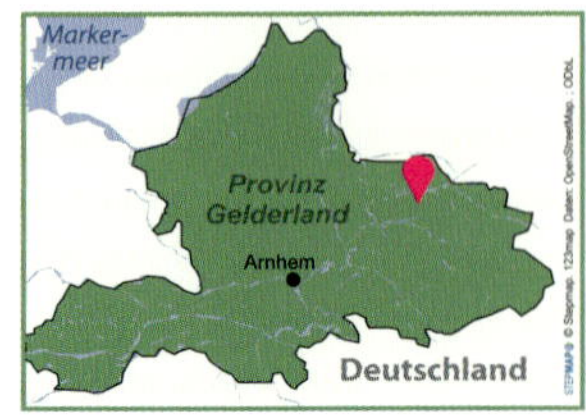

Die Berkel war einst ein wichtiger Transportweg vom westlichen Münsterland zur niederländischen Hansestadt Zutphen. Auf kleinen Kähnen, Zompen genannt, wurden die Waren nach Westen verschifft. Kanuten können der Route bei sehr gutem Wasserstand ab Coesfeld auf fast 100 km folgen, aber – abgesehen von dem naturnah erhaltenen Abschnitt zwischen Stadtlohn und Vreden – sind nur die unteren 23 km ab Lochem wirklich schön. Unterhalb Vredens gleicht das Flüsschen einer tief abgesenkten schmucklosen Rinne und in den Niederlanden zunächst einem breiten Kanal mit hohen Ufern.

Es gibt ein paar interessante Ecken, beispielsweise den „Zandvang" von **Rekken** kurz hinter der Grenze. Hier wird in einer Art Bassin vor dem Wehr der Sand aufgefangen, der sich aufgrund der verminderten Strömung immer schon im grenznahen Bereich abgelagert und den Wasserlauf verstopft hat. Alle drei Jahre baggert man hier 20.000 m³ Sand aus. Oder beim übernächsten ***Wehr*** in **Eibergen**: Dort kann man nach einem Fußweg von 200-300 m in einem Altarm die ***Mallumsche Wassermühle*** nebst Müllerhaus und Schleuse bewundern und einen Eindruck von der romantischen Berkel früherer Tage erhalten. Sehr lohnend! In **Borculo** gibt es gleich mehrere ***Museen***, eine schöne ***Wassermühle*** (gehobenes Restaurant mit herrlicher Terrasse) und ein ***„Infocentrum Berkelgebied".*** Im kleinen ***Hafen*** liegt zeitweise auch eine nachgebaute Zompe.

Trotz dieser Sehenswürdigkeiten lohnt eine Tour auf der ***Berkel*** für meinen Geschmack erst ab **Lochem**, eindrucksvoll angekündigt durch das ***Schloss De Cloese*** am rechten Ufer. An der Brücke daneben befinden sich ein ***Kanusteg*** und Platz für Autos an der Straße. Das Städtchen selbst beginnt ein kleines Stück weiter. Ein ***Wehr*** muss hier ***umtragen*** werden. Von dort sind es nur ein paar Schritte zum hübschen historischen Zentrum bei der ***Gudula-Kirche***. Dort kann man auf

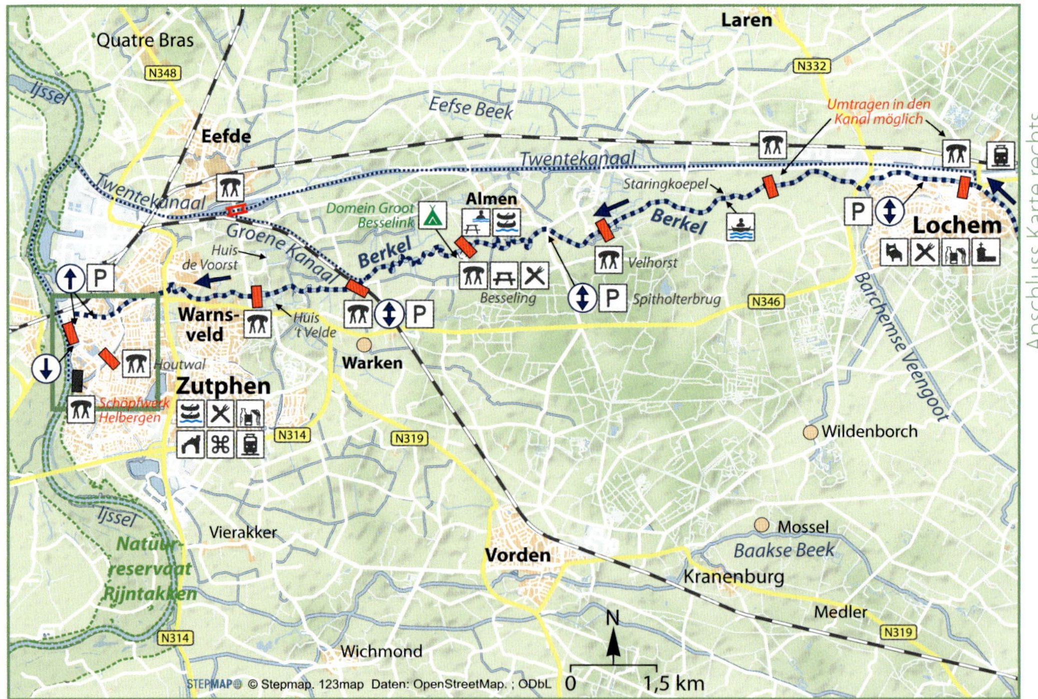

Anschluss Karte rechts

dem Platz nett in einem der ***Cafés*** einkehren.

Unterhalb des Wehrs hoppelt man über ***drei niedrige Steinstufen***. Die Durchlässe für Kanus sind bei sommerlichen Wasserständen nur knapp überspült. Bei der nächsten Straßenbrücke (Haalmansweg) könnte man über ein Grasufer auch einsetzen, um sich das oben genannte Wehr zu ersparen. Parken in der Straße.

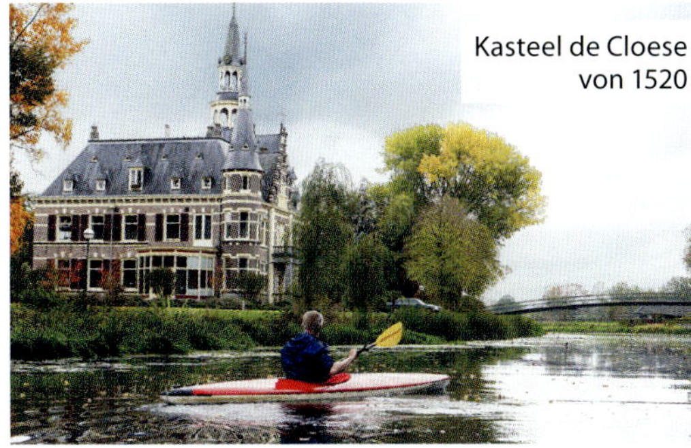
Kasteel de Cloese von 1520

Unterhalb von **Lochem** fließt die ***Berkel*** mit kaum merkbarer Strömung etwas kurvenreicher als oberhalb des Ortes durch eine liebliche, leicht wellige Landschaft mit vereinzelten Bauernhäusern, kleineren Wäldern und einzelnen Baumgruppen. Das ***Umtragen*** des nächsten ***Wehrs*** nutzen wir zur ersten Pause. Dann paddeln wir auf Höhe des ***„Staringkoepel“***, ein wie ein kleiner Turm anmutendes historisches Teehaus aus dem Jahr 1850, unter den Seilen einer ***Selbstzug-Fähre*** durch.

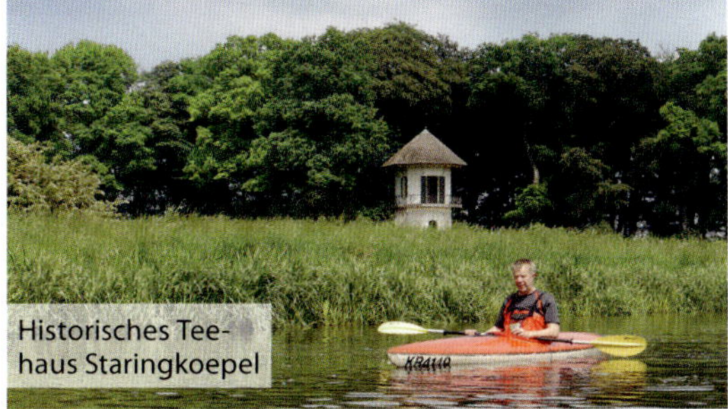
Historisches Teehaus Staringkoepel

Kurz darauf erreichen wir das ***Wehr Velhorst (umtragen)*** und danach die Straßenbrücke (Spitholterbrug) von **Almen**. Hier beginnt ein renaturierter Abschnitt. Der Fluss hat 20 Kurven hinzubekommen und ist dadurch 2,5 km länger geworden. Man hat die Ufer abgeflacht und Überflutungsflächen geschaffen. Die Vogelwelt scheint vielfältiger als auf den oberen Abschnitten

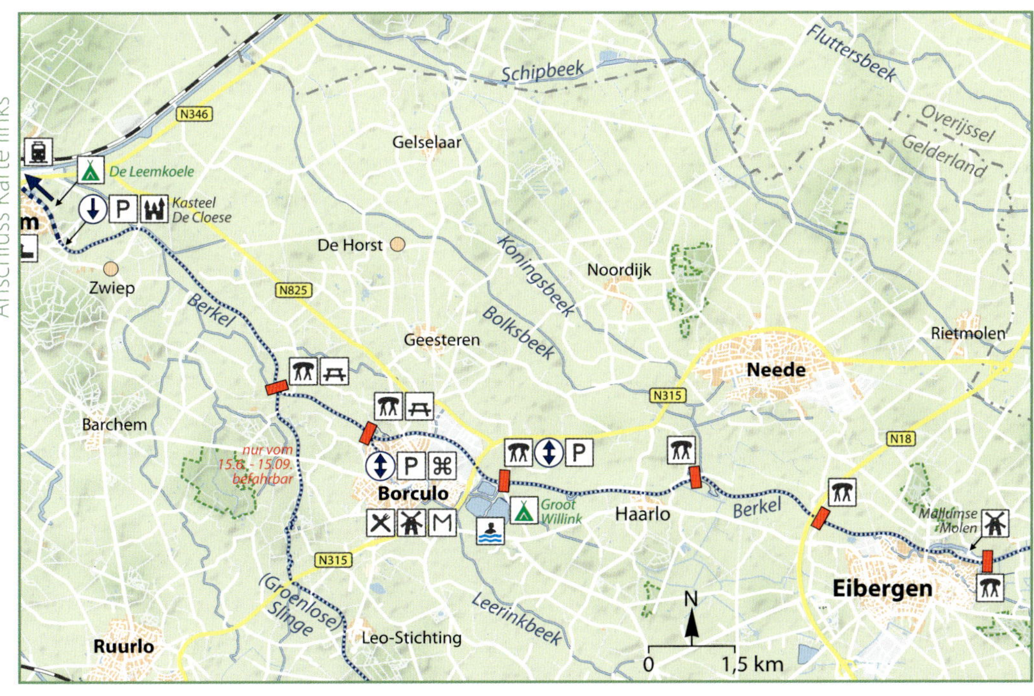

der ***Berkel*** zu sein. War der Fluss bisher ganz nett, wird er nun zu einem wunderbaren Paddelgewässer. Wir paddeln um *Freibad, Kanuvermietung* und *Zompenanlegestelle* von **Almen** herum und erreichen kurz darauf das ***Wehr Besselink (umtragen).*** *Der Name verweist auf ein besonders schönes Bauernhaus. Wie viele der älteren Höfe ist die Anlage von Besselink im „saksischen“ (niedersächsischen) Stil gebaut. Dies wird auf einem Schild erläutert. Auf Deutsch kann man sich von einer Säule etwas über den Bauern Staring erzählen lassen, der sich einst um die Entwässerung verdient gemacht hat. Die nötige Energie für den Vortrag erzeugt man durch anhaltendes Treten eines Hebels.* Auf der anderen Seite des Wehres gibt es eine ***Picknickstelle***. Gleich neben dem Bauernhaus lädt das hübsche ***Café „Esther's Terras“*** mit köstlichem Kuchen zur Einkehr und dahinter erstreckt sich der kleine gepflegte ***Campingplatz „Domein Groot Besselink“***.

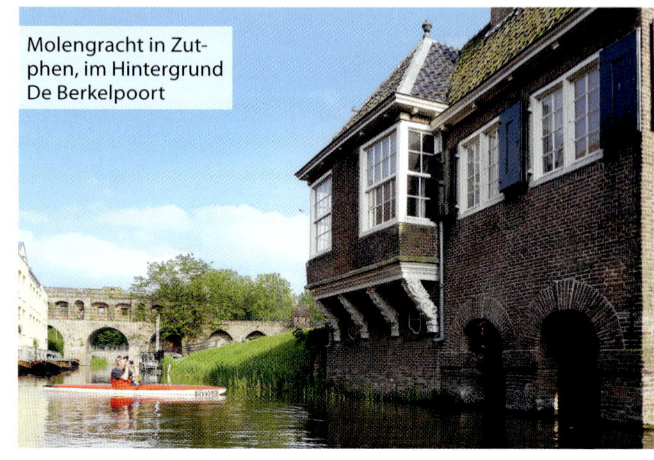
Molengracht in Zutphen, im Hintergrund De Berkelpoort

Ein paar Kilometer weiter stößt man auf Höhe von **Warken** auf den Abzweig des ***Ableitungskanals „Groene Kanaal“***, der vor allem in regenreichen Zeiten das Hochwasser von Zutphen abhalten und stattdessen zum 2,5 km entfernten Twentekanaal und damit zur Ijssel abführen soll. Wir bleiben jedoch auf der ***Berkel*** und müssen hier ein ***Wehr umtragen***.

Bald geht es am wahrlich hochherrschaftlichen ***Huis 't Velde*** vorbei, wo heute eine Polizeiakademie untergebracht ist, zum ***Landgut „Huis de Voorst“***. Hier ist eine letzte ***Staustufe*** zu bewältigen. Man kann von dem Wehr einen 400 m langen Spaziergang durch den Park zum schlossartigen ***Huize de Voorst*** machen, das als Hochzeits- und Eventlocation genutzt wird.

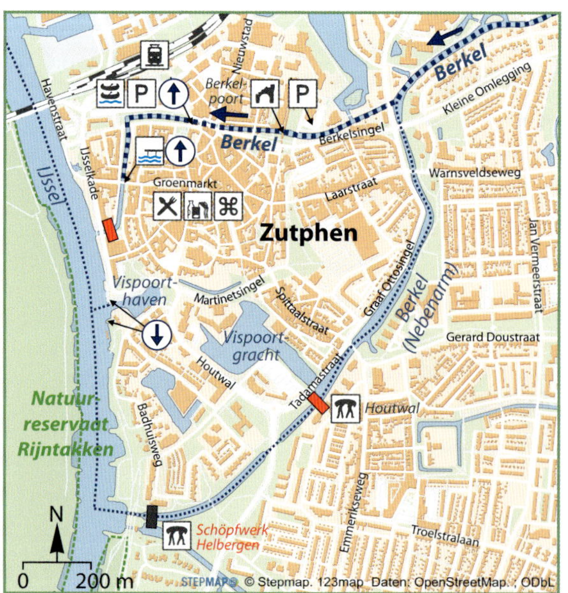

Tour 10 b – Berkel, 23 km

Danach paddelt man nach **Zutphen** hinein. Bei der dritten ***Brücke*** teilt sich der Wasserlauf in zwei Arme. Der linke Arm war früher Teil der Stadtbefestigung. Er mündet über das Schöpfwerk Helbergen in die Ijssel. Man könnte dort in den großen Fluss umsetzen, müsste aber unterwegs das Houtwal-Wehr umtragen. Der ***rechte Berkel-Arm*** führt an einigen sehenswerten Gebäuden vorbei und wartet mit zwei Attraktionen auf: der ***Berkelruine (Berkelpoort)***, einem alten Wasserstadttor, und dem ***„Overwelving“***, einem ca. 50 m langen Tunnel unter einer Straße (mit Beleuchtung bei Annäherung!), der die ehemaligen Wassermühlen ersetzt.

Die ***Berkel*** endet an einem Stau an der ***Ijsselkade***. Bei gutem Wetter kann man dort wunderbar am Wasser sitzen, auf die breite ***Ijssel*** blicken und so die Tour ausklingen lassen. Auf keinen Fall sollte man auf eine Stadtbesichtigung verzichten. **Zutphen** gehört für mich zu den besonders schönen niederländischen Städten.

Ergänzende Informationen zur Berkel

Fahrtenmöglichkeiten

Von **Lochem** (bei De Cloese) bis **Zutphen** (Stau Kattenhaven) sind es rund **23 km.** Von **Almen** bis **Zutphen 10 km**. Man kann wegen der kaum merklichen Strömung auch aufwärts paddeln.

Umtragestellen

Ab Lochem ***6 Wehre*** (Befahrung verboten). Das Umtragen ist immer unproblematisch.

Schwierigkeiten, Bestimmungen

Auch für Anfänger gibt es keine Probleme. Keine besonderen Bestimmungen.

Ein- und Aussetzstellen ab Lochem mit Parkmöglichkeit

Bei dem **Kasteel De Cloese** (Keppellaan, *52.154521, 6.432867)* oder direkt in **Lochem** bei der Brücke unterhalb des Wehres (Haalmansweg, *52.164469, 6.408738)*.

In **Almen** bei der Spitholterbrug (Vordenseweg, *52.156645, 6.312844)*.

In **Zutphen** unterhalb des Tunnels „Overwelving" (Rozengracht, kostenpflichtiges Parken, *52.143078, 6.195253)*. Größerer kostenpflichtiger Parkplatz bei der Brücke oberhalb der Berkelruine (Isendoornstraat, *52.143055, 6.200331)*. Das Aussetzen ist dort möglich, aber schwierig.

Zurück zum Auto

Zwischen Zutphen und Lochem verkehren alle halbe Stunde Züge. Die Bahnhöfe liegen flussnah. Keine Bahnhöfe dazwischen.

Campingplätze ab Lochem

Fast direkt am Fluss *Domein Groot Besselink* in **Almen**, mit Kanuvermietung (evtl. nur für Campinggäste) (www.grootbesselink.nl).

Einige Bauerncampings in der Umgebung.

Kanuvermieter

Fulltime Adventure in **Lochem** (www.fulltimeadventure.nl).

Zwembad De Berkel in **Almen** (www.zwembaddeberkel.nl).

Kanoverhuur Zutphen (Apr-Sep) in **Zutphen** (www.kanoverhuur-zutphen.nl).

Tourenveranstalter/Organisationsbüro

Free-wheel (www.free-wheel.com).

Karte

Fietskaart 20 Regio Fietskaart Overijssel west für d. Abschnitt Eibergen–Zuthphen, 1:66.666, ANWB Media (9789018047214).

Der besondere Tipp

Wer Lust auf eine ***Berkelfahrt*** der anderen Art hat, kann das mit einer ***Zompe*** machen. Ab zwei Personen fährt die Zompe „Jappe" (die älteste und größte der vier Nachbauten) in **Borculo** vom Zompenhafen nahe der Innenstadt Richtung Beekvliet-Wehr und zurück. Die freundlichen Ehrenamtlichen zeigen, wie die Skipper früher gelebt haben, und wissen die ein oder andere Geschichte zu erzählen.

Zeitweilig kann man auch auf den innerstädtischen Wasserwegen mit der Zompe „Fute" fahren, die eigentlich in Almen beheimatet ist.

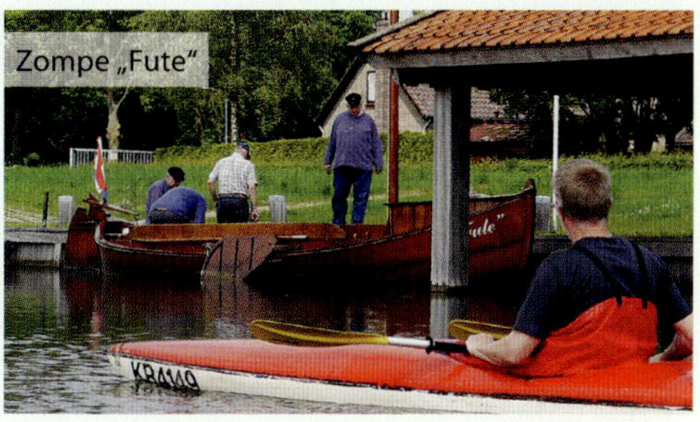

Zompe „Fute"

Weitere Routen an der Berkel

Alle folgenden, weiteren Fahrtenmöglichkeiten sind bis auf einen deutschen Abschnitt für meinen Geschmack nur mäßig attraktiv:

(1) Die gesamte Berkel: Sie ist bei Hochwasser ab **Coesfeld** (d.h. auf 99 km), bis Juni ab **Genscher** (83 km) und ab **Stadtlohn** (70,5 km) meist ganzjährig befahrbar. Ab **Vreden** gibt es auf jeden Fall keine Probleme. Bis zur Grenze minimal strömend. Danach ist eine Strömung zumindest bei sommerlichen Wasserständen kaum feststellbar. Man könnte in den Niederlanden auch aufwärts fahren.

Das Umtragen ist immer unproblematisch, erfordert aber nicht selten Wege von 50-100 Meter. Auch für Anfänger gibt es keine Probleme. Keine besonderen Bestimmungen.

(2) In Verbindung mit ***Ijssel, Twentekanaal, Groene Kanaal*** (Ableitungskanal) und ***Berkel*** ergibt sich das **16 km** lange **„Rondje Zutphen"** (Ründchen um Zutphen).

Eine gute ***Einsetzstelle*** dafür ist wegen der Parkmöglichkeiten und des einfachen Einsetzens der Abzweig des ***Groene Kanaals*** unweit des Ortes **Warken** *(52.148415, 6.266344)*. Auf der ***Berkel*** geht es nach **Zutphen,** wo man vom Mündungsstau bzw. einem Kanusteg vor der letzten Brücke (Marspoortstraat) aussetzt, ca. 300 m in südliche Richtung zum ***Visporthaven / Yachthafen umträgt*** und dort am Fuß der ehemaligen ***Bastion Bult van Ketjen*** in die ***Ijssel*** einsetzt. Achtung: Bei höheren Wasserständen könnte es hier kräftig strömen! Bei sehr niedrigem Wasserstand ist das Einsetzen mühsam. Dann besser um den Hafen herum laufen und südlich davon über einen kurzen Betonweg hinunter bei einer strandähnlichen Stelle einsetzen. In den ***Twentekanaal einbiegen,*** bis zur ersten ***Schleuse (Eefde)*** paddeln, davor rechts aussetzen, 200 m in den ***Groene Kanaal umtragen***. Für beide Portagen ist ein Bootswagen nötig!

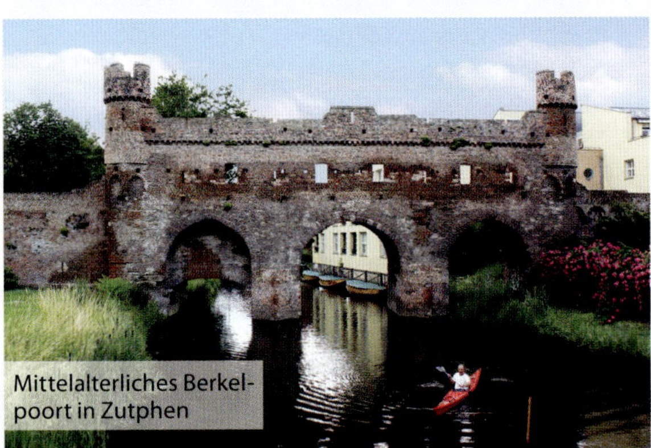

Mittelalterliches Berkelpoort in Zutphen

(3) Rundtour Twentekanaal – Berkel, 20 km: Von derselben Einsetzstelle wie bei (2) auf dem ***Groene Kanaal*** bis zum ***Twentekanaal*** paddeln, ***umtragen*** und auf dem Kanal 9 km ostwärts fahren. 1,6 km östlich der dritten Brücke unter einer Hochspannungsleitung bei einer hölzernen Uferbefestigung aussetzen (wegen des dichten Uferbewuchses schwierig, *52.166039, 6.372231)*. 400 m auf einem teilweise asphaltierten Schotterweg ***zur Berkel umtragen*** und auf dieser zur Einsetzstelle zurückkehren. Man könnte auch bis zur zweiten Kanalbrücke in **Lochem** paddeln und dort in die Berkel umsetzen (6-7 km zusätzlich).

(4) Der größte Nebenfluss ist die ***(Groenlose) Slinge,*** im Unterlauf auch ***Lebbinkbeek*** genannt. Der Bach ähnelte bis vor einigen Jahren einem sterilen Entwässerungskanal. Er wurde mittlerweile stellenweise renaturiert. Einige der vielen Wehre wurden gegen Serien von ***5-7 flachen naturnahen Stufen*** ausgetauscht, die bei niedrigem Wasserstand nicht fahrbar sind. Das Umtragen ist wegen des dichten Pflanzenbewuchses schwer.
Fahrbar ab nördlich von **Winterswijk** auf **27 km**. Erlaubt nur von **15.6.-15.9.**

11 – Die Provinz Overijssel

Overijssel liegt – von den Metropolen aus gesehen – jenseits (over) des Rheinmündungsarms Ijssel. Sie gliedert sich in drei Teile: Das Waterland im Nordwesten der Provinz ist ein ehemaliges Niedermoorgebiet, das aufgrund des Artenreichtums an Pflanzen und Tieren in und an den vielen Gewässern zu den besonders wertvollen Naturräumen zählt.

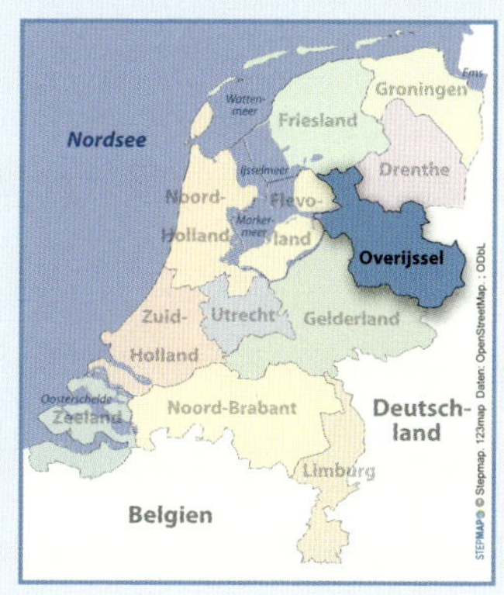

Salland in der Mitte und Twente im Südosten sind von welliger Moränenlandschaft eiszeitlichen Ursprungs mit Wäldern und Heide geprägt. Diese Gegenden Overijssels sind bei einheimischen Urlaubern sehr beliebt, wie allein schon die gewaltige Anzahl von Campingplätzen zeigt.

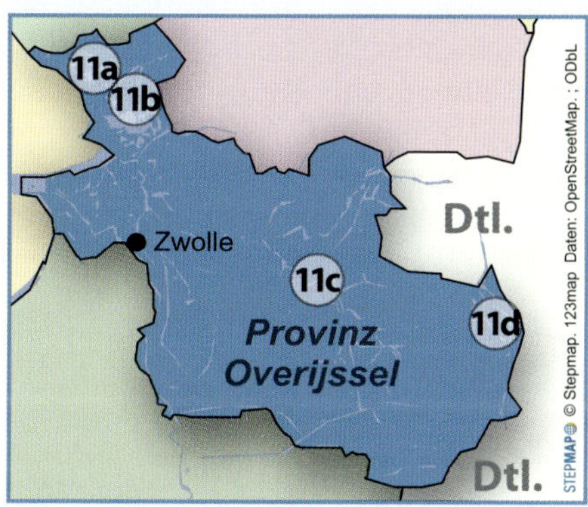

Die Paddelreviere

Das *Waterland* (Wasserland) mit den **Weerribben** 11a und **De Wieden** um das Dorf **Giethoorn** 11b ist eines der beliebtesten Wassersportgebiete der Niederlande und für Kanuten ein kleines Paradies. Man paddelt auf vielen kleinen, oft wunderbar verwilderten Wasserläufen und über etliche schöne Seen, vom romantischen kleinen Tümpel voller blühender Seerosen bis zum Segelrevier für mittelgroße Yachten.

In Salland und Twente locken vor allem die Flüsse **Regge** 11c, **Linderbeek** und die fast naturbelassene **Dinkel** 11d – für sie braucht man eine Befahrungserlaubnis (siehe Seite 239). Kürzere und längere Rundfahrten sind möglich, darunter ein Abstecher in die angrenzende deutsche Grafschaft Bentheim im südlichen Emsland. Das hübsche Flüsschen **Reest** an der Grenze zu Drenthe darf leider außerhalb von Meppel nicht befahren werden.

Da die **(Overijsselse) Vecht** in den Niederlanden nur auf Teilen des mittleren Abschnitts lohnend ist, berücksichtige ich sie hier ebenso wenig, wie die meisten Kanäle, auch wenn sie von den offiziellen Verbänden empfohlen werden.

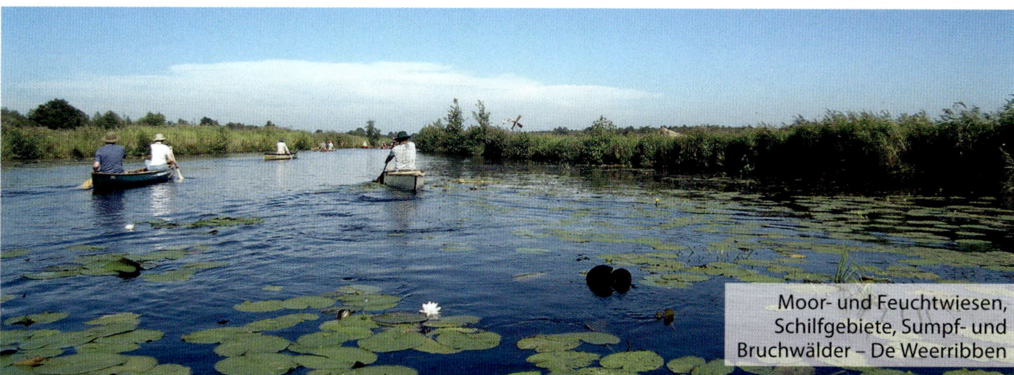

Moor- und Feuchtwiesen, Schilfgebiete, Sumpf- und Bruchwälder – De Weerribben

Tour 11 a – Weerribben, 19, 14 und 14,5 km

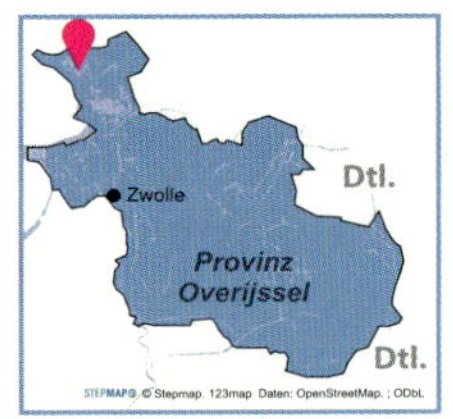

Weerribben Nordrunde (orange Route), **19 km**
Hitze liegt über dem Land. Träge sitzen die Menschen auf dem Campingplatz im Schatten ihrer Vorzelte. Ein Angler döst auf seinem Hocker, zwei Kinder dümpeln auf ihren Gummitieren vor ihm im Wasser umher. Ich tauche an ihnen vorbei. Erst am späten Nachmittag ist wieder an Aktivitäten zu denken, die über das Baden und das Umrühren des Tees hinausgehen.

Ich breche zu einer abendlichen Rundfahrt durch die ***Weerribben*** auf. Dieses ehemalige Torfabbaugebiet ist Teil des ***Waterlandes*** im Nordwesten der Provinz Overijssel.

Mein Startpunkt ist der *Campingplatz „De Kluft"* in **Ossenzijl**, unweit des *Besucherzentrums* für den Nationalpark. Ich folge der mit farbigen Pfählen gekennzeichneten 14 km langen ***„Weerribbenroute"*** über einige kleinere Wasserflächen, kreuze den zentralen Schiffahrtskanal des Gebietes, die Kalenbergergracht, und biege neben einem hübschen kleinen Häuschen in einen breiten Graben mit dem Namen ***\`t Tres Haarms*** ein. Über die schmalen Kanäle ***Tweede Bokvaart, ´t Jurries, Hamsgracht*** gelange ich erst in den äußersten Westen und anschließend auf ***´t Heers, Eerste Bokvaart, Kroonegat, Vaargat van Tietema*** und ***Nieuwe Vaart*** in den Süden. Von dort geht es auf der ***Heer van Diezenvaart*** nach **Kalenberg**. Dieses alte Torfstecherdorf war bis in unsere Tage eine Insel im Moor. Hier rüstet man sich im wunderbaren Garten eines der stilvollen alten Häuser für ein geselliges Grillen. Ein lauter Popsong stört zwar die Ruhe, die Melancholie des Liedes passt aber irgendwie zu den Weerribben.

Auf der Karte in einem Faltblatt, das man u.a. im Besucherzentrum oder auf dem Campingplatz kostenlos bekommt, sehen die Wasserläufe schematisch langweilig aus. In Wirklichkeit hat man es mit einem Gebiet zu tun, das sich seit den Zeiten der Torfgewinnung zu einem Naturparadies für Pflanzen und Tiere und einem facettenreichen Paddelrevier entwickelt hat. Wunderschön verwilderte Ecken wechseln sich mit reinen Schilfufern oder kleinen Baumgruppen ab. Man paddelt an Wiesen vorbei, an Feldern, auf denen Reet geschnitten wird, dann wieder an

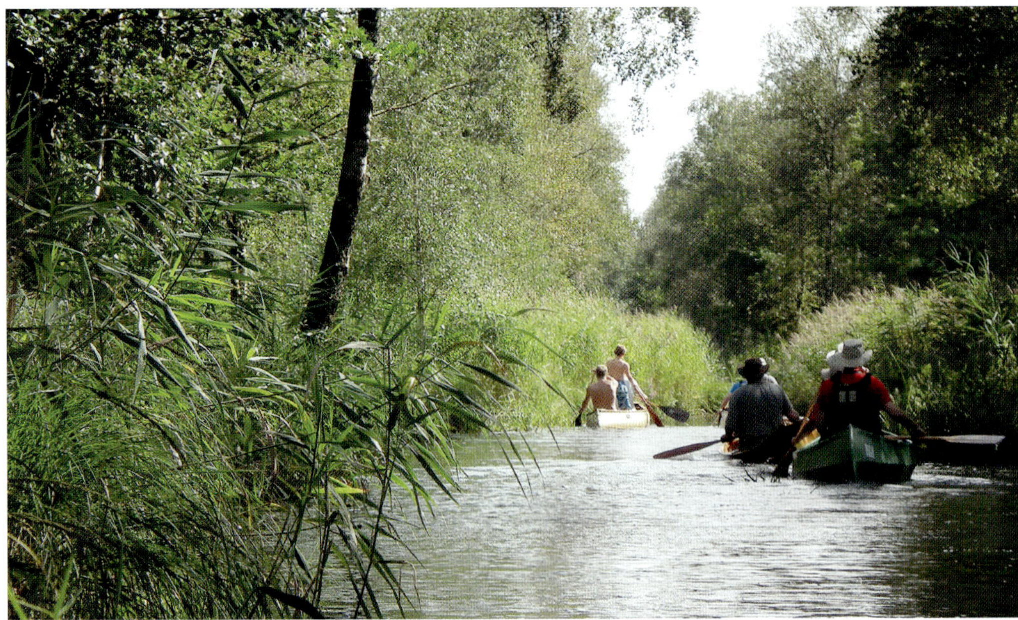

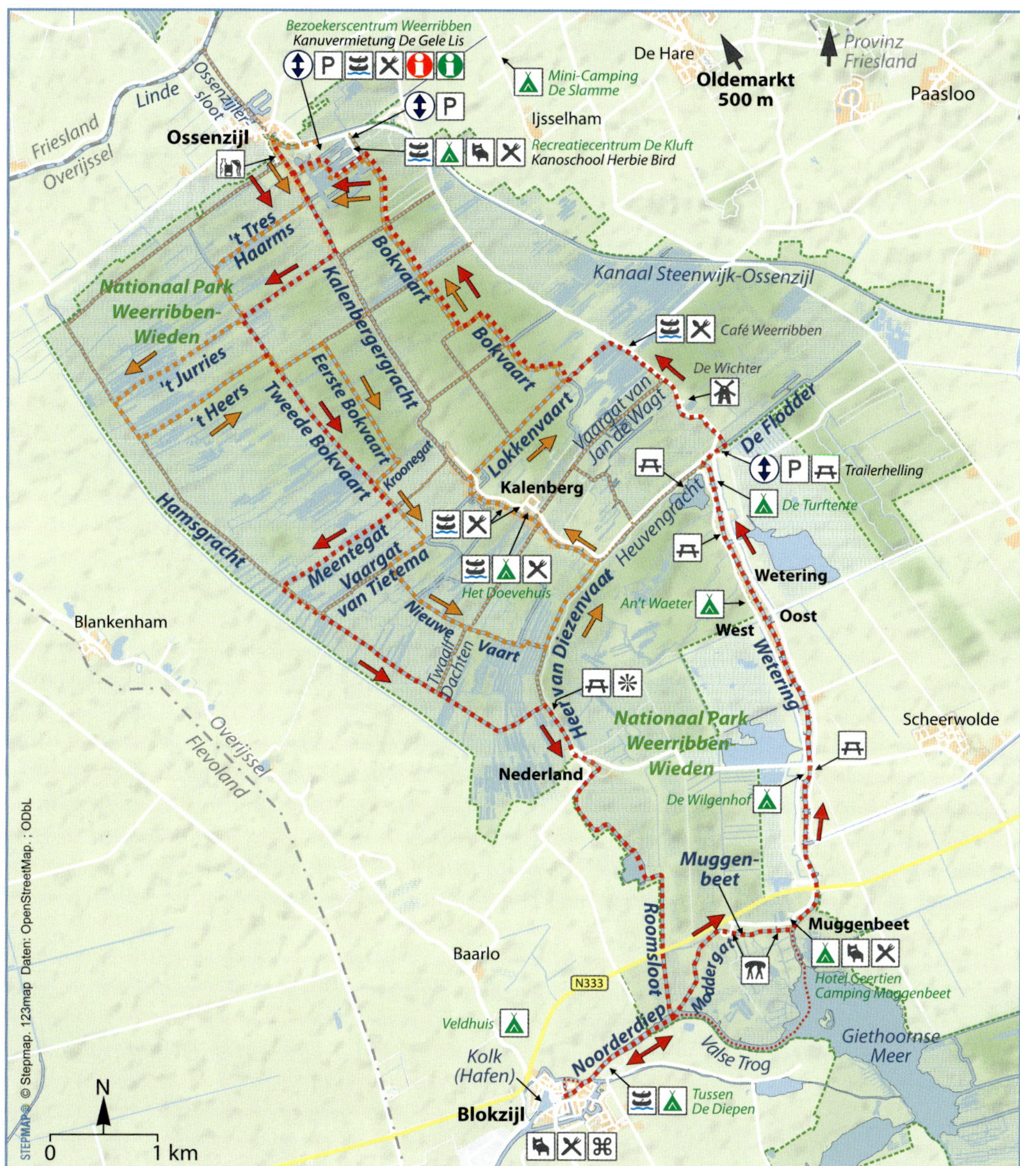

verwunschenem Bruchwald. Immer wieder zweigen Gräben ab, an denen „amerikaanse" Windräder stehen, wie man sie aus Western kennt. Manchmal öffnen sich die Grachten zu kleineren Wasserflächen, die gelb von Mummeln oder weiß von Seerosen leuchten. Sumpfvögel huschen durchs Schilf, Weihen kreisen über dem Gelände. Sogar ein seltener (schwarzer) Purpurreiher hebt vor mir ab. Wasserläufer leuchten wie Silberkugeln im abendlichen Sonnenschein.

Die ***Lokkenvaart*** und die ***Bokvaart***, kleine Kanäle in feuchtem, düsterlich romantischem Erlenwald, leiten mich nach **Ossenzijl** zurück. Auf den letzten Kilometern begegne ich einem Pärchen in Kajaks. Sie sind vermutlich wegen der fortgeschrittenen Tageszeit die einzigen Wassersportler außer mir auf den sonst von motorisierten „Flüsterbooten", Ausflugsschiffen und Kanuten stark frequentierten Wasserwegen.

Weerribben Südwestrunde Hinweg (rote Route), **Ossenzijl – Blokzijl, 14 km**

Am nächsten Morgen paddle ich von **Ossenzijl** überwiegend auf Kanälen, auf denen ich am Vortag noch nicht unterwegs war, in die Südwestecke der ***Weerribben***. Auf der abgeschiedenen ***Heer van Diezenvaart*** gelange ich zur Kleinstortschaft **Nederland**, bei der einst die Verfehnung des Gebietes begann. *Der Name verweist auf niedrig gelegenes Land und hat somit nur indirekt mit der Bezeichnung des Staates zu tun. Trotzdem ist das Ortsschild das am häufigsten gestohlene der Niederlande.* Ich verlasse hier das rund 4 x 6 Kilometer große Revier der ***Weerribben***, um auf dem nüchternen ***Roomsloot*** und schließlich auf dem ***Noorderdiep*** einen Abstecher zum sehr sehenswerten **Blokzijl** zu machen. *Die Verschiffung des Torfs, der in den Weerribben und den Mooren bei Giethoorn abgegraben wurde, hat dem ehemaligen Hafenort an der früheren Zuiderzee zu einigem Wohlstand verholfen.* Noch heute ist vor allem der große dreieckige *Hafen*, der Kolk, mit seinen historischen Bürgerhäusern und der alten Schleuse ein Schmuckstück und entsprechend beliebtes Ziel der zahlreichen Besucher.

Weerribben Südwestrunde Rückweg (rote Route), **Blokzijl – Ossenzijl, 14,5 km**

Bei einer anderen Tour an einem wunderbaren Frühlingstag kehre ich von **Blokzijl** über die hübsche Verbindung ***Moddergat*** und ***Muggenbeet*** (zweimal unkompliziert ***umtragen***) sowie die ***Wetering*** zu den ***Weerribben*** zurück. Die ***Wetering*** ist die Hauptroute der Freizeitschifffahrt und gerade in der Saison stark befahren. An einem Donnerstag im April hab ich sie fast für mich allein. Attraktiv ist die Wasserstraße wegen der vielen schönen Häuser mit teils herrlichen Grundstücken an den Ufern. Mehrere Storchennester sind besetzt.

Da, wo die ***Wetering*** nach einer scharfen Linkskurve in die Heuvengracht übergeht, biege ich rechts in den unscheinbaren Wasserweg ***De Flodder*** ab und hinter einem *Picknickplatz* mit *Bootsrampe* und *Parkplatz* gleich wieder links. Der schmale angenehme Wasserweg führt mich wieder in die ***Weerribben*** hinein, vorbei an der *Bockwindmühle „Wichter“* (= Gründer) bis hin zum *Café Weerribben* mit *Kanuvermietung*. Dahinter geht es links herum auf der ***Lokkenvaart*** in südwestliche Richtung und an der nächsten Kreuzung bei einem *Kanurastplatz* rechts ab. Nach ein paar Hundert Metern und einer weiteren 90°-Linkskehre komme ich zur ***Bokvaart***, die mich bereits in der Nordrunde zum Ausgangspunkt zurückgeleitet hat.

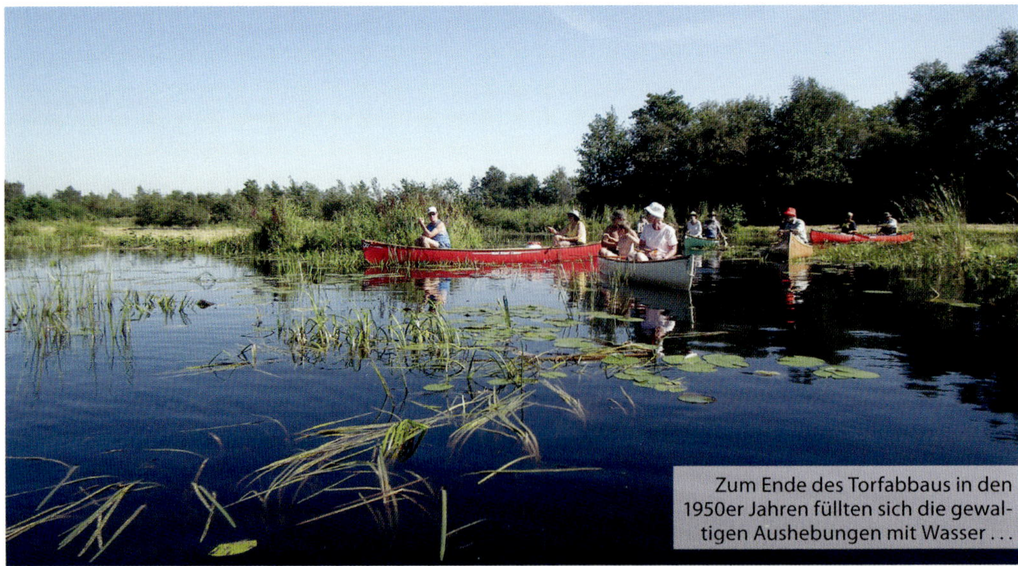

Zum Ende des Torfabbaus in den 1950er Jahren füllten sich die gewaltigen Aushebungen mit Wasser ...

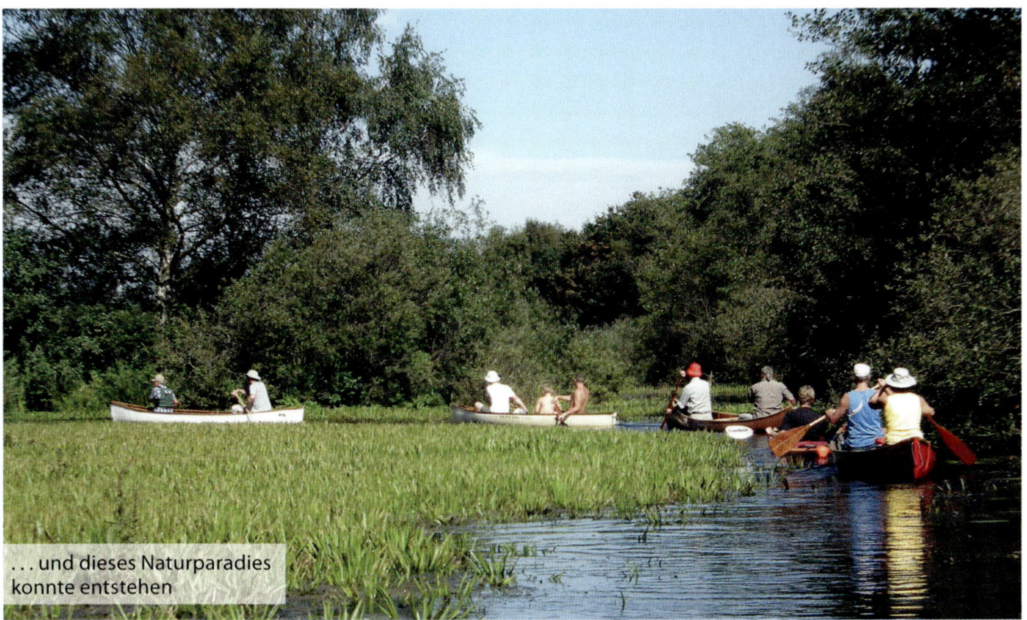
... und dieses Naturparadies konnte entstehen

Ergänzende Informationen zu den Weerribben

Fahrtenmöglichkeiten

Es gibt im Weerribben-Gebiet des Nationalparks drei offizielle, mit Wegweisern markierte Routen: ***„Kanoroute Ossenzijl"*** *(rote Pfeile, 7 km)*, ***„Kanoroute Kalenberg"*** *(gelbe Pfeile, 8 km)* und beide kombiniert als ***„Kanoroute Weerribben"*** *(grüne Pfeile, 14 km)*.

Man kann ihnen exakt folgen oder eigene Abwandlungen vornehmen. Die Orientierung wird man in dem übersichtlichen Gebiet sicher nicht verlieren.

Der Abstecher vom Südende der Kalenbergergracht über Nederland nach Blokzijl ist 6-7 km lang, die Rückkehr über das Moddergat, das Muggenbeet und die Wetering bis zur Heuvengracht 7-8 km.

Wenn man im Moddergat nicht umtragen will, muss man über den Valse Trog und das Giethoornse Meer fahren. Diese Route ist etwa 1 km länger.

Einsetzstellen

Wer nicht auf dem Camping des „Recreatiecentrum De Kluft" startet, kann gut an der niedrigen, geraden Uferkante des Kanaal Ossenzijl-Steenwijk gegenüber dem Besucherzentrum (Bezoekerscentrum De Weerribben) in **Ossenzijl** einsetzen und auf dem zugehörigen Parkplatz (Hoogeweg, *52.807283, 5.926265)* kostenlos parken.

Oder ein Stückchen weiter östlich, kurz hinter dem Campingplatz, auf einem Parkplatz parken und beim etwas versteckten Kanusteg in das nördliche Ende der Bokvaart einsetzen (Hoogeweg, *52.808483, 5.932586)*.

Eine Alternative kann die Trailerhelling / Bootsrampe am Nordende der Ortschaft **Wetering (Oost)** sein *(52.781609, 5.982956)*.

Befahrbarkeit, Schwierigkeiten

Alle Wasserläufe in den Weerribben sind völlig problemlos auch für Anfänger zu befahren und strömungslos. Lediglich auf der Kalenbergergracht, der Wetering und der Verbindung nach Blokzijl könnten die Begegnungen mit Motorbooten und deren Wellen etwas Schwierigkeiten bereiten.

Umtragestellen
Innerhalb der Weerribben und beim Abstecher nach Blokzijl kein Umtragen.

Bei der Rückkehr im Wasserlauf Muggenbeet 2x leichtes Umtragen.

Rastplätze
Es gibt in den Weerribben etwa 20 gekennzeichnete Rastplätze. Sie sind alle so feucht, dass zumindest in kühleren Zeiten Stiefel hilfreich sind.

Bestimmungen
In Teilbereichen ist das Befahren verboten. Diese Gewässer sind durch schwimmende Balken versperrt.

Die Ufer dürfen nur an den gekennzeichneten Rastplätzen betreten werden.

Campingplätze, Hotels
Camping De Kluft mit Kanuvermietung und Hotel in **Ossenzijl** (www.dekluft.nl).

Camping „Tussen de Diepen“ mit Kanuvermietung, **Blokzijl** (www.tussendediepen.nl).

Weitere Hotels in **Blokzijl**.

Hotel Geertien in **Muggenbeet**, sehr schöne Außengastronomie (www.geertien.nl).

Camping Muggenbeet in **Muggenbeet** (neben dem Hotel), Kanuvermietung an Campinggäste, (www.campingmuggenbeet.nl).

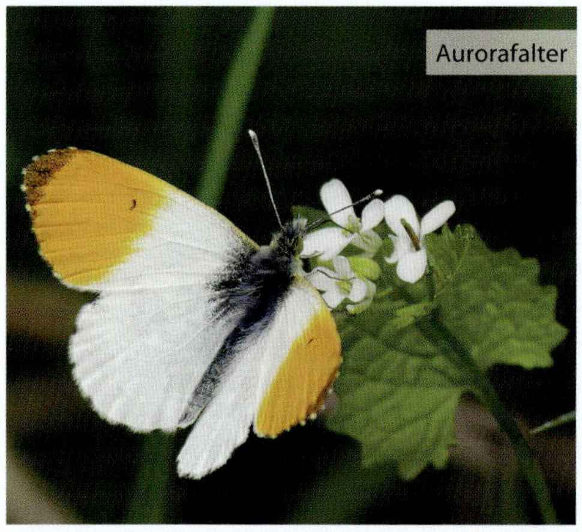
Aurorafalter

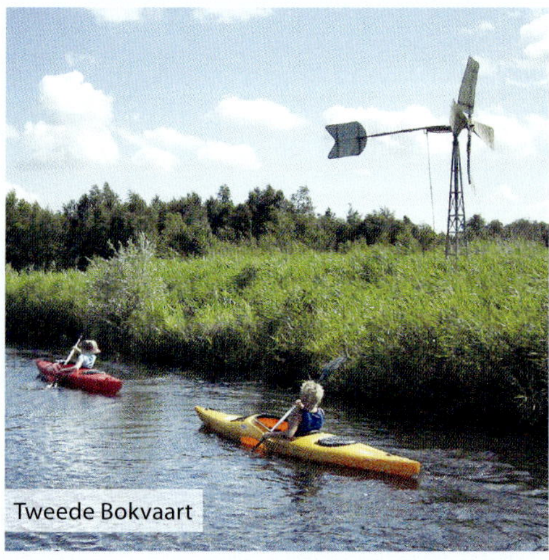
Tweede Bokvaart

Camping de Turftente in **Wetering Oost** (www.turftente.nl).

Wetering West: *Camping de Wilgenhof* (www.campingdewilgenhof.nl) und *An't Waeter,* Mini-Camping, B&B, Café, schöne Terrasse am Wasser (www.antwaeter.nl).

Hotel Restaurant Het Rietershijs mit Kanu-, SUP- und Fahrradvermietung in **Kalenberg** (www.hetrietershuijs.nl).

Geführte Touren & Kanukurse
Kanoschool Herbie Bird in **Ossenzijl** (www.herbiebird.nl).

Weitere Kanuvermietung
Pieter Jongschaap, Kanu- & Fahrräder sowie Rundfahrten in **Kalenberg**, schöne Außenterrasse (www.pieterjongschaap.nl).

Café Restaurant „De Weerribben“ nordöstlich von **Kalenberg** mit Kanu- & SUP-Vermietung (www.cr-deweerribben.nl).

De Gele Lis in **Ossenzijl,** Kanu-, SUP- & Radvermietung, Café, (www.degelelis.nl).

Karten
Faltblatt kostenlos erhältlich u.a. im Besucherzentrum oder auf dem Campingplatz.

Gute Karte von Falk *Wandelkaart SBB 34 „Weerribben“,* 1:25.000.

Tour 11 b – Giethoorn & De Wieden, 18, 15 und 10 km

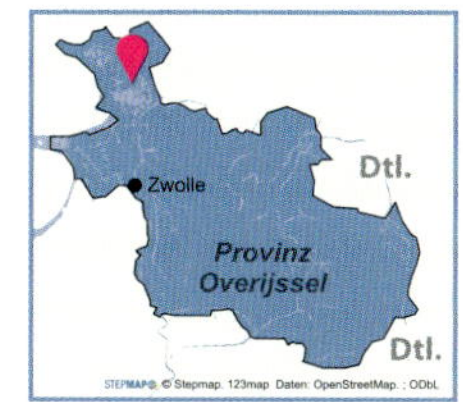

Das Giethoornse Meer ist der einzige See weit und breit, der ohne Zutun des Menschen entstanden ist. Er war schon in der Römerzeit als größtes Trinkwasserbecken der nördlichen Niederlande bekannt. Die ersten Menschen siedelten auf dem etwas höher gelegenen festeren Untergrund entlang des Ufers. Torf wurde zunächst nur für den eigenen Gebrauch hinter dem Haus gestochen. Als der Abbau ökonomisch interessant wurde, begann man großflächig mit dem Abgraben des Moores, das oberhalb des Grundwasserspiegels lag („trockene Verfehnung"). Ende des 15. Jahrhunderts war auf diese Weise nichts mehr zu holen. Man ging zur „nassen Verfehnung" über. Hierbei wurde der Torf aus dem sumpfigen Untergrund gegraben.

Dadurch entstand eine offene langgezogene Wasserfläche: ein Trekgat (auch Weer oder Petgat genannt). Auf den übriggelassenen Streifen Land, den Legakker oder Ribben, wurde der Torf zum Trocknen deponiert und später zu brennbarem Material weiterverarbeitet. Tiefere Kanäle dazwischen dienten der Entwässerung und als Transportwege. Die größeren Wasserflächen, die „De Wieden" oder „Wijden", sind Folge der Wellen, die bei starken Stürmen die niedrigen Landrippen zerschlugen. 1776 verschwand auf diese Weise das ganze Dorf Beulaker in den Fluten.

Aber auch andere Dörfer mussten mehrfach verlegt werden, weil der Untergrund durch das Abtorfen und folgende Sackungsprozesse als Siedlungsfläche ungeeignet geworden war. Das ursprüngliche Giethoorn beispielsweise lag am gleichnamigen See. Es wurde zunächst ein Stück weiter östlich wieder aufgebaut und schließlich an seiner heutigen Stelle abermals errichtet. Jonen und Dwarsgracht entstanden Jahrhunderte später an den vormaligen Standorten.

Zusammen mit den benachbarten Weerribben bilden die De Wieden das größte Niedermoorgebiet Westeuropas. Große Teile stehen als Nationalpark unter Naturschutz. Paddlern bietet sich hier ein schönes und abwechslungsreiches Kanurevier. Dazu tragen die vielen kleinen und großen Seen ebenso bei, wie manch verwunschener Wasserweg, die besonderen landschaftlichen Gegebenheiten und die Ortschaften.

Die Naturschutzvereinigung „Natuurmonumenten" hat vier Touren ausgearbeitet, die in der Natur beschildert und in Karten eingezeichnet sind (siehe „Ergänzende Infos"). Sie wurden in den letzten Jahren mehrfach verändert. Ich schlage drei eigene Runden in freier Anlehnung an die offiziellen Routen vor. Man kann sie beliebig abwandeln oder miteinander verbinden.

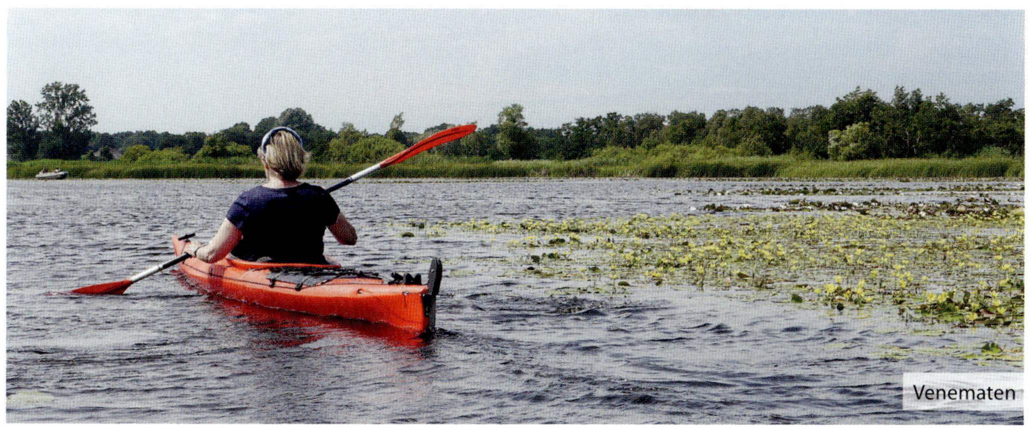
Venematen

Giethoorn-Runde (der Osten, blaue Route), **18 km**

Giethoorn – ein langgestreckter Traum von einem Dorf. Auf mehr als 5 km reihen sich die reetgedeckten ehemaligen Bauern- und Torfstecherhäuser aus dem 18. & 19. Jahrhundert an der Dorpsgracht auf, eins schöner als das andere, meist auf Grundstücken mit herrlichen Gärten, die noch heute vielfach nicht mit dem Auto zu erreichen sind. Nur über die vielen malerischen Holzbrücken gelangen die Bewohner und Besucher über den zentralen Wasserweg und die zahlreichen abzweigenden Kanäle auf ihre „Inseln". „Hollands Venetië" (Venedig) lautet daher der oft zitierte Beiname.

Eine Paddeltour durch den Hauptort der Wieden ist ein Muss. Nimmt man die unterschiedlichen Gewässer der direkten Umgebung hinzu, sind sehr schöne Touren möglich. Der Ort ist wunderbar, aber auch überaus touristisch. Tagsüber wandeln ganze Busladungen voller Besucher aus aller Welt auf den schmalen Wegen oder lassen sich mit einem der zahllosen Ausflugsboote herumschippern. Es gibt mehrere Campingplätze und etliche Vermieter von Flüster-, Ruder-, Tretbooten und mindestens sieben Kanuvermietungen. Von einer Fahrt an Sommerwochenenden ist abzuraten.

Startplatz für diese 18 km-Runde ist in **Giethoorn** einer der wenigen kostenfreien *Parkplätze* an der ***Dorpsgracht*** (Straße Binnenpad, *52.728442, 6.089635)*. Hier kann man an der niedrigen Uferkante gut einsetzen. Wenn der Platz besetzt sein sollte, kann man auch etwas weiter nördlich am Straßenrand parken. Da der schmale Kanal im Zentrum eine Einbahnstraße in nördliche Richtung ist, paddelt man zunächst nach Norden. Erste Zwischenziele sind der kleine See ***Molengat*** und der Ortsteil **Noordeinde**. Obwohl das „Nordende" kaum weniger attraktiv ist als das Zentrum, verschlägt es viel weniger Besucher hierher. Am Ende teilt sich der Wasserlauf. Rechts zweigt die ***Noorder Stouwe*** in die weite Wiesenwelt der ***Wieden*** ab. Wo die ***Noorder Stouwe*** auf die ***Neder Stouwe*** trifft, gibt es einen *Kanurastplatz* mit *Zeltmöglichkeit*.

Nun geht es links ab und nach wenigen 100 Metern wieder rechts in die ***Zuider Stouwe.*** Diese mündet in den See ***Bovenwiede (Bovenwijde)***. Giethoorns Haussee ist ganz in der Hand von Wassersportlern aller Art. Surfer mühen sich in der Windstille mit ihren „Surfplanken" ab. Motorboote rasen mit hohem Tempo an mir vorüber. Bei dem Hauptrestaurant am Wasser, ***Smits Paviljoen,*** sitzen viele Gäste auf der Terrasse. Mitten drin gibt es ein ***„Zwemeiland" (eine***

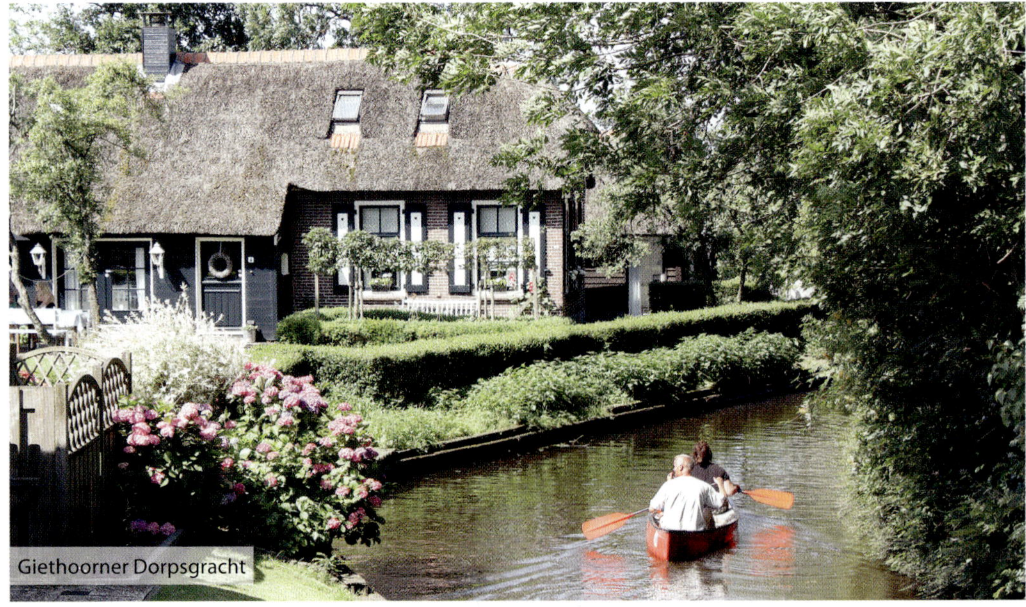
Giethoorner Dorpsgracht

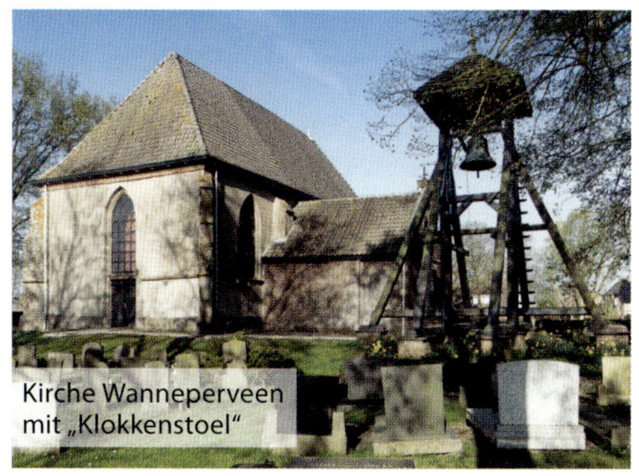
Kirche Wanneperveen mit „Klokkenstoel"

Badeinsel mit Toilette), die ich zu einer ausgedehnten Pause nutze. Südlich davon ist auf einer kleinen Insel das ***Kraggehuis*** zu sehen, das ursprünglich als Treffpunkt für die Jugend gebaut wurde. *Eine Kragge ist eigentlich „schwimmendes Land", eine verlandete Schilffläche.*

Auf der Höhe der Badeinsel verlasse ich am Ostufer auf der ***Paasloer Vaart*** den See. Ein Seezeichen mit rotem Dreieck kennzeichnet die Stelle. Auf der anschließenden ***Brouwersgaten*** und der ***Hoosjesgracht*** umfahre ich östlich und südlich die Bovenwijde. Mal geht es an moorigem Grasland entlang, an Kuhweiden mit und ohne Schilfufer. Dann folgt ein kleiner Bruchwald. Schmale und breite Gräben zweigen ab, zweimal könnte man auf Nebenseen abbiegen.

Kurz hinter dem Abzweig der eher langweiligen Haagjesgracht nach **Wanneperveen**, den wir ignorieren, trifft man auf einen neun Meter hohen ***Aussichtsturm (Uitkijktoren)***. Als ich mir die Umgebung von oben ansehe, fliegen gleich acht Störche umher, vielleicht ein Elternpaar mit Jungvögeln auf Übungsflug. Die Chancen stehen hier gut, auch einen Fischadler, Löffler, Purpurreiher oder eine Rohrdommel zu sehen. Die Wasserläufe sind wunderschön. Besonders angenehm fand ich die Strecke einst bei einer Tour zur vorgerückten Stunde an einem tollem Sommertag, als das Abendlicht die Welt in warme Farben tauchte. Das empfand wohl auch ein junges Paar, das mir mit einem dieser offenen Kähne („Punters") entgegentuckerte. Eine Flasche Rotwein mit zwei Gläsern standen auf einer Art Tisch, daneben ein Picknickkorb.

Kurz vor der Mündung der ***Hoosjesgracht*** in die ***Bovenwijde*** biege ich links in die ***Bovenboerse Vaart*** ab. Diese ähnelt genauso wie die anschließende ***Molengracht*** eher schmalen Kanälen, wenn auch mit auf einer Seite angenehm niedrigem Ufer und auf der anderen Seite renaturiertem Ufer. Von der ***Molengracht*** leitet mich ein kurzer Abstecher zum fast verwunschenen See ***Zuideindigerwijde***. Die Ausfahrt nach Norden zur ***Jonkersgracht*** ist wieder mit einem roten Dreieck auf einem weißen Pfahl markiert. Das ist hilfreich, denn ansonsten würde man nach dem unscheinbaren Ausgang vermutlich eine Weile suchen.

Die ***Jonkersgracht*** ist quasi die südliche Verlängerung der **Giethoorner *Dorpsgracht.*** War es eben noch so ruhig, gerate ich bald in den totalen Touristentrubel. In einer Schlange mit Elektropünten und kleinen Motorbooten fahre ich gaaanz langsam auf der Hauptschlagader der schönen Dorfmitte. Anfangs kommen uns auch noch etliche Wasserfahrzeuge entgegen. **Einbahnstraße** ist die ***Dorpsgracht*** erst ab Einmündung der Volkensvaart, der südlichsten Verbindung zur Bovenwijde.

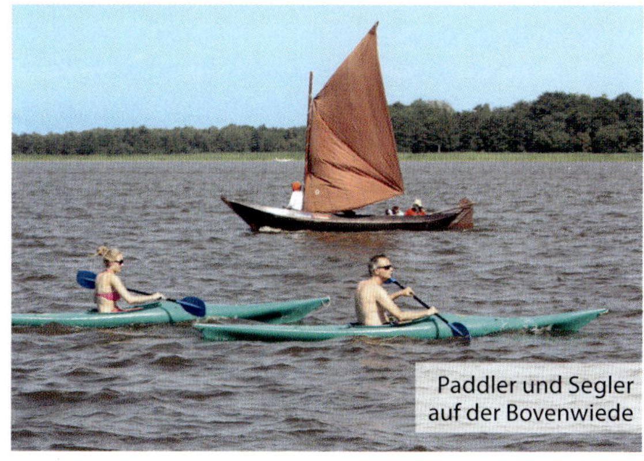
Paddler und Segler auf der Bovenwiede

Besonders knubbelig wird es auf Höhe des *Giethoorner Museums ´t Olde Maat Uus*. Dort mündet nämlich die Cornelisgracht, in der mehrere ***Bootsvermieter*** ihre Niederlassung haben und die Dichte an ***Gastronomie*** und ***Touristenläden*** am höchsten ist.

Ab da wird das Paddeln noch einmal angenehmer, ehe nach 500 Metern der Ausgangspunkt erreicht ist.

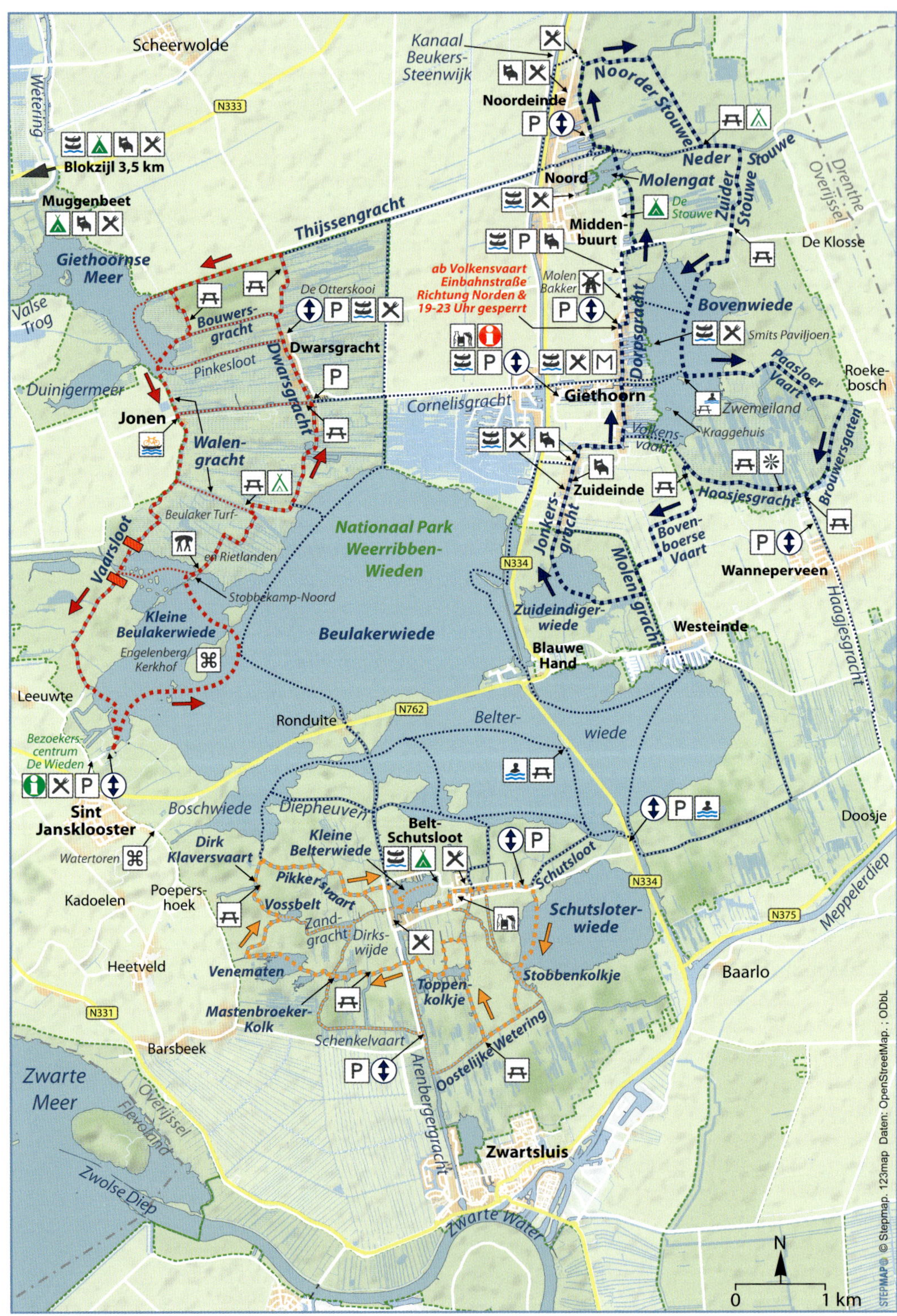

Tour 11 b – Giethoorn & De Wieden, 18, 15 und 10 km

Dwarsgracht-Runde (der Westen, rote Route), **15 km**

Diese Tour ist fast identisch mit der offiziellen ***Dwarsgrachtroute*** *(blaue Pfeile auf braunem Schild)*, allerdings 4,5 km länger. Als ***Startplatz*** bietet sich das Ufer neben dem ***Café Restaurant „De Otterskooi"*** mit öffentlichem ***Parkplatz*** an der Straße am Nordende des Ortes **Dwarsgracht** an (Straße De Rietlanden, *52.727565, 6.035540*). Dort beginnt auch die offizielle Runde und folglich tragen die Schilder an der nächsten Gewässerkreuzung und am folgenden ***Kanurastplatz*** die Nummern 1 und 2.

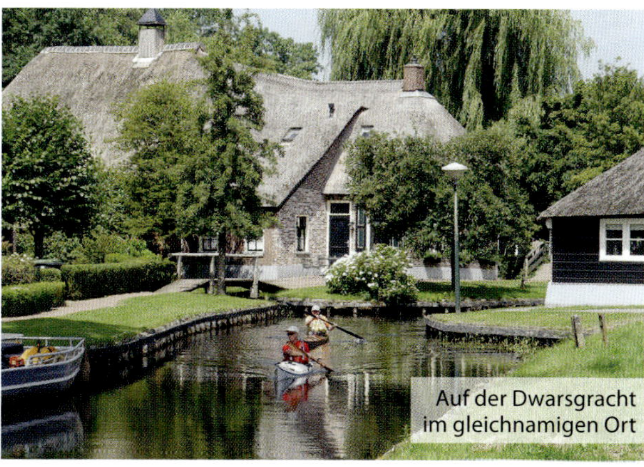
Auf der Dwarsgracht im gleichnamigen Ort

Kurz darauf ist die ***Thijssengracht*** erreicht. Auf diesem Kanal, der praktisch die Nordgrenze der Wieden bildet, paddelt man an Bruchwald entlang in Richtung Giethoornse Meer. Kurz vor diesem See geht die Kanuroute links ab. Man kurvt durch verwilderte Rietwiesen. Die Strecke mündet in die ***Bouwersgracht*** und diese nach ein paar Metern in das ***Giethoornse Meer***. Der kleine See selbst gibt nicht viel her. Er dient den zahlreichen Bootfahrern als Zwischenetappe auf der Fahrt von den Weerribben oder von Blokzijl in die Wieden oder umgekehrt.

Das Giethoornse Meer verlässt man Richtung Süden auf der ***Walengracht***. Nach kurzer Strecke kommt der 9-Häuser-Ort **Jonen**, der vor allem für seine *Radfahrer-Fähre* bekannt ist. Wer die 40 km-Runde um die gesamten Wieden radeln will, muss sie nutzen.

Bald darauf teilt sich die Wasserstraße: Links geht es auf der „Hauptstraße" Walengracht zum See Beulakerwijde. Geradeaus, die Route die wir nehmen, bietet der ***Vaarsloot*** die Möglichkeit, quasi hintenrum in die Südwestecke des Hauptsees der Wieden zu gelangen. Dabei bekommt man es zweimal mit ***Wehren*** zu tun, deren Klappen auf ***Knopfdruck*** abtauchen. Die Knöpfe kann man im Kajak sitzend gut erreichen.

Von der Mündung des südlichen ***Vaarsloots*** in die ***Beulakerwijde*** ist es nur ein kleines Stück bis zum *Natuurmonumenten Info-Zentrum „Bezoekerscentrum De Wieden"* in **Sint Jansklooster**. Sehen kann man die niedrigen Gebäude erst, wenn man dem kurzen Kanal in der hintersten Ecke der Bucht gefolgt ist. Der 46 m hohe *Wasserturm* (der bestiegen werden kann) im Ort selbst bietet eine grobe Orientierung. Im Informationszentrum kann man sich über die Wieden schlau machen und in der netten *Teestube* einkehren (sofern man vor 16 Uhr da ist). Man kann sich aber auch einen Platz auf dem Gelände suchen und seine Picknickutensilien auspacken.

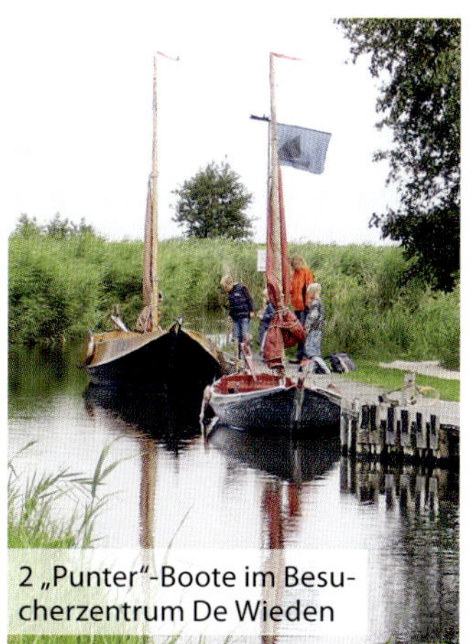
2 „Punter"-Boote im Besucherzentrum De Wieden

Nach der Pause geht es wieder Richtung Dwarsgracht – zunächst hinaus auf die ***Beulakerwijde*** und in nordöstliche Richtung zur Doppelinsel ***Engelenberg/Kerkhof.*** *An der Ostseite des Eilands markiert ein Stahlgerüst in Form eines Kirchturms mit Glocke, wo einst das Gotteshaus des Dorfes Beulaker stand.*

Von dort paddelt man weiter nach Nordwesten zu einer Bucht mit etlichen Inseln. In der äußersten Westecke dieser Bucht, nördlich der Halbinsel ***Stobbekamp-Noord,*** zweigt ein

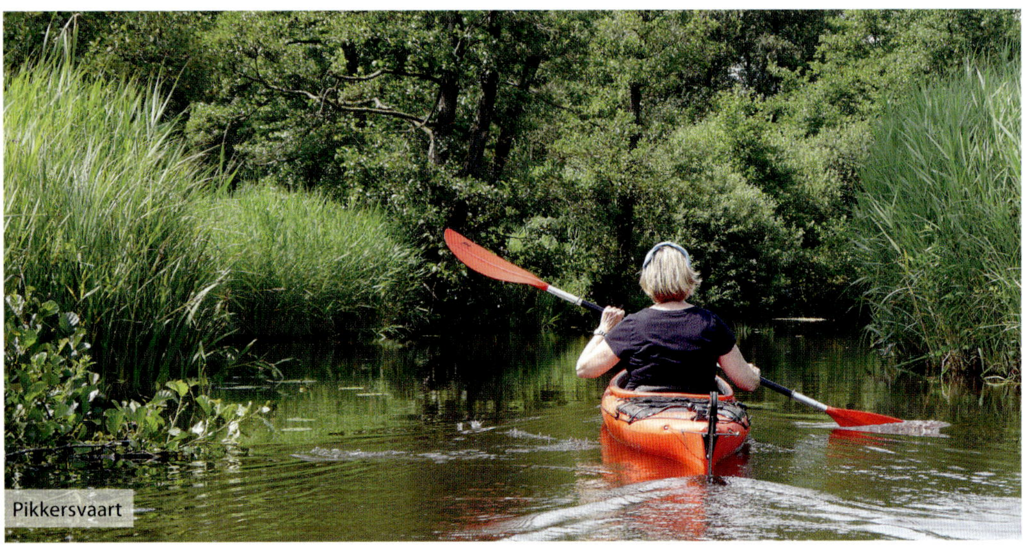
Pikkersvaart

Wasserweg in die ***Beulaker Turf- en Rietlanden*** ab. Das Kanu-Schild Nr. 13 zeigt, dass man richtig ist. Bevor man dem Wasserlauf folgen kann, muss eine ***Absperrung umtragen*** werden. Danach sollte man nicht abbiegen, ehe nicht die T-Kreuzung erreicht ist. Dort geht es rechts, später (mit kleinem Schild gekennzeichnet) links ab und bald ist man auf der breiten ***Walengracht***, dem Einfallstor von Nordwesten in die Wieden, auf dem man vom Giethoornse Meer aus schon mal ein Stück gepaddelt ist. Schräg links gegenüber gibt es einen kleinen *Kanurastplatz*, auf dem man sogar *zelten* darf.

Hier zweigt ein weiterer, Kanuten vorbehaltener Wasserweg in den Schilf- und Bruchwald-Dschungel ab. Diesmal währt die Exklusivität nur kurz, denn man trifft bald auf die ***(Zuider) Dwarsgracht,*** die auch von Schaluppen und Flüsterbooten genutzt wird. Hinter einem weiteren *Kanurastplatz* erreicht man die ersten Häuser des Ortes **Dwarsgracht**. Die Fahrt durch das langgestreckte Dorf mit den wunderbaren Häusern, gepflegten Grundstücken, kleinen Brücken und alten Bäumen ist der pure Genuss. Man könnte beim *Picknickplatz* an der Kreuzung mit der Cornelisgracht noch einmal rasten oder am Ende beim *Café Restaurant De Otterskooi* einkehren und es sich im herrlichen Kaffeegarten gutgehen lassen.

Belt-Schutsloot-Runde (der Süden, orange Route), 10 km

Der südliche Bereich der Wieden ist eine wunderbare Mischung aus Bruchwald und Reetwiesen, gewundenen Wasserläufen und kleinen Teichen, die teilweise voller Seerosen, gelben Mummeln und anderer Wasserpflanzen sind. Mittendrin ist **Belt-Schutsloot,** die kleine Schwester von Giethoorn, wie es in einem Prospekt wegen der hübschen Dorfgracht und den vielen Wasserwegen in leichter Übertreibung heißt. *Das Dörfchen wuchs einst aus den Orten Belt (= Sandkuppe) und Schutsloot zusammen und war eine Insel im weiten Moor, erreichbar nur mit Schiffen. Erst seit 1960 kann man mit dem Auto hingelangen.* Belt-Schutsloot eignet sich als Ausgangspunkt für mehrere kurze Entdeckungsfahrten. Ein guter ***Startpunkt***, nicht nur für die folgende 10 km-Runde, ist das niedrige Ufer beim ***Parkplatz*** im Osten des Ortes (Belterweg, *52.671219, 6.073929)*.

Man fährt zunächst ein paar Meter auf dem namensgebenden ***Schutsloot*** ostwärts, um bei nächster Gelegenheit rechts abzubiegen und auf die ***Schutsloterwijde*** hinauszupaddeln. Auf dem größten See in diesem Teilbereich der Wieden ist überhaupt nichts los. In der Südwestecke ***(Stobbenkolkje)*** verlässt man das stille Gewässer wieder, um bald auf die ***Oostelijke Wetering*** zu treffen, die südliche Begrenzung des Naturparks. An einem *Kanurastplatz*, bei dem ich einst versucht habe zu baden, obwohl es dort sehr flach ist, biegt man nordwärts in Richtung ***Toppenkolkje*** ab. Wie das „je" andeutet, handelt es sich um einen sehr kleinen See, der zudem bis auf die Fahrrinnen von Wasserpflanzen fast bedeckt ist. Nach einem kurzen Schlenker zum noch kleineren nördlichen Nachbarsee fährt man zum Nordwesten des Toppenkolkjes. Dort gibt es eine Verbindung zur ***Arenbergergracht***, die vielbefahrene „Bundesstraße" nach **Zwartsluis**. Mit entsprechender Wellenbewegung ist zu rechnen.

Gegenüber zweigt ein Wasserweg ab, in den wir gleich wieder einfahren. Kreuzte man eben einmal kurz die Betriebsamkeit des Motorboottourismus, taucht man abermals in eine verwunschene Welt aus Bruchwald, Schilf und Moorwiesen ein. Naja, ganz so verwunschen ist es hier an sommerlichen Wochenenden auch nicht. Vor allem die breiten motorisierten Schaluppen können dann in den engen Wasserwegen etwas nerven. Und selbst auf dem eigentlich abgeschiedenen See ***Mastenbroeker Kolk*** begegnen einem etliche andere Bootfahrer.

Hier kann man in drei Richtungen weiterfahren. Geradeaus trifft man nach kurzer Fahrt auf einen zweiten kleinen See, den ***Venemaat*** (oder ***Venematen),*** und noch ein Stück weiter auf den dritten Teich, den ***Vossebelt***. Bei beiden Wasserflächen helfen Seezeichen mit roten Spitzen, die Ausgänge zu finden.

Nordwärts geht es auf der ***Dirk Klaversvaart*** weiter, bis rechts die ***Pikkersvaart*** abzweigt. Auf dieser paddelt man zurück zur Arenbergergracht, quert diese und kommt zur ***Kleinen Belterwijde.*** Auf dem tatsächlich nicht großen See schlägt das touristische Herz von **Belt-Schutsloot.** Es gibt *Campingplätze*, ein *Restaurant*, eine *Kanuvermietung*, *Ferienwohnungen* und jede Menge Betrieb am und auf dem Wasser, zumindest an schönen Wochenenden. An Werktagen ist es deutlich ruhiger. Am Südufer zweigt der ***Schutsloot*** ab, an der sich der Ort in Ost-West-Richtung hinzieht. Um ihr zu folgen, muss man bei der ersten Kreuzung links abbiegen und darf nicht der Ausschilderung der Belt-Schutslootroute nach Südwesten folgen. Am Ende der Dorfgracht „Schutsloot" ist wieder der Ausgangspunkt der Runde erreicht.

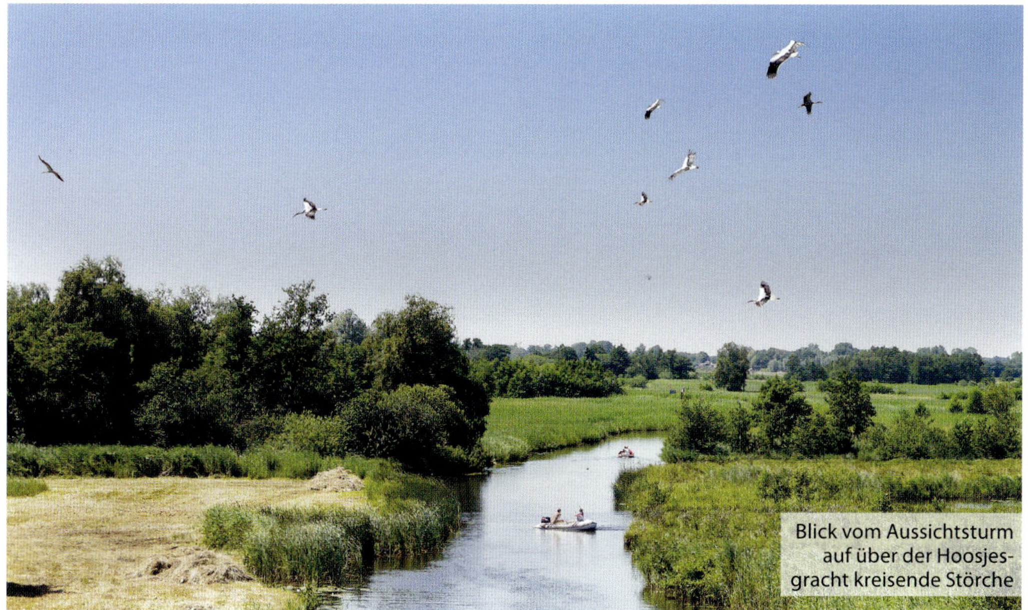

Blick vom Aussichtsturm auf über der Hoosjesgracht kreisende Störche

Ergänzende Infos zu Giethoorn & De Wieden

Fahrtenmöglichkeiten

Der Blick auf die Karte zeigt, dass alle drei Runden sowohl verkürzt als auch ausgedehnt werden können. Wer möchte, kann sie miteinander verbinden. Nicht so spannend sind die sehr geraden Wasserläufe im Südosten bei Wanneperveen.

Es gibt im Wieden-Gebiet des Nationalparks 4 offizielle, mit Wegweisern markierte Routen: ***„Kanoroute Giethorn geel"*** *(süd, gelbe Pfeile, 10 km)*, ***„Kanoroute Giethoorn rood"*** *(nord, rote Pfeile, 9,2 km)* ***„Kanoroute Dwarsgracht"*** *(blaue Pfeile, 10,5 km, zwei Umtragestellen)*, ***„Kanoroute Belt-Schutsloot"*** *(grüne Pfeile, 10 km)*.

Befahrbarkeit, Schwierigkeiten

Alle Routen sind anfängertauglich, wenn man auf die Befahrung der Seen und der großen Schifffahrtskanäle verzichtet. Bei der Ostrunde kann man allerdings die Bovenwijde wegen der Einbahnstraßenregelung auf der Giethoorner Dorpsgracht kaum auslassen. Wenn es nur mäßig weht, sollte man dann am Ufer entlangpaddeln. Bei stärkeren Winden wird es auf den Seen schnell ungemütlich oder sogar gefährlich.

Ein Problem könnte an manchen Tagen die motorisierte Schifffahrt sein. Die langsam fahrenden Sloepen auf den schmalen Wasserwegen nerven etwas, stellen aber keine Gefahr dar.

Insgesamt gibt es wenige (Kanu-)Rastplätze und kaum geeignete Badestellen. Die auf den Karten verzeichneten Anlegestellen im Westen der Beulakerwijde sind lediglich Pfähle zum Festmachen der Boote ohne Steg und ohne Zugang zum Land.

Umtragestellen

Einzige Umtragestelle bei meinen Routen ist die Absperrung bei der Westrunde (rot).

Einsetzstellen

Als Schwierigkeit könnte man auch die geringe Zahl geeigneter Einsetzstellen mit (kostenloser) Parkmöglichkeit und niedrigem Ufer bezeichnen. Neben den in den Touren genannten Stellen sind noch folgende zu empfehlen:

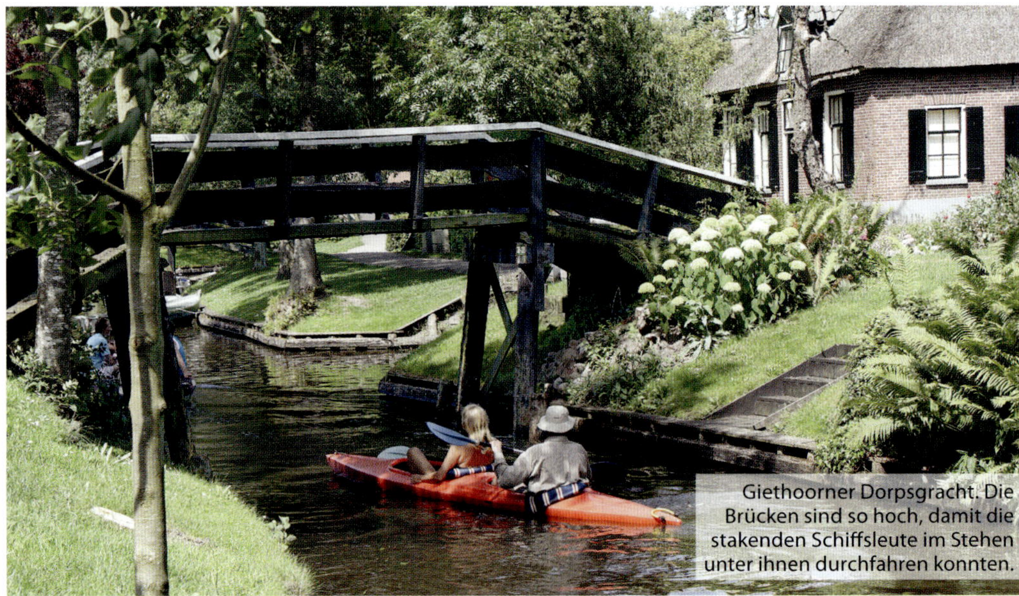

Giethoorner Dorpsgracht. Die Brücken sind so hoch, damit die stakenden Schiffsleute im Stehen unter ihnen durchfahren konnten.

Für die Westrunde das Bezoekerscentrum De Wieden in **Sint Jansklooster.** Vom Parkplatz zum Wasser sind es allerdings 150 m und die Uferkante ist nicht niedrig.

Südlich von **Belt Schutsloot** (Arembergerweg, *52.656212, 6.057116)* kann man bei einer unscheinbaren Bootsrampe in die Arembergergracht einsetzen, parken am Wegesrand.

Im Zentrum von **Giethoorn** gibt es neben der Tourist-Info einen großen Parkplatz und ein kleines Hafenbecken (Eendrachtsplein, *52.721528, 6.079249)*. Die Uferkante ist aber auch hier nicht niedrig.

In **Giethoorn** kann man sicher auch bei den Bootsvermietungen, die über die N 334 zu erreichen sind, fragen und gegen eine kleine Gebühr von z.B. 5 € / Tag parken.

In **Wanneperveen** kann man bei der ausgeschilderten „Botenhelling" am nördl. Ortsrand parken und in die Haagjesgracht einsetzen (Bovenboerseweg, *52.709020, 6.121472)*.

Bestimmungen

In Teilbereichen ist das Befahren verboten. Diese Gewässer sind durch schwimmende Balken versperrt.

Die Ufer dürfen nur an den gekennzeichneten Rastplätzen betreten werden.

Die Giethoorner Dorpsgracht ist im Ortszentrum Einbahnstraße Richtung Norden. Sie darf von 19 - 23 Uhr nicht befahren werden.

Übernachtungsmöglichkeiten

Es gibt etliche Campingplätze direkt am Wasser und ein paar etwas abgelegen von den Kanurouten, aber bei nicht allen kann man mit einem Zelt oder Wohnwagen ankommen. Dies sind Plätze für dauerhaft installierte Starcaravans.

An der Westrunde gibt es keinen Camping, nur den *Biwakplatz „Kanokampeerplek"* an der ***Walengracht***.

Im Süden ist der *Camping Kleine Belterwijde* in **Belt-Schutsloot** sehr zu empfehlen, mit Badestelle und einziger Kanuvermietung im Süden (www.campingkleinebelterwijde.nl).

Der *Camping De Stouwe* in **Giethoorn-Middenbuurt** sieht ganz nett aus (www.campingdestouwe.nl).

Weitere in **Westeinde** und **Blauwe Hand**, **Zwartsluis, Blokzijl, Muggenbeet**.
In **Giethoorn** gibt es mehrere Hotels.

Kanuvermietung in **Dwarsgracht**
Café Restaurant De Otterskooi, einziger Kanuvermieter im Westen (otterskooi.nl).

Kanuvermietungen in **Giethoorn**
Restaurant Smit Giethoorn in **Giethoorn-Zuideinde** (www.smitgiethoorn.nl).

Giethoorn-Zentrum
www.bootverhuurgiethoorn.nl
www.zwaantje.nl/kano.html
www.boothurengiethoorn.nl
www.tvonder.nl

Hotel De Kruumte in **Giethoorn-Middenbuurt** an der Einsetzstelle, mit Parkplatz (www.dekruumte.com).

Restaurant De Landije van Giethoorn in **Giethoorn-Noord** (www.landije.nl).

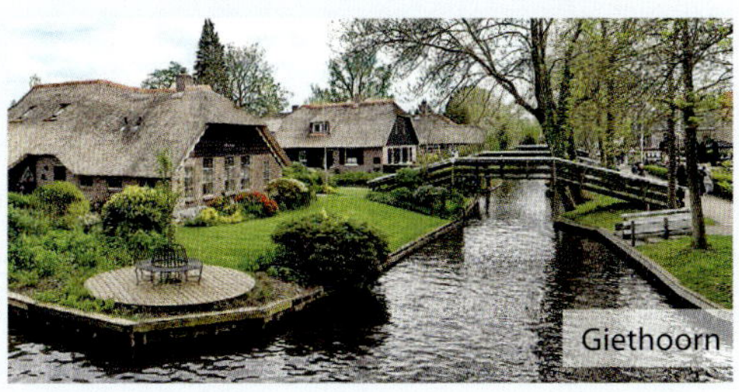
Giethoorn

Weitere Routen bei Giethoorn & De Wieden

Als Erweiterung bieten sich die ***Weerribben*** an. Über das ***Giethoornse Meer*** sind die ***Wetering*** als direkte Verbindung oder der ***Valse Trog*** für einen zusätzlichen Abstecher nach **Blokzijl** schnell erreicht. Siehe „Tour 11 a – Weerribben, 19, 14 und 14,5 km" auf Seite 218.

Tour 11 c – Regge (Midden Regge), 26 km

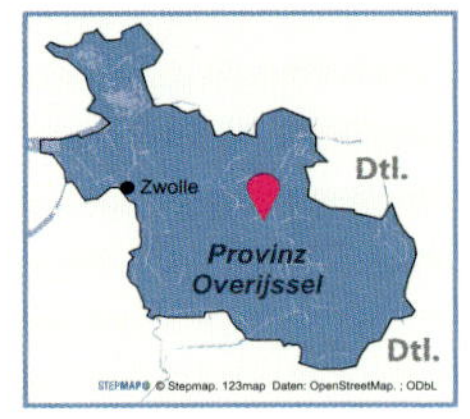

Die ***Regge*** ist ein besonders schöner Fluss in den östlichen Niederlanden. Nördlich von **Enter**, bei der Mündung der Eksosche Aa beginnt der ganzjährig fahrbare mittlere Abschnitt ***(Midden Regge)***. Dort finden sich eine ***Einsetzstelle*** (ohne Steg), ein ***Parkplatz*** und eine schöne ***Picknickstelle***. Von Weidensträuchern und hohen Erlen eingerahmt, paddelt man auf dem zunächst leicht kurvigen Wasserlauf. In manchen Ecken wächst etwas Schilf, an anderen Stellen ein kleiner Wald. Man befindet sich in einer beliebten Urlaubsgegend. Die Touristen werden vor allem von den Wäldern und Heideflächen des ***Sallandse Heuvelrug*** angezogen. *Dieser Salländische Hügelrücken (ein Großteil ist Nationalpark) eiszeitlichen Ursprungs weist für niederländische Verhältnisse geradezu alpine Anhöhen von bis zu 81 m (Lemeler Berg) auf.*

Der Hauptort dieses Gebietes, **Rijssen**, kündigt sich nach einigen Kilometern mit der hübschen restaurierten ***Pelmolen Ter Horst*** (Ölmühle im Erdgeschoss und Schälmühle (Pelden) von Getreide, meist Gerste, im dritten Stock), an. Hier hat auch die nachgebaute Entersche Zompe ihren Heimathafen. *Mit solchen Booten transportierte man früher Güter aus dem Salland und Twente zur Vecht und nach Zwolle. Für die Schifffahrt und zur schnelleren Abfuhr des Wassers begradigte man um die vorletzte Jahrhundertwende den Fluss.*

Seit einigen Jahren renaturiert man die ***Regge***. Ufer wurden abgeflacht, neue Kurven angelegt. Die ersten Erfolge sind zu sehen, zum Beispiel beim ***Camping Mölke*** (das Mühlchen): Früher lief die Regge gerade am Platz entlang. Jetzt fährt man in leichten Schlingen und an einer Halbinsel mit Strand daran vorbei. Auch das ***Wehr (umtragen)***, auf das man ein Stück weiter trifft, hat man leicht verändert – wenn ich mich recht erinnere: Statt eines einzigen Abfalls über die gesamte Breite gibt es jetzt an der linken Seite eine Folge von fünf niedrigen, ca. 30-40 cm hohen Stufen, die geübte Paddler problemlos fahren könnten, wenn es nicht verboten wäre.

In **Nijverdal** versperrt eine ***Bojenreihe*** die Regge. Man muss links in einen unscheinbaren kanalartigen ***Abzweig einbiegen***, den wir in der ersten Verwirrung nicht für die Verbindung zum alten Verlauf gehalten haben. Am Ortsausgang gibt es ein ***Kanuzentrum*** mit ***Vermietung*** und ***Café***. Hier könnte man zur Halbierung der Tour aussetzen.

Nun beginnt die Regge richtig zu mäandern. Es geht an niedrigen, abwechslungsreichen Ufern entlang durch die weite, wunderschöne Wiesenlandschaft. Auf Höhe von **Hellendoorn** zwingt ein zweites ***Wehr*** zum ***Umtragen***. Hier könnte man gut eine Pause einlegen oder etwas weiter in **Schuilenburg** beim ***Landgoed Schuilenburg,*** einem ***Gasthaus*** mit ***Bootsvermietung (auch Kajak und SUP)***. Das dritte ***Wehr*** folgt bei der Kreuzung der ***Regge*** mit dem Overijssels Kanaal in **Hankate**, eine interessante Konstruktion aus Stufe, Fischtreppe und Furt als Überlauf sowie einem schönen ***Picknickplatz***. An dieser Stelle endet die ***Midden Regge.*** Bei einem ***Parkplatz*** daneben kann man gut ein Auto postieren.

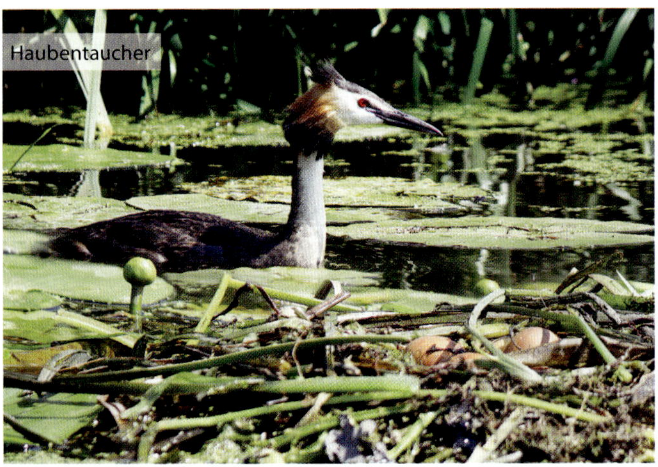
Haubentaucher

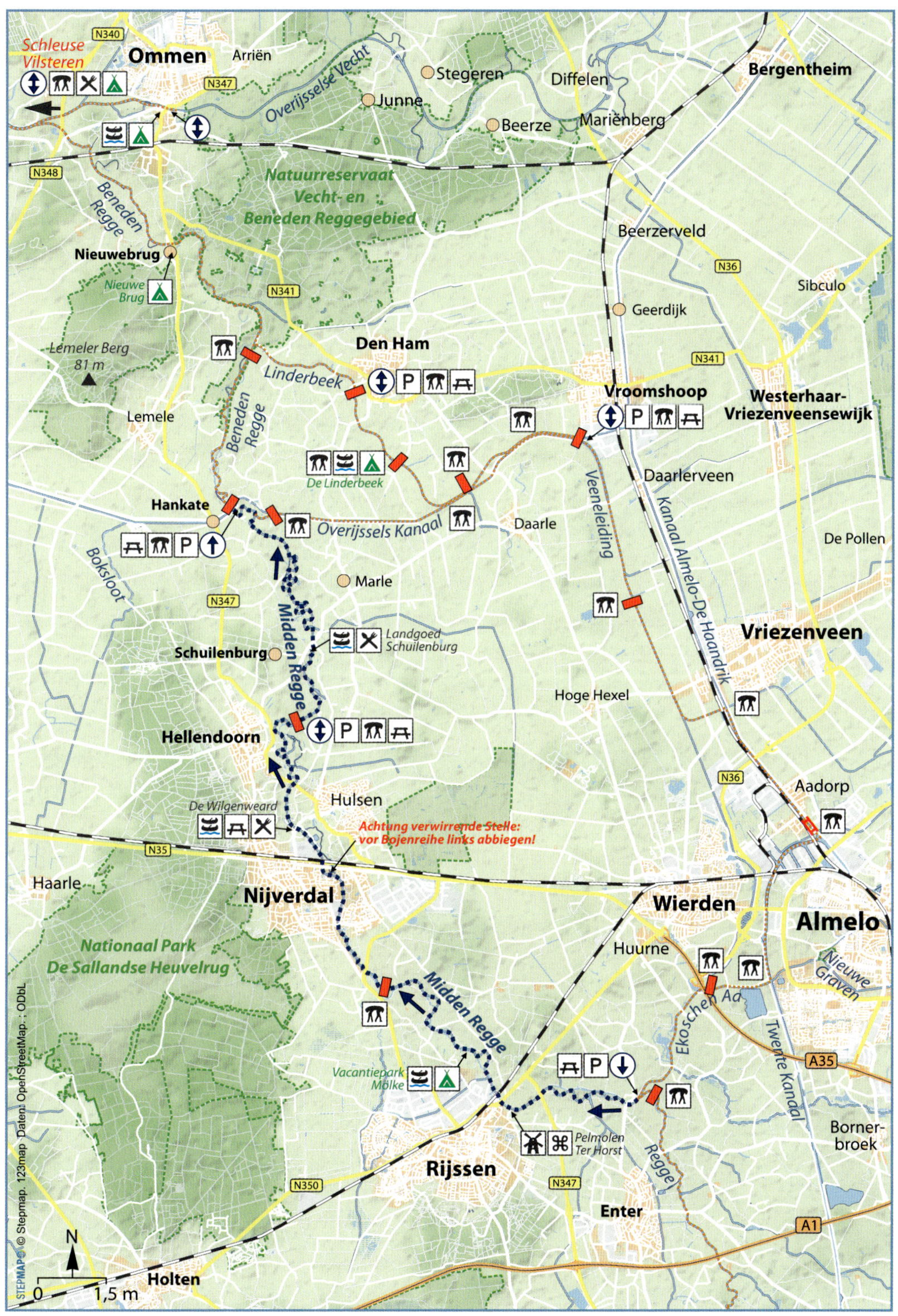

Tour 11 c – Regge (Midden Regge), 26 km

Ergänzende Infos zur Regge

Fahrtenmöglichkeiten

Die Strecke lässt sich in zwei etwa gleich lange Abschnitte unterteilen, wenn man in Nijverdal an der Sportlaan bei der Kanuvermietung De Wilgenweard oder gleich dahinter im Parkgelände aussetzt.

Ein- und Aussetzstelle

Die Einsetzstelle an der Mündung der Eksosche Aa nördlich von **Enter** liegt am Enterweg *(52.317793, 6.576722)*.

Die Aussetzstelle in **Hankate** am Hancateweg Oost *(52.436323, 6.445787)*.

Zwischendurch gibt es keine offiziellen Ein- oder Aussetzstellen. Auch Rastmöglichkeiten sind rar gesät. Dafür sollte man das Wehr nutzen.

Zurück zum Pkw

Nur mit 2. Pkw. Kein ÖPNV. Alternativ Fahrrad mieten in Hellendoorn (www.aktief-overijssel.nl) oder in Hankate im Hotel Hof van Salland anfragen (www.hofvansalland.com).

Befahrbarkeit, Schwierigkeiten

Die Regge und alle unter „Weitere Fahrtenmöglichkeiten" genannten Wasserläufe sind problemlos auch für Anfänger zu befahren. Dies auch in Gegenrichtung, weil es praktisch keine Strömung gibt.

Die Eksosche Aa ist bei niedrigem Wasserstand im Sommer sehr flach und verkrautet.

An allen Wehren gibt es Aus- / Einstiegshilfen.

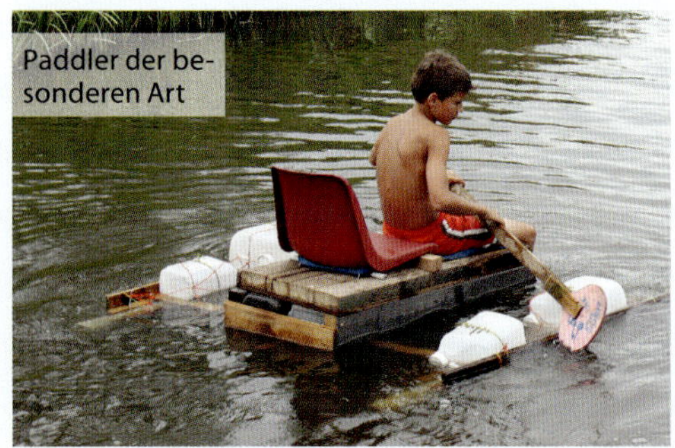

Paddler der besonderen Art

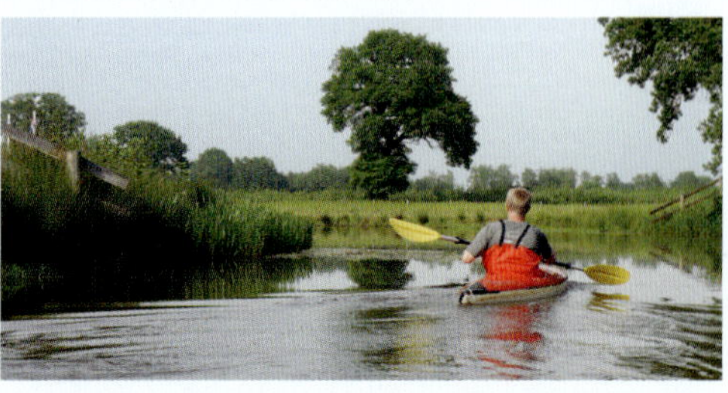

Bestimmungen Keine besonderen.

Campingplätze mit Kanuvermietung

Es gibt nur 1 Camping an der Midden Regge: *Vacantiepark `t Mölke* bei **Rijssen / Zuna**, (*52.326909, 6.523038*, www.molke.nl/de).

Boerderijcamping De Linderbeek am Flüsschen Linderbeek bei der Straßenbrücke Zomerweg (*52.445988, 6.498124*) südlich von **Den Ham** (www.linderbeek.nl).

Campingplätze an der Unteren Regge (Beneden Regge)

Bauerncamping Nieuwe Brug in **Nieuwebrug,** neben der Brücke Nieuwe Brug (im Zuge der N 347, nicht zu sehen vom Wasser, Pfad direkt unterhalb der hohen Brücke links, *52.489686, 6.425286*, www.nieuwe-brug.nl).

Weitere Campingplätze an der Vecht in **Ommen** und **Vlisteren**.

Weitere Kanuvermieter

De Wilgenweard in **Nijverdal** (Sportlaan, *52.372272, 6.465349*, www.wilgenweard.nl).

Landgoed Schuilenburg in **Hellendoorn**, (Schuilenburgerweg, *52.408037, 6.471206*, www.schuilenburg.nl).

Aktief Overijssel in **Hellendoorn** (Ommerweg, www.aktief-overijssel.nl).

Rederij Peters in **Ommen** nahe der Brücke (www.rederijpeters.nl).

Karten

ANWB Fietskaart 6 „Overijssel west Salland & Vechtdal", 1:50.000.

Weitere Fahrtenmöglichkeiten Regge (orange Route, kleine Punkte)

(1) *Untere Regge (Beneden Regge)* und ***Vecht* (ca. 16-17 km)**
Unterhalb von **Hankate** bis zum ***Wehr*** an der Mündung der ***Linderbeek*** (5-6 km) ist die Regge genauso wunderbar renaturiert wie oberhalb. Am Wehr ***umtragen***. Nun sind es acht eher tiefer eingeschnittene bzw. eingedeichte, aber nicht unattraktive Kilometer bis zur Mündung in die ***(Overijsselse) Vecht.*** Von der Mündung fährt man entweder 3 km aufwärts bis zum Städtchen **Ommen** (Aussetzen an der Brücke) oder 3 km abwärts bis zur schönen ***Schleusenanlage*** von **Vilsteren**. Beide Endpunkte mit *Gastronomie* und *Campingplatz*.

(2) Linderbeek-Route, 16-22 km
Zusammen mit dem oben genannten ersten Teil der ***Unteren Regge*** bis zum ***Wehr***, der ***Linderbeek*** und einem Teilstück des ***Overijssels Kanaals*** ergibt sich ein ganz netter Rundkurs, auch wenn die Beek im Vergleich zur Regge nüchtern wirkt und der Kanal langweilig ist. Je nachdem, an welcher Stelle man von der ***Linderbeek*** in den Kanal umsetzt (beide verlaufen am Ende parallel), beträgt die Länge des Rundkurses 16 bis 22 km.

Gute *Einsetzstellen* finden sich außer in **Hankate** beim ***Wehr*** (Park- und Picknickplatz) am Rand des Dorfes **Den Ham** (Straße Kerkallee / Rohorst, *52.461573, 6.485008)* und bei der offiziellen Umtragestelle in **Vroomshoop** (Stouweweg, *52.450342, 6.558771)*.

7 Umtragestellen. Jeweils ein Wehr an den Endpunkten der drei Gewässer, drei Wehre in der Linderbeek (beim 2. ist der nette *Camping* und *Kanuvermietung „De Linderbeek"*) und ein Wehr im Kanal.

(3) Den offiziell empfohlenen **56 km** langen **Rundkurs** über ***Regge, Linderbeek, Veeneleiding, Overijssels Kanaal (Kanaal Almelo-De Haandrik), Twentekanaal, Nieuwe Graven/Eksosche Aa*** finde ich überwiegend nicht attraktiv, zumal man ***13 x umtragen*** muss und die Eksosche Aa im Sommer sehr flach und verkrautet sein kann.

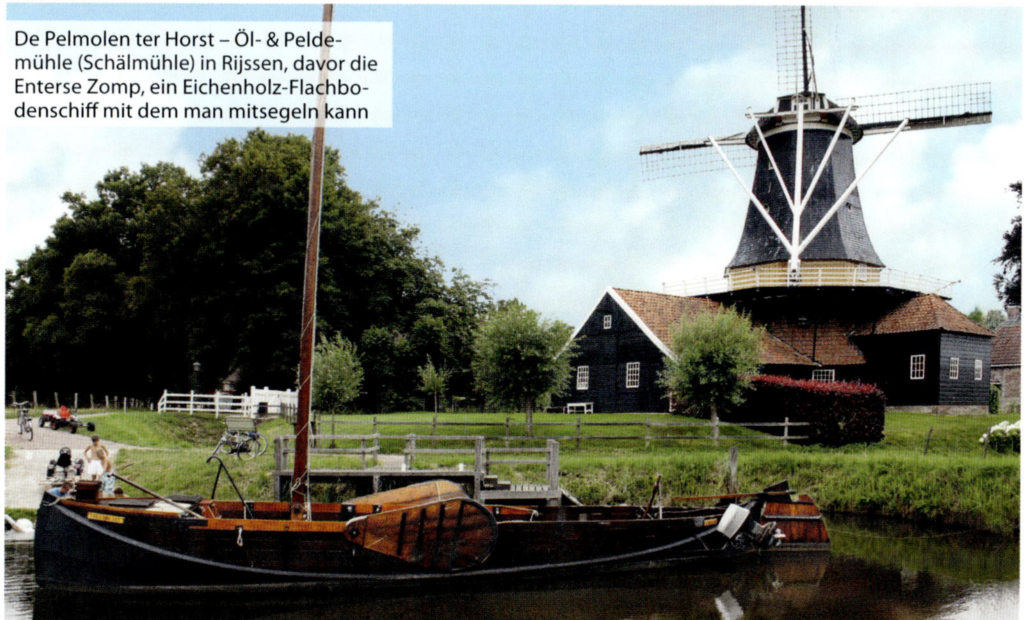
De Pelmolen ter Horst – Öl- & Peldemühle (Schälmühle) in Rijssen, davor die Enterse Zomp, ein Eichenholz-Flachbodenschiff mit dem man mitsegeln kann

Tour 11 d – Dinkel, 35 km

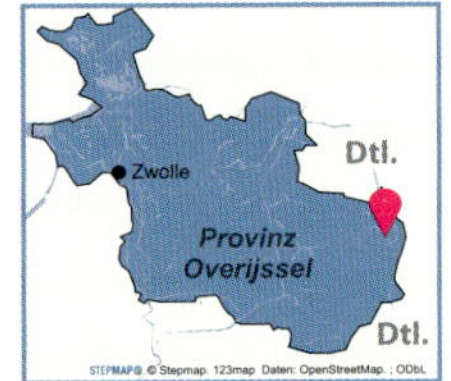

Die 89 km lange Dinkel entspringt im nordwestlichen Münsterland, wird nördlich von Gronau niederländisch und erreicht 10 km Kilometer vor der Mündung in die Vechte wieder deutsches Gebiet (Niedersachsen). Im Gegensatz zu den kanalisierten Abschnitten in Nordrhein-Westfalen und Niedersachsen kommen die oberen 35 (von 46) niederländischen Kilometer naturnah daher. Diese Strecke reicht aus, um, wie es in einer Beschreibung heißt, ihren Ruhm als idyllischstes Flüsschen der östlichen Niederlande bei den Naturliebhabern zu sichern.

Als Kanute kann man sich der Lobeshymne anschließen, so wunderbar schlängelt sich die ***Dinkel*** durch eine liebliche Wald- und Wiesenlandschaft. Alte Eichen, Buchen und Erlen säumen die Ufer. Kein Wehr bremst die leichte Strömung. Allerdings gibt es **Einschränkungen**: Die südliche Hälfte des niederländischen Verlaufs ***„Boven Dinkel" (= Obere Dinkel)*** darf **nur vom 1.9. bis 31.3.** und **nur mit Genehmigung** (siehe Seite 239) **befahren werden**. Leider nicht im Sommer! Der nördliche Teil des naturnah erhaltenen niederländischen Abschnitts zwischen dem Abzweig des Omleidingskanaals (Umleitungskanal) bis zur Wiedervereinigung mit ihm ist **ganzjährig gesperrt.** Er kann auf eben diesem Kanal umfahren werden. Es kann auch passieren, dass der **Wasserstand** auf der Oberen Dinkel **nicht** oder nur knapp **ausreicht**.

Letzteres ist der Fall, als wir Ende Oktober bei der ***Zoekerbrug*** (Goormatenweg, *52.242773, 7.008870)* im Süden von **Losser** starten. Hier beginnt der hübsche Abschnitt. An der ***Einsetzstelle*** ist – wie an mehreren weiteren Brücken – eine ***Skulptur*** zu bewundern: ein „Dinkelstein". Die Sonne kämpft sich gerade durch den Morgennebel. Später lässt sie das herbstliche Laub vor einem blauen Himmel leuchten. Wir folgen den engen Kehren der Dinkel nach Norden.

Kurz hinter der A 1 zweigt links ein Kanal ab. Kanuten sollten unbedingt auf dem Fluss bleiben (also rechts weiterfahren), weil sie sonst das ***Lutterzand*** verpassen. Dieses Wald- und Heidegebiet ist der Höhepunkt der Dinkeltour. Man kommt an mehreren bis zu 5-10 Meter hohen Prallhängen vorüber. Ich glaube, es sind die einzigen dieser Art in den Niederlanden. Kundige können verschiedene Erdschichten ausmachen. Eine dünne Holzkohlelage erinnert an eine Kältephase, in der Bäume abstarben und durch Blitzschlag in Brand gerieten. Die Höhen sind

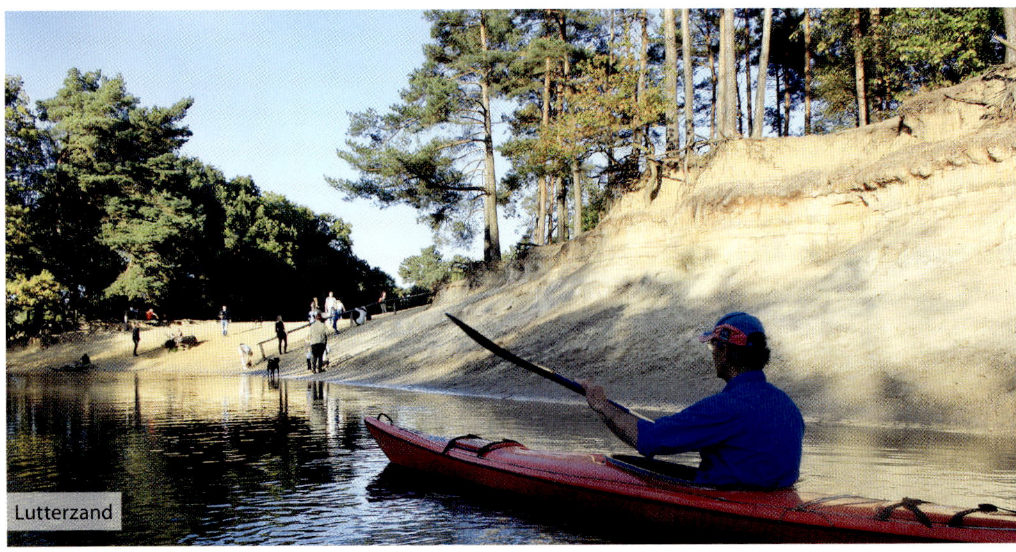

Lutterzand

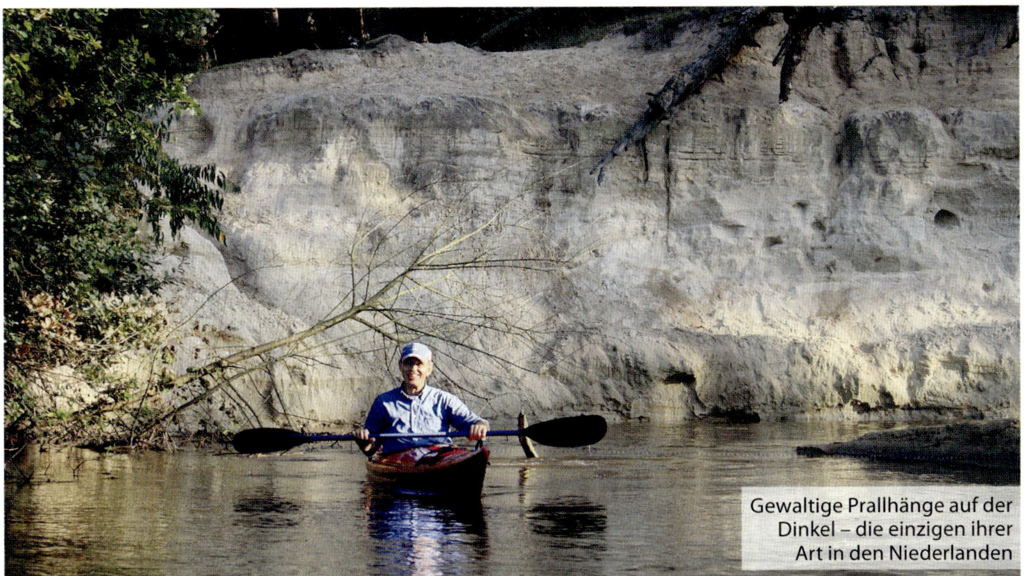

Gewaltige Prallhänge auf der Dinkel – die einzigen ihrer Art in den Niederlanden

nacheiszeitlich aufgewehte Dünen, die erst im letzten Jahrhundert bepflanzt wurden. Viele Spaziergänger wandeln an der Abbruchkante entlang. Kinder springen in den hellen Sand hinunter.

Am Nordende des Naturgebiets kann man bei der ***Kribbenbrug*** (*Parkplatz* und *Restaurant Paviljoen Lutterzand*, *52.332030, 7.024920*) die *Tour beenden*, wenn man nur das 19 km lange Filetstück paddeln möchte. 200 m von hier findet man auch das gemütliche Waldrestaurant *De Lutte Hutte* vom Landgoed Lutterzand (auch Ferienhütten, www.landgoedlutterzand.com).

Auch 1,5 km weiter bei der nächsten ***Brücke (Beverborgsweg)*** kann man die Tour beenden. Sie markiert den Anfang der **ganzjährig gesperrten Strecke**. Wer die Tour fortsetzen möchte, muss hier in den ***Omleidingskanaal umsetzen***. ***Vier*** unfahrbare ***Wehre*** müssen am Kanal ***umtragen*** werden. Wenn man von der wilden, schmalen Dinkel kommt, wirkt der breite Kanal sehr nüchtern. *Der Kanal verhindert seit seinem Bau 1965 die jährlichen Überschwemmungen an der Unteren Dinkel.* Er ist 12 km lang. Auf halber Strecke kreuzt er den ***Kanaal Almelo-Nordhorn.*** Diese Kreuzung kann man gut zum ***Aussetzen*** nutzen, wenn man die Tour in zwei Abschnitte teilen will (Schotbroekweg, *52.392222, 7.027101*).

Zwischen **Tilligte** und **Lattrop** (evtl. *Sternwarte* besuchen, siehe Seite 240) vereint sich der ***Omleidingskanaal*** wieder mit der ***Boven Dinkel.*** Der Fluss sieht zunächst genauso aus wie zuvor der Kanal. Es folgen ein ***Wehr (umtragen)***, kurz darauf die deutsche Grenze und bald noch ein ***Wehr (umtragen)***. Vor diesem Stauwerk zweigt links die kleine, hübsche ***„Dorfdinkel" (Alte Dinkel)*** Richtung **Lage** ab. Leider ist die ***Befahrung verboten.*** Sonst könnte man direkt zu dem romantischen Ensemble aus *Kirche*, *Wassermühle* und *Teestube* paddeln. Auf der ***Boven Dinkel*** bleibend, kann man aber von der nächsten Brücke 450 m nach **Lage** laufen.

Die ***Dinkel*** wird auf deutschem Gebiet (Niedersachsen) allmählich zu einem ansehnlichen Paddelgewässer mit kurvigem Verlauf, wo an manchen Stellen alte Bäume in Ufernähe wachsen und der Ausblick auf die Landschaft einfach nur schön ist. Kurz vor **Neuenhaus** erweitert sich das Flüsschen zu einem langgezogenen See. Dann folgt das ***Mühlenwehr (umtragen)***. Die letzten 2 km bis zur Mündung in die ***Vechte*** gleichen, zumindest bei niedrigem Wasserstand, einer eher öden, tief eingeschnittenen Rinne. 200 Meter die ***Vechte*** aufwärts kann man neben dem ***Neuenhauser Klärwerk*** gut aussetzen (inkl. *Parkmöglichkeit*, *52.507125, 6.965336*)).

Ergänzende Infos Dinkel

Bestimmungen

Die ***Boven Dinkel (Obere Dinkel)*** zwischen deutscher Grenze bei Gronau und Abzweig Omleidingskanaal ***darf nur vom 1.9. - 31.3.*** und ***nur mit Erlaubnis*** des Unterhaltungsverbandes „Waterschap Vechtstromen" (s. rechts). befahren werden. **Keine Befahrung im Sommer!**

Zwischen Abzweig Omleidingskanaal bis zur Wiedervereinigung mit dem Umleitungskanal ist die ***Boven Dinkel*** **ganzjährig gesperrt.**

Dasselbe gilt für die ***Dorfdinkel (Alte Dinkel)*** – **ganzjährig gesperrt**.

Schwierigkeiten

Der Fluss ist auch anfängertauglich, erfordert allerdings wegen der vielen Kurven etwas Manövrierfähigkeit.

Bei ausreichendem Wasserstand für alle Bootstypen geeignet. Wenn der Wasserstand auf den ersten paar Hundert Metern ausreichend ist, bleibt er das die gesamte Strecke über.

Campinglätze

Minicamping Het Brook nördlich von **Denekamp** (auch Appartements, Kajak & Fahrradvermietung an Gäste, www.minicampinghetbrook.nl).

Landgoedcamping Het Meuleman 400 m östl. der ***Kribbenbrug*** im NSG Lutterzand, mit kleinem Badesee und Fahrradvermietung an Gäste, (www.camping-meuleman.nl).

Mehrere Plätze in der Nähe, aber nicht direkt am Wasser, vorallem nahe dem Lutterzand-Gebiet.

Kanuvermieter & Veranstalter

Adventure King, Start in **Lattrop** (www.adventureking.nl).

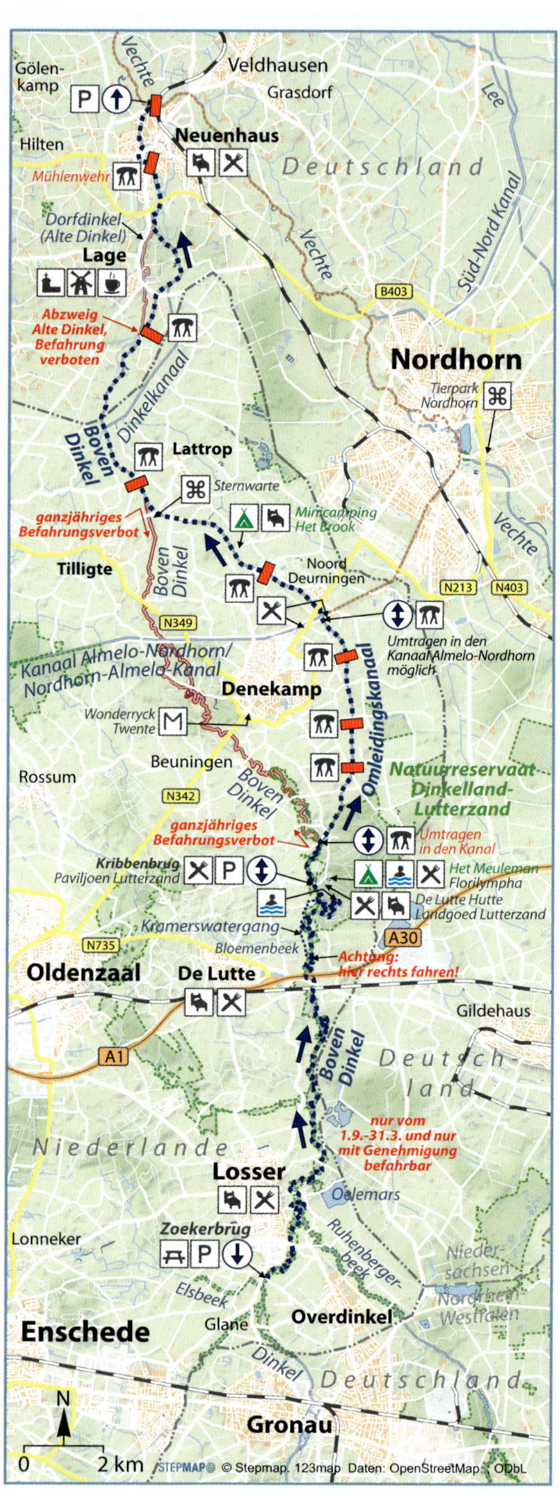

Befahrungserlaubnis für die Obere Dinkel vom „Waterschap Vechtstromen“

Die Erlaubnis erhält man für den angefragten Zeitraum. Sie ist kostenlos.

So gehts: **Im Internet aufrufen:** www.vechtstromen.nl

Dann über das Menu auswählen >Beleven >Genieten van water

Nach unten scrollen zu: „Varen en kanoën“ – Kanoën en varen op de Dinkel en Regge

Dinkel
(Text übersetzt) *Das Kanufahren auf der Dinkel ist nur in der Zeit vom 1. September bis zum 31. März erlaubt und muss genehmigt werden. Andere Schiffe sind auf der Dinkel nicht erlaubt. Sie können eine Genehmigung beantragen, indem Sie das Kontaktformular ausfüllen.*

- (Text übersetzt) *Bitte geben Sie die Anzahl der Kanus an, die Sie mitnehmen möchten, und die Daten, an denen Sie auf der Dinkel fahren möchten.*
- (Text übersetzt) *Wir antworten innerhalb von fünf Arbeitstagen, und Sie erfahren, ob Ihr Antrag genehmigt wurde.* TIPP: Fragen Sie rechtzeitig an – siehe letzter Satz unten!

Regels voor varen op de Dinkel (Regeln für das Fahren auf der Dinkel)
(Text übersetzt) *Das Dinkeltal ist ein wunderschönes und einzigartiges Gebiet, das von vielen Kanufahrern genutzt wird. Im Interesse der Anwohner, der Natur und der Landwirtschaft, aber auch zu Ihrer eigenen Sicherheit gibt es in diesem Gebiet jedoch Regeln.*

PDF mit den Regeln runterladen **klicken und runterladen**

Regge
(Text übersetzt) *Auf der Regge kann man frei paddeln und segeln, sofern es nicht motorisiert ist. ...*

Klicken auf: → Contactformulier

Formular ausfüllen. *Rote* = Pflichtfelder.*

Naam = *Vor- und Zuname.*

Organisatie & Functie = *hier können Sie Striche machen, einen Verein eintragen o.a.*

Adres = *Straße und Hausnummer.*

Postcode = *Postleitzahl* (deutsche PLZ funktionieren nicht. Ich habe einfach 7600 GA und Almelo eingetragen, das geht).

„Uw bericht“ = *„Bitte um eine Erlaubnis zum Kanufahren auf der Dinkel, ... Anzahl der Boote und ...... gewünschter Zeitraum“.* Text übersetzt: „Verzoek om toestemming om te kanoën op de Dinkel, ... Aantal boten en ...... gewenste periode“ Schreiben Sie zur Not auf Englisch oder Deutsch oder nutzen Sie ein Übersetzungsprogramm
(Ich habe eingetragen, dass ich zwischen 1.9. des aktuellen Jahres und 31.3. des folgenden Jahres mit 2 Kanus fahren möchte. Ich gehe davon aus, dass man das auch auf Deutsch schreiben kann).

Unten Captcha* *„Ich bin kein Roboter“* **anklicken**, dann auf *„Ga verder“* (Geh weiter) **klicken**.

Es erscheint das ausgefüllte Formular zum Prüfen: (Text übersetzt) *Wenn die ausgefüllten Felder stimmen, drücken Sie auf „Verzenden“.* **Ist alles richtig, dann klicken Sie.**

Es folgte (bei mir) eine Seite mit dem Hinweis, dass die Anfrage innerhalb von 24 Stunden beim zuständigen Mitarbeiter ankommt und dass spätestens nach vier Wochen eine Antwort verschickt wird. Sicherheitshalber sollte man also rechtzeitig die Anfrage abschicken.

Karte
Fietskaart 21 Overijssel Oost, 1:66.666, ANWB Media.

Extra Tipps
Sternwarte „Cosmos Sterrenwacht en Planetarium" bei **Lattrop** direkt am Fluss, Di-Do+So 13-17, Sternschnuppennacht Sa 22-00 (www.sterrenwachtcosmos.nl).

Erlebnismuseum *Natura Docet Wonderryck Twente* in **Denekamp**, ältestes Naturkundemuseum der Niederlande, Mo-Fr 11-17, Sa+So 12-17 (www.wonderryck.nl).

Tierpark Nordhorn in **Nordhorn**, Familienzoo im Grünen mit über 2.000 Tieren in 100 verschiedene Arten, historischer Vechtehof, tgl. 9-19 Uhr, (www.tierpark-nordhorn.de).

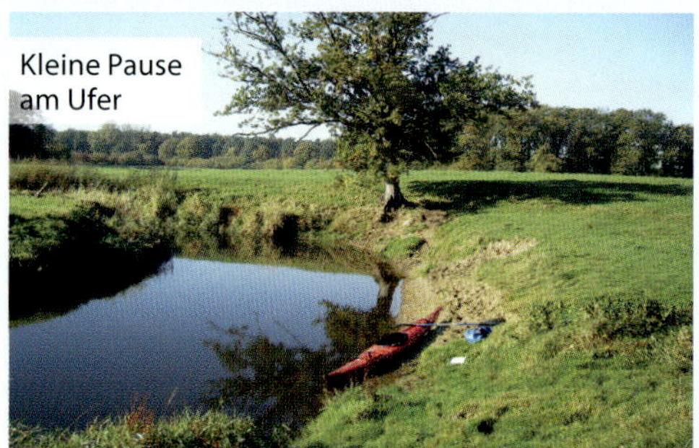
Kleine Pause am Ufer

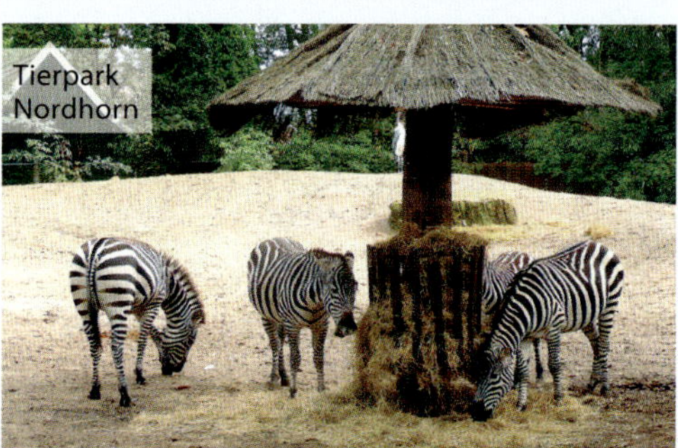
Tierpark Nordhorn

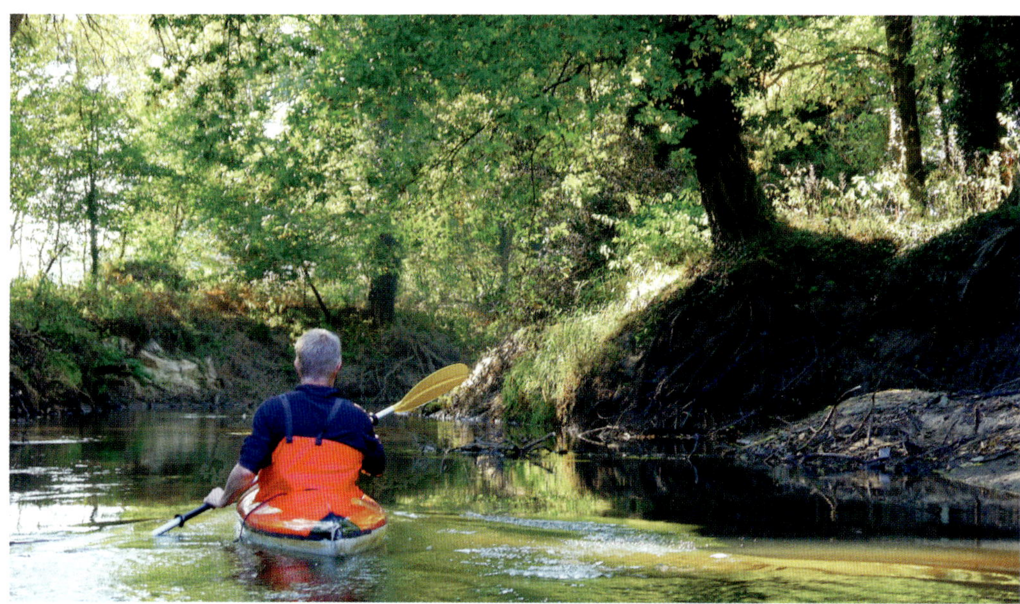

Weitere Routen bei der Dinkel (orange Route, kleine Punkte)

Auf dem ***Kanaal Almelo-Nordhorn*** (dt: ***Nordhorn-Almelo-Kanal)*** kann man in die beiden Städte **Almelo** & **Nordhorn** gelangen (mehrfach umtragen) und von dort weiterfahren.

Über die ***Vecht(e)***, in die die Dinkel mündet, kann man weitere Ziele erreichen, z.B. den Vecht-Nebenfluss ***Regge*** und die sehenswerte Provinzhauptstadt **Zwolle**.

12 – Die Provinz Drenthe

Drenthe war jahrhundertelang nichts als Sand, Heide und Moor. Es war unfruchtbar, dünn besiedelt, schwer zugänglich und abgelegen von allen Zentren. Die kurze Blüte durch die Torfgewinnung und eine gewisse Industrialisierung nach dem Zweiten Weltkrieg haben am Mauerblümchenstatus der Provinz nichts Grundlegendes geändert.

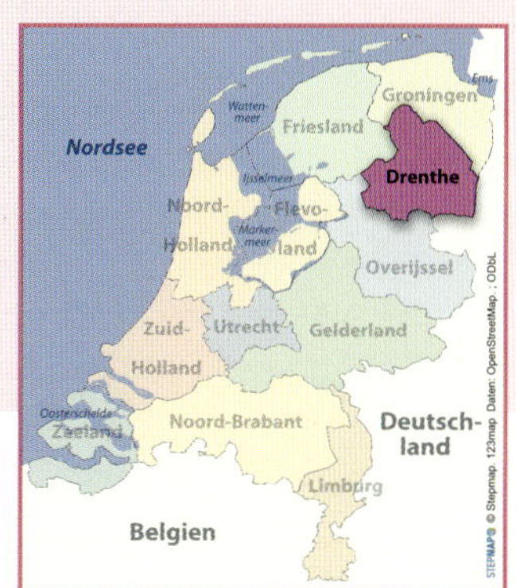

Das Paddelrevier

Auch für Paddler ist Drenthe nicht die allererste Adresse, obwohl hier das älteste Kanu überhaupt gefunden wurde, ein 10.000 Jahre alter Einbaum („Boomstamkano van Pesse"), der im „Drents Museum" in der Provinzhauptstadt Assen bewundert werden kann.

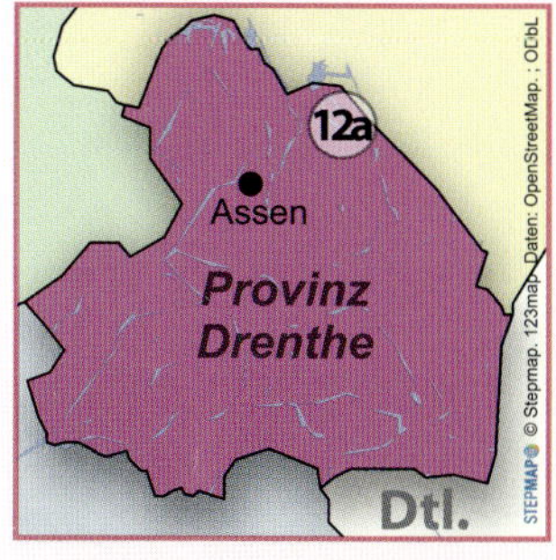

Die Wasserläufe sind entweder wie **Reest** und **Drentsche Aa** ganzjährig gesperrt (letztere allerdings für Kunden der örtlichen Kanuvermieter erlaubt) oder nur auf kurzen Abschnitten ganz nett.

Der einzig wirklich schöne und (vom 1.5. bis 1.10.) erlaubte Kanufluss ist die **Hunze** 12a .

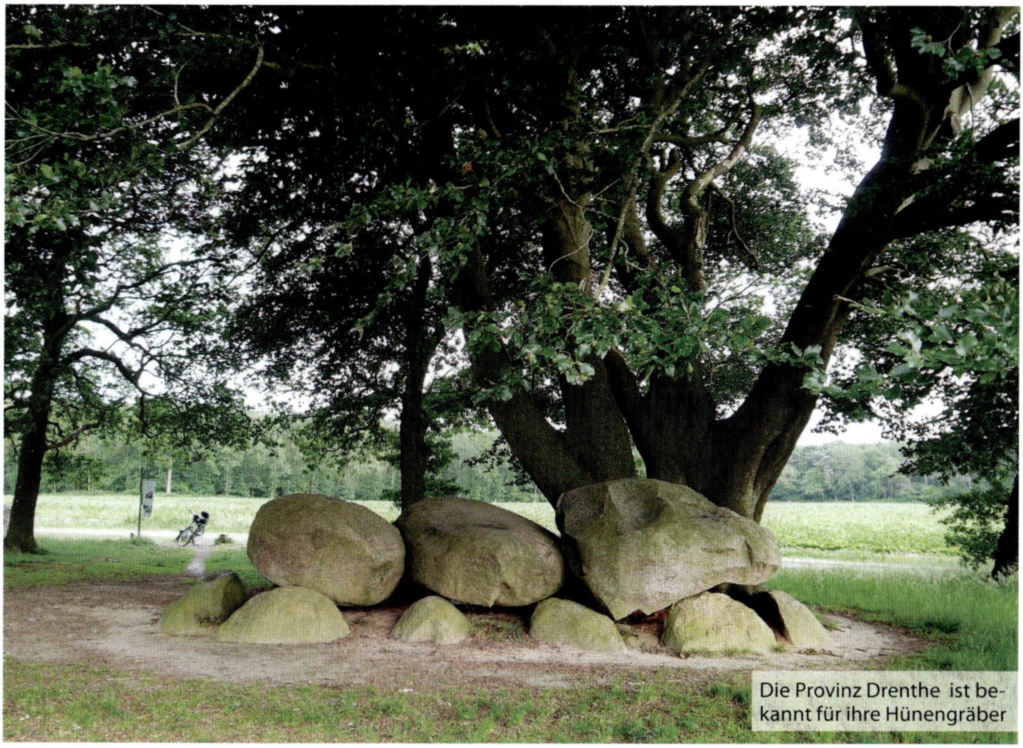

Die Provinz Drenthe ist bekannt für ihre Hünengräber

Tour 12 a – Hunze, 25 bzw. 29 km (blaue Route) **weiter bis Waterhuizen od. Groningen +6/12 km** (rote Route)

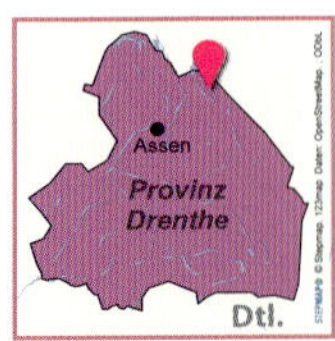

Von der Galerie der Mühle „De Juffer" (= Jungfer) an der Straßenbrücke in Gasselternijveen kann man einen Blick auf einen kurzen, renaturierten Abschnitt der Hunze werfen. Neben dem bisherigen begradigten Verlauf sind dort einige gewundene Schleifen mit niedrigen Ufern in einem Terrain zu sehen, das sich weitgehend selbst überlassen bleibt. Viele Jahrhunderte lang sah das ganze Flusstal so aus, allerdings von unzugänglichen Mooren bedeckt.

Im Mittelalter begannen die Menschen den Torf abzugraben. Die Hunze wurde zur Entwässerung und als Transportweg genutzt. Es wurden Schleusen eingebaut. Der begradigte Fluss wurde nun auch Oostermoerse Vaart genannt. Gasselternijveen wurde der wichtigste Hafen Drenthes. Via Hunze und Groningen befuhr eine erstaunlich große Flotte von 60 Schiffen die Nordsee. Heute erinnert ein Seefahrtsmuseum an die glorreiche Zeit.

Als im 19. Jahrhundert nebenan der Stadskanaal gegraben wurde, verlor die Hunze die Funktion als Schifffahrtsweg. Um die Entwässerung zu verbessern, begradigte man in den 1960er Jahren den Fluss noch einmal. In den 1990er Jahren kam der Plan auf, die Hunze und ihr Tal zu renaturieren. Erste Maßnahmen wurden umgesetzt. In den letzten zehn Jahren wurden auf mehreren Abschnitten Altarme wieder angeschlossen und neue Flussschleifen gegraben, Ufer abgeflacht, Flachwasserzonen geschaffen u.v.m. Dadurch ist auch für Paddler aus dem früher ganz netten Gewässer ein sehr attraktiver Fluss geworden. Dies wird sich sicher noch verstärken, wenn die Natur das junge Gebiet erst wieder ganz erobert hat und Bäume und Sträucher groß geworden sind.

Zum Schutz von Flora und Fauna ist das Kanufahren nur vom 1.5. bis 1.10. erlaubt.

Die ***Hunze*** wird bei **Gasselternijveen** durch die Vereinigung von ***Voorste Diep*** und ***Achterste Diep*** (= Vorderstes und Hinterstes Tief) „geboren". Etwa 100 Meter weiter folgen das erwähnte erste ***Renaturierungsgebiet*** und die ***Mühle „De Juffer"***.

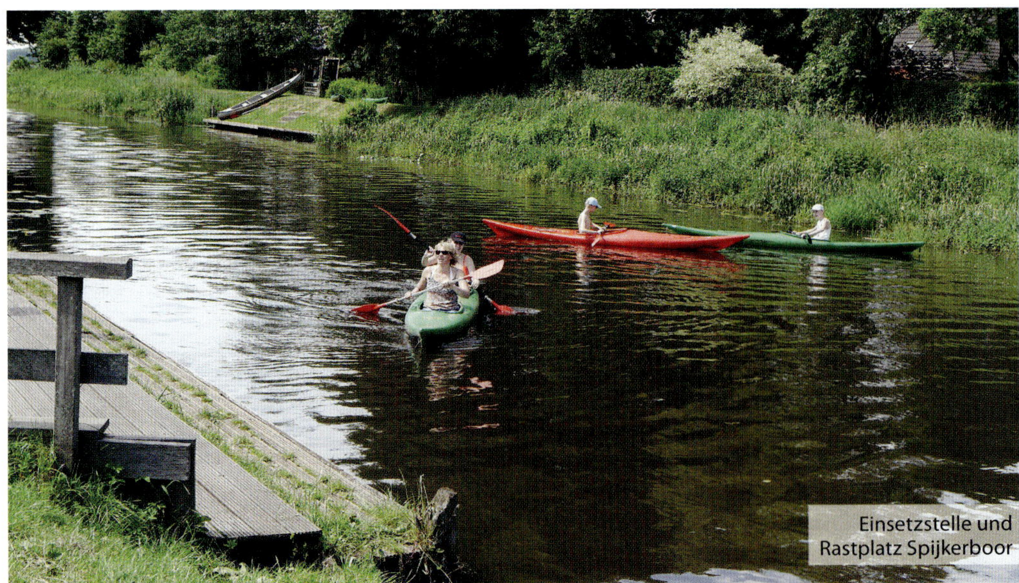
Einsetzstelle und Rastplatz Spijkerboor

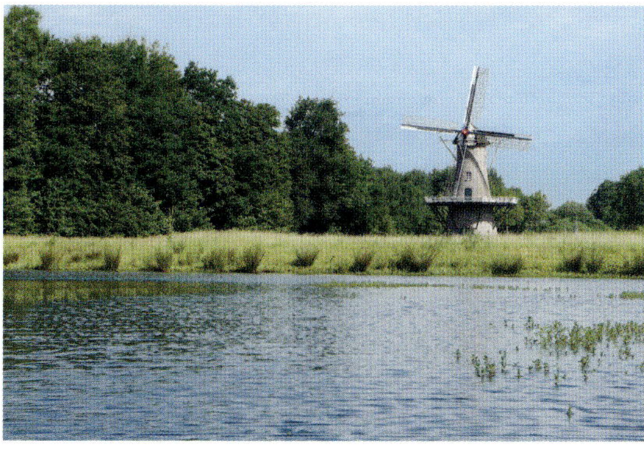

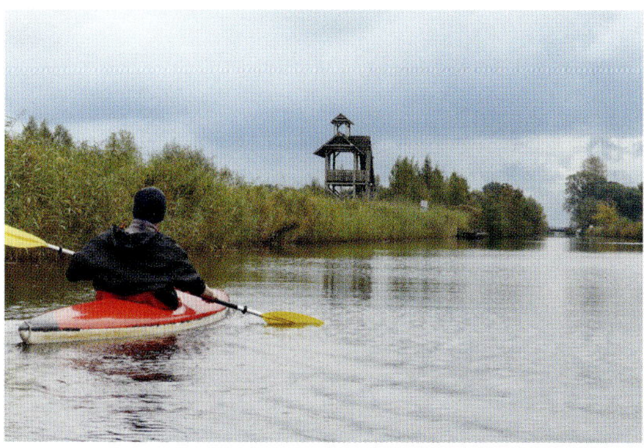

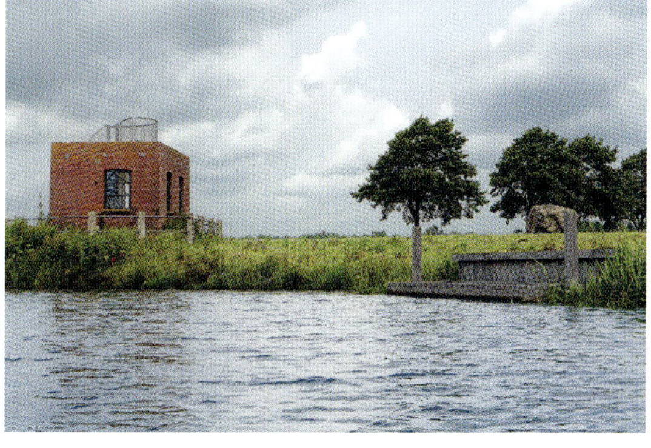

Der ***Steg*** neben der Mühle bietet sich als ***Einsetzstelle*** an (Straße Hunzelaan, nicht die parallele N 378, *52.986061, 6.837460).* ***Parken*** kann man 200 m weiter nahe der Einfahrt zum ***Ferienzentrum Hunzepark*** bei den Sportplätzen.

Es geht zunächst durch einen schön eingewachsenen Abschnitt. Dann folgt ein ***Wehr***, das etwas ***mühsam umtragen*** werden muss. Unterhalb dieses Ärgernisses gibt es wieder neue Kurven und Überbleibsel des abgeschnittenen bisherigen Verlaufes.

Dann erreicht man das ***Torenveen***. Hier hat man 2012 richtige Mäander angelegt und rund ***15 niedrige Stufen*** aus geschütteten Steinen eingebaut. Diese sind in der Stromzunge ***alle gut fahrbar.*** Ich bin allerdings zweimal mit dem Boot aufgesetzt. Die Stufen ersetzen ein Wehr. Sie überwinden einen Höhenunterschied von 1,20 m. Gleich hinter der letzten Stufe folgt eine ***Brücke mit einem Balken unter der Wasseroberfläche***. Mit etwas Mühe kann man sich im Kanu darüber schieben.

Im Folgenden wird die ***Hunze*** ewas breiter und die Kurven ein wenig ausladender. Rechts zweigt der Wasserlauf ***De Beek*** nach **Gieterveen** ab (keine direkte Durchfahrt). Bald unterquert man die N 33. Die 2014 neu gebaute Brücke hat man passenderweise „de Meandering" getauft. Eine Flussschlinge weiter erreicht man ein kleines Gebäudes, in das ein ***Aussichtsturm (Uitkijkpunt Elzemaat)*** hineingebaut wurde. Tafeln und Schilder informieren über das ***Naturgebiet Elzemaat,*** in dem man sich hier befindet. *Die Ruine ist der Rest eines Schöpfwerkes, das bis in die 1950er Jahre Wasser zu einer Kartoffelmehlfabrik im nahen Wildervang leitete.* Für Wasserwanderer gibt es einen Schwimmsteg zum Anlegen.

Vier Flussschleifen weiter trifft man auf ein Wäldchen und dann auf eine Straßenbrücke (führt nach **Eexterveen**). Daneben befindet sich der nächste ***Pausenplatz*** mit ***Picknickbank***. Die ***Hunze*** selbst ist unterhalb dieser Stelle zunächst nicht wesentlich verändert, wohl aber die Ufer und die angrenzenden Ländereien. Unter anderem zweigt wenig weiter ein schmaler Gewässerarm ab, der sich durch die Wiesen windet, ehe er sich wieder mit dem Hauptlauf verbindet. Er scheint mir nicht fahrbar zu sein. Als ich hinter einer Radfahrerbrücke an einem Steg eine Rast einlege, schickt dort ein Kanuvermieter eine Kindergruppe auf die Reise. Einige der jungen Leute tun sich schwer, überhaupt loszukommen.

Auf Höhe von **Nieuw Annerveen** wird das Wasser eines breiten Grabens (Annerveensche Mond) unter der Hunze durchgeleitet. Der östliche Abschnitt ist Teil der ***Kieldieproute***, der westliche der ***Breelandroute*** (mehr zu den Rundkursen siehe „Weitere Tourmöglichkeiten"). Die Stelle ist unschwer an einem *Schöpfwerk* und an *Kanustegen* an beiden Ufern zu erkennen.

Bei der ehemaligen Zollstelle **Spijkerboor** gibt es links einen schönen *Rastplatz* (mit *Parkplatz)*. Viele Kanuten setzen hier für eine kürzere Tour ein. Gegenüber im Ort findet sich das *Café ´t Keerpunt, das vor 250 Jahren vom damaligen Schleusenwärter gebaut worden ist, damit er die wartenden Schiffer besser mit Speis und Trank versorgen konnte. Es ist das älteste Bluescafé in Drenthe, in dem regelmäßig Auftritte am Samstagabend und Sonntagmorgen stattfinden.*

Gut 150 m weiter zweigt links ein kleiner, schmaler ***Wasserarm*** ab. Bei meiner Tour ist die Mündung fast komplett zugewachsen. Auf jeden Fall ist die ***Befahrung während der Brutsaison (15.3.-15.6.) verboten.***

Die ***Hunze*** wird breiter. Einmal ist sie fast seenartig. Die Innenkurve ist sehr flach. Kurz darauf kann man an einer *Raststelle* auf den Deich klettern. Von dort hat man einen guten Überblick über die Wasserflächen, die neben dem Fluss entstanden sind. Wieder ein paar Kurven weiter biege ich in einen neuen ***„Altarm"*** ab. Er mündet nach wenigen Hundert Metern zurück in die ***Hunze***. Dort bietet sich oberhalb eines *Stegs* eine Bank zur Pause an, ebenso wie eine Straßenbrücke später. Am Brückengeländer erinnert ein Schild auf Niederländisch: „Für unsere Freiheit, John Robertson jr., umgekommen 11.12.1943".

Das ***Zuidlaardermeer*** erreicht man im Dorf **De Groeve.** Kurz vor der Mündung wird die Hunze zu einem langgezogenen *Hafen* mit vielen Motoryachten. Auf dem See zieht nur ein einsames Segelboot seine Bahnen. Ein wenig Betrieb herrscht im Südwesten bei einem *Wassersportzentrum* in **Midlaren**. Nach **Noordlaren**, das bereits zur Provinz Groningen gehört, führt ein kurzer ***Stichkanal***. Er endet bei dem nüchternen, aber doch irgendwie atmosphärischen *Dorfhafen* neben der alten *Bartolomeuskirche* und einigen schönen Bauernhäusern.

Schräg gegenüber am Ostufer des Sees ist der Abzweig des ***Leinewijk*** (auch ***Voedingskanaal*** oder ***Kieldiep*** genannt) an einem „amerikanischen" Windrad und – wenn man nah genug dran ist – an einem hölzernen ***Aussichtsturm*** zu erkennen. Eine Tonnenreihe leitet vom

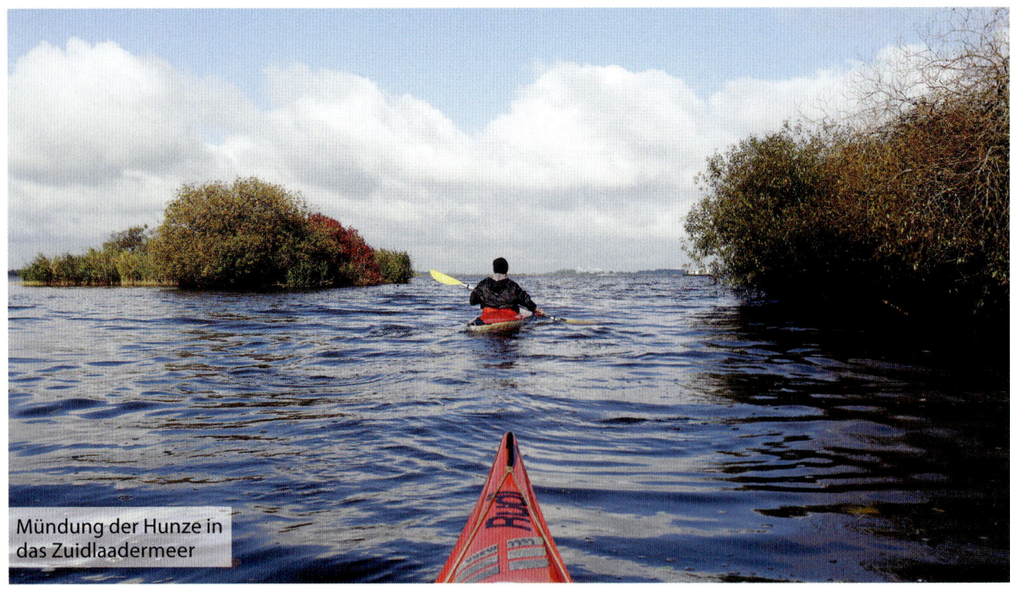

Mündung der Hunze in das Zuidlaadermeer

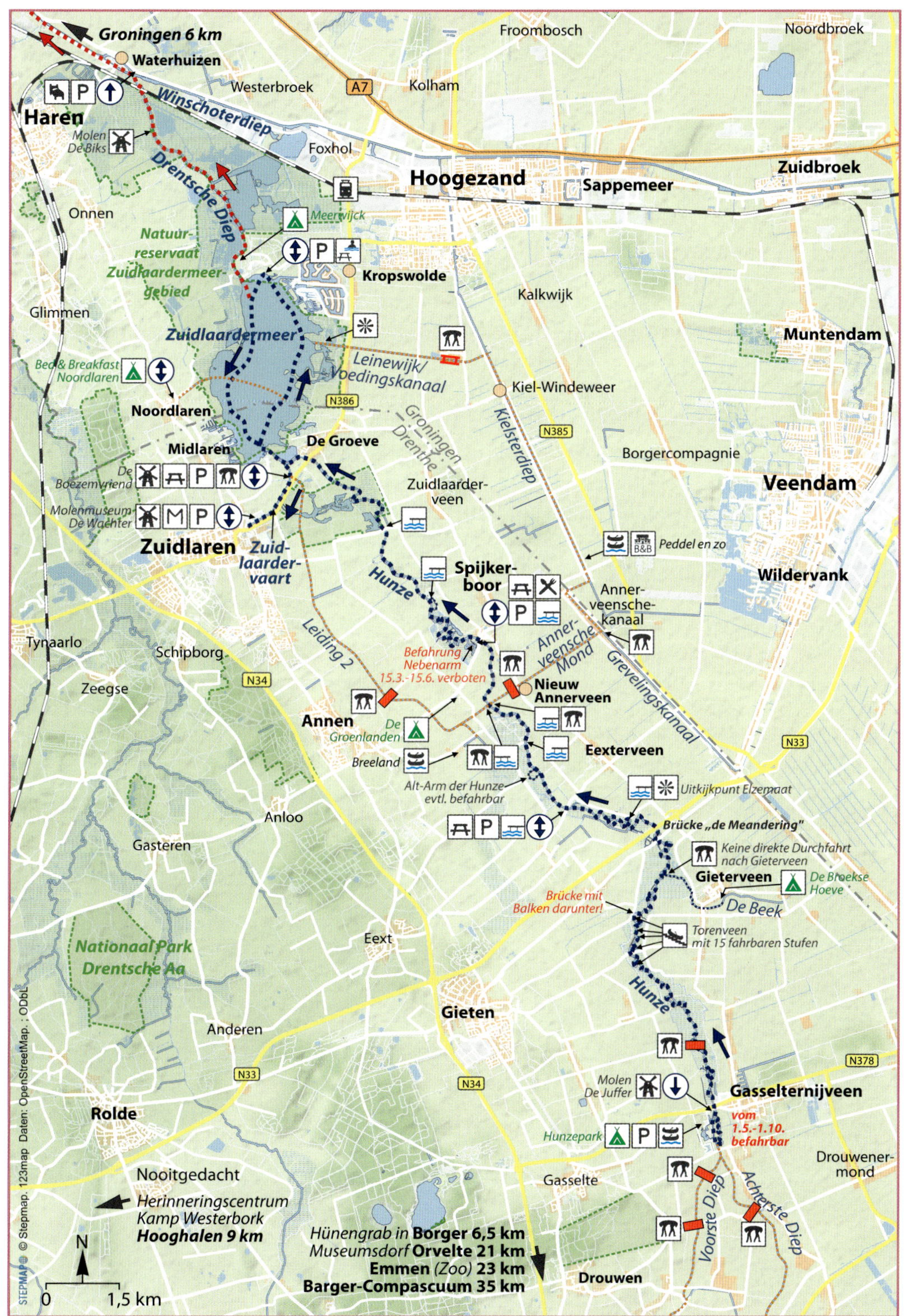

Tour 12 a – Hunze, 25 bzw. 29 km (blaue Route)

See her darauf zu. Beim ***Aussichtsturm*** kann man anlegen und rasten und einen Blick auf das ***Naturschutzgebiet Leinwijk*** werfen. Man kommt leider nicht leicht aus dem Kajak, weil der Steg recht hoch ist. Ich sehe dort zum ersten Mal Löffler (niederl. Lepelaar), große, weiße, reiherähnliche Vögel mit einem löffelartigen Schnabel.

Für eine Pause bietet sich ein ***Rastplatz*** mit Picknickbank am Rande des großzügigen ***Sandstrandes*** (zum Teil FKK) ganz im Norden des ***Zuidlaardermeer*** an. Im Sommer kann man dort herrlich baden. Auf diesen Abschnitt und wenige andere Punkte konzentrieren sich hier die Freizeitaktivitäten. Der überwiegende Uferbereich des meist ruhigen Sees ist schilfbewachsen und dient dem Naturschutz.

Nach der Runde über den See fahre ich nach **De Groeve**. Dort biege ich in den Stichkanal ***Zuidlaardervaart*** ab und passiere die *Wasserschöpfmühle „De Boezemvriend"* (mit *Picknickplatz* und *Toilette*). Hier zweigt die ***Breelandroute*** ab (siehe „Weitere Tourmöglichkeiten"). Ein Stück weiter beende ich bei der sehr schönen *Museumsmühle „De Wachter"* in **Zuidlaren** meine Tour. Die Mühle ist zu besichtigen. Ich spaziere in den Ort, um mir den „Brink", den überraschend großen, baumbestandenen Platz im Zentrum des hübschen Dorfes, anzusehen.

Weiterfahrt Richtung Waterhuizen oder Groningen (rote Route), 6 bzw. 12 km

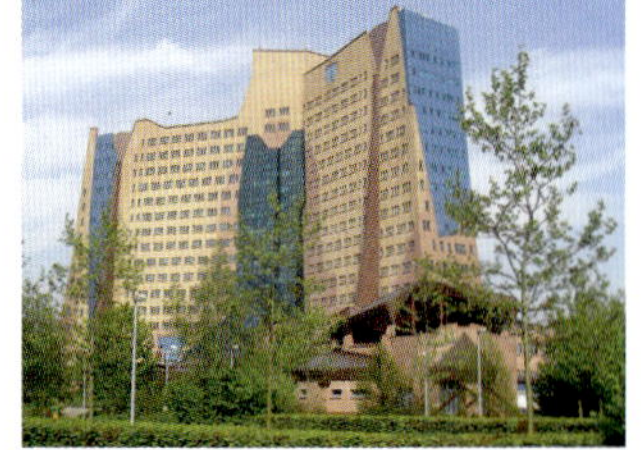

Richtung Groningen fährt man zunächst auf dem ***Drentsche Diep*** zum ***Winschoterdiep*** bei **Waterhuizen**. Wer die Tour hier beenden möchte, kann an der niedrigen Uferkante des Winschoterdieps *(53.183835, 6.656164)* aussetzen. Wegen der Steine nicht ganz einfach. ***Parken*** evtl. auf höfliche Nachfrage auf der gegenüberliegenden Straßenseite beim ***Van der Valk Hotel.***

Die Hochhäuser der nahen Stadt Groningen sind bereits zu erkennen – besonders das markante Gebäude der Nederlandse Gasunie *(ein stilisierter Elefant, Foto)* ist besonders gut auszumachen. Weiterfahrt (nicht mehr auf der Karte S. 245) auf dem ***Winschoterdiep,*** in Fortsetzung auf dem ***Oude Winschoterdiep*** entlang einer langen Reihe von Hausbooten in die Stadt **Groningen** hinein – nochmal 6 km.

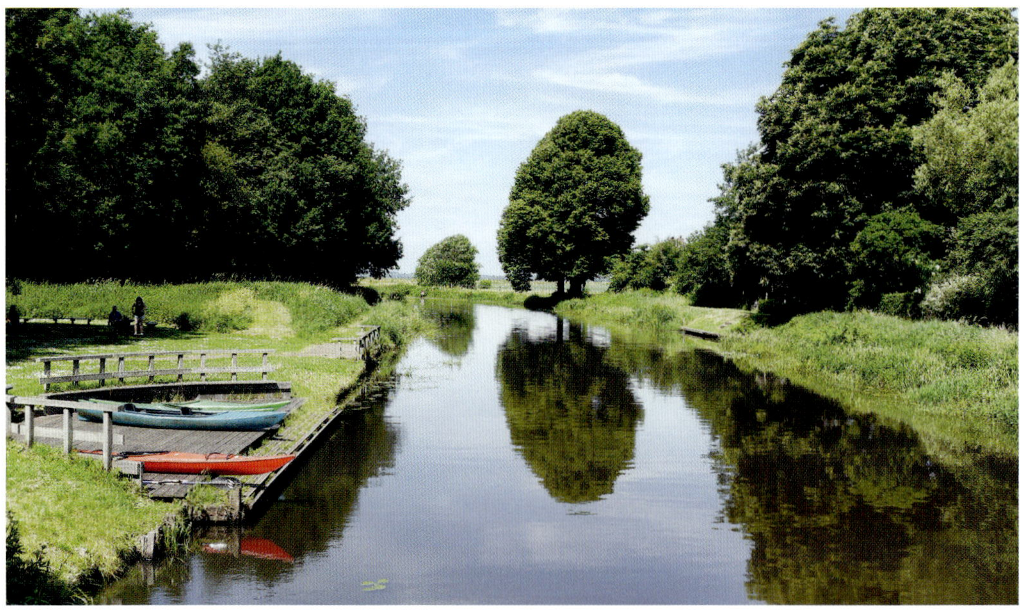

Tour 12 a – Hunze, 25 bzw. 29 km (blaue Route)

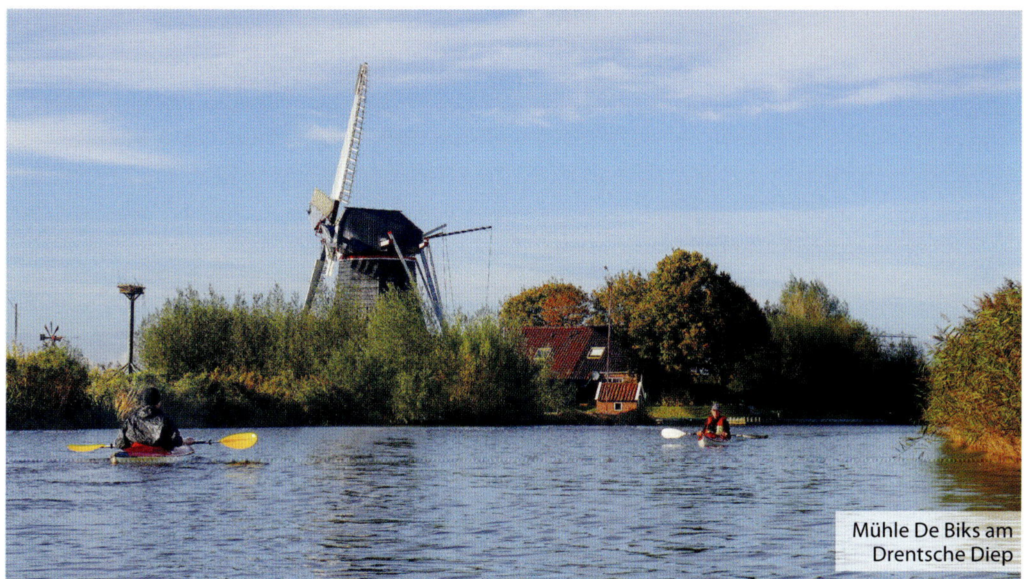

Mühle De Biks am Drentsche Diep

Ergänzende Infos zur Hunze

Fahrtenmöglichkeiten

Der Abschnitt der Hunze von Gasselternijveen bis zum Zuidlaardermeer ist ca. 25 km lang, bis zum Nordende des Zuidlaardermeers 29 km.

Für eine kürzere Tour bietet sich der Parkplatz in **Spijkerboor** an. Von dort sind es 6-7 km zum ***Zuidlaardermeer*** und nach **Zuidlaren**. Sehr schön ist als Zielort auch der Hafen des Dorfes **Noordlaren**.

Befahrbarkeit, Schwierigkeiten

Die Hunze ist strömungslos. Nur an den Steinschüttungen im Torenveen strömt es etwas. Bis zur Brücke mit dem Balken unter der Wasseroberfläche (s. Seite 243) kann man daher auch aufwärts fahren, problemlos mit allen Bootstypen, auch für Anfänger.

Ab spätestens Windstärke 3 sollten Anfänger den See meiden.

Es gibt mehrere Rastplätze an See und Fluss.

Umtragestellen

Umtragen nur an einem Wehr unterhalb von Gasselternijveen.

Bestimmungen

Motorboote sind auf dem Fluss verboten.

Das Paddeln ist auf der Hunze vom 1.5. bis 1.10. erlaubt.

Eine spezielle Genehmigung ist nicht nötig.

Campingplätze, Kanuvermietung

Feriendorf *Hunzepark* in **Gasselternijveen** mit Kanuvermietung und direkter Verbindung zur Hunze (www.hunzepark.nl).

Camping Meerwijck am Abzweig des Drentsche Dieps vom Zuidlaardermeer bei **Kropswolde,** keine Kanus (www.meerwijck.nl).

Kanuvermietung „Breeland" in **Annen,** evtl. Zeltmöglichkeiten für Kunden anfragen (www.breelandrecreatie.nl).

Peddel en zo südlich von **Kiel-Windeveer,** Kanuvermieter mit B&B, SUP- & Fahrrad-Vermietung (www.peddelenzo.nl).

Bauerncamping *De Broekse Hoeve* in **Gieterveen**, auch Kanuvermietung an Gäste (www.broeksehoeve.nl).

Geführte Kanu- & Outdoortouren

In het Wilde weg (www.inhetwildeweg.nl).

Karte

ANWB Waterkaart 3 Zuid Groningen, 1:50.000.

Buch-Tipp

Thomas Rosenboom beschreibt in seinem Roman *„Neue Zeiten"* (nur antiquarisch erhältlich) eindringlich das elende Leben der einfachen Landbevölkerung in den Drenther Mooren Ende des 19. Jahrhunderts.

Ausflugs-Tipps

Wildlands Adventure Zoo in **Emmen**, man sagt, er sei einer der schönsten Zoos Europas (www.wildlands.de).

Veenpark in **Barger-Compascuum,** vom Leben in den Torfkolonien, größtes Freilichtmuseum der Niederlande – fahren Sie mit dem Zug ins Moor (www.veenpark.nl).

Herinneringscentrum Kamp Westerbork in **Hooghalen**, Gedenkstätte & Museum zur Judenverfolgung im ehemaligen NS-Lager Westerbork (www.kampwesterbork.nl).

Hünengrabzentrum in **Borger** mit Museum und dem größten Hünengrab in den Niederlanden (www.hunebedcentrum.eu/de).

Monumentendorp **Orvelte,** das ganze Dorf ist ein Museum, (www.orvelte.net).

Boomkroonpad (Baumkronnenpfad) in **Drouwen** (www.staatsbosbeheer.nl).

Weitere Tourmöglichkeiten an der Hunze (orange, kleine Punkte)

Die Hunze ist Teil von drei weiteren Routen:

(1) Die **Breelandroute** ist ein **16 km** langer Rundkurs über die ***untere Hunze*** ab **Nieuw Annerveen** und dem nicht sonderlich lohnenden breiten Kanal mit dem schönen Namen ***Leiding 2 (Leitung 2),*** der bei der *Mühle Boezemvriend* in **De Groeve** über ein Schöpfwerk in die ***Zuidlaardervaart*** einmündet und der am anderen Ende über den ***Graben (Annerveensche Mond oder Annerkanaal)*** mit der Hunze in Verbindung steht. Das *Kanuzentrum Breeland* bei **Annen** liegt an dieser Route und wirbt dafür.

3 x umtragen: einmal bei der Mühle Boezemvriend, einmal in der Leiding 2 und abermals vom Annerkanaal in die Hunze. Keine Schwierigkeiten.

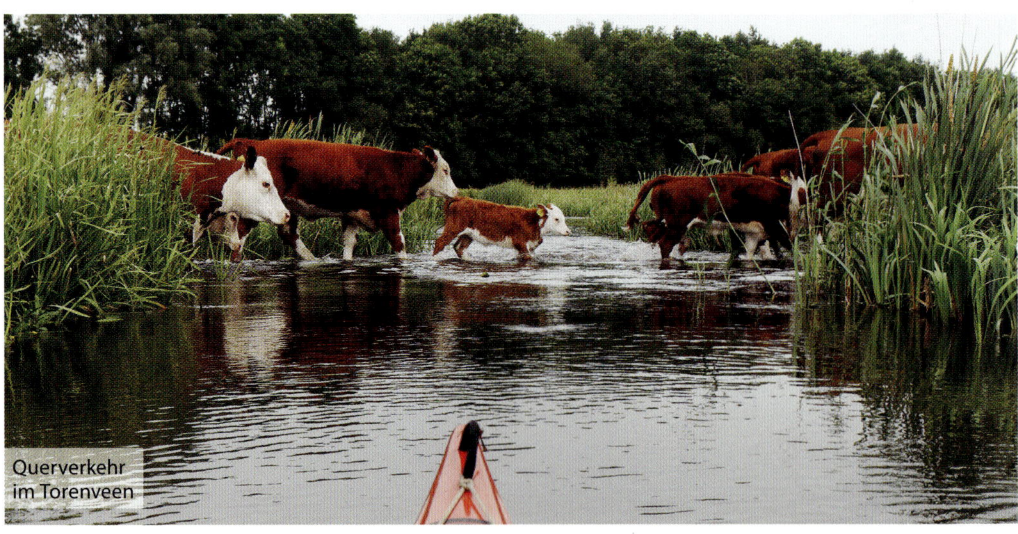

Querverkehr im Torenveen

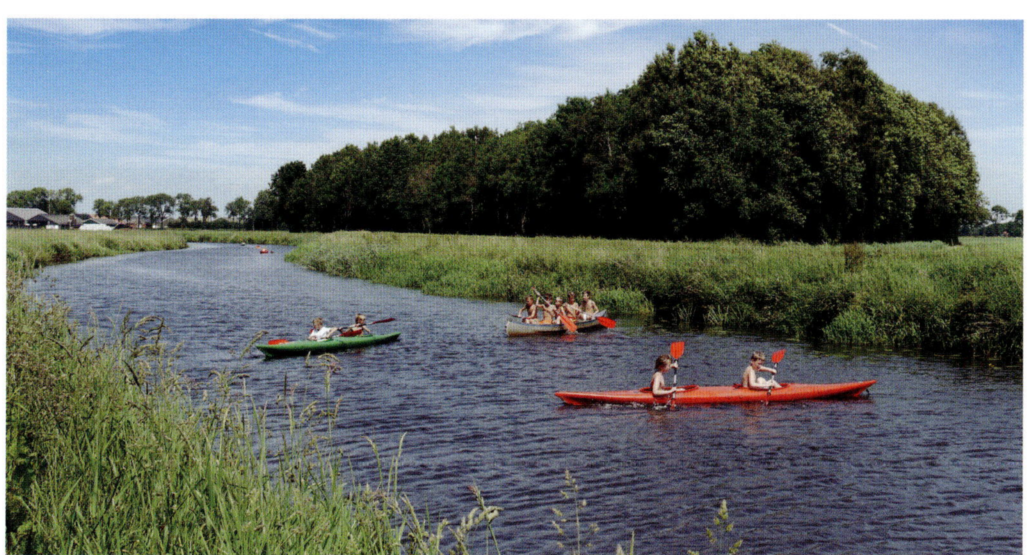

(2) Der **25 km** lange Rundkurs der **Kieldieproute** nutzt wie die Breelandroute die ***untere Hunze*** ab **Nieuw Annerveen.** Sie führt vom ***Zuidlaardermeer*** aus über das ***Leinewijk*** (auch ***Kieldiep*** oder ***Voedingskanaal*** genannt), das ***Kielsterdiep***, den ***Grevelingskanaal*** und die ***Annerveensche Mond*** bei **Nieuw Annerveen** zurück zur ***Hunze***.

3 x umtragen: vom Grevelingskanaal in die Annerveensche Mond, ein Wehr in der Mond und von diesem Graben umtragen in die Hunze. Man paddelt viele Kilometer auf Kanälen geradeaus, was auf die Dauer langweilig ist.

(3) Auch die **100 km** lange **Drentheroute** nutzt die ***Hunze*** als nördlichen Abschnitt. Diese Route ermöglicht eine interessante, aber nur in Teilbereichen attraktive Paddeltour vom äußersten Süden bis ganz in den Norden der Provinz.

Startplatz ist in **Meppel** der *Yachthafen Meppelersluis* an der Mündung der ***Reest*** (*Park-* und *Zeltmöglichkeit*, *Bahnhof* nicht allzu weit entfernt). Auf der ***Drentsche Hoofdvaart*** geht es einige Kilometer Richtung Norden bis zur Mündung der ***Oude Vaart.*** Man steigt auf der ***Oude Vaart*** und einem kleinen Teilstück des ***Oranjekanaals*** in ***17 Stufen*** bis zur alten *Moorkolonie* **Schoonoord** (sehr interessantes *Freilichtmuseum*) auf und in ***12 Stufen*** auf dem ***Kanaal Buinen-Schoonoord*** und dem ***Voorste Diep*** zur ***Hunze-Niederung*** auf der anderen Seite wieder ab **(29 x umtragen!).**

Unterwegs könnte man sich das ***größte Heidefeld*** der Niederlande bei **Dwingeloo**, das *museale Dorf* **Orvelte**, das Gelände des *Nazi-Durchgangslagers* **Westerbork**, das *Hünengrabzentrum* in **Borger** und vieles Andere ansehen. Infos dazu siehe links oben unter „Ausflugs-Tipps", alle jedoch nicht direkt an der Wasserwanderroute.

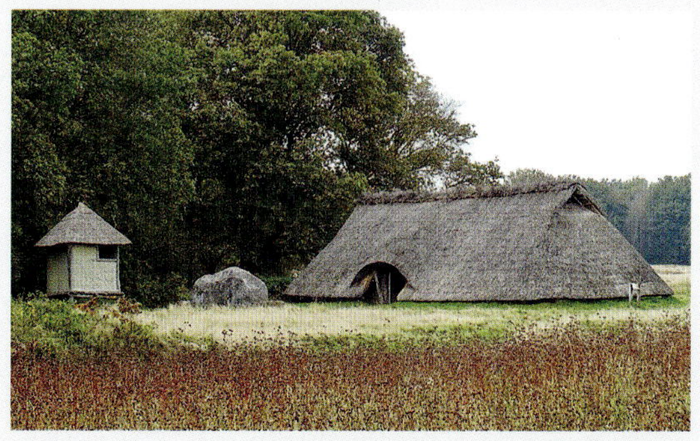

Rekonstruierter Bauernhof aus der Eisenzeit auf dem Reijntjesveld bei Orvelte

Über den Autoren

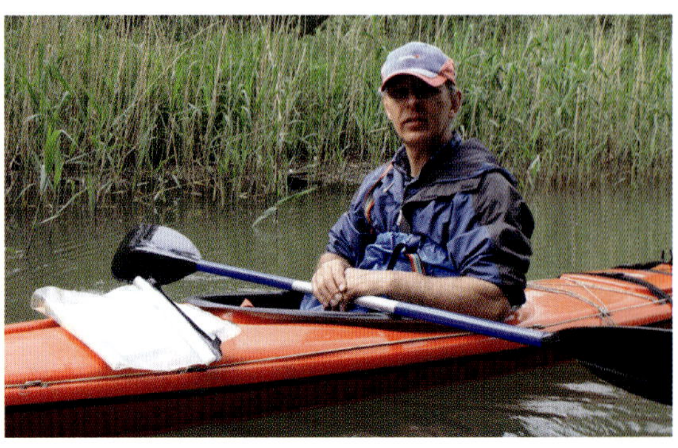

Horst Teigeler

aufgewachsen in Ostfriesland, Psychologe und Psychotherapeut von Beruf, paddelt seit bald 50 Jahren, vorzugsweise in Norddeutschland und in den Niederlanden.
Er ist mit großem Interesse an Land und Leuten unterwegs und hat darüber mehrere Paddelbücher geschrieben.

Register